Dietz Bering

Kampf um Namen

Bernhard Weiß
gegen Joseph Goebbels

Klett-Cotta

Die Deutsche Bibliothek – CIP-Einheitsaufnahme
Bering, Dietz:
Kampf um Namen:
Bernhard Weiss gegen Joseph Goebbels / Dietz Bering. –
2. Aufl. – Stuttgart: Klett-Cotta, 1992
ISBN 3-608-91350-5

Verlagsgemeinschaft Ernst Klett Verlag –
J. G. Cotta'sche Buchhandlung
Alle Rechte vorbehalten
Fotomechanische Wiedergabe nur mit Genehmigung des Verlages
© Ernst Klett Verlag für Wissen und Bildung GmbH,
Stuttgart 1991
Printed in Germany
Schutzumschlag: Klett-Cotta-Design
Gesetzt im Bleisatz aus der 10 Punkt Sabon
von Alwin Maisch, Gerlingen
Gedruckt auf holzfreiem und säurefreiem Werkdruckpapier
von WB-Druck, Rieden am Forggensee
Gebunden von G. Lachenmaier, Reutlingen
Zweite Auflage, 1992

Für Robert

Vorwort

Nicht jede Zeit ist in gleicher Weise offen für die Aufnahme neuer Begriffe und die Entdeckung neuer Problemfelder. Namen gelten meist als so selbstverständlich, daß eine Reflexion unnötig scheint. Die Umwälzungen in Osteuropa bieten aber auch auf diesem Gebiet eine Erkenntnischance. Auf den neuen Karten sucht man *Stalingrad* vergebens. *Karl-Marx-Stadt* ist verschwunden. Alte Stadtpläne bieten keinem mehr sichere Orientierung. So gründlich hat man unter den Straßennamen aufgeräumt. Durch Tausende von Umbenennungen verbannte man das Erinnerungssystem, das die alten Machthaber dem Gedächtnis aufzwingen wollten.

Der Umbruch kam plötzlich. Er glich einem Befreiungsschlag. Nicht immer verschwinden Namen so schnell. Es gibt Fälle, da wird um sie erbittert gerungen. Erst nach jahrelangen Auseinandersetzungen kam es 1991 zum Urteil des Bundesverfassungsgerichts, das den Namen der Frauen zum unantastbaren Bestandteil der Person erklärte, der auch bei Eheschließung nicht gegen ihren Willen geändert werden dürfe. Der Kampf um Namen ähnelt offenbar dem Kampf um Begriffe, den zu führen Ideologen und Politiker seit je geübt sind. Öffentliche Meinung und Wissenschaft sind es auch gewohnt, dies Ringen um die Füllung und die Besetzung von Begriffen mit Reflexionen zu begleiten.

Auf den „Tatort Name" ist der Blick fast nie gefallen. Deshalb soll hier ein Erinnerungsversuch gemacht werden, der einen dramatischen Namenkampf aus der Weimarer Zeit ins Gedächtnis zurückholt. Er endete mit einem vollkommenen Sieg der Nationalsozialisten. Dies Ergebnis kann eine analysierende Darstellung nicht aufheben. Sie kann aber doch dafür sorgen, daß die Nationalsozialisten nicht das letzte Wort behalten. Das wiegt viel. Und dennoch wäre die Mühe des Lesens und des Schreibens vielleicht zu groß, sähe man nicht im Spiegel dieses Namenkampfes ein Gutteil der Geschichte der jüdischen Minderheit in Deutschland und vor allem: dominante Linien der Mentalitätsgeschichte der deutschen Mehrheit.

Inhalt

I. Einleitung 17

II. Biographische Exposition 29

  A. *Bernhard Weiß – Aspekte eines Lebensweges* 31
    1. Jugend und Studium 31
    2. Leutnant der Reserve 35
    3. Der Erste Weltkrieg. Charaktermerkmale des
       Rittmeisters Weiß 39
    4. Aufstieg im Polizeipräsidium Berlin 43
       a) Stellvertretender Leiter der Kriminalpolizei .. 44
       b) Chef der „Politischen Polizei" 47
       c) Chef der Kriminalpolizei 54
    5. Polizeivizepräsident 59
       a) Der Namengeber: Dr. med. Bernhard Weiß –
          Wundarzt in Oranienburg 60
       b) Machtfülle. Die Erwartung der Weiß-Förderer 66
       c) Weiß' Aktivitäten, sein Charakter und sein
          Äußeres 71
          Die großen Aufgaben 71
          Tägliche Kleinarbeit 74
          Persönlicher Einsatz im Brennpunkt. Der Vor-
          fall vom 2. Juni 1928 76
          Ein humorloser Beamter? 79
          Verteidigung der Autorität 81
          Physiognomisches 83
          Wilhelminisch fixierte Bewußtseinsstrukturen? 85
    6. Weiß' Verhältnis zum Judentum 88
    7. Die große Politik 1927–1932. Weiß' Kampf gegen
       die Nationalsozialisten 93

B. *Joseph Goebbels – Perspektiven einer Biographie* .. 103

1. Jugend- und Schulzeit. Der Klumpfuß als Stigma . 103
2. Studium – Psychische Grundstruktur – Kampf um
   einen Arbeitsplatz 110
3. Wendung zur Politik 119
4. Gauleiter in Berlin 122
   a) Der humpelnde Jude Joseph G. 123
   b) „Der Angriff". Antisemitische Propaganda ... 133
   c) Die Erkennbarkeit der Juden 136
   d) Generalisieren. Entlarven. Zweigeteilte
      Namenwelt 139

III. Namensysteme 145

A. *Die faktische Namenwelt* 147

1. Das Wachsen des namenpolemischen Potentials
   1812–1920 150
2. Die Markierungstabellen 164
3. „Isidor" – der Vorname mit der stärksten
   antisemitischen Ladung 170
4. Die Durchschlagskraft der Namenpolemik
   Beispiel: das Militär 175
5. Der Einsatz markierter Namen im „Angriff" 180
   a) Cohn und Isidor 182
   b) Levi und Isaak 187
   c) Moses und Abraham 189
   d) Friedländer und Siegfried 191

B. *Die fiktionale jüdische Namenwelt* 195

1. Namen in jüdischen Witzen 195
   a) Vornamen 196
   b) Familiennamen 198
   c) Ekelnamen 200
2. Der jüdische Namenwitz 209

a) Namenänderungswitz und Namenänderung im
   „Angriff" 210
b) Witze über die Erkennbarkeit der Juden.
   Erkennbarkeit der Juden im „Angriff" 218

C. *Markierungssignale* 225

IV. Der Namenkampf 229

A. *Der Kampfplatz Berlin* 231
   1. Der Berliner Witz 232
   2. Namenpolemik im „Angriff" 234
   3. Die semantische Destruktion von Namen 236
   4. Denkmalwitze 237
   5. Berlin als „Jerusalem" 238

B. *Namenkampf gegen Bernhard Weiß oder:*
   „Isidor" – die Symbolfigur des „Systems" 241
   1. Der Beginn und Verlauf der Namenpolemiken ... 241
      a) Wer hat den Schmähnamen erfunden? 241
      b) Goebbels' Leitartikel gegen „Isidor" 243
   2. Die systematische Attacke auf Weiß' Namen 255
      a) Isidor als Begriff 256
      b) Isidor als Name des Polizeivizepräsidenten ... 258
      c) Unterstellte Namenänderung 261
      d) Die semantischen Destruktionen 262
         Isidor 262
         Weiß 264
         Bernhard 265
      e) Isidor als der eigentlich passende Name 268
      f) Namendeformation 268
      g) Indirekte Benennungen 270
         „Bernhard" 272
         Verstümmelungen von Isidor 273

11

Graphematische Manipulation am Personalpronomen 275
Assoziationsfeld „Maske", entlarvende
Ekelnamen 276
h) „Wukiutschu" – ein mißlungener Identifikationsversuch 279

C. *Kampf vor Gericht* 283
1. Die rechtlichen Mittel 285
2. Der Prozeß Nr. 24. Die erste große Auseinandersetzung zwischen Weiß und Goebbels 287
a) Vorspiel 287
b) Die inkriminierten Artikel des „Angriff" 291
c) Die Anklagen 300
d) Verbindungsbeschlüsse. Die Urteile der
Amtsgerichte 304
e) Das Landgerichtsurteil gegen Dürr 312
f) Das Reichsgerichtsurteil über Fortsetzungszusammenhang 313
g) Die Verurteilung Dürrs. Der Name als Einheit
stiftende Kategorie 316
h) Die Verurteilung Goebbels' 321
3. Systematische Analyse der anderen Prozesse 325
a) Statistische Hochrechnung aller Prozesse und
Urteile 327
b) Die richterliche Einschätzung des Namens
Isidor 330
c) Gerichtliche Verteidigung von Ehre und
Autorität 332
d) Klagezwänge 337
e) Die Höhe der Strafen. Ursachen des Scheiterns 342

V. Biographischer Schluß 353

  A. *Endkampf in Berlin* 355
    1. Der 12. Mai 1932. Einsatz im Reichstag 355
    2. Kesseltreiben gegen Weiß. Verteidigung der
       Rechtsidee mit „unrechtlichen" Mitteln 365
    3. Absetzung beim Preußenstreich 370
    4. Der letzte Prozeß 375

  B. *Der staatenlose Emigrant* 383
    1. Flucht 383
    2. Leben in London. Die Entwicklung in Deutschland 385
    3. Internierung. Letzter Namenkampf 388
    4. Innere Emigration in der äußeren 391
    5. Wiedersehen mit Berlin 393

VI. Blick aufs Ganze 395

Anmerkungen 403
Literaturverzeichnis 483
Danksagung 503
Register 507

I.
Einleitung

Historiker sind selten Optimisten. Zu häufig haben sie das Destruktive siegen sehen. Für die Namen der großen Übeltäter hat das historische Gedächtnis Platz. Wer sie bekämpft hat, wird oft vergessen. Man nehme Joseph Goebbels. Er hat in der Tat eine historische Furche gezogen – ein blutige. Wenige Menschen dürften seinen Namen *nicht* kennen. Es haftet an ihm eine fast mythische Qualität. Die Rubrizierung „Dämon" findet man in Buchtiteln der Nachkriegszeit und ebenso in Urteilen wichtiger Zeitgenossen [1]. Rechnet man Hitler ab, so ist aus dem Dritten Reich allein Goebbels dem historischen Bewußtsein der Nachgeborenen unmittelbar präsent. Politiker sorgen dafür. Am Siedepunkt polemischer Auseinandersetzung ist die Bemerkung fällig: „Wie Goebbels!". Das sagen die Linken den Rechten – 1985 z. B. Willy Brandt von Heiner Geißler [2]; das sagen die Rechten den Linken – 1987 z. B. Helmut Kohl über Gorbatschow, Schönhuber über Geißler [3]; und auch die unbestrittenen Ausnahmepersonen in der Kunstszene bedienen sich seiner: Für Gidon Kremer sind in Marcel Prousts Fragebogen die verachtenswertesten historischen Gestalten „Goebbels, Berija und die vielen Namenlosen" [4].

Man nenne nun den Namen „Bernhard Weiß". Jetzt werden die Gesichter leer bleiben. Im Berlin der zwanziger Jahre da kannte ihn aber jeder [5], viele freilich unter einem anderen Namen: „Isidor". Keiner hat sich so wie er Goebbels entgegengeworfen. Keiner hat solch unerhörten Propagandaterror aushalten müssen. Dies hat ihm das historische Gedächtnis nicht gedankt, obwohl doch schon 1932 einer der profiliertesten Juristen der Weimarer Republik, Rudolf Olden, im „Tagebuch" schrieb: „künftige Historiker des deutschen Niedergangs mögen beurteilen, ob in dem Kampf gegen Dr. Bernhard Weiß nicht ein besonders tiefes Tal der Kultur erreicht worden ist [6]." Das Geforderte ist ausgeblieben [7]. Man hat sich, gerade umgekehrt, mehr für jenen Agenten des Niedergangs interessiert, der bis zum letzten Atemzuge Hitler treu blieb. Übergangen wurde der preußische Jude Weiß, der 1951 im Londoner Exil starb, ausgesöhnt mit seinem Schicksal, in Frieden mit sich und der Welt. Das historische und das öffentliche Gedächtnis, eigentlich metaphysischen Deutungsschemata abgeneigt, zieht es eher an Plätze, wo es Sensationen, allemal dorthin, wo es einen Hauch Vorhölle wittert: in Hitlers Führerbunker, wo Goebbels, ehe er sich selber umbrachte, auch noch seine sechs Kinder ermordete.

Bernhard Weiß hätte sicherlich eine umfassende Biographie verdient. Aber er war und blieb zweiter Mann im Berliner Polizeipräsidium von 1927–1932. Dann hat man ihn aus dem Land gejagt, so daß ihm sein Tätigkeitsfeld genommen war. Die meisten Aktenbestände sind vernichtet, nur seine Handakten in kleinen Resten erhalten. Beide Gründe lassen ein umfassendes biographisches Unternehmen kaum durchführbar erscheinen. Überdies hat aber gerade dies Genre seine generellen Schwierigkeiten:

Wenn die Biographie das *ganze* Leben beschreiben will, verliert sie sich unweigerlich im Uferlosen. Man ist allemal zur Auswahl gezwungen. Es haben nun jene Biographien deutlich angehobenen Erkenntniswert, die ihre Auswahlprinzipien nicht einfach im dunkeln lassen, sondern jene, die dezidiert bestimmte Modellierungsprinzipien zum Programm erheben und damit die „Biographie" jeweils für etwas stehen lassen – z. B. Lothar Gall die „Bassermanns" als Fallstudie für Bürgertum oder Fritz Stern die Doppelbiographie über Bismarck und Bleichröder als Exempel für das Verhältnis von Deutschen und Juden.

Es gibt nun auch im Falle „Weiß contra Goebbels" einen systematischen Ansatzpunkt, der zu exemplarischer Erkenntnis führt. Diese kann man aber nur gewinnen, wenn man sich nicht allein auf die beiden Kontrahenten konzentriert, sondern auf mindestens ein Jahrhundert Geschichte zurückblickt, in diesem Falle nicht zuletzt Sprachgeschichte. Es war nämlich gerade nicht Goebbels' eigener „teuflisch-genialischer" Einfall, seinen erbitterten Widersacher einfach mit einem Spitznamen, mit „Isidor", an den antisemitischen Pranger zu bringen. Er griff, wissend oder nicht, auf eine lange Tradition zurück, die diese Namenwaffe geschliffen hatte. Die Polemik mittels jüdischer Namen hat eine lange Herkunft, und in diesem Buch soll bewiesen werden, daß sie in Bernhard Weiß nur kulminierte. Es wird demnach der Fall dargestellt, daß man ein geschichtsrelevantes Schicksal, einen exemplarischen Kampf zweier Protagonisten nur verstehen kann, wenn man sie als Spitze eines Eisbergs sieht, die selber getragen ist von einem machtvollen, nicht gleich sichtbaren Sockel historischer, sozialpsychologischer und sprachgeschichtlicher Vorgaben.

Eine solche Zuspitzung ist kein willkürlicher Zugriff. Es gibt keine Goebbels-Biographie, die den „Fall Isidor" nicht erwähnt, dies freilich immer wie eine obligatorische Nebensache [8]. Sollte aber vielleicht doch der Verdacht aufkommen, nachträglich werde Marginales von der unkundigen Nachwelt in den Vordergrund gedrängt, so können die Nachrufe auf Weiß – 1951 fast alle von Zeitgenossen und nahen Freunden verfaßt – Sicherheit geben: von dreizehn vorliegenden gehen neun ebenfalls auf diese offensichtlich bestimmende Komponente ein. Alfred Hirschberg, einer seiner engsten Freunde, beginnt z. B. so:

„Jahrelang kannte ihn alle Welt als ‚Isidor'. Dr. Joseph Goebbels, der Gauleiter von Berlin war, bevor ihn Hitlers Machtergreifung zum Propagandaminister machte, gab ihm den Spottnamen ‚Isidor'; der ‚Angriff' hatte eine ständige Rubrik ‚Isidor', deren Artikel dann in einem Bande ‚Das Buch ‚Isidor' zusammengefaßt herauskam. So stark war die teuflische [!] Propagandakraft Gobbels', [. . .] daß jede Lüge, wenn man sie tausendmal wiederhole, zur Wahrheit würde für die, denen man sie erzähle, daß bald niemand mehr den Vornamen ‚Bernhard' gebrauchte." [9]

Es dürfte sich in der Geschichte so leicht keine zweite Person finden lassen, bei der eine Namenaggression derart zum Wesens- und Standardzug innerhalb der Biographie erklärt worden ist. Trotzdem sind ihr Symptom- und Modellcharakter nicht erkannt, die allgemeinen Strukturen nie beschrieben worden.

Wegen des entsetzlichen Endes der deutschen Juden fiel die angesprochene, weit zurückreichende Namentradition 1945 dem Vergessen anheim. Wer kann es heute noch entziffern, wenn kein geringerer als Carl von Ossietzky am 16. September 1930 seinen Artikel in der „Weltbühne" so begann:

„‚Am 14. September bricht die Morgenröte an!' so verkündet vor mir ein Flugblatt des rheinischen Nationalsozialisten Doktor Ley (Hm . . . Le y?)". (S. 425)

Rätselvoll! – Aber nicht für die Zeitgenossen und schon gar nicht für Goebbels, der im August 1928 seinem Tagebuch anvertraute, daß er den Ley für eine sonderbare Type halte, und dann die Frage aufwarf, ob sich hinter ihm nicht doch „ein lautverschobener Levy" verberge [10]. Und ähnlich anscheinend auch mit „Isidor" – für Heutige bloß ein etwas seltsamer, auf alle Fälle seltener Name, an dem man weiter nichts erkennen kann. Für die Zeitgenossen von damals aber war das offensichtlich ein Wort, in dem sich solch destruktive Kraft gesammelt hatte, daß Weiß sich wieder und wieder gegen die Namenvertauschung gerichtlich zur Wehr setzte. Alfred Hirschberg hatte nämlich ohne Zweifel Recht: Goebbels schaffte es tatsächlich, Weiß innerhalb von vier Jahren zum „Isidor" umzufunktionieren. Auch nach dem Krieg erschienen noch Publikationen, in denen Goebbels späte Triumphe feierte, indem Weiß mit diesem Spitznamen benannt wurde [11]. Im Berlin der zwanziger und dreißiger Jahre marschierte die SA jedenfalls mit martialischem Gesang durch die Straßen:

„Der mächtigste König in Groß-Berlin
Das ist der Isidor Weiß.
Doch Joseph Goebbels, der ‚Oberbandit',
der macht ihm die Hölle schon heiß.
Die eigene Schupo nimmt ihn sich vor [12],
man hört's bis zum Brandenburger Tor:
Er nennt sich Herr Dr. Bernhard Weiß
und bleibt doch der Isidor." [13]

In diesem gängigen, im Namen „Isidor" zu geschärfter Erscheinung gebrachten Schema: „Nennt sich" vs. „Bleibt aber doch" sah Weiß also solch destruktive Kraft, daß er die Gerichte einschaltete. Fast alle Prozeßakten sind erhalten, dazu Goebbels' Schandzeitung „Der Angriff". Es besteht also die Chance, am Kampf Weiß gegen Goebbels zu zeigen, daß eine antisemitisch eingefärbte Kartographie jüdischer Namen im Gehirn der Zeitgenossen so präsent war, daß man ganze Feldzüge aus ihr munitionieren konnte.

Die Entstehung und die Struktur jenes Markierungssystems jüdischer Namen ist in meinem Buch „Der Name als Stigma. Antisemitismus im deutschen Alltag 1812–1933" nachgezeichnet [14]. Es soll jetzt in diesem bewiesen werden, daß man mit dieser ganzen Skala *tatsächlich* im politischen Alltag der Weimarer Republik zu Felde

20

gezogen ist und daß ihre unübertrefflich scharfe Speerspitze der Name *Isidor* war.

In Weiß bringt Goebbels also eine über hundertjährige Sprachtradition zum Kulminationspunkt. Das zu zeigen kann nicht gelingen ohne biographische Explikationen. Diesen ist aber mit dem ins Auge gefaßten Zielpunkt das angekündigte Modellierungsprinzip gegeben. Die nach ihm geschnittenen biographischen Silhouetten werden sich so abzeichnen, daß ihre Linien und dazu die Strukturmerkmale der Namenwaffe zwanglos ineinanderfassen. Das besagt konkret: Nicht einfach was Weiß und Goebbels so alles erlebt haben, soll dargeboten werden, sondern allein das, was plausibel machen kann, was diese beiden Individuen dazu befähigte, eine *allgemeine* historische Entwicklung zu ihrem Höhepunkt zu treiben. Insofern sind die Individuen nur Beispiele für kollektive Trends.

Was nun auch immer zur Sprache kommen wird, – es ist für eine Person vom Range Weiß' keine Schande, daß sich in ihm etwas vollendete, was die Juden mehr als ein Jahrhundert begleitete, ja es dürfte ihn, der mit großem Engagement im Kuratorium der „Hochschule für die Wissenschaft des Judentums" saß, stolz machen, sich in einem wichtigen Punkt in zeitübergreifender Zentralstellung zu sehen, wie unangenehm diese Position auch war.

Daß nun Weiß und Goebbels auch als Individuen in vielerlei Weise einander zugeordnet waren, ist kein nachträglicher Kunstgriff, der dramatische Effekte erzwingen soll. Es liegt diese Stimmigkeit vielmehr in objektiven Strukturen der beiden Protagonisten. Waren sie einerseits ein Paar wegen ihrer diametralen Gegensätzlichkeit nach Herkommen, Charakter, politischer Einstellung und Position, so rückten andererseits bestimmte Ähnlichkeiten in Goebbels' Physiognomie die beiden wieder zusammen. Diese widersprüchliche Nahstellung durch Gegensatz und partielle Ähnlichkeit müßte nicht unbedingt schon von den Zeitgenossen ins Bewußtsein gehoben worden sein. Sie ist aber tatsächlich auch damals schon ausgesprochen worden. Über „Die Zukunft des Nationalsozialismus" machte sich ein „Quietus" in der „Weltbühne" 1930 Gedanken und spielte dabei ironisch durch, welche Ämter die NS-Führer im Falle einer Machtübernahme bekämen. Mit dem Chefposten im Berliner Polizeipräsidium – das solle sich Goebbels doch besser noch einmal überlegen.

„Man wird ihn nämlich sehr leicht mit dem Vizechef, Bernhard Weiß, verwechseln. Eine peinliche Sache für einen Antisemitenführer, auszusehen wie der Schauspieler Ernst Deutsch, dessen Ahnen nicht gerade aus Friesland gekommen sein sollen." [15]

Es könnte also so sein, daß Goebbels' Giftauge für die Angriffsflächen bei Weiß einen besonders klaren Blick hatte – nicht zuletzt, weil ihn ein eigenes – körperliches – Stigma scharfsichtig gemacht hatte. Im Zusammenfall von allgemeinen Trends, die die dominanten Strukturen des historisch durchgreifenden Geschehens bestimmen, mit Personen, die als Individuen so konstruiert sind, daß in ihre Strukturen die allgemeinen Trends besonders gut einschießen können – in dieser seltenen Koinzidenz haben herausragende historische Ereignisse ihre Basis.

Das Unternehmen hat mit einem methodischen Problem von fast unübersteigbarer Schwierigkeit zu kämpfen. Befragungen über die faktische Wirksamkeit der Namenpolemik sind nicht mehr möglich, da nur noch wenige Zeitzeugen leben. Von den Hauptakteuren gibt es kaum detaillierte Kalkulationen über diesen Punkt. Es muß ein besonderer Kunstgriff angewendet werden, um den höchsten noch möglichen Beweisstandard zu erreichen: konsistente Plausibilität. Um ihretwillen wird eine überzeugungsstarke (in der Sprachwissenschaft gängige, aber als [Gedanken-]Experiment eigentlich in jeder Wissenschaft angewandte) Methode angesetzt: die Weglaßprobe. Zuerst wird also die Namenattacke „Isidor" konsequent ausgeblendet, der Name während des biographischen Aufbaus kein einziges Mal genannt. Erst wenn dies Gerüst steht, wird er hinzugefügt. So wird man im dann möglichen Vergleich (anwesend/nicht anwesend) am plastischsten vor Augen führen können, welche Effekte dies Ingrediens bei seinem plötzlichen Hinzutritt zustande bringt.

Gleichwohl sollte die Möglichkeit gegeben sein, das Vorgetragene auch schon mit Blick auf die namenrelevanten Perspektiven [16] aufzunehmen. Es werden daher hier schon mit knappem Strich die Umrisse jener Folie gezeichnet, vor der man das Geschehen ablaufen lassen sollte. Man sieht die Funktion der biographischen Aspekte schon recht klar, wenn man weiß: Der Name dient als wichtiger Ankerpunkt für die Identität des Menschen. Das Bemühen der assimilierten Juden ging seit dem Anfang des 19. Jahrhunderts gerade dahin, sich eine feste Identität innerhalb des neuen, endgültigen Vaterlandes zu erkämpfen. Dabei standen Name und Freiheit bei den Juden in enger Beziehung, weil sie jenen aus Anlaß der Emanzipation (in Preußen 1812) gewählt hatten. Im Namen findet nicht nur das einzelne Individuum seinen Haltepunkt, sondern es aggregiert in ihm auch die Tradition der Familie. Namen wollen überdies nie bestimmte Seiten an einem Individuum hervorheben, sondern sie sprechen immer die (begrifflich unzerspaltene) Gesamtperson aus; dies linguistische Faktum machte Namenkämpfe für Antisemiten besonders effizient, weil sie an Juden ja nicht bestimmte Eigenschaften haßten und bekämpften, sondern überhaupt ihre gesamte Existenz. Wichtig ist, daß für Namen innerhalb der Gesellschaft ein bestimmter, in vielen Ritualen (Vorstellung, Begrüßen, Verabschieden u. ä.) festgeschriebener Vorzeigezwang besteht, der ein Verbergen unmöglich macht. Das Angriffsziel liegt also immer bloß.

Negativ markierte Namen oder Spitznamen taugen als Waffe in ernsten oder (halb)lustigen Rangkämpfen. Sie werden von Gemeinschaften auch als Ausgrenzungsmittel eingesetzt. Je höher der Angegriffene gestellt und je rigider die hierarchische Struktur der Sozietät, desto durchschlagender ist die Rang und Autorität zerstörende Kraft von markierten (Spitz)Namen. Das alte Preußen-Deutschland mit seiner Armee als eigentlichem Kraftquell der Nation war in der Weimarer Republik nicht wirklich untergegangen, sondern jene ganz aufs Hierarchische fixierte Mentalität blieb auf vielen Ebenen dominant.

Die besondere Wirkung des polemischen Einsatzes jüdischer Namen hat in kompakter und treffender Weise der Soziologe Leo Löwenthal beschrieben, zum Urteil berufen durch seine wissenschaftliche Kompetenz *und* seine eigenen Erfahrungen:

„Die Besudelung der Juden erreicht dann ihren Höhepunkt, wenn Juden, noch ehe man sagt, daß es sich um Juden handelt, durch ihre jüdisch klingenden Namen charakterisiert werden. Jetzt ist die Beute sichergestellt, und man braucht nur noch zum letzten tödlichen Schlag auszuholen. [...] Der jüdische Name ist ein Etikett, welches die Natur des Trägers deutlich bezeichnet; er ist ein Stigma, er nagelt den Juden fest, so daß er nicht mehr entweichen kann." [17]

Behält man diese Punkte im Auge, dann wird man auch ohne direkte Hinweise sofort merken, daß die dargebotenen Züge in Weiß' Biographie einer Namenattacke besonders offenstanden und daß die ausgewählten Aspekte aus Goebbels' Lebensgeschichte zeigen, daß der Berliner Gauleiter zum Kampf mit einer stigmatisierenden Waffe besonders prädisponiert war. Zuerst entstehen also durch die besonderen Auswahlprinzipien gleichsam namengeleitete Biographien.

Wie sehr man sich nun auch bemüht, in dem Abschnitt *mit* den Namenattacken auf ihre besondere Interaktion mit den biographischen Vorgaben hinzuweisen, es könnte doch der Eindruck unstatthafter Trennung entstehen. Namenkampf und historische Situation, „Isidor" und die Geschehnisse, die die extreme Markierung des Schandnamens und seine Wirkungskraft beweisen – sie bedingen sich ja gegenseitig und gehören daher eng zusammen. Um nun *beide* Perspektiven zu haben (einmal die durch Weglaßprobe synthetisch getrennte und dann die konkrete, simultane von historischem Geschehen *und* Namen), werden die Biographien geteilt. Bis zu den Kulminationspunkten sei getrennt berichtet. Bei diesen selbst aber (bei Weiß' Einmarsch in den Reichstag am 12. Mai 1932, seiner Verhaftung am 20. Juli 1932 und bei seinem letzten Prozeß) werden Situation und Isidorattacke *zusammen* erzählt, so daß man ein plastisches Bild und eine Beurteilungsmöglichkeit hat, welche Leistung Weiß in jenen Momenten abverlangt war.

Um das bisher grob Umrissene wirklich darzustellen und plausibel machen zu können, wird

1. nach dem angegebenen Modellierungsprinzip eine biographische Skizze der beiden Kontrahenten geboten, – die von Weiß vergleichsweise ausführlich, weil über ihn bisher kaum etwas geschrieben wurde und er nur über diesen einen Namenpunkt zu einer umfassenden Würdigung kommen kann. (S. 31–144)

2. werden die groben Umrisse des sprachhistorisch-sozialpsycholo-

gischen Sockels beschrieben, auf dem die beiden und auch das zuschauende Publikum standen, um dessen Bewußtsein ja letztlich gekämpft wurde. In diesem Kapitel wird also das langsame Heranwachsen der antisemitischen Namenkartographie vom Beginn des 19. Jahrhunderts bis zur Weimarer Republik gezeichnet. So sieht man, was Goebbels und den Nationalsozialisten zu Beginn ihrer Propagandafeldzüge schon als fertiges Instrumentarium zur Verfügung stand. (S. 147–164)

3. wird eine resümierende Beschreibung der Markierungstabelle jüdischer Namen (die ja aus den Namen der Juden anhand ihrer Namenänderungsanträge konstruiert ist) ergänzt durch ein zweites Namensystem. Nicht nur eines aus wirklich getragenen Namen lag nämlich zu polemischen Zwecken bereit. In jüdischen Witzen (vor allem Namenwitzen) war ein zweites, diesmal *fiktionales* Namensystem festgeschrieben, das jeder kannte und dessen Gebrauch Erzähler und Hörer dieser Witzsorte erwarteten und dann auch zu durchaus aggressiven Zwecken in die Realität übertragen konnten. Hat man die Ergebnisse von Punkt 2. und 3. vor Augen, dann hat man auch die Daten vorliegen, aus denen man die exzeptionelle Spitzenposition des Namens *Isidor* in den beiden Systemen ersehen kann. (S. 164–180, 195–210)

Es wird dann

4. gezeigt, wie das historische Erbe dieser beiden Namensysteme von Goebbels und den Berliner Nationalsozialisten tatsächlich systematisch zu polemischen Zwecken eingesetzt worden ist. Dabei wird strikt darauf geachtet, daß das Sprachmaterial aus der gängigen Alltagssprache stammt, weil es ja um ein Ringen coram publico ging. Der Kampf ums politische Bewußtsein der Massen war doch der eigentliche Zweck, daß Weiß sich ärgern sollte, vielleicht sogar nur Nebensache. Um diese Alltagsnähe zu erreichen, sind von uns über drei Jahrgänge des „Angriff" (vom 4. Juli 1927 bis zum 30. September 1930) systematisch exzerpiert worden – einschließlich der Anzeigenseiten. Die Masse der übrigen Quellen (Handakten Weiß, Prozeß- und Namenänderungsakten, Offiziersakten u. ä.) stammt ebenfalls aus dem politisch-öffentlichen Raum. Um jedoch zu zeigen, daß mit genau denselben Kampfmitteln auch in fiktionaler Literatur gearbeitet wurde, un-

sere Ergebnisse also auch für Literaturwissenschaftler interessant sind, ist in einem einzigen Falle auch Material aus einem Roman genommen worden, aus Artur Dinters: „Die Sünde wider das Blut". Gerade dies antisemitische Machwerk einzubauen, empfahl nicht allein seine feststehende weite Verbreitung [18]. Es läßt sich vielmehr auch an den zahlreichen Erwähnungen Dinters [19] im „Angriff" ablesen, wie porös die Grenze zwischen fiktionalen und politisch-realen Texten ist [20]. (S. 180–194, 210–224)

5. wird dargetan, aufgrund welcher spezifischen Charakteristika gerade der Boden des Kampfplatzes Berlin für solche Auseinandersetzungen in besonderer Weise vorpräpariert war, – vor allem durch eine bestimmte Art Witz, die das Anrempeln leicht machte. (S. 231–240)

6. Im eigentlichen Kern- und Zielkapitel wird vorgeführt, daß und wie die Nationalsozialisten beim Angriff mit „Isidor" alle Register zogen. Diese Register werden anhand systematischer Aufarbeitung der verschiedenen Verwendungsweisen in den drei Jahrgängen des „Angriff" und anderen Blättern in allen ihren Varianten ausführlich beschrieben: von der platten, offenen Beschimpfung mit „Isidor" über die für Heutige kaum noch erkennbare Anspielung auf den Namen bis zu seinen Destruktionen und seinen (aus Gründen noch durchtriebeneren Schabernacks oder auch aus juristischen Gründen gebotenen) Ersatznamen. Die von Weiß abgeleiteten herabsetzenden Kampfausdrücke für die Berliner Schutzpolizei (*Weiß-Gardisten, Isidorianer* u. ä.) dürfen hier, wo es auch um die machtpolitische Durchschlagskraft des Verfahrens geht, nicht fehlen. In diesem Abschnitt wird auch versucht, den bis dahin nur angedeuteten Zusammenhang zwischen den besonderen Namenattacken und den spezifischen Grunddaten der Biographien explizit zu machen. (S. 241–282)

7. Es wird dann ein Kapitel den gerichtlichen Abwehrkampf von Weiß zeigen, nicht nur, um seine außerordentlichen Anstrengungen dem Gedächtnis zu überliefern, sondern auch, um zu einem Urteil zu kommen, wie die Berliner Gerichte in ihren zahlreichen Urteilen gegen Goebbels und andere Nationalsozialisten solche Namenkämpfe beurteilten – von einem reflektierten

Standpunkt aus, der ein Wissen um die durchdringende Kraft namenpolemischer Waffen widerspiegelt oder (nicht nur) ihr gegenüber blind bleibt. (S. 283–351)

8. Abschließend werden bestimmte Höhepunkte der Biographie von Weiß in der angekündigten Weise erzählt. Denn: Durch die vorausgegangenen Kapitel in der Urteilskraft gestärkt, wird man jetzt vielleicht besser würdigen können, was es hieß, daß Weiß als so Beschimpfter am 12. Mai 1932 randalierende Nationalsozialisten im Reichstag verhaften ließ, am 20. Juli 1932 bei Papens Preußenschlag sich von allen am energischsten zur Wehr gesetzte und vor allem, was es gerade für ihn bedeuten mußte, nicht in Deutschland leben zu dürfen, sondern ein Emigrantenschicksal ertragen zu müssen. (S. 355–394)

Im ganzen kann man sich erhoffen, daß die Gesamtdarstellung dann einen neuen Beitrag zur Beschreibung des Nationalsozialismus und seiner Sprache erbringt, und dies von den Wurzeln des 19. Jahrhunderts her. Durch eine wohlgemischte Kombination von Erzählen und Erklären wird die eine wie die andere Sackgasse vermieden: Pures Erzählen ohne theoriegeleitete Erklärung bleibt nämlich „blind", während das noch so akribische Auszirkeln von theoretischen Gebäuden und das bloße Anhäufen von Tabellen die Vorstellung von der Sache „leer" lassen. Daß bei einem auf Ganzheiten zielenden Prozedieren immer wieder interdisziplinäre Zugriffe angeraten sind, dürfte so offen zutage liegen wie die Tatsache, daß eine plastische Vorstellung und umfassende Erkenntnis von historischen Phänomenen oft besonders gut erreicht werden, wenn man die politische Geschichte nicht direkt in den Vordergrund stellt, sondern die historische Gesamtsituation aus einem anderen Blickwinkel betrachtet. Hier ist eine kulturwissenschaftlich fundierte Sprachwissenschaft als Leitdisziplin angesetzt, dies aber mit dem erklärten Ziel, schließlich freie Sicht auf breitere Erkenntnisfelder zu gewinnen.

Dabei muß gleich eingangs betont werden: Der Blick durch ein spezifisches Prisma kann die vielen anderen Perspektiven nicht ersetzen. Der Kampf mit der Namenwaffe war nur *eine* der vielfältigen Aggressions- und Destruktionsweisen. Die wirtschaftliche Argumentation, der Kampf gegen die neue, ungewohnte Staatsform – sie waren sicherlich durchschlagender. Der Vorteil der Namenpolemik lag eher in ihrer scheinbaren Harmlosigkeit. Aber wir werden sehen: Sie hatte auch bündelnde Kraft für die anderen Argumentationsebenen.

II.
Biographische Exposition

A. Bernhard Weiß
Aspekte eines Lebensweges

1. Jugend und Studium

Bernhard Weiß [1] wurde am 30. Juli 1880 geboren. Der Geburtsort Berlin dürfte kaum weniger prägende Kraft für seine Biographie gehabt haben als die Familie, in die er hineingeboren wurde.
Der Vater, Max Weiß [2], hatte es als Getreidegroßhändler zu be-
trächtlichem Vermögen gebracht [3]. Eine vornehme Wohngegend war
selbstverständlich, zuerst die Potsdamer Straße, nahe am Potsdamer
Platz; schließlich zog man sogar zum Kurfürstendamm [4]. Die Mutter, Emma Weiß, war eine geborene Strelitz. Beide Eltern ent-
stammten jüdischen Familien, und von jüdischer Frömmigkeit und
jüdischen Lebensgewohnheiten bestimmt war die Atmosphäre des
Hauses [5]. Auch nach außenhin stand man zum Judentum: Vater
Max wurde in den Vorstand der Synagogengemeinde an der Fasanenstraße gewählt und sogar in das Kuratorium der „Hochschule
für die Wissenschaft des Judentums" [6].

Wie jüdisch also die Lebensform der Familie auch war, so zeigte
sie keinerlei Neigung zur Orthodoxie. Man versuchte – wie die
meisten jüdischen Familien – beides mit ganzer Kraft zu sein: jüdisch *und* deutsch, eben „deutsche Staatsbürger jüdischen Glaubens", genau so wie es seit 1893 programmatisch schon im Namen
des größten jüdischen Interessenverbandes, des „Central-Vereins",
hieß. Man klammerte sich also nicht an die Bräuche, die das Alltagsleben der Orthodoxen vollständig bestimmen, aber die zentralen Riten des Lebens – Beschneidung, Bar Mizwah und die hohen
Feste des jüdischen Jahres – wurden gewiß mit ganzer Hingabe begangen [7]. Mitglieder aus dem engeren Familienkreis erinnern sich
aber auch noch an Details, die dafür bürgen, daß die Familie Nicht-
Jüdisches konfliktfrei amalgamieren konnte: Man hatte eine christliche Haushälterin engagiert, ein Fräulein Fikus, „Mausi" genannt,

an der die ganze Familie innig hing und die auch von der Verwandtschaft hoch geschätzt wurde [8].

Fiel es im Kreise der zahlreichen in Berlin ansässigen Verwandten und überhaupt angesichts der zahlreichen Juden in Berlin [9] nicht schwer, das Leben in Haus und Gemeinde jüdisch zu zentrieren, so bot die stürmische Entwicklung der Reichshauptstadt auch für das zweite konstitutive Lebenselement der Familie Anhalts- und Anreizpunkte. Jüdisch *und* *deutsch* wollte man ja sein, und die ganz außerordentlich dynamische Entwicklung der Stadt konnte einen sicher machen, sein Herz damit nicht an die falsche Sache gehängt zu haben. Die sprunghafte Bevölkerungszunahme, der Aufstieg Berlins zur Industriemetropole boten beste Perspektiven für viele, besonders aber für die jüdische Gruppe [10]. Sie vor allen anderen setzte ja auf Selbständigkeit in Handel und Wandel und auf freie Berufe [11]. Daß Berlin auch „Hauptstadt der Wissenschaft" wurde [12], war besonders attraktiv, denn das seit 2000 Jahren bibelständige Volk hatte ja eine intensive Beziehung zu Wissenschaft und Forschung entwickelt, wenn auch der Staat die vielen jüdischen Talente als Universitätslehrer noch nicht mit offenen Armen empfing, sondern skeptisch sah. Die preußisch-deutschen Kaiser versuchten mit ganzer Kraft durch Prunk- und Machtarchitektur, durch proporzgerechte Paraden und opulente Selbstdarstellung Berlin zu „ihrer" Stadt zu machen. Sie blieb aber dennoch eine unangefochtene Hochburg des Liberalismus [13]. So hatten die mehrheitlich dieser Richtung zuneigenden Juden [14] denn eine doppelte Versicherung und Hoffnung: daß sie endlich, nach fast 2000jähriger Unsicherheit, Beheimatung gefunden hätten in einem mächtigen Staate, der sich sehen lassen konnte und wollte, und daß sie damit doch nicht auf die reaktionäre Seite abgedrängt waren, vielmehr ihre Kräfte einer eher liberalen Richtung zur Verfügung stellten, die dann jüdische Rechte auch achten, schützen und vor allem den jüdischen Einsatz auch schätzen werde.

Dies waren sicher auch die Hoffnungen und Strebungen der Familie Weiß, in der mit dem Sohn Bernhard außer zwei älteren Schwestern (verstorben um 1920) noch drei jüngere Brüder aufwuchsen: Franz [15], Adolf (promovierter Jurist, zur rechten Zeit nach New York geflüchtet, wo er nach 1951 starb) und schließlich Konrad,

Kaufmann von Beruf, der in den entscheidenden zwanziger Jahren auch in Berlin lebte, sich nach China retten konnte und, zurückgekehrt, in der Nachkriegszeit in seiner Heimatstadt sein Leben beendete.

Bernhard Weiß kam nach der Volksschule auf das „Französische Gymnasium", eine alte Schule mit Elitenflair und mit angehobenem Prozentsatz jüdischer Schüler [16]. Im März 1892 traf die Familie Weiß ein schwerer Schicksalsschlag. 1904 schildert ihn Bernhard als Einjährig Freiwilliger so:

> „Ich war ziemlich 13 Jahre alt, da fiel der erste Schatten auf mein Leben – der *erste* Schatten, zugleich aber auch der schwärzeste, der furchtbarste, den es für ein liebendes, liebebedürftiges Kind geben kann. Die Mutter starb. Zu früh endete ihr Leben (kaum 30 Jahre alt war sie), zu früh für mich, zu früh vor allem für meine jüngeren, kaum dem zartesten Kinderalter entwachsenen Geschwister." [17]

Mag „liebendes Kind" gängiges Klischee sein, „liebebedürftig" ist es wohl nicht, schon gar nicht in einem fürs Militär geschriebenen Lebenslauf, und deutlich abweichend innerhalb dieses Milieus war sicherlich das unmittelbar anschließende Geständnis: „Ich selbst war zu jener Zeit kränklich." Jedenfalls scheint hier etwas auf, das nicht vergessen werden darf, wenn später von vielen – Freund und Feind – wieder und wieder betont und schließlich an seinen Taten deutlich wird: Eiserne Disziplin, außergewöhnliche Tatkraft und vor allem persönliche Tapferkeit [18] waren zentrale Charaktermerkmale, die also eher als der Natur abgerungen gedacht werden müssen, als daß sie als etwas angesehen werden können, was unsensiblen Haudegen halt einfach so zu Gebote steht [19].

Um die Konstitutionsschwäche auszugleichen, gab Vater Max seinen Sohn nach dem Tode der Mutter auf ärztlichen Rat in die Familie eines Gymnasialprofessors in Rudolstadt, „einem idyllisch gelegenen Städtchen des Thüringer Landes", und dort, versöhnt mit seiner „zweiten Heimat", blieb Bernhard dann bis zum Abitur Ostern 1900 [20].

Zum Studium ging er zunächst nach Berlin zurück. Rechtswissenschaften zu studieren war für viele aufstrebende Juden der gängige Weg. Spezifischer schon fiel die Wahl einer Studentenverbindung aus. Er trat der „Freien Wissenschaftlichen Vereinigung" (F.W.V.) bei, einem progressiven, dezidiert paritätischen Zusammenschluß deutscher und jüdischer Akademiker, gegründet 1881 als prononcierte Antwort auf die steigende akademische Judenfeindschaft während des Berliner Antisemitismusstreits. Theodor Mommsen, Otto Landsberg, Paul Hirsch, Franz von Liszt waren die prominentesten Mitglieder. „Ihre Formel war liberale Weltanschauung, intellektuelle Fortbildung und gesellschaftliche Aufgelockertheit." [21] Diese Prinzipien ließen die F.W.V. später von Mensur und Fechtboden abrücken, und das wissenschaftliche Vortragswesen trat noch stärker in den Vordergrund. Um die Jahrhundertwende aber stand es um die Männerrituale noch so: „Die Bestimmungsmensur wurde abgelehnt, jedoch unbedingte Satisfaktion gegeben, d. h. im Falle einer Beleidigung stellten sich die Mitglieder zu Säbelduellen." [22] Es ist mehrfach bezeugt [23], daß da auch Bernhard Weiß „seinen Mann gestanden hat" – eine Prestigefrage vor allem für Juden, weil sie doch von vielen Akademikern als nicht satisfaktionsfähig angesehen wurden und von noch mehr Menschen als feige von Natur. Die Wahl einer wissenschaftlich orientierten Vereinigung, die überdies Juden und Deutschbürtige zusammenführen sollte, war wirkliche Herzenssache von Weiß [24]. Der Hang zu wissenschaftlicher Betätigung hat ihn nie verlassen [25].

Anfang März 1903 bestand Weiß dann nach weiteren Studien in München und Freiburg sein Referendarexamen. Vom Oktober 1903 bis zum August 1904 war Weiß Referendar am Amtsgericht in Luckenwalde und bis September 1904 am Berliner Landgericht I. An der Universität Würzburg wurde er dann mit einer umfänglichen Dissertation „Inwieweit ist der deutsche Reichstag Herr seiner Geschäftsordnung" zum Dr. jur. *et* Dr. rer. pol. promoviert, wie er in einem kurzen Lebenslauf eigens betont [26]. Ehe er dann am 17. September 1909 zum Gerichtsassessor und später zum Amtsrichter ernannt wurde, hatte er eine Etappe seines Lebens hinter sich gebracht, die für jeden aufstrebenden Preußen wichtig, für einen ehrgeizigen Juden aber dazu noch besonders heikel war: die Militärzeit. Weiß schloß sie mit einem ganz außerordentlichen Ergebnis ab. Sicher auch deswegen blieb sie für ihn prägend in besonderer Weise, bedeutsam als Kraftquell und Denkmuster für seine späteren Auseinandersetzungen.

2. Leutnant der Reserve

Ab 1. Oktober 1904 diente Weiß als Einjähriger Freiwilliger im „Chevaulegers-Regiment Kaiser Nikolaus von Rußland", eine Eskadron, die in Nürnberg stationiert war. Der Personalbogen der Offiziersakte verzeichnet u. a. die Ernennung zum Unteroffizier (Juli 1905), die Überweisung zur Reserve des Trains nach Erwerb des Befähigungsnachweises zum Reserveoffizier (30. September 1905), die Ernennung zum Vizewachtmeister d. Res. (24. August 1906) und – nach der obligaten Übung A und B (diese mußte er wiederholen) – die Aushändigung des Reserveoffizierpatents.

Was sich hier als problemlose Stufenleiter ausnimmt, war in Wirklichkeit ein einzigartiges Avancement. Dies deutlich zu machen, werden jetzt Quellen vorgelegt, die sämtlich aus dem Jahre 1907 stammen, in dem Weiß seine Wahl zum Offizier durchsetzte. Die erste Partie ist – aus besonderem Grunde – der nationalliberalen Zeitschrift „Der Deutsche" entnommen. Unter dem Titel „Offiziers-Suggestion" schrieb da ein gewisser Dr. Gg. Lomer aus Lüneburg:

„Es ist kein Zweifel, daß bei uns in Preußen der Offizierstand die durchaus erste gesellschaftliche Stellung einnimmt, und daß diese Tendenz sich mehr und mehr auch in den mittel- und süddeutschen Staaten geltend zu machen sucht. Am wenigsten wohl noch in dem demokratischen Bayern, wo man es im Münchener Hofbräuhaus noch heute erleben kann, daß der Leutnant neben dem Arbeiter, der General neben dem Handwerksmeister sitzt."

Und im Gegensatz dazu nun Preußen:

„Getragen von den Erfolgen seiner kriegerischen Betätigung, protegiert vom Könige und den ihm nahestehenden Kreisen, hat sich das Offizierkorps bei uns gesellschaftlich zu einer Stellung emporgeschwungen, die geradezu als Ausnahmestellung bezeichnet werden muß. [. . .] Das geht so weit, daß es heutzutage in gebildeten Kreisen schon fast als Schande gilt, nicht Reserveoffizier – und sei es des bescheidensten Grenzregiments – zu sein, und daß ein Zivilberuf schier darnach gewertet wird, ob aus ihm vorzugsweise die Offiziere der Reserve entnommen werden."[27] Das Offizierspatent als unüberbietbarer Spitzenwert und als unverbrüchliches Insiegel, ganz „dazuzugehören" – Weiß hatte das also. Wie schwierig es aber für Juden und in Preußen sogar völlig unmöglich war, gerade dies zu erringen, schilderte in eben demselben Band ein Major a. D. Benecke: In der deutschen Armee halte man im Gegensatz zu den andern Dreibundstaaten am veralteten Grundsatz fest, „daß auch die soldatisch und gesellschaftlich tüchtigsten Juden doch nicht Reserveoffiziere werden dürften".

„Wer die Rangliste durchblättert, ist über diesen Vorwurf sehr erstaunt, denn da finden wir Reserveoffiziere mit den Namen Levin, Guttmann, Sternheim, Marcuse, Jacobson, Schmoller, Silberschlag, Homburger und ähnlichen in großer Zahl."[28] Man müsse allerdings einräumen, daß das meist „Gewasserte" (Getaufte) seien. Der Major nannte dann für die gezielte Zurücksetzung der Juden in Preußen-Deutschland einen besonderen Grund, wenn er ihn auch selber gerade nicht für durchschlagend hielt.

„Es ist auch nicht wahr, daß die Mannschaften, wie es gewöhnlich [!] heißt[29], vor solchen Leuten [sc. Juden, die „durch Abstammung und Aussehen" auffallen] nicht genügend Subordination zeigen, denn sie gehorchen ja doch tadellos den gar nicht wenigen aktiven adligen Offizieren, die aus vielleicht bereits doppelter Kreuzung mit dem Judentum hervorgegangen sind."[30] Konstitutioneller Mangel an stabiler Autorität – eine so eingeschätzte Gruppe wollte man natürlich vor allem in der Armee Preußens nicht. Das war doch ein Staat, der sich durch strikte Hierarchien geradezu definierte und nicht zuletzt durch diese sein zusammengekämpftes, aus ganz disparaten Teilen bestehendes Imperium homogenisierte. Es ist hier aus bestimmtem Grunde ausführlich zitiert worden, nicht weil die Fakten neu wären, sondern weil es sehr wahrscheinlich ist, daß Bernhard Weiß dies alles selbst gelesen hat, denn genau im Jahre 1907 veröffentlichte er in eben diesem Band der Zeitschrift „Der Deutsche" einen eigenen Artikel über „Koloniale Propaganda".

Auf keinen Fall zu Gesicht bekam der Berliner Offiziersaspirant aber den zweiten Block Schriftstücke: die Dossiers, die genau im Jahre 1907 zwischen Berlin und München in Sachen „jüdische Reserveoffiziere" hin- und hergingen. Denn: „Geheim" und Übergabe „Von Hand zu Hand" schrieb der Königlich Bayerische Militär-Bevollmächtigte, General von Gebsattel, über einen heiklen Bericht. Der Preußische Kriegsminister von Einem habe ihm die Meinung eines freisinnigen Abgeordneten des Landtages vorgehalten, daß nämlich deutsche Juden mit Vorliebe in Bayern dienten, weil sie dort ohne weiteres zu Offizieren befördert würden. Zwar *gebe* es da jüdische Offiziere, habe er eingeräumt, aber das „ohne weiteres" als grobe Lüge zurückgewiesen.

„Ich habe im Gegenteil die Überzeugung, daß man es gerade bei den Juden besonders strenge nehme und nur wirklich tüchtigen Elementen die dienstliche Qualifikation erteile. Von den Kavallerie-Regimentern [. . .], würden außerdem die meisten Juden zu Reserveoffizieren beim Train begutachtet."

Von ihm gebeten, habe dann von Einem seine, des Ministers, Meinung offengelegt: Daß es jetzt keine jüdischen Reserveoffiziere mehr in Preußen gebe, bedauere er „gewissermaßen", weil man sie so der Sozialdemokratie zutreibe und doch überhaupt Offiziersmangel herrsche. Wenn man ihn (als Minister) befrage [31], beabsichtige er zu antworten: es stehe jedem Juden frei, diese Laufbahn zu wählen, falls er „einen Kommandeur finde, der ihn nimmt und ein Offizierskorps, das ihn wählt."

„Persönlich müsse er mir allerdings sagen, daß er beides in der preußischen Armee für undenkbar halte und sei diese ablehnende Haltung [. . .] auch vollkommen berechtigt; denn, zugegeben, daß unter Umständen auch ein Jude einmal ein guter und selbst hervorragender Offizier sein könnte, so sei doch der ganze jüdische Charakter, die ganze Denk- und Handlungsweise des Einzelnen sowie ihrer Sippe gerade von der im deutschen Offizierkorps glücklicherweise noch durchgängig vorhandenen Sinnesart so grundverschieden, daß ein Eindringen jüdischer Elemente in das aktive Offizierkorps nicht nur für schädlich, sondern für direkt verderblich zu erachten sei." [32] So aufgeklärt, habe er – Gebsattel – dann dem Minister versichert: Das sei genau seine und gewiß auch die Meinung des Königlich Bayerischen Kriegsministeriums.

Mit diesen geheimen Schriftsätzen hat man ein Paradebeispiel für die Vorurteilsstruktur vor sich, die Juden wie Bernhard Weiß aufbrechen mußten und wollten: Im Falle des *einzelnen* tüchtigen Juden sagte man: „Eigentlich ja". Schließlich aber meinte man dann doch: „Nein". Bei der „ganzen Sippschaft" zog man ein Ja erst gar nicht in Erwägung. Zudem jonglierte man noch zwischen zwei Urteilspositionen: Einmal hatte man da eine „Meinung als Minister", in der man zunächst die Gleichheit des Rechts vorschützte, um eben diese dann kurzerhand als wirklich Situationsmächtiger mittels der „privaten Meinung" faktisch zu desavouieren.

In seiner Antwort versicherte das Bayerische Kriegsministerium am 2. Februar 1907 seinem Vertreter in Berlin dann – wiederum „Geheim!" und „Von Hand zu Hand" –, daß der von ihm vertretene Standpunkt vollkommen einwandfrei sei. Es schickte überdies eine Zusammenstellung mit, aus der hervorging: Von den mehr als 2500 Offizieren des Bayerischen Heeres waren drei Juden im aktiven Dienst, zwei davon getauft; drei waren im Sanitätskorps und 48 als Reserveoffiziere im Heer, davon 6 im 3. Train-Bataillon: Alberti, Steinlein, Sieskind, Berliner, Berlin, Bamberger [33]. Weiß war also noch nicht dabei, aber ab 11. Februar 1908 (nachdem er schriftlich versichert hatte, daß er keinerlei laufende Ehrenhändel habe, und nachdem ihm einer der fünf benannten Gutachter, der Generalmajor Lorenz, attestiert hatte: „tatkräftig, liebenswürdig, ehrliebend, von vornehmer Gesinnung") [34] – nach diesen Prozeduren, bei denen der Ehrenpunkt offenbar eine zentrale Rolle spielte, gehörte er also dazu. Hält man sich die dargebotenen Dokumente vor Augen, weiß man, welch unerhörter Schritt das war und daß er überdies nicht auf festen Grund führte, sondern auf schwankenden.

3. Der Erste Weltkrieg.
Charaktermerkmale des Rittmeisters Weiß

Über Weiß' Zeit als Gerichtsassessor und als Amtsrichter ist kaum etwas überliefert [35]. Engagiert war er im „Verein zur Abwehr des Antisemitismus" [36], und er trat auch dem „Antizionistischen Komitee" des „Vereins für religiös-liberales Judentum" bei [37]. Plastische Schilderungen und aussagekräftige Dokumente gibt es erst wieder vom Ersten Weltkrieg, als sich die Juden aufmachten, dem deutschen Vaterland endgültig zu beweisen, daß sie wirklich zu ihm gehörten und nirgendwo anders Heimat haben wollten. Es steht fest: 10 653 Juden zahlten diese blutige und später doch zurückgewiesene Beweisführung mit dem Leben. In der Familie Weiß sah es so aus: Alle vier Söhne zogen in den Krieg. Ein Vetter erinnert sich an eine für arrivierte Juden sicherlich typische Szene:

"I was always impressed when, at the end of the high holidays, the soldiers in uniform were blessed by the Rabbi at the altar. There your father (d. i. B. Weiß), as well as his brothers, appeared in uniform and my father always greeted your grandfather (d. i. Max Weiß) and his sons who were sitting not too far from us. Some of your uncles were officers and the youngest was wounded in the face very severely during the war." [38]

Am 3. August 1914 kam Weiß als Zugführer zur Bayerischen Reserve Sanitätskompanie 5, wurde am 1. Oktober 1916 als Oberleutnant zum Kommandeur der 9. Sanitätskompanie ernannt, am 22. Februar 1917 zum Res. Infanterie Regiment 14 versetzt und am 24. März mit dem Patent vom 17. Januar 1917 zum Rittmeister befördert. Hauptmann in einer Reitereinheit – das war auch für arrivierte Kreise der alten „deutschen" Familien der Anfang besonderer Nobilitierung. Für einen deutschen Juden paßte es eigentlich nicht mehr in den Rahmen des bisher Vorstellbaren. Nur ganz besondere Leistung im Felde konnte solch außergewöhnlichen Aufstieg möglich gemacht haben, und bedenkt man, daß eine Sanitätskompanie nun keineswegs weit hinter den Linien operiert, sondern zwischen den Lazaretten und der Front pendelnd alles mitbekam: die Niederlagen und die oft nicht weniger blutigen Siege, so ist klar, daß hier nur Menschen mit besonderer Belastbarkeit durchhalten und nur besonders Tatkräftige zu hohen Posten kommen konnten. Die Offiziersakte hat detailliert festgehalten, daß Weiß tatsächlich in vorderster Front mitmarschiert ist. Selbst wenn man einrechnet, daß man sicher dazu neigte, terminologisch nach oben zu greifen, sind folgende (nach Ort und Zeit einzeln spezifizierte) Eintragungen doch hinreichend aussagekräftig: An 9 „Schlachten", 8 „Stellungskämpfen", 3 „Gefechten", 2 „Kämpfen" und schließlich am „Angriff an der Scarpe" hat Weiß teilgenommen. Am 18. April 1917 wurde er „durch einen Gewehrschuß in den linken Unterarm (Knochenverletzung)" verwundet [39]. Er erhielt das EK II, das EK I und bekam fünf weitere Orden [40]. Kennt man Weiß' Einsatz im Krieg, so hat man eine Vorstellung, was es ihm bedeutet haben muß, seine Militärzeit von Nationalsozialisten – und ausgerechnet vom Nichtgedienten Goebbels – in den Schmutz gezogen zu sehen [41].

Hätten sich die Nationalsozialisten auch über die Offiziersakte Weiß' hergemacht, so hätten sie sicher drei Fakten auszubeuten versucht.

Erstens: Im Oktober 1917 meldete sich Weiß von Berlin aus wegen eines Knieleidens krank; er legte zwar zwei ärztliche Gutachten vor, wurde aber am 19. März 1918 beim Regiment untersucht, wieder k. v. (= kriegsverwendungsfähig) geschrieben, weil ein „krankhafter Befund nicht erhoben werden kann" – Drückebergerei natürlich! Die Wahrheit war: Schon vor dem Krieg, am 2. März 1912, hatte Weiß' Regiment von der Knieverletzung durch ärztliches Gutachten Nachricht bekommen und am 6. März die Triftigkeit der Behinderung (durch Verschiebung der Übung) ausdrücklich anerkannt [42]. Am 13. März 1913 hatte der behandelnde Arzt Dr. Strelitz (der Bruder der Mutter) von dieser Knieverletzung dem Regiment erneut Mitteilung gemacht.

Zweitens: 1911 bat Weiß um die Befreiung von der Übung; er plane für neun Monate ins Ausland zu gehen, „um daselbst kolonialwissenschaftliche Studien zu treiben" – natürlich eine Ausrede! Keineswegs, denn im oben angeführten Aufsatz „Koloniale Propaganda" führt Weiß, ungewöhnlich für diesen Zeitschriftentyp, nicht weniger als vier bibliographisch genau nachgewiesene Schriften zu kolonialen Erziehungsfragen an.

Und drittens eine fast groteske Begebenheit: Am 9. November 1916 wurde Weiß wegen „eines militärischen Vergehens des Ungehorsams" mit einem Tag Stubenarrest bestraft – ein krimineller Übeltäter also! Der Tatbestand war, daß er bei nächtlichem, fliegerbedrohten Abmarsch gegen Befehl zwei Kühe mitgenommen hatte, die der Ortskommandierende von Vis en Artois der Sanitätskompanie (ausdrücklich leihweise) zur Verfügung gestellt hatte. Weiß bekannte formales Unrecht ein, beharrte aber darauf, gegen den Sinn solcher Befehle nicht verstoßen zu haben: Der Viehbestand sei nicht gemindert worden, denn die nachrückende Sanitätskompanie habe sieben Kühe mitgebracht. Das verhandelnde Militärgericht erkannte das an und attestierte ausdrücklich: „Oberleutnant Weiß hat auch zweifelsohne sich zu seinem Vorgehen durch die Sorge für die Verwundeten leiten lassen, für die er Milch sicherstellen wollte." [43] Dieser Vorfall, der fast pittoreskes Kolorit in die doch sonst tödliche Szenerie bringt, kann zeigen, welch seltsamen Fährnissen Menschen im Ersten Weltkrieg ausgesetzt gewesen sind.

Präzisere Auskunft über wirklich Wesentliches bekommen wir in den Militärgutachten über ihn. Hier sollen nicht alle – in steigendem Maße – positiven Qualifizierungen aufgehäuft werden [44]; eine lautete jedenfalls: „Ehr- und Taktgefühl entwickelt" [45]. Es soll hier vielmehr über eine etwas genauer berichtet werden, die ihre Existenz einer gewissen Krisensituation dankt. Sie deutet überdies auch die Struktur einer Psyche an, die Judentum, Preußentum, besonderen militärischen Anspruch und obendrein noch die permanenten Unterstellungen militärischer Unfähigkeit in Balance zu bringen hat. Von seiner Versetzung zur Infanterie war Weiß nicht begeistert gewesen. Diese Tatsache schrieb der Ausbildungsleiter des Kompanieführerkurses dem nunmehr 37jährigen ins Zeugnis und sprach dem Rittmeister die Eignung zum Kompagnieführer ab.

„Konnte vor der Front nicht verwendet werden, da bei ihm alle Voraussetzungen für die Führung infantristischer Abteilungen – auch unter Kompaniestärke – fehlten."

Angesichts der sonst durchweg guten Beurteilungen dürften hier Ressentiments im Spiele sein, gegen Weiß, gegen Juden und vielleicht auch gegen die Kavallerie. Der Kommandeur von Weiß' Infanterieregiment wandte sich denn auch ausdrücklich gegen diese Abqualifizierung: „Rittmeister d. Res. Bernhard Weiß ist ein körperlich und geistig sehr gut veranlagter Offizier."

Er fügte aber hinzu:

„Er besitzt einen über alle Maßen hoch entwickelten Ehrgeiz, der nicht immer vorteilhaft in die Erscheinung tritt. Sehr von sich und seinen Leistungen eingenommen, neigt er zu starker Überempfindlichkeit, die oft eine Trübung seines sonst klaren Urteils zur Folge hat und im Verkehr mit Vorgesetzten mitunter auch den unbedingt nötigen Grad von Bescheidenheit vermissen läßt."

Wenn auch nicht gut verstanden, gut getroffen jedoch könnten hier die psychischen Strukturprobleme aufstrebender Juden durchaus sein: War tief hinabreichende Gelassenheit ohnehin nicht hervorstechendes Merkmal des preußisch-militärischen Habitus, so konnte sie stilprägend schon gar nicht bei Juden sein, die durch feste Vorurteilssysteme der Mehrheitskultur gezwungen wurden, preußisches Wesen und Leistungsstärke dauernd in besonders überzeugender Weise unter Beweis zu stellen. Daß es Weiß genau in diesem Punkt besonders weit gebracht hatte, rühmte auch der Regimentskommandeur ausdrücklich:

„Im Gefecht hat er seine Kompagnie jederzeit gut geführt und ihr vor allem in Bezug auf persönliche Tapferkeit und Willenskraft stets ein sehr gutes Beispiel gegeben. Seine Anordnungen waren zielbewußt und meist zweckentsprechend. [. . .] Seine Untergebenen, bei denen er volle Autorität genoß, behandelte Rittmeister Weiß mit großem Wohlwollen."

„Eignet sich für seine gegenwärtige Stellung" (Kompanieführer) – so lautete das abschließende Urteil des Regimentskommandeurs, und solchen Beurteilungen hatte es Weiß dann zu danken, daß er sogar mehrfach zum Stellvertretenden Bataillonskommandeur ernannt wurde.

4. Aufstieg im Polizeipräsidium Berlin

Inzwischen war sein Talent aber auch den Berliner Zentralbehörden aufgefallen. Das brachte eine Wende in seine Biographie – wiederum verbunden mit einem außerordentlichen Avancement. Der Preußische Minister des Innern, Bill Drews, wandte sich höchstpersönlich an das bayerische Kriegsministerium und bat, Weiß für eine Stelle im Berliner Polizeipräsidium freizugeben [46]. Das war ein Schritt über eine Grenze, die in Preußen seit 1812 (und vorher natürlich allemal) für unübersteigbar gehalten wurde: Glaubensjuden schloß man von Staatsstellen im machtnahen Bereich aus. Bill Drews hat später festgehalten, warum beim Bruch mit dieser Tradition die Wahl ausgerechnet auf Weiß gefallen war: „Der erste müsse auch der beste sein" [47]. So lautete das Urteil des letzten Königlich Preußischen Innenministers.

Weiß war der Sprung in eine Behörde gelungen, die seit je als besonderes Machtzentrum gegolten hat und als ein militärisch organisiertes obendrein. Die alte Polizei wurde ja angesehen als ein Machtinstrument, mit dem der König seinem volksunabhängigen, eigentlich nur Gott verantwortlichen Willen Respekt verschaffte [48]. Genau diese Machtbefugnis über Menschen sollte Juden vorenthalten bleiben.

Nach der Abdankung der Monarchie mußte der Polizei ein ganz anderer Charakter gegeben werden. Jetzt war sie „ausführendes Organ des sittlichen Ordnungswillens des Volkes selbst" [49]. Weiß sprach später in Formulierungen wie: „in unserem jungen Volksstaat, der in der Polizei nicht mehr ein volksfeindliches Instrument der drohenden und strafenden Obrigkeit sieht, sondern ein Organ des Volkes" [50]. Daß sie zudem eine der wichtigsten Stützen der Weimarer Republik gewesen ist, galt bis vor wenigen Jahren als ausgemachte Sache. Neuere Forschungen haben aber nicht so sehr die Bedeutsamkeit der Preußischen Schutzpolizei in Frage gestellt, sondern nur den Mythos von ihrer Zuverlässigkeit und ihrer Durchschlagskraft [51]. Die hatte man nämlich in einer Weise überhöht, daß man sogar an eine Widerstandsmöglichkeit beim Papenputsch 1932 geglaubt hat. Artur Rosenberg [52], als einziger mit einem skeptischen

Urteil, konnte sich kein rechtes Gehör verschaffen neben den scheinbar gewichtigeren Stimmen von Zeitzeugen, z. B. dem Protagonisten Severing, der in durchaus positivem Sinne formuliert hatte: „Die Geschichte der Republik ist untrennbar verbunden mit der Geschichte der Polizei, wie sie in neuen Formen nach dem Kriege entstanden ist." [53]

Welcher Position man auch zuneigt, in einem sind sich sogar noch die disparatesten Stimmen einig: über die außergewöhnliche Wichtigkeit der preußischen Polizei und da vor allem der Berliner Polizei, „die ja von größter staatspolitischer Bedeutung ist" [54]. „Wer Berlin hat, hat das Reich" – dieser Satz galt 1918, als Weiß seine Tätigkeit im Präsidium begann, und an ihrem Ende, 1932, stand der Satz nicht weniger fest.

Es ist hier etwas vorgegriffen worden, um sogleich die Perspektive anzudeuten, in die der Aufstieg von Weiß gestellt werden muß – und nun die Schritte im einzelnen, bis zu dem Tag, als er Vizepräsident wurde.

a) Stellvertretender Leiter der Kriminalpolizei

Im Sommer des Jahres 1918 kam Weiß also in das damals noch *Königliche* Polizeipräsidium – kein von den revolutionären Umwälzungen nach oben getragener Mann also. Diesen in alter Legitimität wurzelnden Anfang seiner Karriere hat er öfter mit Stolz betont:

> „Nicht erst unter der Republik von Weimar bin ich Polizeifachmann geworden, sondern ich habe schon der alten königlich preußischen Polizei an leitender Stelle angehört und habe den Zusammenbruch des Kaiserreichs bei der Berliner Polizei erlebt." [55]

Weiß wurde unter dem Dezernenten Hoppe [56] Stellvertretender Leiter der Kriminalpolizei. Nichts ist für die kurze monarchistische Zeit überliefert, das auf eine besondere Bedeutung des Ankömmlings deuten könnte. Den revolutionären Umbruch hat er in einem Rundfunkvortrag 1949 selbst geschildert. Es wird von ihm hier berichtet, weil sich da bestimmte Grundeinstellungen zeigen, die Weiß das ganze Leben begleitet haben:

„Ich saß im Polizeipräsidium in einem Dienstzimmer [. . .] da erschien in der Alexanderstraße eine riesige Volksmenge, an der Spitze Karl Liebknecht, Adolf Hoffman und Ledebour. Es ging zunächst ganz gemütlich zu. Ich sehe noch die Droschke zweiter Güte vor mir, auf der ein Photograph stand, der wohl die Erstürmung des Polizeipräsidiums aufnehmen wollte. [. . .] Bald wurde es etwas ungemütlicher. Die Volksmenge drängte in den Lichthof des Polizeipräsidiums, zwang die alten ‚Blauen‘ [. . .] – meist ehemalige Feldwebel mit dem Zivilversorgungsschein und von etwas behäbigem Körperausmaß – zur Entwaffnung. Und die Führer eilten in die geheiligten Räume des damaligen Polizeipräsidenten von Oppen, [. . .] erklärten ihm, daß sein Regime nun ein Ende habe und präsentierten als neuen Polizeichef den Kommunisten Herrn Eichhorn. Eichhorns Herrschaft dauerte freilich nicht lange. Sein Nachfolger wurde der Sozialdemokrat Eugen Ernst, und nun begann die Demokratisierung der Polizei." [57]

Weder Begeisterung noch Bewunderung für den revolutionären Qualitätssprung findet sich im Text, eher leise Ironie. Eine ernstzunehmende Perspektive öffnet sich erst, als die SPD, eine festgefügte Organisation, das Heft in die Hand bekommt. Ganz deutlich: Da spricht einer, dem Staat und Unordnung besonders weit entfernte Begriffe sind.

Die Organisationsleistung, die dem neuen Regime (und seinem Helfer Weiß) nun abverlangt war, hatte zunächst einmal vollkommen widersprüchliche Struktur: „die alten ‚Blauen‘" waren nicht nur selbst ehemalige Feldwebel, sondern die Armee stand auch hinter ihnen, und dies noch obendrein in ruhigen Friedenszeiten, als Aufruhr nicht zu befürchten war. Der neue Staat hingegen, auf Demokratisierung und „Volkspolizei" eingeschworen, mußte gleich eingangs durch Zeiten revolutionärer Umbrüche und Straßenaufruhr [58]. Das forderte eigentlich eine stabil-kompakte Polizeitruppe und dazu eine neue demokratische Einstellung. Die Zeitverhältnisse waren aber so, daß genau dies beides nicht sofort zu haben war und daß man eigentlich mit genau dem Gegenteil des Erforderlichen sich auseinanderzusetzen hatte.

Es gibt zahlreiche umfassende Arbeiten, die die unübersichtliche,

durch Brüche und Umschwünge, Ansätze und Neuansätze gekenn-
zeichnete Organisationsgeschichte der neuen Polizei nachzeichnen [59].
Das braucht hier nicht nacherzählt, wohl aber einfach aufgezählt zu
werden, damit man sieht, in welchem Chaos einer, der auf einen
festen Ordnungszustand hinauswollte, sich zurechtfinden mußte. In
drei große Phasen teilt Johannes Buder den Ablauf: 1. revolutionäre
Phase 1919/1920 mit der Sicherheitspolizei; 2. 1920–1922 die Organisation der Schutzpolizei; 3. Das Preußische Schutzbeamten-
gesetz 1923. In der ersten stellte der spartakistische Polizeipräsident
Eichhorn z. B. zunächst eine „Sicherheitstruppe Groß-Berlin" auf.
Sie wurde zwar im März 1919 aufgelöst; die dann eingeführte „Sicherheitspolizei" hatte aber nicht souveränen Status mit unange-
fochtenem Gewaltmonopol, sondern sie hatte in Berlin mindestens
drei parallel weiterexistierende Konkurrenzgruppen: 1. die mit Unterstützung der Reichswehr aufgestellten „Einwohnerwehren",
2. die „Republikanische Soldatenwehr" unter der Führung von Otto
Wels und 3. die Freikorps [60], und wir werden gleich sehen, daß Weiß
die Ansprüche der Kripo sogar gegen fünf konkurrierende Gruppen verteidigen und durchsetzen mußte.

Die „Sicherheitspolizei" war den Alliierten zu militärisch. Sie forderten auf der Konferenz in Spa die Entmilitarisierung innert drei
Monaten. Ein Abkommen legte die Zahl der deutschen bewaffneten Polizeiexekutive auf 150 000 fest, wovon 85 000 auf Preußen
fielen. Jetzt baute man die „Schutzpolizei" (Schupo) auf, ohne der
„Sipo" besonders nachzutrauern, die sich beim Kapp-Putsch – der
auch für Weiß eine wichtige Veränderung bringen sollte – als un-
zuverlässig erwiesen hatte [61].

Wenn es in solch turbulenten Zeiten schon schwerfällt, überhaupt
Politiker zu finden, von denen man zu Recht sagen könnte, daß sie
das Steuer fest in der Hand hatten und die Wirklichkeit nach
ihrem Willen formen konnten, so läßt sich das natürlich auf keinen
Fall von dem Stellvertretenden Leiter eines Behördenteils sagen, der
personell noch eher knapp ausgestattet war [62]. Dennoch: Es sind
Dokumente überliefert, die zeigen, daß Weiß' konzeptionelle Kraft
schon damals erkannt und eingesetzt wurde. Als es im November
1919 galt, die immer noch konkurrierenden „Nebenkripos" systematisch zu durchleuchten und aufgrund ihrer Dysfunktionalität

die sofortige Auflösung zu fordern, da ließ der SPD-Polizeipräsident Eugen Ernst nicht den (von Weiß selber gerühmten) Chef der Kripo, sondern eben Weiß berichten. Der erstellte ein 16seitiges Gutachten, über das in den Anmerkungen genauer referiert wird. Hier soll nur kurz gesagt werden, daß es eine genaue Analyse der fünf rivalisierenden kriminalpolizeilichen Institutionen (meist revolutionärer und militärischer Provenienz) bot, und dazu Vorschläge, nach welchen Prinzpien man den Machtkampf beenden und die staatsnahe Kriminalpolizei wieder zur allein situationsmächtigen machen könne [63]. An solchen Schriftstücken wie auch an seinem sonstigen Verhalten muß den demokratisch Gesonnenen aufgefallen sein: Jemand, der juristisch *und* militärisch geschult war, aber gleichwohl nicht an alten Vorstellungen hing und schon gar nicht gewillt war, seine soldatischen Tugenden und beträchtliches Durchgriffsvermögen reaktionären und revolutionären Abenteurern zur Verfügung zu stellen, der vielmehr die Anmaßung sogar von Militärstellen ohne Umschweife zurückwies – so einer schien geeignet, die langersehnte liberale Demokratie mitaufzubauen. Daher fiel die Wahl auf Weiß, als es nach dem Kapp-Putsch, der die Schutzbedürftigkeit der jungen Demokratie deutlich gemacht hatte [64], darauf ankam, einen Mann zu finden, der eine Abteilung der Kriminalpolizei aufbauen konnte, die als Neuerung allen ganz unabweislich schien: die „Politische Polizei", die später berühmt-berüchtigte IA.

b) Chef der „Politischen Polizei"

Weiß war damit in eine besonders heikle Position gekommen: Verbrechen aus politischen Motiven (Fememorde z. B.) und auch die Anschläge, die eigentlich der jungen Demokratie galten, waren jetzt sein Ressort. Hier begann eine folgenreiche Identifizierung: „Judenrepublik" wurde der neue Staat von allen beschimpft, die eigentlich bei dem alten bleiben oder einen rechtsrevolutionärer Prägung haben wollten. Daß nun ausgerechnet auch ein Jude zum offiziösen Verteidiger des so diffamierten Staates geworden war, hatte für Böswillige geradezu Beweischarakter für ihre Eingangsbehauptung. Weiß publizierte 1928 ein Buch über „Polizei und Politik". Hier hat er diesen Zusammenhang offen angesprochen, ohne seine Person zu schonen oder zu verstecken. Am Schluß eines größeren Kapitels über politische Delikte berichtete er zuerst über einen Verbrecher aus angesehenem jüdischen Haus und dann über einen gewissen Erwin Niebuhr, der es als Deutschvölkischer mit der IA zu tun bekam. Eine Vorladung hatte er so beantwortet:

> „Als Deutschvölkischer lehne ich Vernehmungen und Unterhandlungen mit Abteilung IA solange ab, wie der bekannte Leiter dieser Abteilung, Herr Dr. Weiß, dort ist. Daß dieser Herr kein Recht hat, sich Deutscher zu nennen, dafür ist seine Konfession pp. (jüdischer Abstammung) maßgebend. Solange ein Jude Leiter der IA ist, lehne ich als Deutschvölkischer Unterhandlungen mit pp. ab. Deutschland gehört den Deutschen. Weitere Zuschriften pp. übergebe dem Papierkorb. Finden keine Beantwortung." [65]

Zwar hatte Weiß als allgemeines Rüstzeug für die Beamten der Politischen Polizei „ein genügendes Maß von Unempfindlichkeit gegen politische Angriffe" empfohlen [66] und sich selber besondere Unempfindlichkeit attestiert [67], hier schien ihm aber Klage vonnöten, weil ein ganz grundsätzlicher Angriff auf die neue Basis des Staates vorliege. Zwei Monate Gefängnis brachten seine Auslassungen dem allerdings schon vorbestraften Niebuhr ein [68]. Gab es in anderen Fällen keine so zielsicheren Eingriffsmöglichkeiten, so verteidigte er die Politische Polizei auch mit anderen Mitteln. Ein Zitat aus einem Zeitungsaufsatz „Das Vertrauen zur politischen Polizei" stellte er gleich ins Vorwort des Buchs:

> „Die Berliner politische Polizei ist es gewöhnt, mit Schmutz beworfen zu werden. Das kümmert sie nicht, sofern die Angriffe von Feinden des bestehenden Staates ausgehen [. . .] sie ist auf die Mißtrauenskundgebungen dieser Seite im Grunde stolz. Das Mißtrauen, die Feindschaft der staatsfeindlichen Presse zeigt ihr, daß sie sich mit ihren Maßnahmen zum Schutze der bestehenden Republik auf dem richtigen Wege befindet." [69]

Da spricht einer, der Feindschaft offensichtlich nicht fürchtet und auch zuzupacken versteht – mit Worten nur oder auch in Wirklichkeit? Die Zeiten revolutionärer Unruhe von rechts und links gaben

Gelegenheit, Taten folgen zu lassen – in scheinbaren, wenngleich bezeichnenden Nebensächlichkeiten, aber auch in gefährlichen Entscheidungssituationen.

Um mit den kleineren Begebenheiten zu beginnen, einer, die Weiß mehrfach erzählt hat [70], sicher weil sie tief blicken läßt: Am 14. Juli 1920 hißte die Französische Botschaft unter den Linden zum Nationalfeiertag die Trikolore. Weiß wußte, daß das ein rotes Tuch sein mußte für die Rechten, für die der Krieg noch immer nicht zu Ende war und für die er auf alle Fälle mit dem falschen Ergebnis geendet hatte. Er befürchtete Provokationen und ordnete strenge Bewachung an. Eine Stunde später war die Trikolore in den Staub getreten. Seinen schweren Vorwürfen hielt der wachhabende Offizier, Hauptmann von Zangen, entgegen: „Sie können von einem deutschen Offizier nicht verlangen, daß er die französische Fahne schützt." [71] Genau das verlangte Weiß aber von seinen Untergebenen, nicht nur, weil er damals schon für Völkerverständigung eintrat, sondern vor allem, weil er die Trennung staatspolitischer von parteipolitischer Gesinnung für die Basis polizeilichen Handelns überhaupt hielt [72]. Nichts anderes als „Dienst am Staat und für den Staat" sei die Pflicht der Polizei, und diese alt klingende Formel schützt er in einem Nachsatz vor reaktionärer und auch nationalmythischer Interpretation: „und zwar für den Staat in seiner gegenwärtigen Gestaltung wie er seine Grundlage in der Verfassung findet, also, was Deutschland betrifft, für den demokratisch-republikanischen Staat" [73]. Daß man, treu zu dieser Art Dienst stehend, das eine Mal von den Rechten und das andere Mal von den Linken angegriffen werde, hat er als Selbstverständlichkeit gesehen und stets eine ganz untheoretische Art von Totalitarismustheorie vertreten [74]. Gegen Rechts und Links also müsse man gleich wachsam sein. Mit dieser politischen Grundposition und seinen bürgerlichen Neigungen fühlte er sich natürlich sehr früh zu liberalen Positionen hingezogen, wie viele Deutsche jüdischer Abkunft das taten und zu wenig Deutsche deutscher Abkunft.

Auf diese Weise mit der Demokratie und den Demokraten verbunden, muß ihm die Ermordung Rathenaus besonders ans Herz gegangen sein. Er hatte als Chef der Politischen Polizei die Mörder zu jagen, und man geht nicht fehl in der Annahme, daß er es mit besonderer Energie tat, denn er ahnte 1922 zumindest, was er dann 1942 in einem Leserbrief klar ausgesprochen hat:

„Niemand weiß besser als ich, daß sich die Deutsche Republik nach der Ermordung Rathenaus politisch schwach erwiesen hat. Damals war die beste – und vielleicht die letzte Gelegenheit, mit den Faschisten und ihren offenen und geheimen Anhängern ein für allemal aufzuräumen. Eine Welle der Volkswut ging damals über Deutschland. Vergessen war der Kampf gegen Spartakus. Die Demokratie der politischen Sauberkeit erhob ihr Haupt. Sozialdemokratie, Demokratie, Zentrum, Deutsche Volkspartei einten sich unter dem Kampfruf des Reichskanzlers Wirth: ,Der Feind steht rechts'. Und die politische Rechte, von Angst gepackt, begann (ähnlich wie im November 1918) in die Mäuselöcher zu kriechen: die deutschnationale Reichstagsfraktion schloß die 3 antisemitischen Extremisten Wulle, Henning, v. Graefe aus." [75]

Der deutschnationale Abgeordnete Helfferich, der am Tage vor der Ermordung eine Hetzrede gegen den Ermordeten gehalten habe, „schickte seinen Bruder zu mir (den damaligen Leiter der politischen Polizei), mich fragend, wie er am besten der Volkswut entgehen könne" – in dieser Situation also hätte die Demokratie mit ganzer Kraft durchgreifen müssen – so wie es eben Weiß tat.

Wie wenig auch über seine Untersuchungsmethoden im Fall Rathenau überliefert ist, wie wenig er – bis auf einen Fall [76] – selbst verständlicherweise über diese Methoden gesprochen hat, in seinen Handakten befindet sich ein Urteil des Berliner Kammergerichts, das ihm nach langen – auch in der Presse ausgetragenen [77] – Kämpfen attestierte, er habe die Brüder Ernst Werner und Hans Gerd Techow und den Kaufmann Angermann zu Recht „unmittelbar vorgeführt", weil sich nahe Beziehungen zwischen dringend Tatverdächtigen und ihnen ergeben hätten. Zu Recht auch habe er sie vom 27. Juni mittags bis zum 29. Juni und dann wieder vom 2. Juli mittags bis zum 3. Juli abends in Haft gehalten – drei Tage also! [78] Nimmt man die §§ 128, 132 und 341 der (damaligen) Strafprozeßordnung als Hintergrund, die von einer 24-Stunden-Frist ausgehen, dann sieht man, daß Weiß hier bis an die Grenze des Möglichen ging.

Zur vollen Ausschöpfung seiner Kompetenzen neigte Weiß aber auch, wenn es gegen die Marxisten ging. Am 7. Mai 1923 ließ er nach rohen Rüpeleien drei KPD-Abgeordnete im Preußischen Landtag verhaften – dies eine kleine Vorübung zur Aktion, die er neun Jahre später im Reichstag gegen die Nationalsozialisten durchführte [79]. Eine andere allerorts besprochene Par-force-Aktion (nur der Tatort hindert, „Razzia" zu sagen) schien einen Knick in seine Karriere zu bringen: Im Mai 1924 flüchtete ein vermutlicher Sowjetspion in die russische Handelsmission. Weiß ließ – ganz auf eigene Faust handelnd [80] – das durch diplomatenähnlichen Status geschützte Gebäude von oben bis unten durchkämmen, um den Verdächtigen zu fassen. Die Russen zeigten sich empört und forderten die Entlassung des rabiaten Weiß. „Die Weltbühne" blieb einigermaßen moderat, sprach von Weiß' Ressortegoismus, von seinem allgemeinen und vor allem von dem besonderen Ehrgeiz, es dem „Reichskommissar für die öffentliche Ordnung", Kuenzer, gleichzutun, der die deutsche Tscheka ausgehoben hatte [81]. Die Fakten könnten durchaus richtig getroffen sein, eine gerechte Bewertung schon weniger. In der Klemme zwischen Reichs- und preußischen Zuständigkeiten, hatte Weiß tatsächlich die nicht unverständliche Tendenz, sein Ressort und die Rechte Preußens zu stärken [82], auch dies ein Anhaltspunkt, daß man bei seinen Auseinandersetzungen mit Goebbels mit einem gewissen preußischen Pathos als Handlungsmaxime und psychische Grundkomponente zu rechnen hat.

Dem öffentlichen und ausländischen Druck wegen dieses deutschrussischen Zwischenfalls konnte sich das Innenministerium nicht entziehen. Es enthob Weiß seines Postens und ließ ihn fortan in der Polizeiabteilung des Innenministeriums mitarbeiten – nicht unbedingt ein Abstieg, denn für jeden, der seine Karriere im Auge hat, dürften Kontakte zu den Ministerialen ein besonders wichtiger Faden im Netz seiner weitläufigen Verbindungen sein. Und es war noch viel weniger ein Abstieg, wenn man bedenkt, welch wichtige Aufgaben Weiß dort übernahm: Er bereitete mit Glaeser die Gründung des Landeskriminalpolizeiamtes vor (s. u. S. 56). Es wird ausdrücklich betont, daß Weiß damals als der mit-geborene Leiter dieser neuen Institution erschienen sei. Aus besonderem (uns später einsichtigem) Grunde „haben sie nach reiflicher Überlegung bewußt

51

den zunächst naheliegenden Gedanken abgelehnt, die Zentrale der Landeskriminalpolizei – nach dem Vorbild des sächsischen Landeskriminalamts – selbständig zu gestalten oder mit dem M. d. I. zu verbinden." Eine dem Berliner Polizeipräsidenten untergeordnete Abteilung sollte es sein [83].

Die hier dargestellten Fälle haben etwas Spektakuläres an sich. Man könnte meinen, Weiß sei so richtig der Mann fürs Grobe gewesen, ungeeignet zu Einsätzen, bei denen klare Stellungnahme *und* feines Abwägen subtiler Materien gefordert sei. Weiß hat sich später in einer seiner verschiedenen Äußerungen zu Fragen der Theaterzensur [84] gegen den Verdacht zur Wehr gesetzt, seine Verbotsfreude lasse ihn mit einer vormärzlichen Zensurmethode, ja geradezu mit einer „Polizeidiktatur im Interesse von Ruhe und Ordnung" liebäugeln. Für seine Liberalität hatte er ein griffiges Beispiel. Im Februar 1921, da habe „das völkische Rowdytum", „das mit Stinkbomben und Gewaltdrohungen die Aufführung des Schnitzlerschen ‚Reigen' im damaligen Kleinen Schauspielhaus zu Charlottenburg zu verhindern" versuchte, an ihm ihren Gegner gefunden. Zensurlüsterne Kreise hätten damals nach einem Verbot geschrieen.

„Die Berliner Polizei aber folgte jenen Zensurschwärmern nicht. Sie konnte sich dem künstlerischen Ernst jenes Dramas nicht verschließen und war sich darüber klar, daß die skandalfreudigen Antisemitenjünglinge jenes Theaterstück nur zum äußeren Anlaß für ihre politischen Exzesse nahmen."
Die Methode, mit der er dann die Aufführung faktisch schützte, trug aber wieder seine spezifische Handschrift:
„Kriminalbeamte wurden auf die verschiedensten Plätze des Zuschauerraums verteilt, uniformierte Schutzpolizeibeamte in größerer Zahl standen im Nebenraum bereit. Als dann auf ein Pfeifsignal hin die völkischen Radaubrüder mit Stinkbomben, Niespulver und tränenerzeugendem Gas zu ‚arbeiten' begannen, wurden sie von der wachsamen Polizei am Kragen gepackt und auf bereitgestellten Lastkraftwagen zum Alexanderplatz geführt, wo sie bis zum nächsten Tage unfreiwilligen Aufenthalt nehmen mußten."
Was habe ihm das damals eingetragen? Ein Kesseltreiben der gesamten Rechtspresse und Anzeigen wegen Freiheitsberaubung [85].

Wenn man ihn nun heute – 1929 – bang frage (wie Schwarzschild, der Herausgeber des „Tagebuchs", das tue), wo denn eine Garantie dafür sei, „daß das Berliner Polizeipräsidium ewig von loyalen Personen besetzt bleibt", so könne er tatsächlich eine solche Garantie nennen: „sie liegt in der Existenz des demokratisch-parlamentarischen Volksstaates" [86]. Man sieht die immer wieder auftauchende Denkfigur: Scharfes Durchgreifen und „demokratisch-parlamentarischer Volksstaat" bedingen und stützen sich im Bewußtsein des Polizeifachmanns Bernhard Weiß. Das eine ist die Rechtfertigung und tragende Basis des anderen. Es war klar, daß ein solcher Mensch mit einem Joseph Goebbels in besonders scharfer Form zusammenstoßen mußte.

Hier ist um einige Jahre vorgegriffen worden. Zwei weitere Beförderungen, durchaus wirkliche Qualitätssprünge, liegen zwischen der Zeit im Innenministerium und dieser Äußerung von 1929. Um so deutlicher steht jetzt die durchgängige Wirksamkeit bestimmter handlungssteuernder Maximen von Weiß vor uns. Daß eben diese von rechts wie von links gefürchtet und hoch eingeschätzt wurde, steht fest. Als nämlich der Oberregierungsrat Dr. Weiß im Frühjahr 1923 die Bureaus der rechtsradikalen „Deutschvölkischen Freiheitspartei" im Zusammenhang mit der Roßbach-Affäre einfach polizeilich durchsuchen ließ, da billigte das der Reichstag ausdrücklich; der betroffene Abgeordnete Wulle jedoch gab in seiner Protestrede eine interessante Qualifizierung des Chefs der Politischen Polizei:

„Wer das billigt, sieht in unserem Freistaat nur einen Polizeistaat (Gelächter links.) Übrigens hat Ob.-Reg.-Rat Dr. Weiß, der augenblickliche König von Berlin, ausdrücklich erklärt, er werde auch gegen ein etwaiges Einschreiten des Reichstags die Beschlagnahmung aufrecht erhalten." [87]
Wenn man bei Rechten auch immer Überzeichnungen fürchten muß, dennoch tritt hervor, in welchen Perspektiven Weiß damals schon wahrgenommen wurde.

c) Chef der Kriminalpolizei

Am 1. April 1925 wurde Weiß zum Chef der Berliner Kriminalpolizei (Abteilung IV) und damit zugleich zum Regierungsdirektor ernannt. Das war in mehrerer Hinsicht ein Sprung auf eine neue Ebene – zunächst einmal, was die bloße Zahl der Untergebenen betraf. 300 Mann hatte 1932 die IA und nicht weniger als 2360 die Kripo [88]. Zum zweiten aber, was den Status in der Öffentlichkeit anlangte: War die Chefposition der Politischen Polizei eigentlich ohne Flair, die ganze Abteilung eher ein unvermeidliches Muß, von vornherein in die Schußlinie der politisch Streitenden gestellt, so hatte die Kriminalpolizei, allemal die Berliner in den zwanziger Jahren, etwas Besonderes an sich. Die Reichshauptstadt galt als Sündenbabel und Verbrechereldorado, in dem Schieber, kleine Gauner und deutschlandweit bekannte Verbrecher (die Gebrüder Saß usw.), Mädchen- und Rauschgifthändler Saturnalien feierten. Ganz offen agierende, bestens organisierte Verbrecherklubs, die „Ringvereine", bestimmten, wenn schon nicht das Bild Berlins, so doch die Phantasie über Berlin. Im Polizeipräsidium war man sich uneins, ob man sie dulden solle, weil man sie dann wenigstens offen vor Augen habe, oder ob man sie scharf bekämpfen müsse – selbst auf die Gefahr hin, sie in den Untergrund zu drängen [89]. Jedenfalls ist angesichts solcher, immer wieder mit Chicago verglichener [90] Verhältnisse der Satz Klaus Manns verständlich, mit dem er 1923 seinen Besuch vor Ort beschrieb: „Die Romantik der Unterwelt war unwiderstehlich. Berlin ... enthusiasmierte mich durch seine schamlose Verruchtheit." [91] Und was hier auf dubiose Weise eher positiv gesehen wurde, das wandte Goebbels (und ähnlich alle Rechten) in seinem Kommentar zum berühmten Kranzprozeß [92] ins Negative:

> „Das ist Berlin! – die Asphaltwüste, überspült von den schmutzigen Schlammfluten einer faulen, stinkenden Afterkultur." [93]

Ehe nun ein Ereignis dargestellt wird, in dem sich die schon damals über Berlin hinausgehende Bedeutung Weiß' zeigt, und dann noch zwei weitere Aspekte folgen, die andeuten, warum der Vizepräsident in besonderer Weise zum Angriffspunkt werden konnte, soll zunächst die Berliner Szenerie des bloßen Ruches und des spezifischen Mythos entkleidet werden, damit man auch kriminalistische Fakten sieht, denen Weiß ab 1925 zu steuern hatte. Es stimmte: Die Eigentumsdelikte waren deutlich angestiegen, von 1919 bis 1921 81 % mehr einfache, 163 % mehr schwere Diebstähle und sogar 245 % mehr Fälle von Hehlerei [94]. Aber von einem alarmierenden Anwachsen der Mordrate konnte in Wirklichkeit nicht die Rede sein [95]. Der Aufklärungsproporz war überdies sehr hoch. 1928 waren von den 40 Tötungsdelikten 39 bis zum Jahresende aufgeklärt [96].

Überhaupt: Weiß konnte in einem Artikel über „25 Jahre Kriminalpolizei" beweisen, daß sich von der Vorkriegszeit zur Weimarer Republik im ganzen *quantitativ* nicht *so* viel geändert hatte, daß es den konservativen Dekadenztheorien als Grundlage hätte dienen können: Im Jahr 1900 hatte es 469 819 Verurteilungen in Preußen gegeben und 25 Jahre später 575 745 [97]. Der wirkliche Qualitätssprung lag bei den Methoden der Verbrecher. Ganz professionell arbeiteten sie jetzt. Weiß fiel es zu, den Gegenzug zu organisieren. Er plädierte für einen energischen Modernisierungsschub und half, ihn ins Werk zu setzen: In einem eigens geschaffenen Polizeiinstitut wurden die Kriminalbeamten geschult [98]; die Kriminaltechnik wurde systematisch auf- und ausgebaut, vor allem der „Erkennungsdienst" modernisiert. Weiß resümiert 1928:

„Ende 1905 betrug die Zahl der Fingerabdruckbogen in der Sammlung des Berliner Erkennungsdienstes 24 664, denen 112 Identifizierungen von Personen mit falschem Namen gegenüberstanden. Ende 1927 waren in der Berliner Sammlung 429 686 Fingerabdruckbogen vorhanden, und es wurden allein im letzten Jahre [i. e. 1927] 1 686 Personen, die einen falschen Namen führten, durch die Fingerabdruckbogen festgestellt." [99]

Solche Zahlen machen deutlich, wie Weiß dem modernen, ebenfalls mit moderner „Logistik" arbeitenden Verbrechertum entgegentrat und über welche Machtmittel er verfügte. Es gab aber ein Kennzeichen modernen Verbrechertums, das eine völlige Umstrukturierung der alten lokalen Organisation der Polizei verlangte. *Inter*lokal arbeiteten die Gauner in der durchmodernisierten Staaten, und nur wenn man Ordnungsorgane hatte, deren Macht nicht an den Grenzen der nächsten Stadt, des nächsten Polizei-, ja nicht einmal an den Grenzen des nächsten Regierungspräsidiums endete, konnte man eine Art Waffengleichheit herstellen. Schaffung einer überregionalen Kripo mit preußenweiter Kompetenz war eines der Hauptziele, das Weiß und seine Vorgesetzten anvisierten. Keine vierzehn Tage nach seiner Ernennung zum Chef der Kripo kündigte er die Gründung einer überregionalen Kripobehörde an [100], und mit dem Ministerialerlaß vom 20. Mai 1925 wurde es dann gegründet: das „Landeskriminalpolizeiamt" (LKP). Es war Weiß' Abteilung IV eingegliedert und hatte den Zweck, „daß an Stelle des früheren zusammenhanglosen Nebeneinanderarbeitens der verschiedenen örtlichen Kriminalbehörden ein systematisches *Zusammenwirken* zur Bekämpfung des Verbrechertums, insbesondere des interlokalen reisenden Verbrechertums stattfindet, [...] endlich, daß eine kriminalpolizeiliche Zentralstelle [...] für eine einheitliche, sachgemäße Tätigkeit der einzelnen Kriminalbehörden und für das notwendige Zusammenarbeiten dieser Stellen sorgt." [101] „Für eine einheitliche, sachgemäße Tätigkeit" der einzelnen Kriminalbehörden zu sorgen – das gab Weiß, dem Chef auch des LKP, eine preußenweite Zugriffsmöglichkeit. Schon 1926 kam es zu einem Skandal, dem Fall Kölling-Haas, der zeigte, wie nötig eine steuernde Kraft vom relativ demokratischen Berlin aus war und wie Weiß sie konsequent zur Niederkämpfung demokratiefeindlicher Kräfte nutzte.

In Magdeburg hatte der reaktionäre Untersuchungsrichter Kölling im Mordfall Helling einfach einen gewissen Rudolf Haas verhaften lassen. Die Untersuchungsmethoden des zugehörigen Kriminalkommissars Tenholt sprachen jeder korrekten Untersuchung Hohn. Haas hatte es offensichtlich getroffen, weil er Republikaner war und Jude obendrein. Nicht nur die ebenso scharfsinnige wie scharfzüngige „Weltbühne" sprach von einem glatten Mordanschlag [102]. Der sozialdemokratische Oberpräsident Hörsing wandte sich ans Berliner Landeskriminalpolizeiamt. Weiß griff durch [103] – ohne Rücksicht auf Vorwürfe, die Exekutive betrete das rechtsstaatlich gesicherte Feld der Justiz. Er wußte also sehr gut, daß – ange-

sichts der obrigkeitsstaatlichen Tradition – mit den bloßen Rechts-
formen der Gewaltenteilung inhaltliches Recht noch nicht garantiert
sei. Er setzte den unfähigen Magdeburger Kripobeamten ab und
schickte an seiner Stelle den bekannten, besonders ehrgeizigen [104]
Kriminalkommissar Busdorf. Der stieß sehr schnell auf Fakten, die
die Unredlichkeit der Magdeburger Praktiken aufdeckten. Natürlich
setzten sich die entlarvten Rechten und ihre Trabantenpresse mit
allen Mitteln zu Wehr [105]. Weiß mußte aus Berlin mehrfach anrei-
sen, um gegen dieStreitigkeiten sinnvolleKooperation zu erzwingen.
Die vollkommene Rehabilitierung des Rudolf Haas, die Verurteilung des wahren Mörders (17. September 1926), die Amtsenthebung und disziplinarrechtliche Verfolgung der Richter Kölling und
Hoffmann wurden als Triumph des Rechtsstaates gefeiert, und es
konnte nicht ausbleiben, daß Weiß ein Gutteil des Ruhmes erntete, auch weil er in den entscheidenden ministeriellen Sitzungen
seinen Standpunkt durchgesetzt hatte [106]. Spätestens seit diesen Auseinandersetzungen begann Weiß eine über Berlin hinaus bekannte
öffentliche Figur zu werden, die für eine wehrhafte Demokratie
stand.

Es gab nun noch weitere Gründe, die Weiß ins öffentliche Bewußtsein rückten. Seit 1923 gab es eine „Internationale Kriminalpolizeiliche Kommission", die Weiß auch auf das europäische Parkett führte. Noch wichtiger war eine allgemeine Strukturverände-
rung der „Öffentlichkeit". Im 19. Jahrhundert hatten die Mächtigen und so auch ihre Kriminalpolizei die Presse gescheut. Sie be-
handelten die Bevölkerung ganz im Bewußtsein, bloße Objekte
vor sich zu haben, nicht Staatsbürger, die partnerschaftlich angesprochen sein wollten, ja mußten, weil die modernen Verbrecher
nur noch mit Hilfe der Bevölkerung dingfest gemacht werden
konnten. Schaltstelle zwischen Publikum und Polizei war im neuen
Zeitalter die Presse. Weiß hat in Vorträgen [107] und Aufsätzen [108]
immer wieder versucht, über das Vertrauen der Presse das Vertrauen auch der Bevölkerung und dann ihre Mitarbeit zu erringen.
War nun „Vertrauen" eine derart zentrale Kategorie der neuen Polizeiführung wie der neuen publikumszugewandten Kripo-Tech-
nik, dann kann man damit rechnen, daß genau dies von den De-
mokratiefeinden mit spezifischen Mitteln zerstört werden sollte,

welcher Versuch, angesichts der Ranghöhe des Attackierten, eine Abwehrreaktion gleicher Entschiedenheit hervorrufen mußte.

Und ein Drittes: Die Einschätzung des Arbeitsstils und die Stellung der Kriminalkommissare waren in der Weimarer Republik anders akzentuiert als heute, wo ein eher kollektiv-behördenmäßiges Abarbeiten der Kriminalfälle an der Tagesordnung ist. Weiß selber sagte in seinem Vortrag über „Presse und Kriminalpolizei":

„Die Arbeit der Kriminalisten ist *Persönlichkeitsarbeit,* nicht schematische Maschinenarbeit, nicht nüchterne, pedantische Bureaukratenarbeit. Ausschlaggebend für den Erfolg ist letzten Endes die Persönlichkeit des Kriminalisten, nicht die viele Kleinarbeit. Entscheidend ist die kriminalistisch-schöpferische Intuition des Kriminalisten. Sie gleicht in gewisser Hinsicht der Arbeit des Künstlers. Wie zum Künstler muß man auch zum Kriminalisten geboren sein." [109]

Betrieb da ein wohlwollender Chef die Mythisierung seiner Leute und damit seine eigene? Nein – er *beschrieb* nur, was gängige Meinung zumindest in Berlin war. Liang, der beste Kenner der Berliner Polizei, hielt 1977 fest:

„Das Ansehen sowohl der Kripo als auch der Abteilung IA beruhte zweifellos auf den Leistungen einzelner Beamter, war also nicht etwa auf besonders gute Organisation, *Ausrüstung* oder *moderne Arbeitsmethoden* zurückzuführen." [110]

Dementsprechend berühmt waren die Kommissare, Ernst Gennat z. B., Chef der Mordkommission. „Popularität war nicht die geringste seiner Qualitäten." [111] Auf dubiose Weise berühmt wurden auch der erwähnte Busdorf und andere mehr. Da das Beförderungssystem eng an besondere Erfolge gekoppelt war, war ein großer Anreiz gesetzt. „Persönliche Tapferkeit" zählte nach Einschätzung von Liang (der noch viele Schupos und Kriminale interviewen konnte) als *das* Mittel, zu diesem Erfolg zu kommen. Man sieht, in welchem Umfeld Weiß sich zu behaupten hatte, und ahnt, mit welchen Erwartungen er sich konfrontiert sah. Seine Maximen stimmten freilich mit den ihm entgegengetragenen oft überein. Persönlichkeit [112], Erfolg, Vertrauen als zentrale Konstruktionsmerkmale einer öffentlichen Person – das mußte für Feinde breite Angriffsflächen bieten.

5. Polizeivizepräsident

Unter Protest der Rechts- und Linkspresse [113] wurde Bernhard Weiß am 17. März 1927 zum Polizeivizepräsidenten ernannt und am folgenden Tage in sein Amt eingeführt. Das „Berliner Tageblatt" berichtete vom morgendlichen Ereignis schon in der Abend-Ausgabe. Weiß' Rede war bemerkenswert:

„Die Worte und die Tatsache meiner Ernennung, die zurückzuführen ist auf den in diesem Hause unvergessenen jetzigen Herrn Minister, zeigen, daß ich Vertrauen [!] genieße. Ich werde alles tun, um dieses Vertrauen zu rechtfertigen. Besonders Sie, Herr Polizeipräsident, bitte ich, überzeugt zu sein, daß ich bis ins letzte ein treuer, loyaler und ergebener Berater sein und auch nicht unterlassen werde, meine Meinung offen und ehrlich mit dem notwendigen Takt zu sagen."

Das ging vielleicht doch über die übliche Bestallungsrhetorik hinaus. Da sprach einer, der sich zwar als Untergebener fühlte, aber dennoch berufen, seine Meinung auch im abweichenden Falle offen vorzutragen. Es werden gleich Gründe genannt, die diese Eigenposition verständlich machen. Keine weiteren Erkenntnishilfen braucht man zu Weiß' Satz:

„Ich werde alle Wünsche stets rein sachlich und unparteiisch prüfen und mich für das einmal als richtig erkannte bis zum letzten einsetzen mit meiner ganzen Person."

Das waren ja preußische Selbstverständlichkeiten, die alle anderen auch versicherten – fraglich nur, ob sie oder Weiß bei der Realisierung länger durchhielten.

Weiß hatte sicher richtig vermutet: Der Sozialdemokrat Albert Grzesinski dürfte wohl besonders energisch für ihn plädiert haben. Als Berliner Polizeipräsident (seit dem 16. Mai 1925) war er direkter Vorgesetzter von Weiß gewesen und mußte dessen Durchgriffswillen und -geschick mit besonderer Sympathie gesehen haben. Denn er selber war als Zupacker großen Zuschnitts eine ganz seltene Figur im Ensemble der führenden Leute der Weimarer Republik [114]. „Die Weltbühne" nannte ihn nicht ohne Respekt eine „rigorose Kampfnatur" [115]. Seit dem 5. Oktober 1926 Preußischer

Innenminister als Nachfolger Severings, hatte er dann auch jenen langen Arm, der Leute seiner Wahl zu hohen Posten bringen konnte – eine zielstrebige Personalpolitik also zum Wohle des neuen Staates, ein seltener, fast ein singulärer Fall während der Weimarer Zeit.

Aber auch der Parteienproporz hatte Weiß empfohlen. Er war Mitglied der Deutschen Demokratischen Partei, später der liberalen Sammlungsbewegung, der „Staatspartei"[115a]. So war denn die Weimarer Koalition (ganz zum Leidwesen der Rechten in Preußen bis zum Frühjahr 1932 an der Regierung) wieder proporzgerecht im Präsidium vertreten: Der Präsident Karl Zörgiebel war Sozialdemokrat; der Kommandeur der Schupo, Magnus Heimannsberg, stand dem Zentrum nahe.

Es dürfte aber noch einen dritten, ganz entscheidenden Grund gegeben haben, daß man gemeint hatte, ohne Bernhard Weiß sei jene Trias unausgewogen. Dies darzustellen, verlangt einen weiten Vorausgriff. Ehe wir ihn tun, scheint ein Blick in die entgegengesetzte Richtung hilfreich, weil er weiter Folie schafft, vor der die Ausgangsposition Weiß' schärfere, erklärungsstärkere Konturen bekommt.

a) Der Namengeber
Dr. med. Bernhard Weiß – Wundarzt in Oranienburg

Das Traditionsbewußtsein und der besonders innige Zusammenhalt jüdischer Familien ist immer wieder betont und sogar von judenfeindlichen Skeptikern eingeräumt worden. Für die große Familie des Getreidehändlers Max Weiß wird das herzliche Einvernehmen mehrfach bezeugt[116]. Hier wird man das außerordentliche Reüssieren des Sohnes Bernhard mit Hingabe gefeiert haben – und so auch in der jungen Familie, die Weiß durch Heirat einer ausnehmend schönen Frau aus jüdischem Hause, Lotte Edith Buss (1900–1952), Anfang der zwanziger Jahre gegründet hatte. Resümierende Reflexionen auf den kontinuierlichen Aufstieg fehlten an solchen Gelenkstellen der Familiengeschichte sicher nicht. Bernhard Weiß jedenfalls, als es ihm später an anderer Stelle – vor Gericht nämlich – darum ging, alle Kraft zusammenzunehmen, Summe zu ziehen und sich so den Feinden entgegenzustellen (wir werden davon hören)[117], in dieser Situation kam er ganz von sich aus auf seinen Großvater zu sprechen, dem er in einem Punkte besonders nahe stand. Er hatte nämlich, ganz nach jüdischer und deutscher Sitte[118], von ihm den Vornamen bekommen, von Dr. med. Bernhard Weiß, der in Oranienburg, 30 km nördlich von Berlin, praktiziert und von dem auch der Gutachter Weiß' 1907 mit Ehrerbietung geschrieben hatte: „hochgeachtet" sei er dort verstorben. Mag nun die zu berichtende Begebenheit aus dessen Leben weder dem Königlichen Generalmajor Lorenz und vielleicht auch nicht dem Enkel Bernhard bekannt gewesen sein, objektiv bietet sie aber eine besonders gute Möglichkeit, plastisch darzutun, welch unerhörtes Ereignis es eben war, als der gleichnamige Enkel 1927, genau 90 Jahre nach „jenem" Ereignis, vom Preußischen Staat zum Vorgesetzten von 20 000 Mann erhoben wurde, und dies in einer Institution, die ein Bollwerk des neuen demokratischen Staates sein sollte. Durch diesen Kontrast tritt die Höhe der Karriere plastisch hervor, und eben sie deutet dann auf die Tiefe eines möglichen Falls.

Im Königlichen Waisenhaus zu Oranienburg gab es seit 1765 die Stelle eines Arztes. Sie war mit einem staatlichen Gehalt von 25 Reichstalern dotiert. Die zusätzlichen vier Klafter Kiefernholz ließ sich der damalige Inhaber der Stelle, ein gewisser Dr. Geisler, im Juli 1836 um 3 Klafter Eichenholz aufbessern[119]. Im übrigen liquidierte er nicht einzeln, sondern erhielt immer noch als lebenszeitlich Bestallter dasselbe staatliche Gehalt wie seine Vorgänger[120]. Dr. Geisler kam nicht mehr so richtig in den Genuß dieser lange hinausgezögerten Aufstockung, denn schon am 30. August 1837 berichtete der Inspekteur des Waisenhauses, Gäncke, der vorgesetzten Behörde vom Tode des Dr. Geisler und vom Antrag eines möglichen Nachfolgers. Es sei dies ein junger jüdischer Arzt, geboren 1807 im schlesischen Städtchen Uschütz[121]. Der habe mit dem alternden Geisler einen Vertrag geschlossen, seine Praxis zu übernehmen und die Einkünfte mit ihm zu teilen, im Falle seines Todes mit seiner Frau zu teilen. Wenige Tage nach dessen Ankunft sei dann Dr. Geisler gestorben, und sein Compagnon, Dr. med. et chir. (und Geburtshelfer) Bernhard Weiß, habe nunmehr die Praxis und wolle auch die Stelle im Waisenhaus übernehmen. Er, Gähde, könne den jungen Arzt natürlich noch nicht beurteilen, füge aber hinzu,

> „daß er mir sehr vorzügliche Atteste vom Dr. Barez und Lewess in Berlin vorgelegt hat, daß ihm durch Privatmitteilungen der Ruch eines gescheiten Mannes vorweggegangen ist und daß in Folge wiederholter Unterredung mit ihm er mir ein sehr wohl unterrichteter Mann zu seyn scheint".

Außerdem hätten sich aber noch zwei weitere Ärzte in Oranienburg niedergelassen, Pollow und Rückert, „die indeß schwerlich alle drei hier ein Unterkommen finden werden." Nach diesem Hinweis auf eine spezifische Konkurrenzsituation plädierte er für eine vorläufige Behandlungserlaubnis des Dr. Weiß zu eben den Konditionen, wie sie der offiziell bestallte Geisler gehabt habe. Dr. Bernhard Weiß hatte am 24. August 1837 in seiner Bewerbung geschrieben: Er praktiziere jetzt auch zum Besten der Hinterbliebenen in der Praxis des verstorbenen Dr. Geisler.

> „Zufolge dessen, ersuche ich Ew. Hochehrwürden ganz ergebenst, mir für die Folge die nunmehr erledigte Stelle als Arzt vom Königlichen Waisenhause hochgeneigtst übertragen zu wollen. Mit Liebe und Eifer bin ich bereit, mich den Pflichten zu unterziehen, welche eine solche Stellung von mir erheischt."

Die Regierung in Potsdam entschied: Bis zum Jahresende könne der Weiß die Waisenkinder behandeln. Dann wolle man „gutachterliche Anträge" über die Wiederbesetzung der Stelle erwarten. Die Inspektion des Waisenhauses beantragte die endgültige Anstellung des Weiß schon am 11. Oktober 1837. Nun konnte Gähde auch genauer qualifizieren, im besonderen seine sehr gute Behandlungsmethode: wenig Medizin, viel Diät – und ganz allgemein:

> „Den Dr. Weiß habe ich als einen achtbaren und gewissenhaften Mann und einen geschickten Arzt kennengelernt, der in ärztlicher Geschicklichkeit keinem der Ärzte, die sich hier niedergelassen haben, nachsteht, wenn er sie nicht übertrifft. [. . .] Der Dr. Weiß ist aber jüdischer Religion. Sollten nun um dieses seines Glaubens willen seiner Anstellung nicht mir un-

bekannte gesetzliche Bestimmungen entgegenstehen oder deswegen dieselbe doch Bedenken finden,"
so bitte er, „den Herrn Dr. Weiß hierselbst zum Hausarzt der Anstalt nunmehr hochgeneigtst ernennen zu wollen".

Um die vermuteten gesetzlichen Regelungen stand es so: Das liberale Emanzipationsgesetz vom 11. März 1812 hatte den Juden fast völlige Gleichberechtigung gebracht, ihnen eigens zugesagt, daß sie zum Militär, daß sie Lehrer, Hochschullehrer und Gemeindebeamte werden dürften. Nur den zentralen autoritativen Machtbereich wollte man noch vor ihnen verschließen. Man fügte daher den Paragraph 9 ein: „In wie fern die Juden zu anderen öffentlichen Bedienungen und Staatsämtern zugelassen werden können, behalten Wir Uns vor, in der Folge der Zeit gesetzlich zu bestimmen." [122] Die folgende Zeit hatte aber etwas ganz anderes als das Angekündigte gebracht. Im Zuge des konservativen Rückschlages wurden immer mehr, immer unbedeutendere Stellen zu Staatsstellen erklärt – bis schließlich 1841 den jüdischen Rittergutsbesitzern sogar das Tragen von – eben Hoheit signalisierenden – Uniformen verboten wurde [123]. Im Jahr 1837 scheint man nun sogar nicht ohne Bedenken gewesen zu sein, einem Juden jene Stelle im staatlichen Waisenhaus zu Oranienburg zu geben.

Ein Beamter des Regierungspräsidenten attestierte zwar dem Weiß („jüdischer Religion") die Qualifikation, brachte aber einen zweiten Oranienburger Arzt („christlicher Religion") von sich aus ins Spiel. Ein anderer Beamte notierte:

„Dem Sinn der erhabenen Stifterin dürfte wohl ein christlicher Arzt, wenn er ebenso tüchtig wie der jüdische ist, mehr entsprechen." [124]

Die Entscheidung des Regierungspräsidenten vom 1. November lautete dann abermals: vorläufige Erlaubnis bis zum Ende des Jahres 1838. Schon zwölf Tage später setzte sich der christliche Konkurrent, Dr. Friedrich Wilhelm Rücker, in Oranienburg hin und schrieb direkt an die Regierung in Potsdam (also nicht an Gähde wie der korrekte Weiß):

„Da ich aber von vielen höre, daß die ärztliche Stelle im hiesigen Waisenhause eine Königliche sei, die Herr Dr. Weiß, weil er mosaischen Glaubens ist, nicht annehmen dürfe, so beehre ich mich ganz gehorsamst zu bitten, ‚Eine hochlöbliche Königliche Regierung wolle die Güte haben, mir die besagte Stelle huldreichst zu verleihen'."

Die Antwort lautete: Da bis zum Ende 1838 für Weiß entschieden sei, könne der Antrag „vorläufig" nicht berücksichtigt werden. Rückert wartete – wartete in nicht bezähmbarer Ungeduld, denn unter dem irrtümlich vorausgreifenden Datum 8. November (!) 1838 schickte er schon ein neues Gesuch. Die Regierung winkte nicht ab, sondern behielt sich weitere Entscheidungen (offensichtlich auch zu seinen Gunsten) vor, obwohl sie dem drängenden Konkurrenten eigens ein Licht aufstecken mußte, daß es zur Zeit Oktober (!), nicht November sei und der Regierungspräsident später (am 10. Januar 1838) dem Kreisphysikus Dr. Thümmel das Monitum erteilte, daß er den Dr. Rückert fälschlich auch zum „Wundarzt" (= Chirurg) erklärt habe [125].

Die Waisenhausinspektion wurde jetzt abermals um gutachterliche Äußerung zu Weiß gebeten, und nun schrieb Gähde über die fachlichen Leistungen des Hausarztes in einer Weise, die der Regierung in Potsdam eigentlich kein Zurück mehr ließ. „Mit aller Sorgfalt" und „Umsicht" habe er sich seinen Pflichten unterzogen.

„Ich selbst würde mich und die Meinigen im Falle einer Krankheit Niemandem der jetzt hier befindlichen Ärzte auch ferner mit größerem Vertrauen übergeben, als dem Dr. Weiß, und eben dies muß in Rücksicht auf die Zöglinge der Anstalt bei mir entscheiden." [126]

Unmittelbar fügte er nun aber etwas an, das die Regierung wieder auf ihre ganz außerhalb des Fachlichen liegenden Bedenkens stoßen mußte:

„Es ist zwar nicht zu leugnen, daß sein äußeres Benehmen manches nicht Empfehlende an sich trägt und daß er sich dadurch manche Gegner in der Stadt zugezogen hat; allein da er übrigens ein rechtlicher und moralischer Mann ist, so kann meines Dafürhaltens sein geselliges Betragen dann nichts entscheiden, wenn es darauf ankommt, dem Waisenhause einen tüchtigen Arzt zu geben. Daß der Dr. Weiß ein Jude ist, habe ich schon früher angezeigt."

Die wiederholte Mitteilung, daß Weiß Jude sei, nahm sich, an so bedeutungsvoller Stelle nachgeschickt, wie eine Begründung für die Eigentümlichkeiten aus – und das sicherlich nicht nur für die vielleicht spezifisch fixierten Beamten des Präsidiums. Wie konnte sich denn ein Mitglied der argwöhnisch beobachteten Minderheit gebärden in dieser Konkurrenzsituation zwischen den drei Ärzten, bei der wiederholten Zurückweisung durch den Staat und wie vor allem sich verhalten angesichts des damals sicher noch in jeder Hinsicht ungebrochenen Willens, Jude zu sein und zu bleiben? Daß es da vielleicht zu Verhaltenseigentümlichkeiten kam und ganz sicher Verhaltensgewohnheiten von der Mehrheit einfach als – typisch jüdische – Absonderlichkeiten *angesehen* wurden, ist klar, vor allem, wenn man sich einen Mann vorstellt, der das, was er will, energisch will, von seinen Fähigkeiten überzeugt ist, dies auch attestiert bekommt und sich dennoch vor unüberwindliche Schwierigkeiten gestellt sieht. Jedenfalls: Den Weg unwürdiger Angleichung an die Mehrheit, den Weg der vollkommenen Selbstaufgabe ist der Jude Dr. med. Bernhard Weiß nicht gegangen.

Als er wiederum den Bescheid bekam, nicht die Stelle, wohl aber die Arbeit könne er für die nächsten zwei Jahre haben, fügte er sich zuerst, stellte dann aber nach einem Jahr Antrag auf definitive Einweisung. Jetzt hieß es plötzlich, es entspreche überhaupt nicht dem allgemeinen Brauch, wenn die Anstalt den Doktor „bindend für beständig zu ihrem Hausarzte mit dem jetzigen Einkommen" mache. Praktizieren lassen könne sie ihn auf privater Basis. „Das Verlangen des Weiß ist daher von der Hand zu weisen." Das war die endgültige Entscheidung vom 27. Mai 1839.

Dem Namengeber Dr. med. Bernhard Weiß blieb selbst diese kleine Staatsstelle versagt, an der doch kaum autoritativer Nimbus hing. Er hätte sich wohl nicht träumen lassen, daß sein gleichnamiger Enkel eine einzigartig hohe bekommen sollte, an der die staatlich-autoritative Komponente nicht nur der eigentliche Wesenskern *war*, sondern als Wesenskern auch offen zur Schau gestellt wurde: Ein schwarz-weißer Polizeistern flatterte am Stander des Dienstwagens, mit dem Oberwachtmeister Czerwinski seinen Chef von 1927 bis 1932 durch Berlin fuhr [127]. Nun sind solche Einschätzungen über die Perspektiven jenes Oranienburger Arztes höchstens von individualpsychologischer Bedeutung für ihn und vielleicht auch noch für seinen Enkel. Von historischer Bedeutung aber war, daß es 1927 auch für viele Rechte, allemal natürlich für sämtliche Antisemiten und wohl auch für einige Polizeioffiziere aus altem Holz unvorstellbar war, daß ein Jude ein solches Amt erhalten, und unvorstellbar für noch mehr Menschen, daß er es meistern könne.

b) Machtfülle.
Die Erwartung der Weiß-Förderer

Man hat nicht genug Metaphern erfinden können, um die besondere Dynamik Berlins in den zwanziger Jahren zu fassen und fühlbar zu machen. Weniger bekannt wurde die Ordnungsstruktur, die jenem „brodelnden Kessel" ein Mindestmaß an fester, verläßlicher Form geben sollte. Kripokommissare, Massenmörder, Rauschgifthändler, Straßenschlachten löst die Phantasie der Zeitgenossen und der Nachwelt leicht zu einem nicht mehr fest greifbaren Mythos auf. Die harten Fakten waren diese:

Bis zum 1. April 1881 war Berlin, obwohl damals schon Deutschlands bedeutendste Stadt, einfach ein Teil der Provinz Brandenburg und wurde jetzt erst zur kreisfreien Stadt erklärt. Die kommunale Aufsicht führte der Oberpräsident der Provinz Brandenburg. Der Polizeipräsident von Berlin behielt jedoch – bis 1933 – eine höchst eigentümliche, weit über seinen Titel hinausreichende Bedeutung. In einem Zeitungsinterview (aus dem hier aus bestimmtem Grund ausführlicher zitiert werden soll) beschrieb Karl Zörgiebel, der Chef von Weiß, das 1929 so:

„Daß oft irrige Vorstellungen über den Betrieb und die Arbeitsart des Präsidiums in der Öffentlichkeit bestehen, ist nicht verwunderlich, da diese Behörde im preußischen Freistaat insofern einzig in ihrer Art ist, als sie nicht nur die üblichen – an sich schon vielfältigen und verwickelten – Aufgaben einer staatlichen Ortspolizeiverwaltung zu erfüllen hat, sondern dem Polizeipräsidenten von Berlin außerdem noch eine Reihe von Geschäften der allgemeinen Landesverwaltung anvertraut ist, die anderwärts zur Zuständigkeit der Regierungspräsidenten gehören." [128]

Außergewöhnlich war auch die Art gewesen, in der man dem Polizeipräsidenten das Areal vergrößert hatte. Im Jahr 1900 wurden seine Kompetenzen auf die Städte Charlottenburg, Schöneberg und Rixdorf zum sogenannten „Landespolizeibezirk" ausgedehnt, eine Anpassung an die real gegebenen Verflechtungen nebeneinanderliegender Städte, die die kommunale Verwaltung erst 1911 mit einem „Zweckverband" erreichen konnte [129], bis dann mit dem Gesetz vom 27. April 1920 „Groß-Berlin" geschaffen wurde. Acht Städte (Berlin, Charlottenburg, Köpenick, Lichtenberg, Neukölln, Schöneberg, Spandau und Wilmersdorf), 59 Landgemeinden und 27 Gutsbezirke wurden zusammengefaßt. Über das entstandene Gebilde urteilt Henning Köhler:

„Die neue Großgemeinde wies viele Merkmale des ‚Nochnie-Dagewesenen' auf. Im Vergleich mit anderen Kommunen war es eine Stadt der Superlative. Das entsprach durchaus dem Selbstgefühl der Berliner, und die einzelnen Attribute der Größe wurden von den Berliner Kommunalpolitikern herab bis zu den Schuljungen unermüdlich aufgezählt." [130]

Proporzgerecht überproportional riesig war nun auch alles, was mit der Polizei zusammenhing. 14000 uniformierte Schutzpolizisten, 2500 Kripo- und 300 Beamte der IA und dazu 4000 Verwaltungsbeamte sorgten auf 883,5 km² für 4 Millionen Einwohner [131]. Über die technische Ausrüstung machte der Polizeipräsident im Dezember 1927 in interkollegialem Briefwechsel der Stadt Paris folgende Angaben: 250 Kraftwagen und Motorräder, jeder Schutzpolizeibeamte Gummiknüppel und Pistole, auf je drei Mann einen Karabiner und für jede Polizeibereitschaft 5 Maschinenpistolen, 2300 polizeieigene Fernsprechanschlüsse, 1000 Anschlüsse für das Publikum [132]. Zentrales Gebäude war das Polizeipräsidium am Alexanderplatz mit nicht weniger als 10610 qm² bebauter Grundfläche [133]. Nicht einmal diese Dimensionen reichten aus, um alle Dienststellen aufzunehmen. Nimmt man das Interview von Zörgiebel und fügt Fehlendes aus dem Handbuch „Geschäftseinteilung des Polizeipräsidiums Berlin" (1926–1930) ein, so kommt man schließlich für Bernhard Weiß zu einem vielleicht zufälligen, aber dennoch bezeichnenden Ergebnis. Die Abteilung II, in der Magazinstraße untergebracht, bearbeitete die Angelegenheiten „Gewerbe, Kunst, Wasserläufe, Verkehr".

67

Am selben Ort war die „Haushalts- und Wirtschaftsabteilung" (Abt. III). Dezentralisiert war natürlich auch die Schutzpolizei: 20 übergreifende „Polizeiämter" und als kleinste Einheit die Polizeireviere – 295 an der Zahl. Wenn es nun nicht ein Setzfehler ist, so ist es eine bezeichnende Nebensache, daß Zörgiebel, der oberste Chef, die richtige Zahl nicht im Kopf hatte und 162 sagte.

Am Alexanderplatz selber arbeiteten die Abteilungen I („Staatshoheitsangelegenheiten" mit Kirchen-, Synagogen-, Staatsangehörigkeitssachen, Baupolizei und weiteren 27 Dezernaten ähnlicher Art), die Abteilung IA („Politische Polizei" mit 8 Dezernaten u. a. für linksradikale Bewegungen, rechtsradikale Bewegungen und 6 Unterabteilungen allein des Fremdenamts), und schließlich residierte da auch die Kripo (Abteilung IV mit ihren 10 Kriminalinspektionen – von der Mordkommission Gennats bis zur Inspektion G „Straftaten weiblicher Erwachsener und Minderjähriger"). Es wäre ein leichtes, Abteilungen aufzuzählen, so skurril abgelegener Art („Polizeikuranstalt Biesenthal", „Dampfkesselwesen", „Abrichteanstalt für Polizeihunde"), daß man über die schier unüberschaubare Vielfalt der Aufgaben noch mehr staunen könnte, so wie man sich vielleicht einen Augenblick amüsiert zeigt über den Polizeioberinspektor Goebbels, der die Buchstaben S und J bei den Einbürgerungen bearbeitete. Wichtiger aber scheint, mit einem Blick zu sehen, wo Weiß' Arbeitsstelle jeweils war: ausschließlich in der Zentrale, im roten Backsteinbau am Alexanderplatz. Man hat jetzt eine Vorstellung davon, in welch großem „Imperium" er Ordnung halten und Effektivität erzwingen mußte – wobei ja noch seine preußenweiten Aufgaben im „Landeskriminalpolizeiamt" und bald in noch weiteren internationalen Gremien hinzuzurechnen sind [134].

Interessant und auf hintergründige Art bezeichnend ist nun, was Zörgiebel über die Befehlsstruktur dieses Riesenapparates in jenem Interview mitteilt. Die „Einheitlichkeit der Leitung" hatte er als eine der drei Voraussetzungen genannt, die Steuerbarkeit ermögliche. Die gesamte staatliche Polizei unterstehe dem Polizeipräsidenten als dem Behördenchef, der dann direkt dem Innenministerium unterstellt sei.

„[...] der Kommandeur der Schutzpolizei nimmt gegenüber dem Polizeipräsidenten und dem Polizeivizepräsidenten dieselbe Stellung ein wie die an der Spitze der anderen Abteilungen stehenden Regierungsdirektoren, die dem Polizeipräsidenten – beziehungsweise dem Polizeivizepräsidenten – als Abteilungsleiter unmittelbar verantwortlich sind".

Diese permanente Miterwähnung des Vizepräsidenten – in 36 Zeilen macht er das sechsmal! – dürfte bestimmte Fixierungen reflektieren. Man hatte nämlich dezidiert machtpolitische Erwartungen bei der Wahl Weiß' auf seinen neuen Posten, und die dauernde Mitnennung – sie deutet auch auf die tatsächlich eingetretene Machtverteilung im Präsidium. Diese beiden Aspekte spielten auch bei den Kalkulationen der Nationalsozialisten eine Rolle, denn die Größe des angestrebten und erfochtenen Sieges bestimmt sich nach der Ranghöhe des ausgesuchten Gegners, und nach der richtet sich wiederum auch die Waffe, die in Ansatz gebracht wird.

Weiß war also aus triftigem Grunde dem rheinischen Zörgiebel als Vertreter beigegeben worden. Mit Grzesinski war ja einer der ganz harten Kämpfer aus dem Polizeipräsidium gegangen. Als dann auch der tatkräftige Stellvertretende Polizeichef Friedensburg als Regierungspräsident nach Kassel ging, brauchte man wieder einen, der der Behörde Rückgrat geben konnte. Zörgiebel vermochte das offensichtlich nicht im erforderlichen Maße. Friedensburg hat das in seinen Memoiren ganz offen gesagt:

„Leider reichte er (i. e. Zörgiebel) sonst nicht entfernt an Grzesinskis Kraft und Einsicht heran, so daß meine Arbeitslast unter ihm nach Umfang und Verantwortung weiter zunahm." [135]

Erstaunlich ist, daß Carl von Ossietzky nicht viel anders dachte: Es mag dahingestellt sein, ob seine Einschätzung richtig ist, Weiß interessiere sich nur für die Kripo, zutreffend scheint allemal sein Satz: „Da Herr Zörgiebel, der oberste Chef, auf die Herren Offiziere nicht den geringsten Eindruck macht, so ist die Berliner Schutzpolizei tatsächlich ohne rechte Leitung" – was Wunder, daß es sofort nach Friedensburgs Weggang Straßenkrawalle gegeben habe [136].

Der Unterschied an Durchgriffsstärke, Arbeitskraft und öffentlicher Präsenz blieb auch der Bevölkerung nicht verborgen. Es meinten viele, daß Weiß mindestens gleichrangig, ja der eigentliche Präsident sei. Es lohnt sich, dafür den Beweis anzutreten, nicht einfach aus biographischen Gründen. Es soll hier doch nur das herausmodelliert werden, was Erkenntnishilfen zum „Namenkampf Goebbels kontra Weiß" bietet. Das Interesse der Nationalsozialisten mußte dahin gehen: Je höher gestellt die Person erschien, desto empörender auch, daß er ein Jude war, und vor allem: desto tiefer mußte zwangsläufig auch sein Sturz sein, den sie doch mit aller Macht betrieben. Die Stellung von Weiß zu erhöhen war daher geradezu ihr Propagandaziel. Ungezählte Male setzte „Der Angriff" das in Szene, und dies sehr variantenreich: Man nannte ihn einfach „Polizeipräsident" [137], behauptete, daß er „den Ton" angebe [138], der „eigentliche Leiter" sei [139]. Zörgiebel bezeichnete man im Gegenzuge dann als „Botenjungen" von Weiß [140], der „neben seinem ‚Vize' Weiß nicht viel zu sagen" habe [141] oder eben froh sei, wenn er bei der Verfassungsfeier dann doch einmal „was sagen dürfe, wo doch sonst Herr Weiß mit dem gesetzlich geschützten Vornamen Bernhard alles macht" [142]. Auch bei Gericht trug man vor, daß der Vizepräsident in der Öffentlichkeit doch viel mehr hervorgetreten sei [143]. Kurzum, Weiß war „der Herr und Meister" [144], dessen überhöhte Position man nicht nur einfach beschreiben, sondern auch auf folgende Weise tadeln konnte: Er sei wohl der „Vorgesetzte (?)" (sic!) [145] von Zörgiebel? oder indem man schrieb: „aber daß Herr Dr. *Weiß* immerhin erst Polizei*vize*-präsident und nicht Polizeipräsident ist, hat sich offenbar noch nicht ganz rumgesprochen" [146].

Diese Einlassungen – sind sie ein Trick, oder spiegeln sie auch die öffentliche Meinung wider? Das letzte ist der Fall, denn es gibt sogar in den Prozeßakten überzeugende Beispiele, daß man Weiß wirklich als den eigentlichen Chef ansah. Im Urteil (!) der 2. Großen Strafkammer des Berliner Landgerichts III vom 24. Januar 1930 gegen Gregor Strasser mußte durch handschriftlichen Nachtrag ausdrücklich: „Vize" in die falsche Titulatur „Polizeipräsident" eingefügt werden [147] – und das sagt viel, gleich viel übrigens, ob nun schon der Richter oder erst die Sekretärin hier gedankenlos ihr Alltagsbewußtsein nicht richtig unter Kontrolle hatte. Allemal auf die Rechnung des Staatsanwalts ging aber, daß er im Prozeßkomplex Nr. 24 (vgl. u. S. 303) gleich in zwei Anklageschriften „Polizeipräsident", statt des richtigen Ranges geschrieben hatte [148].

Aber selbst im Falle, daß sich Personen *unmittelbar* an Weiß wandten – in seinen Handakten kann man dann sehen, daß er nicht nur sehr häufig als „Herr Präsident" angeredet wurde (bei gleichzeitiger Anschrift: Vizepräsident), was immerhin noch angehen könnte, wenngleich „Vize-" doch korrekter gewesen wäre; Briefe wurden auch oft mit „Herr Polizeipräsident" begonnen. In der Akte, in der Zusagen (N. 14) und Ablehnungen (N. 13) zu Vorträgen gesammelt sind, findet man das allein fünfmal [149].

Was die öffentliche Meinung anlangte, kann man also sagen, da hat Weiß die Erwartungen seiner Förderer erfüllt, vielleicht im Übermaß erfüllt. Ehe wir aber über seine ganze Persönlichkeit ein abschließendes Urteil wagen können, müssen wir zunächst seine eigenen weitläufigen – vor allem in den Handakten dokumentierten – Aktivitäten anschauen und ihn anschließend (mit seinen dann noch besser erkannten Energien) in die Hauptereignisse der Jahre 1927 bis 1932 stellen.

c) Weiß' Aktivitäten,
sein Charakter und sein Äußeres

Allein schon die Größe des Berliner Polizeipräsidiums dürfte eine Vorstellung von dem Arbeitsaufwand bieten, den Weiß zu bewältigen hatte. Gerade die Masse und überdies die Verschiedenartigkeit der Aufgaben machen es unmöglich, komplett zu schildern, obwohl beim Angriff auf Menschen deren sonstige Belastungen eine in die Kalkulationen einzubeziehende Größe ist. Beispiele müssen genügen, jeweils so gewählt, daß die Bedeutung *und* Angreifbarkeit des Vizepräsidenten hervortritt.

Die großen Aufgaben

Das neue Konzept von der Polizei als Freund und Helfer hatte noch eine sehr flache Verwurzelung im Polizeikorps *und* im Bewußtsein der Bevölkerung. Dementsprechend häufig und heftig waren die Angriffe auf die Polizei, insbesondere natürlich, als ab 1929 der Radikalismus von rechts und links zu einem alltäglichen Faktor geworden war. Weiß hat sich immer mit ganzer Energie vor seine Untergebenen gestellt. Er hatte auch eine besondere Witterung für mögliche Entwicklungen, die der Berliner Polizei die Kompetenzen und genau jene Seiten beschneiden könnten, die sie der Bevölkerung als Freund und Helfer erscheinen lassen konnte. Im Sommer 1928 z. B. bewilligte der Justizminister mehrere hunderttausend Mark für die „soziale Gerichtshilfe". Der erste Vorsitzende der „Strafrichterlichen Vereinigung", Landgerichtsdirektor Siegert, kündigte in der Presse einen völligen Umbau der Strafrechtspflege in Richtung „der Richter als Helfer" an. Weiß wandte sich sofort an Staatssekretär Dr. Abegg. Er forderte diese neue Institution für die Kriminalpolizei ein. Hier seien die richtig Geschulten, dort nur die privaten Laienhelfer.

„Die sich anbahnende Entwicklung scheint mir den Interessen des Polizeiressorts gefährlich, als die Justiz im Begriff steht, sich soziale Lorbeeren zu erringen, die Polizei aber von der sozialen Betätigung ausgeschlossen bleiben wird. [...] Will der moderne Staat aber, was ich durchaus billige, diese Aufgabe übernehmen, so muß, wie ich glaube, die Polizei darauf bedacht sein, daß sie mit ihren Organen diese sozialen Pflichten erfüllt. Sie muß sich hüten, daß ihr auf diesem sozialen Gebiete von der Justizverwaltung das Wasser abgegraben wird." [150]

Waren dies nun Auseinandersetzungen auf mittlerer Ebene, so trat Weiß auf der obersten nicht weniger energisch auf. Im Jahr 1927 schickte sich der Reichsinnenminister endlich an, mit der Gründung eines seit dem 21. Juli 1921 beschlossenen [151] Reichskriminalamtes Ernst zu machen. Den Widerstand Preußens und Bayerns werde er zu überwinden suchen [152]. Weiß, bei dem nicht Zweckmäßigkeitsgesichtspunkte allein, sondern zugleich auch Preußen ganz obenan standen, wandte sich gegen diesen Plan, nicht nur, weil sein alter Intimfeind, der Reichskommissar für öffentliche Ordnung, Kuenzer, die Sache betrieb. Ganz einig mit Innenminister Grzesinski und Staatssekretär Abegg, setzte er seine Maximen durch, daß es nämlich unzweckmäßig sei,

„neben der im Berliner Polizeipräsidium bestehenden kriminalpolizeilichen Zentrale noch eine neue kriminalpolizeiliche

Zentrale beim Reich zu schaffen, die überdies völlig in der Luft schweben würde, da ihr das wesentlichste Element jeder kriminalpolizeilichen Organisation, die kriminalpolizeiliche *Exekutive* fehlen würde" [153].

Wohl aber befürwortete Weiß immer die „Deutsche Kriminalpolizeiliche Kommission" (DKK), die Vereinigung der Kripopotentiale der deutschen Länder in einer einheitlichen Organisation. Da fiel Preußen ganz von selbst eine Führungsrolle zu [154]. Daß der Vorsitz der DKK, obwohl er ein wechselnder sein sollte, schon zu lange am Staate Sachsen hing, war Weiß ein Dorn im Auge. Er wandte sich mit seiner Beschwerde ohne Umschweife direkt an den langjährigen Präsidenten Palitzsch, dem er, nicht ungeschickt, einen nunmehr dringlichen Wechsel zum Vertreter – eben nicht Preußens, sondern Württembergs vorschlug [155]. Furchtlos, zielstrebig *und* taktisch klug muß man also Weiß' Handlungsweise charakterisieren.

Es läßt sich denken, daß Weiß, ständig im Gespräch mit machtnah angesiedelten Beamten und Politikern, durch Aktionen der geschilderten Art zu einer bekannten Größe heranwuchs, zwar nicht zu einer auf der obersten, aber doch auf der zweiten Ebene. Sein Bekanntheitsgrad stieg natürlich noch mehr durch seine weit über Deutschland hinausgreifenden Beziehungen. Seit er das Amt des Vizepräsidenten innehatte, war er ja Mitglied der „Internationalen Kriminalpolizeilichen Kommission" (IKK), deren Tagung er jährlich besuchte: 4.–8. Juli 1927 in Amsterdam, 10.–12. September 1928 in Bern, 20.–22. Januar 1930 in Wien. Da saß er am Konferenztisch zusammen mit Kriminalspezialisten aus Ägypten bis hin zu denen aus den Vereinigten Staaten – China, Chile, Litauen nicht ausgenommen, zirka 30 Nationen an der Zahl [156].

Ans Ministerium des Innern schickte er anschließend ausführliche Berichte mit detaillierten Kommentaren zu den langen Traktandenlisten – z. B. zur Bekämpfung der Geldfälscher, Paßfälscher, Rauschgifthändler, zu Fahndungsproblemen mittels Fingerabdruck, zu Fragen möglicher Fernidentifizierung, Fragen des Funkverkehrs, der Bildtelegraphie, der Abschiebung von Ausländern, Berichte auch über organisatorische Probleme der IKK, über die Anlage eines kriminaltechnischen Wörterbuchs und so fort [157]. Es kann kein Zweifel sein, daß Weiß, vor allem was die modernen technischen (und psychologischen) Methoden der Polizei betraf, persönlich bestens orientiert war – also auch was seine Sachkompetenz anlangte, *zu Recht* eine Persönlichkeit von stark angehobenem Bekanntheitsgrad. Die Wiener Presse hielt es z. B. für eines Berichts würdig, was Vizepräsident Weiß bei seiner Rückkehr von der Sitzung der IKK in Wien über den Chef der IKK zu rühmen wußte, also über den Österreichischen Bundeskanzler Schober [158], früher Polizeipräsident von Wien [159].

Tägliche Kleinarbeit

Erst vor diesem Hintergrund der großen Aufgaben hebt sich der tägliche Kleinkram als besonderes Irritationspotential ab. Sich dem einen wie dem anderen zu stellen, mußte bis an den Rand der Kräfte führen. Da waren z. B. die zahllosen Beschwerden wegen der Übergriffe der Polizei, die ja trotz aller Demokratisierungsversuche nicht mit einem einzigen Ruck Abschied nehmen konnte vom alten Obrigkeitsprinzip. Der Rotfrontkämpferbund und die Nationalsozialisten traten ja nun auch nicht in einer Weise auf, daß es jedem sofort plausibel erscheinen konnte, daß elastische Festigkeit besser auf diese groben Klötze passe als die alten groben Keile. Weiß führte deshalb in seinen Handakten eigens einen Ordner „Beschwerden über die Polizei". Ein ehemaliger nichtmarxistischer (!) Polizei-Oberwachtmeister berichtet z. B. über einen Prügeleinsatz gegen Kommunisten auf dem Bülowplatz anläßlich der Besetzung des Karl-Liebknecht-Hauses am 18. Februar 1930:

> „Das Ganze sah sich so an, als wenn eine Horde roher Knaben sich plötzlich ein wehrloses Tier oder ein schwächliches, mißliebiges Kind vornehmen, es mißhandeln und quälen." [160]

Es konnte Weiß wohl persönlich stärken, nicht aber aus der Klemme bringen, daß ein gewisser Dr. Werner Gehn seinen Brief an ihn so begann:

> „Da ich Ihre sympathisch-energische Art kenne, Mißgriffe in der Ihnen unterstellten Schutzpolizei abzustellen, erlaube ich mir, Sie von folgendem in Kenntnis zu setzen: [...]".

Es folgte die Beschwerde über einen Polizeioffizer, der vor dem Hotel Adlon bei Eintreffen Charly Chaplins das völlig friedliche Publikum „in einer derartig schroffen Weise und in einem Kasernenhof-Ton schlechtester Art" behandelt habe, daß man befürchten müsse, der Mann eigne sich nur für Krawalle, „wo Kommandos wie *Anreiten* usw. vielleicht am Platze sind" [161]. Hier sieht man die Klemme, in der Weiß unausweichlich stand: Krasses Durchgreifen dort, fein-freundliches Lenken des Publikums hier – wie sollte das überhaupt und dazu in so kurzer Zeit in ein und dieselben Köpfe gehen? Und die Folge: Unausbleibliche Fehler und der strukturelle Querstand mußten natürlich in der öffentlichen Diskussion immer wieder den jüdischen Vizepräsidenten fokussieren, der dann für vielerlei Beschwerden und Querelen einfach als Blitzableiter benutzt wurde. Ohnehin in der Schußlinie, konnte man ihn angreifen ohne langwierigen Abbau von Hemmschwellen, dies natürlich auf besonders einfache Weise, wenn man eine (Namen-) Waffe hatte, die gängig und auch für Einfältige leicht zu führen war.

Zeugnis dafür legen z. B. die Presseangriffe ab, die Weiß in seinen Handakten sammelte. Ohne jetzt schon zu den ganz großen Kampagnen Goebbels' gegen Weiß vorauszugreifen, geben hier vielleicht gerade die Alltagslappalien ein gutes Bild: die Beschwerde des Redakteurs Wagner vom „Kleinen Journal", daß Weiß bei seiner Eröffnungsrede der „Reichsgastwirtsmesse" nur das Konkurrenzblatt „Herold" erwähnt habe; die Machenschaften des Herrn Schneit, der seinen „Delphi-Palast" aufmöbeln will durch Anpreisen seiner (von Weiß eigens abgeschnittenen) Beziehungen zum Polizeivizepräsidenten; die Abwehr der Artikel des „Völkischen Beobachter", Weiß sei im Dienstauto zum Warenhaus (!) einkaufen gefahren, wobei die Schupos hätten Kindermädchen spielen müssen, solange die gnädige Frau Weiß eingekauft habe (mit dementsprechenden Protestbriefen Berliner Polizisten); die Abwehr der Behauptung, „unter Drohungen" habe er im „Berliner Theater" Freikarten verlangt, obwohl er doch nur die beiden Dienstplätze habe in Anspruch nehmen wollen/müssen, die schon vorher einige Male widerrechtlich nicht freigehalten worden seien – und so fort bis hin zu den Klagen gegen die „Märkische Volkszeitung", die ihn „Protektor der Gottlosenbewegung" genannt habe, obwohl

75

er doch „persönlich religiös eingestellt" sei. Mit solchem Klein-
und Kleinstkrieg war Weiß' Alltag gespickt [162].

Persönlicher Einsatz im Brennpunkt.
Der Vorfall vom 2. Juni 1928

Zog er aber nicht vielleicht doch die Augen der Skeptiker und
natürlich die seiner Feinde durch forsches Benehmen, ja geradezu
„durch Vorpreschen zu sehr auf sich?" [163] Fest steht nämlich: Überall
wo er konnte, trat Weiß persönlich bei Polizeieinsätzen auf, vor
allem bei den ganz heiklen Unternehmungen – z. B. der Durch-
kämmung der russischen Handelsmission. Die Zeitungen berichteten alle [164]. Die „Rote Fahne" konnte gar nicht oft genug betonen [165], daß die ganze Aktion unter dem persönlichen Kommando
von Weiß durchgeführt worden sei, so wie ja genau ein Jahr vorher
schon die Verhaftung kommunistischer Abgeordneter im Landtag [166]. Und so gab es eine Unzahl Fälle persönlichen Eingreifens [167],
von denen wir nur noch einen ganz zufällig herausgegriffenen präsentieren wollen.

„Als im Januar 1926 ein alter Schuhmacher ermordet worden
war, besichtigten Polizeipräsident Grzesinski und Dr. Weiß
als Chef der Berliner Kripo persönlich den Tatort. Im Juni
desselben Jahres inspizierten hohe Beamte des Präsidiums zusammen mit Weiß und Gennat einen Selbstmordfall in der
Heerstraße." [168]

So äußert sich Liang, eben durchaus zufällig, an einer Stelle, die
ganz andere Argumentationsziele verfolgt – ein klarer Beweis: Wie
man auch immer die Berliner Szene schildert: Weiß taucht auf, und
zwar als Vertreter des nicht so häufigen Typs, der sich persönlich
in die Bresche wirft. Ganz überraschend ist das allerdings nicht,
hatte doch schon der Regimentskommandeur dem jüdischen Ka-
vallerieoffizier vorbildliche persönliche Tapferkeit attestiert. Genau diese Eigenschaft brachte Weiß dann in zwei Situationen von
solcher Brisanz, daß die Gazetten tagelang über sie berichteten.
Wir bieten hier nur die eine; die andere Begebenheit, eine persönlich geführte Polizeiaktion im Reichstag am 12. Mai 1932, fällt in
den zweiten Teil der Biographie, der erst abgehandelt und gewür-

digt werden kann, nachdem im Hauptteil des Buches die Kampf-technik mittels jenes Namens geschildert ist, den zu erwähnen wir uns in diesem Kapitel aus methodischen Gründen verboten haben. Am 2. Juni 1928 kam es anläßlich einer aus dem Ruder gelaufe-nen KPD-Demonstration nach der Beerdigung eines erschlagenen Arbeiters auf der Frankfurter Allee zu einem für Weiß folgenrei-chen Zwischenfall. Im offiziellen Bericht des Polizeipräsidiums vom 5. Juni wird er so geschildert: Polizeibeamte seien so unflätig be-schimpft worden, daß einige Beamte „das Maß der notwendigen Abwehr überschritten, was zu dem durchaus berechtigten und not-wendigen Einschreiten des die polizeilichen Maßnahmen beobach-tenden Polizeivizepräsidenten Weiß geführt hat" [169]. Was dabei Unerhörtes passierte, schildert der also wieder vor Ort agierende Weiß im „Berliner Tageblatt" so:

„Da ich mich in der Menge befand, versuchte ich zunächst zu verhindern, daß die Beamten ohne ersichtlichen Grund zu ihren Hiebwaffen greifen. Ich gab mich als Polizeivizepräsident zu erkennen und forderte die direkt vor meinen Augen drein-schlagenden Beamten zur Besonnenheit auf, konnte jedoch nichts mehr ausrichten und wurde dabei selbst von einem jüngeren Schutzpolizisten mehrmals mit voller Kraft mit dem Gummiknüppel über den Rücken und linken Arm geschlagen. Die Schläge sind mit solcher Roheit ausgeführt worden, daß die ganzen Stellen an meinem Körper stark blutunterlaufen sind. Ich mußte mich zurückziehen, um nicht noch weitere Schläge von diesem jähzornigen Beamten zu erhalten." [170]

Weiß, der jüdische Polizeivizepräsident, also von seinen eigenen Leuten verprügelt! Versuchte nun die demokratische Presse eine seriöse Bewältigung des Vorfalls [171], so höhnte die staatsfeindliche Rechts- und Linkspresse nur um so schlimmer. Die „Rote Fahne" ließ als Augenzeugen den Landtagsabgeordneten Hoffmann zu Wort kommen. Er schilderte, wie Weiß zuerst wohl keine Courage gehabt habe, gegen die „bestialischen Ausschreitungen der Zör-giebel-Schupo" vorzugehen.

„Erst als ich ihn am Arm packte, ihn vor seine wildgewordene Schupo schleppte, rief er der Schupo entgegen: ‚Ich bin der Polizeivizepräsident Weiß!' Seine gut gedrillten Schupo quittierten diese Vorstellung mit einem kräftigen Schlag mit dem Gummiknüppel. Einige Schritte weitergehend, stellte er sich noch einmal als Polizeivizepräsident vor. Ein Schupomann kletterte darauf von seinem Auto herunter und rief dem Vizepräsidenten entgegen: ‚Was, du Affe?' und massierte ihn mit dem Gummiknüppel." [172] Eine derartige Darstellung war nicht ohne jeden Informationscharakter.

In den auch veröffentlichten Hohngedichten und Karikaturen aber ging es ganz anders her: „Polizeivizepräsident Weiß und seine Instruktionen" war eine dreiteilige Bildergeschichte genannt:
1. „Zuerst versucht ihr es mit Güte –
2. dann führt ihr ihm den Knüppel zu Gemüte!
3. Hilfe! Polizei! Das hab ich nicht gewollt . . ."
ruft schließlich der plötzlich selbst Geprügelte [173]. Wenn hier nun schon so, dann wird man für den „Angriff" und den „Völkischen Beobachter" schier Unüberbietbares erwarten – zu Recht, wie der namenpolemische Teil dann zeigen wird [174].

Gerade das persönliche Engagement konnte also zu besonderen Gefährdungen führen. Die betonte Rechtfertigung in der offiziellen Darstellung der Polizei: „berechtigtes und notwendiges Einschreiten" muß als Argument gegen jene gelesen werden, die bedenklich den Kopf schüttelten, daß sich ein Polizeivizepräsident derart im Brennpunkt präsentieren könne.

Bei solcher Datenlage müßte man vielleicht doch die oben gestellte Frage nach Weiß' taktischem Geschick negativ beantworten, gäbe es nicht eine Reihe von Beispielen, in denen er auf programmatische Weise besonders kluge Zurückhaltung an den Tag gelegt hat. Nicht nur, daß er jenem dubiosen Herrn Schneit „aus grundsätzlichen Erwägungen" [175] eine Einladung zur Eröffnungsfeier des Delphi-Palastes schlichtweg abgelehnt hatte – 1932 schlug er die Bitte ab, in der ihm nahestehenden „Republikanischen Beschwerdestelle" eine Rede über den Nationalsozialismus zu halten:
„Sie wissen, daß ich mit der Bekämpfung des Nationalsozialismus von Amts wegen zu tun habe. Bei der Übernahme eines größeren Vortrages würde ich daher in gewisse Gewissenskonflikte zwischen meiner Amtstätigkeit und meiner persönlichen Betätigung als Redner kommen. Meine Gegner würden

mir unter Umständen auch mit Recht den Vorwurf der Verletzung der Amtsverschwiegenheit machen."[176] Aus ähnlichem Grunde wollte er im Jahr 1928 nicht einmal einen Vortrag zum Thema „Justiz und Polizei" im „Republikanischen Richterbund" halten, weil er z. Zt. nämlich kontinuierlich zum Falle Kölling-Hofmann vernommen werde[177].

Ein humorloser Beamter?

Weiß hatte nun nicht nur schlicht wegen seines hohen Amtes eine Pflicht zur Zurückhaltung. Er war überdies wirklich zu einem populären Mann geworden, nicht nur zu einem berüchtigten durch Goebbels' Vernichtungskampf. Im Rundfunk hielt er Vorträge[178], dies mit solch außerordentlichem Erfolg, daß er mit seinen Kriminalplaudereien sogar in die „Hitlisten" kam: Für den Monat Oktober 1930 war er im Funk-Toto des „8 Uhr-Abendblatts" von den Hörern auf Platz 2 (hinter Paul Graetz, vor der Kapelle Ilja Livschakow vom Hotel Bristol) gewählt worden „für die beste Monats-, Gesamt- und Einzelleistung"[179]. Schon dies zeigt, daß er nicht jener beamtenhaft-humorlose Typ war, wie ihn die Nachkriegsliteratur dargestellt hat[180] – ganz offensichtlich in naiver Verlängerung der Goebbels-Perspektive. Der Gauleiter war natürlich daran interessiert, die Gegenwehr seines Opfers als hilflose Reaktion eines völlig versteiften Beamten hinzustellen[181]. Nun mögen weitere Zeugnisse über Weiß' durchaus auch freundlich-humorvolle Art vielleicht nicht so durchschlagend sein, wenn sie aus verwandtschaftlichen Kreisen kommen. Wir übergehen also, daß er seinen – in ihrem Hause zu Testzwecken eingeriegelten – Bekannten ad oculos demonstrierte, daß er als Einbrecher doch tatsächlich im Handumdrehen durch die gerade neu angeschafften Sicherungsgitter komme. Wir schildern auch nicht weiter, wie er zum Gaudi aller seinem Hund das Zigarrenrauchen beibrachte[182].

Die Amtssphäre interessiert, und da gibt es ein Zeugnis, das beweist, daß Weiß, vor der Öffentlichkeit in die Klemme gebracht, psychologisch durchaus geschickt reagiert. Er wußte sehr wohl, daß ernste Zurückweisung nicht in jedem Falle probates Mittel ist. Ein kesser, ein wohl etwas *zu* kesser Autofahrer war er. Mehrere

Unfälle bezeugen das [183]. Am 4. September 1929 publizierte sogar das liberale „Berliner Tageblatt" einen bissigen Artikel: „Der ViPoPrä! Tableau!". Der Reporter Hildebrand schilderte da aus eigener Anschauung die Fahrweise des Vizepräsidenten, der selbst das Steuer führte, seinen Chauffeur, Oberwachtmeister Czerwinski, neben sich plazierte und den Regierungsrat Schoeny, den Leiter der Presseabteilung des Präsidiums, hinten in den Fond. Mit achtzig km sei er dahingebraust – ohne Rücksicht auf zahlreiche weitere Verstöße, uneingedenk überdies, daß er schon einen Unfall mit einem Motorradfahrer hinter sich habe!

Welche Häme da sonst noch über Weiß ausgegossen wurde, läßt sich bequem aus der Antwort entnehmen, die der Chef des Presseamtes (natürlich nicht ohne Absprache mit Weiß!) dem „Berliner Tageblatt" zuschickte: Der „FreHi" habe also

> „bis dato den Vipoprä stets wohlbehütet in Aufruhren und Krawallen [...] auf einer Insel gesehen, umhegt von Tschakos, umpflanzt von Gummiknüppeln, umfriedet von Offizieren und Mannschaften? Oho!"

Ob er denn tatsächlich den Vorfall auf der Frankfurter Allee vergessen habe,

> „wo der Vipoprä von seinen eigenen Leuten etwas mit dem ‚Punktroller' abbekam? Von diesem ‚freudigen Ereignis' haben die Karikaturisten von Rechts und Links doch wochenlang gelebt, und ihre Erzeugnisse aus dieser Zeit gehören zu den amüsantesten, die der Vipoprä in seiner reichhaltigen Sammlung aufzuweisen hat. Wollen Sie sie sich nicht einmal ansehen, lieber FreHi?
> Und dann meinen Sie, der Vipoprä (übrigens ein schreckliches Wort, das nicht einmal richtig ist, denn es müßte Poviprä heißen!) führe noch etwas unsicher. Gott ja, vielleicht ist das richtig." [184]

Der Einwand, das stamme doch von Schoeny, läßt sich leicht widerlegen. Sogleich am Tage nach jener Veröffentlichung, ließ Weiß durch seinen Rechtsanwalt, Dr. Arthur Brand, dem Fred Hildebrand mitteilen:

> „Als Vertreter des Herrn Polizeivizepräsidenten Dr. Weiß, von Ihnen kurz Vipoprae, richtiger und daher in folgendem von

mir Poviprä genannt, möchte ich Sie darauf hinweisen, daß Ihnen [. . .] einige Irrtümer unterlaufen sind." [185] So redet ein Anwalt nur auf Geheiß. Nichts also von verkrampftem Gehabe eines stocksteifen Beamten, sondern Spiel mit den Witzchen, die halt so über ihn im Schwange waren, Witzchen, die er offensichtlich auch in seinem häuslichen Umfeld mittrug: Die kleine Tochter fertigte um 1930 einen Anrufer, den Rechtsanwalt Dr. Georg Cohn-Lemper, mit dem Reim ab:

„Der Vize-Po
sitzt auf dem Klo" [186].

Verteidigung der Autorität

Allerdings, wenn es um die Autorität ging, um die des Staates und auch um die seine, die ja mit der des Staates spätestens seit 1927 eng verbunden war, – da ließ Weiß nie Zweifel aufkommen. „Wenn Beamte in geringer Zahl sind, ist es besonders wichtig, daß sie die Staatsautorität unbedingt durchsetzen" – so stand es schon in den Befehlen des Kommandos der Schutzpolizei, als 1926 noch Grzesinski Chef war. Die „Autorität der Polizeibehörde auch unter schwierigen Umständen" wahren, nicht zuletzt durch unbedingt durchzuführende Festnahmen der Angreifer – das hatte auch Ferdinand Friedensburg, der Vorgänger Weiß', seiner Truppe eingeschärft [187].

Diese (in seine Handakten eigens inkorpierte) Tradition unter noch schwierigeren Umständen fortzuführen, war Weiß nun an der Reihe, ein Jude, der die unselige antisemitische Tradition in diesem Punkte nur zu genau kannte. Daß Weiß sogleich zu Anfang hart durchgriff, vielleicht zu hart durchgriff, bezeugt ein besonders ausführlicher Vermerk des gerade ins Amt gekommenen Vizepräsidenten. Ein gewisser Hauptmann Schulz hatte nach einem sachlichen Fehler bei einer Demonstration ahnungslos einen unverschämten Ton gegen ihn angeschlagen. Weiß zitierte ihn ins Präsidium. Als er jetzt die Entschuldigung hörte, er (Schulz) habe gar nicht gewußt, daß sein Gegenüber der Vizepräsident gewesen sei, warf er ihm Mangel an Intellekt vor, dazu das Versäumnis, sich über das Aussehen des Vizepräsidenten zu orientieren. Weiß versetzte den

Delinquenten, weil er „nicht über die notwendige Gewandtheit und Biegsamkeit verfüge", die man dem nicht leicht zu behandelnden westlichen Publikum gegenüber an den Tag legen müsse. Überhaupt müsse man gegenüber dem Publikum recht höflich sein. Wenn keine weiteren Klagen kämen, sollte der Vorfall vergessen sein [188].

Die Geringfügigkeit des Anlasses und die Schwere der Konsequenzen deuten vielleicht doch auf ein in diesem Punkte etwas angestrengtes Verhalten, wie es jedoch bei sehr vielen in der Anfangsphase eines neuen Amtes immer wieder vorkommt; damals hätten sicher noch mehr als heute gesagt: „Wie es in der Anfangsphase am Platze ist!" Und so ist denn einer der ersten Strafanträge (27. Oktober 1927) des Vizepräsidenten genau wegen einer solchen Autoritätsfrage gestellt.

„Von dem Juden Weiß lasse ich mir nichts verbieten" [189], hatte Wilhelm Hillebrand, der Leiter des nationalsozialistischen Musikzuges, kaltschnäuzig entgegnet, als ein Schupo weisungsgemäß jedwede Musik beim Durchzug des Reichspräsidenten Hindenburg verhindern wollte. Das Urteil des Erweiterten Schöffengerichts Schöneberg (150,– M. und vierfache Publikationsbefugnis wegen Beleidigung nach § 185) erschien Weiß zu milde. Er schrieb dem zuständigen Oberstaatsanwalt am Landgericht III:

„Ich habe bereits in meiner Zuschrift vom 27. Oktober 1927 gebeten, gerade in der vorliegenden Strafsache eine möglichst hohe Strafe zu beantragen, da die Aufrechterhaltung der Staatsautorität es unabweislich erfordere, daß einer Beleidigung hoher Vorgesetzter vor den Ohren unterstellter Beamter mit Nachdruck entgegengetreten werde." [190]

Eine weitere Bemerkung aus diesem Brief sei hinzugefügt, weil gleich schon Dokumente sehr ähnlicher Art vorgestellt werden [191]. Wenn Sie auch auf innerjüdische Probleme zielen, so kann man doch klar sehen: Weiß' Reaktionsformen waren in solchen Fällen tatsächlich aus einem Guß, echt preußisch nämlich. Bei einer Vernehmung hatte Hillebrand angedeutet, er habe so kompromittierendes Material über die IA gesammelt, daß bei einer Übergabe an die NSDAP die verantwortlichen Leiter ihren Abschied nehmen müßten.

„Wie der Unterzeichnete [i. e. Weiß] diese Äußerungen des Hillebrand aufgefaßt hat, bitte ich aus folgendem Aktenvermerk zu ersehen, den er nach Bekanntgabe der Hillebrand'-schen Äußerungen in den hiesigen Polizeiakten zu Papier gebracht hat: ‚Mit der Drohung, kompromittierendes Material zu veröffentlichen, bezweckt H. wahrscheinlich, mich von der Einleitung eines Strafverfahrens abzuhalten. Um so mehr halte ich es für nötig, Strafantrag zu stellen.‘ [. . .] Von dem Ausgang des Strafverfahrens in der Berufungsinstanz erbitte ich gefällige Mitteilung. I. V. Weiß" [192] Befehlsverweigerung des Hillebrand „vor den Ohren unterstellter Beamter" – man merkt, worum es Weiß ging und angesichts der öffentlichen Einschätzung jüdischer Autoritätskompetenz auch gehen mußte. Ein Jude, selbst einer wie Weiß, konnte eben nicht durchweg so reagieren wie z. B. sein Vorgänger Ferdinand Friedensburg, der einen Jung-Kommunisten, der mit dem Ruf „Sie Bluthund!" auf seinen Wagen gesprungen war, durch einen einzigen Satz an seiner alteingewurzelten Sicherheit abprallen ließ: „Bei Dir piept's wohl!" [193] Und hätte Weiß permanent solch treffsichere Repliken bei der Hand gehabt, gleichwohl hätten sie nicht so durchschlagend wirken können, weil die Nationalsozialisten gegen Juden ja immer die alteingeübten Standardargumente bei der Hand hatten, also nicht bewunderungswürdige Verblüffungsfestigkeit, sondern „typisch jüdische Unverschämtheit" diagnostiziert hätten.

Weiß verließ sich daher auf seine persönliche Tapferkeit, seine Kampfethik und – echt preußisch – aufs *Rechtsprinzip*, und dies nicht nur bei sich. Überall, wo er die Autorität des Staates und seiner Beamten nicht genügend geschützt sah, strengte er Prozesse an und intervenierte sogar noch, wenn die Urteile schon in Kraft waren [194].

Physiognomisches

Nun hatte es mit der Kategorie der „Autorität" im Rahmen von Militär, militärnahen Korps wie der Polizei und nicht weniger im Assoziationsfeld von Jude seine besondere Bewandtnis. Die Autorität „vor der Front" war im preußischen Verständnis zum Angelpunkt und Zentrum jedweder Hochachtung geworden [195]. Spezifische Klischees sorgten für das automatische Einrasten oder eben auch Ausrasten des Subordinationsschemas. Gardemaß und laute Stimme – wer das bieten konnte, hatte zunächst einmal keine Probleme. Kleiner Wuchs machte die Sache schon etwas problematisch. Kam nun ein weiteres Negativschema hinzu, jüdisches Aussehen z. B., so konnte die Sache leicht kritisch werden. Weiß *war* nun von kleiner Gestalt, gerade 165 cm groß [196]. Überdies stimmen alle überein: Er sah ausgesprochen jüdisch aus [197]. Ferdinand Friedensburg meinte sogar, schon deswegen habe man Weiß mit dem Posten des Vizepräsidenten keinen Gefallen getan [198].

Nun weiß heute natürlich jeder Aufgeklärte, daß die Festschreibung ethnischer Stereotype Produkt bestimmter Interessen ist [199]. Sehr häufig sind sie konzipiert, um zunächst die positiven Pole auf den Wertskalen festzulegen und um dann durch Kontrastbetonung die Nichtkonformen nach unten zu drücken. Heute ist es für jedermann fast selbstverständlich, daß man der großen Zahl Deutscher, besser: der *Überzahl* Deutscher, die dem Schema „Deutscher" nicht entsprechen, nicht ihre Qualität als Deutscher absprechen kann. Die Nationalsozialisten aber, fixiert auf jenen blonden Typ mit in die Ferne gebanntem Stahlauge, mit vorgeschobenem Kinn und kantig-reckenhaftem Wuchs (fast jede Nummer des „Angriff" bot aus der Feder Mjölnirs ein besonders monströses Exemplar dieser Sorte), die Sachwalter des Germanischen also – sie schürten Haß gegen alles, was dem Schema nicht entsprach, Haß vor allem gegen das, was ihm zum Zwecke der Kontraststeigerung diametral entgegengesetzt wurde: der jüdische Typ. Daß fast alle Prominenten der Nationalsozialisten selber nicht dem Schema entsprachen, Hitler und – wie wir gleich sehen werden – vor allem der kleine Goebbels auf ganz eklatante Weise abwichen, das forderte von ihnen eine besondere Verdrängungsleistung, die den Haß aufs vermeintliche Gegenbild steigerte.

Weiß hatte man nun schon als Rittmeister attestiert, daß er volle Autorität genoß, und rechnet man alles andere hinzu, so wird man nicht auf den Verdacht kommen, Weiß habe sich – wie nicht wenige Juden – mit dem Aggressor so identifiziert, daß ihm selber sein jüdisches Aussehen irgendwie Kummer gemacht haben könnte.

Auch sein Erfolg wird ihn vor Selbsthaß bewahrt haben. Denn es konnte ihm nicht verborgen bleiben, besser: Er sah es sicherlich gerne, daß er zu einer durchaus auch populären Figur geworden war, nicht zuletzt, was seine Aufmachung anlangte: In Zylinder und im Cut sieht man ihn immer wieder auf Fotos bei Haupt- und Staatsaktionen, und als solcher blieb er auch lange im Gedächtnis der Berliner [200]. Kein Zweifel: Er ließ sich sicher auch *gerne* sehen, hatte Sinn für das besondere Berliner Reizklima der zwanziger Jahre und genoß so seinen Erfolg und die Vorteile, die ihm seine herausragende Stellung boten. Kurzum: Er ging nicht im Büßergewand, sondern benahm sich genauso wie jeder andere Deutsche, dem nach außergewöhnlicher Anstrengung auch eine außergewöhnliche Stellung zugefallen war. Dieser Freimut war *sein* Beitrag zur endgültigen Emanzipation, die jede Sonderrücksicht überflüssig erscheinen ließ.

Daß er zu einer nicht unbedeutenden Figur geworden war, sah Weiß nicht nur beim Abwickeln der Amtsgeschäfte, bei gesellschaftlichen Anlässen und an der großen Zahl von Vortragseinladungen. Er sah es auch an der Prominenz der Einladenden und am Aufwand, der bei seinem Erscheinen getrieben wurde. Sein über zweistündiger Vortrag bei der „Vereinigung reichsdeutscher Republikaner" in Riga im April 1931 geriet zu einer kleinen Sensation. Aber nicht nur hier wurde er wie etwas ganz Besonderes bei der Presse herumgereicht, und die berichtete so ausführlich wie emphatisch [201].

Wilhelminisch fixierte Bewußtseinsstrukturen?

Weitere Vorträge einzeln zu beleuchten erbrächte kaum substantiellen Erkenntniszuwachs, abgerechnet zwei, die nicht nur an prominentem Ort gehalten wurden und Aufsehen erregten, sondern überdies Thesen bezeugen, die dartun, wie weit Weiß doch zu seinen militärisch-wilhelminischen Bildungs- und (anfangs sicher auch) Handlungsprinzipien Distanz halten und ein Denken in verbreiterten Perspektiven an ihre Stelle setzen konnte.

Am 9. Mai 1931 veranstaltete der Breslauer „Central-Verein" eine Kundgebung mit dem Motto „Nationalsozialismus, Judentum, Vaterland". Bernhard Weiß war der Hauptredner. Mit dem Fichte-Wort „Du sollst an Deutschlands Zukunft glauben" beendete er die mit stürmischem Beifall aufgenommenen Ausführungen. Vorher hatte er eingeräumt, daß der Erfolg der Nationalsozialisten nicht zuletzt aus Fähigkeiten abzuleiten sei, die man selbst noch erwerben müsse: Schaffung einer festgefügten Parteiorganisation, zähe, systematische Propaganda und nicht zuletzt eiserne Disziplin. War das nun eine Identifikation mit dem Aggressor, die einer Selbstaufgabe gleichkam? Wer die Forschungen Arnold Paukkers kennt, die die Schwierigkeiten beim und das Zögern vor dem Aufbau einer schlagkräftigen Gegenkraft beschreiben [202], wird das nicht verfechten, sondern hier eher von klaren Einsichten sprechen wollen. Schlägt da aber nicht dennoch jene alte Verehrung der Disziplin, ja geheimer Neid auf sie durch? Der Anfangsverdacht wird durch eine überraschende Fortführung der Gedanken in Respekt vor Weiß' Weitsicht gewandelt. Die „Montag Morgen Zeitung der Breslauer Zeitung" berichtete am 11. Mai so:

„Die Disziplin hingegen, die bisher die Partei zusammenhielt, wird auf die Dauer der Partei keinen Nutzen bringen, denn das deutsche Volk, das in seinem Innern demokratisch gesonnen ist, werde bald das Joch des Kadavergehorsams abschütteln."

Eine nationalsozialistische Zeitung schrieb das Gemeinte deutlicher hin: Zum „Nazifresser" Weiß seien viele nur gekommen, um ihn mal von Angesicht zu sehen. Lauthals habe er dann die Disziplin gerühmt. „Aber, so meint Herr Weiß, Disziplin bereitet den Untergang einer Bewegung vor." [203] Vom dominanten Hochwert seiner eigenen Erziehungs- und Militärzeit setzte er sich also ab. Mag nun die demokratische Einschätzung des deutschen Volkes gespielter Optimismus oder auch eine wirkliche Fehleinschätzung gewesen sein, in der Beurteilung der Disziplin behielt Weiß recht, freilich mit dem unvorhergesehenen Zwischenspiel, daß die Deutschen die selbstzerstörerischen Kräfte erst sehen wollten, nachdem die Nationalsozialisten die Macht tatsächlich in die Hand bekommen und in tödlicher Disziplin alles – auch sich selbst – in den Ruin getrieben hatten. Vor diese Einschätzung von Disziplin gestellt, zeigt sich nun auch sein Pochen auf Autorität schon in deutlicherem Licht, in klarem allerdings erst, wenn wir die zweite Rede kennen.

„Abrechnung in Preußen" hieß der andere Vortrag, den er am 15. April 1932 für die neugegründete „Deutsche Staatspartei", das Sammelbecken der Liberalen, in den Berliner Kammersälen hielt. Das historische Verdienst der preußischen Regierung bestehe darin, eine Polizei geschaffen zu haben, die den Staat nach allen Seiten verteidige, welche Pflicht sie „mit vorbildlicher Opferfreudigkeit und Takt" erfülle. Das gerade durchgeführte SA-Verbot sei segensreich, weil „endlich wieder einmal die Autorität des Staates durchgesetzt worden sei" [204]. Zur Vorbereitung der Rede hatte er sich eine Aufstellung von Prozessen machen lassen, die er gegen Goebbels angestrengt hatte. Als er nun ironisch die Frage stellte, wer denn in einer Regierung Hitler den Otto von Bismarck abgeben solle, replizierte er die Zurufe: „Goebbels!" ironisch: Der könne doch, „obgleich er den Krieg nicht mitgemacht habe, vielleicht die Rolle des Kriegsministers von Roon spielen". Da brach ein Tumult aus, inszeniert von Nationalsozialisten, niedergeschlagen vom Reichsbanner-Saalschutz. Zahlte Weiß hier auf allen Ebenen einfach nur mit gleicher Münze heim, so daß sich das Motto der Staatspartei „Abrechnung in Preußen" von dem (auch vom Redner beigezogenen) Motto der Nationalsozialisten vielleicht gar nicht so unterschied: „Preußen muß wieder preußisch werden!"? Mitnichten, denn Weiß warf weiter die Frage auf,

„welches Preußen die Nationalsozialisten eigentlich meinten, das Wilhelms I., der in seinem würdigen bescheidenen Auftreten an Hindenburg erinnere, oder das Preußen Wilhelms II., der mehr als einmal mit Adolf Hitler verglichen worden sei" [205].

Wie wenig man auch berechtigt wäre, Bernhard Weiß zu einem Menschen und Politiker mit einem wirklich modernen Bewußtsein zu machen, hier tauchen gleichwohl Distanzierungstendenzen zu bestimmten Traditionssträngen der deutschen Geschichte auf. Man kann sie als Anzeichen dafür nehmen, daß er ein Auge hatte für die Herkunft des Nationalsozialismus aus der deutschen Geschichte selbst, entgegen jener verharmlosenden Denkweise, die den Nationalsozialismus für einen fremdartigen Eingriff besonders teuflischer Mächte hielt. Seine Autoritätsfrage jedenfalls ist in deutlicher Distanz zu jenem verbreiteten Wilhelm II.-Syndrom zu sehen. Bei diesem rangierte nämlich die persönliche Autorität an erster Stelle eher aus Gründen der Selbststabilisierung, als daß sie noch sinnvoll an Notwendigkeiten geknüpft gewesen wäre, die mit dem Wohle aller in Verbindung gestanden hätten.

Daß Weiß preußisches Rechtsbewußtsein festhielt, aber gleichwohl nicht rechtspositivistischer Starrheit verfallen war, bezeugt ein Komplott, das er zugunsten von Carl von Ossietzky einging: Kurt R. Grossmann besuchte ihn 1932 zur Zeit des Demonstrationsverbots im Präsidium und trug ihm den Plan vor, den Verurteilten in jener bekannten Verabschiedungsdemonstration von einigen hundert Gesinnungsgenossen zum Gefängnis zu geleiten.

„Bernhard Weiß sah mich lange an, schüttelte den Kopf und sagte: ‚Sie wollen mich, einen Beamten, dazu verleiten, Gesetze zu verletzen?‘ "

Das war aber nur die erste Reaktion, die auf die Basis Bezug nahm, auf die er den Preußischen Staat gestellt sehen wollte. Die zweite Antwort, die er angesichts der real herrschenden Verhältnisse gab, ging in eine andere Richtung:

„Weiß ließ sich einen Stadtplan bringen, schlug das Wäldchen bei der Strafanstalt als Treffpunkt vor und versicherte mir, daß am 10. Mai in Tegel neunzig Minuten lang keine Polizei auftauchen würde." [206]

Hatte Weiß in politischen Dingen durchaus einigen Weitblick, so wird man prüfen müssen, ob er ihm auch in den jüdischen Fragen ungetrübt blieb. Vor allem aber gilt es, Weiß' Haltung zum Judentum so darzustellen, daß wiederum die Angriffschancen für Nationalsozialisten sichtbar werden.

6. Weiß' Verhältnis zum Judentum

In allen jüdischen Angelegenheiten beachtete er sein Gebot politischer Zurückhaltung und Neutralität genau. Nicht daß er auch nur einen Moment sein Judentum versteckt hätte. Im Gegenteil: Er ließ sich wie sein Vater nicht allein ins Kuratorium der „Hochschule für die Wissenschaft des Judentums"[207], sondern nach vorsichtiger Anfrage der Institution auch in ihre Disziplinarkommission wählen[208]. Sogar die nationalsozialistische Presse schrieb anläßlich eines Prozesses gegen Strasser: „Dr. Bernhard Weiß bekennt sich stolz auf Befragen als Semit"[209] (wobei er genau dies Wort sicher nicht gebraucht haben wird). Für die „Central-Verein-Zeitung" (C.V.-Z.), das verbreitetste jüdische Blatt, schrieb er Artikel, am 12. April 1929 z. B. „Wie Ritualmordgerüchte entstehen" – zur Erklärung eines Mordes an einem fünfjährigen Mädchen im Bayerischen Manau.

„Der Nürnberger Nationalsozialist Streicher, neben dem Berliner Goebbels einer der übelsten antisemitischen Hetzapostel, verkündet die Mär von dem Ritualmord [...] ‚Der Angriff' schlägt in dieselbe Kerbe, freilich in etwas vorsichtigerer Form. ‚Die Zeit vor Ostern gilt allgemein als die Zeit, in der Ritualmorde häufig verübt werden ...' "

Weiß, der sicherlich Mittel und Wege hatte, sich zumindest so viele Informationen zu besorgen, daß er einen leidlich widerlegenden Artikel zusammengebracht hätte, verfährt so:

„Der wahre Sachverhalt der beklagenswerten bayerischen Kindertragödie ist mir unbekannt, auch kenne ich nicht das Ergebnis der polizeilichen Ermittlungstätigkeit. Ich kann daher [...] da ich, – im Gegensatz zu den nationalsozialistischen Federhelden – gewohnt bin, nur über Dinge zu reden und zu schreiben, von denen ich etwas Positives weiß" ... –

und dann schildert er minutiös einen ganz harmlos-trivialen Vorfall aus Berlin, bei dem sich der Fall eines Asthma-Kranken, dessen übelriechende Räucherkuren, seltsames Stöhnen und Kindergeschrei aus einer anderen Wohnung in der Phantasie von Mitbewohnern zu einer geheimnisvollen Ritualmordgeschichte vermischt hatten[210]. Man sieht den unbedingten – von heute her gesehen fast grotesk anmutenden – Willen zur Objektivität.

Mit Duckmäusertum könne man freilich den Juden nicht helfen. Also titelte er in der „C.V.-Zeitung" vom 3. Juni 1932 auf der ersten Seite: „Mehr Selbstbewußtsein". Hier entwickelte er dann Gedankengänge von so tiefdringend-analytischer und so weit vorausschauender Kraft, daß wir sie erst behandeln können, wenn seine ganze Biographie vor Augen steht und einer Gesamteinschätzung zugeführt werden kann. Daß er aber Maximen vertrat, die geradezu zwangsläufig zu einer gezielten Front- und Verteidigungsstellung gegen den „übelsten antisemitischen Hetzapostel" in Berlin führen mußten, läßt sich an der dort gestellten Grundforderung deutlich ablesen:

> „Je mehr man uns angreift, desto lebendiger und kraftvoller wollen wir aufrechten, selbstbewußten deutschen Staatsbürger jüdischen Glaubens uns zur Wehr setzen." [211]

Sein Bekenntnis zum Judentum lag so offen zutage, daß sogar die ausländische Presse das hervorzuheben Anlaß sah [212]. Das allenthalben dokumentierte Engagement ließ er aber nicht über ein wohlabgewogenes Maß hinausschießen. Von den 27 Vortragseinladungen z. B., die in der Nr. 21339 der Handakten dokumentiert sind, nahm er 14 an, lehnte 13 ab. Sechs Absagen trafen jüdisch orientierte Vereinigungen, nur zweimal sagte er zu, beim C.-V. nämlich.

Maßhalten *und* Engagement bewies er auch in einer besonderen Krise der jüdischen Gemeinde zu Berlin. Es brauchte dies vielleicht gar nicht mehr nachgezeichnet zu werden, böte es nicht Anschauungsmaterial für einen zweiten Komplex, daß nämlich Weiß der Kampfesmut nicht abhanden kam, wenn es um innerjüdische Dinge ging: Aus den Gemeindevertreterwahlen von 1926 war die eigentlich kleine Gruppe der zionistisch orientierten „Jüdischen Volkspartei" als Sieger hervorgegangen. Im Herbst 1929 bereitete die faktische Mehrheit der deutsch Gesonnenen die Wahl gut vor. 75 prominente Juden unterschrieben z. B. eine Resolution, die sich gegen die nationaljüdische Gruppe wandte, „um deutsche Juden im Widerstande gegen die nationaljüdische Agitation zu bestärken und die nichtjüdische Öffentlichkeit zu überzeugen, daß die Majorität der deutschen Juden sich unbeirrt zum deutschen Volke bekennt". Weiß gab seine Unterschrift – „obwohl ich mich allgemein wegen meiner Stellung zurückhalte" [213]. Weitere Bitten um öffentliches Engagement wies er aber zurück, gegenüber Direktor Hugo Ostberg z. B. so:

> „Sie werden verstehen, daß ich mir mit Rücksicht auf meine dienstliche Stellung beim öffentlichen Hervortreten in jüdi-

schen Angelegenheiten eine gewisse Reserve auferlegen muß. [...] Nach der Unterzeichnung noch öffentlich zu sprechen oder gar die antizionistische Veranstaltung zu leiten, scheint mir nicht angezeigt zu sein." [214]

Die Kämpfe zwischen deutsch-liberal Gesonnenen und Zionisten spannen sich fort. Die palästina-orientierte Gruppe stützte sich vor allem auf die oft noch tief im chassidisch-jüdischen Denken wurzelnden Ostjuden. In dieser gespannten Situation muß Weiß in Versammlungen Vorbehalten gegenüber den (von ihm selbst früher problemlos eingebürgerten) Ostjuden Ausdruck gegeben haben, zu welcher Problemgruppe die arrivierten deutschen Juden ein Verhältnis unterhielten, das man am besten mit „kritischer Solidarität" bezeichnet [215]. Georg Kareski, Exponent der nationaljüdisch Gesonnenen, nahm das (und einige Dokumente aus Weiß' Dienststelle) zum Anlaß, dem ebenfalls zionistisch eingestellten Ministerialdirektor Hermann Badt einen massiven Protestbrief zu schreiben. Er bezichtigte Weiß der Wahlbeeinflussung und fragte an, was denn noch dagegenspräche, solche Äußerungen nunmehr zum Gegenstand einer Dienstaufsichtsbeschwerde zu machen.

Kurz und bündig forderte Badt Weiß schriftlich zur Stellungnahme auf [216]. Es ist nun nicht so von Interesse, wie es die ernstlich Zerstrittenen nach mehreren Sühneterminen noch zu einem zäh ausgehandelten Arrangement, wohl nicht zu wirklichem Frieden bringen konnten. Hingegen lohnt es sich, die Art zur Kenntnis zu nehmen, in der sich Weiß gegen den Ranghöheren aus dem Innenministerium, den Juden Badt, zur Wehr setzte: Kareski wolle ihn offensichtlich unter Druck setzen!

„Sie, sehr geehrter Herr Badt, werden sicher verstehen, daß derartige Einschüchterungsversuche bei mir nicht verfangen. Ich muß es jetzt ablehnen, auf die von Herrn Kareski aufgegriffene Angelegenheit irgendwie zurückzukommen, es sei denn, daß ich – amtlich hierzu aufgefordert werde. [...] Ich muß Herrn Kareski anheimstellen, wenn er es für richtig hält, eine von mir im jüdischen Wahlkampf gefallene Äußerung zum Gegenstand einer amtlichen Beschwerde beim preußischen Minister des Innern zu machen.

Daß auch bei einem Fortspinnen dieser Angelegenheit durch

Herrn Kareski oder andere Herren meine Gefühle persönlicher Verehrung für Sie, sehr geehrter Herr Badt, keine Veränderung erfahren werden, brauche ich wohl nicht besonders eindringlich zu versichern." [217] Trockene Kampfansage durch Abblocken der nicht-formalrechtlichen Ebene, dies in seiner Härte gerade noch aufgefangen durch eine neuerliche Bekräftigung verehrungsvoller Gefühle in privater Beziehung – eine solch gekonnte Sprachmischung gegen Vorgesetzte dürfte selten gewesen sein. Und wenn hier schon so, was ist dann erst zu erwarten im Kampf gegen wirklich unerbittliche Feinde wie Goebbels?

Über Weiß' konkrete Glaubenssubstanz muß natürlich betont werden, daß er, die Tradition seines Elternhauses ins Moderne hinein verlängernd, sich von jedweder orthodoxen Lebensführung freigemacht hatte, also weder die Speise- noch die anderen Vorschriften beachtete, die das Leben der Strenggläubigen regeln. Zu den Hohen Feiertagen besuchte er selbstverständlich die Synagoge [218]. Will man das auf eine Formel bringen, so trifft die Antwort sehr gut, die G. Stern auf die Frage gab, ob Weiß, ein Vetter seiner Mutter, gesetzt er sei nicht direkt gläubig gewesen, doch zum Judentum gestanden habe: „Absolut. Er war kein gläubiger, aber ein bewußter Jude." [219]

Nach allen Äußerungen Weiß' über sein Verhältnis zum Judentum wird nicht mehr überraschen, was der Polizeivizepräsident neben ein „vertrauliches" Gesuch eines Juden um einen Posten schrieb, als dieser Bittsteller da rühmte, „daß Sie trotz Inanspruchnahme durch ihre hohen Amtspflichten das jüdische Herz bewahrt haben": „trotz" unterstrich er und setzte ein Fragezeichen an den Rand [220]; denn was er als unproblematisches Beieinander, wenn nicht gar als sich durchdringendes Miteinander empfand [221], das sah er hier plötzlich in einen ihm unverständlichen Gegensatz gestellt: „jüdisches Herz" und „hohe Amtspflichten" in der ersten deutschen Demokratie. Es fragt sich, wie sich solche Doppelstruktur ausnehmen mußte, wenn man sie von der Ebene der großen Politik, von den dominanten historischen Linien der Weimarer Republik aus betrachtet.

7. Die große Politik 1927–1932.
Weiß' Kampf gegen die Nationalsozialisten

Die politische Geschichte der Weimarer Republik ist gut erforscht. Wir müssen nur kurz einige historische Linien zeichnen, damit ein Erwartungshorizont entsteht, welche Effekte wohl zu erwarten sind, wenn man Bernhard Weiß mit seinen spezifischen Fähigkeiten und Charakterzügen auf diesem Felde beobachtet. Anschließend zeichnen wir den Aufstieg der Nationalsozialisten in Berlin und Weiß' Gegenmaßnahmen, dies eher in noch gröberen Zügen und zudem so, daß Goebbels, dessen Biographie wir uns dann zuwenden, zunächst ausgespart bleibt.

Bekanntlich hat die Frage nach dem Scheitern der Weimarer Republik im Vordergrund der wissenschaftlichen Auseinandersetzung gestanden[222]. Ob man nun der Grundposition Karl Dietrich Erdmanns zuneigt und den feigen, kompromißunfähigen Rückzug der Parteien zum zentralen Mangel erklärt[233] oder ob man die demokratische Mitte eher als Opfer der Radikalen sieht, zumindest die Fehler der Demokraten nicht mit denen der gezielt vorgehenden Zerstörer auf eine Stufe gestellt sehen will[224], es könnte bei der Beurteilung von Weiß die Konstellation eintreten, daß er in der einen wie der anderen Sicht sehr ähnlich dasteht und überdies ein Beispiel für die destruktive Brutalität der Nationalsozialisten bietet.

Als Weiß Vizepräsident wurde, befand sich die Weimarer Republik noch in der Phase der „relativen Stabilität". Zwar hatte das Vorjahr das Scheitern zweier Reichsregierungen gesehen (Luther, Marx), aber im Januar 1927 stand schon wieder das 4. Kabinett Marx, eine Bürgerblock-Regierung mit Einschluß der DNVP. Leichte Erosionserscheinungen zeigten sich bei der Reichstagswahl vom Mai 1928. Zwar bekam die SPD fast ein Drittel der Sitze, aber die bürgerlichen Parteien nahmen ab. Die NSDAP blieb mit 12 Sitzen und 2,6 Millionen Stimmen eher eine Splitterpartei. Erst im Jahre 1929 kamen mit der Weltwirtschaftskrise und den Debatten über den Young-Plan Faktoren ins politische Spiel, die ein tödliches Wachstum der Extreme und einen schnellen Abbau der demokratischen Kräfte einleiteten. Schon in den Landtagswahlen des Jahres (Sachsen u. a.) stiegen die Prozentanteile für die NSDAP sprunghaft.

Im Frühjahr 1930 kam es zur ersten Präsidialregierung unter Brüning. Die katastrophalen Ergebnisse der Wahlen vom 14. September markieren für die Demokratie bekanntlich einen Umbruch. Die NSDAP schnellte von 12 auf 107, die KPD sprang von 54 auf 77 Sitze. Die SPD und die DDP machten leichte, die DNVP abermals schwere Verluste. Für so schwerwiegend halten viele Historiker (Conze u. a.) diesen Einbruch, daß sie die Weimarer Republik eigentlich schon hier enden lassen, zumindest das präsidiale System für unvermeidlich halten [225]. Hitler schwor zwar wenige Wochen nach seinem Sieg vor dem Leipziger Reichsgericht seinen Legalitätseid, aber gerade das hatte für die Gewalt auf der Straße eine besonders fatale Wirkung. Sie wurde umfassender, brutaler, weil sie jetzt ganz andere Funktionen bekam: Nicht Drohung *mit*, nicht mehr Probe und Vorspiel *für* einen Staatsstreich (den man ja eigentlich nicht ungerne möglichst lautlos, im Idealfall mit einigen hundert Mann durchführt) war jetzt das Ziel, sondern: durch rebellische Dauerpräsenz, Mord und Totschlag, also durch Eroberung der Straße beweisen, daß die jetzt legal im Sattel Sitzenden dort nicht mehr hingehören, weil sie, völlig hilflos, zu jeder sinnvollen Gegenwehr, überhaupt zur Steuerung des Staates unfähig seien [226]. Kurz: Jetzt ging es um die Zermürbung der staatstragenden Personen und Zerrüttung der staatstragenden Strukturen.

Die zwei Jahre Agonie der Weimarer Republik waren von steigenden Problemen auf fast allen gesellschaftlichen Ebenen gekennzeichnet, und sie endeten in chaotischen Verhältnissen. Die Weltwirtschaftskrise, die Erblasten und Geburtsfehler der jungen Republik (die Kriegsschuldprobleme, die Reparationslasten, der Mangel an Demokraten und an demokratischen Auseinandersetzungsformen überhaupt) – sie ergaben ein nicht mehr beherrschbares Konglomerat, das immer mehr Menschen mit Gewalt und autoritären Methoden aus der Welt schaffen wollten. Schon zu Beginn des Jahres 1931 waren 5 Millionen Menschen arbeitslos. Alle Versuche des Deutschen Reiches, sich Instrumente zum Gegensteuern zu verschaffen, die Zollunion mit Österreich z. B., wurden von den Reparationen eintreibenden Alliierten vereitelt. Firmen-

und Bankenzusammenbrüche („Darmstädter und Nationalbank") entrissen vielen die letzten ökonomischen Stützen und den meisten den Glauben, daß die Demokratie überhaupt noch der Sache Herr werden könne. Die „Nationale Rechte" schloß sich zur Harzburger Front zusammen. Mehrere Notverordnungen zur „Sicherung von Wirtschaft und Finanzen" brachten keinen Erfolg, ebensowenig die Bildung der „Eisernen Front" (SPD, Reichsbanner, ADGB). Im Jahr 1932 waren es über 6 Millionen Arbeitslose. Ein Verbot der SA und SS wurde schon nach kaum zwei Monaten aufgehoben. Am 12. Mai 1932, für Weiß' Gegenwehr ein äußerst wichtiges Datum, wurde Reichswehrminister Groener zum Rücktritt gezwungen. Am 20. Juli 1932 inszenierte Reichskanzler von Papen seinen Preußenstreich, ein Tag von einzigartiger Wichtigkeit, weil er Preußen ein endgültiges, auch 1949 nicht wieder revidiertes Ende setzte. An eben diesem Tage wurde Weiß zusammen mit Polizeipräsident Grzesinski und Kommandeur Heimannsberg verhaftet. Wir werden sehen, wer von den dreien am energischsten Widerstand geleistet hat.

Es ist nun auf den letzten Seiten fast nur vom Reich gesprochen worden, also eigentlich nicht vom Berliner Polizeipräsidium, aber: Wie Preußen mit der Weimarer Republik in besonderer Weise verbunden war, so das Berliner Polizeipräsidium mit dem oben beschriebenen Chaos, denn Reichshauptstadt und preußische Hauptstadt – das war ja ein und dasselbe. Die Berliner Polizei hatte für die Sicherheit der einen wie der anderen zu sorgen.

Diese Tatsache ist nur eine charakteristische Facette aus einem umfassenden Zusammenhang: Bis zum 24. April 1932 von den Parteien der Weimarer Koalition regiert, war Preußen die „demokratische Bastion" des Reichs. Solche Diktion, hier die von Bracher [227], entstammt nicht einer Beurteilung ex post. „Bollwerk" sagten schon damals Freund und Feind [228]. Bis heute hat da keiner Zweifel angemeldet. Man kann getrost die Einschätzung Sabine Höners aus ihrer Spezialstudie über den nationalsozialistischen Sturm auf Preußen als communis opinio nehmen:

„Preußen war ‚eine große Feste der Verwaltung' (A. Brecht) und unter diesem Aspekt dem Reich überlegen. Nach vorherrschender Auffassung kam die Eroberung dieser ‚Festung' dem

Erwerb der Macht in ganz Deutschland sehr nahe, wenn nicht gleich. Die verbreitete Parole, die Reichspolitik werde von Preußen aus beherrscht, brachte dies klar zum Ausdruck. Ebenso wie Vertreter aller politischen Lager verstanden auch die Nationalsozialisten den Kampf um Preußen als Kampf um die Macht im Reich." [229] Selbstverständlich dachte auch Weiß innerhalb solcher Grundvorstellungen, und die spezifischen Formeln verwendete er auch. Über seine Rede zur Preußenwahl am 15. April 1932 berichtete das „Berliner Tageblatt" z. B.: „Die mit großem Beifall aufgenommenen Ausführungen klangen in die Aufforderung aus, am 24. April mit dem Stimmzettel dafür zu sorgen, daß Preußen weiter als republikanisches Bollwerk erhalten bleibe." [230] Goebbels war auf die Zugfolge: Polizeipräsidium-Berlin-Preußen-Reich besonders fixiert. Mehrfach hat er den Zusammenhang deutlich ausformuliert: „Wer das Polizeipräsidium in Berlin hat, der hat Preußen, und wer Preußen hat, der hat das Reich." [231]

Jetzt ist die einzigartige Stellung von Weiß schon deutlicher zu sehen, sein ganz entschiedener Kampf gegen die Nationalsozialisten schon besser zu verstehen. Wir zeichnen ihn jetzt mit ganz knappen Strichen, dergestalt nämlich, daß in der (namengeleiteten) Goebbelsbiographie getrost auch dieselben Situationen geschildert werden können, dann aber ganz konsequent aus einer anderen Perspektive, aus der des Gauleiters selber.

Seit dem Kapp-Putsch hatte die Politische Polizei eine eigene Abteilung für Rechtsradikalismus, und der Mord an Rathenau hatte mehr als zwei Drittel der Parlamentarier dann sogar zu einem besonderen Republikschutzgesetz gebracht. Die Hitler-Ersatz-Partei, die „Deutsch-Völkischen" mit Wulle und Graf Reventlow, hatten bei den Maiwahlen 1924 noch 32, deren Nachfolger, die „Nationalsozialistische Freiheitsbewegung", bei den Dezemberwahlen 1924 nur noch 12 Sitze im Reichstag bekommen. In Berlin sah die Sache der Demokratie noch günstiger aus. Da erreichte die „Deutschvölkische Freiheitspartei" bei den Wahlen zur Stadtverordnetenversammlung am 25. Oktober 1925 gerade 3 Sitze (= 1,5 %). Die NSDAP schnitt bei dieser Wahl mit insgesamt 137 Stimmen am schlechtesten von allen ab. Der Nationalsozialismus galt eben als bayerische Angelegenheit. Das Berlin der zwanziger Jahre war (und blieb) rot [232]. Eben diese Eindeutigkeit nutzte Goebbels, seit November 1926 Gauleiter. Seine völlig zerstrittenen Gauleute richtete er nicht zuletzt dadurch auf, daß er Kämpfe gegen die erdrückende Übermacht der KPD nicht nur in Kauf nahm: Er führte sie planvoll herbei. Er marschierte mit seinen Braunen direkt ins Zentrum der roten Hochburgen [233]. Am 11. Februar z. B. redete er in den Pharussälen im tiefroten Wedding über den „Zusammenbruch des bürgerlichen Klassenstaats" [234]. Das Erhoffte blieb nicht aus: eine exzessive Massenprügelei mit den zahlreich erschienenen Kommunisten, die ihr Revier verteidigen wollten. Gut einen Monat später (20. März 1927) prügelten und schossen dann 700 Nationalsozialisten ein kleines Häufchen von Kommunisten in Eisenbahnwaggons auf dem Bahnhof Lichterfelde-Ost zusammen. Goebbels erwartete seine Schlägertruppe vor dem Bahnhof und wurde dort von Menschen gesehen und in einer Weise beschrieben, die uns noch genauer interessieren wird [235].

Spätestens jetzt war die Polizei ernstlich gewarnt. Der ohnehin zum Durchgreifen neigende Polizeivizepräsident, gerade im Amt, wartete nur auf eine gute Gelegenheit. Goebbels lieferte sie, als er am 4. Mai 1927 im Kriegervereinshaus vor 2000 Hörern zum Thema sprach: „Die Not des deutschen Volkes. Wer rettet es? Jakob Goldschmidt!" Wegen eines bestimmten Zwischenrufes (wir werden ihn später nennen) ließ er da den evangelischen Pfarrer Fritz Stucke zusammenschlagen. Die Politische Polizei rückte an, löste die Versammlung auf, filzte dabei jeden Nationalsozialisten, und als sie die „Strecke" addierte, kam sie auf 6 Dolche, 2 feststehende Messer, 11 Schlagringe, 1 Tesching, 2 Mehrladepistolen, 1 Trommelrevolver, 1 Schreckschußpistole, 1 Totschläger und insgesamt 13 weitere gefährliche Waffen [236].

Am Tag darauf, dem 5. Mai 1927, wurde die NSDAP vom Polizeipräsidium für Groß-Berlin verboten. Allein die Blitzartigkeit des Handelns deutet nicht gerade auf Zörgiebel. Für die Nationalsozialisten war allemal klar, wer der eigentliche Urheber war.

Der „Völkische Beobachter" druckte eine Sondernummer, ganz speziell gegen Weiß gerichtet. Der ließ sich nicht beeindrucken, klagte gegen dieses Machwerk [237] und griff weiter durch, wo er nur konnte. Denn: Exzessive Gewalt blieb das Markenzeichen der Nationalsozialisten, die sich überdies durch allerlei Tricks dem Verbot zu entziehen suchten. Als neuen Integrationspunkt gründete Goebbels den „Angriff". Weiß hielt dagegen. Als die SA im Juli 1927 vom Nürnberger Parteitag kam, ließ er sie gleich am Bahnhof aufgreifen und nicht weniger als 450 Personen auf Lastkraftwagen zur erkennungsdienstlichen Behandlung zum „Alex" transportieren [238]. Angesichts der bevorstehenden Maiwahlen mußte das Verbot der NSDAP wieder aufgehoben werden (31. März 1928)[239], wollte man sich nicht der Wahlmanipulation verdächtig machen. Die massive Feindschaft zwischen Weiß und den Goebbels-Anhängern blieb, wenn sie auch zeitweilig vom Kampf gegen die KPD überdeckt gewesen ist [240] – im Blutmai 1929 z. B., als die Kommunisten trotz Demonstrationsverbots auf die Straße gingen. 33 Tote waren das Ergebnis einer blutigen Auseinandersetzung zwischen der KPD und der Polizei, die zwar Anordnungen folgte, aber dabei deutlich Überreaktionen zeigte [241]. Weiß befand sich zur Zeit der Katastrophe auf Urlaub, so daß die Folgen nicht ihn trafen, sondern den ohnehin als überfordert geltenden Zörgiebel.

Es gab aber auch Spannungen zwischen Weiß und Magnus Heimannsberg. Zu Anfang des Jahres war es so weit gekommen, daß der Schupo-Kommandeur eine scharfe Eingabe beim Präsidenten Zörgiebel gegen den Vizepräsidenten machte [242]. Die Schutzpolizei, die ihr Idol in jenem von unten aufgestiegenen, bestechend aussehenden Kondottieretyp Heimannsberg sah, fühlte sich vernachlässigt und überdies als Prügelknabe für politische Fehler mißbraucht. Der Konflikt konnte aber doch noch beigelegt werden, so daß die Zusammenarbeit künftig ohne große Reibungspunkte blieb. Dennoch gaben Auseinandersetzungen solcher Art natürlich spezifischen Wirkungshintergrund für Anti-Weiß-Attacken:

„Bernhard Weiß verprügelt
Die ‚eigene' Schupo mit Gummiknüppeln über ‚ihren' Polizeipräsidenten"

– dies die mit Distanzierungssignalen gespickte Überschrift des „Völkischen Beobachter" drei Tage nach jenem unglücklichen Ereignis vom 2. Juni 1928.

Zieht man nun im ganzen in Betracht, daß für die Phase der relativen Stabilisierung 1924–1929 die Zahl der politischen Tötungsdelikte in Preußen schon 161 betrug[243], dann kann man sich vorstellen, welcher Welle von Gewalt sich die Berliner Polizei gegenübersah, als sie durch die Zeit offensichtlichen und von Nationalsozialisten wie Kommunisten geförderten Niedergangs mußte. Je weniger im Parlament noch entschieden werden konnte, desto mehr meinte man, auf der Straße auftrumpfen zu müssen. Die Zahl der Störungen politischer Veranstaltungen (1929 waren es 333; 1930 schon 1579), der Verhaftungen (1931 pro Monat 600 bis 1000) und die Zahl der Toten (147 allein vom Januar bis Ende Juli 1932) stiegen rapide[244]. Die Polizei drängte sich immer weniger dazu, bei Auseinandersetzungen zwischen NSDAP und KPD einzugreifen[245], was das Vertrauen zur Polizei zu untergraben begann.

Am 12. Juni 1930 verbot der Preußische Innenminister Waentig der SA das Tragen von Uniform. Dies durchzusetzen, durchzusetzen auch das Verbot aller Ersatzformen (statt brauner, plötzlich kollektives Tragen weißer Hemden) – dies heikle Geschäft blieb der Polizei überlassen[246]. Im Kampf gegen die NSDAP stand die Polizei nach 1930 auf sehr schwerem Posten. Severing meinte zwar noch 1931 die nationalsozialistischen Organisationen als „militärisch bedeutungslos" einschätzen zu können[247]. Freilich muß man einräumen, daß es nicht allein seine zum Kompromiß neigende weiche Art war, die ihn nicht zupacken ließ. Er konnte auf seiten der Reichsregierung nicht mit Schulterschluß rechnen, wie Grzesinski beim Verbot des Rotfrontkämpferbundes. Als die Preußische Polizei dann am 17. März 1932 in NSDAP-Geschäftsstellen Material fand, das auf einen Putsch im Falle eines Hitler-Sieges bei der Reichspräsidentenwahl schließen ließ, raffte sich Groener auf, überzeugte Brüning und Hindenburg und verbot am 14. April 1932 die SA[248]. Es war ein letztes Aufbäumen. Die polizeiliche Exekution mußte das Reich – mangels eigener Kräfte – wieder vor allem Preußen überlassen. Bald nach Groeners Sturz, an jenem denkwürdigen 12. Mai 1932, fiel auch das SA-Verbot. Der Brutalität dieser Truppe und ihrer politischen Führer war dann nichts mehr gewachsen.

Man kann sicher sein: Weiß hat in diesen turbulenten Zeiten

immer zu denen gehört, die fürs Durchgreifen waren, und dies schon 1927/28, als noch genügend Aussicht auf Erfolg bestand. Das wird die große Zahl seiner Strafanträge beweisen, und es dürfte auch bereits aus fast allem hervorgehen, was hier bisher vorgetragen worden ist. Es gibt aber glücklicherweise eine untrügliche Quelle, die seine Position in den Zeiten der Auflösung bezeugt, wenn schon nicht detailliert beschreibt.

In seinem Privatexemplar der Lebenserinnerungen Severings machte er in seinem letzten Lebensjahr Randnotizen. Wir stellen jetzt Severing und Weiß direkt gegeneinander:

1. Klage führt da der Reichsinnenminister über seinen nächsten Mitarbeiter Dr. Meister – Weiß setzt hinzu: „hat ihn aber behalten – anders Grzesinski" und zeigt damit seine Präferenzen (S. 149).

2. Für den von Grzesinski gut vorbereiteten Plan[249], Hitler im Dezember 1931 im Hotel Kaiserhof festnehmen und außer Landes bringen zu lassen, habe er nicht die Zustimmung Brünings erhalten können, was die Aktion fragwürdig gemacht habe, und „Sensationen als Selbstzweck und um jeden Preis lagen mir nicht" – Weiß' Kommentar lautet: „Lahme Ausrede für S'[everings] Schlappheit" (S. 316 f.).

3. Severing beschreibt seine Stellung zum schließlichen SA-Verbot vom 13. April 1932 so:

> „Ich habe an diesem Verbot nur bedauert, daß es reichlich spät kam. *Alles, was die Begründung anführte, hatte ich 12 Jahre lang als den Grundsatz meiner Politik den sogenannten Wehrorganisationen gegenüber proklamiert.*" Weiß' Randnotiz: „aber nicht entsprechend gehandelt". (S. 330)

Wir brauchen weitere Kommentare ähnlicher Art hier nicht anzuführen. Wenn Severing aber als Entschuldigung vorbringt, er habe beim Papenputsch doch nicht „die Macht" verloren, sondern nur „die Illusion einer Macht" und Weiß an dieser Stelle notiert: „weil sie eben n[icht] angewandt wurde" (S. 357), so kommentiert da einer, der sich diesen Vorwurf wohl an keiner Stelle seines Lebens zu machen brauchte. Eben diese Konsequenz mußte ihn aber auch zwangsläufig in einen Konflikt mit der Person treiben, die mit so radikalen Mitteln wie keine zweite daran gearbeitet hat, die Machtstellung der Demokratie in Berlin auszuhöhlen.

Alles in allem: Daß Goebbels also gerade an Weiß einen Gegner fand, der viel „abwarf", hat seine guten Gründe. Sie werden jetzt aufgelistet und dienen, so dargeboten, als Resümee des Vorausgegangenen und als Strukturierungsperspektive für alles, was folgt:

1. Weiß war Jude und bekannte sich offen dazu.

2. Weiß, aus wohlhabendem Hause, beruflich sehr erfolgreich, hatte ein exponiertes Amt, für das er starke Nerven und unangefochtene Autorität brauchte. Eben diese konnte man ihm durch Anheizen der antisemitischen, althergebrachten Vorurteile über die autoritative Insuffizenz des Juden unterhöhlen.

3. Mit einer solchen Destruktion paralysierte man die zunächst kompakte Kraft des einzigen leidlich demokratisch ausgerichteten Machtapparats der Weimarer Republik: die Polizeikräfte des „Bollwerks der Demokratie".

4. Da Weiß, Offizier sogar in einer Reitereinheit, den Ersten Weltkrieg an vorderster Front mitgemacht hatte, konnte man ihn in besonders gemeiner Weise verhöhnen und in ihm jenen Beweis exemplarisch zurückweisen, den die Juden für unwiderleglich hielten und halten durften, solange die deutschen Patrioten redlich bei ihren eigenen Maximen blieben: Höchstes Verdienst liegt im tapferen Kampf fürs Vaterland – vor allem, wenn man dabei sein Leben riskiert.

5. Weiß sah so jüdisch aus, daß alle antisemitischen Stereotype bequem Haftfläche finden konnten.

6. Weiß blieb gemessen an anderen lange im Amt (1927–1932), so daß sich eine polemische Tradition bilden konnte.

7. Durch seinen Einsatzwillen vor Ort und seine sonstige Präsenz in der Öffentlichkeit war Weiß auch wirklich *sichtbar*.

8. Weiß war ins Präsidium gerufen worden, um das Naturell des erheblich weicheren Zörgiebel auszugleichen; dies gelang ihm so perfekt, daß er weithin als der eigentliche Chef und allemal als Verfechter und Organisator der harten Linie galt. Die psychischen Belastungen durch diese besondere Stützfunktion und durch die vielfältigen Aufgaben der geradezu riesigen Behörde

waren sehr groß. Politisch stand Weiß für den Liberalismus, der bemüht war, das rigide wilhelminische Denken abzulösen und Lebensvielfalt zum Zuge kommen zu lassen.

9. Wie die gesamte Gesellschaft noch stark auf im 19. Jahrhundert verwurzelte Begriffe wie (bürgerliche oder militärische) Ehre fixiert war, so hatte in Eigeninterpretation und Fremdeinschätzung auch die Polizei größere Fernstellung zum Apparathaften. „Charakter" und unantastbare „Persönlichkeit" galten weithin noch als eigentlicher Grund und Voraussetzung für Erfolg und Achtung.

Will man wissen, zu was sich diese Punkte bei den Nationalsozialisten addierten, so hört man am besten Goebbels, der am 24. Juni 1932 in sein Tagebuch schrieb: Die Redaktion des „Angriff" habe sich in der Nacht noch eine „ganz klobige(n)" Attacke auf Weiß zurechtgelegt [250], denn:

„Der muß nun zur Strecke gebracht werden. Sechs Jahre lang kämpfe ich gegen ihn. Er ist für jeden Berliner Nationalsozialisten der Repräsentant des Systems. Wenn er fällt, dann ist auch das System nicht lange mehr zu halten." [251]

Wir gehen jetzt zu Goebbels' Biographie über, modellieren da aber noch strikter nur, was ihn in seinem Leben wohl fähig gemacht hat, eine besondere Strategie für die Berliner Verhältnisse zu entwickeln. *Eines* jedenfalls mußte ihm an Bernhard Weiß als sperrig auffallen. Während er selber, der Gauleiter der antisemitischen Nationalsozialisten, den hebräischen Namen *Joseph* (= „Gott möge weitere [Kinder] hinzufügen") trug, ließ sich im Namen seines Gegners eigentlich nur Deutsches finden: *Bernhard,* gebildet aus den beiden althochdeutschen Wörtern *ber*(n) (= „Bär") und *hart* (= „stark").

B. Joseph Goebbels
Perspektiven einer Biographie

1. Jugend- und Schulzeit. Der Klumpfuß als Stigma

Paul Joseph Goebbels wurde am 29. Oktober 1897 in Rheydt geboren. Auf seiner Geburtsurkunde steht der Name „Göbbels" [252]. Keiner kann vermeiden, solcher Differenz zwischen dem basalsten aller Dokumente und seinem tatsächlich geführten Namen innezuwerden. Die Vermutung, daß man sogar unweigerlich stutze, unwillig, wenn nicht gar etwas tiefsinnig werde, mag nicht so einfach und sicher auch nicht für jeden Fall zu bewahrheiten sein. Um so fester steht: 17 Jahre jünger war Goebbels als Weiß, und es gab vielerlei, was sie in noch größere Fernstellung brachte.

In den „Erinnerungsblättern" [253] beschreibt Goebbels 1924 seine Familie in erhellender Weise:

„Vater [...] stammt aus einer [...] Schneiderfamilie. Großvater Conrad nur noch ganz schwach erinnerlich. Große Nase (Wie Vater und besonders Onkel Heinrich auch.) [Heinrich] Reiseonkel in Stoffen; [...] Mutter in Holland geboren [...] Großvater Schmied. Groß, breit, muskulös mit langem Bart. Er ist mir in der Phantasie immer der liebste meiner Vorfahren gewesen." [254]

Allemal Goebbels' Phantasie, aber auch seine ganze Wahrnehmung dürften von bestimmten Strukturen bestimmt sein, die ihm seine Kindheit und Jugendjahre aufprägten. Aufgewachsen in einem kleinen, bescheidenen Häuschen, ohnehin schon mit dem frühen Tod einer Schwester, weiter mit anhaltender Finanzknappheit der Eltern konfrontiert, durchs kleinbürgerlich-katholische Milieu von befreiender Weite abgeschnitten, mußte er ein noch schlimmeres Handicap ertragen:

„[...] bekam ich mein altes Fußleiden; Mutter dabei am Waschtrog. Schreien. Wahnsinniger Schmerz. Masseur Schiering. Lange Behandlung. Fuß fürs Leben gelähmt. In Bonn in der Universitätsklinik untersucht. Achselzucken." [255]

Dieser „Klumpfuß" Goebbels' wurde fast selbst zum Mythos. Die bis 1970 dominierende „diabolische" Goebbels-Interpretation erklärte geradezu aus ihm jenes mephistophelische Raffinement des Propagandaministers, dem das Volk nicht habe widerstehen können [256]. Aber auch in der darauffolgenden Phase der Entdämonisierung bleibt die Mißbildung ein entscheidendes Element in der Biographie [257]. Der sicher nüchterne Helmut Heiber nennt den Klumpfuß ein „Stigma" [258]. Gibt es Beweise für typische Stigma-Reaktionen?

Goebbels schreibt unmittelbar nach der Schilderung vom Auftreten des Gebrechens:

„Konnte mich nicht mehr bei den Spielen mit den anderen beteiligen. Wurde einsam und eigenbrödlerisch. Vielleicht deshalb auch der ausgemachte Liebling zu Hause. Meine Kameraden liebten mich nicht. Meine Kameraden liebten mich nicht, außer Richard Flisges." [259]

Dies mag eher die spontane Reaktion des Körpergeschädigten selbst beschreiben. Es gibt aber auch Einlassungen, die die typische Reaktion des Umfeldes in seiner Jugendzeit schildern. Am 11. Juli 1924 schreibt Goebbels in sein Tagebuch:

„Aber Kinder können manchmal furchtbar grausam sein. Besonders körperlichen Schwächen und Unebenheiten der anderen Kinder gegenüber. Ich weiß ein Liedchen davon zu singen. Aber das sind die Kinder aus Naturtrieb."

Äußert sich Goebbels 1924 über seine Kindheit so, dann gibt das für die Bemerkung Plausibilität, die er am 15. Juli 1926 (drei Monate bevor er nach Berlin geht) als Beschreibung des Jetzt-Zustandes seinem Tagebuch anvertraut:

„Mein Fuß macht mir viel zu schaffen. Ich denke unaufhörlich daran, und das verdirbt mir die Freude, wenn ich unter Menschen komme."

Hier wie auch an anderen Stellen [260] tauchen die zentralen Merkmale des Stigma-Geschädigten tatsächlich auf: „unaufhörlich" muß er daran denken, so daß ihm die Freude unter Menschen genommen ist, dies mit Sicherheit deswegen, weil er – zu Recht oder Unrecht –

unterstellt, daß die Mitmenschen in gleicher Weise *unablässig* den einen Punkt sehen [261]. An die Stelle des normalerweise gemischten Lebensgefühls und der vielfältigen Wahrnehmung durch andere Menschen tritt die Fixierung auf einen Punkt. Diese blendet all die „anderen Aspekte seiner sozialen Identität" aus. So wird die breite Palette von Eigenschaften, die sonst einen Anspruch auf Würdigung stellen können, gar nicht mehr wahrgenommen [262]. Das stigmatisierte Individuum muß nicht in seinen Fixierungen befangen bleiben. Es kann Gegenstrategien und damit ein Krisenmanagement entwickeln. Dies bleibt aber oft, weil sekundäres Phänomen, in seiner Struktur vom Leiden abhängig, wovon es erlösen soll. Helmut Heiber hat Goebbels' Verhalten so interpretiert:

„Die Bosheit, mit der er seine persönlichen Gegner verriß, das Mißtrauen, das er plötzlich auch Menschen gegenüber hervorkehren konnte, die ihm nahestanden, die schneidende Schärfe, mit der er [. . .] menschliche Schwächen sezierte, die gefühlsmäßige Ablehnung gegenüber jedem Mann, der groß gewachsen war und womöglich noch gut aussah, seine hektischen Bemühungen um Frauen (‚Jedes Weib reizt mich bis aufs Blut' [. . .]) – all dies entsprang doch nichts anderem als dem ihm stets bewußten und gegenwärtigen Gefühl seines minderen Wertes auf dem einen, körperlichen Gebiet, war ein Versuch des Ausgleichs jener Ungerechtigkeit [. . .]." [263]

Nun soll hier gerade nicht in den Fehler verfallen werden, daß alles aus dem einen Punkte zu erklären sei. Andere Kräfte dürfen nicht aus dem Blickfeld verbannt werden, und dazu muß die Frage im Zentrum bleiben: Waren die Mittel, die Goebbels dann innerhalb seiner Krisen- und Vernichtungsstrategien einsetzte, *auch* aus jenem individuellen Schicksal geboren, waren sie ihm eingegeben aufgrund seiner immer wieder als „diabolisch" apostrophierten Kompensationsformen, oder waren nicht gerade *sie* vorhandenes Material, das von Goebbels nur entschieden genutzt wurde, so daß die individuellen Bedingungen *und* die überindividuellen Vorgaben hier erst zusammen eine Erklärung abgeben können?

Wir haben eine weit nach vorne zeigende Perspektive entwickelt. Wenn wir nun kurz berichten, daß Goebbels ein sehr guter, wenn auch nicht brillanter Schüler gewesen ist, so sollte man auch mit ursprünglicher Begabung und nicht nur mit bloßem Kompensationsgebaren rechnen. *Daß* freilich diese Grundbegabung dann besonders akzentuiert wurde, dürfte mit jenem entscheidenden Mangel zusammenhängen. Der exzessive Ausbau der inneren Welten ist ein gängiger Gegenzug des Krisenmanagements von Menschen, denen der Zugriff auf die äußere beschnitten ist.

Paradigmen für Fiktionalität sind intensive Hinwendung zu Literatur und eigener Dichtung. Mit ganzer Energie versuchte Goebbels, in diesen Welten heimisch zu werden. Die Anfänge dieser Bemühungen schienen ihm so wichtig, daß er sie im Jahr 1924 genau festgehalten hat: Gegen Ende seiner Volksschulzeit wurde sein Fuß operiert. Er war für mehrere Wochen ans Bett in einer Klinik gefesselt, und man versuchte, ihm durch Märchenbücher das Schicksal leicht und die Zeit flüchtig zu machen.

„Tante Stina brachte mir Märchenbücher von dem reichen Herbert Beines mit, die ich geradezu verschlang. [. . .] Diese Bücher weckten erst meine Freude am Lesen. Von da ab verschlang ich alles Gedruckte einschließlich Zeitungen, auch die Politik, ohne das Mindeste davon zu verstehen." [264]

Bei der Aufzählung seiner Freunde in Schulzeiten ist genannter Beines eigens mit dem bezeichnenden Satz erwähnt: „Da kam ich zum ersten Male in ein begütertes Haus". Ein anderer Schulfreund, Herbert Lennartz, der Sohn des Chefs von Vater Goebbels, starb schon 1909.

„Auf mich von größtem Eindruck. Ich wollte nachmittags zu ihm, um mit ihm die Hausarbeiten zu machen, da lag er schon tot. Mein erstes Gedicht:

Hier steh' ich an der Totenbahre,
Schau deine klaren Glieder an,
Du warst der Freund mir, ja, der wahre,
Den ich im Leben liebgewann.
Du mußtest jetzt schon von mir scheiden,
Ließest das Leben, das dir winkt,
Ließest die Welt mit ihren Freuden,
Ließest die Hoffnung, die hier blinkt." [265]

Lesen und Schriftstellern blieben sehr lange seine Passion. Es wundert nicht, daß sein Deutschlehrer Voss bis zur Oberprima den größten Einfluß auf ihn hatte. Vielleicht erstaunt eher, daß seine Gedichte, wieviel Hunderte er auch schrieb, nicht wesentlich besser wurden als das erste. Goebbels scheint eher auf bestimmte Grundstrukturen von Gemüt und Intellekt fixiert gewesen zu sein als zu besonderer Freiheit befähigt. Für „Meinen lieben Bruder Konrad!" (der nach dem oben erwähnten Großvater Goebbels' hieß und 1914 in den Krieg zog) schrieb er:

„1. Kalt fuhr der Wind ums Vaterhaus,
der Nebel braut' im Tal,
Und ich mußt in den Krieg hinaus,
Leb wohl viel tausendmal.

Noch einmal, Lieb, reich mir die Hand,
jetzt ist mein Freud' zu End,
Ich muß jetzt fort in fernes Land,
Jetzt fahr ich ins Elend." [266]

Ein Reim „End/Elend" disqualifiziert selbst einen 17jährigen auf so nachdrückliche Weise, daß man sich nicht lange bei Wertungsproblemen aufhalten muß, sondern sofort zur Analyse der semantischen Imagination übergehen kann. Nicht „Du [Bruder Konrad] mußt' in den Krieg hinaus", sondern Goebbels baut so, daß er sagen kann: „ich mußt' in den Krieg hinaus".

Wie war aber seine Rolle wirklich, als im Jahr 1914 alle jungen Männer im nationalen Rausch unbedingt auf die Schlachtfelder wollten? Alle archaischen Reaktionsformen auf spezifische Körperbehinderungen einmal abgerechnet, Militäruntauglichkeit war zur Wilhelminischen Zeit selbst im Rheinland ein Manko, das jeden jungen Mann bis ins Mark treffen mußte. Was die hier zupackenden Normen einer aufs Kriegerische gerichteten Gesellschaft bei Goebbels zuwege brachten, schildert Helmut Heiber. In ganz unsinnigen Erwartungen meldete sich Goebbels *trotz* seiner Behinderung zum Heeresdienst und wurde prompt für nicht verwendungsfähig erklärt.

„Der Abgewiesene aber reagiert mit einer großen Szene. Er schließt sich in seiner Kammer ein, läßt sich durch keine Bitte der Mutter zum Öffnen bewegen, sondern weint vor sich hin, nimmt einen Tag keine Nahrung zu sich und ist noch länger kaum zu sprechen." [267]

Heibers Verdacht, es könne sich hier auch um bloßes Theater handeln, ziehen wir angesichts der Dominanz militärischer Werte gar nicht in Erwägung. Deshalb braucht man noch nicht zu behaupten, Goebbels sei eine verhinderte militärische Natur gewesen. Er interessierte sich denn auch nicht sonderlich für die Einzelereignisse des Krieges. Er konnte seinem Vaterland nur durch einige Wochen Kriegsersatzdienst bei der Reichsbank nützlich sein [268] und auf ganz irrelevante Weise noch durch einige Klassenaufsätze mit faden Themen in Richtung „Wie kann auch der Nichtkämpfer in diesen Tagen dem Vaterland dienen?" [269]. Aber seine frühe Abweisung an entscheidendem Ort und spezifische Sehnsüchte seiner Generation ziehen sich noch lange durch seine schriftstellerischen Phantasien:

„Ich setze meinen Helm auf, ziehe meinen Degen und deklamiere Liliencron. Manchmal überkommt mich so eine Anwandlung. Soldat sein! Auf Posten stehen! Man muß immer Soldat sein. Ein Soldat im Dienste der Revolution seines Volkes." [270]

An so zentraler Stelle des psychischen Apparats war bei den meisten Weltkriegsteilnehmern die militärische Sphäre eingebaut (bei Goebbels sogar diese bloß imaginierte), daß eben ihre abschätzige Apostrophierung den späteren Berliner Gauleiter zu einer Beleidigungsklage brachte, vorher aber zu gut gezielten Angriffen auf eben diesen sensiblen Punkt befähigte: „Partei der Deserteure" hatte er die Sozialdemokraten in einer Reichstagsrede am 23. Februar 1932 genannt, damit unerhörten Tumult erregt und seinen Ausschluß von der Sitzung provoziert [271]. Was Goebbels da an unkoordiniert erregten Zurufen einstecken mußte, das hatte der SPD-Landtagsabgeordnete Erich Kuttner, ein Polemiker von hohen Graden, tags darauf im „Vorwärts" in geschliffener Form publiziert:

„Antwort eines Kriegsteilnehmers
an Josef Goebbels.

Du Mießnick, der vier Jahre lang
Niemals ins Feld nicht rückte,

Der gänzlich ohne Tatendrang
Zu Hause sich verdrückte,
Ein Schleim
Und „Held daheim". –
Du nennst uns Deserteure – – –?
Es ist uns eine Ehre!
[. . .]
Ja, Josef, da Du ja die Front
von hinten nur gesehen,
Bleib brav bei diesem Horizont,
Dann werden wir uns verstehen.
Hintan gestellt
Du Heimatheld!
Wir wünschen – ganz ohne Finten:
Goebbels, Du bleib uns hinten!" [272]

Wenn das so tief traf, daß sich sogar Goebbels zur Klage entschloß [273], wie verletzend mußte dann der Deserteur-Vorwurf sein
für jene, die tatsächlich in den vorderen Reihen gestanden hatten.

Hält man an dieser Stelle einen Augenblick ein und sieht auf die
bisher aufgetauchten Dominanten der beiden Lebensläufe, so muß
man feststellen: In Herkommen und militärischem Reüssieren sind
größere Gegensätze so leicht nicht denkbar wie die zwischen Goebbels und Weiß.

Das Abitur legte Goebbels im März 1917 ab, generell mit guten
Noten – in Deutsch und Religion mit „sehr gut". Da er den besten
Deutschaufsatz geschrieben hatte, durfte er auch die Abiturrede halten. Daß sein Klassenlehrer diese nun mit dem Satz kommentierte:
„Talentiert sind Sie ja, aber zum Redner leider nicht geboren!" [274],
dürfte eher humorig grundierter Mythos sein, denn wir erfahren
schon gleich aus der unmittelbar folgenden Zeit das Gegenteil auf
außergewöhnlich farbige Weise; und in den Berliner Zeiten werden
dann allemal neue Maßstäbe gesetzt.

2. Studium – Psychische Grundstruktur – Kampf um einen Arbeitsplatz

Für viele Kleinbürger aus katholischem Milieu war es eine besondere Aufstiegsform, einen Sohn Theologie studieren zu lassen. So wollte sich auch die Familie Goebbels des besonderen Wohlgefallens der Welt und des besonderen Schutzes Gottes versichern – nicht zuletzt für ihren schwächlichen Sohn. Joseph, zuerst in ähnliche Richtung denkend, tat ihr diesen Gefallen nicht. In Bonn studierte er alte Sprachen, Geschichte und Germanistik, wovon ihm das letzte alsbald das heiß geliebte erste wurde. Noch keineswegs religiöser Apostat, trat er in die katholische Studentenverbindung Unitas Sigfridia ein, in der wissenschaftliche Vorträge nicht weniger hoch standen als der gemeinsame Kirchgang. Dort nahm Goebbels dann auch einen obligaten Biernamen an: „Ulex", nicht wegen der lateinischen Bedeutung „Stechginster", wie Heiber auch andeutet, sondern wegen einer Romanfigur von Wilhelm Raabe, die er so charakterisierte: „ein alter deutscher Idealist, tief und träumerisch, wie wir Deutschen alle sind, trotz aller Industrie und materialistischer Zeitströmungen" [275]. Nach einem solchen Helden also wollte Goebbels heißen.

Die bekannten Goebbelsbiographien haben nun seine Studentenjahre hinreichend ausführlich geschildert [276]. Um so energischer können wir raffen und nur nach den Profilen suchen, die dem späteren „Kampf um Isidor" Struktur geben. Auffällig ist die Vielzahl der Universitäten, an denen Goebbels eingeschrieben war: Bonn (SS, WS 1917–1917/18), Freiburg (SS 1918), Würzburg (WS 1918/19), Freiburg (SS 1919), München (WS 1919/20, offiziell aber in Freiburg immatrikuliert) und zuletzt ab Frühjahr 1920 Heidelberg. Rückt man sich die konkreten Zeitläufe vor Augen, die hinter diesen Zahlen stecken, so muß man attestieren, daß Goebbels von beträchtlicher Mobilität war, was umso bemerkenswerter ist, als ihm genau das fehlte, was in solch chaotischen Zeiten einigermaßen Sicherheit bieten kann: Geld. Schon das erste Semester in Bonn hatte er wegen dieses Mangels abbrechen müssen. „Mit Schuldscheinen und unbezahlten Rechnungen im Gepäck kehrte er im Juni 1917 verbittert in sein Rheydter Elternhaus zurück."[277] – Das Darben hielt an, mochte auch der katholische Albertus Magnus-Verein ein Darlehen von 960 M gewähren und Onkel Heinrich Cohnen (!) auch ab und zu einen Hunderter zuschießen[278]. Nur wenn man dieser Grundsituation noch das Chaos hinzurechnet, das der Zusammenbruch Deutschlands mit sich brachte: die Besetzung des Linksrheinischen, also auch seiner Vaterstadt, die Schwierigkeiten der Reisen (besonders zwischen besetzten und nicht besetzten Gebieten), die allgemeinen Versorgungsengpässe und zusätzlich die soziale Entwurzelung vieler, auch die der zurückströmenden, wieder Halt in alter Heimat suchenden Soldaten – nur alle diese Faktoren zusammen können ein Bild geben von den beängstigenden und entwürdigenden Lebensumständen, in die Goebbels herabgedrückt war.

In seinen „Erinnerungsblättern" (29 Seiten) erwähnt er Geldsorgen nicht weniger als 18mal. In der Bonner Zeit: „Dumpfes Hinbrüten. Geldsorgen. Viel Hunger. Stundengeben an unverschämte Jungens"; aus der Münchener (seiner schlimmsten) Zeit, als er nicht einmal mehr zu Weihnachten nach Hause fahren kann: „Meine Anzüge versteigert, Geldsorgen. [...] Meine Uhr verramscht."[279] Über seine Lage konnte sich der ohnehin schmächtige, inzwischen aber ganz abgezehrte, von Kopfschmerzen geplagte Goebbels[280] nicht die mindesten Illusionen machen.

Waren dies die äußeren Verhältnisse, die in dieser Art eben nicht äußerlich bleiben konnten, so kam auf einer besonders tiefen Schicht des Seelenlebens eine Verstrickung hinzu, die ihm seine soziale Deklassierung auf besondere Weise fühlbar machen mußte. In Freiburg verliebte er sich in Anka Stahlherm, die Bekannte seines Freundes Pille Kölsch, Tochter aus sehr wohlhabendem Hause. Mit ganzer Inbrunst hielt sie zu Goebbels, aber gerade ihre Wohltaten mußten ihm seine Lage vor Augen rücken: „Geldsorgen. Anka hilft. Pfandhaus. Ihre goldene Uhr. [...] Sie schenkt mir ein goldenes Armband. [...] Geldnot. Ich lebe fast nur von ihr" – dies eine Eintragung für die Münchner Zeit[281], und folgendes notierte er für seine Osterferien 1919, als er wieder im Elternhaus in Rheydt untergeschlüpft war: „Meine Geldnot. Stundengeben. Anka will Sparkassenbuch für mich entwenden. Ihr Kampf zu Hause."[282]

Man sieht die typische höhere Tochter, die bei Ausbruchsversuchen in Richtung wahre Liebe bewundernswerte Energie an den Tag legt. Schließlich heiratet sie aber doch einen Mann aus ihren Kreisen, den Rechtsanwalt Dr. Georg Mumme [283]. Bedenkt man, daß Goebbels bei Anka Stahlherm „eine Erfüllung ohne Maß und Ziel" gespürt hatte [284], rechnet das Darben auf der Universität und die beengten Verhältnisse seines Elternhauses hinzu, dann ist klar, bis in welche Tiefen er sich getroffen und bedroht gefühlt haben muß. Die Quintessenz seiner Erfahrungen hat er selbst gezogen: Er war durch Universität und Liebesverhältnis zwar in einer gehobenen Gesellschaftsschicht,

> „aber ich war doch in ihr ein Paria, ein Verfemter, ein nur Geduldeter, nicht etwa weil ich weniger leistete oder weniger klug war als die anderen, sondern allein weil mir das Geld fehlte, das den anderen aus der Tasche ihrer Väter so überreichlich floß" [285].

Ehe der Gedankengang nun zu den Kompensationstechniken Goebbels' führt, kann man innehalten und ein kurzes, sicher nicht unstatthaftes, wenn auch etwas heikles Experiment durchführen. Es bringt schlagartig Relief in die etwas plane Darstellung von vielleicht allzu Bekanntem. Der angeführte Satz muß nur ein wenig umgebaut, das Diskursareal „Geld" mit dem Diskursareal „rassischer Vorteil" ausgetauscht werden, dann hat man eine Perspektive, wieso Goebbels wohl so schneidend wie kaum ein zweiter jüdische Paria- und Außenseiterexistenz imaginieren und forcieren konnte: weil ihm, vorsichtig formuliert, diese Situation nicht völlig fremd war.

Wie nun Goebbels schon bei seinen häufigen Universitätswechseln beträchtliche Energie zeigte, so neigte er auch im ganzen nicht zu einer sicherlich häufigen Reaktion auf Lagen seiner Art: sich untätig zurückziehen oder resignativ dem Ressentiment leben. Geistige Betätigung wird keiner „Flucht aus der Welt" nennen, der an die großen Aufgaben des Geistes in der Welt glaubt. Das tat Goebbels und suchte sein Heil in der Literatur – dies auf so inbrünstige Weise, daß man jedem anderen, der nicht eine solche Biographie nachgeliefert hätte, vielleicht doch „ernsthaftes Ringen" attestiert hätte – jedenfalls außergewöhnliche Energie und Produktionskraft.

Das würde sicher allein schon seine Lektüreliste bezeugen. Akribisch hält er sie in seinen „Erinnerungsblättern" und auch später fest. Wir zitieren hier nur eine Passage aus der Heidelberger Zeit (1920), als er von den Vorlesungen Gundolfs, eines Juden, nicht genug schwärmen konnte, und bieten eine Hochrechnung in den Anmerkungen.

„Lektüre sehr intensiv. Ich bekomme Überblick. Wissenschaft und Dichtung. Lektüre: Litzmann ‚Faust', Wölfflin ‚Dürer', Sch.. ‚dt. Literatur', Lassalle. Viel Mittelalter. Tolstoi ganz. Goethe Wilhelm Meister. Von großem Eindruck. Maeterlinck. Lessing. Faust I, II. George (durch Gundolf.) Kalidasa. Cervantes. Wedekind. Hölderlins Hyperion, Ibsen, Hans Sachs, Wackenroder. Epistolae virorum obscurorum. Goethes Prometheus (mein Prometheusproblem.) Fischart, Spee, Abraham a. St. Clara, Kleist, Opitz. Gerstenberg (Ugolino), Nibelungen, Logau, Flemming. Meine Arbeit über Max Moses und Goethes Anteil an den Frankf.[urter] gel.[ehrten] Anzeigen." [286]

Ist an dieser Passage vornehmlich die Fülle bemerkenswert, so in der Statistik [287] das, was sich im Zitat nur in den Namen Maeterlinck und George andeutet: Goebbels war keineswegs konservativ-klassisch fixiert. Heinrich und Thomas Mann standen ebenso auf seinem Programm wie die Expressionisten Hasenclever und Georg Kaiser. Hierin steckt ein erklärungsstarker Wink. Er kann durch weiteres Material aus den „Erinnerungsblättern" verdeutlicht werden.

„Ich denke über die soziale Frage nach. Expressionismus. Hasenclever." [288]

Die Politik scheint mit der expressionistisch-künstlerischen Emphase verbunden, ein Beieinander, das in der Struktur seiner eigenen Dichtung (und in seinem späteren Habitus als Verzückungsredner) vieles erklären kann.

Überschaut man den Nachlaß des späteren Propagandaministers, so scheint es sicher von seiner Qualität her unsinnig, von seiner Masse her aber nicht ganz so absurd, daß Goebbels 1920 ein Testament machte, in dem er seinen Bruder als Verwalter für seinen „literarischen Nachlaß" einsetzte [289]. Fügt man die inzwischen gut bekannte [290] Hinterlassenschaft zusammen, so summieren sich die Relikte aus der Jugend- und Studienzeit auf cirka 500 Briefe, zwei Novellen, vier Dramen, eins davon mit dem bezeichnenden Titel: „Heinrich Kämpfert", eine Namens- und damit Mentalitätsparallele zu Artur Dinters germanischem Romanhelden „Hermann Kämpfer" aus „Die Sünde wider das Blut", weiter: mehrteilige, stark biographisch getönte literarische Aufzeichnungen, Gedichtheftchen („Die Weihnachtsglocken des Eremiten"), Aufsätze und Vorträge über literaturgeschichtliche Themen, einfache biographische Aufzeichnungen („Erinnerungsblätter", „Aus meinem Tagebuch" vom Juni 1923) [291], und erhalten sind eben auch jene bekannten Tagebücher – kontinuierlich seit 1924, mit wenigen Lücken, allerdings einer für unser Thema besonders einschneidenden: Es fehlt die Berliner Frühphase von Anfang November 1926 bis zum 13. April 1928. Alle Aufzeichnungen beweisen schriftstellerische Minderqualität. Diese muß man aber von der bemerkenswerten Energie, auf alle Fälle etwas zu produzieren, durchaus getrennt halten.

Weder können, noch müssen wir hier die Hauptwerke analysieren. Es soll nur herausgestellt werden, wie Goebbels sich zunächst ängstlich und zögernd [292] von der christlichen Religion löst, daß ihn damit aber nicht das metaphysische Bedürfnis verläßt, er sich vielmehr in expressionistischem Aufschwung einen neuen Inhalt sucht. Dieser Prozeß, der auch seine antisemitischen Verhaltensformen fundiert, läßt sich an Passagen aus seinem 1923 geschriebenen „Aus meinem Tagebuch" deutlich machen.

„Ich hatte einst eine Sehnsucht nach tausend Himmeln [. . .] Heute bin ich ein Wrack [. . .] Der neue Dichter muß Künstler, Held und Prophet sein. [. . .] Aktion Heroismus allein ist schöpferisch." [293]

Man merkt, Goebbels hat inzwischen seinen Nietzsche gelesen [294]. Diese ganze Diktion ist aus jener Strömung des Expressionismus bekannt, die ihren Drang nach Aufschrei, Aufschwung und neuem Menschen aus dem Reich der Phantasie in die Wirklichkeit, in Politik überführen wollte [295]. Hatte sich der junge Aktionist aber auch ebenso entschieden von den christlichen Strukturen wie von den christlichen Inhalten gelöst? Es erheben sich Zweifel, wenn man die Einleitung zu diesem Resümee der Situationsbeschreibung von 1923 liest: So wie er früher mit dem Gebetbuch zum Beichten gegangen und dann erleichtert gewesen sei, so wolle er es nun mit seinem Tagebuch halten[296]. Welches Ziel setzt er nun seinem „schöpferischen Heroismus"?

„Gott ist das Licht,
Das meine Finsternis erleuchtet.
Gott ist die Quelle,
Von der ich trinke.
[...]
Gott ist die Hoffnung".

Das spricht offensichtlich einer, der für die leeren, aber gleichwohl fest sitzenden Strukturen neue Inhalte sucht[297]. Da braucht einer einen Gott – und wir werden bald sehen: auch einen Teufel. Schon in diesem biographischen Essay wird dann die Gottesliebe in die Vaterlandsliebe verwandelt (Bl. 146 v.) und auf diese Weise der Trivialaktionismus handlungsfähig gemacht.

Die Begriffe, die mit der geschilderten Grundstellung festgeschrieben oder abgewiesen waren (das Absolute, die Erlösung, Glaube – nicht Wissen[298], Gebet – nicht Denken, Fühlen – nicht Kalkulieren[299]), und die Richtung, die damit dem Handeln vorgegeben war (sagen wir zunächst einmal: Verehrung des Absoluten, was den Kampf gegen alles nicht in diesem Sinne Vollkommene impliziert), – dies alles entscheidet noch nicht über die konkreten Inhalte. Sie ergeben sich aber zwanglos aus Goebbels' Grunderfahrungen in seiner Jugend- und Studentenzeit. Dichterisch ausgedrückt lautete es so:

„Die Armen.
Wir stehen an den goldenen
Sälen
Und schreien um Brot
Für Mensch und Herd.
Wir ringen unsere Hände
In den Sternen
Und flehen nun Herr der Welt:
Barmherzigkeit."[300]

Soziale Gegensätze hatten sein Leben geprägt. Seine Schwenkung nach links ist daher nicht ungewöhnlich. Schon zur Jahreswende 1919/20 entstand das „Fragment eines Dramas: Der Kampf der Arbeiterklasse". In den Erinnerungsblättern erwähnt Goebbels für seine Münchner Zeit (1919/20): „Sozialismus. Fragment eines sozialistischen Dramas ‚Die Arbeit'." [301] Ein persönliches Erlebnis bot Anlaß, die Emphase für die Arbeiter, fürs einfache Volk an tiefer Stelle zu verankern. Schon in Rheydt hatte Goebbels einen jungen Mann kennengelernt, der vielleicht mit „anarchistische Vollnatur" am besten beschrieben ist. Viktor Reimann schildert ihn auf erhellende Weise:

„Er war eine blendende Erscheinung und ein ‚Held'. Flisges wurde im Krieg wegen Tapferkeit vor dem Feind vielfach ausgezeichnet, trug mehrere Verwundungen davon, zuletzt eine so schwere Armverletzung, daß er 1917 von der Armee Abschied nehmen mußte." [302]

Zuerst durchs Kriegsabitur gefallen, dann aber doch auf der Universität, lebte er dort einen pazifistisch links grundierten Anarchismus, was Goebbels, der ja trotz ausgewechselter Inhalte ohne eigentlichen Freiheitszuwachs in seinen alten Strukturen blieb, tiefen Eindruck gemacht hat.

Als nun Flisges im Juli 1923 in einem oberbayerischen Bergwerk tödlich verunglückte, waren alle Voraussetzungen zu Mythenbildung und egozentrischen Übertragungen gegeben. In Goebbels' 1929 erschienenem autobiographischen Roman „Michael" spielt er nicht nur als Freund eine zentrale Rolle, denn sich selbst, dem „Christus-Sozialisten" Michael (= hebr. „Wer ist wie Gott?"), gab der Autor die äußere Gestalt des entrissenen Freundes [303], und den Arbeitertod im Bergwerk erlitt er auch.

Goebbels hatte nun nach seiner Promotion (1922) bei Freiherr von Waldberg (übrigens ein Jude wie auch der von ihm verehrte Gundolf) weiter genügend Grund, allein von einer sozialistisch-kommunistischen Umgestaltung der Verhältnisse Heil zu erwarten. Sämtliche Anstrengungen, wenn nicht zum eigentlich gewünschten Beruf (Schriftsteller oder Journalist), so doch wenigstens zu Broterwerb zu kommen, führten zu keinem Ergebnis: Hauslehrerstellen in Holland, Bewerbungen beim (jüdischen) „Berliner Tageblatt" und der (ebenfalls jüdischen) „Vossischen" [304], bei Theatern als Dramaturg, Einsendung einer Vorform jenes „Michael" beim jüdischen Ullstein-Verlag [305] – alles scheiterte. Ein Vortrag in Rheydt und sechs

Aufsätze in der „Westdeutschen Landeszeitung"[306] konnten nicht als Ersatz gelten.

Fast ohne eigene Einkünfte im Elternhaus in Rheydt sitzend, sah sich Goebbels 1923 gezwungen, eine Stelle bei der Dresdner Bank in Köln anzunehmen – für einen Hungerlohn. Hier wurde er Zeuge von Aktienmanipulationen, und dies festigte seinen Glauben, daß der eigentliche Feind der Kapitalismus mit seinen verbrecherischen Machenschaften sei[307]. Diese Konstellation brachte nun nach den damaligen Denk- und Urteilsgewohnheiten unweigerlich das Thema Juden in den Vordergrund.

In den Biographien wird betont, daß Goebbels erst ziemlich spät zum Antisemitismus gekommen, ein „metaphysischer Antisemit" aber nie geworden sei[308]. Reuth führt sogar Briefe an, in denen Goebbels Anka Stahlherm wegen judenfeindlicher Klagen tadelt:

„Ich kann ja auch nicht gerade sagen, daß die Juden meine besonderen Freunde wären, aber ich meine, durch Schimpfen und Polemisieren oder gar durch Pogrome schafft man sie nicht aus der Welt, und wenn man es auf diese Weise könnte, dann wäre das sehr unedel und menschenunwürdig."[309]

Nach den beruflichen Schwierigkeiten und nach der oberflächlichen Umstrukturierung seines Bewußtseins, dem Verschwinden des christlichen Inhalts, herrschten bei Goebbels andere Prädispositionen, und genau wie im Falle der Anka Stahlherm traten private Zufallskonktellationen hinzu, die die inhaltliche Neustrukturierung noch auf besonders tiefer seelischen Ebene verankerten. Verbunden war Goebbels in der Kölner Zeit mit einer Volksschullehrerin aus der Rheydter Nachbarschaft, mit Else Jahnke.

Es ist hier nicht interessant, daß sie eine Halbjüdin war, sondern in welchem Zusammenhang sie ihrem Geliebten das im November 1923 eröffnete und was daraus entstand. Goebbels notiert in den „Erinnerungsblättern":

„Else und meine Kunst. [. . .] Zerwürfnis wegen meines Fußleidens. Ernste Schwierigkeit. Sie gesteht mir ihre Abstammung. Seitdem der erste Zauber zerstört."[310]

Auch hier fügt sich wieder alles zu einer entschiedenen Reaktion zusammen: durchaus private Erlebnisse, mißliche Erfahrungen seiner wirtschaftlichen Lage in einer chaotisch aufgewühlten politi-

schen Welt und die jetzt dringlich werdenden Umstrukturierungs-
erfordernisse des ganzen seelischen Apparats – sie verlangen alle
einen vernichtungswürdigen Gegner, der dem absolut Guten entgegengesetzt ist. In diese Leerstelle rückt „der Jude" seit den frühen
zwanziger Jahren ein.

Damit ist die psychische Grundstruktur ausgebildet, die Goebbels'
Leben tragen, die bis auf viele Ebenen durchschlagen wird – letztlich sogar auf die der Namen. Claus-Ekkehard Bärsch hat diese
Grundstruktur bisher am besten beschrieben: Die Juden – verachtet
und bekämpft, nicht so sehr aus rassischen Gründen, sondern als
Widerpart eines absolut Guten (Volk, Vaterland, Sozialismus, Führer), als die Vertreter einer vernichtungswürdigen Gegenwelt. Man
muß also festhalten: Judenfeind mit rassistischer Letztbegründung
mag Goebbels (aus guten Gründen) nicht gewesen sein, aber gerade „metaphysischer Antisemit" – das war er allemal. Damit sehen
wir jetzt vor uns: das dualistisch-manichäische Weltbild Goebbels',
dessen detaillierte Auswirkungen auf die nationalsozialistischen In-
terpretationsmuster und auf die antisemitisch umgebaute Namenwelt wir bis zur Schilderung von Goebbels' Berliner Zeit zurück-
stellen.

Natürlich sind auch Goebbels' Emotionen und Strebungen dem
System angepaßt: kein moderates Abwägen, sondern verzückte Verehrung und rastloser Kampf für das gute Prinzip und „infernali-
scher" (= höllenheißer) Haß gegen das Böse. Vor allem beim Haß
brachte es Goebbels bis zum äußersten – die Biographen betonen
das immer wieder [311].

Es ist überfällig, einen Blick auf die rhetorischen Mittel zu werfen, die Goebbels schon in seinen jungen Jahren zu Gebote standen.
Wir haben oben die einschränkende Bemerkung des Rheydter Gym-
nasiallehrers zur Abiturrede Goebbels' skeptisch betrachtet und besonders eindrückliche Beweise für das Gegenteil angekündigt. Schon
seinen Vortrag in der Unitas Sigfridia Bonn über Raabe bedachte
ein zuhörender Professor mit dem Lob, noch nie habe er einen so
guten Vortrag gehört. Goebbels selber notiert: „Hompesch hält
mich für den geborenen Redner." Und es gibt Beweise, daß er schon
kurz nach dem Abitur innerhalb des Freundeskreises mit verbalen

Exaltationen ganz Außergewöhnliches zustande brachte. Aus Werl versichert ihm Hermann Kölsch, der Bruder seines dort gebürtigen Leibburschen Karl Heinz (Pille) Kölsch, in juxiger Manier, daß er doch ein guter Kerl sei, „wenn Du auch eine große Klappe hast". Er spinnt den Faden weiter mit einem Vorschlag, der diese Eigenschaft richtig zum Zuge kommen lassen soll:

„Wir müßten eigentlich so eine Bude eröffnen und dann von Kirmes zu Kirmes ziehen und uns für Geld sehen lassen – Du als derjenige Mann, der seine Klappe bis hinten aufreißen kann."

Das war kein einmaliger, vielleicht von der Realität ganz abgehobener burschikoser Einfall. Vierzehn Tage vorher hatte ihm dieser Freund schon geschrieben:

„Du Schlappmaul [...] Reißt natürlich seine Klappe wieder bis an den Hintern auf. – Na ja – Dir macht's ja in dieser Beziehung niemand nach." [312]

Es sollte sich diese Einschätzung in Goebbels' Biographie bewahrheiten. Wir werden sehen, daß die Kombination jenes Hasses und dieser durch keine Scham gebremsten Rednergabe im Falle von Bernhard Weiß zu Ergebnissen führte, die Berlin für einige Jahre in Atem hielt.

3. Wendung zur Politik

Die Entwicklung Goebbels' bis zu seiner Berufung als Gauleiter von Berlin bietet für eine namengeleitete Biographie – bis auf einen Punkt – nichts Neues. Alles spielt sich auf dem dargestellten Grundriß ab. Wir raffen also energisch, um elsbald dartun zu können, wie diese Basis sogar Fundament für eine ganz bestimmte Auffassung vom Namen werden konnte.

Nach längerer Zeit beruflicher Perspektivenlosigkeit wird Goebbels Sekretär des Reichstagsabgeordneten der „Deutschvölkischen Freiheitspartei" Friedrich Wiegershaus und Schriftleiter der Elberfelder Samstagszeitung „Völkische Freiheit. Rheinisch-westfälisches Kampfblatt der Nationalsozialistischen Freiheitsbewegung für ein völkisch-soziales Deutschland."

Sein erster Artikel am 13. September 1924 stellte seine Kernthesen vor: „National und sozial", jenen verführerischen Doppelbegriff, der die beiden Hauptemotionen der Stunde, die nationale und die sozialistische Emphase, in *einen* Griff faßte. Am 4. Oktober 1924 stand sein Name erstmals im Impressum – dies allerdings auf eine Weise, die stutzen läßt: „Dr. Paul J. Goebbels". Heiber stellt fest: „eigenartigerweise" [313]. Wir werden sehen: auf genau kalkulierte Weise, weil in kluger Voraussicht und Abwehr bestimmter Unterstellungen. Es blieb dies auch nicht eine einmalige Manipulation. Als er, inzwischen Namenpolemiker der ganz exzessiven Sorte, an entscheidender Stelle seiner Berlin-Karriere wiederum sehr ähnlich verfuhr, da wurde die Verfälschung von innerparteilichen Gegnern an den Pranger gebracht [314]. 1924 aber war Goebbels noch zu weit vom Lichtkegel der großen Politik entfernt, als daß jemand mit solchen Entlarvungen ein polemisches Drama zustande gebracht hätte.

Seine wöchentlichen Elaborate in der „Völkischen Freiheit" werden nicht allzuviele gelesen haben, obgleich sie etwas Besonderes an sich hatten. Präludien der Formen, die er dann im „Angriff" immer wieder einsetzte, stachen sie durch ihren extrem kommunikativen Charakter hervor. Hingeworfene Aperçus, Aufrufe, Tagebuch- und Briefform hatten herausgehobene Stellung – Textformen, die vom Ich und Du ausgehen und die Sache, grundsätzlich personal getönt, erst an die dritte Stelle setzen.

Als Hitler am 20. Dezember 1924 aus seiner Festungshaft entlassen wird, beginnt sofort der Wiederaufbau der NSDAP. Die Völkischen haben keine Chance mehr, aber Goebbels hatte vorgesorgt. Ohnehin vom eher bloß konservativen Rechtsdrall der Wiegershaus, Wulle und Reventlow abgestoßen, hatte er schon im Herbst des Jahres 1924 Kontakte mit dem Nationalsozialisten Karl Kaufmann aufgenommen. Als sich im März 1925 der Gau Rheinland-Nord der NSDAP konstituierte, war auch Goebbels unter den 10 Mitgliedern des Vorstands [315]. Alsbald wurde er zum Gaugeschäftsführer ernannt. Jetzt brauchte Goebbels nicht mehr zu fürchten, daß seine Linkstendenzen auf Befremden stoßen könnten. Bei den National*sozialisten,* vor allem bei den Leuten um Gregor Strasser, fand er Gleichgesinnte, die sich überdies noch zu einer „Arbeitsgemeinschaft Nord-West" zusammenschlossen [316]. Sie bildete ein gewisses linkes Gegengewicht zum bayerisch-hitlerischen Zentrum der Partei. Die Ziele der Organisation und die des Individuums Goebbels stimmten jetzt überein. Ganz in seinem Element, konnte er nun Fahrt aufnehmen. Bei seinen nahezu 200 Auftritten im norddeutschen Raum wurde er seiner Rednergabe immer mehr gewiß[317]. Hitler, für den er da durch die Lande zog, hatte er noch nie gesehen, ihm aber gleichwohl in Zeitungsartikeln schon Hymnen dargebracht:

„Gebt Adolf Hitler dem deutschen Volke wieder! Herr Staatsanwalt! [...] Glauben die hinter Ihnen sich verbergenden Mächte, sie könnten dem Ansturm des jungen nationalen Geschlechts dadurch begegnen, daß sie ihm den treibenden Dämon nehmen?"

Das ist die Sprache des manichäisch Fixierten, der auf der einen Seite operiert mit gut verkappten höllischen „Mächten" und auf der anderen mit dem positiven Widerpart, der ebensowenig in bloß irdischen Begriffen, sondern nur mit Worten wie „Dämon" zu fassen ist. Der Moment, als er seiner zum ersten Male leibhaftig ansichtig wurde, ist immer wieder erwähnt worden. Im Tagebuch lautet er so:

„da steht er vor uns. Drückt mir die Hand. Wie ein alter Freund. Und diese großen, blauen Augen. Wie Sterne."[318]

In fiktionaler Überformung, im Michael-Roman, lautet er so:

„Ich kann nicht sagen, was danach geschah. Ich weiß nur noch: ich legte meine Hand in eine klopfende Männerhand. Das war ein Gelöbnis fürs Leben. Und meine Augen versanken in zwei großen, blauen Sternen."[319]

Kein Zweifel, beidesmal geschieht dasselbe: Die letzte Leerstelle des alten Systems wird neu gefüllt, das summum bonum personalisiert.

Auseinandersetzungen im Gau Rheinland-Nord und seine Arbeit für die Arbeitsgemeinschaft Nord-West können hier nicht sonderlich interessieren. Jedenfalls erkannte Hitler die Fähigkeiten dieses Mannes und sah auch, wie er die linke Emphase Goebbels' instrumentalisieren konnte. Im roten Berlin war die NSDAP ein kümmerlicher, überdies vollkommen zerstrittener Haufen[320]. Nur ein Linker, nur ein ganz Radikaler konnte hier etwas ausrichten. Nachdem

Hitler auf der berühmten Bamberger Führertagung den etwas rebellischen Goebbels auf sich fixiert hatte, war seine Personalentscheidung klar: Nur ein Mann wie Goebbels konnte in der Reichshauptstadt die Partei führen. Also berief er ihn als Gauleiter nach Berlin.

4. Gauleiter in Berlin

Am 7. November 1926 traf Goebbels auf dem Anhalter Bahnhof ein. Die Parteigenossen wußten es schon, und bald merkten es auch die anderen Berliner: Im Gehen zwar war er behindert, im Reden aber von unerhörter Behendigkeit.

Mit der ihm eigenen Kraft und Rastlosigkeit machte sich Goebbels an den Aufbau der Partei. Zuerst galt es, innerparteilich Remedur zu schaffen. Im Oktober 1926 hatte ja noch im Lagebericht von Reinhold Muchow, dem Propaganda- und Organisationsleiter der Sektion Neukölln, gestanden:

„Die innerparteiliche Lage in diesem Monat ist keine gute gewesen. Es haben sich in unserem Gau Zustände herausgebildet, die sich diesmal derartig zuspitzten, daß mit einer vollständigen Zerrüttung der Berliner Organisation gerechnet wurde." [321]

Nach der Absetzung des Versagers, Gauleiter Dr. Schlange, bejubelt Muchow im nächsten Rapport das Ende der kaiserlosen Zeit, berichtet dann von den ersten Schritten Goebbels', die in allen Biographien erwähnt und von Ralph G. Reuth nunmehr detailliert beschrieben worden sind: die Säuberung der Partei durch ihn als unmittelbaren, von allen anderen Gremien der Partei unabhängigen Statthalter Hitlers, die Gründung eines „Opferbundes" besonders entschlossener Nationalsozialisten, der erste allgemeine Sprechabend der Partei im „Kriegervereinshaus":

„Pg. Dr. Goebbels entledigte sich seines Themas ‚Deutschland – Kolonie oder Staat?' in der bekannten hinreißenden Weise als wahrer Volksredner. Eine stattliche Anzahl von Neuaufnahmen war der äußere Erfolg." [322]

Kein Zweifel: Trotz der bald aufbrechenden Rivalität zwischen dem jungen Gauleiter und den Strassers, die im „Kampfverlag" und der dort (unter acht verschiedenen Kopfblättern) erscheinenden „Berliner Arbeiter-Zeitung. Der Nationale Sozialist" (BAZ) eine publizistische Stütze hatten, begann der Trend nach oben zu zeigen. Der Januarbericht Muchows beginnt schon mit dem Satz „Der Kampf in Berlin ist jetzt auf der ganzen Linie entbrannt". Die beiden noch folgenden Monatsberichte erwähnen dann jene berüchtigte Veranstaltung in den Pharussälen (Februar 1927) und schließlich vom 20. März – drei Tage vorher war Bernhard Weiß zum Polizeivizepräsidenten ernannt worden – den blutig-brutalen Überfall am Bahnhof Lichterfelde-Ost. Die Lebensläufe von Goebbels und Weiß treffen an diesen Punkten zusammen. Am 5. Mai 1927 prallen beide zum erstenmal in aller Schärfe aufeinander. Seit den erwähnten Auseinandersetzungen auf dem Sprung, verbietet das Polizeipräsidium die Berliner NSDAP nach den Krawallen während der Parteiversammlung im Kriegervereinshaus, wo ein einziger (gleich ausführlich besprochener) Satz Gewalttätigkeiten auslöste.

Es kann unsere Darstellung der spezifischen Kampfmethoden gegen Weiß und das „System" beginnen. Sie würden aber nicht in den richtigen Perspektiven gesehen und eine spezifische Quelle für äußerste Gereiztheit erst gar nicht in den Blick kommen, zeichneten wir nicht noch einen besonderen Hintergrund, auf dem sich die Auseinandersetzungen dann noch deutlicher abheben und vor allem in ihrer Schubkraft noch besser erklärt werden können.

a) Der humpelnde Jude Joseph G.

Es ist wichtig, zu wissen, wie Goebbels von den Berlinern wahrgenommen wurde, und mindestens ebenso, ob er wiederum von diesen Einschätzungen wußte. Dabei wäre es besonders günstig, an Zeugen heranzukommen, die spontan schildern, ohne in politischem Streit mit ihm zu liegen, am besten Zeugen, die gar nicht wissen, wen sie vor sich haben.

Der mehrtägige Prozeß gegen die Täter vom Bahnhof Lichterfelde-Ost endete am 16. April 1928. Sechs Nationalsozialisten wurden zu insgesamt 3 Jahren und 7 Monaten Gefängnis verurteilt. Wie schwierig es ist, einen Sachverhalt, an dem Hunderte von Menschen beteiligt sind, gerichtlich festzustellen und abzuurteilen, so umfangreich sind auch die Voruntersuchungen, polizeilichen Vernehmungen usw. Auf 13 Bände wuchsen die Prozeßakten. Goebbels beteuerte in seiner Vernehmung, bei der Abfahrt in Trebbin wie auch vor dem Bahnhof (an dem er wartend schon gestanden habe, weil er mit dem Auto vorgefahren sei) nur zur Ruhe gemahnt zu haben. Vor allem, als Verletzte die Treppen heruntergetragen worden seien, „glaubte [ich] den Augenblick gekommen, in kurzen, sachlichen Worten die nunmehr zu Tausenden angeschwollene Menschenmenge zur Ruhe und Disziplin ermahnen zu müssen" [323].

Andere sahen noch anderes – Erich Timme z. B., Inhaber eines Seifengeschäfts, schilderte seine ganz zufälligen Beobachtungen so: Einen 35jährigen verletzten Kommunisten habe man zur Rettung in ein Taxi getragen:

„In dem Moment, wo dieser Verletzte im Auto Platz genommen hatte, näherten sich der Taxe [. . .] zwei Männer. Der eine, ein kleiner mit Klumpfuß rechts und ein schlank gewachsener junger Mensch [. . .] Letzterer sprang unwillkürlich nach der Tür der Taxe, zog mit der rechten Hand aus der rechten Hosentasche eine ziemlich grosse Pistole, richtete diese auf den Verletzten im Wagen mit den Worten: den Hund schiesse ich nieder, den Hund schiesse ich tot. Der kleine mit dem Klumpfuß hielt ihn von seinem Vorhaben zurück. [. . .]"

Das war die sicherlich gängige, ja unausweichliche (weil aufs hervorstechende [„saliente"] Merkmal gerichtete) Wahrnehmungsart. Daß sie von einem stammte, der nicht im Spiele war, geht unzweideutig aus dem Kommentar des vernehmenden Kriminalbeamten hervor:

„Nach den gemachten Angaben des Timme dürfte der Kleine mit dem Klumpfuß Goebbels sein. Timme schilderte die Person erst selbst und die Gangart mit dem Klumpfuß nach innen und er würde diesen bei einer evtl. Gegenüberstellung bestimmt wiedererkennen." [324]

Nahmen nun Unbeteiligte Goebbels ganz unwillkürlich auf diese

Weise wahr[325], so sahen ihn seine Gegner auf durchaus gezielte Weise so und setzten Hinweise auf jene ominösen Mißlichkeiten offen oder versteckt im innerparteilichen Kampfe ein. Am 24. April 1927, auf den Tag einen Monat, nachdem der Seifenhändler seine spezifisch geformte Wahrnehmung zu Protokoll gegeben hatte, publizierte die „Berliner Arbeiter-Zeitung", das Wochenblatt des inzwischen von Goebbels gehaßten Otto Strasser, einen hintergründigen Artikel unter der Überschrift: „Folgen der Rassenvermischung". Da stand:

„Es ist bekannt, daß Rassenvermischung eine Disharmonie des Geistes zur Folge hat. Man denke nur an die Charaktereigenschaften der Mestizen, Mulatten usw. Und wenn wir den Geist als das primäre und alles beherrschende erkannt haben, muß sich geistige Disharmonie stets auf das Körperliche auswirken [...] sei es nun durch Krankheiten oder durch Mißgestaltungen, Unförmigkeiten einzelner Körperteile. Ich möchte in diesem Zusammenhange nur auf das niedersächsische Wort hinweisen: H ü t e   d i c h   v o r   d e n   G e z e i c h n e t e n !"

Und nun folgten Beispiele:

„König Richard III. von England [...] ließ seine beiden Neffen im Tower ermorden, um selbst auf den Thron zu kommen; seine Frau ließ er im Wochenbett erdrosseln. Und siehe da: er war bucklig **und** hinkte. Gleich ihm hinkte auch der Hofnarr Franz I. von Frankreich, der bekannt, berüchtigt und verrufen war durch seine Gehässigkeiten, seine Intrigen und Verleumdungen. [...] Robespierre wurde wegen seiner Gesichtsfarbe der Grünadrige genannt. [...] *Talleyrand* besaß einen Klumpfuß. Sein Charakter ist bekannt. Man kann kaum das Wort ‚Charakter' für ihn anwenden."[326]

Goebbels spürte den Stich. Ob es überhaupt einer, ob es ein wirklich auf ihn gerichteter war, ist für uns nicht so interessant, die wir vor allem auf Goebbels' und seiner Zeitgenossen Wahrnehmungsmuster (und deren sprachliche Verfestigung) aus sind. Wer nun weiß, daß Goebbels tatsächlich in der Elberfelder Gaugeschäftsstelle „Robespierre"[327], daß er von Putzi Hanfstaengl, dem Paradiesvogel in Hitlers Gefolge, in witziger Kontamination der beiden Namen

„Goebbelspierre" [328] genannt wurde, wird die Einschätzung des Gauleiters noch plausibler finden. Dieser konnte nicht an sich halten und verklagte nicht den Unterzeichner, Dr. Koch, sondern *den* vor dem „Uschla" („Untersuchungs- und Schlichtungsausschuß") der Partei, den er für den wirklichen Schreiber hielt: seinen Erzrivalen Otto Strasser.

Wir schildern nicht die jedem leicht vorstellbaren Grabenkämpfe, sondern filtern nur heraus: daß Goebbels an Hitler schrieb, daß das Ganze ein Versuch sei, seine, des neuen Gauleiters, „Autorität in Berlin zu unterhöhlen und zu vernichten" [329], daß er auf der von ihm einberufenen Krisensitzung am 10. Juni 1927 zuerst (durch den Arzt Dr. Steintel) vermelden ließ, daß sein körperliches Gebrechen keinesfalls erblich sei, sondern „daß er den Klumpfuß durch einen Unglücksfall als 13 bis 14jähriger Gymnasiast erhalten habe, so daß vom Rassenstandpunkt aus keinerlei ungünstige Schlüsse daran geknüpft werden können", daß er dann seinen Intimfreund, den „Angriff"-Zeichner Schweitzer („Mjölnir"), den Gegenstoß führen ließ, „daß Dr. Strasser einen Schuß ‚jüdisches Blut in seinen Adern' habe. Schon äußerlich bezeuge dies das rötliche gekräuselte Haar, die Hakennase, das aufgeschwommene fleischige Gesicht" [330], worüber sich nun wieder Otto Strasser durch Hess bei Hitler beschwerte [331].

Einen Menschen zu verdächtigen, Jude zu sein, war offenbar ebenso gängig wie die Schemata, die zudiktiert und nach denen dann zugeordnet wurde: Plattfüße, „Watschelgang", schwarzes, gekräuseltes Haar, hervorstechende Nase und anderes mehr. Freilich zeigten nun gerade die hier angeführten Fälle Goebbels' und Strassers, des biederen Franken aus Dinkelsbühl, daß diese Merkmale, so gängig sie waren, dennoch keine Klarheit brachten. Aber bei Goebbels kamen doch so viele Gesichtspunkte zusammen, daß eine prima facie Plausibilität entstand. Es waren die Berliner Auseinandersetzungen nämlich nicht das erste und vor allem nicht das letzte Mal, daß Goebbels bezichtigt wurde, Jude zu sein.

Schon am 15. April 1926, im 14. der „Nationalsozialistischen Briefe", welches Strasser-Blatt der „Arbeitsgemeinschaft Nord-West" Goebbels damals redigierte, mußte er sich gegen Briefe zur

Wehr setzen, die eben die heikelste aller Unterstellungen offen ansprachen. „Bei mir stimmt was nicht ...

Schildwächter und Gralshüter der Bewegung! Teurer Freund! Ihre Anfrage kommt mir gerade zu paß. [...] Ja, Sie haben gehört, man hat Ihnen erzählt, Sie glauben's zwar nicht, aber immerhin, etwas muß doch daran sein, semper aliquid haeret, na, kurz und gut, bei mir stimmte etwas nicht, ich sei ein Jude und würde von den Jesuiten bezahlt."

Höhnisch wird der Briefschreiber zurückgewiesen und schließlich belehrt:

„Und dann lernen Sie eins: erst arbeiten, dann kritisieren. Erst bauen, dann den Nachtwächter bestellen, den Sie allzufrüh zu spielen sich anbieten [...] Erst Ehrfurcht vor mir selbst haben können, dann werde ich der Ehre des anderen nicht ohne Berechtigung zu nahe kommen."

Gelassen-unangestrengter Respekt vor der eigenen Person als eine Voraussetzung für Achtung vor anderen – Goebbels hat hier das Problem von Menschen mit etwas schwacher Identität nicht schlecht formuliert. Man ahnt den Grund.

Später ist Goebbels immer wieder als vermeintlicher Jude angegriffen worden[332], und es war eine spezifische „Opferkarte" des „Neuen deutschen Verlags", die sogar den abgebrühten Gauleiter 1932 dazu brachte, Strafantrag zu stellen:

„Wie wär's damit, mal neben Proletariermorden
den Herrenmenschen Goebbels aufzuorden."[333]

Und in ähnlicher Weise war es der ganz auf diesen Punkt gemünzte Zwischenruf eines Pfarrers, der die Teilnehmer jener Parteiversammlung vom 4. Mai 1927 im Kriegervereinshaus zu exzessiver Gewalt und die Polizei dann zum Verbot der Partei übergehen ließ. Der Inhalt jenes ominösen Satzes dürfte keine Neuigkeit mehr sein. Es wird hier dennoch ausführlich berichtet, weil nämlich detaillierte Zeugnisse genau die Reaktion Goebbels' und der nationalsozialistischen Versammlungsteilnehmer überliefern. Man kann daher zeigen, 1. wie energisch die Politische Polizei sechs Wochen nach Weiß' Amtsantritt gegen die Partei vorging, 2. welche (auch namenbezogene) Kampftechniken Goebbels anwandte und vor allem 3. welcher Angriffe Goebbels selber immer gewärtig sein mußte, aus welchem Umstand sich wiederum Kalkulationen ableiten lassen, in welche Richtung seine Angst- und Abwehrphantasien immer gegangen sein müssen: in eine Richtung, die ihm gleichzeitig zum Angriff gegen seine Feinde dienen konnte.

Goebbels begann vor den 2000 Zuhörern mit der Nachricht, daß die Versammlung wohl mal ohne die Spitzel der IA stattfinden könne, da vor dem Eingang sieben schon erkannt worden seien. Er irrte. Nicht weniger als sieben waren da und hörten den Gauleiter berichten: Der Redakteur Krieg vom „Lokalanzeiger" habe einen Artikel über diese Versammlung abgelehnt, weil er in keinen „Affenstall" gehe. Auf den Zuruf „Wo wohnt der Lump?" habe Goebbels die Adresse bekanntgegeben und hinzugefügt: „Ich möchte nun nicht, dass dieser Mann eine nationalsozialistische Kopfmassage bekommt, aber wir werden uns ihn näher ansehen" [334]. Er verlas dann verschiedene Artikel aus Berliner Zeitungen über NSDAP-Versammlungen und erklärte den der „Germania" für den gemeinsten. „Wenn der Artikel auch mit dem Namen *Graetz* unterzeichnet sei", berichteten die Kriminalen der IA weiter, „so verberge [!] sich hinter diesem Namen unzweifelhaft ein Jude." Er bezeichnete dann den Verfasser absichtlich als „eine gemeine Judensau". Den spezifischen Grund nannte und wiederholte er in seiner polizeilichen Aussage: „um von ihm verklagt zu werden und auf diese Weise seinen wahren Namen zu erfahren" [335].

Also: Zwischen „Graetz" als Name und dem vermuteten Juden als Verfasser schien Goebbels eine derartige Diskrepanz zu liegen, daß er sich zu diesem Ausfall hinreißen ließ, nur um zu erzwingen, daß der vermutete namenkaschierte Jude vor den Vorhang trete. Es folgten wiederum die Adressenausgabe von Graetz, dann exaltierte Reaktionen des Publikums: „Man soll dem Kerl den Schwanz kupieren" [336], und daraufhin hörte man jenen ominösen Satz.

Der zufällig anwesende Pfarrer der „Freien Evangelischen Reformgemeinde", Fritz Stucke, war an dieser Stelle von dem „geradezu viehischen Gelächter" der Versammlung so „angewidert", daß er Goebbels zurief: „Ja, ja, Sie sind der richtige germanische Jüngling". Die Reaktion des Publikums läßt tief blicken: „Im ersten Augenblick herrschte sekundenlang Stille" – so der Bericht der „Germania" und des „Berliner Börsen-Courier" [337]; „Daraufhin entstand ein kurzes allgemeines Schweigen" – dies Goebbels' Aussage [338]; „Dr. Goebbels schwieg anfangs" – so festgehalten im Ermittlungsergebnis der Anklageschrift [339], wo der Staatsanwalt ohne Zweifel richtig interpretierend fortfährt: „Nach einigem Sammeln" (!) sagte er: „Sie wollen wohl hinausgeworfen werden?" und machte eine unzweideutige Handbewegung. In diese Stille hinein wiederholte Stucke seinen Satz, fügte hinzu: „Gerade Du", und dann fielen die Nationalsozialisten so über ihn her, daß Bierglassplitter später noch im Polizeipräsidium von seinem blutigen Kopf gesammelt wurden [340].

Kein Zweifel: Die offene Nennung jener Mißlichkeit, daß Goebbels einen Körperschaden hatte und – wie wir gleich sehen werden – in keinem nur erdenklichen Punkt dem verfochtenen Ideal entsprach, das mußte ihn und seine Gläubigen für einen Augenblick erstarren und die nachfolgende Aggression nur um so wütender ausfallen lassen. Da Goebbels fortwährend derartige Angriffe zu fürchten hatte, konnte er immer nur ein heikles Gleichgewicht erreichen, denn er selber dachte ja „unaufhörlich daran".

War dies also die allgemeine Gefährdung, so kannte Goebbels aber auch die Vernichtungskraft der ganz spezifischen Situation, die Stucke herbeigeführt hatte. Er hatte sie nämlich, freilich mit anders verteilten Rollen, selber schon in den „Streiflichtern" der „Völkischen Freiheit" beschrieben:

„Humor in der Wahlversammlung.

In einer Wahlversammlung der Nationalsozialistischen Freiheitsbewegung tritt ein Jünger des Apostels Häußer auf, ein kleines, schmächtiges Kerlchen (sic!) mit langem, wallendem Haar. Mit Emphase: ‚Ich bin der große Mittag! Ich bin die Kraft!' – Stimme aus dem Hintergrund: ‚Wo sind die sieben Zentner?'" [341]

Auf ähnliche, wenngleich viel drastischere Weise hatte ihm Pfarrer Stucke am 4. Mai – nicht als erster, nicht als letzter – die Absätze von den (orthopädischen) Schuhen getreten. Die Scheußlichkeit von Goebbels' Biographie darf nicht hindern, die Panik und die seelischen Leiden, die solche Desaster auslösen, hoch anzusetzen. Die Folgen dieses Abends im Kriegervereinshaus: Die Politische Polizei räumte den Saal, nahm vierzig Nationalsozialisten fest, fand bei ihnen die oben angegebene [342] Anzahl von Waffen. Am nächsten Tage verbot der Polizeipräsident die NSDAP in Berlin.

Ehe wir nun die Gründung des „Angriff" und vor allem aus ihm die antisemitische Hetze Goebbels' beschreiben, soll hier noch die Ikonographie Goebbels' voll ausgemalt werden. Das wird die anschließend gebotenen Polemiken gegen ihn verständlich machen. Wir lassen dabei nicht die Gegner zu Wort kommen, deren Haß das Bild des Gauleiters vielleicht verzerren könnte. Wir geben vor allem Putzi Hanfstaengl, der Goebbels seit seinen Anfängen in Berlin kannte, das Wort und Rudolf Diels, seit 1933 in Berlin Chef der „Politischen Polizei" (später GESTAPO).

„Was typisch für Goebbels' äußere Erscheinung war – seine Untergröße [!] und sein Klumpfuß – war auch naturgemäß Maßstab des inneren Menschen: kleinlich im Fühlen und Denken und kümmerlich in seinem intriganten Haß gegen alles, was ihm im Wege stand".

So schildert Hanfstaengl [343]. Der „kleine Goebbels" wurde stehende Redensart [344]. Diels meint:

„Vom Schicksal war Goebbels als ein hinterhältiger, klumpfüßiger Krüppel gezeichnet. Für jeden Regisseur konnte er als Vorbild zur klassischen Maske des Mephistopheles dienen" [345].

Es gibt die Fülle ähnlicher Schilderungen. Hanfstaengl hebt noch die braunen Augen hervor [346], andere seine dunkle Hautfarbe, sein dunkles Haar und immer wieder sein Fliegengewicht, kurzum: In allen Punkten entsprach er eher dem als jüdisch verschrieenen Gegentyp des von ihm besungenen „Deutschen". „Undeutsch" war er auch in jener Eigenschaft, die damals noch viel schärferen Verdikten verfiel und darum auch dem Gegenbilde zugeschlagen wurde: seine leicht anrüchige erotische Anziehungskraft. Melodische Stimme, fast schmachtender Ausdruck in seinen dunklen Augen [347] sind bezeugt und Erfolg bei Frauen in solchem Maße, daß auch das bewitzelt wurde [348]. Schließlich seine immer wieder apostrophierte „intellektuelle" Art [349] – auch die brachte ihn bei den Rechten, die Intellektuelle immer für Juden hielten [350], auf die falsche Seite, zumindest konnte er, schon durch einen kleinen Stoß, schon durch eine feine Andeutung dahin versetzt werden. *Wie* machte man das?

Die „Weltbühne" machte das z. B. so:

„Sie fragen, ob der junge nationalsozialistische Abgeordnete Goebbeles heißt. Sie sind im Irrtum. Er heißt nicht so, er sieht nur so aus."[351]

„Goebbeles" – für Heutige unverständlich, für Damalige eine hintergründige Art, den Namen in Korrespondenz zum eben jüdischen Äußeren zu bringen. Ein einziger Buchstabe wandelte den Namen in eine typisch jiddische Form, bei der das „– es" als patronymische oder matronymische Genitivendung und das Ganze dann als Parallele zu Formen wie „Moscheles" (= Kind vom kleinen *Mosche*), „Herscheles (= Sohn von *Herschel*) u. ä. erscheinen ließ[352]. Jetzt versteht man den glänzenden Polemiker Ossietzky, wenn er sagt: dem Oberreichsanwalt, immer scharf auf die linken Landesverräter, werde endlich einmal „von Herrn J. Goebbeles, dem Oberrabbiner der Berliner Teutonen"[353] ein Rechter präsentiert: der Herr Reichspräsident Hindenburg! Und am 9. September 1930 brachte die „Weltbühne" als „Kleine Wahlnachricht":

„Joissiph Jehuda Göbbeles ist von seiner chassidischen Gemeinde in Bialystock ausgeschlossen worden."[354]

Wenn unsere Schilderung bisher vielleicht doch noch so ausgesehen hat, als wollten wir nach alter Manier am Dämon-Mythos Goebbels' weiterspinnen, so zeigt sich jetzt das genaue Gegenteil: Wir erwähnten seine Gebrechen nur, um verständlich zu machen, wie auch er in ein offensichtlich gängiges Schema, unser Erkenntnisobjekt, eingebunden wurde, ehe wir genau schildern, in welcher Weise er sich desselben bediente. Der Höhepunkt dieser Kampftechnik gegen Goebbels:

Als es im Sommer 1930 zum endgültigen Bruch mit dem wirklich linkssozialistisch eingestellten Otto Strasser gekommen war, ging auch dessen Organ „Berliner Arbeiter-Zeitung" in ihren letzten Ausgaben zum offenen Kampf über. Unter dem anspielungsreichen Pseudonym „Jupp Goggeles" und der Überschrift „Er will nicht Josef heißen!" verhöhnte da einer, daß der Gauleiter sein Portrait in der „Berliner Illustrirten" mit der Unterschrift „Paul J. Goebbels" erscheinen lasse, und dies ausgerechnet bei seinem offiziellen Abgeordnetenphoto.

Dr. Paul J. Goebbels,
Schriftsteller (Nat.-Soz.).

Herm. Wilh. Göring,
Hauptm. a. D. (Nat.-Soz.).

Berliner Illustrirte vom 28. 9. 1930.
Ausriß aus der Vorstellung der neuen Reichstagsabgeordneten
der NSDAP

„Josef! Bedeutet das Wort nicht einen Typ, ein Programm???
Plastisch und greifbar ersteht vor den staunenden Augen der
Gojim – wenn diesen Namen du nennst mit akzentuierten Vo-
kalen – allsogleich da ein ‚Mann' behende und schmächtigen
Wuchses, harmlos die Händchen sich reibend, leicht näselnd
das tönende Stimmchen [...] Früher deckte ein Sweater die
Blöße des trefflichen Josef; heut' geht er ganz bourgeois. Aber
wir, wir sehen voll Bosheit ejal weg nur 'ne Kutte der Beine
Wohlform umschlottern. [...] Macht er eine Zession. Er hat
ja mehrere Namen! Siehe, und allsogleich erscheint in den Bil-
der-Gazetten sein hochnordisches Ponim mit Paulchen J. nur
bezeichnet. Paulchen, nicht wahr, das klingt besser. Der
Reichspräsident soll ja ähnlich . . . Immerhin, ja und nicht
wahr . . . wir mußten auch ihn mal bekämpfen." [355]
Zwar wird da als Vertuschungsziel auch Goebbels' katholische
Herkunft erwähnt, aber die Apostrophierung der Gojim (= jid-

disch für Nicht-Juden), die Wortwahl („Ponim" = jiddisch „Gesicht"), die jüdelnde Syntax („Macht er eine Zession") und nicht zuletzt der spezifisch geformte Name des Schreibers *(Goggeles)* lassen keinen Zweifel aufkommen, daß vor allem Vertuschung des (angeblichen) Judentums aufs Korn genommen werden soll. Viele der inhaltlichen Attacken kennen wir im übrigen schon. Aber wir werden sehen, daß in den ersten Zeilen kaum ein eigener Einfall des „Goggeles" war. Da wird Goebbels *zitiert* und seine eigenen Namenpolemiken gegen Weiß nunmehr auf ihn selbst, auf Goebbeles, angewandt [356].

Natürlich waren es nicht diese relativ seltenen Angriffe seiner Gegner, die ihn dann auch weiter in dieselbe namenpolemische Richtung drängten. Es lag vielmehr in der Radikalität seines antisemitischen Denkens ein strukturelles Element, das ihn förmlich zwang, in die Tradition der Namenpolemik einzusteigen. Warum haben wir dies bisher zurückgehalten? – Um die richtige Reihenfolge beizubehalten: Erst das Individuell-Zufällige und dann das die Einzelperson übersteigende System, dessen Bauformen das historisch durchgreifende Geschehen strukturieren. Natürlich bringt eigene Verletzlichkeit besondere Schubkraft bei der Aktivierung dieses Systems.

b) „Der Angriff".
Antisemitische Propaganda

Ohne neue Formen massenkommunikativer Techniken und ohne geschicktes Anknüpfen an vorhandene Potentiale hätte die nationalsozialistische Propaganda nicht so durchschlagen können. Mit seinem am 4. Juli 1927 zum ersten Male erschienenen „Der Angriff" schuf und formte sich Goebbels ein leistungsfähiges Instrument. Ein derartiger Radikalismus, vorgetragen in einer ironischflockigen und dennoch auf vollkommene Vernichtung abzielenden Sprache, das Ganze dann noch aufs Berliner Tempo, d. h. aufs schnoddrig-rücksichtslose Niederrennen abgestellt, – so etwas hatte die „Zeitungsstadt Berlin" noch nicht gesehen. Und wenn dann die Interessierten am Montagmorgen die neue Ausgabe des Wochenblattes – (zuerst acht-, ab Januar 1929 dann zwölfseitig, ab 3. Oktober 1929 zweimal wöchentlich) – in der Hand hielten, dann hatte der Literat Goebbels dafür gesorgt, daß sie da so viel Hehres über deutsche Kultur, so viel Zitate aus den deutschen Klassikern fanden [357], daß sich die Leser sogar vorgaukeln konnten, an seriösem Bemühen beteiligt zu sein. Jedenfalls waren sie anders angesprochen als in den stur Richtung haltenden Meinungsblättern der radikalen Konkurrenzparteien.

Obwohl man sich die Wirkung des „Angriff" wie der nationalsozialistischen Propaganda überhaupt [358] nicht allzu groß vorstellen darf, so hatte das Blatt doch bald eine respektable Auflage [359]. Goebbels bot jeweils einen Leitartikel, schrieb sein „Politisches Tagebuch". Zuerst gab es eine ironische Seite „Der Philosemit", die bald durch eine über den „Kampf um Berlin" abgelöst wurde. Die Polizei bekam eine von Dagobert Dürr verfaßte eigene Kolumne „Vorsicht Gummiknüppel!". Der Rotzlümmel „Orje" gab wöchentlich seine Glosse – ganz Berliner Schnauze, meist ohne Herz, auf alle Fälle ohne Vernunft, wenn auch nicht ohne Raffinement [360].

Hervorstechend war die allgemeine Verherrlichung und die grundsätzliche Implikation von Gewalt. Es muß über diesen Punkt kurz gehandelt werden: Aus ihm gewinnen wir eben auch Urteilskraft für die Frage, ob Bernhard Weiß in ganz unsinniger Weise oder vielleicht doch zu Recht die Aggressionen gegen seine Person zu brechen versuchte, indem er die Gerichte einschaltete.

„Über Gräber Vorwärts" – diese immer wiederholte Formel gab nicht nur einer Serie Opferkarten von Mjölnir (der „Angriff"-Zeichner und besonders innige Freund Goebbels') das Motto, sondern der ganzen Propaganda [361]. Die SA, der Treiber und Schreiber Goebbels – sie taten alles, damit die Parole wahr werde. Gedichte über Gedichte beschworen Blut und Tod [362]. Goebbels, ohnehin überzeugt, daß „Blut der beste Kitt" [363] sei, reimte:

„Der Furcht so fern,
Dem Tod so nah,
Heil dir S.A.!" [364]

Auf der meist von SA-Führern geschriebenen Seite „Kampf um Berlin" druckte man Texte, die so nah am Debilen oder gefährlich Infantilen lagen, daß es hätte erkannt werden können und von weitblickenden Blättern auch als so geartet angeprangert worden ist.

„Der Kameradschaftsabend der Standarte ‚Zackig'. [. . .] Fabelhaft die Stimmung, glänzend die Laune. Auf dem Gesicht des Oberführers ehrliche Freude über seine zackige Standarte. Adj. Osaf Ost Jahn schmunzelt, Staf schmunzelt, – die Sturmführer schmunzeln. – Kurz, alles schmunzelt! Alles amüsiert sich in der Standarte Zackig!" [365]

Wenn es gegen Juden ging, erhöhte sich die Gewaltbereitschaft noch. „Orje" geht zur Gedächtniskirche, um zu sehen, wie die Juden die deutschen Mädchen mit Blicken abprüfen: „Bei manche muß man an sich halten, um ihren Judenjungen nich mit de Faust unta de Neese zu bohnan." Blut fließt dann auch tatsächlich [366]. Goebbels sagt ähnliches in einem Leitartikel 1927 ganz ohne Scherz:

„Juden flanieren mit blonden Mädels Trottoirs entlang. [. . .] Darauf nimmt der Prolet seine Handschrift zur Hand und drückt dem Hebräer seine Visitenkarte in gar nicht mehr mißzuverstehender Weise in die Visage hinein. [. . .] Seid menschlich schaut nicht länger untätig zu, wie eine Horde von asiatischen Freibeutern über ein wehrlos gemachtes Volk herfällt. [. . .] Michel, wach auf!" [367]

Brutal und einfach klingt das, und dennoch steckte dahinter ein Problem, über das Goebbels und seine SA vielleicht hier, aber aufs Ganze gesehen doch nicht so ohne weiteres hinwegkamen. Wie denn die *erkennen,* die man da mit roher Gewalt verfolgen wollte? Die Antwort wird sich zeigen, wenn wir jetzt die Implikationen entwickeln, die das basale Denkschema der Nationalsozialisten mit sich brachte.

Der Antisemitismus in seiner radikalen Variante ist Ausgeburt eines manichäisch-dualistischen Weltbildes. Wir haben nachgewiesen, daß dieser Zug bei Goebbels besonders scharf ausgeprägt war. Die notwendige, konsequent zu leistende Einteilung der gesamten politischen und geistigen Welt in zwei Sphären läßt sich an vielen Stellen zeigen und aus vielen herleiten. Am 19. November 1928 schreibt Goebbels z. B. in einem Leitartikel des „Angriff":

„Das Genie bringt meist e i n e n fundamentalen-schöpferi-

135

schen Gedanken hervor und wandelt ihn in den mannigfaltigsten Formen ab. [...] Wenn Hitler spricht, dann bricht von der magischen Wirkung seines Wortes aller Widerstand zusammen."

Wie hat man sich nun zu diesem einen Gedanken zu stellen? Goebbels hat es in einem Leitartikel am 13. August 1928 unumwunden ausgesprochen:

> „Das ist das Tröstliche und Beruhigende der nationalsozialistischen Weltanschauung: sie ist unbedingt und kennt keine Kompromisse. [...] Sie kennt nur Verfechter oder Feinde. [...] Wenn e i n e r Recht hat, dann haben alle anderen Unrecht. Glauben kann ich nur an eine Sache, die mit dem Anspruch auf Allgemeingültigkeit auftritt."

Dementsprechend kann man auch „zum Antisemitismus nur Ja oder Nein sagen" [368].

Es gibt also nur Gut und Böse – ohne Zwischenstufen, ohne Mischungszonen. Es gibt überdies nur *eine* richtige Art, auf diese dichotomische Struktur der Welt zu reagieren: das bedingungslose Ja zum einen, das bedingungslose Nein zum anderen.

Wer so denkt, muß so tun, als habe er ein unirritierbar klares Auge, das ohne viel Federlesens alles zwei Sphären zuzuordnen in der Lage ist. Seine ganze Propaganda wird darauf ausgerichtet sein müssen, dies binäre Schema als einzig sinnvolles hinzustellen, besser noch, einfach als selbstverständlich vorauszusetzen. Das impliziert: Juden sind problemlos zu erkennen. Für diese wichtige, weil auf die Namenwelt durchschlagende Annahme müssen Beweise geboten werden.

c) Die Erkennbarkeit der Juden

Die Kriterien, nach denen zugeordnet wurde, sind dem allgemeinen antisemitischen Klischee von „dem" Juden entnommen. Es kommt hier nicht darauf an, alle aufzuzählen, sondern Beispiele zu bieten, wo allein aus diesen Merkmalen auf „Jude" geschlossen wird, ohne daß weitere Erkundigungen überhaupt nur möglich sind. Da wird auch zutage treten, mit welch unsicheren Kriterien die Antisemiten dabei hantierten. Dies Faktum wird dann zeigen, daß zwangsläufig ein Bedürfnis nach weiteren, plakativ-eindeutigen Unterscheidungsmerkmalen entstehen mußte.

Die bösen Taten

Sie haben identifizierende Kraft, vor allem wenn sie als typisch jüdische ihren Platz im antisemitischen Klischee haben: z. B. Kinder morden. Verdacht auf Ritualmord ergibt sich in jenem schon angeführten Manauer Fall [369] für den „Angriff" einfach daraus, „daß am Mordtage ein Auto mit drei J u d e n durch die Straße des Fleckens fuhr, dessen Insassen verschiedentlich versuchten, auf der Straße spielende Kinder zum Mitfahren zu veranlassen." [370] Man bedenke: drei Personen, *in* einem Auto sitzend, sprechen auf der Dorfstraße spielende Kinder an und – werden *dabei* als Juden erkannt! Derartige Phantasien konnten wohl nur deshalb als „Wahrheit" verkauft werden, weil vorher noch das unglückliche Kind als „ein fünfjähriger, blonder und gut gewachsener Knabe" geschildert, das Klischee also voll ausgemalt wird, so daß sich der Rest von selbst ergibt. Und nach diesem Schema sehr häufig: z. B. der Autostrich auf der Heerstraße, wo Juden deutsche Mädchen verführen (in „amerikanischem Tempo"!). Leser beliefern den „Angriff" mit Parallelen:

„Was soll ich noch weiter Einzelheiten erzählen. Die beiden jüdischen Wüstlinge – nach der Schilderung des Kindes k a n n es sich nur um j ü d i s c h e handeln – versuchten nun in dem Gebüsch mein Kind zu Unsittlichkeiten zu verleiten." [371]

Ein Nationalsozialist berichtet, daß es auf der Leipziger Straße in Halle hergehe genau wie auf der Berliner Heerstraße: „Ich sah jetzt aufmerksam zu und bemerkte, daß die beiden Insassen [!], natürlich zwei Juden, gerade zwei jüngeren Mädels gut zuredeten, doch einzusteigen." [372] Wie unübersichtlich hier die Situationen auch sind, klar ist für Antisemiten gleichwohl, daß man Juden vor sich hat. Daß man mit solcherart „Beweisen" sogar bei nicht ganz so verbohrten Judenfeinden, bei noch nicht Entschiedenen aber allemal ziemlich ungeschützt dastand, bedarf keiner argumentativen Abstützung.

Das Aussehen

Schriftleiter Dagobert Dürr schildert in seiner Kolumne „Vorsicht Gummiknüppel!", wie eine Luxuslimousine mit Stander in schwarz-rot-gold an ihm vorbeibraust.

„Nur e i n e G e s t a l t aber kann ich erkennen, vorn am Steuer, hinter deren orientalischer Fettleibigkeit die übrige Bagage verschwindet. Der edle Steuermann hat das bei solchen Wagen übliche [!] schwarzlockig umrahmte Ponim. Mit Sechsernase und Negerlippen.

Lieber Isidor Veilchenduft, oder wie immer Du heißen mögest, du könntest Dir den republiktreuen Wimpel sparen, Deine Visage ist schon Symbol genug für diese . . .

Vorsicht, Gummiknüppel!" [373]

Es ist ein besonders kompaktes (schon etwas vorausgreifendes) Beispiel genommen worden, das die Folgerungsprinzipien mehrfach hintereinandergeschaltet zeigt: Von dem knapp wahrgenommenen Äußeren geschlossen auf den Namen, von dem Namen aufs Judentum und dann, als Gipfel des Hohns: aus dem Gesicht allein schon auf „diese . . ." und aus den Pünktchen auf die „Judenrepublik". Es herrscht also übersichtliche Ordnung, zumindest auf der negativen Seite des manichäischen Reiches. Deshalb können die Polizisten auch an den „Krummnasen und Watschelbeinen" erkennen, wen sie auf dem Kurfürstendamm nach einer Goebbelsversammlung *nicht* verprügeln dürfen [374], deshalb kann sogar ein „Angriff"-Leser aus Bottrop ausmachen, daß beim jungen Bismarck, „wie aus seinem Äußeren ohne weiteres zu ersehen", seine jüdische Großmutter stark durchgeschlagen ist [375] – und in diesem Stile weiter mit einer beliebig anzureichernden Menge von Beispielen [376].

Die einfache Behauptung

Bei ideologisch schon Gebannten galt die problemlose Identifizierbarkeit von Juden als so selbstverständlich, daß man gar keine Gründe anführen mußte. Behauptungen genügten – auch in Situationen, wo jede „Nachkontrolle" ausgeschlossen war oder unterlassen wurde: „Langsam dringen die Juden auch in den Richterstand ein, wie ein Rundgang (sic) durch die Berliner Gerichte jedem Zweifler beweisen wird." [377] Mochte das Faktum der – lange herausgezögerten! – Bestallung jüdischer Richter auch stimmen, durch einen „Rundgang" ließ es sich wohl nicht richtig bewahrheiten. „Orje" berlinerte *ganz* ungeschützt los: Er rettet einen Ertrinkenden: „Mit Mühe haickn ant Land jekricht – et warn Jude." [378] Oder: Zwei Paddler fahren mit ihrem Boot „Deutsche Republik" auf dem Wannsee – allemal Juden [379] und so fort [380].

Es ist klar: Alle vorgeführten Zuweisungstechniken bargen erhebliche, für jedermann leicht durchschaubare Unsicherheitsfaktoren. Schon deshalb meinte man, ein seit langer Zeit geübtes Identifizierungsverfahren zu Hilfe nehmen zu müssen: die Erkennbarkeit aus den Namen. Ehe wir diese Technik genauer behandeln, scheint es sinnvoll, vorweg zu kalkulieren, ob denn nun wenigstens dies Kriterium jene dringlich gesuchte Unterscheidungskraft hatte.

d) Generalisieren. Entlarven. Zweigeteilte Namenwelt

Was wir im letzten Abschnitt zitiert haben, entstammt der Sphäre schärfster Polemik. In ihr ließ sich die Realität noch einigermaßen problemlos umbiegen, so daß sie zur dichotomisch-manichäischen Grundanschauung paßte. Das konnte nicht überall gelingen. Selbst der ideologisch Beengte sah doch eine ganze Palette von Unterschieden und konnte vor ihr nicht immer die Augen verschließen. Eben dies machte Hilfskonstruktionen nötig, die die offensichtliche Vielfalt aufs Binäre zurückstutzten. Z. B. das in verschiedene Parteien gespaltene Parlament und die Konfigurationen der unterschiedlichen Regierungen – Goebbels schildert sie vor den Maiwahlen 1928 *so*:

„Eine marxistische Regierung unterscheidet sich innerhalb des deutschen Parlaments in Nichts von einer bürgerlichen: beide sind kapitalistisch, pazifistisch und persönlichkeitsfeindlich. [. . .] Es mag am nächsten Sonntag die Wahl so oder so ausfallen. Der Kurs bleibt der alte." [381]

Und eben dieser Grundgedanke nunmehr näher an das Problem

„Namen und Antisemitismus" herangerückt: Am 24. Oktober 1927 formuliert Goebbels im Leitartikel des „Angriff":
„Reicht Euch die Hand: Gottlieb Müller und Isidor Goldstein. [. . .] Der weiße und der schwarze Jude! Im innersten Kern ein und derselbe Typus." [382]
Gefordert war also eine durchgreifende Generalisierungsleistung. Ungleiches mußte zu Gleichem erklärt werden. Goebbels und seine Schreiber im „Angriff" waren solche Globalisierungskünstler. Nach Formulierungen wie: „daß heute Rede- und Meinungsfreiheit für R e p u b l i k a n e r   u n d   a n d e r e   J u d e n besteht und daß der Deutsche von dieser Meinungs- und Redefreiheit ausgeschlossen erscheint" waren alle Republikaner zu Juden erklärt und folglich unter den Deutschen kein einziger mehr [382]. „Fort mit Stresemann! Schluß mit der Judäokratie!" [383] So lauteten diese und viele anderen Formeln, deren vereinheitlichende Potenz ideologisch wiederum in Sätzen von fast kosmischer Umfassungskraft gründete: „Die Nation ist das Primäre, das Ewige, Unwandelbare" [384]. Wehe dem, was abwich.

Wo nun die Realität so widerständig war, daß sie sich dem geforderten Zwei-Farben-System ganz offen-sichtlich nicht anbequemen wollte, wo auch einfaches Drüberwegsehen oder nur um so verbohrteres Behaupten von Gleichheit die Dinge noch nicht so erscheinen ließen, wie sie unbedingt aussehen sollten, da mußten noch andere Hilfsmechanismen in Ansatz gebracht werden. Da machten sich die Nationalsozialisten ans Demaskieren [385] – wie bei „Gottlieb Müller". Besonders dringlich ist Demaskierung bei jenem Typ, dessen ganzes Wesen Mimikry ist [386] und der als Exponent der Nachtseite der Welt dasteht: beim Juden. Zwar ist er eigentlich erkennbar, aber in besonders gefährlichen Fällen eben erst nach bestimmten Prozeduren und durch besondere Kenner. Da dieser Entlarvungszwang dann bei Angriffen auf Weiß und überhaupt bei Namenpolemiken eine zentrale Rolle spielt, dürfen hier die „theoretischen" Grundlagen nicht übergangen werden, die „Der Angriff" für solche Verfahren bot:

Am 9. April 1928 brachte er (drei Seiten nach Goebbels' ironischem Leitartikel über die „Namenmaskerade" des Polizeivizepräsidenten!) [387] eine Rezension über „Sozialparasitismus im Völkerleben", in der auf geradezu horrende Weise biologisiert wurde:

> „auch in einem bereits stark entarteten Ameisenstaat besitzen gewöhnlich einige wenige, deren Instinkt noch verhältnismäßig gesund ist, die Fähigkeit, den eingedrungenen, die den unausbleiblichen Untergang nach sich ziehende Entartung des Ameisenstaates bewirkenden Parasiten (sic) zu erkennen und stürzen sich auf ihn, um ihn hinauszuwerfen. [. . .] Und nun geschieht das fast Unglaubliche: in dem Augenblick wo sie den Schädling erledigen wollen, werfen sich verblendete Kameraden auf die eigenen Artgenossen und töten sie! – – Ja, können viele einwenden, unter Ameisen, aber was geht denn das uns, auf der ‚Höhe der Entwicklung‘ befindlichen ‚Menschen‘ an?"

Wir brauchen die pseudowissenschaftliche, terminologisch hochgezogene Beschreibung der tückischen Taten der Ameise „Wheeleriella Santschi Forel", die da in die Nester von „Monomorium Salominis" eindringen, nicht weiter zu schildern, weil die Parallelen klar und weil wir überdies belehrt sind, welchen Stellenwert die konsequente Entlarvung des Gegners einnimmt, wenn eine ideologisch fixierte Gruppe in den vorgeführten Bahnen denkt. Und je geschickter getarnt, eben auch durch Namen getarnt, der Gegner ist, um so radikaler muß man ihm die Maske vom Gesicht reißen.

Man kann nun die Unzahl der Äußerungen nicht anführen, die den Juden als hinter *allem* Bösen steckend darstellen. Vorgeführt sei abschließend statt dessen eine namenpolemische Darbietung des ganzen Problems. 1932 druckte die nationalsozialistische satirische Zeitschrift „Die Brennessel" (S. 73) ein namengespicktes Gedicht:

„Devisenschieber

Wallach und Oppenheimer,
Gutherz und Blumenthal,
Friedländer, Singer, Adler –
Die Liste wirkt fatal!

Blüht irgendwo ein Schwindel,
Greif wahllos nur hinein!

Es werden immer wieder
Die gleichen Namen sein!"
Jetzt steht das historische Problem der Nationalsozialisten klar vor
uns: Die Welt – auch die Namenwelt – glich den manichäischen
Sichtweisen der Nationalsozialisten noch ganz und gar nicht, denn
es tauchten durchaus nicht immer die *gleichen* Namen auf. Es waren
die Juden in Wirklichkeit in den meisten Fällen garnicht zu erkennen. Das beweisen nicht nur die vielen ununterscheidbar Assimilierten, das zeigt auch das Beispiel des „humpelnden Juden" Goebbels
und der anderen Nationalsozialisten, die als Juden verschrieen waren
– Hitler einschließlich [388]. Nichterkennbarkeit räumten implizite
auch die Nationalsozialisten ein – nicht erst 1939 mit der Zudiktie-
rung der Zwangsnamen „Israel" und „Sara", nicht erst 1941 durch
offensichtlich für nötig gehaltene Markierung mittels Judenstern [389].
Sie räumten es schon im „Angriff" ein, indem sie da fast wöchentlich
im „Briefkasten" zahllose Anfragen beantworteten, ob nun dieser
oder jener ein Jude sei [390]. Damit war klar: In der Wirklichkeit stachen sie nicht auf so plakative Weise hervor, wie es die manichäisch
fixierten Nationalsozialisten, ganz auf einfache Lösungen aus,
eigentlich gebraucht hätten und wie sie es sich in ihren Propaganda-
phantasmagorien auch zurechtlegten.
    War dies die Lage, dann mußte man Mechanismen finden, die
Feinde, von denen man doch behauptete, sie seien die Fremden par
excellence, erkennbar zu *machen*. Den Merkmalen, die das leisten
sollten, wuchs notwendig auch eine polemische, für Juden bedrohliche Kraft zu. Die große „Judennase", die „schwarzen Haare", die
abweichend geformten Füße („Plattfüße", „Watschelgang" usw.),
eigentümliche Sprache und was man sonst im antisemitischen Klischee den Juden zudiktierte – alles wurde gleichzeitig zum Mittel,
die Juden zu verhöhnen. Jetzt drängt sich die Frage nach den Namen
unabweisbar auf: Gab es da (schon) ein Identifizierungs- und Ver-
höhnungssystem, auf das die Nationalsozialisten zurückgreifen
konnten, so wie sie auch bei den anderen Merkmalen einfach nur
Traditionen aufnehmen mußten? War dies System vielleicht sogar
für die Bekämpfung der Chefs des Berliner Polizeipräsidiums besonders geeignet?
    Die Beantwortung der Fragen zwingt uns, Goebbels, Weiß und

zunächst auch Berlin für eine Weile zu verlassen. Wir müssen historisch weit zurückgreifen. Aber nur so wird die tiefe Verwurzelung nationalsozialistischer Praktiken klar. Nur so läßt sich einschätzen, wie und wodurch die Waffen geschärft waren, die im Berlin der zwanziger Jahre gebraucht wurden. Jedenfalls: Am Vornamen „Bernhard" und am Familiennamen „Weiß" war eigentlich nichts Befremdliches zu entdecken. Der Name „Joseph" hingegen kam nicht einmal Goebbels ganz geheuer vor.

Es gibt nun – vor allem für vornehmlich historisch Interessierte – eine Möglichkeit, sich diesen Umweg zunächst zu ersparen und direkt zum Kapitel über den Namenkampf Weiß gegen Goebbels überzugehen (S. 231). Wer so verfährt, sollte sich aber dann durch die Lektüre des historischen Teiles *zumindest nachträglich* davon überzeugen, welchem Irrtum man aufsäße, nähme man die Auseinandersetzungen im Berlin der zwanziger Jahre als besonderen Einfall der Nationalsozialisten oder gar allein ihres Gauleiters.

Besser scheint, die historisch richtige Reihenfolge einzuhalten. Damit nun bei jenem bloß scheinbaren Umweg dem Gedächtnis nichts Wesentliches verlorengeht, seien wieder jene Punkte zusammengefaßt, die nicht vergessen werden dürfen, weil sie die Kräfte und Ziele von Gauleiter Goebbels beschreiben. Diese werden dann auch die Aggressionsmechanismen und Art der Verbalinjurien gegen Juden strukturieren:

1. Goebbels war wegen seiner Herkunft aus sozial ärmlichen Verhältnissen und wegen der langen Phase beruflichen Scheiterns außergewöhnlich ressentimentgeladen.
2. Seine Körperbehinderung, die ihn von vornherein vom begehrten Militärdienst ausschloß, war ihm überdies ein kaum zu verbergendes Stigma, das er mit außergewöhnlicher Energie (mit Schriftstellerei zuerst, dann immer mehr mit Politik), aber ohne wirklich auch nach innen durchschlagenden Erfolg zu überdecken suchte.
3. Des Glaubens verlustig gegangen, war er auf einen ebenso stark bindenden Ersatz-Glauben angewiesen und fand ihn in einem expressionistisch links angehauchten Nationalsozialismus.
4. Erhalten blieb so die dualistische Struktur des christlichen Welt-

bildes, charaktergemäß verschärft zu einer radikal manichäischen Weltanschauung, in der die Pole mit dem absolut Guten (Hitler) und dem absolut Bösen (= die Juden und mit diesen identisch: die Marxisten, Kapitalisten, Intellektuelle usw.) besetzt waren.

5. Eine Weltanschauung dieser Art drängte zu einer radikalen, Übersichtlichkeit erzwingenden Uminterpretation der Welt: Noch so Verschiedenes mußte auf die beiden Pole hin vereinfacht, notfalls „demaskiert" werden. Dieses Prinzip läßt auch für die Namenwelt eine dichotomische Umstrukturierung erwarten, vor allem, wenn man auch hier die Erkennbarkeit der Juden verfocht oder nach Demaskierung die Erkennbarkeit sicherstellen wollte.

6. Weil selber mit einem Stigma gezeichnet und überhaupt immer wieder wegen seiner ganzen Art als Jude angegriffen, kannte er die spezifischen Schwach- und Schmerzstellen seiner Gegner aus eigener Erfahrung.

7. Sprachliche Gewandtheit und nicht zu unterschätzende Belesenheit, dazu sein selbstgeschaffenes Propagandablatt „Der Angriff" befähigten ihn, sein rhetorisches Talent voll einzusetzen.

Rekapituliert man jetzt vergleichend die Punkte, die oben auf S. 101 als wesentlich für Weiß' Biographie festgeschrieben sind, dann ahnt man, welches Potential in diesem noch eher individuell akzentuierten Gegeneinander schon liegt. Diese Spannung wird sich erhöhen, wenn wir im folgenden Kapitel zur eher kollektiven Perspektive des allgemeinen Bewußtseins wechseln.

III.
Namensysteme

Schon in der Einleitung ist die Annahme gemacht worden, daß Goebbels zum Kampf gegen Bernhard Weiß ein polemisches System nutzen konnte, das aus einer langen Vergangenheit stammte. Alle kannten dies Instrumentarium. Viele hielten seinen Einsatz, weil seit Väters- und Großväters Zeiten daran gewöhnt, für harmlos. Selbst der brave Biederbürger konnte so seinen unterschwelligen Antisemitismus ausagieren. Das Mittel war unblutig, und dennoch ließen sich damit tiefe Wunden schlagen.

Ohne einen die ganze Entwicklung fassenden Blick auf die historischen Wachstumsphasen jenes polemischen Instruments wird man die tiefe Verwurzelung der Mentalität, die es widerspiegelt, ebensowenig fassen können wie die Sicherheit, mit der es wirkte.

A. Die faktische Namenwelt

Unser Wissen um jüdische Namen hat sich fast ganz verdunkelt. Früher war es jedermann gegenwärtig. In welcher Weise dieses Wissen strukturiert war, können besonders gut jüdische Witze aufdekken. Deren Pointen bleiben ohne ein bestimmtes Hintergrundswissen nämlich oft unverständlich. Über folgenden Witz kann z. B. nur lachen, wer eine Vorstellung davon hat, daß jüdische Namen nicht nur als erkennbar, sondern auch in einer bestimmten Weise geordnet galten. Da gab es welche, die starke Aversionen der Judenfeinde, welche, die weniger Abneigung hervorriefen.

Kohn will ein Kartenspiel aufnehmen, wird aber in genau diesem Moment von einem „Kiebitz" gewarnt: „Moritz will ich heißen, wenn Sie so die Partie gewinnen können." Kohn hält ein, die Karten in der Luft, und fragt: „Wie heißen Sie jetzt?" – „Isidor". Mit dem Urteil „Auch ein Risiko" nimmt Kohn die Karten auf und spielt [1].

Alle Lacher konnten die Gedankenschleife des Herrn Kohn nachziehen. Der Name *Moritz* war offensichtlich ein gern vermiedenes

Risiko. Aber gegen *Isidor* gehalten, war es wohl ein deutlich geringeres, das sich schließlich doch einzugehen lohnte. Da nun dieser Witz kein Einzelexemplar [2], sondern Vertreter eines Typs ist, haben wir offensichtlich ein Graduierungssystem geortet, das es ans Tageslicht zu bringen gilt.

Dem Kartenspielerwitz liegt eine sehr feine Mechanik zugrunde, die man nicht so schnell ins Antisemitische verdrehen konnte. Folgendes ließ sich aber auch sehr gut an judenfeindlichen Stammtischen erzählen:

„Mit meinem Hund hab' ich e Zustand im Geschäft! Zuerst hatt ich einen Kommis, der hieß Katz, natürlich hat der Hund den Katz immer gebissen. Dann hab' ich den Katz entlassen und einen genommen, der hieß Eckstein, da war's noch schlimmer." [3]

Markierte Namen konnten aber nicht nur zur Herabwürdigung dienen, sondern auch zur Entlarvung der Namenseigner. Es war ja eine nicht nur bei erklärten Antisemiten gängige Meinung, daß die Juden Mimikry-Naturen seien, *scheinbar* deutsch assimiliert, in Wirklichkeit aber . . ., *scheinbar* redlich – in schnell zu entlarvender Weise aber . . . – und trügerischer Schein mußte demnach auch ihr häufig „kerndeutscher" Name sein: „Bernhard" Weiß z. B. war also in Wirklichkeit ein „Isidor", was Goebbels auf besonders scheinheilige Manier oft dadurch zum Ausdruck brachte, daß er, vor Gericht gestellt, immer wieder beschwor, der Weiß heiße *jetzt* in der Tat nicht mehr so. Angespielt war damit auf Namenänderung. Es versuchten Juden ja tatsächlich, den dauernden Scherereien mit ihrem Namen dadurch zu entkommen, daß sie bei den Behörden Anträge auf einen unbelasteten Namen stellten.

Möchte sich nun jemand eine Vorstellung von Namenaggressionen machen, bieten diese Änderungsanträge eine Erkenntnischance: Will man nämlich wissen, welchem Druck die Namen der Juden ausgesetzt gewesen sind, so wird man ihn am ehesten dort messen können, wo er so stark wurde, daß die Träger sich entschlossen, den Angriffen durch Wechsel des Namens zu entkommen. Bedenkt man das nahe Beieinander, besser: das vollkommene Ineinander von Name und Person, so bietet sich hier die Chance, den Alltagsantisemitismus und seine Namenpolemiken aus nächster, ja aus intimer Nähe zu beobachten.

Es ist nun der peniblen Archivverwaltung der Preußen zu ver-
danken, daß sich im Geheimen Preußischen Staatsarchiv und Zentralen Staatsarchiv Merseburg nahezu sämtliche Namenänderungsanträge deutscher Juden von 1840 bis 1867 und von 1900 bis 1932
erhalten haben. Aus den Generalia-Akten des Ministeriums des Innern und der Justiz läßt sich überdies ein Bild gewinnen, welch de-
primierende Entwicklung die Grundsätze für die Änderung jüdischer Namen genommen haben.

Die Ergebnisse der Durchleuchtung dieser gut 60 Aktenbände sind
in dem Buch der „Name als Stigma" ausführlich dargestellt. Ohne
sie kann man jenen Kampf im Berlin der zwanziger Jahre nicht richtig verstehen. Damit nun nicht ein ganzes Buch zur Erkenntnisvor-
aussetzung erklärt werden muß, sollen jetzt die Konturen jenes historischen Sockels, auf dem der Spitzenkampf während der Weimarer Republik stattfand, in grobem Umriß nachgezeichnet werden[4].
Wer über diese geschichtlichen Voraussetzungen schon informiert
ist, kann Wiederholungen auf einfache Weise vermeiden, indem er
Bekanntes überspringt und die Lektüre auf S. 170 fortsetzt.

Wir werden

1. über das langsame Wachsen des namenpolemischen Potentials
orientieren – von der Annahme fester Familiennamen bis zur
Zwangsbenennung der Juden durch die Nationalsozialisten. Wir
werden

2. in knapper Form die Markierungstabellen vorlegen, auf denen
dann der mehr oder weniger ramponierte „Verkehrswert" der
verschiedenen Namen skalarisch ablesbar ist. Wir malen dann

3. das Bild des Namens etwas genauer aus, der auf der Vornamen-
liste Spitzenstellung hat: *Isidor*. Und schließlich zeigen wir am
Beispiel des Militärs,

4. welche verheerende, persönlichkeitsbedrohende Wirkung ein Namenstigma innerhalb einer Gesellschaft haben kann, die eine
autoritär-nationalistische Gesinnung zur Basis ihrer Identität erklärt hat.

Bei alledem geht es nicht um Erklärungen, *warum* es Antisemitismus gegeben hat. Wir zeigen, wie er Namenpolemik instrumentalisierte und sich damit im Alltag durchsetzte.

1. Das Wachsen des namenpolemischen Potentials
1812–1920

Bis zum Ende des 18. Jahrhunderts führten die Juden in den deutschen und europäischen Staaten ein fast vollkommen abgeschlossenes Leben, nicht als Teil der Ständegesellschaft, sondern neben ihr. Erst die Prinzipien der Aufklärung, dann freilich noch mehr der von Napoleon erzwungene Modernisierungsschub drängten die Gesellschaft dazu, die Juden als Staatsbürger aufzunehmen. Kein Staat gab aber den Alteingesessenen und trotzdem Fremden das Bürgerrecht, ohne von diesen zu verlangen, daß sie ins landesübliche Namensystem überträten, also feste Familiennamen annähmen. Die Juden führten ja meist nur Rufnamen, denen notfalls der Vatername angehängt wurde, z. B. „Joseph ben Nathan". Rechnet man das österreichische Westgalizien ab, so durften die Juden in allen europäischen Staaten ihre Namen frei wählen.

Es ist nun bezeichnend, daß nicht diese liberale Verfahrensweise im historischen Gedächtnis haftete, sondern jener ganz marginale, aber Spott abwerfende Fall Westgaliziens. Dort hatten die Juden im Jahr 1802 ihre Namen „in Empfang zu nehmen"[5]. Es ist durchaus glaubhaft, daß da die Verteilungspraktiken Anlaß zu jenen Witzen gaben, die früher in aller Munde waren: Der neue Herr „Blumenthal" muß für seinen schönen Namen tief in die Tasche greifen. Um sich nur ja das „w" in seinem Namen zu retten, legt der frischgebackene Herr „Schweißeimer" aber eine noch viel größere Summe auf den Tisch.

In Berlin war man bei der Emanzipation der Juden 1812 besonders liberal. Hier gestattete man sogar zusätzlich den Wechsel des Vornamens, falls das die löbliche Tendenz verrate, sich landesüblichen Benennungen anzuschließen. Die königlich-preußischen Regierungen hielten sich tendenziell an die Intentionen Wilhelm von Humboldts, der in seinem Gutachten zum Emanzipationsgesetz das Ziel gesetzt hatte, es solle das Wort „Jude" alsbald nur noch als religiöser Begriff gebraucht werden; als „allgemeinen Zweck" der Judenbefreiung hatte er da bestimmt, „daß jeder, der nicht in religiöser Hinsicht danach zu fragen hat, ungewiß bleibe, ob jemand

Jude sey oder nicht" [6]. Allerdings: Im Staatsdienst wollte man sie nun doch noch nicht dulden (§ 9 des Emanzipationsedikts).

Als im Jahr 1813 Napoleon niedergerungen, Preußen aber neu und größer wiedererstanden war, da reute die siegreiche Reaktion ihr liberaler Sündenfall. Sie begann, Freiheitsrechte nach und nach zurückzunehmen. Wie und zu welchem Zwecke das beim Namenrecht geschah, läßt sich aus einem einzigartigen Dokument ersehen. Am 17. August 1816 – es war der Geburtstag seines jüngsten Sohnes – griff in Gardelegen der israelitische Kaufmann Markus Lilie zur Feder und schrieb seinem Landesherrn:

„Großer, guter König,
wo ein Vater des Volks den Thron ziert, da darf der Unterthan als Kind nahen, voll Muth und voll Vertrauen. Voll Muth und voll Vertrauen nah ich dem Thron meines Königs mit folgendem Vortrage."

Neun Kinder habe ihm seine Frau jetzt in neun Jahren geboren. Er erbitte daher jene Unterstützung, die der Staatskanzler Fürst von Hardenberg allen Familien in Aussicht stelle, die mehr als sieben Kinder zu ernähren hätten. Das bedeutungsvolle Geburtsdatum seines sechsten Sohnes, der 3. August – des Königs Geburtstag! –, gibt dem besorgten Vater wohl den Mut, seinen Brief so zu beenden:

„Zugleich wagen wir die unterthänigste Bitte, Ew. Majestät wollen gnädigst erlauben, daß wir uns Höchstdieselben bei der Feier, wodurch unser am 14ten d. M. geborener Sohn der Religion geweiht werden soll, als gegenwärtig denken und ihm den Namen Friedrich Wilhelm, woran sich so hohe Gedanken, so herrliche Gefühle, so kräftige Ermunterungen zum Guten knüpfen, beilegen dürfen. In sicherer Erwartung einer gnädigen Erhörung ersterbe ich voll dankbarer Ergebenheit Ew. Königlicher Majestät alleruntertänigster Knecht
Markus Lilie, israelitischer Kaufmann." [7]

Seine Majestät ist durch dieses Ansinnen peinlich berührt. Nicht allein, daß er selber jetzt einen befremdlichen Namensvetter bekommen sollte, nein – auch sein Vater, Friedrich Wilhelm II., sein Urgroßvater, Friedrich Wilhelm I., ganz zu schweigen von der großen Zahl Friedrichs, die seit je die Hohenzollern in ihrem Stammbaum gehabt hatten. Am 29. August schon setzt der Landesherr also *seinen* Friedrich Wilhelm unter folgende Ordre an den Innenminister: „Ich beauftrage Sie, auf die beyliegende Vorstellung des Markus Lilie zu Gardelegen demselben zu Gemüthe zu führen, daß Ich Meinen Namen keinem Judenkinde beylegen lassen kann, welches nicht getauft wird; auch bestimme ich bey dieser Veranlassung im Allgemeinen, daß den Juden Kindern überhaupt ohne Taufe keine blos christlichen Taufnamen beigelegt werden sollen." [8]

Das Wörtchen „blos" war nachträglich vor „christlichen Taufnamen" eingefügt worden, weil man bei diesem Begriff Kalamitäten ahnte. Staatskanzler Hardenberg aber durchschaute diese Ordre als Schlag gegen die liberale Assimilationspolitik überhaupt. Er sorgte, hinter dem Rücken des Königs operierend, also dafür, daß sie irgendwo in Schreibtischen verschwand. Friedrich Wilhelm III. blieb aber bei seinen Wertschätzungen. Neun Jahre später wiederholte er sein Begehr in einer Weise, die sein eigentliches Anliegen offenlegt: Anläßlich der Ablehnung eines Namenänderungsgesuchs erteilte er dem Innenminister das Monitum, „daß seit einiger Zeit die Juden Namen annehmen, durch welche sie als Juden nicht mehr zu erkennen sind. Dies soll nach Möglichkeit verhindert werden, da Ich nicht gestatten will, daß Juden sich den Schein geben, als ob sie Christen wären." [9]

Auch diesmal reagierten die Behörden auf den nunmehr offen ausformulierten Ausgrenzungswillen des Herrschers nicht. Der König setzte seine Vorstellungen über die instrumentelle Kraft von Namen zum erstenmal durch, als im Jahr 1833 die Juden des Großherzogtums Posen feste Familiennamen anzunehmen hatten. Da ließ er vorschreiben, daß sie genau bei den Namen zu bleiben hätten, die bei den Juden bisher üblich gewesen seien (hebräische oder jiddische natürlich dort im Osten) [10]. Im Jahr 1836 war es dann auch in den preußischen Stammlanden soweit, denn der König schlug jetzt eine Sprache an, der nicht mehr auszuweichen war: „Die Königliche Regierung hat daher den Synagogen und Kultusbeamten der Juden als ein ausdrückliches Allerhöchstes Verbot bekannt zu machen, daß künftig keinem Juden ein christlicher Vorname beigelegt werden dürfe." [11]

Es hatte seinen Sinn, daß der König und seine Behörden seit Beginn der dreißiger Jahre mit aller Energie vorgingen. Seit dieser Zeit nämlich waren Stimmen über das Phänomen laut geworden, das M. B. Lessing in seinem 1833 erschienenen Buch „Die Juden und die öffentliche Meinung" so schilderte:

> „Betrachten wir die ungeheure Veränderung, die in Sprache, Tracht, Lebensweise, in Bedürfnissen und Vergnügen, in Sitten und Gewohnheiten sich zugetragen! [...] Schon ihre äußere Erscheinung, wie ist sie seit jener Zeit anders geworden. Wer hätte ehemals einen Juden nicht gleich an der orientalischplumpen Kleidung, an dem weiten dunklen Kaftan, an der tief herabgedrückten Pelzmütze, an den Pantoffeln und an seinem das Gesicht entstellenden Bart, wer eine jüdische Matrone nicht an der silberbestickten Kappe, an der ernsten, jedes Haarschmucks beraubten Stirn erkannt?"[12]

Die beginnende Angleichung, die drohende Nicht-Erkennbarkeit der Juden forderten also in dieser Zeit ein Unterscheidungszeichen. Daß man aber ein falsches Mittel gewählt hatte, war schon zu merken, als man daran ging, den königlichen Willen zu verwirklichen. Es konnten nämlich weder die Regierungspräsidenten noch die Berliner Ministerien angeben, was denn „ein (blos) christlicher Name" sei.

Die vielfältigen Argumente, mit denen jüdische Gemeinden die Geburtsregister führenden Ortsbehörden bedrängten, taten unabweislich dar, daß die sogenannten „christlichen" Namen wie *Maria, Joseph, Johannes* oder *Elisabeth* ja gerade biblisch-hebräische Namen, also „jüdische" Namen seien. Und für die antiken Namen legten sie Beispiele vor, daß Juden sie viel eher getragen hätten, z. B. um 800 nach der Zeitenwende in Pavia den Namen *Julius* – zu einer Zeit also, als es noch gar kein Preußen, geschweige denn preußische Christen gegeben habe[13].

Die königlichen Behörden merkten sehr bald, daß sie auf verlorenem Posten standen. Sie waren nicht so borniert, um nicht zu erkennen: In der gemeinsamen Namenwelt der Juden und Christen trat ihnen die Tatsache vor Augen, daß das „Abendland" nichts anderes war als ein kaum trennbares Amalgam aus Judentum, Antike, Christentum und Ingredienzien der alteuropäischen Völker.

Ohne Eindruck ließen sie auch nicht jene Briefe, in denen jüdische Kämpfer für Freiheit und Assimilation schilderten, welche Wirkung jene alten, eben *über*alterten Namen, die man jetzt den Juden aufzudrängen wage, im Alltagsleben hätten. Der unermüdliche Abraham Muhr schrieb z. B. aus Pleß:

„Es bedarf wahrlich keiner ausführlichen Deductionen, um darzuthun, daß Namen wie „Leiser", „Schmerel", „Seinwel" u. dergl. [. . .], die man nicht erröthet, jetzt zur Auswahl vorzuschlagen, ihren Trägern bei ihrer Geburt schon gleichsam ein Brandmal aufdrückt, das sie dem Spott, der Verachtung preisgibt und also unvermeidlich sittlich erniedriget." [14]

Mit so gewichtigen Argumenten der eigenen Verwaltung und der Betroffenen konfrontiert, gingen die preußischen Minister den Weg der Vernunft. Sie berichteten dem König, daß die gewünschte Trennung überhaupt nicht durchführbar sei. Um das königliche Verbot nun nicht völlig zurücknehmen zu müssen, sollten allein Namen wie *Christoph, Christfried, Christian* den Juden verboten werden. Eine solch liberale Ordre unterschrieb der neue König, Friedrich Wilhelm IV., dann auch am 9. März 1841 [15]. Bei Änderungen des Familiennamens war die liberale Praxis der Anfangsphase der Emanzipation nie gefährdet. Anträge wurden gemeinhin genehmigt. Im Jahr 1822 kam es sogar zu einer Anordnung, die besonders deutlich zeigt, daß man das ganze Problemfeld aus rein religiösem Blickwinkel betrachtete und die Vollassimilation der Juden als Ziel fest im Auge behielt. Der König trat sein sonst penibel gewahrtes Namenänderungsrecht für einen bestimmten Fall an die nachgeordnete Behörde ab: Jüdische Namenänderungswünsche aus Anlaß des Übertritts zum Christentum sollte der Innenminister künftig aus eigener Kompetenz genehmigen. Im Jahr 1855 wurde dann sogar die Änderung des Vornamens jedermann freigegeben.

Damit war eine Epoche abgeschlossen, aus der man sicher im Gedächtnis behielt, daß es mit den Namen der Juden etwas Besonderes auf sich habe, daß man aber die Schwierigkeiten schließlich doch mit bemerkenswerter Vernunft gemeistert hatte.

Nach 1870 schuf dann die explosionsartige Industrialisierung Deutschlands ein ganz neues Szenario: Diese hektische Entwicklung, die ganzen Bevölkerungsschichten ihre Existenzgrundlage nahm, andere – die Industriearbeiterschaft – erst entstehen ließ, die auch die „geistige Moderne", also nach konservativen Vorstellungen „den sittlichen Verfall" brachte: Dieser tiefgreifende Umbruch gab auch der Judenfeindschaft eine ganz neue Dynamik. Jetzt entstand der „moderne Antisemitismus", an dem charakteristisch und doch nicht die Hauptsache war, daß er das Problem jetzt rassisch definierte. Gefährliche Sprengkraft erhielt er vornehmlich dadurch, daß er sich von der Bekämpfung der Juden nicht mehr nur die Lösung einer eher marginalen „Judenfrage" versprach, sondern die Juden als die geheimen Arrangeure der krisenhaften Seiten jenes Umbruchs verklagte. Jetzt suchte man nicht mehr einfach Kampfmittel gegen eine etwas suspekte Minderheit, jetzt ging es um den Kampf gegen eine Minderheit, die das gesamte Unglück der Mehrheit zu verantworten habe. Das gab auch dem Angriff auf jüdische Namen eine andere Qualität.

Im Jahr 1873 würzte z. B. Wilhelm Marr, einer der rührigsten Antisemitenführer, seinen Aufruf „Wählet keine Juden" so: „Wenn man in einem zoologischen Garten die Käfige öffnet und die Raubthiere losläßt, soll der ‚Fuchs' dann keine Hühner fressen, der ‚Wolf' keine Schafe zerreißen, der ‚Löwe' nicht in die Herden einbrechen, der ‚Bär' keinen Honig stehlen? Ja, sollen selbst ‚Reh' und ‚Hirsch' nicht nach Herzenslust weiden, wo sie gerade können?"[16]
Tiernamen wählten die Juden in der Tat sehr häufig im frommen Gedenken an die biblische Geschichte vom sterbenden Jakob, der seinen Sohn Juda mit einem Löwen, Naphtali mit einem Hirsch und Benjamin mit einem Wolf verglichen hatte. Welch trivial-biologischen Hintergrund gab nun Marr diesen Namen, und in welcher – für unaufgeklärte Menschen schlüssigen – Weise war da das unfortschaffbar Böse des Juden aus seinem Namen abgeleitet! Marr benutzte die Namen der Juden aber nicht nur zu herabwürdigender Denunziation. Er wollte ja auch aufdecken, daß der ganze Kapitalismus auf jüdische Ränke und Machenschaften zurückgehe und daß die Eliten des deutschen Volkes schon ganz von „asiatischen Horden" unterwandert seien. Also ging er hin und durchmusterte die Namen der Berliner Lombardgeschäfte mit der – wie er sagte – „etymologischen Laterne". Mit ihr durchleuchtete er 1880 auch das Berliner Studentenverzeichnis.

Mit dieser Methode spürte er 1032 Juden auf und meinte hier die Überwucherung germanischen Geistes wie in dem anderen Falle der deutschen Wirtschaft bewiesen zu haben. Wie es aber um die Sehschärfe bestellt war, die eine solche „etymologische Laterne" ermöglichte, hätte jedem unbefangenen Beobachter sofort klar sein müssen: Die Juden hatten im Jahr 1812 ja ungehinderte freie Wahl gehabt, und „moderne", deutsch klingende Namen waren den Behörden damals nicht unwillkommen gewesen. Und was die zweifellos größere Anzahl derer anlangte, die an althergebrachten biblischen Namen festgehalten hatten: Sie waren eben Namensvetter jener Deutschbürtigen geworden, die, vor allem seit der Reformation, selbst biblische Namen führten.

Welch panische Gefühle ein geschickter Hinweis auf dieses – für Antisemiten peinliche – Ineinander bei Rassisten auslösen konnte, kann eine kleine Szene aus einer Reichstagsdebatte von 1893 zeigen, einem Blütejahr des Antisemitismus. 16 antisemitische Abgeordnete saßen plötzlich im Parlament, vornean der Radikalist Max Liebermann von Sonnenberg. In einer Debatte über Strafbestimmungen gegen Wucher im landwirtschaftlichen Bereich ließ ein rassistischer Abgeordneter durchblicken, daß das eigentlich ein Gesetz gegen Juden sei. Der israelitische SPD-Abgeordnete Stadthagen nahm das aufs Korn und frug, wen sein Vorredner denn mit dem Wort Jude meine:

„Was verstehen Sie darunter? Verstehen Sie darunter, wer einen jüdischen Namen trägt, etwa Liebermann oder Sonnenberg oder beide Namen zusammen? [...] Meinen Sie, daß die Religion damit zusammenhängt? Bitte erklären Sie sich darüber!" [17]

Max Liebermann von Sonnenberg hörte hier sicher nicht zum erstenmal, daß sein Name doch ganz aus typisch „jüdischen" zusammengesetzt sei. Aber in so raffinierter Weise und vor solchem Publikum war ihm das wohl noch nicht geboten worden. Tief verletzt stellte er in einer Replik zuerst klar, daß seine Namen 1812 von Juden usurpiert worden seien, weil man ja leider verpaßt habe, ihnen welche zuzudiktieren. Dann aber ließ er sich zu einem unerhörten Schlag unter die Gürtellinie hinreißen, da er ja nach spektakulärem Entzug des einen Unterscheidungsmerkmals ein anderes bieten mußte:

„Ich will auf die sonstigen Unterscheidungszeichen zwischen Juden und anderen Völkern nicht eingehen, sondern Herrn Stadthagen nur sagen: wenn er diese Unterschiede genau kennen lernen will, dann mag er in ein römisches Bad gehen und sich vor einen Spiegel stellen!" „Heiterkeit rechts. – Bewegung links" vermerkt das Protokoll [18]. Es sollten Zeiten kommen, wo selbst solche – hier noch verbalen Entblößungen die unterstellten und krampfhaft gesuchten Unterscheidungsmerkmale mangels Beschneidung nicht mehr garantiert hätten. Sieht man diese Zugfolgen, so war es konsequent, daß die Nationalsozialisten, nachdem die Weimarer Republik einen besonders starken Assimilationsschub gebracht hatte, Namen zur Kenntlichmachung zudiktierten.

Die national-rechtsstaatlich eingeschworenen Beamten der Kaiserzeit hatten an so etwas noch nicht gedacht. Wohl wollten sie den Juden mit signifikanten Namen die Löschung ihres Stigmas immer schwerer machen – nicht zuletzt, um die Antisemiten zum Schweigen zu bringen, die nicht müde wurden, die staatlichen Behörden als geheime Komplizen anzuprangern. Im Jahr 1894 schon kam es zu einer Anordnung, die in parteilicher Weise Front gegen Juden machte. Ausgelöst wurde sie durch den von rührigen Antisemiten hochgeputschten Namenänderungsfall „Schmuhl-Götze". Er kann eine Vorstellung davon geben, was die Antisemiten eigentlich wollten und wie Namenkämpfe sich im Alltag ausnahmen.

Im August 1893 war einem gewissen Dr. Rudolf Goetze, Oberarzt an der psychiatrischen Universitätsklinik in Würzburg, zu Ohren gekommen, daß in Schneidemühl, Regierungsbezirk Bromberg, einem Juden „Schmuhl" der Wechsel zu „Goetze" gestattet worden sei [19]. Er protestierte dagegen beim Innenminister: Der Name *Goetze* sei ein christlicher. Unverständlich, daß er einem Juden zugesprochen werden könne, damit der, nun getarnt, seinem Geschäft aufzuhelfen in der Lage sei.

Der Innenminister antwortete, daß 1. der ehemalige „Schmuhl" wahrscheinlich sogar ein Recht auf diesen Namen habe, da sein Großvater so geheißen habe; daß 2. es jüdische „Goetzes" schon seit dem 16. Jahrhundert gebe und jetzt noch israelitische Träger dieses Namens in 20 Städten des Regierungsbezirks Bromberg. Überdies ziehe der Name „Schmuhl" unablässig Spott auf sich und falle damit unter die Namen, die nach altem Grundsatz abgeändert werden dürften, weil sie „anstößig klingen oder zu frivolen Wortspielen Anlaß geben".

Auch der in antisemitischen Zeitungen attackierte Schneidermühler neue Namensvetter schrieb dem Würzburger Ähnliches und fügte noch hinzu: Über Adam und Eva seien ja doch alle verwandt, der protestierende Assistenzarzt vielleicht sogar mit ihrem Großvater Goetze. Es spreche doch wohl einiges dafür, daß der Würzburger auch Jude sei, denn von anständigen Christen seien solche gehässigen Einreden doch sicherlich nicht zu erwarten. Der Schneidermühler schloß dann den Brief mit einer Formulierung, die den Antisemiten auf blamable Weise dartat, welche Scheinheiligkeit vonnöten war, die Fesselung von Juden in stigmatisierenden Namen zu verlangen:

„Sollte Ihnen jedoch diese unsere Permutation unangenehm sein, so gebe ich Ihnen den Rath, Ihren jetzigen Namen mit unserem früheren ‚Schmuhl' zu vertauschen, vielleicht gelingt es *Ihnen* dadurch noch mehr materielle Reichtümer zu erwerben und aufzuhäufen als bisher."

Solch bittere Ironie mußte die verbohrten Gemüter der Antisemiten besonders treffen. Der Würzburger Götze holte jetzt zum großen Schlag aus, der ihn und seine Gesinnungsgenossen aber noch mehr entblößte. Von Leer in Ostfriesland bis München, von Köln bis Kötschenbroda bei Leipzig schrieb er alle „arischen" Namensvettern an und ließ sie eine Druckschrift an den König unterzeichnen.

„Wir Deutschen würden (sc. an Namenänderungen) auch keinen so großen Anstoß nehmen [. . .], wenn die Juden nicht bloß unsere Namen, sondern auch unser Volksthum in Sitte und Sittlichkeit sich anzueignen beflissen wären. Sie beweisen aber (sc. mit den Namenänderungen) nichts anderes, als daß sie ihrer Unfähigkeit, jemals Deutsche zu werden, sehr wohl bewußt sind."

Wo nun die Gegensätze nicht aufzulösen seien, müsse doch dafür gesorgt werden, daß sie wenigstens „in ehrlichem und freimüthigem Ringen zum Ausdruck kommen". Dies würde aber „zwischen Deutschen und Juden dann immer weniger möglich sein, wenn diese nicht angehalten werden, zu ihrer als unveräußerlich erwiesenen Stammesart auch **n a m e n t l i c h** vor aller Augen sich zu bekennen; so daß alle Juden in der Lage sind, in ihren jüdischen Namen ihrem jüdischen Volksthum entweder Schande oder Ehre zu machen." „Namentlich" hatten die 115 protestierenden Götzes als einziges Wort gesperrt *und* fett drucken lassen. Nachdem vorher ja betont worden war, niemals könnten die Juden Deutsche werden, war jenes „entweder Schande oder Ehre machen" nur noch eine scheinheilige Verhüllung des wirklichen Zweckes: Jeder Jude habe jederzeit seine Schande durch seinen Namen offen anzuzeigen.

Wiesen die Behörden nun die Protestierenden in diesem Fall zurück, so setzte bis zum Ersten Weltkrieg die preußische Regierung dennoch ihre Bemühungen fort, die Maschen des Namennetzes, in dem sie die Juden gefangen glaubte, weiter zu verengen. Im Jahr 1898 wurde der Wechsel des Vornamers wieder unter Strafe gestellt [20] – zwar für alle, für die Juden war das aber eine besonders einschneidende Vorschrift, weil ihnen nicht einmal mehr die Assimilationsvornamen anerkannt wurden, die schon offiziell ins Handelsregister eingetragen worden waren. Im April 1900 wurde die *Schreib*weise, nicht die Art der Aussprache des Namens als verbindliche Norm festgelegt [21]. Wenn das auch wieder für alle galt, so findet man in den Generalia-Akten jedoch eigens für Juden bestimmte Grundsätze: Versuche, das jüdische Gepräge von Namen wie „Davidsohn" durch die Löschung des h mittels einer nordisch klingenden Nuance „Davidson" abzumildern, seien konsequent abzulehnen [22].

Im Mai 1900 kam es dann zu der wohl einschneidendsten Vorschrift. Sie legte den Rassegesichtspunkt als Verwaltungsnorm fest. Es war wiederum ein von Antisemiten aufgebauschter Namenänderungsfall, diesmal ein Wechsel von „Schmuhl" zu „Steinhart", der das Parlament zu einer Debatte veranlaßte, die wir als vollkommene Selbstentlarvung und als Gradmesser nehmen können, in welcher Weise der Alltagsantisemitismus sich der jüdischen Namen bemächtigt hatte.

Der antisemitische Abgeordnete Boeckel prangert im Landtag die Namenänderungen an, liefert dabei aber selber überzeugendes Beweismaterial, daß man als Träger bestimmter Namen schwer gehandicapt war, denn die Reaktion des Parlaments schwankt bei seinen Ausführungen laut Protokoll zwischen „Heiterkeit" und „großer Heiterkeit":

> „Ich sehe gar nicht ein, warum jemand, der z. B. den schönen Namen Schmuhl trägt (Heiterkeit) mit einem Male Götze oder Steinhart heißen muß. Es kommt immer darauf an, daß der Träger des Namens ein ehrlicher, achtbarer Mann ist [...]. Eine merkwürdige Geschichte ist die mit Herrn von Halle, des Marineprofessors. Früher trug der Mann den nicht ungewöhnlichen Namen Levy, (Heiterkeit) und er hätte stolz sein sollen, aus dem Stamme der Leviten, der hohen Priesterkaste, hervorgegangen zu sein. (Große Heiterkeit) Aber es scheint, daß ihm dieser Name nicht sonderlich gefallen hat [...]. Meine Herren, Levy und Schmuhl sind wunderbar schöne Namen. (Große Heiterkeit) Mag sein, daß Götze, Steinhart und von Halle etwas vornehmer, etwas aristokratischer klingen, aber jemand, der seinen Namen ändert und sonst kein Aristokrat ist, wird dadurch noch lange nicht ein Aristokrat. (Sehr richtig!) Ich meine, daß der Götze, der früher Schmuhl hieß, in seinem innern Wesen immer ein Schmuhl bleibt." [23]

In dieser Parlamentssitzung konnte man also besser erfahren, wie es um den Namen „Levy" stand – mit „großer Heiterkeit" war der belacht worden – als aus einem Brief, mit dem der Berliner Polizeipräsident gerade ein halbes Jahr vorher zwei bedrängte Träger dieses Namens beschieden hatte: Ein Wechsel zu „Lent" werde nicht genehmigt, „da der Name Levy weder etwas Anstößiges noch etwas Lächerliches [!] enthält" [24].

Bemerkenswert ist, daß der Abgeordnete Boeckel bei der Realisierung des uns schon bekannten Schemas „Nennt sich – bleibt aber doch" [25] nicht einmal sagt: „der Schmuhl bleibt", sondern *ein* Schmuhl". Bestimmte Namen der Juden hatten also keine individualisierende Kraft mehr. Sie waren zu Appellativen umfunktioniert worden, die den Trägern genau die Eigenschaften zudiktierten, die der rassisch begründete Antisemitismus jedem Juden als typisch unterstellte.

Also: Der Name Schmuhl fungiert plötzlich als Begriffswort, weil von vornherein klar ist, in welchen – negativen – Begriffen ein jüdisches „Schein-Individuum" aufgeht. Das Protokoll verzeichnete „große Heiterkeit und Zustimmung" – ohne, wie sonst üblich, eine rechte oder linke Provenienz des Gelächters zu notieren. Der Zynismus des Abgeordneten rief nicht einmal Befremden, geschweige denn eisige Ablehnung hervor. Und wenn jetzt schon die parlamentarischen Eliten auf Namenattacken so reagierten – aggressiv-böswillig die einen, taktlos die anderen –, wie wird es dann wohl bei den Stammtischrunden, auf dem platten Lande und im alltäglichen Kampf um Marktanteile hergegangen sein?

Nachdem nun die Verwaltungspraktiken des Innenministers so scharfer parlamentarischer Kritik ausgesetzt waren, meinte dieser, in so entschiedener Weise reagieren zu sollen, daß alle Einwände verstummen mußten. In Wirklichkeit tat er aber mit seinem Erlaß vom 18. Mai 1900 einen verhängnisvollen, weit in die Zukunft weisenden Mißgriff:

„um die wünschenswerte Einheitlichkeit in der Behandlung von Anträgen [. . .] sicherzustellen, finde ich mich veranlaßt, zu bestimmen, daß künftig Gesuchen, welche auf die Genehmigung der Namensänderung von Personen jüdischen Glaubens oder jüdischer Herkunft gerichtet sind, nicht ohne meine vorher einzuholende Ermächtigung Folge gegeben werde" [26].

Der Innenminister versuchte also, den Antisemiten den Wind genau dadurch aus den Segeln zu nehmen, daß er sich auf ihr ideologisches Fundament stellte. Seit dem 18. Mai 1900 gab es in Preußen eine Rassen-Vorschrift mit der verwaltungsrelevanten Kategorie „Personen jüdischen Glaubens oder jüdischer *Herkunft*".

Natürlich rüstete der preußische Innenminister seine Regierungspräsidenten noch nicht mit jenen Terminologien aus, die es vierunddreißig Jahre später den Behörden leicht machten, Bürger als Voll-, Halb- und Vierteljuden auszusortieren. Aber man begann den Spürsinn zu wecken, mit Hilfe dessen dann jeder selber herausbekommen sollte, wer denn nun ein Jude sei. Die Behörden hatten einen gefährlichen Weg beschritten. Sie gingen ihn weiter. 1903 nahm man den Juden das alte Recht, anläßlich ihrer Taufe einen weniger jüdisch geprägten Namen zu wählen. Im Jahr 1908 forderte ein Erlaß entschiedenes Vorgehen gegen Juden, die in einer

Adoption die letzte Möglichkeit sahen, ihr Namenstigma zu löschen.

Im Jahr 1913 kam es dann zu einem Namenänderungsfall [27], der so kraß lag, daß – wenn irgendwann, dann hier – der Öffentlichkeit und den Behörden ein Licht aufgegangen sein müßte. Ausgerechnet in diesem Zentenarjahr der Völkerschlacht bei Leipzig (1813) las man in einer Berliner Zeitung folgende Anzeige:

> „Hierdurch teile ich ergebenst mit, daß ich meinen Familiennamen mit behördlicher Genehmigung geändert habe. Vom heutigen Tage an nenne ich mich „Körner".
>
> Hochachtungsvoll Paul Kohn, Wilhelmsaue 12."

Die Judenfeinde schrieen auf:

> „Der Jude führt also fortan den Namen eines unserer edelsten Nationalhelden, einen Namen, der jedem Deutschen heilig ist, soweit die deutsche Zunge klingt, den Namen unseres unvergleichlichen Freiheitssängers, der den Heldentod starb im Kampf für die Befreiung der deutschen Lande. [...] Wenn schon dem Juden der Name Kohn nicht wohlklingend genug war, warum nöthigte man ihn nicht, wenigstens wieder einen jüdischen dafür einzutauschen?"

Jeder nationale Mann war schockiert. Als aber vier Wochen später das Innenministerium eine Information herausgab, die wirklich einen Schock – einen heilsamen nämlich – hätte auslösen müssen, zeigte sich, wie wenig offene und verdeckte Antisemiten durch Realitäten zu beeindrucken waren. Paul Kohn war kein Jude. Der Berliner Polizeipräsident hatte aber gleichwohl den Namen geändert, um ihm die dauernden Anpöbeleien zu ersparen. Hier hatte man die soziale Wirklichkeit also als gewichtigen Faktor gelten lassen, was man Juden oft mit dem zynischen Hinweis verweigerte, an einem jüdischen Namen könne doch wohl nichts Ehrenrühriges sein – oder?

Die Antisemiten und ihre konservativen Steigbügelhalter waren wirklich durch nichts mehr zu belehren. Einige Monate später gab nämlich sogar die gewichtige rechtskonservative „Kreuz-Zeitung" dem Wortführer sämtlicher Kampagnen, einem Dr. Koerner, Regierungsrat im „Heroldsamt", Raum für zwei ganzseitige Leitartikel. Da tischte er so Horrendes über die Masse der jüdischen Namenänderungen und über den Ausverkauf der Namen aller edlen Nationalheroen auf, daß sich der Minister gezwungen sah, eine penible Hochrechnung sämtlicher Namenänderungen von Juden anfertigen zu lassen. Freilich, das entlarvende Ergebnis verabsäumte er zu publizieren. Von 1900 bis 1913 waren im ganzen Königreich Preußen bei Juden nur 253 Namen geändert worden. Das bedeutete nicht einmal *eine* Änderung auf 20 000 Juden. Daß in derselben Zeit ungefähr dreimal so viel Deutschbürtige von ihren jüdisch klingenden Namen losgesprochen wurden, davon ließ der Innenminister ebensowenig etwas verlauten wie über seine Maßnahmen, die polnischen Namen im Ruhrgebiet und in den Ostgebieten des Königreichs mit aller Macht zu germanisieren.

Der Erste Weltkrieg schien zuerst eine Besserung zu bringen. Jetzt konnten die Juden plötzlich Offiziere werden, und wenige – wir wissen es – brachten es sogar bis zum Rittmeister. Nun schenkte man ihnen auch Glauben, wenn sie vorbrachten, mit ihren Namen hätten sie beim Militär unentwegt Sticheleien zu befürchten, obwohl es doch ihr großer Wunsch sei, dem Vaterland zu Hilfe zu kommen. Als aber der anfängliche Sturmlauf der Armeen erlahmte, der Stellungskrieg begann, da kannten die Antisemiten sofort die undeutschen Drahtzieher, die dem unbesiegbaren Heer durch Tücke und internationale Ränke das Siegen unmöglich machten. Nach vier Jahren war Deutschland niedergeworfen. Die Juden mußten nun als Böcke für „Sünden" von nie dagewesener Schwere herhalten. Als dann die Weimarer Republik mit revolutionären Bewegungen und wirtschaftlichen Schwierigkeiten zuerst nur mit Mühe und schließlich gar nicht mehr fertigwerden konnte, da war den Antisemiten auch in diesem Falle klar, wer das Chaos zu verantworten hatte. Die Judenhetze und mit ihr die antisemitische Namenpolemik erreichten äußerste Schärfe.

Wir sind mit unserem historischen Abriß am Ziel, denn wir wollen hier ja den impertinentesten Fall der zwanziger Jahre rekonstruieren. Man könnte versucht sein, mit wenigen Sätzen den historischen Verlauf bis zu der Zeit zu skizzieren, als Bernhard Weiß, der *Isidor* geschimpfte, sich ins Londoner Exil gerettet hatte, Goebbels hingegen vom Ministersessel aus gegen die Juden hetzte, bis schließlich die (Namen-)Aggressionen dann zu ihrem letzten Punkt geführt wurden. Ohne Kenntnis des historischen Endprodukts kann es doch kein abgewogenes Urteil über jene Auseinandersetzungen während der Weimarer Republik geben. Da aber auch Weiß und ebenso die applaudierenden oder protestierenden Zuschauer des Namenkampfes damals ohne dieses Wissen ihre Kalkulationen machen mußten, scheint es doch sinnvoller, die spätere Entwicklung nicht vorher preiszugeben [28], obwohl es die Handlungsweise des Berliner Polizeivizepräsidenten eher richtig als falsch erscheinen läßt.

2. Die Markierungstabellen

Rechnet man nun die 1517 erfaßten Abwahlen von Familiennamen und die 304 Fluchten aus Vornamen hoch, so entstehen jeweils Rangfolgen, die sehr gut die Stärke der antisemitischen Markierung widerspiegeln. Am oberen Ende muß man mit ganz massiver, gegen Ende hin mit abklingender Belastung rechnen. Für die Familiennamen ergibt sich die Tabelle auf S. 165 f.

Die hier aufs Wesentliche gekürzte Tabelle ist an anderer Stelle ausführlich interpretiert [29]. Gleichwohl ist es unerläßlich, einen kurzen Blick auf sie zu werfen. Nur so wird erstens klar, daß der „Fall Isidor" nicht isoliert dastand, sondern Schubkraft aus einem tausendfach angewandten polemischen Verfahren gewinnen konnte. Nur so wird zweitens Namenpolemik in Goebbels' „Angriff" oft überhaupt erst erkenntlich. Z. B.: Völlig absurd kommt einem die Einlassung vom Juni 1927 vor, daß nämlich sogar Gustav Stresemann mißtrauisch würde, brächte er in Erfahrung, daß die „Katz nicht vom Kreuzigen läßt" [30]. Erst ein Blick auf den 30.–38. Platz löst das Rätselhafte: *Katz* – sechsmal abgewählt! Nur so wird drittens klar, von welch allgemeiner Struktur die namenpolemische Waffe war.

Spitzenreiter ist mit deutlichem Abstand zum zweiten der Name *Cohn,* und wie Weiß mit der schärfsten Waffe aus dem Vornamenareal bekämpft wurde, so sein Chef, Albert Grzesinski (Innenmini-

Markierungstabelle Familiennamen

(Verzeichnet sind die Namen, die mindestens 3mal abgewählt worden sind. Verschiedene Verschriftungsvarianten sind nicht eigens angegeben. Als jüdische Vergleichsgruppe gelten die Gefallenen des Ersten Weltkrieges, als „deutsche" („judenfreie") die Teilnehmer am Berliner Telefonverkehr des Jahres 1941).

Rangplatz Fluchten	Rangplatz faktisches Vorkommen	Fluchtnamen (mit nachfolgender Anzahl der Fälle im Korpus der Änderungen, N = 1.517 Fälle insgesamt)	Promille des Vorkommens bei Juden, berechnet nach Gefallenenliste 1914–1918 N = 10.623		Promille des Vorkommens bei Nichtjuden, berechnet nach Berliner Telefonbuch („judenfrei") N = 305.000	
1.	3.	Cohn/Kohn (214+35) = 249 Fälle	182	17,13	26	0,09
2.	1.	Lev(w)y 131 (+14 Ableitungen)	318	29,94	34	0,11
3.	28.	Moses 78 (+1 Ableitung)	44	4,14	1	0,003
4.	190.– 211.	Itzig 45 (+9 Ableitungen)	9	0,85	–	–
5.	16.	Salomo(n) (+3 Ableitungen)	65	6,12	45	0,15
6.	414.– 578.	Schmu(h)l 30 (+1 Ableitung)	4	0,38	5	0,02
7.– 8.	56.	Abraham 28 (+14 Ableitungen)	27	2,54	50	0,16
7.– 8.	94.– 104.	Isaac(k) 28 (+6 Ableitungen)	18	1,69	3	0,009
9.	13.	Hirsch 18 (+14 Ableitungen)	71	6,68	100	0,33
10.	50.	Israel 17 (+3 Ableitungen)	30	2,82	8	0,03
11.	25.	Rosenbaum 16 (+32 Ableitungen)	50	4,71	20	0,07
12.–13.	52.	Cohen 14	29	2,71	2	0,007
12.–13.	88.– 93.	Lev(w)ysohn 14	19	1,78	2	0,007
14.	8.	Rosenthal 13	97	9,13	66	0,22
15.	28.– 29.	Jacobsohn 12	38	3,58	12	0,04
16.–17.	286.– 346.	Abrahamsohn 11	6	0,56	–	–
16.–17.	47.	Goldstein 11 (+11 Ableitungen)	31	2,97	7	0,02
18.–20.	156.– 173.	Löwy/i 10 (+26 Ableitungen)	11	1,04	4	0,01
18.–20.	105.– 108.	Davidsohn 10 (+7 Ableitungen)	17	1,60	1	0,030
18.–20.	48.– 51.	Friedländer 10	30	2,82	24	0,08
21.–23.	–	Itzigsohn 9	–	–	–	–
21.–23.	21.	Simon 9 (+1 Ableitung)	60	5,65	198	0,65
21.–23.	45.	Nathan 9	32	3,01	6	0,02
24.–26.	237.– 285.	Silberstein (+3 Ableitungen)	7	0,66	3	0,009
24.–26.	10.	Hey(i)mann 8 (+1 Ableitung)	78	7,34	4	0,01
24.–26.	–	Todtenkopf 8	–	–	–	–
27.–29.	85.– 87.	David 7	20	1,88	33	0,11
27.–29.	125.– 131.	Samuel 7 (+2 Ableitungen)	14	1,32	2	0,007
27.–29.	1.	Meyer 7 (+1 Ableitung)	202	19,02	1080	3,54
30.–38.	39.– 42.	Joseph 6 (+4 Ableitungen)	33	3,11	29	0,1
30.–38.	42.	Cahn 6	140	13,18	13	0,04
30.–38.	9.	Goldschmidt 6	84	7,91	35	0,11

Fluchten Rangplatz	Rangplatz faktisches Vorkommen	Fluchtnamen (mit nachfolgender Anzahl der Fälle im Korpus der Änderungen, N = 1.517 Fälle insgesamt)	Promille des Vorkommens bei Juden, berechnet nach Gefallenenliste 1914–1918 N = 10.623		Promille des Vorkommens bei Nichtjuden, berechnet nach Berliner Telefonbuch („judenfrei") N = 305.000	
30.–38.	579.– 827.	Isaaksohn 6	3	0,28	–	–
30.–38.	46.	Aron 6 (+6 Ableitungen)	31	0,28	–	–
30.–38.	132.– 144.	Benjamin 6	13	1,22	4	0,01
30.–38.	827.–1416.	Ephraim 6 (+1 Ableitung)	2	0,19	–	–
30.–38.	45.	Herz 6 (+1 Ableitung)	38	3,58	29	0,1
30.–38.	18.	Katz 6	60	5,65	19	0,0
39.–46.	347.– 413.	Asch 5	5	0,47	4	0,01
39.–46.	109.– 118.	Freund 5	16	1,5	74	0,24
39.–46.	88.– 93.	Fränkel 5	19	1,79	14	0,05
39.–46.	94.– 104.	Jakob 5	18	1,65	136	0,45
39.–46.	5.	Stern 5	114	10,73	58	0,19
39.–46.	–	Judas 5	–	–	–	–
39.–46.	212.– 236.	Ruben 5	8	0,75	5	0,02
39.–46.	24.	Löwenstein 5 (+4 Ableitungen)	35	3,29	12	0,039
47.–59.	156.– 173.	Baruch 4	11	1,04	2	0,007
47.–59.	347.– 413.	Landsberger 4	5	0,47	4	0,01
47.–59.	190.– 211.	Manasse 4	9	0,85	4	0,01
47.–59.	94.– 104.	Mendel 4 (+4 Ableitungen)	18	1,65	15	0,05
47.–59.	125.– 131.	Mendelssohn 4	14	1,32	5	0,2
47.–59.	33.	Markus 4 (+4 Ableitungen)	39	3,67	18	0,06
47.–59.	19.	Rosenberg 4	62	5,84	79	0,26
47.–59.	6.	Wolf(f) 4	112	10,54	476	1,56
47.–59.	–	Petersohn 4	–	–	23	0,08
47.–59.	–	Chaim 4	1	0,09	1	0,003
47.–59.	579.– 827.	Josephsohn 4	3	0,28	–	–
47.–59.	145.– 155.	Jacoby 4	12	1,33	149	0,5
47.–59.	42.	Löwenthal 4	32	3,01	12	0,04
60.–74.	8.	Berliner 3	8	0,75	4	0,01
60.–74.	53.	Blumenthal 3 (+5 Ableitungen)	28	2,64	38	0,12
60.–74.	74.– 77.	Blum 3	22	2,07	61	0,2
60.–74.	827.–1416.	Breslauer 3	2	0,19	4	0,01
60.–74.	–	Elend 3	–	–	3	0,009
60.–74.	–	Friedeberger 3	1	0,09	–	–
60.–74.	347.– 413.	Israelski 3	5	0,47	–	–
60.–74.	–	Karfunkel 3 (+3 Ableitungen)	1	0,09	–	–
60.–74.	–	Karfunkelstein 3	–	–	–	–
60.–74.	190.– 211.	Leyser (+1 Ableitung)	9	0,85	11	0,036
60.–74.	237.– 285.	Marcuse 3	7	0,66	4	0,01
60.–74.	827.–1416.	Moser 3	2	0,19	60	0,19
60.–74.	347.– 413.	Nathansohn 3	5	0,47	2	0,007
60.–74.	125.– 131.	Pinkus 3 (+1 Ableitung)	14	0,47	2	0,007
60.–74.	41.	Schlesinger 3	33	3,11	21	0,07

Summe für alle 74 markierten Namen: 240,15 ⁰/₀₀ 14,06 ⁰/₀₀

ster 1926–1930, Polizeipräsident von Berlin 1924–1926 und 1930–1932), mit diesem Spitzenwert aus dem Areal der Familiennamen: in Wirklichkeit unehelich „geboren im Hause Cohn", verschleiere er diese Abkunft durch den Namen Grzesinski [31]. Natürlich steckten hinter diesen Attacken keine tabellarischen Berechnungen, sondern ein intuitives Gefühl fürs destruktive Optimum. Die Nationalsozialisten wußten, was jeder Sprachteilnehmer spürte: Nicht in einer Zufalls(un)ordnung waren die jüdischen Namen im Gedächtnis hinterlegt, sondern gestaffelt. Eben dies spiegelt die Tabelle.

Zwei Bemerkungen sind wichtig.

1. Die Rangfolge bei den Fluchtnamen ist *nicht* identisch mit der Rangfolge der Häufigkeit des *wirklichen* Vorkommens des jeweiligen Namens bei Juden (vgl. Spalte 2). Mögen bei den beiden ersten (*Cohn, Levy*) die Plätze noch nah beieinanderliegen (Rangplatz Fluchten: 1 und 2; Rangplatz faktisches Vorkommen: 3 und 1), so tritt schon bei *Moses* (Fluchten Platz 3, Vorkommen Platz 28!) eine Divergenz auf, die (weitere Fälle dieser Art hinzugerechnet, vgl. z. B. *Itzig, Schmul*) zu dem Schluß führt, daß bei der Rangfolge der Fluchten ein System abgebildet ist, für das allein der Antisemitismus und nicht andere statistische Fakten verantwortlich sind.

2. Das Fehlen einer verläßlichen Trennlinie zwischen sogenannten jüdischen Namen (Juden zugeordnet) und „deutschen" Namen (Deutschen zugeordnet) zeigt sich eindrucksvoll durch den Vergleich mit den Namen des „judenfreien" Berliner Telefonbuchs aus dem Jahre 1941. Zwar ergibt sich aus der Gesamtrechnung, daß 24 % aller Juden einen markierten Namen getragen haben (von den 10 623 gefallenen Juden sind es z. B. 2583). Aber 1 % der „Deutschen" trug eben auch einen als „jüdisch" verschrieenen Namen, was allein schon im Berlin des Jahres 1941 – als viele Deutsche schon dem Drängen des Dritten Reiches nach onomastischer Begradigung nachgekommen waren – immerhin noch 3166 Fälle ausmacht. Um den Proporz sinnfällig zu machen, sind die Zahlen der Berliner fett gedruckt, wenn allein sie schon die der Juden übersteigen. Also: Prozentual gesehen war der Unterschied zwar deutlich. Aber in absoluten Zahlen gerechnet gab es mehr Deutsche mit „falschem" Namen. Kurzum: Mit jener „etymologischen" Laterne war kein klares Licht in die Sache zu bringen. Es blieb bei bloßen Wahr-

scheinlichkeiten, was bei nebensächlichen Fragen durchgehen mag, bei Diffamierungen (und später Schlimmerem) aber zu schweren Pressionen der Namenträger führen mußte.

Markierungstabelle Vornamen [32]

(Aus dem Korpus von 304 Änderungsanträgen werden Abwahlen wiederum bis zur Maßzahl 3 aufgeführt. Die Zielnamen sind mit angegeben, sofern sie die Zahl 3 überschreiten.)

Rang	Fluchtname		Zielname	Rang	Fluchtname		Zielname
1.	Isidor	22	4 Eugen	13.–16.	Max	7	–
			3 Julius	13.–16.	Moritz	7	–
2.	Isaak	21	6 Julius	13.–16.	Nathan	7	–
			5 Isidor	13.–16.	Pinkus	7	–
3.	Abraham	20	8 Adolf	17.	Sally	6	–
			6 Albert	18.–20.	Simon	5	–
			4 Arthur	18.–20.	Elias	5	–
4.– 5.	Moses	18	8 Max	18.–20.	Heymann	5	–
4.– 5.	Jakob	18	6 Moritz	21.–25.	Siegfried	4	3 Fritz
			4 Julius	21.–25.	Israel	4	–
6.	Samuel	13	–	21.–25.	Mendel	4	–
7.– 8.	Salomon	9	–	21.–25.	Itzig	4	–
7.– 8.	Meyer	9	6 Max	21.–25.	Levin	4	–
9.–12.	David	8	–	26.–33.	Bendix	3	–
9.–12.	Aron	8	–	26.–33.	Charlotte	3	–
9.–12.	Hirsch	8	5 Hermann	26.–33.	Ephraim	3	–
9.–12.	Louis	8	6 Ludwig	26.–33.	Franz	3	–
				26.–33.	Henriette	3	–
				26.–33.	Hugo	3	–
				26.–33.	Joseph	3	–
				26.–33.	Julius	3	–

Zunächst kann man auf dieser Tabelle wieder einfach ablesen, mit welchem Namen man in welchem Grade gefährdet war – mit *Isidor* jedenfalls mehr als mit *Moritz* (Rang 13–16), wie der gewarnte Kartenspieler und alle Lacher wohl genau spürten (vgl. o. S. 147). Sie eröffnet aber noch mehr. Die Zielnamen zeigen, daß die Juden zunächst über bestimmte Zwischenstationen sich onomastischer Deutschheit näherten. Man wählte zunächst Gleichklangsnamen, dies so systematisch, daß die Markierung vom ursprünglichen Moses (18 Abwahlen) alsbald auf die vielen jüdischen Max (8 Zielnamen) oder Moritz (6 Zielnamen) überging. Konsequenterweise tauchen dann diese beiden alsbald wieder in der Reihe der Fluchtnamen auf: 7 Max, 7 Moritz (Rangplätze 13–16). Bei diesen Fluchten kam nun keiner der angewählten Zielnamen mehr an die Maßzahl 3 heran, so daß die auch noch beim zweiten Schritt kompakte Gruppe sich bei diesem dritten wirklich auflöst. Solche Mechanismen bestärkten Juden und Judengegner natürlich in dem Glauben, daß etwas Ausrechenbares an den Namen sei. Das stimmte auch, solange man sich nur im Bewußtsein hielt, daß bestimmte, oft sehr unsichere Wahrscheinlichkeiten polemisch nicht als Gewißheiten ausgegeben werden dürfen.

Die Markierungstabelle würde einen falschen Eindruck erwecken, betonte man nicht, daß es sich bei ihr eher um die ältere Generation Juden handelt, die sich onomastisch begradigen ließ. Bei der um 1880 bis 1890 geborenen Generation war nämlich das vollkommene Gleichauf mit der „deutschen" Bevölkerung ohnehin perfekt, zumindest was die ins Bürgertum Aufgestiegenen anlangte [33]. Die Statistik beweist: Um 1900 trugen die jüdischen Gymnasiasten in Berlin, rechnet man allein die zehn häufigsten Namen, fast genau dieselben, die auch bei ihren christlichen Mitschülern unter den ersten 10 rangieren – nur drei Fälle abgerechnet (Alfred, Ludwig, Max). Es bedurfte also brüsker Zurückstoßung, um die Juden in diesem Punkte wieder auf Distanz zu bekommen. Daß man das nicht nur mit dem gleich ausgiebig dargestellten Namen Isidor in Szene zu setzen versuchte, soll noch durch ein Beispiel belegt werden, damit nicht ein falscher Schein von Isolation für „unseren" Fall entsteht. Unter dem Namen Egon Diestel hatte Moritz Goldstein im „Kunstwart" jenen heiß diskutierten Aufsatz über die dominierende Stellung der Juden im deutschen Kulturleben geschrieben. Das Pseudonym verteidigte er so:
„Man soll das Martyrium nicht unterschätzen, das derjenige leidet, der in der Schule oder beim Militär unter dem Grinsen seiner Mitschüler und Kameraden den Vornamen Moritz ange-

ben muss. Und dies zusammen mit Goldstein, ein häufiger, aber ein Witzblattname." [34]

Und offensichtlich noch schärfer markiert war schon vor dem Ersten Weltkrieg der Name, mit dem man Bernhard Weiß traktierte.

3. „Isidor" – der Vorname mit der stärksten antisemitischen Ladung

Mit 22 Wechselbegehren steht *Isidor* an der Spitze der Tabelle, allerdings mit nur einem Punkt Vorsprung. Daß ihm aber dennoch der unangefochtene Spitzenplatz gebührt, läßt sich durch mancherlei Gründe dartun, durch keinen aber so eindrucksvoll wie durch den Namenänderungsantrag des Isidor Russ, gebürtig aus Jarotschin (Provinz Posen). Am 9. Februar 1911 berichtete der Berliner Polizeipräsident dem Minister des Innern, daß ein Berliner Kaufmann dieses Namens einen Antrag auf Änderung gestellt habe, den er auch befürworte, nachdem sich der Petent darauf beschränkt habe, den gewünschten Namen *neben* dem alten zu führen. Dennoch lehnte der Innenminister ab.

Der Namensträger fühlte sich aber durch seinen Namen offensichtlich so belastet, daß er einen zweiten, geradezu verzweifelten Versuch machte. Am 21. März 1911 wandte er sich direkt ans Ministerium des Innern mit einem Schreiben, das wie kaum ein anderes die massive Belastung durch markierte Namen und die Funktion von Namenwechseln dartut:

„Ich *bitte* (dreimal unterstrichen!, D. B.) ganz unterthänigst, meinem Gesuch in der vorliegenden Begründung die Genehmigung zu erteilen: Hohes Ministerium! Ich bin ein guter *deutscher* Staatsbürger, halte nichts vom Judentum, glaube an Gott und seinen Sohn. Gesellschaftlich verkehre ich in angesehenen kristlichen Familien und erziehe mein Kind im Sinne dieser Freunde. – Hohes Ministerium bitte bitte (sic!) versagen Sie mir die Genehmigung nicht. Lassen Sie mich einen guten Deutschen aber auch einen braven Kristen werden. Mit meinem früheren Namen Isidor komme ich nicht ans Ziel meiner Wünsche."[35]

Der Name also wird als eine geradezu unübersteigbare Barriere empfunden. Er und die Qualität „guter Deutscher" müssen einen diametralen Gegensatz gebildet haben. Denn mit dem einen, meinte er, lasse man ihn nicht das andere werden. Abermals abgewiesen, raffte er sich daher ein drittes Mal auf. Ein Immediatantrag an den König verschaffte ihm schließlich doch noch das Ersehnte.

Die Geschichte des Isidor Russ war nun nicht der Sonderfall eines Hypersensiblen. Andere bezeugen ähnliches: Gerade bei Isidor lassen sich vor dem Verbotsjahr 1898 immer wieder jüdische Bürger vom Innenministerium bestätigen, daß ein willkürlicher Wechsel tatsächlich straffrei sei und problemlos anerkannt werde. Diese Zentralstellung des Namens Isidor läßt sich nur verstehen, wenn man seine Besonderheiten und seine lange Geschichte kennt. Bemerkenswert ist schon seine Position unter den anderen Namen der Markierungstabelle. Folgen auf Platz 2–7 alttestamentarische Namen, so ist der Rang 1 nicht jüdisch-hebräischer, sondern griechischer Herkunft („der Isis Geschenk [gr. dōron]"). Um 1800 war dieser Name in Deutschland sehr selten. Auch bei Juden kam er kaum vor. Als z. B. im Jahr 1812 die Berliner Juden aufgefordert waren, sich einen festen Familiennamen zuzulegen, hieß noch kein einziger von ihnen so. Allerdings, zwei von 1633 Juden ließen sich mit diesem neuen Namen eintragen, der Israel Jacob Israel und der Itzig Springer. Als Gleichklangsname zu den ursprünglichen war der neue Name ein Schritt in Richtung Assimilation. Freilich vermochte antijüdisches Ressentiment aus zwei Gründen gerade diesen Schritt scheitern zu lassen:

Wegen der Seltenheit des Namens konnte man ihn leicht ins Licht lachhafter Pretiosität setzen. So nannte schon im Jahr 1815 K. B. Sessa in seinem antisemitischen Erfolgsstück[36] „Unser Verkehr" den geistigen Parvenü Dr. Isidorus Morgenländer. Als zweites scheint die besondere Provenienz des Namens für negative Konnotation gesorgt zu haben. Er kam vor allem bei Juden aus den östlichen Provinzen vor[37]. Sie standen näher zu den Polen, denen der heilige Isidor von Madrid, der Schutzpatron der Landwirtschaft, kein Fremder war. Da nun deutsche Namen, mit demselben Vokal beginnend wie die sehr häufigen hebräisch-jüdischen *Israel, Isaak, Itzig,* nicht zahlreich sind, konnte *Isidor* Fuß fassen – trotz jenes gleich einsetzenden Drucks. Allerdings dürfte an ihm weiter jene Konnotation „polnisch-ostjüdisch" gehaftet haben. Im Jahr 1844 waren die Verhältnisse jedenfalls noch so: Auf der Liste der 5167 Juden, die 1846 im westpreußischen Marienwerder bleibende Namen annahmen, hießen 34 *Isidor;* hingegen trug auf der Liste des Regierungsbezirks Koblenz (N = 599) im selben Jahr kein einziger diesen Namen.

Ab Mitte des 19. Jahrhunderts wurde der einst seltene Vorname dann gängig [38]. Der Spitzenplatz wird also von einem Namen gehalten, der für Juden nicht das Jüdisch-Alttestamentarische symbolisiert, sondern den (geglückten) Versuch, sich der deutschen Welt anzugleichen. Gut ablesen läßt sich das auf der Markierungstabelle, die zeigt, daß fünf der zuerst *Isaak* Genannten im Gleichklangsnamen *Isidor* unterzukommen suchten. Für Antisemiten symbolisierte *Isidor* genau das Gegenteil: die Tatsache, daß man sich eben nur äußerlich angenähert und das unauslöschlich Hebräische vergeblich verdeckt habe.

Natürlich setzte sich die massive Markierung nur langsam durch. Der erste Antrag auf Wechsel stammt aus dem Jahre 1875. Aber als im Jahr 1911 jener *Oskar* gerufene Russ so dringlich wurde, da war die Entgegensetzung von *Isidor* und Deutschsein perfekt. Angesichts dieses Gegeneinanders mußte natürlich jeder, der diesen ominösen Namen mit einem besonders „deutsch" markierten Familiennamen zu kombinieren hatte, in besonderer Weise der Lächerlichkeit preisgegeben sein. Im Jahr 1905 z B. wollte sich jemand von solchem Kontrast befreien: „Außerdem ist der Vorname Isidor in Verbindung mit dem Namen unseres berühmten Dichters Schiller geeignet, bei den meisten Leuten eine gewisse Heiterkeit hervorzurufen." [39]

Es war aber beileibe nicht diese unglückliche Kombination, die die Komik zuwege brachte. Auch der Thorner Zahnarzt Isidor Meisel kam um einen anderen Vornamen ein, weil der seine, jüdisch durch und durch, „in seiner sozialen Stellung und im Familienverkehr" lästig sei, zumal gerade der Vorname *Isidor* in Deutschland einen lächerlichen Beigeschmack" habe [40]. So unabweislich war die Markierung, daß auch der Namenreferent des Innenministeriums keinen

Augenblick zögerte, als ihm der Berliner Polizeipräsident weismachen wollte, daß der Isidor Courant mit einem Wechsel zu *Eugen* nicht sein Judentum verbergen wolle: „Na sicher! Das ist doch das einzige Motiv in der Sache" schrieb er ohne Umschweife an den Rand [41].

Max Isidor Veilchenblau als Jäger (1920)

Wenn auch nicht in der *Bewertung* des Motivs, so dürfte der Beamte doch in der Tatsache recht gehabt haben, daß da jemand unbedingt seinen Namen *Isidor* loswerden wollte, denn die Ministerialbeamten wußten wie jeder Zeitgenosse: In zahllosen Witzen figurierte *Isidor*. Wilhelminisch gesonnene Väter duckten ihre vorlauten Söhne mit der Floskel: „Alles weiß der Isidor". Grobe Charaktere gaben den Vers zum besten:
„Der Isidor, der Isidor,
der hat'n Schwanz wie'n Ofenrohr." [42]
In antisemitischen Pamphleten trat „Isidor" als dominierende Figur auf [43]. Satirische Zeitschriften benannten mit diesem Namen ihre Karikaturen des jüdischen Negativ-Typus. Visuelle und sprach-

Die Zugezogenen.

„Jsidor, haste schon 'ne Wohnung?"
„Nee, aber einen Vetter bei dem Wohnungsamte."

Deutsches Witzblatt, Berlin 1921

liche Ebene potenzierten sich also gegenseitig und boten so ein vielfach abgestütztes Klischee: die Karikatur von 1920 (S. 173) zeigt den feigen Isidor, der als Sonntags- und Schürzenjäger vom wahren Liebhaber schon mit ein paar ungezielten Schüssen in die Ducke gebracht wird und die Karikatur von 1921 (S. 174) den dreckigen, gerade zugezogenen Ostjuden *Isidor*, der seine Wohnungsprobleme in Berlin, anders als die redlichen Deutschen, sofort mit schmieriger Schiebung löst.

Der eigentlich nichtjüdische Ursprung des Namens ging dem Gedächtnis fast ganz verloren. Als nämlich der Kaufmann Isidor Seidemann aus Tarnowik seinen Vornamen mit der Begründung wechseln wollte, er sei bei der Polenpartei und bei den Galiziern besonders bevorzugt, da war dem zuständigen Regierungspräsidenten in Posen klares Wissen schon abhanden gekommen. Die politischen Gründe seien nur vorgeschoben, schrieb er 1911 an den Innenminister: „Soviel hier bekannt, ist der Vorname Isidor jüdisch und nicht polnisch." [44]

Hatten also die offenen Antisemiten und große Teile der meist verdeckt antisemitischen Gesellschaft der Wilhelminischen Zeit dem Namen *Isidor* eine solch extreme Position zudiktiert, dann war es nur konsequent, daß die antisemitische Zeitung „Die Wahrheit" 1920 einen Artikel über die angeblich beschlossene Liberalisierung des Namenwechsels so endete:

„Darauf haben die Schmule und Isidore diesseits und jenseits der Weichsel nur gewartet. Spaß! Wird das ein Gerenne geben." [45]

4. Die Durchschlagskraft der Namenpolemik.
Beispiel: das Militär

Um nun im vierten Schritt zu zeigen, welche Auswirkungen die Markierung jüdischer Namen im Alltagsleben hatte, könnte man an mehreren Punkten ansetzen: Im Wirtschaftsleben waren ja viele froh, durch bestimmte Namen vorgewarnt zu sein oder sie zur Diskreditierung der Konkurrenten nutzen zu können. Im familiären Bereich gaben doch viele Eltern die Zustimmung zur Heirat eines Juden erst, wenn dieser den Namen aus der Welt geschafft hatte. Im Schulbereich sind besonders extreme Beispiele überliefert, daß Kinder, noch durch keinerlei Anstand gezügelt [46], ihre jüdischen Klassenkameraden mit bestimmten Namen hänselten oder sich unter jüdischen Firmenschildern aufstellten, um dort permanent den Vers abzusingen:

„Schmeißt ihn hinaus, den Juden Itzig,
denn er ist uns viel zu witzig." [47]

Man könnte auch die Stimmen der Psychologen hören, die immer wieder die tiefen Abhängigkeiten von Name, Person und Identität hervorgehoben haben [48]. Wir wollen hier aber einen Aspekt herausgreifen, der für den Fall „Weiß kontra Goebbels" besonders wichtig sein dürfte. Der eine Kontrahent war doch Rittmeister und der andere peinlicherweise eben gar nichts gewesen. Auf militärischer Ebene gab es eine besonders tiefsitzende namenpolemische Tradition. Stark hierarchisch geordnete Sozietäten sind ja ein besonders guter Nährboden und: Was wir jetzt über militärische Mentalität in Wilhelminischer Zeit vortragen, lebte auch in der Weimarer Republik weiter, die sich doch von obsoleten Bewußtseinsstrukturen nicht trennen konnte.

Für die preußisch-deutsche Identität lag im Soldatischen der archimedische Punkt. Wie hartnäckig die Juden seit den Napoleonischen Freiheitskriegen auch versucht hatten, in dieser Sphäre Fuß zu fassen, um wirkliche Gleichberechtigung zu erreichen – die Militärs, durch alte Vorurteile über die militärische Unfähigkeit der Juden [49] verstockt, stießen die scheinbar Fremden nur immer brüsker zurück.

Die Namen spielten bei den Ausgrenzungs- und Demütigungsstrategien eine zentrale Rolle. Sehr viele Namenänderungsanträge wurden daher von Vätern gestellt, deren Söhne einrücken mußten. So trug der Rybniker Stadtälteste für seinen Enkel die Bitte, es möge dem Namen *Moritz* noch *Ernst* hinzugefügt werden, auf folgende dringliche Weise vor:

„Nun wird ja Euer Hochgeboren nicht unbekannt geblieben sein, wie manchmal die Soldaten jüdischer Konfession um ihres Glaubens und Namens willen bitterste Sticheleien über sich ergehen lassen müssen und wie diese Nadelstiche das Gemüt der jungen Menschen mit Gram erfüllen und oft zu traurigen Konsequenzen führen."[50]

Dem Enkel blieb durch die warme Fürsprache des Großvaters das peinliche Eingeständnis erspart, daß er einfach zu wenig Verblüffungsfestigkeit und Stabilität habe, um Rüpeleien zu ertragen. Andere konnten Selbstdemütigungen nicht vermeiden: Sein Namenproblem sei ihm eine niederdrückende „Lebensfrage" geworden, schrieb 1902 der Rechtsreferendar Otto Kohn:

„Dies gilt um so mehr, als ich vom 1. Oktober des Jahres meiner militärischen Dienstpflicht zu genügen habe, und ich die begründete Besorgnis habe, daß ich während meiner Soldatenzeit unter dem geschilderten Martyrium der Lächerlichkeit schwer werde leiden müssen."[51]

Das waren keine haltlosen Übertreibungen. Im Jahr 1909 erregte der Freitod des jüdischen Soldaten Max Bloch die Öffentlichkeit. Die Gerichtsverhandlung brachte das ganze Arsenal alteingeübter Pisackereien gegen Soldaten jüdischer Herkunft an den Tag. Wie sollte man sich auch wehren, wenn, wie sicher bezeugt, Offiziere jüdisch aussehende Soldaten grundlos zu sich kommandierten und dann coram publico fragten: „Heißen Sie Itzig?"[52]

Witze über jüdische Namen beim Militär waren so zahlreich, daß man sie zu kleinen Geschichten verbinden konnte: Da ließ man höhnisch einen Juden die althergebrachte, wenngleich leider verkannte Tapferkeit seines Volkes so „beweisen": Der Richard „Löwen-Herz" (vgl. Markierungstabelle Rang 18–20, 30–38) sei doch wohl auch ein guter Krieger gewesen und erst einmal Napoleon, von dem man eben meist nicht wisse, daß das griechische „napos" = „Thal-"[53] und das lateinische „leo" = „Löwe" Rang 18–20), also: Löwenthal (Rang 47–59) in ihm stecke, ganz zu schweigen vom berühmten Schöpfer des preußischen Heeres, A. Roon, bei dem doch nur antisemitische Schreibmanipulation verdecke, daß er in Wirklichkeit Aron (VN Rang 9–12) geheißen habe[54].

Gegen so etwas war schwer anzukommen, weil sich die Angreifer auf jahrhundertealte Vorurteile stützen konnten. Von denen waren sie natürlich auch nicht durch Entlarvungen des verketzerten „Simplicissimus" abzubringen, der in treffenden Karikaturen zeigte, wie unausbleiblich, in welcher Situation auch immer, die Vorurteile einrasteten: In der Morgenfrühe kriecht ein Feldwebel aus einem Zelt und sieht das verlöschende Firmament: „Da ist ja auch der Morgenstern – das Schwein." [55]

Die Namenfrage konnte aber beim Militär für Antisemiten ein noch wichtigeres Werkzeug werden. Als gute deutsche Bürger waren die Juden auf nichts mehr erpicht, als durch Erringung von Reserveoffizierspatenten Arriviertenstatus zu erhalten. Eben dies schaffte aber seit 1886 in Preußen kein einziger mehr, obwohl von 1880 bis 1909 zirka 30 000 jüdische Einjährige-Freiwillige im Heere gedient hatten. Die Taufe freilich zauberte die Offiziersfähigkeit irgendwie herbei. Von den 1200 bis 1500 Konvertierten tat sich dieses Wunder jedenfalls an 300 Männern. In den obligaten Debatten des Reichstages über die heikle Reserveoffiziersfrage konnten die jeweiligen Kriegsminister die Fakten nicht rundweg abstreiten. Deshalb bauten sie bezeichnende Argumentationslinien weit hinter der von der Verfassung vorgeschriebenen Grenze der Gleichberechtigung auf. Man müsse eben von einem Vorgesetzten mehr verlangen als „Können, Wissen und Charakter":

„Die ganze Persönlichkeit des Betreffenden, so wie er vor die Front, vor die Truppe tritt, muß achtungsgebietend sein. (Sehr richtig! rechts). Er muß von vornherein mit seiner ganzen Persönlichkeit die Autorität des Vorgesetzten sichern."

Eben das traue er, der Kriegsminister von Heeringen, einigen Juden durchaus zu. Aber das Volk, das es zu führen gelte, glaube das eben nicht [56].

Was da nur angedeutet war, das hatte man vorher schon im Parlament vorexerziert bekommen, als nämlich gewisse – Militaria betreffende – Einwendungen des SPD-Abgeordneten Bernstein im Gelächter über den Zuruf untergingen: „Das war Bernsteins wilde verwegene Jagd!" Wem das nun noch nicht genug sagte, der konnte es ganz ungeschminkt auch in der antisemitischen Presse lesen:

„Man stelle sich recht deutlich einen Zug pommerscher oder westfälischer Grenadiere vor und vor der Front einen Leutnant Kohn oder Itzigsohn, dann wird man bei aller Menschenliebe und Voraussetzungslosigkeit sich des Eindrucks nicht erwehren können, daß eine derartige Situation doch zu den unmöglichen gehört." [57]

Und was hier für die militärische Ebene ausgesprochen wird, das wurde auch auf die zivile übertragen: Der vermögende Berliner Kaufmann „Itzigsohn" (Rang 4, 21–23) sah sich von jedem Ehrenamt ausgeschlossen, weil „sein Name innerhalb und außerhalb der in Frage kommenden Körperschaft zu Spötteleien Anlaß geben und Anstoß erregen würde" [58], und der anerkannt tüchtige Gerichtsassessor Georg „Samuel" (R. 27–29) wurde bei Bewerbungen um Bürgermeisterposten immer wieder abgewiesen, weil man als Repräsentant einer Behörde nicht dauernd auf Glatteis stehen könne [59]. Mit einem Satz: Autorität und jüdischer Name waren für Rechtskonservative unvereinbare Dinge. Diese Maxime klang in der Weimarer Republik deutlich nach, und wir müssen den Satz des Kriegsministers von Heeringen nur ein wenig umformen, um eine tiefreichende Perspektive für den Fall „Weiß-Goebbels" zu haben: Faktisch möchte durchaus große Begabung vorliegen, aber: „Das Volk und die Polizei, die es zu führen gelte, glaube das eben nicht." Daraus folgt: Weiß mußte bei seinen Kalkulationen mindestens ebenso scharf im Auge behalten, wie ihm die *anderen* die nationalsozialistischen Anwürfe auslegten, wie er auch die Achtung schützen mußte, die jeder vor sich selber haben muß.

Es dürfte in den letzten vier Abschnitten ein hinreichend deutliches Bild von dem geschichtlichen Erbe gezeichnet sein, das die radikalen Rechten zu Beginn der Weimarer Zeit vorfanden. Wir rücken jetzt wieder näher aufs Berlin der zwanziger Jahre zu und fragen: *Haben* sich die Nationalsozialisten – und wenn ja: *wie* haben sie sich diese historische Hinterlassenschaft zunutze gemacht? Dabei nehmen wir nicht sogleich Weiß und Goebbels in den Blick. So schaffen wir Voraussetzungen für die Beantwortung der Frage, ob der Kampf der beiden Einzelfall oder ob er nur Kulminationspunkt einer ständig geübten Praxis war.

5. Der Einsatz markierter Namen im „Angriff"

Überblickt man das in den letzten Kapiteln Vorgetragene, so sieht man unschwer, welche Punkte die Nationalsozialisten kaschieren und welche sie besonders herausstreichen mußten. Daß die Namen der Juden vollkommen rechtmäßig erworben waren, daß die Behörden die Assimilation sogar energisch gefördert hatten, das waren Fakten, die nicht hervortreten durften. Sie mußten vielmehr als Verstecken des Judentums verklagt werden. Der Irrtum aber, daß Juden an bestimmten Namen zu erkennen seien, war mit aller Energie zu bestärken. Ein solcher Glaube war in Einlassungen bekräftigt *und* widerlegt, wie sie „Der Angriff" z. B. anläßlich des Erscheinens eines ihm eigentlich unsympathischen Buches druckte: „Dem Verlage des ‚Jüdischen Adreßbuch für Groß-Berlin' muß aber gedankt werden. Man kann nun künftig auch die Krummbeinigen als Juden erkennen, die sich mit christlichen Vor- und Zunamen getarnt haben, und das ist natürlich sehr wertvoll." [60] Jüdische vs. christliche Namen schaffen also eine klare Trennung. Ihrer unterscheidenden Kraft kann man vertrauen – abgerechnet bei den kaschierten Fällen.

Um nun fühlbar zu machen, daß allein absichtsvolle Beschränktheit aus diesem abwegigen Ansatz polemische Kraft ziehen konnte, werden vorab Fälle vorgeführt, in denen sogar den Nationalsozialisten Zweifel kamen. Die Anfrage aus Ingolstadt, ob denn der „Dr. Joachim Stern" ein Jude sei, beantwortete man nicht schlicht mit ja, sondern milderte mit „unseres Wissens" ab, fügte dann aber ein argumentum ex nomine hinzu: Er sei verantwortlicher Redakteur einer Zeitschrift, „die bei W. und S. Löwenthal (!) [sic] gedruckt wird." [61] Der Name (Markierungstabelle Rang 47–59) beseitigt die Zweifel (dabei gab es im „judenfreien" Berliner Telefonbuch von 1941 immer noch 58 × *Stern* und 12 × *Löwenthal*).

Und nun der umgekehrte Fall: Der rechtslastige Schriftsteller Walter Flex war einer spezifischen Verteidigung bedürftig, weil das Gerücht entstanden war, er sei Halbjude, dies unter dem Hinweis darauf,

„daß sein Großvater mütterlicherseits Adolf Reinhold Pollack geheißen habe. Die Familie Flex hat nun den unanfechtbaren Nachweis erbracht, daß diese Familie Pollack *nicht* jüdisch ist. Es handelt sich um eine in früheren Jahrhunderten aus Polen eingewanderte arische Familie. Der Name Pollack bezeichnet nur die örtliche, nicht die rassische Herkunft der Familie." Die 24 Familien mit dem Namen *Pollack,* die sich nun ausgerechnet im oben angepriesenen „Jüdischen Adreßbuch" fanden, hinderten die Nationalsozialisten also in diesem Falle nicht an der abschließenden Empfehlung: „Jeder Völkische kann also die herrlichen Dichtungen eines Walter Flex mit u n g e t r ü b t e n Empfindungen genießen." [62] Obwohl die Nationalsozialisten also um die Diffizilität des Namenproblems eigentlich wußten, ignorierten sie das bei ihren namenpolemischen Feldzügen. Es würde nun den Rahmen sprengen, führten wir für jeden einzelnen Namen der Markierungstabelle den Beweis, daß er von den Nationalsozialisten im Berlin der zwanziger Jahre tatsächlich als antisemitisch „geladener" zu polemischen Zwecken verwandt worden ist. Eine Auswahl – wir nehmen die ersten drei der beiden Tabellen – muß aber geboten werden, sonst entsteht keine Vorstellung davon, daß alle Namenaggressionen historisch fundiert sind und die gegen Weiß in einem Rahmen gedacht werden müssen, in dem eine solche Kampfesweise gängig war. Diese Einbindung garantierte doch Zielsicherheit und Schärfe der Polemik; vor allem machte sie Andeutungen möglich, die heute nur noch *der* verstehen kann, der eben die Linien des Umfeldes kennt, von dem aus die (heute ins Leere laufenden) Anspielungen ihr Ziel bekamen.

Wir handeln nun die ranggleichen Namen der beiden Markierungstabellen pärchenweise ab. Da viele Familiennamen auch als Vornamen vorkommen [63], haben Beispiele aus dem Familiennamenkorpus auch für die Vornamen Beweiskraft. Wir schalten in den folgenden Abschnitten die Namen in realer und in fiktionaler Verwendung hintereinander, um zu zeigen, in welch umfassender Weise von ihnen Gebrauch gemacht wurde. Gemeinhin sind die Beispiele fiktionaler Verwendung gleich zu Anfang genannt, weil sich in ihnen die antisemitische Phantasie am schrankenlosesten Raum schaffen konnte. Ein arrondierendes, ähnlich gängiges Namenkorpus, das ganz aus jüdischen Witzen, also aus fiktionalen Arealen gewonnen ist, fügen wir später an. Wir bieten im folgenden vor allem Beispiele, in denen der Name als so prall mit antisemitischen Assoziationen gefüllt gedacht wird, daß ein Hinweis, daß es sich hier um einen Juden handelt, gar nicht mehr gegeben (oder doch erst erheblich später nachgeliefert) wird, weil jeder im Kommunikationsprozeß ohnehin weiß: Das ist ein Jude.

a) *Cohn* und *Isidor*

„Cohn" und „Isidor", die beiden Spitzenreiter – in nicht aufzählbarer Fülle wurden diese Namen eingesetzt. Als der Stuckeprozeß in die Berufung ging, zitierte Schriftführer Dagobert Dürr unter der Überschrift „Verlumpung des Richterstandes" in „Vorsicht Gummiknüppel!" den Vorsitzenden der Landtagsfraktion der NSDAP, Kube, so:

„War das neulich ein Zetergeschrei!
Von Cohn bis Isidor zeterten, kreischten, schrieen die zu diesem Zweck erfundenen – Hände." [64]

Sehr ähnlich die Verwendung genau dieses Paares in einer lobend erwähnten Rede des Rittmeisters a. D. Graf Pückler:

„Schauen Sie in das Berliner Adreßbuch und in das Reichsadreßbuch, und Sie werden mit Entsetzen feststellen: Jedes schöne Haus, jede gutgehende Fabrik, jedes große Geschäft beinahe gehört einem Juden! Der rote Manasse, der schwarze Isidor und der kleine Cohn beherrschen schon heute den Geldmarkt und die Börse, und es wird garnicht mehr so lange dauern, dann haben wir in Deutschland nur noch reiche Juden, und wir werden *ihre Hausdiener sein!*" [65]

Die extreme Position des Namens *Isidor* läßt sich auch noch gut ablesen an Redensarten, die besonders extreme Pole bezeichnen sollen: Von „Isidor bis Ekel" formulierte „Bar-Kochba", der anspielungsreich nach dem jüdischen Freiheitskämpfer benannte Kulturkritiker des „Angriff", und im nationalsozialistischen „Illustrierten Beobachter" fand man ein Bild vom Grenzübertritt eines Juden unter das Motto gestellt: „Vom Lausecohn zum Goldbaron" [66].

Wo immer sich nationalsozialistische Phantasie auslebte, *Isidor*

Schmulche: Jsidor, wie kommts, daß de bist so schnell geworden e graußer Mann?

Jsidor: Ich hab gesprochen sor die S. P. D.

Deutsches Witzblatt, Berlin 1922

war ein gängiges Versatzstück, so z. B. in Otto Bangerts Erzählung „Silvestertraum" im „Angriff" vom 19. Januar 1930. Ein reicher Bankier *Isidor Fliederbaum* muß da eine angst- und schweißtreibende Geisterfahrt durchstehen, in deren Verlauf ihm ein „häßlicher Ziegenbart und ein Paar tüchtige Hörner aus dem Kopfe" wachsen; dazu hatte sich „das eine Bein in einen leibhaftigen Pferdefuß [so etwas las man, las also auch Goebbels im „Angriff"!] verwandelt, während hinten ein schwärzlicher Schweif aus der Hose hing. „Handfeste junge Kerle" hissen ein „mächtiges Hakenkreuz" und rufen dem 11 × *Isidor* und nur 7 × *Fliederbaum* benannten zu: „Jude oder Satan, das bleibt sich gleich", ehe der Gepeinigte endlich bei seiner Ehefrau Rebekka aufwacht und sich dann freilich des konkret geschilderten Inhalts seiner Schlafanzughose entledigen muß, welcher Abschluß dem Bangert reichlich Kontrast bietet, nunmehr einen beglückenden Gegentraum des jungen Nationalsozialisten „Wolf Hennecke" zu schildern [67].

Wer einem Nationalsozialisten nicht paßte, wurde mit dem spezifischen Schmähnamen angerempelt, natürlich vor allem, wenn er für die verhaßte „Judenrepublik" Flagge zeigte. Auch da hatten antisemitische Witzblätter das (Sprach-)Bewußtsein schon vorstrukturiert (vgl. o. S. 183), so daß die berlinernde Kodderschnauze „Orje" auf alle Fälle gut verstanden wurde, wenn er jene Paddler im republikfarben beflaggten Boote mit dem Satz verscheuchte: „Isidor, een Schlach unn Deine Familje hat Hoftraua." [68] Die zwei im Kahn ließ er so reagieren: „Laß doch die Raudis, fahrnwa weita". Das war die imaginierte Standardreaktion des feigen Juden. Vielleicht war es nicht abwegig, ja überfällig, daß sich einer von der genau gegenteiligen Reaktion, also von entschiedener Gegenwehr, Rettung erhoffte, weil so den Nazis eben dies Argument endlich einmal aus den Händen geschlagen werde.

Die ließen sich nämlich keine Gelegenheit entgehen, den Namen zu apostrophieren, wo immer es ging – z. B. in einer Rezension über ein Stück im Renaissance-Theater, wo es offensichtlich um einen Mord in amerikanisch-jüdischem Milieu ging. Nach pornographisch angehauchter Schilderung des Inhalts schreibt Dr. L.[ippert]:

„Bemerkenswert ist an dem Theaterstück [. . .] die Persönlichkeit des geschilderten Lustmörders. Er heißt schlankweg I s i d o r Berchanski und lebt mit seiner Familie im New-Yorker Ghetto."

Das Bemerkenswerte schien dem Rezensenten hier offensichtlich durch die Namen hinreichend ausgedrückt, und zwar durch den Vornamen, denn er fährt so fort: „Isidors Familie weiß um die Untat" [69], und für den Rest der Rezension wird der Familienname nicht mehr erwähnt.

Was nun die nicht-fiktionale Verwendung anlangt, so läßt sich die weitgehende Identifizierung von *Cohn* und *Jude* besonders schlagend beweisen. Zunächst generell zu den Namen auf der Markierungstabelle: Der Grad der Identifizierungsleistung läßt sich auch daran ablesen, wie oft in der Tagespublizistik jüdisch markierte Namen genommen werden zu dem Zwecke, „Jude" zu *meinen,* aber gleichwohl nicht ausdrücklich zu *sagen.* Im ganzen lassen sich im „Angriff" für den oben angegebenen Zeitraum 139 dieser Fälle nachweisen. Rechnet man nun Jakob Goldschmidt (weit mehr als zehn Fälle) ab, den immer wieder angegriffenen Direktor der „Darmstädter Bank", von dem ohnehin jeder wußte, daß er Jude war, dann führt der Name „Cohn" mit neun Fällen auch hier die Liste an. Man brauchte keinerlei weiteren offenen oder verdeckten Hinweis mehr auf „Jude", was sonst bei weniger scharf markierten Namen oft hinzugefügt wurde. Bei „Cohn" an erster Stelle konnte kein Zweifel über den Kommunikationszweck entstehen, so z. B. am 11. Februar 1929, als „Der Angriff" auf der Titelseite folgende schlichte Meldung brachte:

„In H a m b u r g ist der Arzt D r. C o h n wegen Verbrechens gemäß Paragraph 176,3 St.G.B. (sexuelle Mißhandlung von Kindern) zu 8 Monaten Gefängnis verurteilt worden."

Über den eigentlichen antisemitischen Sinn dieser scheinbar nackten Mitteilung war sich jeder klar. Sollten nun an der behaupteten „Bedeutung" Zweifel entstehen, so kann man das, was im gegebenen Beispiel unausgesprochen bleibt, auch klipp und klar ausformuliert finden. „Kommentar überflüssig" – so lautete die abschließende Bewertung des obersten SA-Führers von Pfeffer, als er mit folgender Warnung die SA-Leute dazu bringen wollte, ihre Uniform nur bei parteiamtlich zugelassenen Händlern zu kaufen: In der Brusttasche von Braunhemden der parteifremden Firma „Sporthaus Scharnhorst in Hamburg" habe man etwas Enthüllendes gefunden: „Lieferzettel von M. C o h n , Inhaber Hugo C a s p a r i und Clara C o h n , Berlin – C 2, Hoher Steinweg 15" [70]. Ohne Zweifel, wenn und nur wenn man voraussetzt, die Markierungstabelle sei damals in jedermanns Sprachbewußtsein hinterlegt gewesen, war jeder „Kommentar überflüssig".

Stand es mit *Cohn* so, dann läßt sich leicht einsehen, wieso die Nationalsozialisten diesen Namen gegen Innenminister Albert Grzesinski richteten. In Wirklichkeit sei er „im Hause Cohn geboren" – eine Verleumdung, gegen die Grzesinski lebenslang gekämpft hat. Über diese Vorgänge ist ausführlich an anderer Stelle berichtet worden [71]. Elaborate, die den markierten Namen gezielt als Reimwort nutzten, fand man zu Hunderten:

„Ja ein befreites Leben führen wir,
Ein Leben voller Kohne,
Der eine z a h l t das Nachtquartier,
Der andere türmt ohne." [72]

Mit „Isidor" stand es nicht anders. Weil wir später noch in bedrängender Fülle von diesem Namen hören werden, sagen wir hier nur kurz: Wo immer die Zeitungsredakteure der Nationalsozialisten von einem Menschen dieses Namens hörten (oder vorgaben, Kunde bekommen zu haben), zogen sie über ihn her, über „Isidor Großmann", den man in Wien verhaftet habe, weil er „unter dem Deckmantel von ‚Massagesalons' wahre Bordelle betrieb" [73], über „Isidor Bach", den Vorsitzenden des Warenhausverbandes, der die Nationalsozialisten wegen gotteslästerlicher Sondernummern des „Angriff" vor Gericht brachte [74] und so fort in kaum zu begrenzender Reihe.

Von der Fixierung gerade auf diesen Namen waren die offenen und versteckten Antisemiten natürlich nicht befreit, wenn sie ihre Phantasie in Trivialliteratur ausagierten oder sich von ihr anregen ließen. „Isidor Rosenbaum" (Markierung R. 1/11) nannte Artur Dinter den Konkurrenten des kleinen Schülers Hermann Kämpfer, des arischen Helden, der sich tatsächlich für kurze Zeit mit dem zweiten Platz begnügen muß, weil ihm der Nebenbuhler „im Prozentrechnen über" war. Kein Leser brauchte da einen besonderen Hinweis, daß der spezifisch Benannte ein jüdischer Schüler war. Und Dinter gab ihn auch tatsächlich an keiner Stelle, schob nur nach, daß der gehaßte Konkurrent den eingeforderten Zweikampf feige (vgl. o. S. 175) ablehnt und dann eben einfach so verdroschen wird – dies in so brutaler Weise, „daß Isidor nach Schluß der Weihnachtsferien noch nicht wieder schulfähig war" [75]. Die in der Gesellschaft grassierenden Vorurteile und die in der Literatur propagierten stimmen zueinander. So ist es denn bezeichnend, daß Dinter den Großvater jener Halbjüdin, die der Prachtgermane Hermann Kämpfer blutswidrig heiratet, wieder *Isidor* nennt, „Isidor Burgerham", wobei über den Familiennamen noch zu reden sein wird (vgl. u. S. 217), für den Vornamen aber schon hier festgeschrieben werden kann, daß er eine solch zentrale Stellung innerhalb antisemitischer Vorstellungen hatte, daß er als einziger innerhalb des Romans gleich zweimal vergeben ist.

b) *Levi* und *Isaak*

Eine der historisch durchschlagendsten Generalisierungen der Nationalsozialisten war die Gleichsetzung von Demokratie und Judentum („Judenrepublik"). Da nun der Name ja die ganze Person/ Stadt/Institution und eben auch den Staat ineins faßt, ist hier ein namenpolemisches Zentrum zu vermuten. Es stinke in der Demokratie, schrieb „Der Angriff" am 19. März 1928.

„Man traut sich kaum noch Luft zu holen in dieser ‚Demokratie'. Nur die ‚Demokraten', die Hohenpriester und Leviten, fühlen sich in den – Düften wohl." (S. 5)
So etwas schlug auch durch, weil es an alte Vorurteile über einen spezifischen Judengeruch anknüpfte [76].

Dieses Zusammenstimmen der verschiedenen polemischen Varianten liegt auf rein sprachlicher Ebene auch immer dann vor, wenn die markierten Namen in Gruppen auftauchen, wie im folgenden Gedicht „Orpheus des Zwoten". Es intensiviert Vorurteile über die Berliner jüdischen Rechtsanwälte, die immer wieder zum Stein des Anstoßes erklärt wurden, weil ihr proportionaler Anteil gegenüber den deutschbürtigen in der Tat außerordentlich erhöht war.

„Bin ich nun Antisemit?

Die deutschen Staatsbürger jüdischen Glaubens
haben jetzt wirklich Pech;
denn die Rechtsanwälte mit testamentarischen Namen
sind bald alle wech.
Aus Berlin hat Herr Aron den Abtritt ergriffen,
aus Breslau Herr Cohn.
Sagt mal, ihr Staatsbürger, der wievielte
ist das eigentlich schon?
Wenn mich mein christlicher Glaube nicht trügt,
gab's mal nen Levin,
außerdem verschwand noch ein zweiter gewisser
Cohn aus Berlin.
Jeder verstand es vorzüglich,
wie man betrügt und diebt." [77]

Das war der Kommentar zu Anwaltsfluchten, wie sie immer vorkommen und im turbulenten Berlin der zwaniger Jahre vielleicht
sogar gehäuft. Von den vier Fällen, die imaginiert wurden, haben
drei absolute Spitzenpositionen auf der Tabelle und *Aron* immer
noch Platz 30–38 (VN sogar 9–12).

In seinem sozialkritischen Trivialstück „Der Wanderer" konzi-
pierte Goebbels einen besonders hinterhältigen kommunistischen
Führer: „Levinsky" nannte er ihn [78]. Positiv angelegte Figuren mit
„jüdischen" Namen wurden durch nationalsozialistische Bewertung
einfach umgebogen: In seinem neuen Film habe Kurt Götz „die
Figur eines alten Juden Isaak", der im zugrunde liegenden Roman
eine Nebensache gewesen sei, mit viel Sympathie zur breit ausge-
walzten Hauptsache gemacht. Der folgende Kommentar ruft
dann das antisemitische Klischee herbei: „In den Hebräervierteln
der Welt wird der Film also seinen Weg machen." [79] Durch solche
und andere Winke geleitet, hatte natürlich niemand mehr einen
Zweifel, was mitgemeint war, als der nationalsozialistische Abgeordnete Frick Material gegen den jüdischen SPD-Kollegen Ernst
Heilmann darbot: In die Barmat-Affäre sei er verstrickt, was er auch
durch einen Brief von Barmats Privatsekretär bewies, der von nahen
Verbindungen zwischen den beiden berichtete. Den Namen dieses

Privatsekretärs stellte er kommentarlos, aber im gesperrten Druck voran: „ L i o n e l   I s a a c “ [80].

Es kommt letztlich nicht einmal darauf an, ob die erwähnten Menschen wirklich so geheißen haben. Die Frage ist, ob man ihnen einen Namen ließ, der das Individuum meinte oder ob er Transporteur fürs Gegenteil: für Vorurteile war, die ohne Rücksicht aufs Individuums greifen. Die Vorurteilsbeladenheit kann wiederum nicht besser bewiesen werden als durch Fälle, in denen der eigentliche Kommunikationszweck gar nicht mehr eigens benannt werden muß, weil er genügend deutlich im Namen steckt, wie auch in diesem Falle, wo „Der Angriff" einfach meldete:

„In München wurde der Apotheker L e w i n , der sein christliches Dienstmädchen in der Nacht vergewaltigt hatte, so daß dies als Folge des Attentats schwer erkrankte, vom Gericht f r e i g e s p r o c h e n." [81]

Die Parallelität zur oben dargebotenen Meldung über den Hamburger Arzt „Cohn" zeigt, mit welch starker Verfestigung der polemischen Formen gerechnet werden muß, und dies nicht allein auf polemisch-realer Ebene. Die Trivialromane, von denen wir, wie angekündigt, hier aus bestimmten Gründen [82] über „Die Sünde wider das Blut" berichten wollen, – sie boten dieselben Schemata: „Levisohn" (R. 12–13) nannte Artur Dinter den jüdischen Makler, der „ungefragt" „eines Ostersonntags" [83] auf den Bauernhof der Familie Kämpfer kommt und dem tapfer arbeitenden Besitzer „mit beweglichen Worten und Handbewegungen" das völlig verschuldete Gut des Nachbarn „Roggenkamp" aufschwatzt [84]. An den Rand der Existenz gebracht, erschlägt der Vater des Romanhelden den erpresserischen Juden, ehe er, von Haus und Hof vertrieben, vor Verzweiflung Hand an sich selber legt.

c) *Moses* und *Abraham*

„Helft Moses und Propheten" war der ironische Zwischenruf in einem Artikel über den Kölner Bankier Louis Hagen, dessen Namenänderung mit der angefügten Klammer („Vatername Levy") eigens unterstrichen wurde [85]. Und mochte es für die so Berufenen eigentlich keine konkrete Person mehr geben, die damit angesprochen war, so verfuhr man an anderer Stelle anders, wenn auch noch immer hinreichend global, daß die Übertragbarkeits- und damit Generalisierungspotenz nicht abgeschnitten wurde. Ein „O. H." schilderte im „Angriff" vom 24. Juli 1930 eine imaginäre Sommerreise in den „Orient", freilich eine sehr bequeme, die man mit der Straßenbahn für 25 Pf. machen könne. „Ziel Hausvogteiplatz. Hochburg Zion. Neu-Jerusalem".

> „Moses B l u m e n f e l d macht da in Kleidern engros, der David M e n d e l handelt mit Blusen und Mänteln. [...] Man kann sich dort stundenlang amüsieren. Manchmal allerdings kann man nicht mehr lachen: aus einem Hause, dessen Besitzer auf einem [!] wohlriechenden Namen hört, – man verhandelt dort Damenkleider – kommt ein fetter Jüngling, das Haar schön kraus, die Nase etwas groß geraten, die roten Lippen wulstig. [...] An jedem Arm führt er ein schlankes, blondes Mädel, Vorführ-Damen seines Hauses. Unter Lachen und Scherzen, die der Moses mit dreistem Streicheln [!] unterstreicht [!], besteigt man den eleganten Wagen" [86] usw.

Klar ist: Der zweite *Moses* ist nicht identisch mit dem ersten, denn es wird eigens ein neues Etablissement eingeführt („aus einem Haus"). Aber die Phantasie gebiert den *Moses* immer wieder, weil eben das antisemitische Schema seinen Namen trägt – dies übrigens in solch kompakter Weise, daß Goebbels in seinem politischen Tagebuch den „demokratischen Juden Meyer" mit der Bezeichnung „Obermoses Meyer" anrempelte [87].

Derlei fade Witze schienen nicht nur Berliner Art (es wird darüber noch gehandelt), es war auch Goebbels' ganz spezifischer Trick, die Juden noch fester in den seit langem üblichen Doppelgriff zu bekommen: sie zu alles erfassenden Teufeln zu stilisieren *und* sie gar nicht ernst, sondern in einer menschenverachtenden Weise ironisch zu nehmen. Wie ließ man also eine Anruferin verfahren, die angeblich bei der Telefonauskunft der Polizei keine Nummer der Parteigeschäftsstelle in der Hedemannstraße bekommen hatte? „Nationalsozialistische Arbeiterpartei, – N wie ‚Nathan', A wie ‚Abraham'" [88]. Und was hier lächerlich machen sollte, das konnte man auch in

Marschliedern auf bedrohliche Weise der Öffentlichkeit entgegen-
schreien:

„Knoblauchzweig am Strohhut,
Nase krumm und dick,
die Brigade Moses
schützt die Republik." [89]

Bei den nicht-fiktionalen Apostrophierungen ist schwer herauszu-
bekommen, ob es sich denn wirklich um Personen dieses Namens gehandelt hat, wie in der Meldung, daß der „Niedersächsische Beobachter" verboten worden sei, nur weil er über das unzüchtige Leben
des Kaufmanns Moses berichtet habe; und es ist ebenso schwer, mit
Gewißheit zu kalkulieren, woher die „Angriff"-Leser auf das Gemeinte kommen sollten, wenn sie von „Ruben Moses" lasen: „der
sich später Rudolf Mosse nannte". Das wahrscheinlichste wird sein,
daß viele ohnehin wußten, daß der Benannte mit seinem ebenso
einflußreichen wie seriösen „Berliner Tageblatt" jüdisch sei. Der un-
wissende Rest leitete diesen Wink aber aus dem Namen „Ruben
Moses" ab.

d) *Friedländer* und *Siegfried*

Es könnte nun scheinen, als ließe sich die massiv negative Verwendung der bisher abgehandelten Namen beweisen, weil sie, *Isidor*
abgerechnet, allesamt alttestamentarischer Herkunft sind und daher ohne große Mühe ins antisemitische Feld zu drängen waren.
Um diesem Irrtum vorzubeugen, wird noch ein weiteres Paar abgehandelt. Gezielt wird diesmal eines deutscher Sprachprovenienz
genommen.

Namengebilde mit *Fried-* als erstem Glied sind von Juden sehr
häufig gewählt worden, teils als Herkunftsnamen vom oberschle-
sischen oder märkischen Ort „Friedland" abgeleitet, teils in frommen Gedenken an Salomo, was im Hebräischen von „Friede" abgeleitet ist (vgl. Schalom) [90]. Freilich, deutschbürtige Familien führten eben diesen Namen auch nicht selten – im Jahr 1941 in Berlin
noch 24 Familien.

Einen ironisch erfundenen *Veilchenfeld* neben einen *Benno Friedenthal* zu stellen, wurde demgemäß als stimmig empfunden [91], und

191

Verballhornungen wie „Cohen-Friedländermarsch" [92] (den man beim Polizeifest zu hören bekommen sollte) schienen manchem Nationalsozialisten sicher ein besonders gelungener Treffer.

Siegfried nun, von Juden häufig im vielleicht übereifrigen Bemühen gewählt, um den immer wieder eingeklagten Assimilationspakt besonders gut zu erfüllen, – dieser Name wurde inzwischen als für echte Deutsche völlig unbrauchbar, weil von den Juden "entwertet" [93], empfunden. Daß man bei ihm sofort Jude assoziierte, läßt sich vor allem durch pfiffige Namenwitze beweisen:

Zwei Mädchen schwärmen von ihren Liebhabern. Die eine seufzt: „Ach, wann kommt denn endlich mein Siegfried wieder". Die andere repliziert: „Muß es denn unbedingt ein Jude sein?" [94]

So wurde es denn auch als witzig empfungen, wenn „Orjes" Freund Baumann in bekannter Berliner Manier als „Rohrleja" zu „Siechfried Lewis" defekter Wasserleitung geholt wird und dort seine unsäglichen, besser: gefährlichen Dümmlichkeiten losläßt [95]. Zog man hier den Witz schon aus der seltsamen Nahstellung der beiden als divergent empfundenen Namen, so wurde dieser Zusammenprall noch massiver, wenn man auf der Schandseite „Der Philosemit" voll geheuchelter Erwartung frug: „Werden sie auch bestimmt heute ankommen, die 50 000 expropriatorisch hochbegabten ostjüdischen Männer und Jünglinge unter der Führung des großen heiligen Wunderrabbis Sigfrid ben Machloikes?" [96]

Und was nun Berichte über Personen anlangt, die wirklich *Friedländer* hießen, so erwähnte man z. B. im „Angriff" vom 24. Juni 1929 (Nr. 25, S. 11), daß der vermeintliche jugendliche Sexualmörder dieses Namens Jude sei, dies aber erst in der Mitte des Artikels, indem man darüber Klage führte, daß die „Juristische Vereinigung" sich an die Reichsarbeitsgemeinschaft der Presse gewandt habe mit der Bitte, doch nur ja nicht aus diesem Prozeß gegen den noch jugendlichen Täter eine besondere Sensation zu machen. Gegen Ende schrieb der Redakteur einfach:

„Man merkt die Absicht: nicht ‚die Jugendlichen' sollen geschont werden, sondern schlechtweg der junge Herr Friedländer. Sintemalen es heutzutage anscheinend ein Privileg bedeutet, so oder so ähnlich zu heißen."

In anderen Berichten konnte man steuernde Winke ganz weglassen. Nur daß die Information von einem jüdischen Rechtsanwalt stamme, sagte „Der Angriff" bei einer breit geschilderten Story aus der „Königsberger Allgemeinen Zeitung" (gegen die Weiß später einen Prozeß anstrengte). Sonst teilte er einfach mit: Die „Selma Cohn" habe einen Diebstahl in einem „Berliner Modesalon der Firma Friedländer" begangen; Bernhard Weiß habe eine Anklage hintertrieben, wohl weil man Nachforschungen verhindern wolle, „ob nicht doch zwischen Herrn Weiß und einer Dame dieses Namens[!] Verbindungen" bestehen. Jeder wußte, was gemeint war: *Friedländer, Selma Cohn, Weiß* – komplett jüdisches Milieu, und dieses onomastische Zueinanderstimmen wird alleine schon von manchen Rechtsradikalen als Beweis für die Richtigkeit der Meldung genommen worden sein. Dasselbe trat natürlich ein, wenn ganze Kaskaden von „jüdischen" Namen dargeboten wurden. Das riß so mit, daß man die anscheinend *nicht* hineinpassenden gar nicht mehr wahrzunehmen brauchte:

„Die Anwaltskammer besteht aus folgenden Mitgliedern: Dr. Ernst W o l f , Justizrat L ö w e n s t e i n , Dr. Gustav G o l d - s c h m i d t, Dr. I l c h, Hepner (15 ×), P i c k, Ruge (1 ×), Horn (15 ×) und Dr. S t e r n b e r g, in der demnächst folgenden Stichwahl werden noch sechs weitere Mitglieder der Kammer bestimmt. Sie werden aus der Reihe folgender Bewerber gewählt: M a n f r e d , S i m o n , S c h o l z , Walter Schmidt I (33 ×!), S a n d e r , Georg H a m b u r g e r , Eugen K l e i n , Posener (10 ×), Kunz I. (17 ×), L e s s e r , M a r k u s e , L i e b k n e c h t , Gaeve (0!). Allein aus den Namen sieht man, wie die Anwaltskammer in ihrer endgültigen Zusammensetzung aussehen wird." [97]

In genau dieser Verteilung des Gesperrt- und des Normaldrucks brachte „Der Angriff" die Nachricht. Zwar stand sie in einem Artikel mit Überschriften wie „Jüdische Richterherrschaft". Aber in diesem deutlich vom anderen abgesetzten Abschnitt stand nichts von Jude, wohl aber, daß man an den Namen alles sehen könne – sogar die Zukunft! Dabei lagen die Fakten so, daß „Simon" 198 × im „bereinigten" Berliner Telefonbuch von 1941 stand, im „Jüdischen Adreßbuch für Groß-Berlin" dagegen nur 193 ×. Dafür stand aber an diesem Ort gerade der bei den Nationalsozialisten *nicht* gesperrt gedruckte, also ohne Apostroph davongekommene „Posener" (10 ×). Damit man sieht: Es handelt sich da um keinen Einzelfall, ist die Anzahl der jüdischen Träger im jüdischen Adreßbuch jeweils hinter die durch Normaldruck zu „deutschen" erklärten Namen geschrieben. Nur einer *(Gaeve)* tauchte bei Berliner Juden wirklich nicht auf. Wenn nun schon die Namen im Rechtsanwaltsmilieu keinen sicheren Halt geben konnten, wie krampfhaft mußte man sich dann erst an Vorurteile klammern in Zonen, in denen die jüdischen Vertreter nicht in derartig starkem Maße überrepräsentiert waren?

B. Die fiktionale jüdische Namenwelt

Das letzte Kapitel wird einen Eindruck geschaffen haben, mit welcher Intensität die Nationalsozialisten das historisch tief verwurzelte und wohlerprobte Instrument nutzten. Sehen wir aber allein die Namen des bisher vorgeführten Namensystems, so können wir bestimmte Polemiken in Goebbels' „Angriff" immer noch nicht entziffern. Am 6. Februar 1930 berichtete er über Richard Taubers ersten Tonfilm. Der halbe Kurfürstendamm und die halbe Filmbranche sei zusammengelaufen (was übrigens dasselbe sei), um „ihres Volkes" großen Sohn zu bewundern:

„Und es staute sich die Menge vor dem Theater, Sigmunds und Saras, Bernhards und Rosalies, und als „ER" kam, da war es eine große jüdische Angelegenheit. [...] Rosalie im Parkett hat tiefe Wasserrinnen in der Schminke und auch Siegmund kann ein Schluchzen in der Kehle kaum verbergen, denn zum Schluß singt der große Richard noch ein Lied ‚Von der Dirnä...‘ ".

Sigmund zeigt Nähe zu *Siegfried* (Rang 21–25). *Sara* ist auf Anhieb als Name alttestamentarisch-hebräischen Ursprungs erkennbar. Man könnte nun fast vermuten, *Bernhard* solle hier auch ins Jüdische gezogen werden, stünde dem nicht das nach Auskunft der Markierungstabelle doch unverdächtige *Rosalie* entgegen. Die Vermutung sollte man aber trotzdem nicht fallen lassen, ehe man nicht in einem zweiten allseits bekannten Namenkorpus Zusatzinformation eingeholt hat.

1. Namen in jüdischen Witzen

Jüdische Witze sind heute noch ein beliebtes Terrain, freilich eher für Kenner als für jedermann. In der Wilhelminischen und in der Weimarer Zeit war ihre Kenntnis Alltagswissen. In zahlreichen

Sammlungen wurden sie unter die Leute gebracht und gern erzählt, von Juden und Nicht-Juden. Mußten sie den Nationalsozialisten aber nicht bloß abstoßend und daher gänzlich unbrauchbar sein?

„Bekannt ist, daß es eine besondere Art des jüdischen Witzes gibt; er unterscheidet sich grundlegend von den humoristischen Erzeugnissen anderer Nationen. [. . .] Der jüdische Witz ist gekennzeichnet durch die geradezu blutige Selbstironie, mit der der Jude selber seine Minderwertigkeitsgefühle auszugleichen sucht. Blitzartig wird die uns Deutschen so entgegengesetzte, fremde und unverständliche jüdische Seelenwelt erleuchtet durch die Witze, die der Jude über sich selber macht."

Diese Einlassung des „Angriff" [98] zeigt, wie die radikalen Rechten sich die jüdischen Witze nutzbar machten. Das Blatt läßt auch sogleich zwei Beispiele folgen, die die ganz aufs Geschäftliche fixierte Art jüdischen Wesens beweisen sollen.

Nun hatten die Nationalsozialisten natürlich kein Gespür für die eigentümliche Konstellation, wenn sich beträchtliche Schläue und absolute Machtlosigkeit in einer Person treffen. Nicht zuletzt diesem Beieinander verdankt die Masse der jüdischen Witze ihre Eigentümlichkeit, an der auch Melancholie und Selbstironie bestimmende Anteile haben [99]. Damals wie heute gibt es aber noch keinen Weg für ehrliches Einbekennen, der nicht gleichzeitig an Feinde ausliefert. Also übergingen die Nationalsozialisten den jüdischen Witz nicht, sie beuteten ihn vielmehr aus: erzählten selber welche [100], unterstrichen, daß in ihm die „Schamlosigkeit der Selbsterkenntnis" zu fassen sei [101], und zuweilen machten sie ihn auch schlecht [102]. Daß nun in den jüdischen Witzen die Namen eine besondere Rolle spielen, ja der gezielte Namenwitz sehr häufig ist (s. u.), mußte die Nationalsozialisten überdies besonders anziehen.

a) Vornamen

Von der Kenntnis des Namenkorpus in jüdischen Witzen kann man also einiges erhoffen. Es folgen jetzt – wieder bis zur Maßzahl drei – die Namenkorpora aus drei Sammlungen jüdischer – ganz und gar

Tabelle Vornamenkorpus in jüdischen Witzen
(N. = 531)

Weibliche Vornamen		Männliche Vornamen			
1. Rosa	10	1. Moritz ✕	24	26. Aron ✕	4
2. Sarah	8	2. Jankef	15	Amschel	4
3. Rebekka	8	3. Eisik	15	Elkan	4
4. Täubchen	5	4. Sally ✕	14	Jonas	4
5. Esther	4	5. Schmul ✕	13	Jossel	4
6. Gnendel	3	6. Josef ✕	12	Veitel	4
7. Berta	3	David ✕	12	Max ✕	4
		Chaim ✕	12	Salo	4
		9. Jakob	11	Saul	4
		Salme	11	Schlome	4
		Schloime	11	Wullef	4
		12. Nathan ✕	11	37. Benno	3
		Mendel ✕	11	Daniel	3
		Isi(e)dor ✕	11	Effje	3
		15. Moische	9	Fritz	3
		16. Ef(ph)raim ✕	7	Heimann ✕	3
		Siegfried ✕	7	Ignatz	3
		Samuel ✕	7	Joel	3
		Leib	7	Kiewe	3
		20. Löb	6	Leiser	3
		21. Awrohom	5	Meier	3
		Isaak ✕	5	Nachme	3
		Moses ✕	5	Schie	3
		Scholem	5	Schmaje	3
		Simon ✕	5	Salomon	3
				51. Abraham ✕	3

nicht antisemitischer – Witze. Alle waren sie in Berlin gedruckt und dort sicher auch besonders verbreitet [103].

Ein einziger Blick auf die Spitzenposition der Tabelle für weibliche Namen löst das Rätsel. Er klärt auf, wieso sich die „Angriff"-Redakteure etwas davon versprechen konnten, *Bernhard* in die Mitte zwischen *Sarah* und *Rosa(lie)* zu stellen. *Rosa* war stark jüdisch besetzt [104]. Dies für Heutige kaum noch zu erahnende Ergebnis zeigt, bis in welche Feinheiten der Kampf geführt wurde. Es ist diese Einsicht so überraschend, daß die weiteren Folgerungen aus der vorgelegten Tabelle nicht an diesen Erkenntnisgewinn heranreichen. Aber dennoch ist wichtig zu sehen: Ein großer – mit X gekennzeichneter – Teil der Namen kommt auch auf den Markierungstabellen vor. Man muß sich also die beiden Systeme als teilverwandt und ihre Wirkung in den Überlappungszonen einander potenzierend denken.

Andere Namen mit Spitzenstellung in der Witz-Tabelle fehlen in den beiden aus wirklich getragenen Namen konstruierten Tabellen: *Jankef (= Jakob), Eisik (= Isaak), Schloime, Salme (beide = Salomo), Moische (=Moses), Leib, Löb (= Levi), Awrohom (= Abraham), Scholem (= Salomo), Amschel (= Anselm)* – um nur die 10 häufigsten zu nennen. Sie sind jedem fremd, der das Jiddische nicht kennt. Dort sind sie gängig, aber: Getragen wurden sie von deutschen Juden sozusagen nicht mehr. Im Namenkorpus der 10 653 im Ersten Weltkrieg gefallenen Juden kommen von den zehn nur zwei überhaupt noch vor, und dies in gerade drei Fällen (einmal *Laib-Louis* und zweimal *Löb*). Das heißt: Die Juden bewahrten im spezifischen Namenkorpus ihrer Witze das Gedächtnis an eine bestimmte in Deutschland nicht (mehr), im Osten aber noch tatsächlich existente Form ihrer Kultur. Die Nationalsozialisten hingegen verwendeten sie, um den Juden eben diese vergangene Kultur als die anzudichten, der sie trotz aller assimilatorischen Tünche unwandelbar weiter angehörten. Hauptsächlich jedoch machten Judenfeinde ihre Agressionen an den realiter getragenen Namen der Juden fest, führten den Stoß also eher direkt.

b) Familiennamen

Für das Korpus der Familiennamen aus jenen drei Witzsammlungen ist das Ergebnis ähnlich, so daß wir uns kurz fassen können. Allerdings: In einem besonders wichtigen Punkte ist es so bemerkenswert, daß man nicht umhin kann, diesen einen mit Akribie darzustellen. Er ist nämlich für die Namenkämpfe von außerordentlicher Wichtigkeit.

Tabelle Familiennamen in jüdischen Witzen
(N. = 727)

1.	C/Kohn ×	28		Peeritz	4
2.	Goldstein ×	10		Pfefferminz	4
	Pollack	10		Pulvermacher	4
	Rothschild	10	22.	Assesponim	3
	Schottländer	10		Baron	3
6.	Guttentag	8		Brücken-	3
	Levy ×	8		geländer	
8.	Teitelbaum	7		Chapper	3
9.	Ascher	6		Elkan	3
	Wolf ×	6		Fischl	3
11.	Hirsch ×	5		Fleckeles	3
	Jonteffsohn	5		Fleckseif	3
	Meyer ×	5		Fußgeländer	3
	Saphir	5		Grepser	3
15.	Lazarus	4		Hinterviertel	3
	Löwy ×	4		Knopploch	3
	Manasse ×	4		Kroll-Engel	3
	Markuse ×	4			

	Mandelblüt	3
	Mendel	3
	Meseritzer	3
	Naftali	3
	Papierkragen	3
	Rosenduft	3
	Rosenthal ×	3
	Selten	3
	Silberstein ×	3
	Simon ×	3
	Veilchenduft	3
	Zentnerschwer	3
47.	Zitron	3

Es springt ins Auge: *Cohn* hält auch hier den Spitzenplatz. *Levy* steht mit in der Gruppe der ersten 10, deren letzter *(Wolf)* aber nur noch 6 Nennungen hat, während bei den Vornamen an dieser Position noch fast doppelt so viel waren *(Salme* 11 ×). Das sind Fakten, die eher gegen die Erwartung auftauchen. Und das setzt sich fort: Insgesamt 58 Vornamen in der Tabelle, aber nur 47 Familiennamen. Das drängt den Schluß auf, daß sich weniger Familiennamen im Korpus befinden. Das Gegenteil ist der Fall: 727 gegen nur 531 bei den Vornamen. Also sind die Familiennamen breiter gestreut, und dies aus wichtigen Gründen: Die Liste der Vornamen ist ohnehin kleiner, weil sie eine fest geschlossene, während die andere eine (potentiell) offene ist [105].

c) Ekelnamen

Der tiefergehende Grund für die breite Streuung zeigt sich erst, wenn wir eine bestimmte Sorte Namen nun tabellarisch komplett erfassen. Damit sofort eine Kalkulation über die „Realitätshaltigkeit" dieser Namen gemacht werden kann, ist systematisch angefügt die Anzahl der Vorkommen im „Jüdischen Adreßbuch" von Berlin 1929 (zirka 45 000 Namen), im schon „judenreinen" Berliner Telefonbuch von 1941 (mit 305 000 Anschlüssen) und in dem ebenfalls „judenreinen" Berliner Adreßbuch von 1943 (mit zirka 2 000 000).

Das Besondere dieser Namen fällt sofort auf. Es sind Exemplare, bei denen der semantische Gehalt der zugrunde liegenden Begriffswörter hervorspringt. Nach dem Gesetz der „semantischen Isolierung" (s. S. 253) tritt eben dieser bei Namen aber eigentlich entschieden zurück, ja er verliert sich meist ganz, selbst wenn er im Laut- und Schriftbild noch unverfälscht anwesend ist. Denn: Niemand denkt sich den Herrn „Schneider" mit einer Nadel in der Hand neben feinen Anzugstoffen stehend. Warum nicht? Weil er xfach den Namen „Schneider" gehört hat und sich daran gewöhnen konnte und mußte, die begriffliche Bedeutung des Wortes außer acht zu lassen und der Person Raum in diesem Wort zu geben.

Jetzt löst sich das Rätsel, wieso ausgerechnet die hier dargebotenen jüdischen „Ekelnamen" durchweg nur ein einziges Mal gebraucht, zumindest nicht besonders häufig wiederholt werden: Der Witz besteht gerade darin, kann nur dadurch *erhalten* werden, daß jenes „Gesetz der semantischen Isolierung" gar nicht erst greifen kann; man bietet keine Gewöhnungszeit durch Mehrfachnennung, sondern behandelt Ekelnamen tendenziell als Solitäre. Dies läßt die Namen unterhalb der angesetzten Maßzahl 3 deutlich steigen. Dabei ist interessant, daß von den 67 Namen der Tabelle nur sehr wenige als wirklich getragene vorkommen. Nur acht stehen unter den zirka 45 000 des Jüdischen Adreßbuchs von Berlin (1929/30). Also auch hier wieder eine starke Divergenz zwischen realer und fiktionaler Welt. Bemerkenswert überdies, daß die Hälfte von diesen acht auch in den „gereinigten", „deutschen" Korpora auftauchen *(Bleifuß, Goldbaum, Nachtlicht, Wasserstrom)*. Bei 4 Exemplaren stellt

Tabelle: Ekelnamen aus jüdischen Witzen

	Anzahl	1929	1941	1943
Bandwurm	1			
Bauchgedankes	1			
Bauchgedärm	1			
Bleifuß	1	1	1	2
Bruchband	1			
Brückengeländer	3			
Buttermilch	1	7		
Darmfett	1			
Eiergelb	2			
Federweiß	1			
Feingedärm	1			
Fensterglas	2			
Fensterlappen	1			
Fleckseif	3			
Fußgeländer	3			
Glaubwürdig	2			
Goldbaum	1	4	1	2
Goldgedärm	1			
Goldkragen	1			
Grobtuch	1	1		
Gurkeles	1			
Handgelenk	1			
Hinterviertel	3			
Hirschkopf	1			
Kalbsbraten	1			
Kameelhaar	1			
Klugschmus	1			
Knopploch	3			
Kraftgewalt	1			
Kraftmilch	1			
Lackritz	2			
Leichentritt	1	5		
Lokschenkugel	1			
Maschinendraht	1			

	Anzahl	1929	1941	1943
Machmerplatz	2			
Mandelgeschwür	1			
Nachesfresser	2			
Nachtlicht	1	4	1	1
Nachtweh	1		2	2
Nabeldruck	1			
Nebenwurzel	1			
Nelkenstamm	1			
Papierkragen	3			
Pergamenter	1	5		
Platzregen	1			
Pulverbestandteil	2			
Putterfisch	1			
Ritzenschieber	1			
Sauerteig	1		1	5
Scholentfresser	1			
Schwalbenschwanz	1			
Schweißloch	1			
Stinker	1			
Taglicht	1			
Tinneffsohn	1			
Tocheskriecher	1			
Wanzenknicker	1			
Wassergeruch	1			
Wasserscheu	1			
Wasserstrahl	1		1	1
Wasserstrom	1	3		1
Wohlgeruch	2			
Zentnerschwer	3			
Zierfisch	2			
Zitron	3		1	1
Zitronensaft	1			
Zizzispinner	1			

sich sogar heraus, daß sie nicht im jüdischen Areal, wohl aber im „deutschen" von 1941 und 1943 auftauchen *(Nachtweh, Sauerteig, Wasserstrahl, Zitron).* Also sogar im jüdischen Witz kann von Trennschärfe zwischen „deutsch" und „jüdisch" nicht gesprochen werden.

Ehe wir uns nun ansehen, wie Goebbels und seine Meute im „Angriff" mit Ekelnamen verfuhren, bedarf es einer kleinen Reminiszenz über die Herkunft dieses für Juden scheinbar gängigen Namentyps – genauer: einer Erklärung, wieso die Juden in nahezu allen europäischen Staaten ihre Namen frei wählen konnten und gleichwohl diese Ekelnamen (die man wohl nicht freiwillig annimmt) zum Signum und selbstverwandten Spielmaterial werden konnten. In Wirklichkeit hießen nämlich in Berlin, wie oben statistisch bewiesen, sehr wenige Juden so, jedenfalls gab es da wohl nicht mehr Juden als Nicht-Juden mit zunächst einmal scheußlich klingenden Namen [106]. Für Bayern liegt eine Namenänderungsliste aus der NS-Zeit vor, die eine Fülle abgewählter Ekelnamen nachgeprüft deutscher Träger enthält [107]. Dennoch: Eine bestimmte jüdische Wirklichkeit war in solchen Identifikationssymbolen getroffen, was die so gewürzten Witze langlebig machte und sie außerhalb des Bezirks trivial-infantilen Wortklamauks hielt. Schläue und (notgedrungen) schicksalsergebene Machtlosigkeit haben wir als ein Signum jüdischen Lebens und Witzes genannt. Eben Namen dieser Art konnten für beides ein Beispiel sein:

Ein Identifikationssymbol *nicht* von seinen Eltern wie diese wiederum von ihren Eltern bekommen zu haben und dieser Erbgang so weiter fort bis in nicht mehr interessierende graue Vorzeit, auf daß einem der Name ganz selbstverständlich eigen sei und sicher mache, aus unbefragt normaler und gut geschützter Herkunft zu kommen, ein solcher Name also gleichsam als Wall gegen die Schutzlosigkeit, die sofort droht, wenn der Mensch, namenlos, *nicht* auf akzeptable Weise in eine Gesellschaft hineindefiniert ist – diese Erfahrung kannten die Juden. Denn ihnen war ja mit der verordneten Namenwahl nicht nur in diesem Punkt ein Bruch mit ihrer Tradition zugemutet worden.

Die öffentliche Namenvergabe nach westgalizischer Art, dem einzigen Land, wo die Juden tatsächlich ihre Namen von Amts wegen aufgenötigt bekamen, symbolisiert nun die Machtlosigkeit, das bittere Los beliebiger Verfügbarkeit ziemlich gut. Die Juden waren doch in dieser Rolle nicht weit von jenen Tieren entfernt, die bei Auktionen einfach die Kette mit dem (neuen) Namen umgehängt bekommen. Dann aber mit diesem unangenehmen Zeichen, einem Symbol für die vielen anderen Päckel, die Juden seit langem zu tragen hatten, mit dieser Bürde also auf schlaue, schicksalsergebenmelancholische Weise sein Leben durch die Fährnisse zu lenken, die man als Jude ohnehin durchstehen mußte bei seinem Kampf um Halt und Aufstieg in der neuen Gesellschaft und nicht zuletzt beim Ringen um neue Identitätsfindung in modernen Zeiten, – das konnte jüdisches Leben durchaus versinnbildlichen. So ist der Spaß an und die Tiefe in diesen Witzen vor allem zu verstehen.

Daß dieselbe Namenstruktur den Nationalsozialisten zu ganz anderen Zwecken diente, springt klar in die Augen, wenn wir nun das Korpus Ekelnamen vorführen, das sich bei ihnen findet. Zuerst bieten wir Beispiele aus dem „Angriff", um wieder zu zeigen, wie sie an Traditionen anknüpften.

In der Neujahrsnummer 1929 berichtete Goebbels in seinem „Politischen Tagebuch" ironisch von den obligaten jüdischen Neujahrsgrüßen, die ihn erreicht hätten. Einer habe ihn „Lump", „Hurenbock", „Auswurf" der Menschheit genannt, ihm dann Rädern, Vierteilen, Verbrennen angedroht und schließlich heuchlerisch geendet: „Nehmen Sie sich in Acht, das rät Ihnen ein Deutscher und Christ." So etwas konnte in Wirklichkeit nur ein Jude geschrieben haben, den es also zu entlarven und zurückzustoßen galt: „Bravo, bravo, Herr Trompetenschleim! Aber warum regen Sie sich so auf? Glauben Sie, daß ich mich wirklich über so was ärgere? Im Gegentum!" (S. 3)
Scheinbar bloß witziges Abweichen vom sprachlich Erwartbaren ist Goebbels' gängige Praxis („Gegentum"), und bei „Trompetenschleim" sind nicht relativ harmlos-nebensächliche Begriffsworte zum sprachlichen Ausgangsmaterial genommen, sondern durchaus Widerwärtiges: Sputum, über längere Zeit gesammelt in einem kleinen Röhrchen, also etwas, bei dem der semantische Gehalt auf ekelhafte Weise so dominant (salient) ist, daß er schlechterdings nicht gebrochen werden kann.

Auch in einem zweiten Punkt ist Goebbels abweichend: Den „Trompetenschleim" erwähnte er als „Scherz" nicht einmal und ging dann zu anderen Namenschöpfungen über, sondern er apostrophierte ihn so häufig, daß ernstliche Identifizierung angestrebt war: Eine neue, keineswegs großzügige Verwaltungsvorschrift zur Namenänderungsprozedur kommentierte er:

> „Wenn Herr Aron Trompetenschleim fürderhin das Bedürfnis hat, sich Bismarck oder Hindenburg zu nennen, braucht er kein Gesuch ans Justizministerium mehr; jeder der zu diesen und ähnlichen Zwecken in die Justiz bugsierten beschnittenen Amtsrichter erweist ihm die kleine Gefälligkeit." [108]

Daß es überhaupt nicht um Witzeerzählen, sondern nur um Pseudofiktionales ging, läßt sich leicht erweisen. Goebbels zog nämlich mit diesem „Trompetenschleim" nicht nur von Versammlung zu Versammlung, sondern bezeichnete in einem gewissen Zusammenhang Bernhard Weiß so, was wir später aus besonderem Grunde ausführlich darstellen [109].

Auch in anderen Fällen läßt sich leicht zeigen, daß die Ekelnamen nicht als Namen fungieren sollen, sondern als begriffliche Identifikatoren. Die Juden seien zu betrügerischen Herbst-Schlußverkäufen gezwungen, schreibt der „Illustrierte Beobachter" im Herbst 1929, denn:

> „Der Sally Blumenduft,
> Die Firma Kohn und Schuft
> Stehen vor der Pleite." [110]

Angesichts der dauernd apostrophierten (Un)Reinlichkeitsgepflogenheiten der Juden ist natürlich auch folgende Einlassung konkret zu nehmen: „Woher sollten auch die Pinkelesse und Jeitelesse [Jeit = Jude], die noch vor Jahren in Lodz mit alten verlausten Kleidern gehandelt haben, woher sollen sie soviel Kultur besitzen, daß [. . .]" [111]. Damit immer deutlicher wird, auf welch einfache Weise alles zusammenstimmt, hören wir noch einmal von den erwähnten beiden, richten unser besonderes Augenmerk aber auf die Figuren, die ihnen an die Seite gestellt sind:

> „die Pinkelesse und die Jeitelesse [112] sitzen mit ihren Rosas [!] und Sarahs dick, dumm und gefräßig bei Kaffee und Kuchen

[. . .] Was wollen Sie – die Jeitelesse und Pinkelesse sind alle preußische Staatsbürger!" [113]

Andere Namenattacken sollten natürlich *nur* witzig wirken, wenn auch im ganz verächtlichen Sinne: „Knipperdolling" – einer der besonders scharf antisemitischen Schreiber im „Angriff" – wollte eine Travestie auf die milden Beurteilungsweisen in jenem Friedländer-Prozeß schreiben. Ihm falle seit langem ein dicker, feister Herr in seinem Eßlokal auf, der so scheußliche Manieren habe, daß er ihn nervlich nicht mehr ertragen könne, vielmehr „gezwungen" sei, ihn über den Haufen zu schießen. Passieren könne ihm nichts, denn: „Dann wird mein lieber Mitjude, der Psycho-Analytiker Siegmund Traumleben ein Gutachten erstatten. Die bekannte Sexualforscherin Magnesia Spinatfeld wird in der Vossischen eine Abhandlung schreiben." [114]

Beispiele von Goebbels selbst bieten wir in den Anmerkungen [115]. Um noch zu zeigen, daß auf solche Praktiken natürlich nicht nur Goebbels setzte, daß er vielmehr auch selber ihr Opfer sein konnte, schließen wir mit einem solchen Beispiel ab: Getreu dem Grundsatz, Peinliches nicht zu verstecken, sondern es eher demonstrativ nach vorne zu strecken, druckte „Der Angriff" einen Hieb just auf jenen ominösen Punkt ab, der Goebbels am Beginn seiner Berliner Zeit zu einem Parteiverfahren getrieben hatte. Der Gauleiter sei ein Jude?

„,Herr Goebbels entstammt einer streng christlichen Pfarrersfamilie, daß sein Onkel der getaufte Oberrabbiner Chaim Treppengeländer aus Czernowitz ist, konnte bislang nicht bewiesen werden.' Meint das Heidelberger Volksblatt." [116]

Wollte man noch tiefer analysieren, so müßte man die Verwischung der Grenzen zwischen Fiktionalem und ganz konkreten Personen detaillierter beschreiben, welche Technik wieder als Variante des Generalisierungszwangs zu deuten wäre: Auch alle Juden müssen undifferenziert erscheinen. Hat man das oben bei dem Nebeneinander von *Pinkeles* und *Rosa* schon gut sehen können, so ist hier doch noch ein Beispiel hilfreich, wo genau die Persönlichkeit, auf die es hier ankommt, mit fiktionalen Namen bruchlos in einer Reihe erscheint. Auf der offiziellen Feier des 200. Geburtstages von Moses Mendelssohn hatte der Berliner Bürgermeister Böß wohl eine einfühlsame Formel gebraucht, die an jene denkwürdige Szene erinnerte, als die Douaniers diesen später hochberühmten Exponenten aufgeklärten Judentums erst nach Entrichtung des Leibzolls in die Stadt ließen. Der „Angriff" kommentierte:

„Also bitte: die Herren mit den Plattbeinen aus dem Osten; haben Sie es alle gehört: immer nur hereinspaziert durch das Rosenthaler Tor, wir haben noch lange nicht genug von euerer Sorte. Der Berliner Oberbürgermeister wünscht sich noch recht viele Moses Mendelssohns. Goldene Zeiten für die Kanalgeruchs, die Treppengeländer, die Hilferdings, die Weiß' . . ." [117]

Alles wird auf eine Ebene gezwungen: die durchweg armen, oft im Chassidismus wurzelnden Ostjuden, der hochgebildete Mendelssohn, der aus (dem südwestlich von der Hauptstadt gelegenen) Dessau gekommen war, Rudolf Hilferding, Dr. med. aus Wien gebürtig, aber schon seit 1906 in Berlin als einer der versiertesten Lehrer an der SPD-Parteischule, seit 1923 Reichsfinanzminister und eben Rittmeister Bernhard Weiß, dessen Großvater Bernhard bereits 1837 geachteter Arzt in Oranienburg gewesen war.

Man muß sich immer gegenwärtig halten, daß Namenpolemik gegen Juden nicht allein im „Angriff", wenn auch da besonders radikal getrieben wurde. Um für diese Anempfehlung Vorstellungsmaterial zu bieten, haben wir 1. unten (S. 207) eine Karikatur aus dem Jahre 1922 abgebildet, in der der Schmähname *Isidor* mit einem besonders trivialen Ekelnamen („Harschtritt") kombiniert ist und die genannte Person wiederum für ein antisemitisches Klischee steht: für die sexuelle Gier auf germanisch-blondes „Blut", die dann allerdings durch einen bestimmten Sprachtrick (Namenwitz, s. u.) abgeblockt wird. 2. bieten wir zu den bisher angeführten Ekelnamen aus dem „Angriff" ein Korpus, das aus einer größeren Sammlung antisemitischer Literatur gewonnen worden ist [118] (satirische Zeitschriften, Kinderbücher, dem „Angriff" usw.). Die Namen aus besonders impertinentem Begriffsmaterial sind hervorgehoben. Ihre Eindeutigkeit erübrigt ausgedehnte Interpretationen: 12 der insgesamt 16 haben mit gesellschaftlich tabuisierten Körperabscheidungen zu tun, drei spielen so deutlich auf antisemitische Stereotype an, daß eine Individualisierung des Namens verhindert wird *(Mogel, Schuft, Plattfuß)*, welchen Prozeß bei den anderen Exemplaren vor

Jſidor: „Wenn Sie meinen Namen
ſchreiben, Fräulein Gretel, kriege ich immer
Herzklopfen . . . .“
    Sie: „Ja, mir iſt das auch immer ſo
peinlich, Herr Harſchtritt.“

Deutsches Witzblatt, Berlin 1922

Tabelle: Korpus jüdischer Ekelnamen
aus antisemitischen Publikationen und dem „Angriff"

	Korpus	1929	1941	1943		Korpus	1929	1941	1943
Achselschweiß	2				Lämmerschwänzchen	1			
Afterduft	1				Leberfleck	1			
Afterdruck	1				Leibstuhl	1			
Baumblatt	1	3			Magnesia	1			
Bliemchen	1				Mogel	1		1	8
Blütenstengel	1				Mosesblut	1			
B. Schiss	1				Nabelbruch	1			
Bügelbrett	1				Pinkel	1			4
Eckstein	1	21	26	84	Pinkelles(se)	1			
Fischbein	1	11	1	3	Plattfuß	1			
Flunkerstein	1				Schievelbeiner	1			
Fußgeruch	1				Schweißeimer	1			
Grausam	1				Schuft	1		1	6
Greuelmacher	1				Silberfisch	1			
Harschtritt	1				Spinatfeld	1			
Hirschbrunst	1				Spucknapf	1			
Honigbauch	1				Tannenzapf	1			
Hosentuch	1				Traumleben	1			
Kabelbruch	1				Treppengeländer	2			
Kanalgeruch	1				Trompetenschleim	3			
Kanarienvogel	1	3			Veilchentopf	1			
Katzenellenbogen	3	6	1	1	Veilchenstengel	1			
Käsleder	1				Walldach	1			
Klosettpapier	1				Wasserstrahl	1		1	1
Knickebein	1				Wurm	1	7	20	64
Knoblauch	1	4	55	114	Zifferblatt	1			
					Zuckerrohr	1			
					Zuckerstein	1			

allem die handgreifliche *(Treppengeländer)* Trivialität des semantischen Ausgangsmaterials stoppt.

Der Unterschied zwischen dieser antisemitischen Namenliste und der aus den jüdischen Witzsammlungen (vgl. o. S. 201) tritt offen zutage: den 12 besonders scharf markierten Exemplaren hier (fett gedruckt), stehen dort nur 3 dieses Typs gegenüber *(Darmfett, Schweißloch, Stinker)*.

Es muß unterstrichen werden: Kein einziger der scharf markierten (fett gedruckten) Namen kam im Berliner Jüdischen Adreßbuch 1929/30 wirklich vor. In den „deutschen" Korpora von 1941 und 1943 finden sich hingegen sogar vier: *Mogel* 1943 8 ×, *Pinkel* 4 ×, *Schuft* 6 × und *Wurm* sogar 64 ×. Wenn es auch da keinen *Schiefelbeiner* gab (berühmt geworden durch die Figur Wilhelm Buschs in „Plisch und Plum"), so fand man 1943 doch 75 × Schiefelbein. *Knoblauch,* wohl so signifikant wie kaum ein zweiter, macht mit seinen 114 Nennungen sogar noch im Berlin von 1943 auf besonders eindrückliche Weise deutlich, wie weit sprachliche Fakten und sprachliche Vorurteilssysteme auseinanderlagen.

Der strategische Sinn solcher Ekelnamensysteme lag für die radikalen Rechten demnach in ihrer Kraft, die Juden zu etwas anderem zu machen, als was sie in Wirklichkeit waren. Daß es in Berlin einige wenige Juden gab (und im ehemals österreichischen Galizien einige mehr), die solche Ekelnamen trugen (vgl. u. S. 441 f.), steht so fest wie die Tatsache, daß auch Deutsche mißliche Namen hatten.

2. Der jüdische Namenwitz

Bedürfte es noch weiterer Beweise, wie essentiell der Name in jüdischen Witzen war, so könnte man auf die große Zahl von Witzsammlungen anderer Provenienz weisen, in denen Namen fast gar keine Rolle spielen. Jüdische sind hingegen ohne diese gar nicht denkbar. Nicht zuletzt die Namen nämlich geben jüdisches Kolorit und garantieren dem eigentümlichen Humor, daß er als kennzeichnend, als stimmig, eben als jüdisch empfunden wird. Schon diese besondere Art Scherz setzt also zwingend eine spezifische Kompetenz für Namen voraus, die dann zu aggressiven Zwecken mißbraucht werden konnte. So pervertiert, standen diese Namen den Juden dann als ein ziemlich fest gefügtes System gegenüber. Diesen allgemeinen Sprach- und Bewußtseinsstand mußten Bernhard Weiß, die Berater des Polizeipräsidiums und andere Namenangegriffene natürlich in ihre Kalkulationen einbeziehen. Damit aber nicht genug: Sie durften auch vor der Tatsache nicht die Augen verschließen, daß es einen besonders gängigen Witztyp gab, der den Namen *noch* deutlicher ins Aufmerksamkeitszentrum stellte: den Namenwitz. In zehn jüdischen Witzsammlungen [119] fanden sich nicht weniger als 103 Exemplare. Hier ist der Name selbst Zielpunkt des Scherzes, nicht nur atmosphärestiftendes Requisit. Weiß man dies, wird immer deutlicher, daß es wohl gar nicht so schwierig war, jüdische Namen in den Fokus zu rücken.

a) Namenänderungswitze und Namenänderung im „Angriff"

Wir bieten gleich ein Exemplar des apostrophierten Witz-Typs in der „Angriff"-Version. *Daß* man da überhaupt solche finden kann, wird nicht erstaunen, wenn man sich daran erinnert, daß ja nahezu jeder jüdische Witz zu einem antisemitischen umgebogen werden konnte. Man mußte nur seine Essenz nicht mehr in melancholischer Selbstkritik, im Lachen über eine mühsalbeladene Herkunft oder über die durchaus auch noch nachschwingenden Eigentümlichkeiten sehen, die frühere Verhältnisse den Juden aufgezwungen hatten und die sie auch jetzt wohl noch mal gebrauchen mußten. Es kommt also vor allem auf die Absicht an, in der der(selbe) Witz erzählt wird: einmal humorvolle Selbstdistanzierung in einem Raum, in dem fiktionale Scherz- und reale Lebenswelt (trotz ihrer Berührungspunkte) deutlich geschieden bleiben und bei den Nationalsozialisten dann platte Realdefinition des Juden aus jener fiktionalen Welt, so als leite man heute die staatlichen und gesellschaftlichen Maßnahmen im norddeutschen Flachland umstandslos aus den Ostfriesenwitzen ab.

Wandlungen

Er handelte mit alten Hosen
Und schrieb sich Moritz Pinkeles.
Bald duldete den Ruhelosen
Nicht mehr in seinem Winkel es.
 Es ging ihm eben nicht zum besten,
Dem Pinkeles aus Krotoschin,
Drum spürte er den Zug nach Westen.
 Ja: jeder einmal in Berlin!
 Die Konfektion erschien ihm wichtig,
Der Hausvogteiplatz ideal,
Nur „Pinkeles" schien nicht mehr richtig:
So nannte er sich Wasserstrahl.
 Ein Prima-Wechsel wird ihm peinlich,
Der Moritz kriegte kalte Fieß'.
Und weil der Staatsanwalt so kleinlich,
Entwich er eilig nach Paris.
 Dort handelt er moderne Bilder.
Es muß was für die Kunst gescheh'n!
Die Aufschrift seiner Firmenschilder
Sieht s o aus: Maurice Lafontaine.
           Orpheus der Zwote." [120]

Trivial-poetisch ist hier ein besonders oft erzählter, mehrfach ab-
gedruckter [121], auch aus Karikaturen (vgl. S. 212) bekannter Witz
dargeboten, der für die Nationalsozialisten viel abwarf. In purer
Namenpolemik war da eine Kernthese dargestellt: alles Jüdische,
mag es sich auch noch so kultiviert geben, kommt aus dem Schmutz
Galiziens und hat diesen unter der Tünche immer noch an sich. Vor
Augen gerückt wird das im Witz durch die Tatsache, daß die inne-
wohnende Bedeutung des Namens immer noch als dieselbe, wenn
auch typisch jüdisch aufgebesserte erkannt wird („Piss-Fontäne").
 Daß nun Namenänderung gar nichts ändern könne, der Jude vielmehr immer derselbe bleibe: Jude in des Wortes schlimmster Bedeutung, das zeigte „Der Angriff" auf namenpolemische Weise
gleich mehrfach: Justizrat Sternberg habe sich den Namen *Stebens*
zusprechen lassen.

Moische Pisch handelte in Tarnopol mit abgelegten Kleidern,

als Moritz Wasserstrahl siedelte er nach Posen über und handelte mit Pariser Modewaren.

Metamorphose

jetzt lebt er als Maurice Lafontaine in Berlin, wo er eine neue Kunstrichtung gegründet hat und mit abgelegter Pariser Kunstmode handelt.

„Herr Kanalgeruch hat Aussichten. Wenns ihm Spaß macht und er hat Freunde im Ministerium, heißt er bald Graf Hohenheim, und bleibt doch Kanalgeruch."[122] War das „Und bleibt doch" gängiges[123] Grundmuster, dann mußte auch hinter jedem „unverdächtigen" Namen ein anderer, das Wesen des Juden offenlegender, stecken. Da nun von den erwähnten 103 Namenwitzen allein 19 Scherze über Namenänderungen sind[124], seien es die bei Annahmeprozedur oder die später durchgesetzten, hatte man auch hier wieder die Möglichkeit, allgemeines Bewußtsein von (fiktionalen) Namen nationalsozialistisch umzubiegen. Die Potentiale, die man hier in Fluß zu bringen vermochte, konnte man einfach mit jenen zusammenführen, die die Markierungsskala hergab. Wir haben oben ja dargelegt, daß über die nicht so häufigen realen Namenwechsel so gehetzt und debattiert wurde, als seien sie ein alltäglicher Vorgang. Erst das gemeinsame Potential dieser beiden Reservoire machte plausibel, wieso „Der Angriff" in einer kaum zu überschauenden Zahl von Fällen „Namenentlarvung" betrieb.

Da waren zunächst die Fälle, daß sich Künstler, völlig legal, einen anderen Namen gegeben hatten. Sehen wir vorab noch nicht auf Bernhard Weiß und seinen Vorgesetzten Albert Grzesinski, so dürfte kaum einer so oft angegriffen worden sein wie Fritz Kortner. In den Anmerkungen findet sich die Fülle seiner „Entlarvungen" und hier nur einige besonders griffige Beispiele. Sie zeigen auch, wie geschickt in diesen Texten zwischen *Kortner-Cohn, Kortner* und *Cohn* abgewechselt, also strikt darauf geachtet wurde, daß der „falsche" Name im Gedächtnis blieb. Nur so konnte man ja die namensymbolisierte Illegitimität der ganzen Person permanent vor Augen stellen und verhindern, daß die Leser etwa in die Meinung abglitten, er heiße tatsächlich einfach *Cohn*. In der Rezensionskolumne „Wie sie sich amüsieren" lasen die „Angriff"-Leser am 1. April 1929 auf der S. 6:

„Vorher gab man Oedipus mit Kortner-Cohn in der Titelrolle. Dieser mosaische Hellene ist bekanntlich der Augapfel der Judenheit von der Grenadierstraße [d. i. Scheunenviertel, D. B.] bis Halensee. Wenn der palästinensische Edle seine rituellen Sprüchlein am Gendarmenmarkt aufsagt, dann schweigen alle

Instanzen, dann kann das Theater leer sein, – Herr Cohn spielt, da kann man sagen, Herr Kortner ist der Höhepunkt der Mießität (sic) – Herr Cohn spielt. Warum spielt Herr Cohn, warum spielt er trotzdem das Stück nicht zieht? – Ganz einfach deswegen, weil Herr Kortner immer so vorsichtig ist, auf eine bestimmte Aufführungsziffer abzuschließen. Das Votum der Öffentlichkeit, das ja bisher für jedes Drama wie für jeden Schauspieler ein Kriterium war, schaltet aus. Und wenn de platzt! Herr Cohn spielt!"

Derlei mußte Fritz Kortner zigmal über sich ergehen lassen [125], wobei sich die Formel einspielte: „der sich Fritz Kortner nennt" [126]. Allerlei begleitender Schabernack wurde getrieben; die Nachricht z. B., daß er sich auf einer Ausstellung einen „Rassekater" gekauft habe, brachte man auf dickfällige Weise in Alliterationen: „Kohn kauft sich nen Kater!" [127] Gefährlicher, weil wohl fester im Gedächtnis haftend, war, daß man, wie in vielen anderen Fällen auch [128], den rechtsgültigen Namen in Normalschrift, den als „wirklich" ausgegebenen aber in Sperrdruck setzte: K o h n [129]. Auf ähnliche Weise wurden Bruno Walter [130] und Max Reinhardt [131] angegangen, die „Schlesinger" bzw. „Goldmann" geheißen hatten.

Täuschung als eigentliches, immer wieder anzutreffendes Wesen des Juden konnte auf diese Weise nicht allein deshalb imaginiert werden, weil man immer wieder dieselben Zeitgenossen zu Angriffspunkten dieser Art machte. Man konnte ja auch weit in die Geschichte zurückgreifen und die völlig legal durchgeführte, von den Staaten zwingend angeordnete Namenannahme der Emanzipationszeit als gefährliche Vertuschung ansehen: Karl Marx – „der mit r i c h t i g e m Vatersnamen Mardochai geheißen" [132], Cheim Bückeburg – der sich (für Nationalsozialisten eben zu Unrecht) Heinrich Heine nannte [133], Ferdinand Lassalle – der eigentlich Feist Lasel hieß [134] usw. Solche Zug- und Denkschemata konnten dann auch zu Andeutungen genutzt werden, die ganz mysteriöse, für antisemitische Gemüter aber eben doch: „Erklärungen" abgaben. Vom Nürnberger Münzjuden Ephraim hätten sich die Hohenzollern das Geld geliehen, um die Mark Brandenburg zu erobern. Als einer der Führer des ansässigen Adels, Ritter Quitzow, aufs Schafott geführt worden sei, habe er noch gerufen:

„"Durch Ephraim sind die Hohenzollern nach Brandenburg ge-
kommen, durch Ephraim kommen sie auch wieder hinaus.'
,Eigentümlicherweise' hieß Rathenaus Vater ursprünglich
Ephraim! Er nannte sich Emil."[135]

Daß das eine Leserzuschrift aus Hamburg und nicht das Produkt
eines „Angriff"-Redakteurs war, sollte man sich vergegenwärtigen,
um nicht doch in den Irrtum zu verfallen, nur die Berliner Nationalsozialisten oder gar allein ihr Gauführer hätten auf diese Weise po-
lemisiert. Die radikalen Rechten brauchten aber nicht ganz so weit zurück-
zugreifen. Über einige Namensänderungen neueren Datums hatten
die Nationalsozialisten offensichtlich präzise Information: „Louis
Hagen (mit Vatersnamen Levy)" schrieben sie in der Rubrik „So
sieht er aus" über den bekannten jüdischen Bankier und fuhren dann
fort: Das „Leipziger jüdische Familienblatt" klage, daß die wichtigen jüdischen Bankiers sich immer öfter taufen ließen. Die Mitteilungen über Louis Hagen stimmten [136]. Der Änderungsfall ist auch
gut belegt, während die Akten über die besonders häufig be-
schrieene Namensänderung des Maximilian Harden verloren gegangen sind [137]. Um zu zeigen, bis in welches Extrem sich Goebbels
schon in diesem Falle verlieren konnte, sei zitiert, was er anläßlich
des Todes dieser schillernden Figur in seinem „Politischen Tagebuch" publizierte:

„Maximilian Harden ist durch eine Lungenentzündung hinge-
richtet worden. [. . .] der Typ der jüdischen Literaturbestie, die
bedingungslos und ohne Rücksicht das Gastrecht des Wirts-
volkes mißbraucht um ihrem ewigen Trieb zur Zerstörung
frönt. [. . .] Sonst sagt man: ,de mortuis nil nisi bene'! Das hat
bei unseren Vernichtern keine Geltung. Wir bedauern am Tode
dieses Mannes nur, daß er uns die Möglichkeit genommen hat,
auf unsere Art mit Isidor Witkowsky abzurechnen."[138]

Man könnte nun wieder meinen, solch rahmensprengendes Extrem
sei allein Goebbels' Stil. Wir setzen hinzu, was „Der Angriff" am
21. November 1927 dann über den Verstorbenen in der an diesem
Tage ihm gewidmeten Rubrik „So sieht er aus" schrieb:

„Der Tod erbricht sich nicht, als er diesen Unrat mitnehmen

muß. Wie heißt die Kanaille? Isidor Witkowski alias Maximilian Harden."

Nicht nur die obstinate Wiederholung immer wieder derselben Fälle ließ die eigentlich seltenen Namenänderungen der Juden *als* ein ihnen wesenseigenes, allerorts durchgreifendes Täuschungsmanöver erscheinen, so dominant, daß die deutlich zahlreicheren Fälle von Namenänderungen bei Deutschen gar nicht mehr ins Bewußtsein kamen. Die in der Tat sehr häufigen Namenwechsel bei den sowjetrussischen Revolutionsführern wurden derartig oft an den Pranger gebracht, daß eben der Anschein entstehen konnte, den die Nationalsozialisten für ihre Propagandazwecke brauchten: der ganze Marxismus sei eine einzig und allein jüdische Angelegenheit [139]. Die „Berliner Arbeiter-Zeitung" veröffentlichte die Namen der russischen Parteiführung in ganzen Listen – nebeneinandergestellt die „falschen" und die „richtigen" [140]. Im übrigen fand man diese Namen, jeweils korrigiert, in vielen Ausgaben [141].

Zu diesen immer in ganzen Serien auftretenden Fällen traten dann die Einzelmeldungen: Unwidersprochen sei die Nachricht geblieben, daß „General" Dawes, der Urheber des „Ausbeuterplanes" gegen die Deutschen, „in Wirklichkeit Davidsohn" heiße [142]. Der in Ungarn wegen Schändung der Nationalehre verurteilte „Hatvany heißt eigentlich Ludwig Deutsch und ist Jude" [143]. Und im berühmten „Kabarett der Komiker" mußten natürlich um der Stimmigkeit willen *alle* Juden sein: „Der sehr jüdische Herr Niklaus, der eigentlich ganz anders heißt, der ebenfalls jüdische Max Hansen, der aussieht als ob er Hampeles hieße." [144] Je unbekannter und je ferner die der Namenmanipulation Verklagten waren, um so schwerer natürlich die Kontrolle. Wir bieten abschließend ein solches Beispiel, vor allem auch, weil die Überschrift das ganze Problem in genau die Richtung definiert, die für uns aufschlußreich ist.

„Jüdische Mimikry
In der Judenpresse spielt schon seit Wochen der in Budapest spielende Gattenmordprozeß Erdelyi eine große Rolle. Verschwiegen wird ängstlich, daß der Mörder, der seine Frau umbrachte, um in den Genuß der Versicherungssumme zu gelangen, gar nicht Dr. Aladar von Erdelyi heißt, wie er sich nennt. Vielmehr heißt er A r o n   E i c h b a u m und ist ein zu-

gewanderter Galizier, der sich den Adelstitel anmaßte und den Doktortitel zu Unrecht führt."[145] Niemand konnte das genau kontrollieren. Jeder mußte dem Artikel aber entnehmen (und die meisten Leser glaubten es gern): alles Tünche – vom Namen über das Adelsprädikat bis hin zum Doktortitel. Daß man bei den Juden allen Anlaß habe, ihren Namen mißtrauisch zu begegnen und einiges Geschick ins Entlarven zu setzen, war auch die indirekte Empfehlung vor Artur Dinter. An seinem Roman wollen wir ja zeigen, daß dieselben Denkschemata in die reale Welt hineinkonstruiert wurden, aus denen man auch die fiktionale baute. Der geniale, arische Chemiker Hermann Kämpfer hat einen Konkurrenten bei seinem Werben um die schöne (scheinbar ganz arisch aussehende) Halbjüdin Elisabeth Burghamer, den Baron v. Werheim. Dieser wird von seiner Braut höchstpersönlich verhört, weil sie ja den Namen dereinst übernehmen muß: Man sehe ihm „doch zu sehr die Beschneidung an" und auch „welch klotzige Summe Ihr seliger Herr Vater" für die Löschung des „t" in Wertheim auf den Tisch gelegt habe, auf daß man nicht in die Nähe jenes bekannten jüdischen Warenhauses gerückt werde; das erwünschte Ziel sei tatsächlich fast erreicht, wäre da nicht „das verdächtige schwarze Kraushaar" des Herrn Baron, der, so entlarvt, nunmehr seinerseits zum vernichtenden Schlag gegen die allzu Neugierige ausholt: Er bietet ihr im Gegenzug etymologische Aufklärung über ihren eigenen Namen an:

„,Nun bin ich wahrhaftig neugierig!' lachte krampfhaft Elisabeth heraus. ,Burghamer! Ist das nicht ein sehr schöner Name? Klingt der nicht geradezu altgermanisch?'"
Der Stolz weicht schnell verzweifelten Tränen. Sie hört, daß ihr eigener Großvater, „als er nämlich mit seinem Lumpen- und Altkleiderhandel" genug Geld gemacht hatte, mittels Silbentausch aus seinem Namen geflüchtet sei – nicht aus „Hamerburg", wie Elisabeth, schon bangend, zunächst noch zu hoffen wagt. „Entsetzt" erfährt sie: „Ihr seliger Herr Großvater hieß Isidor Hamburger."[146]
Die Parteigenossen, die 1927 das verlorene Dinter-Exemplar per Anzeige im „Angriff" suchen ließen, erfuhren also in diesem ihnen so teuren Roman nichts anderes, als sie es im Parteiorgan der

NSDAP über viele Juden und vor allem über Bernhard Weiß immer wieder lasen: Tünche sei die onomastische Außenfront, die das unfortschaffbar Böse aber letztlich nicht verbergen könne. Eben dieser harmonische Zusammenklang von politisch (pseudo-)analysierter und von imaginierter Welt konnte die komplizierten Verhältnisse einfach und mußte damit jenes Buch tatsächlich unentbehrlich machen. Schon im Jahr 1920 waren 110 000 Exemplare unter die Leute gebracht, die eine Orientierungshilfe offensichtlich gerne annahmen.

Dies also die wirklichen oder unterstellten Namenänderungen. Wie aber mit denen, die einen solchen Wechsel *nicht* hinter sich hatten? Sie mußten auf andere Weise erkennbar gemacht und dazu immer wieder Gewißheit erzeugt werden, daß sie erkennbar *seien* – nicht zuletzt an ihren Namen.

b) Witze über die Erkennbarkeit der Juden.
Erkennbarkeit der Juden im „Angriff"

Es gab nun eine Sorte Namenwitz, die eine bestimmte Eigenschaft „jüdischer" Namen instrumentalisierte. Es gilt als eines der Grundgesetze der Namen, daß sie aus den Begriffsworten entstanden sind [147]. Einer besonderen Feststellung bedarf dies, weil der semantische Sinn meist nicht unmittelbar einsichtig ist, sondern etymologisch erschlossen werden muß. Namen machen gemeinhin die Lautwandlungen der Sprache nicht mit, versteinern also und verdunkeln zwangsläufig ihr Herkommen.

Es ist nun gerade die Namenwahl der Juden zu Beginn des 19. Jahrhunderts eine gute Bestätigung für jenes „Grundgesetz der appellativischen Herkunft". Falls man nicht einen alten hebräischen wählte oder einen im deutschen Namenkorpus schon wohlbekannten, dann formte man selber einen – eben aus Begriffsworten: *Blumenreich, Goldschmidt, Schwarz, Weiß* usw. Gut ein Jahrhundert Sprachgeschichte genügte natürlich nicht, diesen semantischen Sinn zu verdunkeln, wie es bei *Dietrich, Bernhard, Kunigunde, Theodor* (gr.) geschah, die als „Volksherrscher", „Bär-stark", „Geschlecht-Kampf", „Gottes-Geschenk" entschlüsselt zu sehen, für einen Moment befremdliches Erstaunen hervorruft. Bei den „jüdischen" Namen trat der Wortsinn für jedermann noch sehr häufig unverstellt hervor. Das blitzartige Ineinssetzen des Benannten mit dem semantischen Inhalt seines Namens warf einige Humorigkeit ab. So jonglieren allein 27 von den erwähnten 103 Namenwitzen zwischen Name und Begriff, sei es nun, daß der ungebildete Herr Pollack meint, den ihm gerade vorgestellten „Simon Platz" aus Breslau irgendwie mit dem „Markus Platz aus Fenedig" in Verbindung bringen zu können [148], sei es, daß der Vater dem Sohn das „sic itur ad astra" mit: „Mer gehe zu Sterns" übersetzt [149], daß die Scherzfrage, welches wohl die seltenste Firma sei, beantwortet wird mit „Cohn und Selten" oder sei es schließlich, daß der Skatkiebitz verstohlen auf sein Herz deutet, „Herz" vom heimlich Informierten auch ausgespielt wird, der sich dann aber nach Verlust der Partie vom scheinbar untauglichen Kiebitz eine Belehrung gefallen lassen muß: „Ja heiße ich denn Herz? Ich heiße doch Caro." [150] Kurzum, bei „jüdischen Namen" war man in der Welt des Witzes so auf dem „Quivive", daß einem Orientierungsbedürftigen bei einer Fahrt auf dem Vierwaldstädter See die Frage: „Wie heißt denn . . ." gleich abgeschnitten wird mit der Mitteilung: „Ja, ich bin auch Jude." [151]

Die semantische Analysierbarkeit war aber nur ein Spezialfall eines noch zahlreicheren Witztyps. Generell ging man von der Erkennbarkeit der Juden aufgrund spezifischer Namen aus und nutzte das zu allerlei Späßchen. 34 der 103 Namenwitze sind von diesem Zuschnitt, darunter in vielerlei Variationen die Antwort eines Angeklagten: „Samuel Itzigsohn" hatte er auf die Frage des Richters nach seinem Namen geantwortet und die weitere Erkundigung nach seiner Religion verschieden repliziert: „Schon wieder ein Antisemit" sagte er in der einen Variante [152], „Werd' ich sein e Hussit" in einer zweiten und: „Platzen sollen Sie, Herr Richter, – evangelisch!" [153] in einer dritten. Besonders tief blicken läßt auch, welches Mittel der kleine Abraham als letztes einsetzt, als ihn der Mitschüler Kohn bei einer Balgerei an den Rand einer Niederlage gebracht hat: „Laß mich los oder ich schrei ganz laut auf der Straße deinen Namen." [154] Damals hatte jeder das Hintergrundwissen, das allein aus diesem einfachen Alltagsvorgang einen auf witzige Weise bedeutsamen machen konnte.

Wenn nun schon die Welt des jüdischen Witzes so konstruiert war, daß sie von der Erkennbarkeit ausging, um wie viel sicherer meinten sich die Nationalsozialisten fühlen zu können, die eben diese Grundannahme dann in die platte Realität überführten. Dabei hatten sie natürlich kein Ohr für die Namenwitze, in denen auf noch viel pfiffigere Weise genau das Gegenteil zum Ansatzpunkt des Scherzes genommen wurde, wie z. B. der Veilchentau auf dem Potsdamer Platz von einem Herrn mit Monokel (!) gefragt wird:

„Können Sie mir sagen, wo Kempinski ist, Herr Kohn!"
„Woher wissen Sie, daß ich Kohn heiß?" „Hab ich mir gedacht!" „Dann denken Se sech auch, wo Kempinski is!" [155]

Diese gepfefferte Replik schlägt den Angreifer zwar zurück, zerstört die Grundannahmen jedoch nicht völlig. Aber der folgende Witz bewerkstelligt eben dies, und zwar so gründlich, daß die Rechten, jeder Belehrung unzugänglich, hier sicher nur noch über das gängige Klischee „jüdische Unverschämtheit" flüchten konnten.

Die Juden, bemerkt jemand zum alten Moritz Nachmann, hätten doch auf allen Gebieten Bedeutendes geleistet: Gelehrte, Ärzte, Dichter, „aber keinen einzigen General, keinen genialen Strategen, keinen Feldherrn..." „Nu," meint Nachmann verwundert, „und d e r a l t e D e s s a u e r...?" [156]

Selbst die gängigen Herkunftsnamen, die als „gemeinhin jüdisch" qualifiziert wurden sogar noch in den Gesetzen, die 1939 den deutschen Deutschen die Flucht aus ihren „jüdischen" Namen ermöglichen sollten [157], selbst diese konnten den von radikalen Rechten dringend gesuchten Hinweis n i c h t liefern. Über bestimmte Wahrscheinlichkeiten war mit dem Indikator Name selbst in den günstigsten Fällen eben nicht hinauszukommen.

Beim „alten Dessauer" mußten die Nationalsozialisten also die Ohren schließen und sich weitere Reflexionen versagen, und dies nicht nur in dem einen Falle. Den bekannten Schüttelreim

„Das Jodeln übt der Steiermärker,
Im Jüdeln ist der Meyer stärker" [158]

werden sie belacht haben, wie sie auch hofften, daß der *François Maria Meyer ver*lacht werde, den sie höhnischerweise als Herausgeber der „Angriff"-Seite „Der Philosemit" figurieren ließen [159]. Hingegen: Daß eine „Luise Meyer" für ihr Bettenhaus über Jahre hinweg im Reklameteil des „Angriff" inserierte, machte ihnen nichts, nicht einmal am 20. Mai 1929 – als diese Geldgeberin auf der Seite 11 ihr „Haus der Qualitätsware" ganz allgemein, im besonderen aber „Reinhold's Primissima Patent Matratzen" anpries und in eben derselben Ausgabe auf der Seite 5 die Wahl der „Herren" (sic) Max Albert Meyer, Max Grodzinsky und Martin M. Sternberg in den Vorstand der „Berliner Getreide- und Produktenhändler" kritisiert wurde, weil sie die Ware der im Schweiße des Angesichts arbeitenden deutschen Bauern einfach nur verramschten. Haß wird auch verhindert haben, daß die widersprüchliche Spannung in folgender Nachricht auffiel:

„Vor dem Schnellrichter, Amtsgerichtsrat R o s e n t h a l , wurden die beiden Nationalsozialisten Adolf P r e i ß und Josef [!] A b e l [!] wegen unbefugten Waffentragens zu 4 bzw. 3 Monaten Gefängnis verurteilt." [160]

Manchmal spürte man den Widerspruch aber doch und bezog die schlichte Abwehrposition: Am 30. Juli 1928 berichtete „Der Angriff" in der Rubrik „Bücherschrank" auf der S. 3 von Aufsätzen des Rasseforschers Günther in der Zeitschrift „Die Sonne". Nachdem der Herausgeber noch betont hatte, „daß das eigentlich Einigende, allen Gemeinsame im deutschen Volk das nordische Blut ist", las man:

„,Lilienthal als Mensch' bringt eine kurze Schilderung der Erscheinung und des Wesens Lilienthals als eines ausgesprochen nordischen Menschen, jedenfalls keines Juden, wie es nach dem Namen scheinen könnte."

Ähnliches hätte man auch über den Berliner Polizeimajor „Abraham", einen glühenden Nationalsozialisten, schreiben müssen, der Goebbels im Herbst 1930 vor der Verhaftung gerettet hatte und 1944 dann Kommandierender General eines Armeekorps in Ungarn war [161]. Im Notfalle gab man Richtigstellungen von zu Unrecht Getroffenen durch: Der bei einem Bankenzusammenbruch unfreundlich erwähnte Regierungsrat „Abraham" sei nichtjüdischer Herkunft und habe daher die Interessen der Geschädigten *doch* energisch wahrgenommen [162]. Sonst aber schrieb man bei jüdisch markierten Namen (bei biblischer Herkunft, semantischer Analysierbarkeit, bei Herkunftsnamen, Tiernamen, bei verdächtigen Zweitgliedern wie -baum, -stein, -berg, -thal u. ä.) [168] ohne jede Rücksicht auf die sonst verfochtenen Positionen einfach drauf los: vom tapferen SA-Boxer *Haymann* (Rang 24–26 [164]) [165], vom Arbeiter und NSDAP-Kameraden *Hirschmann* (*Hirsch* mit 14 Ableitungen = Rang 9), dem der Schädel mit einer Zaunlatte eingeschlagen wurde [166], vom gleichnamigen Parteigenossen, der ein Jahr später in München sein Leben verliert [167], von *Bechsteins* Sagenforschungen [168], vom fälschlich verfolgten *Eheleben* [169], vom Führer des Bayerischen Bauernbundes *Eisenberger* [170], schrieb weiter vom deutschvölkischen Stadtverordneten *Jordan* [171], von Bruno *Kirschbaum*, der dankenswerterweise das Ausgreifen der Juden in Allenstein angeprangert habe [172] und so fort alphabet-abwärts: Berichte (die wir nicht mehr einzeln nachweisen wollen, dafür stellen wir hinter die „deutschen" Namen immer die Zahl der jüdischen Namenträger aus dem „Jüdischen Adreßbuch" [173]) von den gut national, oft nationalsozialistisch beleumundeten Herren *Kuhn* (16), *Lessen* (1, *Lesser* 94), *Löwe* (53), vielfach der Name *Meyer* (450), von Herrn *Pollack* (24), dem Hauptschriftleiter „unseres Parteiblattes ‚Nationale Zeitung'", Berichte natürlich über Alfred *Rosenberg* (Rang 47–59 + 48 weitere Ableitungen mit *Rosen*-!), eben jenen Chefideologen der Nationalsozialisten (und Goebbels-Feind), der auf der Abschlußkundgebung des Nürnberger Parteitags 1929 „klug und durchdacht" [174] spricht. Es bringt nicht viel weiter, noch mehr aufzuzählen [175], abgerechnet vielleicht jene tapferen Kämpen mit Namen „Weiß": der da in Zweibrücken von einem Militärgericht verurteilt wird, weil er die Trikolore heruntergeholt hat [176], der tapfere Eduard Weiß, der mit einigen Gesinnungsgenossen auf dem Arbeitsnachweis „Rosenthal-Wilhelmsruh" (!) von 50 Kommunisten überfallen wird [177], vorher schon gerühmt als der auf „Vorposten im nördlichsten Berlin" stehende Truppenführer „Eduard Weiß in Rosenthal", der einen wohlvorbereiteten Angriff auf seine Wohnlaube durchstehen muß [178], diese Person, vielleicht identisch mit jenem Eduard *Weiß*, den Goebbels als Angestellten des Gaues entließ, weil er aufdeckte, daß das Bombenpäckchen an den Gauleiter eine von diesem selbst um der Sensation willen eingefädelte Sache war [179], weiter der Kompagnon des Goebbelsverteidigers Graf von der Goltz, ebenfalls „Weiß" mit Namen, und schließlich der Geschäftsführer des „Völkischen Beobachters" Wilhelm Weiß, den sein Berliner Namensvetter Bernhard Weiß in München vor Gericht zog, für den im „Angriff" Entlastungsmaterial gesucht [180] und über den auch sonst immer wieder rühmend berichtet wird.

Und wie nun hier Ignoranz den Nationalsozialisten die Augen zuhalten mußte, damit sie der Widersprüche nicht gewahr wurden, so auch in Artur Dinters Trivialroman „Die Sünde wider das Blut". Graphische und artikulatorische Emphase, obendrein noch ihre verbale Ausmalung wurden da angesetzt, als es galt, die Verzückung zu schildern, die der Name der angebeteten Halbjüdin beim arischen Hermann Kämpfer hervorruft:

„,E l i s a b e t h !' [hebr. ,Mein Gott ist Fülle', D. B.] Das war also ihr Name! Wie ein kostbarer Edelstein, der in einen tiefen Brunnen gefallen war, ruhte der Name nun in Hermanns Herz."

Daß die so Benannte ihrem jüdischen Vater „äußerlich so unähnlich wie nur möglich war, auch innerlich nicht nahe stand", wird in unmittelbarem Anschluß betont [181] und später immer wieder darauf hingewiesen, daß ihr jüdischer Verlobter v. Werheim sich herausnimmt, „Ellichen" zu sagen, obwohl sie doch „den herrlichsten aller Frauennamen E l i s a b e t h trug" [182]. Diese Urteile werden auch nicht revidiert, nachdem die dann mit Kämpfer Vermählte ein ganz jüdisch aussehendes Kind zur Welt bringt.

Gleichviel also, ob in der realen und politisch interessierenden Welt oder in der literarisch-fiktionalen – bei genauem Hinsehen, war es also mit der Erkennbarkeit aufgrund von Namen nicht gut bestellt, nicht einmal im Umfeld der Nationalsozialisten, in das sich natürlich Deutsche mit althebräischem oder sonst zufällig mit jüdisch markiertem Namen meist nicht besonders gedrängt haben dürften. Gleichwohl ließen die Rechten und die „Angriff"-Redakteure nicht ab von ihrem Axiom, daß Jude – Name – jüdische Physiognomie eine Einheit bildeten. Die in dieser Trias angelegten Schlußfolgerungen wurden häufig dargeboten: „Sehen aus wie N. N." lautet die immer wieder gebrauchte Formel, z. B. bei dem Gefolge des „Gustav" (Stresemann), das zu einer Konferenz abreist:

„Lieber beseh' ich mir eine Zirkusdame,
als diese Bahnhofshalle im Hintergrund
mit ein paar dem Salonzug entstiegenen Herr'n,
die, bis auf einen, ausseh'n als hießen sie Cohn oder Stern." [183]
Hier ist das Verfahren vorgebildet, das Goebbels exemplarisch auf
Bernhard Weiß anwandte und das 1939 mittels der Zwangszuord-
nung der Namen „Sara" und „Israel" an allen Juden konsequent
durchgeführt wurde: Wenn sie schon nicht so hießen, so sollten sie
eigentlich doch so heißen.

Vorab mußte man sich auf das Entlarven beschränken, und wenn
dafür die Voraussetzungen fehlten, sei es, daß kein Namenwechsel
vorlag oder die jüdische Markierung nicht deutlich genug war,
dann hatte man eigens Signale zu setzen, die die vielleicht etwas
matte Markierung zu einer hervorspringenden machten.

C. Markierungssignale

Hatte die Entlarvung und Namenakzentuierung eine so zentrale, wichtige Funktion, dann war es günstig, ein standardisiertes Sortiment von Techniken zu haben, die diese Demaskierung auf einfache Weise zustande brachte. Wenn z. B. nur der Vorname markiert, der Familienname aber relativ neutral war, dann setzte man das signifikante Element in *gesperrten Druck*:

> „Erst nach zahlreichen, (über 120!) Einbrüchen konnte der bekannte Pelz- und Konfektionseinbrecher Gulski mit seinen Hintermännern J o e l Altmann, A r o n Walewski, H i r s c h Meß, u. a. m., die alle aus Polen eingewanderte Juden sind, verhaftet werden." [184]

Hier ist alles doppelt gesichert: 1. durch die Nachricht, daß sie Juden *seien* und 2. durch den im Namen steckenden Beweis, daß sie Juden *sind*.

Anführungszeichen bei Nationalitätsbezeichnung konnten die Illegitimitätserklärung besonders wirkungsvoll ausfallen lassen: „der ‚Preuße' Kupferstein, der das Licht der Welt in Warschau erblickte" [185]; ein Dr. Melchior habe in Versailles als Strohmann des Geldjuden Max Moritz Warburg fungiert, „während auf der ‚gegnerischen' Seite der ‚Amerikaner' Felix Warburg der Bruder jenes [...] als Sachverständiger das Geschäft in Gang gebracht" habe [186]. Bei solcher Signalgebung brauchte damals keiner lange, bis er heraus hatte, was gemeint war.

Ausrufungszeichen erbrachten ähnlich sicher zu kalkulierende Effekte: den negativen Bericht über die Firma eines „gewissen Pongracz (!)" glaubte man nicht ungern, weil wiederum jene Doppelbezeugung mitgeliefert wurde: „polnischer Jude" las jeder, obwohl es nicht dastand! Oder: Am Gymnasium in Bingen habe „ein Dr. Aronstein (!)" Reklame für die berüchtigte Friedensgesellschaft gemacht, indem er Kriegsdienstverweigerung propagiert habe. Warum gerade da? „Der Direktor der Anstalt, ein Dr. Adler (!)" – dieser durch Sonderzeichen abgestützte Hinweis genügte schon den meisten, und für Leser, die eines noch deutlicheren Winkes bedürftig waren, setzte man noch hinzu: „Aronstein und Adler – – das sagt genug!" [187] – was es sagte, konnte man aussparen. *Gedankenstriche,* unorthodoxer Weise *vor* einen Namen gesetzt, leisteten auf noch etwas verstecktere Weise dasselbe [188].

Wenn nun aber gar kein Namenelement durch besondere Zeichen in den Fokus gebracht werden konnte, dann sorgte man mit anderen auffälligen, wenn auch nicht mehr so raffiniert wirkenden Mitteln dafür, daß das Jüdische im Vordergrund stand und nicht eine Nachricht unter anderen war: Gegen die Wohnraumentfremdung der NSDAP protestiere die

„Gemeinnützige Tempelhoffeld Heimstätten A. G., die bekanntlich eine Gründung des
jüdischen Kommerzienrates
Haberland" sei [189].

Der ganz unjüdische Name also in normaler Schrift, dafür das sonst nicht zu erkennende, im Namen nicht einmal angedeutete Judesein in massiver Hervorhebung. *Haberland* (= „Haferland") – das *galt* eben nicht als jüdisch, war nicht markiert, was nichts darüber sagt, ob es nicht Juden mit diesem Namen gegeben hat. Es gab sie. Das „Jüdische Adreßbuch von Groß-Berlin" verzeichnet allein zwei; sie stehen umrahmt von 21 *Haber* (einer davon *Paul Haber,* gen. *Müller),* 3 *Habermann,* 1 *Haberer* und einmal sogar *Haberstroh,* was doch direkt aus Grimms Märchen zu stammen scheint und jedem volkstümelnden Rechten ein Kleinod gewesen wäre.

Wir sehen insbesondere am letzten Beispiel noch einmal, zu welchen Uminterpretationen, Denunziationen und zu welch rigider Vorurteilsbildung die Nationalsozialisten gezwungen waren, ehe die jüdische Namenwelt die Konturen zeigte, die die Nationalsozialisten sehen wollten: klare Trennlinien zwischen „Deutschen" und Juden. Radikale Eingriffe waren nötig, um das zu erzwingen.

Wir haben die Namenwaffen mit besonderer Akribie beschrieben. Aber nur so kann ein Bild entstehen, wie gut gerüstet Goebbels und seine Parteileute das Kampffeld betraten. Ehe wir jedoch den Namenkampf gegen Weiß schildern, müssen wir noch das Gelände genauer beschreiben, auf dem er stattgefunden hat. Denn:

Mochte die Rüstung auch für den spezifischen Gegner nun besonders gefährlich sein, nicht jede Waffe ist für jeden Ort gut. Erst wo alle drei optimal zueinanderstimmen: die Gegner, die Waffen und der Ort – da reichen die Auseinandersetzungen über wenig symptomatische Zufallsereignisse hinaus. Die Frage muß also lauten: Welche Voraussetzungen bot der Ort der Auseinandersetzungen, die namenpolemischen Potentiale besonders wirkungsvoll zum Einsatz zu bringen? Um das zu beantworten, müssen wir unseren historischen „Umweg" beenden. Wir kehren endgültig ins Berlin der zwanziger Jahre zurück und wenden uns ganz den beiden Kontrahenten, dem Namenkrieg des „Angriff" und Weiß' gerichtlicher Gegenwehr zu.

IV.
Der Namenkampf

A. Der Kampfplatz Berlin

Als Goebbels, gerade ein Jahr in der Reichshauptstadt, am 29. Oktober 1927 seinen 30. Geburtstag feierte, überreichten ihm die Berliner Parteigenossen zunächst einen Maulkorb, d. h. „eine gesetzlich geschützte Isidor-Maske", mit der Aufschrift: „Durchaus verfassungstreu" und dann ein Gratulationsschreiben: „Wir Balina brauchen een, der uffmeebelt, wissen Se, so mit Schwunk und Jrazie. Weil wir det wissen, det Sie wat kenn, [...] Also hoch zu vaehrenda Doktor, wehrta Volksjenosse, wir jratulieren also wie jesacht und winschen Sie allet Jute vor die Kempferei, wat uns jar nich doll jenuch herjehen kann; unn ibbahaupt mit Sie, wo allet mitmacht."[1] Was verstanden „die" Berliner unter „Schwunk und Jrazie", und wie konnten diese Kategorien in ihre Sprache Eingang finden? Natürlich ist die Ausdrucksweise selber ein Beispiel von dem, worum es hier geht: um den Berliner Humor. „Schwunk und Jrazie"? – hinter den kampfbereiten Volksgenossen lag ja schon die „Pharusschlacht", die kriminellen Prügel- und Schießereien vom Bahnhof Lichterfelde-Ost. Auch Pfarrer Stucke wußte schon, was damit gemeint war. Und wie es in den politischen Auseinandersetzungen zu einer bisher nicht gekannten Radikalisierung kam, so wurde auch jener mindestens so berüchtigte wie berühmte Berliner Witz verschärft. Natürlich waren die Auseinandersetzungsformen Goebbels' nicht einfach die der Berliner. Aber was deren Humor anlangte, da gab es für den Gauführer doch Ansatzpunkte. Er war also auch hier keiner „genialischen Einfälle" und noch weniger irgendeines Paktes mit teuflischen Mächten bedürftig. Das Gelände war vielmehr für einen spezifischen Kampfstil vorbereitet, und ohne diese Präparation wäre eine Auseinandersetzung dieser Art kaum möglich gewesen.

1. Der Berliner Witz

Will man die Radikalisierung kennen, so ist es günstig, die Normalform zu betrachten. Wie ist also der Berliner Humor beschrieben und analysiert worden? Von den seriösen wissenschaftlichen Untersuchungen, zum Beispiel der Geschichte der Berliner Sprache von Agathe Lasch, bis herab zu den einfachen Witzsammlungen mit schlichter Einleitung besteht Einigkeit: Der Berliner ist „schnoddrig" [2]. Mit seiner deutschlandweit, ja in ganz Europa bekannten „großen Schnauze" [3] neigt er zur besserwisserischen, aggressiv [4] klingenden Überheblichkeit [5]. Seine Freude hat er an scharfer Kritik [6], an amüsanter Schlagfertigkeit [7], an „kesser Zurechtweisung", die sich oft „herb und von verblüffender Deutlichkeit" ausnimmt [8]. Die Nichtachtung des anderen geht „bis zur völligen Ehrfurchtslosigkeit" [9]. Uneinig ist man, wie diese spezifische Eigentümlichkeit entstanden ist: Wolfgang Schadewaldt meint, daß hinter allem „unstreitig" „die charakteristische niederdeutsche Spottlust und Schelmerei" stecke [10]. Hans Ostwald [11] und Franz Lederer [12] leiten eher aus soziologischen Bedingungen der Großstadt ab, in der der Lebenskampf härter, die Gewandtheit der Bewohner eine Überlebensvoraussetzung ist. Wie auch immer – es steht fest, daß es schon aus dem Jahre 1823 eine Äußerung eines Mannes gibt, dessen gemessene Selbststilisierung ihn zu feiner Beobachtung gerade des Berliners sehr wohl befähigte:

> „Es lebt aber, wie ich an allem merke, dort ein so verwegener Menschenschlag beisammen, daß man mit der Delikatesse nicht weit reicht, sondern daß man Haare auf den Zähnen haben und mitunter sogar etwas grob sein muß, um sich über Wasser zu halten." [13]

Goethe sagte das am 4. Dezember des Jahres zu Eckermann, ein Diktum, das hier seinen guten Platz hat, weil wir ja mit der Beobachtung weitläufiger Traditionen befaßt sind.

Es ist nun immer wieder betont worden, daß die verklagte Schärfe ein Gegengewicht habe. Die beste Formel laute: „Schnoddrig, aber von jutem Herzen" [14]. Auffällig war wohl weniger das gute Herz als die „Schnauze" [15]. Wolfgang Schadewaldt argumentiert gegen solche schon damals gängigen Einschätzungen: „Man macht den ‚auf den Arm Genommenen‘ nie verächtlich, sondern appelliert, gleichsam aus vorgegebenem Einverständnis, an den schnellen Verstand des anderen, [...] trumpft ihm das Witzwort hin, in der Erwartung, daß er entgegentrumpft, um wieder darauf zu trumpfen". Anschließend bietet er dafür Beispiele: Ein Taxifahrer, von einem korpulenten Herrn um Mitnahme gebeten: „Nehmen Se’t mir nich übel, aber woll’n Se *janz* mit?" Wirklich nicht verächtlich? – auch der folgende nicht? In einem Warenhaus fertigt ein Pförtner einen Kunden ab, der seiner Frau etwas Besonderes schenken will und fragt: „Führen Sie auch Affen?" – „Schon! Aber im Augenblick kann ich meinen Platz nicht verlassen." Man kann, man braucht hier nicht zu streiten, denn fest steht: Im Bedarfsfalle konnte der Berliner Schnauze auch ohne Herz bieten.

Diese pure, durch nichts gezügelte Frechheit, dieses – Goebbels ausdrücklich attestierte – „Klappe bis hinten aufreißen" [16] findet sich im „Angriff" fast auf jeder Seite. Damit die Perspektiven klar sind, ehe wir zu Weiß und Goebbels übergehen, bieten wir kurz einen „Scherz", der jenem Affenwitz (wegen einer ähnlich überraschenden Identifizierungsleistung) verwandt ist:

Orje erzählt, wie sein Freund, „Rohrleja Franze" Baumann, zu „Siechfried Lewi" kommt wegen eines Rohrbruchs; im „Hintajrund steht die Olle", während Herr Lewi dem Helfer den Wasserschaden zeigen will: „So nu wer[de] ich Sie mal jleich mit det Hauptübel bekannt machn." Franze aberst vasteht dat andas unn vabeucht sich vor Frau Lewi: „Sehr anjenehm, jnedije Frau!" [17]

Nun finden sich auch bei Agathe Lasch Passagen, die die Härte des Berliner Humors abmildern, aber auch eine über seine wahre, gut verdeckte Quelle. Diese ist von einer Art, daß plötzlich klar wird, wieso Goebbels, der Zugereiste, in diesen spezifischen Stil verbaler Aggressivität besonders gut einsteigen konnte. Analytisch geschickt, stellt die zu Unrecht vergessene Sprachwissenschaftlerin das „Mi könnt se al!" der Hamburger gegen das großsprecherische „Uns kann keener!" der Berliner. Der erste Satz dokumentiere das „verachtende selbstsichere Gefühl jahrhundertelanger Überlegenheit". Im Berliner Diktum versuche aber nur die an sich selbst „*zweifelnde* Überlegenheit" des Parvenu sich über seine wirkliche Unsicherheit hinwegzubringen [18]. Eine solche Reaktionsform paßte genau zu Goebbels' kompensatorisch strukturierter Psyche.

Es wird nun mehrfach betont, daß der Berliner Witz „seine Fruchtbarkeit aus dem Sprachlichen" beziehe, wobei ihm da seine Fähigkeit zu Hilfe komme, „sehr schnell [...] den Doppelsinn eines Wortes humorvoll spöttelnd aufzufangen" [19]. Wir übergehen hier die Masse der besonders witzigen Wortverdrehungen („Fliegende Holländer" – „Liejende Flohhändler", „melancholisch" – „melanklöterich", „Die Elektrische" – „die Epileptische"), die bei Franz Lederer systematisch gesammelt sind [20], und zitieren, ehe wir zeigen, wie das bisher Erwähnte für die uns interessierende Witzsorte genutzt wurde, noch einmal Agathe Lasch: „Ein guter Teil der Berliner Witzwortbildungen der Neuzeit sind Namens-[!] und Denkmalwitze." [21]

Wir machen nun die Probe aufs Exempel, ob im „Angriff" tatsächlich der Namenwitz (Verdrehungen, Entstellungen, „Verquatschungen") eine besonders exponierte Rolle spielte, um so den Fall „Isidor" in den richtigen Beurteilungs*rahmen* zu bringen.

2. Namenpolemik im „Angriff"

Vornamen gelten als äußerst plastische, dauernd veränderbare Wörter. Im Familienkreise sieht darin selten jemand bösen Willen. In öffentlichen Zeitungen aber den intimeren, näher an der Individualperson stehenden Teil des Gesamtnamens immer wieder verstümmelt zu sehen, würden doch viele als einen Übergriff empfinden. Da es dem „Angriff" aber just auf solche Übergriffe ankam, findet man da: den Georg Bernhard *Schorschi/Schorschel* [22] genannt, die Elisabeth Bergner immer *Lieschen/Liesbet* [23] tituliert, Max Ehrlich zu *Maxe* [24], Theodor Wolff zu *Teddy* [25], Siegfried Jakobson zu *Sigi* [26] entstellt und Leopold Jessner permanent als *Poldi* [27] angegangen. Naive konnten hier noch meinen, die Personen würden auch wirklich häufig so genannt. So eine Auffassung konnte beim kompletten Raub des Vornamens nicht mehr vorkommen, wenn man z. B. auf einer Karikatur über „Don" Wirth den „Sancho" Severing als Begleiter sah [28], oder wenn Orje berichtete, weil die Bibel veraltet sei, habe Gott „den Young-Plan feialichst an Moses Brüning" übergeben [29]. Wer diese Ironisierungen vor Augen hat, könnte noch an einen Druckfehler glauben, wenn er in Goebbels' „Politischem Tagebuch" 1929 von *Gerog* Bernhard liest (Nr. 25, S. 3). Wer allerdings die Fakten des nächsten Abschnittes kennt, wird nicht mehr zweifeln: Das war absichtlich verdreht.

Entstellende Manipulationen waren auch bei Familiennamen gang und gäbe: *Israel* fand man in seltsamer Verschriftung wieder, als die „Angriff"-Redakteure im ersten Jahrgang namenpolemisch beschrieben, wie es zugehe, wenn die Juden eine Straße „eroberten":

> „Alles läuft hin ... Das Gesicht der Straße ändert sich. Der Isaak, der Veilchenfeld, der Moses, der Buddick, der Israöl – und noch und noch." [30]

Reichstagspräsident Löbe sah seinen Namen zu „Löwe (wild)" verunstaltet, Hugenberg zu „Klubenberg", Kaas als „Katz" (Rang 30–38!)[31], und den Außenminister nannte man einfach „Gustav, der Mann Strese" [32].

Unfeines Raffinement entwickelte die „Angriff"-Redaktion auch im Konstruieren despektierlicher Doppelnamen: *Korn-Thälmann* nannte sie den Führer der KPD, um ihm bestimmte Lebensgewohnheiten fest anzuhängen [33]. Dem Reichskanzler möbelte man seinen Allerweltsnamen hämisch mit *Müller-Versailles* auf [34], und der SPD-Fraktionsführer fand sich als „im Volksmunde": „Barmat-Heilmann" wieder [35]. Die Parteinamen selber interpretierte man so um: „Seelische Prostitution Deutschlands" [36] oder „Sklarak Partei Deutschlands" [37]. Nun war diese Praktik keine Erfindung der NSDAP, aber die Massenhaftigkeit dieses polemischen Tricks zeigt doch, wie diese Partei in ganz besonderem Maße auf argumentationsferne und umstandslose Destruktion im ganz persönlichen Bereich fixiert war. Das tritt noch deutlicher hervor, wenn wir nun zu den häufigen Wort-/Namenverdrehungen und dann zu den alles überflügelnden Semantisierungen der Namenwelt übergehen.

3. Die semantische Destruktion von Namen

Da waren die „Jungdofen" (= der „Jungdo" (= „Jungdeutscher Orden")) [38], das „Acht Uhr Affenblatt" („Abendblatt") [39] und die „Welt am A–bend" [40]. Da gab's den „Reichsjammer-Mostrich" (= „Reichsbanner Schwarz-Rot-Gold") und den Centralverein „harmloser Passanten" (= „Central-Verein deutscher Staatsbürger jüdischen Glaubens")[41]. Was nun aber die Namenpolemiken anlangt, die man aus den zugrundeliegenden oder unterschobenen Begriffsworten herleitete, sind sie so zahlreich, daß man die Darstellung nur dadurch im Rahmen halten kann, daß man ein besonders markantes Beispiel nach vorne stellt und dann zu skalarischer Aufzählung übergeht.

Am besten können Äußerungen über Reichsbankpräsident Schacht zeigen, daß die Sprachverwendung der Nationalsozialisten an Brutalität *und* Trivialität kaum mehr zu übertreffen war. „Der Illustrierte Beobachter" mahnte die Deutschen:

„Nun, Michel, fromm im Knechtsgebaren,
laß alle deine Hoffnung fahren:
Jetzt wird an dir trotz deinem Schacht
die Schächtung restlos ganz vollbracht!" [42]

„Wird Schacht geschächtet?" lautete die Überschrift im „Angriff" am 24. Oktober 1927 auf der ersten Seite. Im März 1929 waren dann bei Berichten über die Reparationskonferenz in Paris die Rollen ganz anders verteilt. Nicht mehr *trotz* Schacht kam da Gefahr auf, auch war er selber nicht mehr gefährdet, sondern nun war „Herr Dr. Schacht der deutsche Hauptdelegierte beim Schächtungskongreß". In der nächsten Ausgabe schon war „Herr Dr. Schacht, der deutsche Schächtmeister" [43]. Und jetzt tabellarisch weiter:

Apfel (bekannter jüdischer Rechtsanwalt) – Da der noch berühmtere Verteidiger Dr. Frey schon genug Skandalprozesse habe, müsse sich Adi Höhler (der kommunistische Mörder Horst Wessels) „schon mit einem Apfel begnügen" (Angr. 1930 77, S. 2),
Ausländer, Dr. „(er heißt nicht nur so)" (Angr. 1928 27, S. 7),
Böß (Berlins Oberbürgermeister) „Uns plagen böß-e Zweifel. Wer ist Gustav" [44],

236

Hamel (Rektor der Berliner Universität) „so ein richtiger, wohlgeratener Hammel" (der uniformierte Auftritte der SA-Studenten verboten hatte, Angr. 1929 12, S. 4),

Gerhart Hauptmann – „Gerardo Capitano" [45],

Haase, Dr. Ludwig „Oberjude", „sein Name sei in Wirklichkeit Hase [...] und wisse von nichts" (Angr. 1928 21, S. 3),

Hugenberg – die Sonne hinter dem „trutzigen Hugenberg" hinabgesunken (Angr. 1927 8, S. 5),

Kerr-Kempner, Alfred – „Herr-Klempner" [46], „Kritikerr" [47]

Kleefeld (die jüdische Frau Stresemanns) – Stresemann zum Republikschutzgesetz, das als sein Kind imaginiert wird: „Mein Sohn, du springst im Kleefeld zu doll rum" (Angr. 1927 4, S. 2),

Kürbis (Oberpräsident) – „Der Kürbis von Schleswig-Holstein" [48]

Lau (Gastwirt, der verwundetem SA-Mann den Zutritt zu seiner Kneipe untersagte) „Die Lauen aber, Herr Lau [...]" (Angr. 1929 60, S. 7),

Lewy-Brühl – „Prof. Lewy-Brüll" (Angr. 1927 14, S. 1),

Müller (Reichskanzler) – „der eben ein Müller ist und ein Müller bleibt" (Angr. 1929 41, S. 1),

Sollmann, SPD-Politiker – „Soll man Sollmann glauben/ – [...] Löbe soll man loben" (Angr. 1927 1, S. 7),

Stucke (Pfarrer) – „Pfarrer Schlucke vor den Richtern" (Angr. 1928 9, S. 2; 7, S. 4),

Schleicher (General) – „die wir die ‚Schleicherei' im Reichswehrministerium genau beobachten" [49].

Zuckmayer – „Schinderhannes. O du zucker-zucker-zuckmayersüßes Hänschen!" (Angr. 1927 17, S. 5).

4. Denkmalwitze

Im Uminterpretieren waren die Nationalsozialisten – und ebenso wohl die Berliner mit ihren Namenwitzen geübt. Diese Fähigkeit beweisen sie auch mit den oben erwähnten „Denkmalwitzen" [50]. Sie stellen jene Seite des Berliner Witzes unter Beweis, die die Nationalsozialisten gegen den Polizeivizepräsidenten ins gefährliche Extrem trieben: die berühmte „Respektlosigkeit [. . .] gegenüber der Obrigkeit" [51]. Dem vom Pferde aus mit ausgestreckter Hand ebenso milde segnenden wie sanft gebietenden Friedrich Wilhelm III. unterlegte man die Worte: „Ick jlobe, et drippelt schon". Das reichlich mit Löwen bestückte Nationaldenkmal interpretierte man als „Willem in der Löwenjrube". Für das draußen an der Heerstraße stehende Läuferdenkmal erfand man die Umwidmung: „Die letzten Steuerzahler verlassen, bis aufs Hemd ausgezogen, fluchtartig Berlin."

Es könnte nun den Anschein haben, als mildere das bisher über den spezifischen Berliner Witz Gesagte ab, was Goebbels und sein „Angriff" boten. Es soll aber nur zeigen, an welche Traditionen sie anknüpfen konnten, und vor allem soll es die Linie markieren, die von ihnen *übertroffen* werden mußte, wenn sie besondere Aufmerksamkeit erregen und das polemische Bewußtsein auf Bernhard Weiß konzentrieren wollten.

5. Berlin als „Jerusalem"

Jetzt sind die Vorgaben des besonderen Kampffeldes beschrieben – bis auf seine Topographie. Denn auch hier spielt die Namengebung und ihre Uminterpretation eine wichtige Rolle.

Im Namen der Stadt, ihrer Viertel und vor allem in den Namen ihrer Straßen ist ja nicht nur die Geschichte des Gemeinwesens als ein staatlich festgeschriebenes Gedächtnis hinterlegt. Ein Gutteil der Selbstinterpretation und Zukunftsentwürfe einer Stadt kann man aus ihren Straßennamen entwickeln. Welches Feld eröffnete sich hier für Goebbels und seinen „Angriff", nachdem ja die Bewohner schon konsequent in jenes Zweierschema „gut vs. böse" = „echte Deutsche vs. gefährliche, alles an sich raffende Juden" eingeordnet waren?

Das von den Juden in Wirklichkeit schon längst eroberte (noch so gerade von der NSDAP zu errettende) Berlin konnte eigentlich nicht mehr Berlin sein. „Neu-Jerusalem" [52] war es. Konsequenterweise bot sich da die Gelegenheit, eine Fahrt in den „Orient" zu machen [53], um dann in der Münzstraße oder auf dem Kurfürstendamm ganze „asiatische Provinzen" zu besichtigen. Indes, der Kurfürstendamm war es gar nicht mehr. Der „*Kohn*fürstendamm" war es in Wirklichkeit [54]. Und die Nationalsozialisten, die zur erkennungsdienstlichen Behandlung zum Alexanderplatz gebracht wurden, kamen da natürlich auch nicht mehr ins „Polizeipräsidium", sondern in ein Gebäude mit ganz anderem Namen, den wir hier aber noch nicht nennen, weil er – von dem des dort residierenden Vizepräsidenten abgeleitet – ins Zentrum jenes onomastischen Kampfes gehört, den der stellvertretende Hausherr mit Gauleiter Goebbels durchfocht [55].

Wo aber lag dann nach so viel toponymischen Uminterpretationen dieses nur noch scheinbare Berlin und wirkliche „Jerusalem" [56]? Es lag nicht mehr in Deutschland, sondern in „Israel", das denn auch bei einer schweren Krankheit von Stresemann sogleich in Trauer fällt [57]. Ja, warum denn, frug „Der Angriff", sollten die Juden auch nach „Palästina" zurückgehen, wenn sie doch in „Barmatien, dem Land ihrer christlichen – Nutten" bleiben könnten [58], wo doch nicht nur die „Barmatokratie herrscht" [59], sondern wo auch die „Liebe des Jordanlands" den Herrscherthron der Juden sichere [60]. Und schließlich: *Wann* trug sich dies alles zu? Nicht im „Berlin" der zwanziger Jahre, sondern „in diesen Barmatischen Zeiten", in denen die Nationalsozialisten Gefängnisstrafen als „Orden und Ehrenzeichen" annahmen [61] – übrigens auch eine Uminterpretation, freilich eine nichtsprachliche.

So imaginierten die Nationalsozialisten eine durch Namen vollkommen homogenisierte Gegenwelt. Wenn nun aber die Stadt Berlin in Toponymen schon ein Gedächtnis festgeschrieben *hatte,* das den Juden ihren gebührenden Platz einräumte, z. B. indem man dem Produktionsort der weltweit berühmten jüdischen Zeitungen den Namen „Jerusalemer Straße" gab, dann bedurfte es keiner Uminterpretation mehr. Dann konnte Goebbels direkt höhnen, daß „ein wildgewordener Tempelknabe aus der Jerusalemer Straße" wirres Zeug zum Tode Stresemanns geschrieben habe [62].

Nach 1933 hatten die Nationalsozialisten Gelegenheit, die Welt – auch die Welt der Namen – so umzugestalten, daß sie zu ihrem manichäischen Wahn paßte: Ausmerzung aller „jüdischen" Straßennamen, Zwangsbenennung der offensichtlich *immer* noch nicht deutlich genug erkennbaren Juden und Bedrängen der Volksgenossen, die noch an ihren „jüdischen" Namen festhielten, endlich onomastisch reinen Tisch zu machen.

Wir haben, unmittelbar bevor wir zum „Kampf um den Namen ,Isidor' " kommen, die Linien der Geschichte in Richtung Zukunft durchgezogen. Denn ohne sich vor Augen zu rücken, was aus diesen Namenproblemen wurde, wird man ebensowenig Beurteilungsmöglichkeiten für jenen dramatischen Fall haben, wie wenn man die Augen verschlösse vor der Tatsache, wie gut das Kampffeld durch bestimmte historische Vorgaben präpariert war.

B. Namenkampf gegen Bernhard Weiß oder: „Isidor" – die Symbolfigur des „Systems"

Es soll zuerst ein plastischer Eindruck vom Schmähnamen „Isidor" in seiner ganz ungeschminkt direkten Verwendung gegeben werden. Eine historisch-erzählerische Komponente wird mitlaufen, so daß auch die Zeit fühlbar und die spezifischen Höhepunkte des Namenfeldzuges erfahrbar gemacht werden. Anschließend bieten wir eine systematische Analyse der konsequenten Destruktion sämtlicher Namen von Weiß. Dabei versuchen wir jetzt so zu schildern, daß die besonderen, in der biographischen Exposition hervorgetretenen Angriffspunkte bei Weiß als Hintergrund wieder sichtbar werden.

1. Der Beginn und Verlauf der Namenpolemiken

a) Wer hat den Schmähnamen erfunden?

Nach allem, was bisher vorgetragen worden ist, wird diese Frage keiner mit: Goebbels beantworten. In der Nachkriegsliteratur hat man es allerdings dem „genialischen" Propagandisten zugeschrieben [63]. Sogar Goebbels selbst und seine parteioffiziellen Biographen haben es anders dargestellt:

„Der Himmel mag wissen, wie er an den Vornamen Isidor gekommen ist. Wir haben uns späterhin davon überzeugen müssen, daß ihm dieser Name angehängt worden war und daß er in Wirklichkeit den unverfänglicheren Bernhard trägt. Allerdings muß ich gestehen, daß, wenn der Name Isidor nicht wahr, er doch mindestens gut erfunden ist. Es bewies sich hier wieder einmal der unverdorbene und treffsichere klassische Berliner Volkswitz, der einen Mann mit einem Vornamen belegte, der ihm zwar nicht zustand, der aber außerordentlich gut für ihn zu passen schien."[64] Auch Wilfried Bade spricht 1933 in seiner Goebbels-Biographie so, freilich mit dem Zusatz: „innerhalb einer Stunde"[65] habe der Berliner Volkswitz den Namen erfunden – also auch hier die konsequente Verdunkelung der weit in die Vergangenheit laufenden Linie.

Es steht in der Tat fest, daß die Nationalsozialisten schon mit der Schmähung „Isidor" arbeiteten, als Goebbels noch gar nicht in Berlin war: Am 29. August 1926 zählte die „Berliner Arbeiter-Zeitung" die Exponate auf, die man in der großen Polizeiausstellung *nicht* zu sehen bekommen werde: „1. goldener Zahnstocher [...] 5. ein Ölportrait: Regierungsdirektor I. (sic) Weiß (ohne Jom-Kippurkäppchen)"[66]. Der erste greifbare Beleg stammt aus kommunistischer Quelle, und zwar vom Juli 1923. Damals wurden die Vorgänge im Zirkus Busch gerichtlich untersucht und Weiß vernommen, weil er die rechtsradikale Versammlung der Rathenau-Gegner nicht verboten hatte. „Isidor" nannte ihn die „Rote Fahne" dreimal und publizierte überdies ein antisemitisch angehauchtes Gedicht über ihn[67]. Auch nach Weiß' Amtsenthebung wegen seines allzu festen Zugriffs auf die sowjetische Handelsmission brachte „Die Rote Fahne" eine hämische Überschrift: „Der kleine Moritz im Pech oder Isidor Weiß als völkischer Held."[68] Die Kommunisten, als die eigentlichen Erfinder – das würde auch zu Goebbels' Einlassungen passen. Er hat ja betont, daß er seine Propagandatechnik der KPD abgeschaut habe[69]. Es kann aber keinem Zweifel unterliegen, daß angesichts der bestehenden namenpolemischen Traditionen auch die radikalen Rechten sehr früh auf die Benennung „Isidor" gekommen sind. Es dürfte wohl eher Zufall sein, daß ein solch früher Beleg nicht greifbar ist. Alles, was den Rechtsradikalen als spezifisch jüdisch vorkam und bekämpft werden sollte, wurde doch mit Spottnamen attackiert. Bei Maximilian Harden steht zum Beispiel fest, daß er, geboren als Felix Ernst Witkowski[70], von den Rechtsradikalen systematisch mit „Isidor" angegriffen worden ist, und zwar weit vor jener Zeit des faßbaren „Erstbelegs" aus kommunistischer Sphäre. Er selber hat das in einem entscheidenden Moment dargestellt und so viel Grundsätzliches hineingelegt, daß es in den Anmerkungen ausführlicher zitiert sein soll [71]. Die Prioritätsfragen zu entscheiden ist ohnehin nicht so wichtig, wenn man sich an die Fülle unserer Beweise erinnert, seit wie langer Zeit Rechte mit diesem Spottnamen Juden anzugreifen gewöhnt waren. (S. o. S. 170 ff.) Hält man sich diese Fakten vor Augen, ist der scheinbar einfallsreiche Goebbels dann zum Normalfall gekürzt? Daß Weiß nicht einen einzigen Prozeß wegen der Namenverdrehung gegen Kommunisten geführt hat, gibt einen Wink, daß er einen Unterschied gesehen haben muß. Dieser tritt hervor, wenn wir die erste Erwähnung von „Isidor" im „Angriff" (in der dritten Nr.) und den ersten ganz der Namenpolemik gewidmeten Leitartikel Goebbels' analysieren.

„Völkische Rüpelei
Einer der höchsten Würdenträger unserer Stadt schreibt uns: Obwohl mein jüdisches Aussehen schon von weitem auch für Kurzsichtige nicht zu verkennen ist, ereignete sich gestern abermals der Fall, daß ich von einigen Deutschen unehrerbietig gegrüßt wurde, und zwar waren es wiederum Individuen, die mich anscheinend sehr genau kannten, da sie mir meinen u r -
s p r ü n g l i c h e n Namen „Isidor" nachriefen, den ich seinerzeit wegen meines zeitweiligen Austrittes aus der jüdischen Abstammung abzulegen gezwungen gewesen war."
Schon hier zeigt sich: Es wird nicht einfach ein anderer Name gesagt, sondern ein ehrloser Namenswechsel unterstellt. Es geht nicht um allgemeine Verachtung; betrieben wird umfassende Illegitimitätserklärung der ganzen Person.

b) Goebbels' Leitartikel gegen „Isidor"

Der erste von insgesamt sechs Leitartikeln, die ganz Bernhard Weiß gewidmet waren [72], erschien in der Nr. 7 am 15. August 1927. Er war offen mit „Isidor" überschrieben, ging dann aber zu einem anderen Namen über, der aus systematischen Gründen erst später abgehandelt wird (s. u. S. 279). Hier soll er zuerst nur mit X wiedergegeben sein. Goebbels begann:

„Mein Name ist Hase. Ich wohne im Walde und weiß von nichts."

Diese Redensart flockig ausspinnend, imaginiert Goebbels nun, er wohne eben nicht mehr im Walde, sondern in China, wo er natürlich auffällig sei.

„Denn ich heiße ja Hase und sehe aus, als ob ich ein Deutscher wäre. Man würde mich also sofort als solchen erkennen können. Ja, ich glaube, die Kinder würden auf der Straße stehenbleiben und rufen: ‚Das ist ja Hase!‘ Aber auch da wüßte ich mir zu helfen. Ich ließe mir einen langen Zopf wachsen, träte aus dem deutschen Aussehen aus, legte meinen ehrwürdigen Namen Hase ab und nennte mich: ‚X‘."

Goebbels nutzt hier den im Namen steckenden Begriff. Aus einem Eigennamen „Hase" kann man über das Aussehen eines Menschen gerade nichts folgern, bei einem „Hasen" („im Walde") aber sehr wohl. Die alteingesessenen Bewohner weisen den offen-sichtlichen Fremden ab:

„Wir sitzen schon tausend und mehr Jahre auf chinesischem Boden. Unsere Väter haben dieses Land urbar gemacht und [...] seine Scholle mit dem Leben verteidigt."

Daß den Weltkriegsteilnehmer Weiß, dessen Familie ja seit Generationen in Deutschland war, eine solche namenpolemisch „gewürzte" Fremdheitserklärung an einem besonders empfindlichen Punkt treffen mußte, ist klar. Goebbels spinnt das Märchen aber noch weiter aus: Die Chinesen sind so dumm, ihn als „X" zum Polizeipräsidenten zu wählen. Opposition kommt auf.

„Was will X? Er ist ja gar nicht aus unserem Volk! X heißt eigentlich Hase und wohnte im Walde."

Der Polizeipräsident reagiert scharf:

„Wer mir noch einmal ‚Hase!‘ nachruft, der hetzt zum Klassenkampf auf. Ich verbiete das, und wer mein Gesetz übertritt, den sperre ich ein!"

Hier ist es noch deutlicher: Es geschieht etwas anderes als die Benennung einer Person mit „Isidor"/„X", auf daß man dann – nach Namengebung (Referenzfestlegung) – andere Aussagen (Prädikationen) über diese Person zuwegebringen kann. Hier wird der Name *selbst* zum *Thema* gemacht und wichtige Prädikationen in *ihm* versammelt, dergestalt, daß er schließlich Sinnbild für ganze Problemkomplexe ist: Aus dem (finstern) Walde stammend, maskiert sich da einer als „X", vermag so zuerst ein ganzes Volk zu täuschen und dann zu unterdrücken. Doppelfunktion hat der Name also: Er dient der Identifizierung (Referenzherstellung) *und* bringt gleichzeitig die Demaskierung zuwege, die dann Agressionspotential liefert. Die so angereizte Abstoßungsreaktion des Volkes ist sicherlich kein „Klassenkampf", wie Goebbels sagt. Es ist „Rassenkampf", den Goebbels mit seiner „Isidor"-Kampagne führt.

Es soll nicht weiter darüber reflektiert werden, daß Goebbels in dieser Geschichte den Namen „Hase" aus einer Redensart nahm und so bewerkstelligte, daß bei jeder Nennung – allein schon wegen der Assoziation „Hasenfüßigkeit" – wiederum Hohn über den wirklich gemeinten Weiß gegossen wurde, dies mit dem Endergebnis, daß kein seriöser Name übrig blieb, der die Person schlicht und einfach nur *bezeichnete* (Referenzfestlegung *ohne* gleichzeitige Bewertung). Wohl aber soll hier schon gesagt sein: den Namen „X" – natürlich ein fremdartig chinesischer – vermochte Goebbels trotz aller weiterer Anstrengungen Weiß *nicht* anzuhängen. Ohne den tragenden Sockel einer langen namenpolemischen Tradition vermochte also auch Goebbels keine Erfolge zu erzielen.

„X" verschwand nach und nach. *Isidor* blieb. Am 9. April 1928 druckte „Der Angriff" den zweiten Leitartikel gegen den Polizeivizepräsidenten: „Angenommen!". Hier operierte Goebbels schon ganz direkt, indem er auch im Text immer wieder „Isidor" sagte. Inzwischen hatte Weiß, in jeder Ausgabe vielfach angepöbelt, sechs Strafanzeigen gegen den „Angriff" gestellt [73]. Außerdem hatte er einen seiner Untergebenen vor Gericht gezogen, der im Diensttelefonbuch des Präsidiums den Namen des Polizeivizepräsidenten eigenhändig in „Isidor" geändert hatte [74]. Kein Zweifel, Weiß' Autorität konnte in Gefahr kommen, aber durchaus Zweifel sind angebracht, ob er sie durch diese Art Gegenwehr stabilisierte.

„Angenommen!
Ich heiße Fridolin – beispielsweise. [...] Eine Gruppe von Menschen setzt sich nun in den Kopf, ich heiße Max und nicht Fridolin."
Jetzt beginnt ein ähnliches Spiel wie im ersten Artikel – nur auf eine

direktere Weise und mit Ergebnissen, die die Essenz des Verfahrens noch besser zeigen. Der *Max* Genannte protestiert, und es werden verschiedene Reaktionsmöglichkeiten angeboten: Ein Vermahnter lüftet z. B. freundlich den Hut und antwortet:

„ ‚Siehst du, Fridolin, das mit dem Max war nur so eine Marotte von mir; sei mir nicht böse, ich wollte dir nicht zu nahe treten.' Darauf ich: ‚Aber, aber! Max ist doch auch ein Name.' " Die beiden ins Spiel gebrachten Namen sind geschickt gewählt. *Fridolin* wurde und wird sicher (wie *Hase*) als etwas lachhaft-abweichend empfunden (der frappante Grund dafür u. S. 269). *Max,* bei Juden selber schon ein Assimilations- weil Gleichklangsname zu *Moses,* ist antisemitisch markiert (Rang 13–16). Die scheinbar humorige, in Wirklichkeit zynische Einlassung „Max ist doch auch ein Name", spielt auf unfeine Weise mit einem Doppelsinn. Intakte Namen waren die markierten Bezeichnungen eben nicht mehr. Sie waren zumindest „polysem": einmal Namen, das andere Mal Begriffe, in denen ein ganz bestimmtes Set von (antisemitischen) Merkmalen, eben das ganze antisemitische Klischee festgeschrieben war. Bei *Max* war nun (wie beim nicht-markierten *Hase*) ein Schaukeln zwischen beiden Varianten sicherlich noch möglich, aber bei *Isidor* tat Goebbels (und viele seiner Vorgänger) alles, um den Namen völlig zum Verschwinden und den Begriff zur Dominanz zu bringen.

„Warum ruft uns der Berliner Polizeipräsident Dr. Bernhard Weiß vor den Richter, bloß weil wir ihn Isidor nennen? Findet er etwa, daß dieser Name nicht auf ihn paßt? Oder paßt er nur allzu gut auf ihn? Weil Isidor eine Umschreibung für Jude sei? Ja, ist denn Judesein etwas Minderwertiges?

Herr Weiß wird doch wohl nicht bezweifeln wollen, daß er ein deutscher Staatsbürger jüdischen Glaubens und jüdischen Aussehens ist, aus dem man gewiß drei machen könnte, ohne dabei Gefahr zu laufen, gegen die guten Sitten des kleinasiatischen Ponims zu verstoßen?"

Die argumentative Essenz tritt nur dann klar hervor, wenn man als kontrastiven Hintergrund betrachtet, welchen Fluchtweg Goebbels, statt *Fridolin Max* genannt, für sich selbst offenhält:

„Wenn jemand mich Max nennt, dann ist er ein Sonderling –

oder er hat seine Gründe dafür. Was scheren mich seine Gründe? Ich bleibe ich, ob Fridolin oder Max."

Eben diesen Fluchtweg verlegt er Weiß, indem er bei „Isidor" die Differenz zwischen dem, was einer ist (Person), und dem, wie einer genannt (Name) wird, streicht. Der „Isidor" *ist* unausweichlich, wie er genannt wird, weil die Nationalsozialisten bei Juden keine vom charakterisierenden Namen unabhängige und damit von ihm abtrennbare Person mehr anerkennen wollen. War ihr menschenfeindlicher Ansatz (symbolisiert in der Namenwelt, durchgeführt in der politischen Welt mit Bedrohung und Tod) *so*, dann konnte Weiß natürlich weder als Polizeivizepräsident noch als Jude so reagieren, wie Goebbels das zynisch vorspielte: „Was scheren mich seine/ (ihre) Gründe".

Und Goebbels' scheinheilige Frage: „Ja, ist denn Judesein etwas Minderwertiges?" Wir werden später sehen, wie solche Einlassungen vor Gericht beurteilt worden sind [75]. Fest steht nach der biographischen Exposition: Weiß wäre der letzte gewesen, dem so etwas in den Sinn gekommen wäre. Freilich, den Goebbelsschen Entweder-Oder-Fragestellungen wollte er sich nicht unterwerfen.

„Wer von euch, ihr Männer, wird betroffen nach dem Kadi schreien, sagte man ihm unverblümt: ,Du bist ein Deutscher!' Im Gegentum! Im Gegentum! Stolz würden wir alle aufstehen und bekennen: ,Jawohl, ein Deutscher vom Scheitel bis zur Sohle!' Warum tut Herr Bernhard Weiß angesichts seines unmißverständlichen Ponims nicht ein Gleiches? ,Jawohl, ein Jude vom Scheitel bis zur Sohle!'"

Die Nationalsozialisten wußten auch genau, daß Weiß keinen Moment sein Judentum versteckte. Sie *rühmten* sogar, daß er sich „mit Stolz" dazu bekenne [76]. Aber diese Alternative „Deutscher" vs. „Jude" wollte er sich nicht aufdrängen lassen, schon gar nicht in der raffinierten Weise, wie Goebbels das tat. Denn: für die Goebbelsschen „Deutschen" war „vom Scheitel bis zur Sohle" natürlich eine idiomatische Wendung, die als ganze genommen wurde und nichts anderes hieß als „voll und ganz". Für die Juden aber, bedenkt man die hundertfach apostrophierten schwarz-krausen Haare und die noch öfter erwähnten, auch im Zusammenhang von Weiß immer wieder apostrophierten (Platt-)Füße [77], für die auf diese

Weise Beschimpften hatte „vom Scheitel bis zur Sohle" durchaus konkrete(re)n Sinn, welches Beispiel wie der „Fall Isidor" beweist: Ohne den ideologischen Hintergrund ist die Sprache des National-sozialismus überhaupt nicht zu entziffern.

Daß Goebbels seine Angriffe auch auf Weiß' Vater richtete, der seinen Sohn doch nach jenem Oranienburger Arzt genannt hatte, um in der Kette der Geschlechter Bleibendes zu symbolisieren, mußte den hoch gestiegenen Enkel berühren. Ein Repräsentant alttesta-mentarischer Tradition sitze im Polizeipräsidium, stand im Leitarti-kel. „Zudem war sein Vater, der Synagogenvorsteher Weiß, noch vom Metier." [78]

Die vielfältigen Anredeformen für Weiß waren übrigens auf Goebbels' Ziele genau abgestimmt: Nachdem er fast die Hälfte der zwei Kolumnen beim Fall „Fridolin"-„Max" verblieben ist, nennt er ihn im restlichen Text auf fünf verschiedene Weisen bei Namen – zusammen dreizehnmal: „Polizeipräsident Dr. Bernhard Weiß" und „Vizepolizeipräsident Dr. Weiß" je einmal, „Herr Bernhard Weiß" dreimal, „Herr Weiß" viermal und „Isidor" ebenfalls viermal. Der richtige Vorname wird also genauso häufig erwähnt wie der Spottname. Dieses Gleichgewicht ist nicht zufällig. Nur wenn richti-ger und falscher Name sich die Waage halten, bleibt garantiert, daß Bernhard" als das Illegitime und „Isidor" als das eigentlich Zukom-mende empfunden wird. Allein bei dieser Konstruktion steht Weiß nicht nur als Jude, sondern als täuschender Jude da.

Daß Weiß am 2. Juni 1928, wie berichtet (s. S. 76), bei einer Demonstration von einem Polizisten mit dem Knüppel geschlagen worden war, nahm „Der Angriff" natürlich zum Anlaß sarkastischer Polemik. In seinem Tagebuch, in dem er Weiß übrigens ausschließ-lich mit dem Spitznamen und nie *Bernhard* nennt, notierte Goebbels einfach: „Ein Leckerbissen. Isidor Weiß ist von seinen eigenen Leu-ten verprügelt worden." [79] In seinem „Politischen Tagebuch" im „Angriff" vom 11. Juni berichtete er, ein Taxifahrer habe ihn ge-fragt, ob er denn schon „die Sache mit Isidor" gehört habe. Der ab-schließende Kommentar der kleinen Notiz:

„Diesmal war's ausgerechnet der Richtige. Und dabei hatte der Lädierte doch eine so unverfälschte I s i d o r m a s k e (ges. gesch.) aufsitzen."

„Maske" hatte polemische Zugkraft, weil es eine Konkretion der über Namenpolemik betriebenen Identitätszerstörung war. Was ist die Maske, was ist die Person? Dieses Verwirrspiel hatte „Der Angriff" lange vorbereitet. Am 20. November 1927 zeigte er eine Karikatur, auf der ein Schupo von einer Menge „Angriff"-lesender Personen umstellt ist, die alle eine (natürlich antisemitisch verzerrte) „Isidor-Maske" tragen. Den am 2. Juni wirklich eingetretenen Fall hatte man schon in der Silvester-Neujahrsausgabe 1928 antizipiert. In einer vierteiligen Karikatur foppt ein mit „Isidor-Maske" getarnter Nationalsozialist einen Schutzpolizisten. Der nimmt Haltung an (Bild 1) und merkt erst am nachlaufenden Hund, daß er hereingelegt worden ist, denn auch der Vierbeiner trägt eine Isidormaske (Bild 2). Nunmehr schlägt der Polizist den nächsten, nur scheinbar mit derselben Maske ausgerüsteten Passanten wirklich zusammen – und trifft in Wirklichkeit Weiß (Bild 3). „Nun war's ausgerechnet der Richtige!" Goebbels' Abschlußbemerkung läßt sich also nur verstehen, wenn man ein von langer Hand her aufgebautes polemisches Arsenal voraussetzt. Daß die dort hinterlegten Potentiale sich inzwischen auch bei den „Angriff"-Lesern, ja beim einfachen Mann von der Straße (beim Taxifahrer) aufgebaut hatten, unterstellt Goebbels als Selbstverständlichkeit, sei es, daß er wirklich schon daran glaubte, sei es, daß er einfach so tat, als sei dieses Ziel erreicht.

Weit davon entfernt kann es nicht gewesen sein. Das zeigt ein bemerkenswerter Zug des Anti-Weiß-Artikels, den Goebbels schon in der nächsten Ausgabe folgen ließ. Hier titulierte er Weiß nur auf indirekte Weise und nur ein einziges Mal mit dem Schmähnamen. Man habe sich in der letzten Nummer nicht ausgiebig genug mit jenem Ereignis befassen können. „Wir mußten uns mit einem Ihrer Rassegenossen, der leider noch [!] entgegen der von Ihnen geübten Praxis seinen diffamierenden Vornamen trägt, dem Vorsitzenden des Warenhausverbandes Isidor Bach, des längeren auseinandersetzen." Im übrigen schienen ihm die polemischen Potentiale aufgrund jenes Ereignisses schon so gut aufgebaut, daß er den Hohn diesmal in die Anrede stecken konnte, mit der er den Leitartikel begann: „Hochzuverehrender Polizeivizepräsident Dr. Bernhard Weiß!". [80]
Diese Formulierung apostrophierte den Namen „Isidor" durch

ein Übersoll an Korrektheit. Das kontrastierte mit dem Erwarteten. Diese Technik bezeugt, daß sich festgefügte – vor allem mit Namen und Anredeverhalten verbundene – Vorstellungen an Weiß' Person zu heften begannen. Daß Weiß nun in diesem Leitartikel gerade seinen außergewöhnlichen Mut, seine Präsenz vor Ort so herabgesetzt fand, mußte – wenn es ihn vielleicht nicht einmal persönlich kränkte – ihn doch vor der Öffentlichkeit und seinen Polizeibeamten herabsetzen. Natürlich war auch die Autorität gefährdet, wenn Goebbels seinen „Isidor" noch mit Zitaten aus der „Roten Fahne" angreifen und diese dann allerdings auf ganz platte antisemitische Manier verfälschen konnte:

„Erkennt seinen Präsident nicht und knüppelt auf den los, als sei der ein Deutscher; schreit ihm noch dazu wutverzerrt ins lädierte Gesicht: ‚Was, du Affe? [= RF, vgl. o. S. 78] Auch noch Polizeipräsident [!] will er sein, der Jud'? 'rinn in die Fresse!"

Jenseits jeder Logik, steuern nur noch die antisemitischen Klischees die Struktur der Texte: zuerst die Schlagkraft aus „Deutscher" und nach kaum drei Zeilen dann plötzlich aus „Jud'" erklärt.

Für die Massenverbreitung der ganz brutalen Angriffe sorgte inzwischen das „Buch Isidor". Vorher schon in Goebbels' Tagebuch erwähnt und mit Spannung erwartet [81], vom „Angriff" immer wieder vorangekündigt [82] und später dann oft mit der Geste hoher Bedeutsamkeit als Geschenk unter die Leute gebracht [83], sammelte das Pamphlet die wöchentlichen „Angriff"-Karikaturen, und – Artikel über Weiß und andere Exponenten des Weimarer Staates. Bei seinem Erscheinen dann als „Sammlung von Kulturdokumenten" gepriesen, vorgestellt in der Gewißheit, daß sie in „späteren Jahrzehnten" von Historikern als „Quellenwerk" benutzt werde [84], bot es den Lesern eingangs ein von Goebbels verfaßtes, im „Angriff" mehrfach abgedrucktes [85] Motto:

„ I s i d o r : das ist kein Einzelmensch, keine Person im Sinne des Gesetzbuches.

I s i d o r ist ein Typ, ein Geist, ein Gesicht, oder besser gesagt, eine Visage.

I s i d o r ist das von Feigheit und Heuchelei entstellte Ponim der sogenannten Demokratie, die am 9. November 1918 leere

Throne eroberte und heute über unseren Häuptern den Gummiknüppel der freiesten Republik schwingt. I s i d o r heißt zu deutsch: d a s G e s c h e n k d e s O s t e n s. Kein Name charakterisiert das Deutschland von heute so treffend wie dieser." [86] Was hier angesponnen wird, ist die Ineinssetzung eines Namens (1)., einer Person (2.) und eines politisch scharf bekämpften „Systems" (3.). Das vielschichtige Gebilde „Weimarer Republik" wird auf „Judenrepublik" (= „Geschenk des Ostens") reduziert und als solche bekommt sie – als Reduktion zweiten Grades – einen (Schmäh-)Namen. Dieser dreifache Bezug machte ein dauerndes Changieren möglich. Genau dies erschwerte es den Gerichten, die Tatbestände auf einfache Weise in den Griff zu bekommen. Im Grunde ist dies Kopieren des einen in das andere ein besonders radikales Beispiel für Generalisierung: die *eine* Person soll für die ganze politische Wirklichkeit stehen und so die wirkliche *Viel*falt als *Ein*heit erscheinen lassen. Und daraus folgte: Mit der Zermürbung der einen Person hoffte man dann das Ganze zerstören zu können.

Von Zermürbung(sversuch) kann man in der Tat sprechen, denn selbst „Das Buch Isidor" faßte nur einen kleinen Teil der täglichen Anwürfe gegen Weiß. Zwar wurden fast alle erschienenen Karikaturen abgedruckt – 24 Stück, wie Weiß z. B. dem Kommandeur der Schutzpolizei Heimannsberg den Davidsstern als Orden verleiht oder wie er seinen Weihnachtsbaum mit erhängten Nationalsozialisten schmückt. Aber das alltägliche Trommelfeuer war überhaupt nicht wiederzugeben, denn seit Weiß gleich in der ersten Nummer (4. Juli 1927) des „Angriffs" namenpolemisch angegangen worden war („Bernhard"), waren in *jeder* einzelnen Ausgabe bis zur Nr. 44 des folgenden Jahres Angriffe ähnlicher Art zu lesen, meistens mehrere in einer Ausgabe. Erst am 5. November 1928 erschien „Der Angriff" zum ersten Male, *ohne* seinen „Todfeind" [87] zu erwähnen, hatte ihm dafür aber die ganze vorhergehende Nummer gewidmet. Nach diesem einen Aussetzer dauerte es wieder fast fünf Monate, bis die Leser einen „Angriff" in der Hand hielten, in dem Weiß *nicht* attackiert war [88]. Im Herbst desselben Jahres, als man mit der Abstimmung über den Young-Plan griffigere Themen hatte, nahm die *Zahl* der Erwähnungen und Anwürfe dann ab, blieb aber bis zum

September 1930, dem Ende des systematisch untersuchten Zeitraumes, noch so hoch, daß in mehr als der Hälfte aller Nummern durchweg namenpolemisch getönte Angriffe zu finden sind.

Wir haben hier etwas vorausgegriffen, um die erdrückende Masse der Aggressionen anzudeuten, die Weiß auffangen mußte und deren sprachlicher Reflex gleich systematisch dargestellt wird. Wir kehren nur noch für einen Moment zu Goebbels zurück, um zu zeigen, welche Techniken der Namenpolemik er in seinen Leitartikeln vorgab und wie es dann zu einem Punkt kam, an dem man die Identifizierung: Weiß-Isidor-System als verfestigt ansehen muß.

Durch die Wahlen vom 20. Mai 1928 war Goebbels Reichstagsabgeordneter geworden. Acht Tage später publizierte er einen Leitartikel, in dem er darlegte, daß er kein MdR, „Mitglied des Reichstags", sein wolle. „Ich bin ein IdI. Ein IdF. Ein Inhaber der Immunität, ein Inhaber der Freifahrkarte." Der Vorteil davon: „Er darf einen mit Namen Max Fridolin und einen mit Namen Bernhard Isidor nennen, auch wenn er nicht so heißt, sondern nur so aussieht." Wir werden erfahren, daß Weiß und die Gerichte ihn eben wegen der Immunität nur schwer treffen konnten. Auf diese Weise unangreifbar, ließ Goebbels in seinem vierten Anti-Weiß-Leitartikel vom 29. Oktober 1928 jede Hemmung fallen.

„Finden Sie, daß Isidor sich richtig verhält?

Woso? (sic) Isidor? Jawohl, Isidor! Ich wag's mit Sinnen [89]. Ich breche den Bann. Im feigen Schutz der Immunität nenne ich das Kind beim Namen. Isidor! Das O ist ganz lang zu ziehen und das R zu rollen, dann klingt dieser Name wider von unaussprechlicher Süße und Kraft. Das Geschenk des Ostens! Das Angebinde der Sonnengöttin! So ähnlich müßte die Übersetzung ins Deutsche lauten. Man kann diesen Namen gar nicht wortwörtlich übertragen. Dann verliert er mit einem Male seine magische Bedeutung. Um diesen Namen rankt sich eine ganze Welt. Der Name ist Programm sozusagen."

Die identifizierende Kraft („ist Programm"), die generalisierende Potenz (steht für „eine ganze Welt") und damit die Destruktion des Individualnamens werden hier ins Extrem getrieben.

Zwei weitere Praktiken treiben die Zerstörung voran: Zwar sind alle Namen aus Begriffen entstanden; aber diese treten im Moment der Namengebung zurück, welches Phänomen die Sprachwissenschaftler das „Gesetz der semantischen Isolierung"[90] oder das „onomatologische Dissoziationsgesetz"[91] nennen. Das Individuum in seiner Einzigartigkeit greift jetzt im Namen Raum, versammelt dort seine Biographie und verdrängt den einstmals begrifflichen Sinn, auf den sich ein Mensch, eben als Person gedacht, nicht reduzieren läßt. Genau den umgekehrten, notwendig inhumanen Prozeß leitet Goebbels ein durch die Übersetzung, die ja keine etymologische Mitteilung über Vergangenes sein, sondern den Namensträger mit den Begriffen definieren, auf sie reduzieren soll. Daß in diesen Begriffen nun angeblich noch ein „Programm" liegt, gibt dem Schein-Namen agitatorische Dynamik.

Und die zweite Destruktionsmethode: Der Name wird mit einer detaillierten, verfremdenden Sprechanleitung aus der normalen Artikulation der deutschen Sprachteilnehmer hinausgedrängt und so auch der Träger außerhalb gestellt. Man muß annehmen, daß sich Goebbels so eine spezifisch jiddische Aussprache vorgestellt hat. Jedenfalls war hier durch bloß phonetische Zeichengebung Weiß dahin verpflanzt, wohin er ihn sonst mit anderlei Namenpolemik versetzte: in den galizischen Osten.

Gegen diese beiden Techniken gehalten, ist der Rest des Leitartikels bloß Vergröberung dessen, was wir schon kennen:

„Isidor bleibt Isidor! Nase ist Nase. [...] eine Nase, die wahrscheinlich vom Verschönerungsbeirat der Natur erdacht und erfunden worden ist; von architektonischem Wert, wenn man so sagen darf. Diese Nase kennt jeder [...]"

Man darf nicht vergessen: So äußerte sich jemand, der selbst einen orthopädischen Schuh tragen mußte, über die Körperteile anderer Leute.

Die Massenhaftigkeit der Angriffe, ihre exzessive Radikalität und absolute Schamlosigkeit, vor allem jedoch die Anknüpfung an traditionelle Vorgaben brachten Goebbels und die „Angriff"-Redakteure wirklich zum Ziel. Die Stigmatisierung gelang. Im Herbst des Jahres 1929 war sie jedenfalls perfekt:

Am 26. September 1929 hielt Goebbels eine Rede in der Hasenheide, die ihm so gelungen schien, daß er sie gleich als Broschüre drucken ließ. Ganz wie es die Kommunisten vorgemacht hätten, spreche er volksnah nie von abstrakten Systemen, sondern ziele immer auf diese, indem er die führenden Personen angreife. „Wir bekämpfen auch *Männer* aber in den Männern das *System*. Wir sprechen nicht, wie die Bürger von einem korrupten Berlin oder vom Bolschewismus der Berliner Verwaltung. Nein! Wir sagen nur: *Isidor Weiß!* Das genügt! (Stürmischer Beifall und Händeklatschen)." [92]

Es dürfte für das Gerichtskapitel eine wichtige Frage sein, ob Weiß, aufs rote Tuch fixiert, auch noch Strafanträge wegen *Isidor* stellte, nachdem die Stigmatisierung beim Publikum gelungen war [93]. Der Schmähname hing ihm jedenfalls unfortschaffbar an. Will man über die ohnehin bestehende Ahnung hinaus eine konkrete Vorstellung bekommen, welchen Fährnissen ein solches Stigma in den aufgewühlten Zeiten des Weimarer Untergangs auslieferte, dann läßt man am besten – genau wie bei Goebbels – Zeitzeugen zu Wort kommen, die nicht im Parteienkampf engagiert waren, Zufallsbeobachter also. Die spätere Ärztin Dr. B. von Wiedebach und Nostitz-Jänkendorf wollte sich im Jahre 1931 an der Berliner Universität immatrikulieren.

„Ich kam in eine Ansammlung von Studenten, die, ich weiß nicht gegen was, protestieren wollten. Polizei traf ein und – Isidor Weiß, der Polizeipräsident, der für mich damals noch kein Begriff war. Durch die Straßenbreite getrennt, begannen die Studenten nun laut im Chor zu schreien: „Isidor! Isidor!" Da erfuhr ich, daß der kleine Mann da gegenüber der Polizeipräsident war und Isidor Weiß hieß. Er winkte herüber. Die Studenten schrien im Chor, aber eher amüsiert, nicht böswillig – als ob sie sich einen Spaß erlauben wollten. – Dann kam die Polizei rüber und schlug mit Gummiknüppeln unter den Studenten zu. Ich mußte flüchten, um nicht getroffen zu werden, weiß bis heute nicht, worum es damals ging." [94]

Wir sehen hier den Endpunkt der Entwicklung in seinen wesentlichen Merkmalen: Weiß, sofort als klein von Statur wahrgenommen, wird gleich als Polizeipräsident, nicht als bloßer Stellvertreter, eingeordnet und wie selbstverständlich als „Isidor" rubriziert. Diesen Namen schrieen die Studenten im Chor. Weiß, wie üblich vor Ort, wenn's brenzlich wird, macht scheinbar gute Miene zum bösen

Spiel, über das in Wirklichkeit doch zahlreiche Prozesse rechtshängig waren. Die Polizei muß prügeln, während ihr – fast oberster Chef mit dem Schandnamen traktiert wird. Sei es nun ein linker oder, was wahrscheinlicher, ein rechter Studentenauflauf gewesen, viele der dreinschlagenden Polizisten werden wohl nicht von gelassener Ruhe, sondern eher in einem Hektik verursachenden Zwiespalt gewesen sein: die mit Sympathien für rechte Reaktionen werden sich gefragt haben, für was und wen sie sich denn hier ins Zeug legen mußten, und den Republikfreundlichen wird die chorische Isidor-Ruferei eher die ungezügelte Wut als die Besonnenheit gesteigert haben. Kein Zweifel: Von einem ungefährdet sicheren Stand der Dinge konnte man wohl nicht mehr so richtig sprechen.

Bis jetzt haben wir fast nur davon gehört, wie *Goebbels* sich in diesem Namenkampf profilierte. Es fehlen noch Erkenntnisse über die Massenhaftigkeit von derlei Angriffen und eine konkrete Vorstellung von der Variationsbreite der namenpolemischen Schachzüge, also vom giftigen Einfallsreichtum der Berliner Nationalsozialisten.

2. Die systematische Attacke auf Weiß' Namen

Aus dem bisher Vorgetragenen läßt sich schon entnehmen, daß die Ziele der nationalsozialistischen Namenmanipulation – im rein formalen Sinne – eigentlich widersprüchlich waren. Denn am Schluß mußten vielerlei Thesen als plausibel dastehen und sich mancherlei Praktiken als erfolgreich erwiesen haben.

a) *Isidor* ist eine begriffliche Bezeichnung für ein bestimmtes System.

b) Er ist der *Name* des Polizeivizepräsidenten.

c) Er *war* es (Namenänderung).

d) *Isidor* ist ein Name, in dem allerdings die inhärenten Begriffe dominieren – so auch der Familienname „Weiß" (semantische Destruktion).

e) Er *sollte* eigentlich sein Name sein.

f) Er ist schon der äußeren phonetisch-phonologischen Form nach kein deutscher Name und schon deswegen kann man ihn auch nach Belieben *deformieren*.

g) Da man den Namen von Gerichts wegen nicht aussprechen darf, muß man geschickte Umwege gehen, um ihn verbaliter nicht artikulieren zu müssen, aber dennoch *meinen* zu können (indirekte Benennungen).

h) Um Bernhard Weiß zu „entlarven", installierte man in seinem Umfeld das Assoziationsfeld „Maske" (Mimikry) und gab ihm außer dem Namen *Isidor* noch antisemitisch geprägte Ersatz- und Ekelnamen.

Da Weiß' Bezeichnungen nun so hohen symbolischen und daher dann auch polemischen Wert hatten, eignen sie sich, selbst wieder in Spottbegriffe für die Gegner der Nationalsozialisten (die Polizei, das Polizeipräsidium) überführt zu werden. Diese Praktiken zusammengenommen, ergeben dann die vollkommene Destruktion des wirklichen und die Festschreibung des Namens „Isidor", den die Nationalsozialisten ab 1933 dann auch ausschließlich benutzten, als die anderen nur für die ironische Demontage erfundenen Bezeichnungen sich erübrigt hatten.

a) *Isidor* als Begriff

Es galt unter Sprachwissenschaftlern lange Zeit als unbestritten, daß sich ein Name genau in dem Moment zu einem Begriff wandele, wenn man ihn im Plural verwende (z. B. „Es gibt nicht viele Greta Garbos"). Ist diese Position heute auch überwunden [95] („Wieviele Müllers wohnen hier?"), so bleibt doch die *Möglichkeit* dieser Umformung mit dem angegebenen Mittel. „Der Angriff" hat das immer wieder genutzt. Mussolini habe seine „Isidore" schon besiegt, meldete er 1928 und kündigte dasselbe Ergebnis auch für „unsere Isidore" an. In der nächsten Nummer brachte man dann eine Parodie auf jenes berlinselige „Solang noch untern Linden":

„Solang die Isidore
Noch herrschen in Berlin,
Solang wird unsere Liebe
Zur Republik erglühn." [96]

Ein solches Verfahren ist in seiner Form und in seinem Ziel zu durchsichtig, als daß sich das Anhäufen von weiteren Beispielen [97] lohnen könnte. Wir werden sehen, daß sich diese spezifischen, scheinbar trivialen Plural-Verwendungen in den Gerichtsverhandlungen gut zur Ausrede gebrauchen ließen, man meine mit *Isidor* doch überhaupt nicht den Polizeivizepräsidenten. Nicht zuletzt deswegen hatte Goebbels ja im „Buch Isidor" gleich eingangs geschrieben:
„ I s i d o r : das ist kein Einzelmensch, keine Person im Sinne des Gesetzbuches.
I s i d o r ist ein Typ, ein Geist, ein Gesicht, oder besser gesagt, eine Visage."
Jetzt sieht man plötzlich den Sinn der vielfachen Festlegungen von *Isidor*. Goebbels beginnt – wenn auch in Form einer Negation – mit Einzelmensch/Person; er geht dann zu „Typ/Geist" über und schwenkt schließlich wieder zur Einzelperson zurück, wobei man allenfalls „Gesicht" noch als eine Metapher für den Charakter eines Systems, „Visage" aber nur noch als Negativcharakterisierung einer Einzelperson nehmen kann. Man sieht, wie das, was hier getrennt in einzelnen Kapiteln abgehandelt ist, im Alltagskampf fein gemischt vorkommt, umrahmt freilich von anderen Stellen, in denen der Wortsinn: „Isidor" = „Bezeichnung fürs System" ohne jede Einschränkung festgelegt wurde. „Gattungsnahme" sei das [98], denn: „Für uns ist ,I s i d o r' keine Person, sondern der bezeichnendste Ausdruck für den Geist der Polizeiherrschaft in dieser Gummiknüppeldemokratie." [99]
War dies eine verfochtene Wortfüllung, dann war es konsequent, auch die Polizisten selbst sprachlich in den Dunstkreis von *Isidor* zu bringen. Die Möglichkeit, aus Begriffen Namen zu machen und aus Namen wieder Begriffe, bot eine – nicht nur in diesem Falle – genutzte Chance. „Isidorianer" nannte sie die „Berliner Arbeiter-Zeitung" [100]. „Der Angriff" ließ seine destruktive Wortbildungslust besondere Blüten treiben: Mit „jeunesse isidorée" [101] apostrophierte sie das keineswegs arme Amüsiermilieu, das jede Großstadt hervorbringt, für die Nationalsozialisten aber nur die Juden oder „Verjudete" hervorbringen konnten.

b) *Isidor* als Name des Polizeivizepräsidenten

Hier bedarf es nicht vieler Belege, die die Behauptung zur Wahrheit machen. Goebbels formulierte ja in der Überschrift einer seiner Leitartikel ohne jeden Umweg: „Meinen Sie, daß Isidor sich richtig verhält?" Andernorts sprach er von einem „gewissen *Isidor,* der Schutzpatron neudeutscher Demokratie" [102]. Orje frug einfach: „Wolln wa jejnanda antretn, Isidor?" [103] oder er meinte: „Isidor (wennick jut jelaunt were, würdick natürlich Bernhard sagen)" [104]. Gerichtlich mußte angesichts der oben angedeuteten Verteidigungen immer der Nachweis geführt werden, daß *Weiß* mit diesem Namen belegt worden sei. Wir werden davon berichten [105] und brauchen hier nur darauf hinzuweisen: Sämtliche „verdeckten" Isidor-Anspielungen, die unten folgen, können nur aufgelöst werden, wenn man von der Voraussetzung ausgeht: Weiß heißt so. War das klar, dann konnte man wieder verächtliche Anspielungen auf Seiten von Weiß' Leben machen, bei denen nicht nur er empfindlich reagieren mußte, sondern bei deren Attacke das Berliner Publikum mitlachen konnte – die einen aus niederträchtiger Faschistengesinnung, andere aber auch aus jener Berliner Aufmüpfigkeit gegen Obrigkeit überhaupt. Diese Aufsässigkeit steigert sich natürlich in Zeiten, die den Unterschied zwischen den gesellschaftlich Abgeschlagenen und gesellschaftlich Arrivierten besonders drastisch hervortreten lassen:

Weiß, Rittmeister und mit ganzer Liebe Kavallerist geblieben, sah man – wie viele andere hohe Regierungsbeamte – öfter zu Pferde im Tiergarten. Die Nationalsozialisten haben das immer wieder angegriffen [106] und erzählten beleidigende Märchen: So scheußlich habe er seine Tiere behandelt, daß sie fast nur beim Tierarzt gestanden hätten [107]; die Berliner Schnauze „Orje" brachte eine „Schauerballade", deren Anfangsvers „Es war eenmal een Keenig" auf „plattbeenig" reimte, und die dann darstellte, wie der völlig Ungeschickte mit Mühe ein Pferd erklimmt und sofort wieder in den Dreck fällt.

> „Bekleckert ach und seichte,
> Futsch waren Frack und Hos',

Man hat et nich so leichte
Als ‚Vize'-Jernejroß!" [108]

Dies als Hintergrund genommen, versteht man Goebbels' Bericht
vom Heiligen Abend 1927. Selber beschenkt mit dem Witzbuch
„Der Urberliner", baut er zuhause einem kleinen Jungen die Burg
auf,

> „und nun steigt der kleine Kerl auf sein eigenes Holzpferd,
> nimmt die Peitsche zur Hand, und als er sich gar zu unge-
> schickt dabei benimmt, da lacht ihn der ganze Chorus mit
> ‚Isidor' aus" [109].

Waren das nun Episoden, die einzig auf ganz individuelle Probleme
und vielleicht besondere Schwachstellen des Bernhard Weiß gerichtet waren? Artur Dinters „Die Sünde wider das Blut" beweist, daß alles auf gängige *Klischees* zielte. Die beiden Kinder des
Prachtgermanen Hermann Kämpfer zeigen signifikante Unterschiede: Hermann, Sohn einer blonden deutschen Frau, hat alsbald das große Schaukelpferd ganz in Beschlag genommen, während Heinrich, Sohn der blutswidrig ihm verbundenen Halbjüdin,
auf seinem kleineren „nicht so recht in Schwung kommen" will,
obwohl der rein germanische Bruder noch mit der Peitsche nach-
hilft [110]. Nicht anders die Rollenverteilung zwischen der vom Romanhelden begehrten Elisabeth Burghamer und ihrem jüdischen
Verlobten mit dem abgefälschten Namen Baron *Wer(t)heim:*

> „Meisterlich regierte sie ihr feuriges Pferd, während der Ba-
> ron mit sichtlich harter Hand seinem Tiere im Maule lag. Er
> hatte einen nach links geneigten schiefen Sitz und trotz
> krampfhaften Bemühens keinen richtigen Schenkelschluß.
> Seine zappelnde Unruhe übertrug sich auf das Pferd, so daß
> es hin- und herzackelte." [111]

Abqualifizierung als Reiter war also ein ebenso gängiges Kampfmittel wie der Hohn mit dem Namen *Isidor,* wofür spezifische Karikaturen weiteren Beweis liefern (vgl. S. 260). Mochte sich Rittmeister Weiß also vielleicht auch an einem besonders empfindlichen
Punkt berührt fühlen, letztlich ging es um ein allgemeines Schema,
das angesetzt wurde, seine Autorität zu brechen.

259

Das jüdische Pferd.
Karikaturistischer Holzschnitt von G. Gerneis. 1905

Aus: Eduard Fuchs: Die Juden in der Karikatur (1921), S. 188.

c) Unterstellte Namenänderung

Daß Weiß auch zu jener erfundenen Masse von Juden gehöre, die ihren Namen gewechselt habe, war eine ebenso gängige wie wirkungsvolle Attacke, weil sie die ganze Person als irgendwie dubios ins Zwielicht brachte. In der 40. Ausgabe des Jahres 1928 konnte „Der Angriff" auf der fünften Seite einen besonders delikaten Fund melden: Im parteiamtlichen Referentenmaterial der SPD aus dem Jahre 1924 stehe auf S. 5 eine Meldung über den „jüdischen Oberregierungsrat Isidor Weiß". Ein völkischer Führer habe bei ihm um Polizeischutz für Ludendorff gebettelt. Die Richtigkeit dieser Meldung einmal unterstellt, stammte sie aus einer Zeit, als Weiß noch nicht eine öffentliche Figur und weniger bekannt war. Keineswegs bös gemeinte Irrtümer waren also noch leicht möglich. Der „Angriff" kommentierte natürlich anders. „Wenn er aber h e u t e Bernhard heißt, hat er vielleicht d a m a l s , ehe er Vize wurde, noch Isidor geheißen?"

Auch die jüdische, bei vielen schon zum bloßen Ritual erstarrte Sitte, jedem Knaben bei der Beschneidung einen hebräischen, sogenannten „synagogalen" Namen [112] neben dem bürgerlich-landesüblichen zu geben, konnte so ausgespielt werden, daß eine fast leere religiöse Geste zum Symbol für Doppelbödigkeit der Gesamtperson wurde. Assimilierte Juden kannten ihren synagogalen Namen öfter überhaupt nicht. Der von Bernhard Weiß ist unbekannt [113]. Hätten die Nationalsozialisten ihn herausbekommen, so hätten sie mit ihm gewiß exzessiv Schindluder getrieben. So mußten sie einfach einen *unterstellen:* „Baruch" dürfe man dem „Bernhard" als ursprünglichen Namen vielleicht noch straffrei nachsagen, aber bei „Isidor" wandere man ins Gefängnis [114]. Solcherart Einlassungen waren ziemlich weitläufig, hatten dafür noch am ehesten den Schein eines Arguments. Aber man konnte die Sache auch ganz kurz sagen: „Wir versichern unsere Leser, daß Berlins Polizeivizepräsident nicht oder jedenfalls nicht mehr Isidor heißt. Bitte kein Widerspruch." [115]

d) Die semantischen Destruktionen

Wir haben schon gehört, daß Goebbels versuchte, Weiß mit semantischen Elementen gleichzusetzen, die er aus dem Begriffssinn von *Isidor* ableitete. Einen festen Platz im Bewußtsein der Zeitgenossen konnte eine solche Praktik natürlich nur bekommen, wenn das nicht einmaliges Aperçu blieb, sondern zum immer wiederholten Argumentationsschema wurde.

Schon in der Nr. 18 vom 31. Oktober 1927 brachte man einen ganzen Artikel über die Etymologie des Namens „Isidor" (S. 3). Vorangestellt war eigens eine mystische Sprachtheorie, die heute als falsch erkannt, damals aber sicher gern geglaubt worden ist: Man erinnerte zuerst an die Fähigkeit der römischen Auguren, aus Naturerscheinungen Wahrheiten zu lesen, beschwor die reale Kraft okkulter Mächte weiter mit dem bedeutungsvollen Satz „Nomen est omen" und fuhr dann fort:

„Heute erkennt man nicht mehr, daß z. B. die Vornamen einen bestimmten Sinn haben; die Sprache wird mechanisch gedankenlos behandelt, man weiß nichts mehr um (sic) die Bedeutung der Worte, die man in den Mund nimmt."

Die Bedeutung der Worte ist also nicht (wie doch allemal richtig) die, die jeder kennt, sondern die, die vielleicht nur noch wenige kennen, also den anderen erst mitgeteilt werden muß. So eingeleitet, folgt die Etymologie von *Isidor* – zuerst einfach übersetzt „Isis' Geschenk", dann ausgedeutet, indem Isis willkürlich mit „Ägypten" gleichgesetzt wird (wie Athene die Stadt Athen verkörpere), jetzt also schon: „Geschenk Ägyptens". Nunmehr kann man sich über den Wert von Geschenken aus Ägypten verbreiten. Im Mittelalter hätten die Zigeuner „Ägypter" geheißen, hießen heute noch im Englischen und Französischen so („Gypsies", „Egyptiens"). Hauptgeschenk der Ägypter seien die Juden – und nun folgt Tacitus' berüchtigte, oft mißbrauchte Erzählung von der Vertreibung der Juden unter der Führung des Moses aus Ägypten wegen einer ekelerregenden Krankheit (Aussatz). „Dazu stimmt ja auch, daß [...] dessen Nachfahren sich also als ‚Geschenke' der Isis heute überall vorfinden..." (sic).

Es ist nun nicht so wichtig, an Goebbels' eigene Variante der Etymologie („Geschenk des Ostens") zu erinnern, als zu zeigen, daß die spezifische Namendestruktion nicht auf den „Angriff" und auf die Kreise seiner Anhänger beschränkt blieb. Sogar im Parlament wurde damit hantiert, und dies in einer Weise, daß man die durchgängige Tradition, die hier offengelegt werden soll, ebenso klar zeigen kann, wie das Ineinanderfassen der verschiedenen polemischen Ebenen: „Wilhelm Kubes Abrechnung mit Bernhard Weiß" hatten „Angriff"-Redakteure am 30. Juli 1928 über einen großen Artikel geschrieben, in dem der nationalsozialistische Fraktionsvorsitzende eine Lanze für die national gesonnenen Schutzpolizisten brechen wollte. Um darzutun, von welchen Leuten diese drangsaliert würden, kam er noch einmal auf jenen für Weiß mißlichen Tag vom 2. Juni zu sprechen und leitete das durch Namenpolemik ein:

„Ich möchte nur einen Namen nennen; den eines Mannes, der immer böse ist, wenn man ihn ‚das Geschenk der Isis' nennt, den des Herrn Dr. Bernhard Weiß, der Zuckungen bekommt, wenn man Isidor zu ihm sagt, obwohl Isidor doch ein durchaus einwandfreier geschichtlicher Name ist."

Genau dieselbe zynische Argumentationsweise hatte man schon am 14. Februar 1900 im Landtag angewandt (vgl. o. S. 160). Damals hieß es „Levy und Schmuhl sind wunderbar schöne Namen", und „Große Heiterkeit" war die alles entlarvende Reaktion. 28 Jahre später erntete Kube „Heiterkeit und Zurufe" – und fuhr dann mit der Schilderung jenes unglücklichen Zusammenstoßes fort, dies aber (um nur ja im Assoziationsraum von „Geschenk des Ostens" bleiben zu können) in absurder Verkehrung der sonst beachteten Argumentationslinien. Sonst stand die Polizei da als Garde zum Schutze der Juden. Jetzt ließ sich Kube vernehmen, daß Weiß „für einen galizischen Juden gehalten worden ist und demzufolge (sic) auch entsprechende Bekanntschaft mit dem Polizeiknüppel machen mußte". Wortgefechte mit dem dreinredenden SPD-Abgeordneten Meier beendete Kube dann mit dem Satz: „Es ist ja doch in diesem Hause üblich, daß man sich bei 5 Minuten Redezeit 3 Minuten mit den Verteidigern der politischen Plattfüße in Preußen, mit der Sozialdemokratie, auseinanderzusetzen hat. (Sehr gut bei der

NSDAP)". Kein Zweifel: Namenphantasmagorien und die imaginierte lkonographie des Juden dominieren die Vorstellungswelt und daher auch die nationalsozialistische Rhetorik.

Sind die bisher vorgestellten semantischen Destruktionen charakterisiert durch ihren etymologisierenden Ansatz, so gab es einen zweiten, der nicht „hinter" die Namen schauen ließ, sondern sie ganz vordergründig direkt als Begriffsworte nahm und so die Person aus dem Namen zu vertreiben suchte. Dafür bot sich der Familienname „Weiß", aber auf besonders eigentümliche Weise auch der Vorname „Bernhard" an.

Weiß

Zu seinem Geburtstag widmete „Orje" Goebbels auch ein Gedicht:

> „Un mit Ihrn Jeist zertrampeln
> Solln Se all die frechen Lüjen
> Un mit Haß und Hohn und Jröße
> Solln Se ‚Weiß und Jrün' besiejen." [116]

Hier wird mit der „Homonymie" von „Weiß" und „weiß" gespielt. Indem der Name des Vizepräsidenten neben „Jrün" (ein allseits bekannter Ausdruck für „seine" grün uniformierte Polizei) gestellt wird, treibt man den Doppelsinn auf besonders witzige Weise hervor. Solche Namenspielereien besetzten nicht nur die Gehirne der angestellten „Angriff"-Redakteure, die für das Blatt eben Einfälle haben mußten. Das Publikum beteiligte sich; W. H. aus Tempelhof z. B. schickte einen Leserbrief, in dem er eine Lösung für das Rätsel gab, warum in der neuen „Ullsteinstraße" die preußische Flagge tatsächlich falsch gehißt sei – das unterste zu oberst:

> „Weiß nach oben. Nun, bei dem heutigen Preußen ist nicht nur die Flagge verkehrt. Im übrigen handelt es sich wohl um eine zarte Huldigung an das Polizeipräsidium. Da ist auch Weiß oben." [117]

Die deutsche Sprache stellte nun weitere Homonyme [118] zur Verfügung und auch eine große Zahl Wörter, bei denen die Farbe „weiß" in Wortbildungsprozessen genutzt worden war. Theoretisch kamen alle in Frage, zu namenpolemischen Zwecken eingesetzt zu werden. Einige paßten besonders gut [119]. Im Jahr 1927, als die Partei verboten war, berichtete „Der Angriff" in der Nr. 25 auf der vierten Seite: Ein Versammlungsbesucher sei sofort festgenommen worden. „Es ist ein ‚Kapitalverbrechen', denn er trägt e i n B r a u n h e m d   u n d   e i n – E d e l w e i ß " [120]. Nur wer die permanente Namenpolemik kennt, liest hier nicht achtlos weiter, sondern kann den vorgeschalteten Gedankenstrich richtig deuten.

Wie aber nannte „Der Angriff" nun die da zupackenden Polizeibeamten? Es waren die „Weiß-Gardisten", und diese Bezeichnung mußten sie sich immer wieder [121] gefallen lassen. Dabei wußten die Nationalsozialisten natürlich genau, daß das Verhältnis zwischen dieser militärnahen Einheit und ihrem jüdischen Chef zwar gut, aber nicht in jeder Beziehung ungetrübt war (vgl. o. S. 98) [122]. Hinter seinem Rücken nannten ihn seine Assistenten im Präsidium schon „Isidor" [123]. War das die Lage, dann waren es sicher nicht nur die zunächst wenigen ganz rechts orientierten Beamten, die es auf die Dauer dann doch zumindest lästig fanden, immer wieder als „Weiß-Gardisten" angegangen zu werden, zumal ihnen, auch schon „Isidorianer" genannt, noch obendrein eine weitere Bezeichnung angehängt wurde, die aus Weiß' wirklichem Vornamen abgeleitet und nicht weniger unangenehm war.

Bernhard

Anklang fand die nationalsozialistische Rhetorik nicht nur, weil sie traditionell verwurzelt, sondern auch, weil sie, an diesen Wurzeln hängend, aus einem Guß war. Wie der unterstellte Vorname *Isidor*, so wurde nämlich auch der wirkliche semantisch destruiert. Goebbels schrieb: Weiß heiße so, wie er aussehe, und könne sich eigentlich nur „pro forma auf seinen amtlich geschützten und staatlich patentierten Namen Bärenherz berufen" [124]. Daß „harti" nicht Herz, sondern „stark, fest" heißt, hätte der Germanist natürlich wissen können, dessen Leute nachweislich auch mit Namenlexika gearbeitet haben [125]. Aber vor allem wußte er, daß das nationalsozialistische Publikum die Demontage der Polizeiführung interessierte und nicht irgendeine philologische Wahrheit.

Der Vorname „Bernhard" hatte ein besonders weites Assoziationsfeld. Personen als „groß" zu bezeichnen ist altgeübtes Mittel der wirklichen Verehrung, aber auch des Hohns: Am Anhalter Bahnhof habe ein zunächst harmlos Zeitung Lesender sich plötzlich einen kleinen nationalsozialistischen Pimpf gegriffen und sich so als „Kreatur des großen ‚Bernhard'" entpuppt [126]. So wurde die Phantasie in Richtung „Hl. Bernhard" und dann weiter zum „Großen St. Bernhard" gedrängt. Ersteres gab Gelegenheit, zunächst einmal Schwüre „beim heiligen St. Bernhard" zu leisten [127] und dann Überleitungen zu basteln vom Schlage: „Was schreibt nun darauf St. Bernhard?" [128] Vor allem aber war zweitens Anreiz zur Uminterpretation von Orten gegeben – ganz allgemein: Manche Frau sei im „Reiche St. Bernhards" dem Mädchenhandel zum Opfer gefallen [129], dann aber auch spezifisch: Von einer parteieigenen „Verfassungsfeier" kommend, wird ein Nationalsozialist von der Polizei aufgegriffen; bevor sie ihn im Polizeipräsidium abliefert, bekommt der Verhaftete seine im Handgemenge kassierten „Wertsachen" zurück, was dieser so kommentiert:

„Aber ich bin nicht eitel und stecke den Kragen in die Tasche, denn Bernhard gibt ja heute keine Audienzen. Der Alex hat uns zu Ehren festlich geflaggt. Das ‚Kloster St. Bernhard' öffnet seine gastlichen Pforten. Hinauf zur IA, um Wiedersehen zu feiern mit ‚lieben Freunden und Gönnern der Partei'". [130]

Diese Gleichsetzung war ausbaufähig:

„Das einzige Lokal, in dem Nationalsozialisten verkehren dürfen, scheint nach Ansicht der Polizei das lausige H o s p i z z u m   S t .   B e r n h a r d zu sein."

So formulierte man 1930 [131]. Da hatte diese namenpolemische Uminterpretation Berliner Topographie aber bereits Tradition (vgl. o. S. 238), denn schon im Januar 1928 hatte man eine Karikatur veröffentlicht, die ganz aus diesem onomastischen Verwandlungsspiel lebte: Das übliche Hospiz auf Alpenpässen uminterpretierend, kommentierte man eine dementsprechende Zeichnung: „Ins bekannte Hospital" zum „St. Bernhard" werden „täglich neue Opfer" gebracht. Die Parallele wird weiter ausgezogen. Wer schleppt – von IA-Mönchen erwartet – die erschlagenen SA-Männer heran? Tschako-bewehrte „Bernhardiner"(-Hunde) natürlich – wie es die systematische Uminterpretation der Namen anempfiehlt [132].

„Angriff" Nr. 3 v. 16. Januar 1928

Es ist wichtig zu wissen: Weiß klagte solche für die Disziplin und auch die Selbstachtung der Truppe nicht unproblematischen Attakken auf seinen Namen *nicht* an. Einzig und allein *Isidor* meinte er gerichtlich abwehren zu müssen, weil er spürte: Vor allem das war ein Konzentrat der langen Geschichte des Antisemitismus. Alle anderen Namenverhöhnungen waren eher auf seine Person bezogene Neuschöpfungen, die weit weniger gefährlich waren, weil sie, der Tagespolitik entstammend, die Geschichte nicht in so geballter Weise gegen einen herausragenden Vertreter des deutschen Judentums wenden konnten. Bei energischer Gegenwehr im wichtigen Punkt meinte er sicher, die Nachteile der anderen Angriffe auf sich in Kauf oder vielleicht gar als witzig nehmen zu sollen.

267

e) *Isidor* als der eigentlich passende Name

Die hier schon öfter nachgewiesene Behauptung [133], daß *Isidor* der eigentlich passende Name sei, ist kein burlesker Einfall. Er ist direkte Konsequenz antisemitischer Theorie: Ist der Jude in allen seinen Eigenschaften kalkulierbar, so kann er kein Individuum mehr im nationalsozialistischen Sinne sein. Das Eigenwüchsige eines freien deutschen Charakters und das notwendig böse Wesen des Juden sind diametrale Gegensätze. Wenn nun der auf Demaskierung geeichte Blick die Mimikry-Außenhaut des Juden durchdringen kann, dann ist es konsequent und praktisch, daß nach gelungener Entlarvung ein „Name" verhängt wird, der als Indikator für dies böse Wesen steht. Diese Bezeichnung paßt dann, weil sie genau jene äußeren und inneren Eigenschaften festschreibt, die das immer gleiche jüdische Wesen ausmachen. Am zielsichersten leistete das offenbar *Isidor*. Und dies Symbol mußte (gleichsam als Konzentrat zweiter Ordnung) auf den am *besten* passen, der seinerseits das Symbol fürs ganze „System" sein sollte: Bernhard Weiß.

f) Namendeformation

Namenverstümmelungen arbeiten mit der Zerstörung des normalen Wortkörpers. Solche Destruktionen sind Weiß in ganz unerhörtem Maße geboten worden. Man muß einen Namen aber nicht unbedingt phonetisch-phonologisch zerstückeln, um ihn zu ridikülisieren. Man kann auch durch die Desavouierung anderer Gesetze eine ironisch-despektierliche Note in den grammatisch eigentlich tadelsfrei umgeänderten Namen bringen.

Warum wirkt folgende Einlassung komisch?

Es handele sich, schrieb der Kolumnist „Knipperdolling", bei den dauernden Prozessen des „Herrn Weiß" gar nicht „um dessen Nase", auch nicht um das Recht auf Karikatur, es handele sich einfach darum, „daß die sogenannte Staatsautorität" die Opposition mundtot machen wolle. Es könne doch wohl kein Staatsanwalt ernstlich verlangen, daß der angeklagte Drucker einer Zeitung „sämtliche Manuskripte des ‚Angriff' auf etwaige Isidoriana" durch-

prüfe[134]. Das sechssilbige „I-si-do-ri-a-na", mit sechs langen Voka-
len bestückt, widerspricht bestimmten Schlichtheitsprinzipien, die
Namen und aus ihnen gewonnene Ableitungen im Normalfalle nicht
über eine gewisse Länge hinauswachsen lassen wollen.
Die Namenpsychologie stellt erklärendes Wissen bereit: Kernige
Männer heißen kurz und knapp: *Kim, Bert, Franz, Otto* usw. „*Isidor*" hat hingegen, was Länge betrifft, eine Extremstellung. Er ist
einer der ganz seltenen (nämlich neun) Namen, die aus drei Silben
mit ausschließlich langem Vokal bestehen. Daß im Falle des Schmähnamens gleich zwei von ihnen ein langes (gespanntes) – lautpsycho-
logisch höchst bedeutsames – /i/ sind, machte den Namen zu einem
strukturellen Unikat, gäbe es nicht einen einzigen Konkurrenten:
Fridolin![135] – und schon bekannt aus Goebbels' scheinbar selbstiro-
nischem Namenschabernack, der in Wirklichkeit aber auf „Isidor"
zielte[136]. Jetzt ist klar, wieso dieser zweite Hohnname, natürlich
ganz unbewußt, aber doch geschickt gewählt, eine ridikülisierende
Unterströmung schaffte, die zielsicher aufs eigentlich Gemeinte wies.
Das so strukturierte Wort *Isidor* nun aber noch zu verlängern,
heißt es über die Grenze zu drängen, hinter der die Befremdlichkeit,
wenn nicht die Lächerlichkeit beginnt. Bei einer Polizeiaktion habe
sich ein Beamter mit dem „in isidorianischer Sprache ausgestoßenen
Ruf: ,Ihnen schützt aber nicht die Immunität'" auf einen Parteigenossen gestürzt[137]; „Bäuchlings vor Schreck sind die kleinen Isidorchen
in den Dreck ihres demokratischen Korruptionssumpfes geflo-
gen"[138] – immer wieder diese Diminutiv-Bildung[139], die besonders
lachhaft anmutet, wenn man das Wort um ein weiteres Morphem
nochmals verlängern kann, indem man von den „Hakenkreuz-
schnüfflern Isidorchens" spricht[140]. Daß solche morphologischen
Überdehnungen gezielt eingesetzt wurden, dürfte die Art beweisen,
wie der besonders scharfe NSDAP-Abgeordnete Löpelmann dem
Gericht höhnisch mitteilte, daß er zum Termin nicht erscheinen
werde, weil ihm Parlamentsarbeit wichtiger sei als Teilnahme am
„isidorischen Langnasenprozeß"[141].
Es gibt aber auch die despektierliche Prozedur, die genau mit dem
entgegengesetzten Mittel arbeitet – mit Verkürzung. Diminutive auf
-i zu bilden ist bei Namen üblich: *Hansi, Teddy, Wally, Willi*. Stellt
man dem „Isi" an die Seite, merkt man einen Unterschied. „Orje"

hat sich bei Weiß' eingeschlichen und hört, wie Frau Weiß zu ihrem Mann sagt: „Wat machste denn nu, Isi?" Der sanften Bitte, solcherart Anrede doch tunlichst zu unterlassen, folgt die Dame nicht und kommentiert Weiß' Vorschlag, er könne doch Krankheitsurlaub nehmen, mit dem Satz: „Ja, det is woll dat beste, Isi." [142] Eine despektierliche, das Kleine an dieser Person unterstreichende Note ist deutlich spürbar. Sie kann erklärt, ja im Experiment bewiesen werden.

Es ist seit langem aufgefallen, daß die Worte für „klein" in vielen Sprachen mit „i" (phonetisch: „hell") gebildet sind, z. B. gr. „mikros", lat. „minimus", dt. „winzig", „klimper-klein"), die für „groß" eher mit „a" (phonetisch „dunkel") [143]. Ist man sich über diese Universale einig, so mag die Erklärung, daß die kleinen Gegenstände bei Anschlag helle Töne abgeben, die großen tiefe, dunkle Töne, nicht so einhellig anerkannt sein [144]. Jedenfalls: Es ordneten die ganz überwiegende Mehrheit vom 85 Probanden die konstruierten Namen *Aso, Isi und Asi,* gesetzt sie bezeichneten Menschen verschiedener Größe, in die erwartete Reihenfolge: als größten Aso (56 ×), Asi als mittleren (51 ×) und mit der höchsten Punktzahl als kleinsten: *Isi* (64 ×). Auch beim Test, zwei Männer *Isi* und *Isidor* in die Reihenfolge ihrer Größe zu stellen, meinten 63 von den 85, *Isi* sei der kleinere. Was sich also zuerst als unerhebliche, gar nicht schwer zu nehmende Namenveränderung ausnimmt, paßt bei näherer Betrachtung genau ins Gesamtgefüge der Attacken gegen den Namensträger. Es ist ja oben berichtet worden, daß Weiß (wie Goebbels) nicht Gardemaß, sondern – am Schema „Polizeiführer" gemessen – eher die Körpergröße eines Winzlings hatte (vgl. o. S. 84).

g) Indirekte Benennungen

Man kann die Überfülle indirekter Benennungen von Weiß nicht verstehen, ohne sich das Ineinandergreifen von folgenden drei Aspekten vor Augen zu führen:
1. Die grundlegende Theorie von der Mimikry-Natur der Juden fand gerade in dem Moment optimalen Ausdruck, wenn man mög-

lichst simultan die Maske *und* die wahre Natur vorführen konnte. Diese Doppelbödigkeit paßte zu einer anderen Notwendigkeit, mit gespaltener Zunge zu reden:

2. Das Verbot der Polizei war ein harter, für die gerade wieder geordnete NSDAP bedrohlicher Schlag und „Der Angriff" als Ersatz-Organ für die offiziell verbotenen Leitungsgremien der Partei ein zartes Pflänzchen, das sich in der Unzahl Berliner Zeitungen und Zeitschriften – 2633 erschienen damals [145] – einen Platz erobern und sichern mußte. Dagegen stand die größte Polizeibehörde des Kontinents mit ihren 20 000 Mann unter einem ganz entschieden zupakkenden Gegner. Daran zu erinnern stellt die Proportionen richtig und erklärt die berechtigte Angst der Nationalsozialisten, doch noch von den Behörden und nicht zuletzt von Weiß' Prozessen erdrückt zu werden. Ganz ohne Raffinement, nur mit frontalem Angriff konnte man sich da nicht halten. Das wußte auch Goebbels und stellte in der Polizeikolumne „Vorsicht Gummiknüppel" schon am 12. September 1927 bestimmte Maximen auf:

„Man soll den Namen des Herrn, auch wenn er ein Jude ist und das hohe Amt eines Polizeipräsidenten bekleidet, nicht vergeblich führen. Man soll lernen, alles und nichts zu sagen. Und wenn der Gegner Florett ficht, dann darfst Du ihn nicht mit Kot beschmieren. Lern' auch Florett, mein Freund! Wohl kann das Florett über den Knüppel siegen, selten aber der Knüppel übers Florett."

Auch die Spitzel der IA berichteten, daß Goebbels in seinen Reden betone, wenn der Vizepräsident ihn weiter verfolge,

„dann werde sein Mund noch spitzfindiger werden. Er (Dr. Goebbels) könne wie die Katze um den heißen Brei herumreden, ohne daß ihm ein Leid widerfahren werde" [146].

Und wie man Weiß ironisch vorhielt, *er* habe ja diese Raffinesse des Kampfes erzwungen, so schrieb man dieselbe Wirkung dem Republikschutzgesetz zu [147]. Die Drapierung von *Isidor* als einen Begriff fürs System, der doch überhaupt nichts mit Weiß zu tun habe, war ein solch „raffinierter" Trick. Er erzeugte Doppelbödigkeit und erschwerte den strafrechtlichen Zugriff.

3. Schließlich ist aber auch das Amüsement des Zuhörers besonders groß, wenn er den Doppelsinn merkt und spürt, daß der At-

tackierte solchen Zweideutigkeiten hilfloser gegenübersteht als einem direkt geführten Schlag.

„Bernhard"

Die einfachste Methode, den drei genannten Punkten Genüge zu tun, war die Darbietung des *richtigen* Namens mit bestimmten Entlarvungssignalen. Man begann gleich in den ersten beiden Nummern des „Angriff" mit dreimaligem „Bernhard" [148] und setzte es später, als man sich auch mit *Isidor* vorgewagt hatte, so häufig wie keine andere Formel: „die Schupo ist ja nur zum Schutz der Rassegenossen ihres Herrn ‚Bernhard' da" – so in der Nr. 16 v. 17. Oktober 1927, wo „Der Angriff" ihn weitere zweimal so (und mehrere Male anders) titulierte und dann weiter in zigfacher Nennung [149], bis am Ende unserer systematischen Untersuchungszeit folgender „Angriff"-Bericht über den großen Prozeß in Oranienburg (Weiß u. a. ./. Gr. Strasser) sicherlich ganz glaubhaft wirkte:
Nach dem Strafantrag: 6 Monate für die Beleidigung der Reichsspitzen und zwei Monate für Beleidigung Friedensburgs „kommen gleich drei Bernhards auf einmal, oder besser gesagt, drei Fälle um Bernhard Weiß. [. . .] Der Vorname des Weiß werde immer in Anführungsstrichen geschrieben, das sei eine Anrempelung" [150]. Die erhaltenen Prozeßakten zeigen, daß in Wirklichkeit keine einzige der zahlreichen Anklagen gegen Anführungsstriche ging. Für die Nationalsozialisten und bald auch für das Publikum waren die Zeichen aber gängig geworden – und so auch die anderen Signale, die dem richtigen Vornamen ein solches Apostroph gaben, daß jeder *Bernhard* s a h , aber *Isidor* d a c h t e (gesperrter Druck [151], vorangesetzter Gedankenstrich [152] und ähnliches [153]).
Man kann davon ausgehen, daß die Doppelbödigkeit von Bernhard nicht einmal mehr durch *eigene* Mittel unterstrichen werden oder eigens ausformuliert werden mußte. Allein die demonstrative *Hinzusetzung* des Vornamens bei Weiß und gleichzeitige *Weglassung* des Vornamens bei mitgenannten Personen dürfte schließlich ausgereicht haben, um den Spottnamen *Isidor* zu evozieren. Nur so ist die – uns jetzt – auffällige Andersbehandlung der beiden Präsi-

denten in der offiziellen Anfrage zu erklären, die Kube am 22. August 1928 seinen Namendestruktionen folgen ließ:

„5. werden die Spazierritte der Herren Polizeipräsidenten Zörgiebel und Dr. Bernhard [!] Weiß auf Dienstpferden im Tiergarten auf die Dienststunden der beiden Herren mit angerechnet?" [154].

Goebbels war jedenfalls in jeder Rede auf dies Jonglieren zwischen *Bernhard, Isidor* usw. so fixiert, daß es zu bezeichnenden Versprechern kam: Der Kriminalassistent Weicher hielt in seinem Bericht von einer Versammlung im Kriegervereinshaus vom 11. Januar 1929 fest: „Als Dr. Goebbels einiges von Georg Bernhard erwähnte, daß dieser in Paris gewesen wäre, sprach er wiederholt in der Einleitung seine Sätze von dem „Juden Georg Bernhard". Beim ersten Male sagte er: „Der Jude Bernhard Weiß"! Er verbesserte sich und sagte: „Der Jude Georg Bernhard!" [155]

Verstümmelungen von *Isidor*

Hatte man im Falle von „Bernhard" (mit jenen bedeutungsvollen Anführungsstrichen) den inkriminierten antisemitischen Spottnamen tatsächlich gar nicht ausgesprochen, so konnte man den wirklich gemeinten *Isidor* wiederum so *kürzen,* daß es auch in diesem Falle im ganz wörtlichen Sinne richtig war, daß er nicht über die Lippen gekommen oder (aus)geschrieben worden sei. Diese Destruktion konnte verschieden weit gehen. Bei Manipulationen wie „der I - - manuel Weiß" [156] blieb noch ein ganzer Name über, wenn auch ein falscher. Anders formulierte eine Ortsgruppe in Schlesien, die im „Angriff" ihre Propagandafilme anbot. Die drei schon fertiggestellten trugen die Titel: „1. Der 9. November 2. I . . . . r 3. Bauer einst und jetzt" [157]. Genau so viele Pünktchen waren da gesetzt, wie das Weggelassene Buchstaben hat, mit dem Effekt, daß der Name eben Punkt für Punkt doch dastand. An anderer Stelle ließ man das abschließende „r" auch noch fort, blieb aber bei der dann um eine Stelle erweiterten Punktzahl [158].

Zusätzliche Effekte ergaben sich, wenn man den so entstehenden Wortrest ans Ende jener Antipolizeikolumne brachte, die immer mit denselben Worten begann, wie sie auch mit ihnen stets schloß:

„Oder gehört es zum Ritus der Synagoge, daß auch zum Laubhüttenfest einige Dutzend junge Gojims abgeschlachtet werden, Herr I.....? Vorsicht Gummiknüppel!"[159] Das schien zusätzlich das Ducken vor dem unmittelbar drohenden Gummiknüppel so plastisch vor Augen zu rücken, daß man das rudimentäre I mit der bedeutungsvollen Zahl Pünktchen mehrfach genau an diese Stelle setzte[160], am 7. Mai 1928 übrigens in einer Weise, die wiederum neue Effekte ergab. Die Polizei hatte versucht, zwei Nationalsozialisten festzunehmen, was nicht ohne Brachialgewalt abging, welche wiederum von Dürr (dessen Verlobte *Hannah* hieß!) breit geschildert und geradezu als Mordtat dargestellt wurde:

„Gibt es da noch einen Kommentar? Gibt es nicht dafür nur ein Wort – I...: Vorsicht Gummiknüppel!"

So spielte das Anfangsphonem in die Interjektion hinüber, die auch nur aus einem Laut besteht und Abscheu ausdrückt: „iihh".

Wiederum andere Effekte waren angezielt, wenn „Orje" einen Traum erzählt, in dem er Chauffeur beim Polizeivizepräsidenten ist – „ausjerechnet icke. Bei I-1-, i du meine Güte, ick also bei Bernhartn"[160]. Jetzt war's so dargeboten, als kämpfe da einer bei einem bestimmten Wort mit einer Sprechhemmung, und als Orje sein „neuet Wörtabuch" vorstellt, da findet sich die Schupo definiert als „Jehrliche Niedaschlagmenge", Bernhard Weiß aber als: „I...I.. imma noch derselbe"[162]. Jetzt stand es als echtes Stottern da, weil das folgende Wort mit demselben Vokal beginnt. Rechnet man nun noch hinzu, daß die „Angriff"-Redakteure auch mit Verhöhnungen wie „Vize-I... Vorsicht Gummiknüppel" operierten[163], dann kann es keinen Zweifel mehr geben, daß auch noch verstanden und der gemeinte Name realisiert wurde, wenn *nur* noch Pünktchen standen:

„Sie sind und bleiben doch ein ... Vorsicht ... Taufname Bernhard. Die nähere Illustration zu deinem Namen besorgt ja schon Ihre streng republikanische Nase."[164]

Und was die Pünktchen leisteten, das brachte auch der Gedankenstrich zuwege:

„Herr W e i ß , der Polizeivizepräsident, hat sich abermals durch Gerichtsurteil bestätigen lassen, daß er B e r n h a r d mit Vornamen und nicht – anders heißt".[165]

Graphematische Manipulation am Personalpronomen

Am 12. September 1927 kommentierte „Der Angriff" eine kleine Lappalie aus dem Polizeialltag auf folgende, zunächst nicht recht verständliche Weise:

„Bei solchen kleinen Scherzen braucht sich natürlich keiner mehr zu wundern, wenn ‚er' sich größer machen will [...] denn wer kann es einem Vizepräsidenten verübeln, daß er sich mehr ‚leistet' als seine Untergebenen." (S. 7)

Den Sonderzeichen beim Personalpronomen läßt sich hier nicht so recht ein präziser Sinn abgewinnen. Am ehesten scheint die angezielte Signifikation in Richtung: „der bekannte, berüchtigte" zu gehen. Aber schon in der nächsten Nummer kam eine ähnliche Schreibung zum Zuge, die dann deutlicher den antisemitisch-namenpolemischen Sinn hervortreten ließ. Schriftleiter Dürr erzählte da in seiner Kolumne von Nationalsozialisten, die Juden ohrfeigen, weil sie gerade blonde Frauen zu verführen suchen; Weiß kommt mit seinen Grünen, greift die Täter und befiehlt dem späteren Richter, die Todesstrafe zu verhängen.

„E R aber ist doch nun einmal die Zuchtrute des Herrn der Welt, der da thront in den Palästen der W a l l s t r e e t. Namenlos ist E R. Niemand darf I H N nennen. Vorsicht Gummiknüppel." [166]

Damals war sicher den meisten noch geläufig, was heute wegen nachlassender Bibelkenntnis viel seltener präsent ist: Die Juden schützen den Namen Gottes ehrfurchtsvoll durch ein Aussprechverbot; das Tetragramm JHWH lesen sie als „Adonai" und schreiben – in Majuskeln – oft nur ER. Sein wirklicher Name gilt als kryptisch und jedenfalls unaussprechbar [167]. „Niemand darf IHN nennen", war also eine Verhöhnung des Jüdischen *und* eine Apostrophierung des „wirklichen" Namens von Weiß.

Der vorgeführte Trick war kein einmaliger und dann schnell vergessener Einfall des Dürr. Im April des Jahres 1928 schrieb Goebbels in seinem zweiten Artikel gegen Weiß, man habe ihm bei Gericht eine Karikatur vorgehalten; es war eine besonders aggressive antisemitische Zeichnung, gegen die Weiß auch klagen ließ (u. S. 297). „Dies ‚Angriff'-Exemplar kam direkt aus dem Allerheiligsten des Polizeipräsidiums, die in Frage stehende Karikatur war von IHM selbst rot angekreidet."[168] Und bei diesem Trick, der einem abgefallenen Katholiken natürlich besonders naheliegen mußte, blieb er auch in späteren Artikeln, da sogar in höchst eigentümlicher Signalgebung für die Majuskeln: Goebbels schildert einen puren Zufallstreff auf der Charlottenburger Chaussee. Ein Dienstfahrzeug mit Dienstflagge naht.

„Ich äuge und äuge, und richtig, meine Ahnung hat mich nicht betrogen; der Wagen braust in wahrhaft königlichem Tempo heran [...] Und am Steuer sitzt Er, großgeschrieben. Er, dessen Name man nicht nennen darf, wie den Namen jenes Gottes, der in den Tempeln seiner Heimat verehrt und angebetet wurde."[169]

Assoziationsfeld Maske, entlarvende Ekelnamen

Es gibt polemische Züge, die ihre Kraft zum großen Teil aus dem dominanten Denkschema „Entlarvung" ziehen, zumindest mit ihm zu tun haben. Daß sich der wahre Name, gleichsam als Menetekel, selber aufs Papier schreibe, war der „Witz" bei antisemitischen Silbenrätseln. In 74 scheinbar ganz unverdächtigen Wortfetzen, angeboten in der Ausgabe vom 7. November 1927, fand man da plötzlich verborgenen Sinn: Unter Nr. 6 wurde nach einer „Stütze der Republik" gefragt. Wer „Isidor" hinschrieb und auch die restlichen 26 Fragen richtig löste, dem erfüllte sich die beigegebene Prophezeiung, daß nämlich das Akrostichon und Telestichon dann einen Vers ergebe, „den jeder Deutsche beherzigen solle". Wer das Ziel nicht erreicht hatte, konnte die Lösung natürlich in der nächsten Nummer lesen:

„Mit Isidor ist's bald zu Ende,
Wenn jeder gibt zur Angriff-Spende!"[170] (Vgl. Abb. S. 294)

Man wird nicht fürchten müssen, daß nur wenige zu diesem Ergebnis kamen. Die Leser hatten ja schon Übung, denn wenige Nummern vorher hatte sie Goebbels' Zeitung bereits vor eine ähnliche Aufgabe mit sehr ähnlichem Endergebnis gestellt[171].

Hält man sich die zentrale Stellung des Assoziationsfeldes „Demaskieren" vor Augen, dann wird man auch eine Verbindung zu den immer wieder ins Spiel gebrachten „Isidor-Masken" [172] sehen und diese wiederum als Impetus zur Verfertigung von „Isidor"-Puppen [173] in Erwägung ziehen. Wir brauchen aber nicht auf Felder auszuweichen, auf denen nur noch mögliche und sicher nur sehr fein gezogene Verbindungslinien auszumachen sind, wo doch die banalsten *und* rücksichtslosesten noch nicht genannt sind: Am 29. November 1929 besuchten die beiden Kriminalassistenten Schubert und Nickel von der IA eine Goebbels-Veranstaltung im Gymnasium an der Homuthstraße. Im Bericht hielten sie fest, daß der Gauleiter sich über den Vizepräsidenten so geäußert habe:

> „Kommt da so ein Jude aus Galizien mit Namen Wacholder Trompetenschleim, und nach einem Jahr hat er seinen Vornamen vertauscht und heißt ‚Isidor‘. Nach einem weiteren Jahr hat er auch seinen Zunamen vertauscht und heißt ‚Weiß‘. Nach noch weiter einigen Jahren sitzt dieser Mann im Polizeipräsidium und behauptet, er heiße ‚Bernhard‘ mit Vornamen." [174]

Man wird sich angesichts solcher Einlassungen an den ebenfalls mit Ekelnamen arbeitenden Witz: *Pischer-Wasserstrahl-Lafontaine* erinnern und erneut spüren, wie stark da alteingeübte Strukturen genutzt werden. Allgemein: Die ganze Theorie über Juden *und* die in ihr gefaßte „Erklärung" des deutschen (unverdienten) Unglücks war da in purer Namenpolemik dargeboten. Speziell für Weiß: Die ganze Person war für illegitim erklärt wegen der Verfälschung des Vornamens – von *Wacholder* über *Isidor* zu *Bernhard* – und des Familiennamens von *Trompetenschleim* zu *Weiß*. Jeder antisemitisch gestimmte Zuhörer kannte natürlich jenes Grundgesetz, das hinzuzufügen empfahl: „und bleibt doch Wacholder Trompetenschleim". Was hier nun ausschließlich mit Namentransformationen vorgeführt wurde, das konnte man in anderen polemischen Sparten *sehen*. Bildergeschichten führten vor Augen, was man im vorigen Fall eben nur *hörte*: Letztlich kommen alle Juden als innerlich und äußerlich verkommene Bettler aus Galizien, machen bei uns ihr Geld auf betrügerische Weise, spielen sich dann als Herren auf und mimen als verbrecherische Raffkes Kultiviertheit. Und zeigte die eine Moritat in sechs Schritten die gesamte Wanderung des ver-

Isidors Karriere

Ein jeder Anfang ist bekanntlich schwer,
Den jungen Isidor befriedigt er.

In Hehler Blumentritts reellem Haus
Schlägt man fürs Diebsgut seinen Rebbach 'raus

Rasch kommt man hoch und gönnt sich Zeitvertreib
In frohem Halbweltskreis bei Sekt und Weib.

Meist bringt, ist Firma man in Konfektion,
Die erste Pleite ein Profitchen schon.

Bald tut man's großen Glaubensbrüdern gleich
Und spekuliert sich an der Börse reich.

Bis man als Schloßherr und Kommerzienrat
Beim dummen Goi Respekt und Ansch'n hat.

278

lausten „Moritz" (R. 13–16) vom Osten bis zum Luxusleben des Arrivierten im Westen [175], so ließ die andere den schmierig-kriminellen „Isidor" (vgl. Abb. S. 278) mit dem Geldschrankknacken zwar sogleich im Westen beginnen, dann aber weiter-„arbeiten",
„Bis man als Schloßherr und Kommerzienrat
Beim dummen Goi Respekt und Anseh'n hat."

h) Wukiutschu –
ein mißlungener Identifikationsversuch

Eine solche (gerade vorgeführte) Abhandlung des Problems auf allen nur erdenklichen Ebenen (sprachliche, visuelle, wirtschaftstheoretische usw.) gelang aber nur bei historisch tiefer Verwurzelung der Zugschemata. Es brächte jetzt nur noch ein Mehr an Fülle, aber keinen entscheidenen Erkenntniszuwachs mehr, wenn wir nun alle weiteren Spottbezeichnungen [176] von Weiß hier aufzuzählen suchten, wie er z. B. öfter „Nasobem" [177] genannt wurde, welchen Einfall man natürlich bei Christian Morgenstern gefunden hatte.

Eher ist es jetzt an der Zeit, den Versuch einer Umtaufe zu nennen, den Goebbels mit ganzer Intensität eingeleitet, weiterverfolgt, schließlich aber wieder aufgegeben hat. Oben nur als X bezeichnet, soll der Name jetzt genannt werden: „Wukiutschu" nannte der leitartikelnde Gauleiter jene Figur, die sich in China als Chinese drapierte und dort Polizeipräsident wurde. Allein achtmal beschwor er diesen Namen im ersten Leitartikel über „Isidor" in der Ausgabe Nr. 7 vom 15. August 1927. Im „Angriff" wurde er dann konsequent weiterverwendet: in den Nr. 9, 10, 12, 13, 14, 19, 21, 24 meist mit *Isidor* als Vornamen kombiniert. In der Nr. 8 brachte man ein Trivialgedicht, das sich einfallsreich gab: „Schulanfang" genannt, exerzierte da in je einer Strophe „Nickelpumper" die fünf Vokale durch und schrieb für den dunkelsten von allen:
„U - u - u,
da kommt der Wukiutschu!
Huch, ganz gelb ist sein Gesichte
ob der Isidorgeschichte ...

U - u - u,
da geht der Wukiutschu!"[178]
Dieser Stumpfsinn, sonst bei den Nationalsozialisten durchaus will-
kommen, ging *nicht* in die Köpfe. Im Jahr 1928 tauchte der Name
nur noch zweimal auf. Die erste Reminiszenz war nicht ganz freiwillig, hatte vielmehr einen zwingenden Anlaß. Es war über einen
Prozeß zu berichten: Weiß hatte einen Untergebenen vor Gericht
gebracht, weil dieser den Namen *Isidor Wukiutschu* „in das Fern-
sprechbuch der Polizeiverwaltung Groß-Berlin" geschrieben hatte.
In der Urteilsbegründung hatte das Gericht die Verteidigung aufgenommen, daß Wukiutschu ein chinesisches Wort sei, das übersetzt
„Weiß" heiße. Der „Angriff" (1928 28, S. 5) kommentierte höhnisch:
„Klug sind die Leute neuerdings beim Gericht! Daß Wukiutschu ‚weiß' heißt, das wissen sie; aber daß Herr Dr. Weiß immerhin erst Polizei v i z e präsident ist, hat sich offenbar noch
nicht ganz rumgesprochen."
Und nun setzte der dort berichtende „Knipperdolling" doppelten
Hohn auf diesen ersten:
„Aber im Vertrauen gesagt, – die gerichtsamtliche Übersetzung
des Wortes ‚Wukiutschu' stimmt nicht ganz. Es gibt da im
Chinesischen Feinheiten [. . .] Wukiutschu mit dem Klang auf
der ersten Silbe heißt ‚weiß', auf der letzten Silbe betont, heißt
es ‚schwarz' und mit dem Ton auf der Mittelsilbe bedeutet es
logischerweise ‚grau'. Eine feine Sprache, dies Chinesisch,
nicht? Dem Vernehmen nach beabsichtigt das Polizeipräsidium eine Spezialabteilung zur Aufhellung chinesisch verhüll-
ter Beleidigungen der Republik und ihrer höheren Beamten
einzurichten."
Läßt man einmal außer acht, daß die philologischen Behauptungen
da natürlich blanker Unsinn waren[179], und mißt diese Einlassungen
an anderen, so kann man vielleicht doch sagen, daß das keineswegs
viel schlechter gemacht war als die „Isidorkampagne". Trotzdem
fand es keinen Anklang. Denn in dieser Nr. 35 des Jahres 1928 war
es das letzte Mal, daß von *Wukiutschu* im „Angriff" überhaupt gesprochen wurde. Es kann kein Zweifel sein, daß fehlende Tradition
den Namen scheitern ließ, während für den erfolgreichen „Fall
Isidor" eben dieser Nährboden vorhanden war.

Der Kreis der verschiedenen Isidor-Verhöhnungen ist ausgeschritten. Es könnte sein, daß einzelne Namenattacken noch einen Rest Witzigkeit haben. Ineins gerechnet, ergab die Masse aber sicherlich eine Vernichtungsdrohung gegen die im Namen symbolisierte Person. Das soll, ehe Weiß' gerichtlicher Abwehrkampf geschildert wird, noch einmal auf kompakte Weise vor Augen geführt werden. Wir stellen eine Quelle vor, in der vieles gebündelt und die Konsequenzen fast unverhüllt erscheinen. Es ist mit Bedacht eine Attacke gewählt, die den Namen in einer Weise darbietet, über die man, ist das Auge noch nicht geschärft, hinweglesen oder sie als harmlos einschätzen würde. Die „Nationalsozialistischen Briefe", lange von Goebbels redigiert, imaginierten in ihrem Artikel zu jenem mißlichen Ereignis vom 2. Juni 1928, daß Weiß, dieser „Biamte", der den alten redlichen, kerndeutschen „Beamten" abgeschafft habe, tot umgefallen sei, und schlugen mit der Überschrift „Krematorium" eine endgültige Lösung der Angelegenheit vor:

„Am 4. Juni anno domini (nicht Jehovas) [Abwehr einer unterstellten Umbenennung, D. B.] erhielt der ‚Biamte', dessen höchste Inkarnation als Polizeivizepräsident Dr.-hi-hi-‚Bernhard' Weiß über die Erde wandelte, von einem selbstgekneteten Gummiknüppel einen Schlag auf den, zwecks Abwehr des Wüstensandes nicht-arisch gebauten Schädel, um darauf seine verdienstwollende Seele auszuhauchen. Was nach dem besagten 4. Juni auf zwei vom Schöpfer etwas zu glatt gehobelten Beinen unter obiger Spitzmarke herumlief, war eine Irreführung [De-Maskierung, D. B.] des p. p. Publikums. [...] Macht einen Juden zum Staatsdiener, – er wird die Korruption pflegen [...] ‚Mit unglaublicher Rohheit waren die Schläge geführt'[180], so lautete sein letztes Wort. Schiebt diese unglaubliche Roheit der Natur in den Ofen! Gebt acht, daß er nicht oben mit derjenigen Nase anstoße, die ihm nie ein Inkognito gestattete [Erkennbarkeit] und dennoch im entscheidenden Moment als Legitimation versagte.
Laßt diesen Biamten hübsch langsam schmoren. Er hat's um uns verdient! Wie die Börse an ihm.
W e l t f e u e r h e r !"[181]

Die Formulierung „hübsch langsam schmoren" beweist, daß die mörderische Phantasie da wohl nicht ans Verbrennen von *Toten* dachte. Vielleicht läßt solcherart Überschreiten jeglicher bis dahin gültiger Grenzen die Einschätzung Rudolf Oldens von 1932 nun endgültig als berechtigt erscheinen, daß nämlich mit dem Kampf gegen Weiß „ein besonders tiefes Tal der Kultur" [182] erreicht war, das auszumessen von den „künftigen Historikern des deutschen Niedergangs" allerdings bis jetzt verabsäumt worden ist. Vielleicht verhindert der hier noch einmal in besonders greller Farbe vorgeführte Hintergrund aber auch, daß man den Kampf vor Gericht von vornherein für unsinnig erklärt.

C. Kampf vor Gericht

Ein eigentümlicher Zufall hat fast sämtliche Akten über die Prozesse Bernhard Weiß ./. Joseph Goebbels vor der Vernichtung bewahrt. Als 1933 in Berlin ein neuer, nationalsozialistisch orientierter Generalstaatsanwalt eingesetzt wurde, handelte dieser sogleich in den Perspektiven eines Tausendjährigen Reiches. Für alle Zeiten sollte dokumentiert bleiben, wie das „System" die nationalsozialistischen Helden verfolgt habe und wie diese auch vor Gericht unbeugsam gewesen seien. Er ließ also die Akten der Berliner Gerichtsbezirke durchforsten. Was ihm für jenes Ziel förderlich schien, sammelte er und schloß es von der normalen Aktenvernichtung aus. Dieser Bestand – gut 3000 Bände – ist erhalten geblieben [183] und kann jetzt zum genau gegenteiligen Zweck genutzt werden, wie ihn sich jener Generalstaatsanwalt dachte.

Errechnet man nun die Namen derer, die als Kläger oder Beklagte im Aktenbestand am häufigsten genannt sind, so zeigt schon dies, welchen Stellenwert der Kampf Weiß gegen Goebbels im Bewußtsein der Nationalsozialisten und der Berliner gehabt haben muß: Mit 40 Prozessen hält der Gauleiter den Spitzenplatz. Bernhard Weiß, mit 23 Prozessen dritter, wird nur noch vom Reichspräsidenten Hindenburg (26) übertroffen [184]. Daß nur vier Prozeßkomplexe den Namenkampf Weiß ./. Goebbels zum Inhalt haben (Nr. 2, 23 [28], 24, 47) scheint zunächst überraschend. Bedenkt man aber, daß in diesen meist mehrere Strafanträge des Polizeivizepräsidenten zusammengefaßt sind – im ganzen allein zehn gegen Goebbels [185] – und daß die überdies meist auch auf den verantwortlichen Redakteur Dürr und den Drucker Schulze gerichtet waren, so nähert sich die Zahl den bisher aufgebauten Erwartungen. Diese werden vollends erreicht, wenn man hinzufügt, daß Weiß – wiederum nur wegen jenes Schmähnamens *Isidor* – weitere Strafanträge stellte: 3 gegen Gregor Strasser (Nr. 2184), 1 gegen den nationalsozialistischen Abgeordneten Löpelmann (Nr. 164), 1 gegen den Zeitungshändler Zawitalsky (Nr. 367) und zumindest gegen 4 weitere, deren Akten nicht erhalten sind [186]. Wenn man nun dazu in Rechnung stellt, daß fast alle Prozesse durch sämtliche Instanzen gingen, dann hat man ein ungefähres Bild von der Masse Urteile der Berliner Amts- und Landgerichte und des Leipziger Reichsgerichts. Genau sind es: 40 Hauptverhandlungen in Sachen Namensraub, wovon 34 mit einem Urteil abgeschlossen wurden. Rückt man sich nun die Zahl *sämtlicher* Strafurteile (einschließlich begonnener und dann vertagter Verfahren) vor Augen, die Weiß erzwang: 60 (davon 19 gegen Goebbels) und stellt daneben die Zahl *sämtlicher* Urteile (einschließlich vertagter Termine) die – von wem auch immer angestrengt – gegen Goebbels erreicht wurden: 63! – dann hat man eine konkrete Vorstellung von den ausgedehnten Anstrengungen der Justiz, ahnt aber sogleich, welch außerordentliche darstellerischen Probleme eine solche Materialmasse mit sich bringt.

Diese durch radikale Kürzung zu bewältigen würde in Wirklichkeit das Wichtigste verdecken. Zwar könnte es einer sprachhistorisch gerichteten Arbeit gleichgültig sein, wenn auch diesmal ein seit langem beklagtes Desiderat nicht endlich eingelöst würde: konkrete Kenntnis über die Alltagsprobleme der Gerichte während der Weimarer Republik[187]. Da aber dies prozessuale Ringen auf allen Ebenen wiederum ein Indikator für die Triftigkeit und Durchschlagskraft der Namenpolemik „Isidor" ist, darf es nicht übergangen werden. Der Leser muß sich also Mühen unterziehen und mag diese als Anhaltspunkt nehmen, was der Justiz die Abwicklung dieser Prozesse gekostet hat und welch zentrale Stellung die Namenpolemik hatte.

Um dennoch Übersichtliches *und* die Essenz aller namenrelevanten Urteile zu bieten, wird – nach der Darstellung des Beginns der gerichtlichen Auseinandersetzungen – zuerst ein besonders umfänglicher, lang dauernder (1927–1933) und obendrein komplizierter Prozeßkomplex geschildert. Er wird die Anstrengungen Weiß', die Gegenwehr Goebbels' und die daraus resultierenden Schwierigkeiten der Berliner Gerichte detailliert und plastisch vor Augen führen. Da dabei fast alle grundsätzlichen Probleme des prozessualen Namenkampfes auftauchen werden, läßt sich die *systematische* (*alle* andern Akten nutzende) Behandlung dieser Problemzonen gut anschließen. Ein Abriß der Rechtslage muß allem vorangestellt werden, damit vorab klar ist, welche rechtlichen Mittel die im Namenkampf verbissenen Parteien eigentlich hatten.

1. Die rechtlichen Mittel

Das Bürgerliche Gesetzbuch (BGB) räumt dem Namen gleich in § 12 eine zentrale Stellung ein, indem es ihn vor der Aneignung durch andere zivilrechtlich schützt. Das Strafgesetzbuch (StGB) stellt im § 316, Abs. I, Nr. 8. die Angabe eines falschen Namens unter Strafe, wenn es gegenüber einer Amtsperson geschieht. Keiner von beiden bietet also jemandem eine Handhabe, der sich gegen die Bezeichnung mit einem despektierlichen Schmähnamen wehren will. Er muß den Weg über die Beleidigungstatbestände gehen, die im 14. Abschnitt des StGB („Beleidigung", §§ 185–200) festgeschrieben sind.

Der § 185 bedroht(e) [188] den Angriff auf die Ehre als „Beleidigung" „mit Haft oder mit Gefängnis bis zu einem Jahre", falls eine Tätlichkeit vorliegt, „mit Geldstrafe oder mit Gefängnis bis zu zwei Jahren". Von dieser Beleidigung im engeren Sinne muß die „üble Nachrede" abgegrenzt werden (§ 186). Sie liegt vor, wenn beleidigende unwahre Tatsachen über jemanden behauptet oder verbreitet werden. Geschieht dies öffentlich oder durch Verbreitung von Schriften (der Presse z. B.) oder Abbildungen (z. B. Karikaturen), so erhöht sich der Strafrahmen aus § 185 auf 2 Jahre. Der dritte Beleidigungsparagraph, die „Verleumdung/Kreditgefährdung" (§ 187) ist dem § 186 gleich – nur daß jetzt das Tatbestandsmerkmal „wider besseres Wissen" hinzutritt; damit entfällt, was in den beiden ersten Fällen notwendiges Tatbestandsmoment ist: die Absicht zu beleidigen [189]. Das Strafmaß ist erhöht und schreibt im Falle der Öffentlichkeit Gefängnis nicht unter einem Monat vor.

Der Kategorie „Öffentlichkeit" wird also in allen drei Bestimmungen besondere Aufmerksamkeit geschenkt, weil sie bei Angriffen auf die Ehre offensichtlich eine tatverschärfende Wirkung hat.

Dementsprechend gibt der § 200 StGB Sonderrechte bei öffentlichen Beleidigungen durch die Presse: Der Beleidigte erhält Publikationsbefugnis, d. h. die Möglichkeit, die Tatsache der Verurteilung des Gegners in öffentlichen Zeitungen bekanntzumachen, dies möglichst im beleidigenden Blatt an derselben Stelle. Die Druckplatten und die Druckschriften kann er unbrauchbar machen lassen (§ 41 StGB).

Nach rechtsstaatlichem Prinzip kann nur der Täter belangt werden. Es gab aber seit 1874 ein besonderes Gesetz, das den spezifischen Problemen moderner Kommunikationsformen Rechnung trug, indem es bei Pressesachen die Definition von Täter erweiterte: Nach dem „Gesetz über die Presse" (PreßG) war bei periodisch erscheinenden Druckschriften im Falle einer strafbaren Handlung außer dem Verfasser auch der verantwortliche Redakteur als Täter zu bestrafen (§ 20) und desgleichen wegen Fahrlässigkeit der Verleger, der Drucker und der Verbreiter, falls sie nicht die „Anwendung der pflichtgemäßen Sorgfalt nachweisen" (§ 21).

Beleidigungen werden gemeinhin als Antragsdelikt (§ 194 StGB, § 374, Abs. I, Ziff. 2. Strafprozeßordnung, StPO) in der Form einer Privatklage durchgeführt. Antragsberechtigt ist der Betroffene; dem Ehemann einer beleidigten Frau steht ein selbständiges Antragsrecht zu (§ 195 StGB) – was für Weiß im Entscheidungsjahr 1932 wichtig wurde. Der amtliche Vorgesetzte des Beleidigten hat ebenfalls ein Antragsrecht (also z. B. Zörgiebel für Weiß), sofern der Anwurf in Beziehung auf die Ausübung des Berufs oder in Beziehung auf diesen Beruf begangen ist (§ 196 StGB). Der Privatkläger verficht vor den Schranken des Gerichts dann allerdings nicht seinen bloß privaten, sondern einen Anspruch des Staates[190]. Die Klage kann auch in eine öffentliche verwandelt, also durch den Staat(sanwalt) verfochtene werden, wenn ein „öffentliches Interesse" an der Bestrafung vorliegt (§ 376 StPO). In diesem Falle hat der Beleidigte das Recht, sich als Nebenkläger dem Verfahren anzuschließen (§ 395 StPO). Er kann von allen auch der Staatsanwaltschaft zustehenden Rechten nach eigenem Gutdünken Gebrauch machen, also das Verfahren mit steuern (§ 401 StPO).

War dies das Sortiment der Zugriffsmöglichkeiten auf Goebbels und andere Nationalsozialisten, so dürfte die Beantwortung der

Fragen interessant sein: Welchen Weg wählte Weiß? – den privaten oder den des öffentlichen Interesses – mit oder ohne den Status eines Nebenklägers? Überließ er die Strafanträge seinem Chef oder stellte er sie selber? Schon die Art der Wahl wird beleuchten, worum es bei diesem Namenkampf – zumindest Weiß – eigentlich ging. Dem Beschuldigten gibt das Strafgesetz – außer allen generellen Abwehrmitteln – ein spezifisch auf Beleidigungen bezogenes: Im § 193 festgeschriebene „berechtigte Interessen" sorgen dafür, daß „tadelnde Urteile über wissenschaftliche, künstlerische oder gewerbliche Leistungen" genausowenig strafrechtlich verfolgt werden können wie Rügen von Vorgesetzten u. ä., die nur strafbar sind, wenn die Beleidigung aus „der Form der Äußerungen" oder „aus den Umständen" hervorgeht.

2. Der Prozeß Nr. 24. Die erste große Auseinandersetzung zwischen Weiß und Goebbels

Ehe Weiß im Winter des Jahres 1927/28 mit seiner massiven Abwehr gegen Goebbels begann, hatte es gegen Nationalsozialisten kleinere Vorgeplänkel gegeben, deren Ergebnisse Weiß zu ganz bestimmten Einschätzungen seiner Erfolgschancen brachten.

a) Vorspiel

Der erste Prozeß, den Weiß als Vizepräsident gegen Nationalsozialisten in Gang setzte, zeigt eine Durchgriffshärte und Verfahrensgeschwindigkeit, die verblüfft. Der „Völkische Beobachter" hatte Anfang Mai 1927, einige Wochen nach Weiß' Amtsantritt, wenige Tage nach dem Verbot der Berliner NSDAP eine „Sondernummer gegen den jüdisch-marxistischen Polizeiterror in Preußen" als Nr. 110 a herausgebracht. In bekannt radikaler Manier machte sie Front gegen das Verbot der Berliner NSDAP. Der Inhalt stellte die Maßnahme als jüdische Machination dar, bot geschönte Berichte über jene Versammlung im Kriegervereinshaus und weitere Artikel über Berliner Vorkommnisse unter dem Titel: „Die Spitzel des Isidor Weiß" und „Der Zusammenbruch der Begründungen des Isidor Weiß". Auf der Titelseite stand eine große Porträtzeichnung vom Vizepräsidenten ohne grobe antisemitische Verzerrungen, ziemlich korrekt gemalt nach einer schon vorher im „Völkischen Beobachter" erschienenen Fotographie. Der Zeitungshändler Karl Zawitalsky hatte dieses Bild (vgl. Bild S. 289), rot umrandet, am 17. Mai 1927 an seinem Zeitungsstand angeschlagen und überdies so gefaltet, daß nur noch, einem Steckbrief ähnlich, das Bild, die Überschrift „Der jüdische Herr von Berlin" und die Unterschrift „Dr. Bernhard Weiß Vizepolizeipräsident von Berlin Der Organisator der Deutschenverfolgung gegen die N.S.D.A.P." zu sehen war.

Von der Meldung durch Kriminalbeamte der IA am 16. Mai 1927 über den Antrag auf Beschlagnahmung durch den Leiter der Politischen Polizei wegen beleidigenden Inhalts am 18. Mai, seiner Weiterleitung durch den Generalstaatsanwalt am Landgericht 1, über die tatsächliche Anordnung der Beschlagnahme durch das Amtsgericht Berlin-Mitte und deren Durchführung in ganz Preußen dauerte es nur zwei Tage. Am 1. Juni stellte Zörgiebel für seinen Stellvertreter – ganz sicher nach Absprache mit diesem – Strafantrag wegen Beleidigung gem. §§ 185 und 196 [191]. Hatte nun der Chef der Politischen Polizei, Regierungsdirektor Wündisch (auch der selbstverständlich nach Rücksprache mit seinem neuen Chef), die beiden Artikel mit dem Schmähnamen in seinem Beschlagnahmungsantrag einfach nur erwähnt [192], so wurde Präsident Zörgiebel in dem Strafantrag schon deutlicher, den er am 1. Juni an den Ersten Staatsanwalt beim Landgericht München I schickte, um den verantwortlichen Redakteur Wilhelm Weiß zur Rechenschaft zu ziehen. Außer der „besonders gehässigen Karikatur" monierte er die genannten Artikel. „Schon in der Zulegung des Vornamens *Isidor,* während der Polizeivizepräsident richtig mit Vornamen Bernhard heißt, liegt eine bewußte und absichtliche Beleidigung." [193]

Der Prozeß gegen den wegen Diebstahls vorbestraften Zeitungshändler wäre, so konnten Weiß und seine Helfer erwarten, nun

Der jüdische Herr von Berlin!

Dr. Bernhard Weiß
Vizepolizeipräsident von Berlin
Der Organisator der Deutschenverfolgung gegen die N.S.D.A.P.

„Völkischer Beobachter", Sondernummer 110 a, Mai 1927

wohl auch in gleich großer Schnelligkeit durchgeführt worden, wären nicht umfängliche Voruntersuchungen nötig gewesen: Sämtliche Händler, die die Zeitung in der Nähe des Potsdamer- und des Alexanderplatzes verkauft hatten, mußten vernommen werden, weil auch bei ihnen Tatverdacht bestand[194]. Seine Einschätzung des Ermittlungsergebnisses teilte der Generalstaatsanwalt am 8. September 1927 dem Polizeipräsidenten mit:

„Soweit die Beschuldigten erklären, daß sie von dem Inhalt des Artikels keine Kenntnis gehabt haben und das, z. B. durch die Rotumrandung, nicht zu widerlegen ist, erscheint eine Verurteilung wegen Beleidigung zweifelhaft."[195]

Das Verfahren wurde also nur gegen Zawitalsky eröffnet. Am 9. 11. formulierte der Generalstaatsanwalt seine Anklageschrift – gestützt allein auf die Rotumrandung als Beweismittel der Kenntnis des beleidigenden Charakters und ohne auf die „Isidor"-Artikel einzugehen. Am 2. Januar 1928 wurde Zawitalsky dann wegen öffentlicher Beleidigung (§§ 185, 200) verurteilt – nicht zu 3 Monaten, wie der Staatsanwalt forderte, wohl aber zu einem Monat Gefängnis, den er trotz aller erdenklichen Gegenwehr[196] wirklich abgesessen hat. Im Urteil war festgeschrieben, daß es sich um eine Karikatur handele und daß durch die Art der Exponierung „der Angeklagte einen gegen die persönliche Ehre eines hohen Beamten und mittelbar auch gegen Staat und Staatsform gerichteten Angriff in gehässiger Weise erheblich verschärft hat"[197].

Der Blitzzugriff bei der Beschlagnahmung, die zupackende Art der Ermittlungsbehörden und später auch das Ergebnis, das erzielt wurde, weil man sich nicht so sehr an das doch kaum entstellende Porträt, sondern an die Intention des ganzen Blattes gehalten hatte, – dies alles dürfte Weiß zufriedengestellt und in seiner Meinung bestärkt haben, auf dem richtigen Wege zu sein[198]. Der verantwortliche Redakteur des „Völkischen Beobachter" wurde allerdings freigesprochen, was Weiß vor Augen führte, daß die Richter im reaktionären München nicht die relativ progressiven[199] der Berliner Großstadt waren. Daß nun auch der Musikzugführer Hillebrand schon drei Monate, nachdem er geäußert hatte, er ließe sich vom Juden Weiß nichts verbieten, von der Berliner Justiz wegen Beleidigung zu einer Geldstrafe von 150 M verurteilt wurde[200], mußte für Weiß auf dasselbe deuten: Setzt man die juristischen Zwangsmittel nur konsequent ein, so kann man rechtsradikale Gegner in die Knie zwingen. Freilich hatte er bis dahin nur Randfiguren vor Gericht gezogen. Mit seinen jetzt folgenden sechs Strafanträgen gegen die Verantwortlichen des „Angriff" aber bekam er es mit dem harten Kern der Nationalsozialisten zu tun, und überdies mit einer neuartigen Hetzpresse.

b) Die inkriminierten Artikel des „Angriff"

Seit dem 4. Juli 1927 war Goebbels nicht mehr auf die publizistische Schützenhilfe des „Völkischen Beobachter" und des verhaßten Strasser-Blattes „Berliner Arbeiter-Zeitung" angewiesen. Mit dem *Angriff* hatte er sich ein eigenes Propagandamittel geschaffen, dem er, wie oben angedeutet (vgl. S. 134), eine unerhört radikale Note gab. Von der dilettantischen Kümmerlichkeit der ersten Ausgabe noch selber entsetzt, hatte er das Blatt alsbald auf passendem Anti-Isidor-Kurs. Weiß war herausgefordert und stellte jene sechs Strafanträge, die zum überaus komplizierten Prozeßkomplex Nr. 24 führten. Viermal wurde das Reichsgericht angerufen. Acht Aktenbände bildeten die Grundlage, in denen das Zusammenspiel und Gegeneinander von Gerichten, Staatsanwaltschaften, dem Polizeipräsidium, Justizministerium und den Angeklagten gesammelt ist. Um auch dem juristisch Unbewanderten noch Übersichtlichkeit zu verschaffen, ist im Anhang ein Flußdiagramm der Prozesse beigefügt. Anhand der dort eingetragenen Kreisziffern läßt sich das einigermaßen bequem verfolgen, was sich ohne solche Hilfen vielleicht verwirrend ausnehmen könnte, sich verwirrend aber allemal ausnehmen mußte für die geschichtlich handelnden Personen, die doch ohne den Herabblick auf das Ganze auszukommen hatten. Die Vielfalt der Argumente und die Energie des Einsatzes wird einen Eindruck verschaffen, bis zu welchen Dimensionen sich Namenprobleme auswachsen können, wenn in ihnen, wie im Falle „Isidor", viel weiter reichende Spannungen ausgekämpft werden.

Die sechs Ausgaben des „Angriff", die Weiß zur Klage veranlaßten, werden jetzt in ihrer chronologischen Abfolge vorgestellt,

damit ein Bild entsteht, bis zu welchem Extrem es dieses Kampfblatt brachte und wie es die zentralen Strukturstellen von Weiß als
Privat- und Amtsperson traf. Im Flußdiagramm werden sie indes
aus sehr bald einsichtigen Gründen in einer anderen (nämlich den
Prozeßablauf durchschaubarer machenden) Reihung aufgeführt.
Wörtlich dargeboten werden genau die Stellen, die in den langwierigen Prozessen dann eine zentrale Rolle spielten.

Aktenband II

Am 10. Oktober 1927 (Nr. 15) brachte „Der Angriff" auf der Seite 5
in der Anti-Polizeikolumne „Vorsicht! Gummiknüppel" einen Artikel aus der Feder von Dagobert Dürr:
„Bei meiner Seele, ich möchte nicht Isidor Weiß heißen. Es soll
ja auch andere Leute geben, die auf diesen Namen keinen Wert
legen. Also ich möchte jedenfalls nicht Isidor Weiß heißen.
Denn dann müßte ich, wenn ich gleichzeitig Polizeivizepräsident
von Jeru . . ., vielmehr Berlin wäre, diese ††† Nationalsozialisten verbieten. Und die würden mir dann auf der Nase her-
umtanzen. [. . .] So ein Verbot ist eine herrliche Sache – für
den Verbotenen. Denn dann übernimmt der Staat die Propa-
gandakosten. [. . .] So ein Verbot ist eine scheußliche Sache –
für den Verbieter. Denn selbst für eine noch so krumme Nase
ist es kein Vergnügen, gewissermaßen einen Tanzboden darzustellen. Spiele nicht mit Gummiknüppel, denn er geht von
selber los. – Aber nach hinten. Also ich möchte nicht Isidor
Weiß heißen und den Hintern des Polizeivizepräsidenten haben. Vorsicht, Gummiknüppel!"
Auf Seite 7 stand – zweitens – ein Artikel „Isidors Hakenkreuz-
schnüffler", in dem die Fahndungsbeamten der Politischen Polizei
mit jenen Kaffeeschnüfflern aus der Zeit Friedrichs des Großen
und Napoleons verglichen und sie alsbald in „Hakenkreuzschnüff-
ler Isidorchens" überführt wurden.
In höhnischem Spiel mit dem Namen *Isidor*, in bewährter Weise
einen idiomatischen Ausdruck in seine wörtliche Bedeutung zu-
rücklenkend, in eingespielter Art ganz Berlin in „Jerusalem" uminterpretierend[201], schließlich das ohnehin Kleinheit symbolisie-

rende Wort [202] *Isidor* durch Diminutivform nochmals herabstimmend [203], wird da auf hintergründige Weise dem Polizeivizepräsidenten Prügel in Aussicht gestellt und überdies alle Anstrengungen der Exekutive als hilfreich für das Wachstum der Partei ausgegeben. Dies ohne Gegenwehr hinzunehmen, wäre einer Bankrotterklärung gleichgekommen, insbesondere wenn man noch – drittens – die beigefügte Karikatur in Rechnung stellte (vgl. Abb.): „Bernhard": „Verbieten? – Wieso? – Hat er einen Juden angefaßt?" stand unter einem Bild, das einen verprügelten Nationalsozialisten und zwei kommunistische Schläger zeigte. Das war die Bezichtigung parteiischer Amtsführung.

„Bernhard": „Verbieten? – Wieso? – Hat er einen Juden angefaßt?"

Im Anzeigenteil derselben Nummer stand als viertes ein Silbenrätsel (vgl. o. S. 276 u. Abb. S. 294) von besonderem Reiz: Es bot Tüftlern Gelegenheit, mit eigener Hand ein Menetekel zu schreiben,

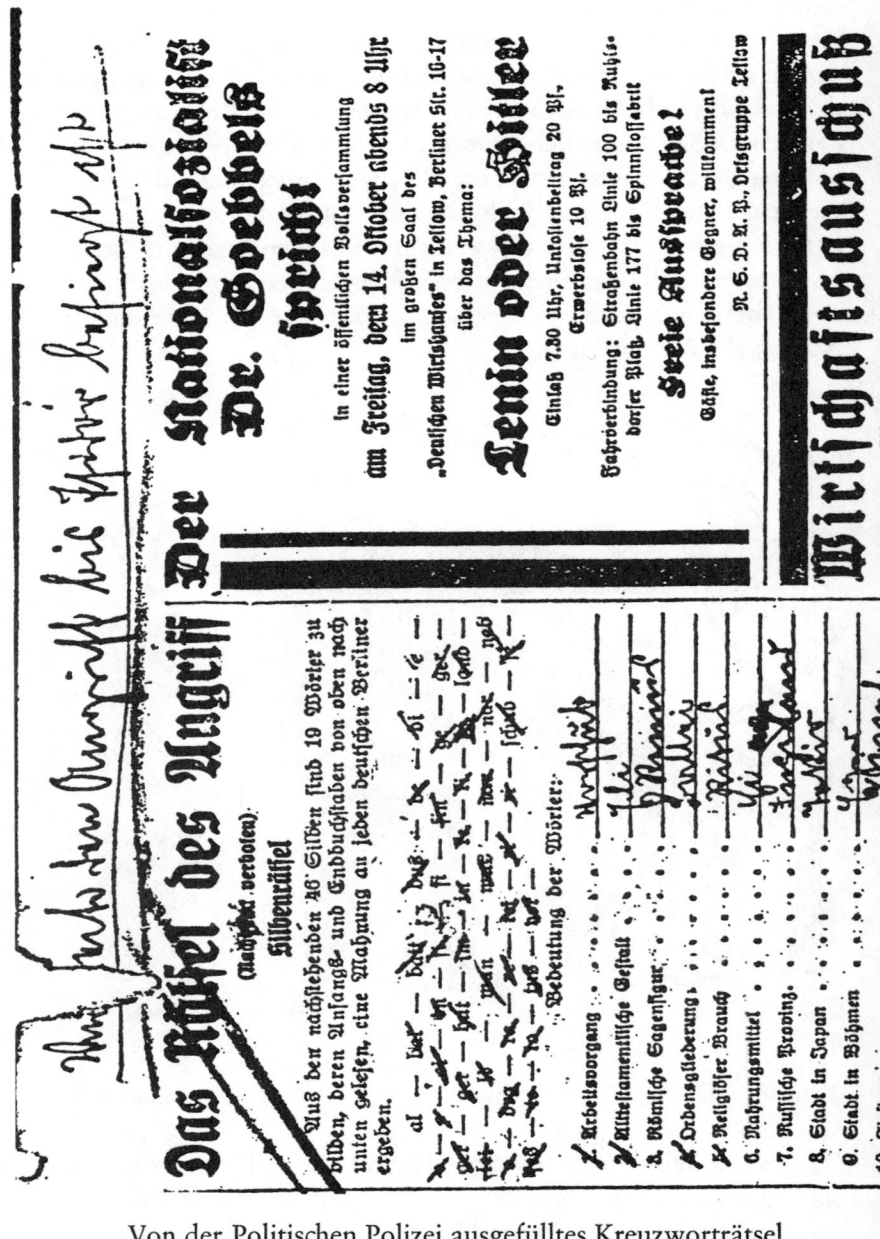

Von der Politischen Polizei ausgefülltes Kreuzworträtsel
(vgl. S. 293, in actis)

dessen Sinn sich bei richtiger Lösung im Akrostichon und Telestichon enthüllte: „Verbreite den Angriff bis Isidor besiegt ist." Weiß – und zwar diesmal er selber – stellte am 19. Oktober Strafantrag gemäß § 185 (Beleidigung) und § 186 (üble Nachrede), und zwar nur wegen der Punkte 1–3 [204].

Aktenband VI

Der Polizeivizepräsident war im Zugzwang, denn Woche für Woche stand ähnliches Gesudel in Goebbels' Blatt, z. B. in der Nr. 18 vom 31. Oktober – wiederum in Dürrs Kolumne:
„Vorsicht! Gummiknüppel.
Na, mein klein Männeken, nun komm mal her zu mir! Nicht weinen! Hoppe, hoppe Parforcereiter! [...] Au! Was trittst du mich denn mit Deinen kleinen Plattfüßchen!? [...] Warum mußt Du immer Deine Tyrannenlaunen an anderen Leuten auslassen? Keine Ehrfurcht hast du. Nicht einmal vor Frauen und Kriegsbeschädigten. Selbst auf die hetzt Du Deine garstigen Hunde. Du solltest Dich schämen, Isidorchen! Überhaupt, du solltest Dich nicht so viel mit der Aufzucht von Polizeihunden beschäftigen. Das bringt alle Beteiligten in schlechten Geruch. Du riechst nach Hund und die Hunde riechen nach Knoblauch. [...] Ausrichten kannst Du ja doch nichts damit. Oder glaubst Du vielleicht, daß Du irgend jemand imponieren kannst? So siehst Du gerade aus! Luft bist Du für uns! Oder höchstens ein guter Witz.
Aber deswegen nicht weinen! Du bist doch unser li-lieber, klakleiner Popo ...
Vorsicht Gummiknüppel!"
In erneuter Ausbeutung (plötzlich konkretisierter) ideomatischer Wendungen („bringt in schlechten Geruch") und abermaliger gezielter Verkleinerung *(Isidorchen)* wird auf hintergründige Weise erneut Prügel angedroht, diesmal noch raffinierter in kindlich-kindischem Sprachspiel so versteckt, daß keinerlei direkte Signifikation nötig, sondern alles der Assoziation überlassen ist. Nach Apostrophierung von Weiß' Reiterleidenschaft und damit auch seiner militärischen Reitervergangenheit, nach despektierlichem Hinweis

auf dem Judenstereotyp entnommene Körpermerkmale (Plattfüße) wird eine wilde Behauptung von despektierlicher Behandlung sogar der Weltkriegsgeschädigten und Frauen geboten.
Am 1. Dezember stellte Weiß Strafantrag wegen Beleidigung (§
185 StGB) – wiederum, wie auch in sämtlichen anderen 4 Fällen, in
eigener Person [205]. Die nebenstehende Karikatur (Weiß als Bären-
führer) überging er, aber daß er nichts ausrichten könne, überdies
Luft sei, konnte er wohl auch in ganz anderem Interesse als seinem
bloß privaten nicht auf sich sitzen lassen.

Aktenband I

Kaum acht Tage später, am 7. Dezember, ging er wieder gegen die
Kolumne „Vorsicht! Gummiknüppel" der Ausgabe vom 28. No-
vember vor. Jetzt hatte Dürr geschrieben, ein „gut judokratisches
Mosesblatt", die „Berliner Volkszeitung", rege sich darüber auf,
daß der Oberreichsanwalt Haussuchungen bei Kommunisten angeordnet habe.
„Wenn besagter Isidor aber dasselbe bei Nationalsozialisten
tut – Und die Volkszeitung hat Recht, vollkommen Recht!
Wer wollte behaupten, daß Isidor Polizeipräsident wäre? Isidor ist ein Geist. Zwar kein schöner – aber der Geist der
Gummiknüppeldemokratie."
Des weiteren stand da ein Bericht über die angebliche Beschwerde
sogar der „Preußischen Polizeibeamten Zeitung" gegen die Benut-
zung von Polizeipferden bei Parforcejagden hoher Beamter (Weiß
und Abegg).
„Wir dürfen also unsere Steuern zahlen, damit Isidor Parfor-
ce reiten kann. ‚Achtung! Stillgestanden! Herhören! Das ist
selbstverständlich völlig in Ordnung! Weggetreten!'"
Wiederum war die Sprache doppeldeutig geführt. Die Kommando-
sprache des Militärs, auf die und mit der der doch auch die Polizei-
kader geeicht waren, war durch ironisch uneigentlichen Gebrauch
ihres eigentlichen Wesens und ihrer Kraft beraubt: der handlungs-
formierenden Eindeutigkeit.
Auf daneben plazierter Karikatur sah man einen schlotternden
Esel auf dem Eis stehen, sein Kopf nach antisemitischem Stereotyp

Wenn's dem „Jsidor" zu wohl wird, – –

orje

wieder aufhebung des Redeverbots für D, GOEBBELS

verformt, und neben ihm: „Orje" in gekonnter Manier die schönsten Bögen schlagend. Die Überschrift lautete: „Wenn's dem „Isidor" zu wohl wird, – –" (vgl. Abb.) – das Ganze gedacht als Aufruf zur Aufhebung des Redeverbots für Goebbels.

Aktenband VIII

In der Ausgabe vom 5. Dezember hatte die Anti-Polizeikolumne unter der Einleitung „So etwas ist heute noch möglich! [...] Unter des heiligen Isidors Zepter!" Weiß eines Racheaktes bezichtigt, daß er nämlich gegen einen Polizeibeamten vorgegangen sei, nur weil man auf dessen Silber ein Familienwappen mit Hakenkreuz entdeckt habe. Und die kessen Töne des berlinernden Rotzjungen „Orje" griff er an, weil ihre Überschrift und ihr pointiertes Ende so lauteten:

„Stieke! Jetzt red't Orje! Wolln wa jejnanda antretn, Isidor? ... heute heesta schon ‚Bernhard' unn morjen ahnt keen Aas mehr wat von de Beschneidung".

Der neue Nero

VER-BOT!

HEILMANNS-BERG

„Bernhard" spielt grundsätzlich n u r undankbare Rollen

Gegen beide Artikel stellte Weiß Strafantrag nach § 185 und ebenso gegen die Karikatur „Der neue Nero", die Weiß in jüdischer Karikatur als Imperator zeigte, der von einem am Pfahl gefesselten SA-Mann mit dem Satz „Huch, Du Grausamer!" ironisiert wird (vgl. Abb.). Der Staatsanwalt dehnte die Anklage auf „üble Nachrede" (§ 186) aus.

Aktenband V

Die nächste Anklage traf die Ausgabe des „Angriff" vom 16. Januar 1928 – und auf dieses Datum muß jetzt schon das Augenmerk gerichtet sein, denn genau dies sollte im Prozeßverlauf eine ebenso überraschende wie entscheidende Rolle spielen. Der Vorgang sticht aber auch in einem anderen Punkte hervor: In seinem Strafantrag nannte Weiß zum ersten Male nicht einfach nur den Titel des inkriminierten Artikels oder der beleidigenden Karikatur, sondern diesmal bezeichnete er den entscheidenden Punkt direkt:

„Ich stelle gemäß §§ 185.194 des Strafgesetzbuches Strafantrag gegen die nach §§ 20/21 des Preßgesetzes für die Nr. 3 (2. Jahrgang) der Wochenschrift ‚Der Angriff' vom 16. Januar 1928 Verantwortlichen wegen Beleidigung, begangen in dem Artikel ‚Vorsicht! Gummiknüppel' auf S. 3 der Beilage des Blattes *durch die Bezeichnung „Isidor"* (Hervorhebung D. B.)." [206] Im inkrimierten Artikel wurde eine angebliche Kontrafaktur zu einem Artikel aus der „Roten Fahne" geboten: „Der Bluthund Zörgiebel! Der Arbeiterschlächter Weiß! Wie, Ihnen stehen die Haare zu Berge? Vorsicht Gummiknüppel wollen Sie rufen? [. . .] die ‚Rote Fahne' hat uns belehrt. Man darf jetzt das Kind beim Namen nennen [. . .] Wir dürfen also den Polizeivizepräsidenten Isidor nennen, obwohl er schon lange auf den Namen Bernhard getauft ist." Die Beschimpfung republikanischer Minister werde wohl nicht mehr geahndet – oder nur noch, wenn das von nationalsozialistischer Seite geschehe. „Also wir wollen doch lieber vorsichtig sein und widerrufen hiermit feierlich unsere Eingangsworte. Wir versichern unsere Lesern, daß Berlins Polizeivizepräsident nicht oder jedenfalls nicht mehr Isidor heißt. Bitte keinen Widerspruch! Vorsicht, Gummiknüppel!"

„Getauft" mußte den fest zum Judentum stehenden Weiß, eben den ersten *Un*getauften noch im Königlich-Preußischen Innenministerium, besonders treffen, wie ihn die besondere Sprachführung vor dem Publikum und vor seinen Untergebenen besonders blamieren mußte: jener, ganz nach Goebbels' Maxime vom 12. September 1927 (vgl. o. S. 271) eher mit dem Florett gezirkelte als mit dem Dreschflegel durchgeführte Angriff, der dem Leser augenzwinkernd versichert, was er den bloßen Worten nach wieder revoziert.

Aktenband VII

In der Nr. 12 des „Angriff" vom 19. März 1928 befand sich ein höhnender Artikel über einen Polizeieinsatz in Bernau: „Plötzlich aber wird [das Städtchen Bernau] aufgeschreckt durch Waffengeklirr und Kommandorufe. Aha, denkt es – noch im Halbschlummer – die bewaffneten Hitlergarden! Aber

299

als es sich den Schlaf etwas erschreckt aus den Wimpern reibt, da wird es ihm ‚grün und blau‘ vor den Augen, Isidors tapfere Scharen sind es, die in Stärke einer kleinen Armee ausgerückt sind.“ Weiß stellte am 30. März Strafantrag wegen Beleidigung (§ 185), „begangen im Artikel ‚Bernau im Zeichen Hitlers‘ mit den Worten ‚Isidors tapfere Scharen‘ “ [207]. Also auch hier wieder: die besondere Nennung des inkrimierten Wortes, sicher auch, weil die Übertragung des Schmährufs auf die Polizeitruppe besonders schwere Schäden nach sich ziehen mußte.

Dies waren also die Sachverhalte, mit denen sich die Justiz zu befassen hatte. Allerdings, im ersten Stadium des Prozesses kam noch ein nebensächlicher und im letzten Stadium 1932 auf eigentümliche Weise noch ein gewichtiger Punkt hinzu: jener Artikel, mit dem Goebbels das besonders unglückliche Mißgeschick Weiß’ vom 2. Juni 1928 verhöhnt hatte (vgl. o. S. 248). Die beiden Prozesse sind am unteren Rande des Diagramms angefügt.

c) Die Anklagen

Alle sechs Strafanträge Weiß’ waren gerichtet „gegen die nach §§ 20/21 des Preßgesetzes Verantwortlichen“. Das zielte auf Goebbels, der die Artikel zwar nicht selber geschrieben, aber als Herausgeber die ganze Linie des Blattes vorgegeben hatte. Weiß vermied also eine bloß persönliche Konfrontation und griff so den ganzen Kader des „Angriff“ an, zusätzlich also den Verfasser Dürr und den Drucker Schulze. Zu jedem seiner Strafanträge schrieb der Leiter der Politischen Polizei, Regierungsdirektor Wündisch, ausführliche Begründungen, die der Staatsanwaltschaft die Berechtigung der Klagen und ihre essentiellen Punkte vor Augen führen sollten.

Seine Kommentare nahmen eine bestimmte Entwicklungsrichtung. Wündisch begann in seinen Ausführungen zur ersten Straftat (Bd. II) mit entschiedenen, aber doch relativ neutralen Bemerkungen, z. B. „daß der Antragsteller mit Vornamen ‚Bernhard‘ heißt und seine Erwähnung unter dem fingierten Vornamen ‚Isidor‘ die Absicht der Beleidigung enthält“, um dann „im beschleu-

nigten Verfahren eine exemplarische Bestrafung" zu fordern [208].
Später steigerte er die Dringlichkeit [209]. In der Begründung zum
letzten Strafantrag vom 30. März 1928 gegen den Artikel „Isidors
tapfere Scharen" (Bd. VII) formulierte er dann mit aller Schärfe.
Obwohl schon mehrere Verfahren schwebten, den Angeschuldigten ihr Unrecht also sicherlich bekannt sei, „daß der Herr Polizeivizepräsident mit Vornamen ,Isidor' nicht heißt und niemals geheißen hat", sei wiederum festzustellen,

> „daß sie diese beleidigende Bezeichnung gebraucht und da-
> mit zu erkennen gegeben [haben], daß sie trotz aller Strafver-
> fahren gegen sie die systematische Herabwürdigung und Miß-
> achtung des Beleidigten in aller Öffentlichkeit weiter betrei-
> ben. Es erscheint daher an der Zeit, gegen sie mit einer ganz
> exemplarischen Bestrafung einzuschreiten." [210]

Nach abermaliger Feststellung, daß Weiß niemals *Isidor* geheißen
habe, klassifiziert er dann diese Art des Namenmißbrauchs „als
eine besonders gröbliche Beschimpfung" [211].

Bei Weiß' einzigem Antrag wegen „Verleumdung" (§ 186) sagte
Wündisch über jene Karikatur mit der Unterschrift „Verhaften –
Wieso?" einfach, es liege darin eine „verleumderische Beleidigung
insofern, als damit zum Ausdruck gebracht werden soll, daß der
Herr Polizei-Vizepräsident bei seinen Dienstobliegenheiten nach
zweierlei Maß handelt" [212].

Es ist selbstverständlich und kann überdies auch bewiesen werden [213], daß Weiß diese Einlassungen gelesen hat. Es kann auch
kein Zweifel aufkommen, daß er dafür sorgte, daß sämtliche An-
tragsbegründungen mit ähnlichen Sätzen schlossen wie der vom
30. März 1928:

> „Da auch in vorliegendem Falle ein öffentliches Interesse vor-
> liegt, ersuche ich auch hier im Wege der öffentlichen Klage ein-
> zuschreiten. Ich bitte mich über den Gang des Strafverfahrens
> auf dem Laufenden zu halten." [214]

Weiß ging also den „objektiven" Weg, der das öffentliche Interesse
in den Vordergrund und ihn eher in den Hintergrund stellte. Daß
das Absicht war, geht auch daraus hervor, daß er in keinem Falle
– als einziger abgerechnet: jener letzte Prozeß im September/Okto-
ber 1932, in dem er auf den Namen seines Großvaters *Bernhard* zu

sprechen kam (vgl. u. S. 381) – also sonst in keinem der zahlreichen Prozesse von seinem Recht Gebrauch machte, als Nebenkläger beizutreten und mitzusteuern. Es war dies sicher nicht nur ein besonderes Vertrauen, eben zu großes Vertrauen, daß die deutsche Justiz ohnehin schon alles richtig machen werde – man klagte allerorten über genau das Gegenteil –; es spielte vielmehr wohl auch die Kalkulation des Juristen Weiß hinein, daß nämlich die Anwesenheit des Beleidigten im Gerichtssaal dem Beleidiger Chance zu neuerlichem Angriff bietet – eine Rechnung übrigens, die besonders klaren Weitblick unter Beweis stellte (Vgl. hier schon S. 308).

Bei den Vernehmungen durch die Untersuchungsrichter gab der verantwortliche Schriftleiter Dagobert Dürr Einlassungen folgender und ähnlicher Art zu Protokoll: in einem Fall, mit *Isidor* sei keineswegs der Polizeivizepräsident gemeint [215], in einem anderen, er habe das Silbenrätsel vorher nicht gekannt [216], in einem dritten [217] berief er sich auf das Redaktionsgeheimnis und wollte weder den Namen des Artikelschreibers („Vorsicht Gummiknüppel", Orjes Kolumne) noch den Zeichner der Karikatur preisgeben. „Die Offenbarung würde meiner Standesehre als Redakteur widersprechen." Goebbels gab zum Fall in Bd. I und in derselben Weise in Bd. II zu Protokoll, daß er sich nicht verantwortlich fühle, da ihm die fraglichen Nummern erst nachträglich bekannt geworden und er im übrigen überhaupt fast dauernd auf Reisen sei. Verfasser und Zeichner kenne er nicht [218]. Goebbels begann auch alsbald – zunächst noch höflich –, um die Verschiebung von Vernehmungsterminen zu bitten [219]. Die Politische Polizei begann ihrerseits, die Terminplanung der Gerichte genau nachzuhalten, um die Verfahren möglichst zu beschleunigen [220].

Der Drucker Karl Schulze konnte sich wie der auch verdächtige Redakteur Assmann so herausreden, daß für den Fall in Bd. II und VII die Untersuchungen wegen Mangels an Beweisen eingestellt wurden [221].

Die Einlassungen waren so fadenscheinig, daß die Staatsanwaltschaft nicht zögerte, jedem der Strafanträge in allen angeführten Punkten zu folgen, ja den Fall des Silbenrätsels anzuklagen, obwohl Weiß das im Strafantrag übergangen hatte. Sie fertigte sechs Anklageschriften: drei am 2. März 1928 (ad Bd. VI, I und V), zwei am 15. Mai 1928 (Bd. II und VII) und eine am 30. März (Bd. VIII), wobei sich gleich ein erklärender Hintergrund für diese eigentümlichen Bündelungen zeigen wird. In der ersten Dreiergruppe wurden jeweils Dürr, Goebbels und Schulz angeklagt, und zwar wegen Beleidigung nach § 185 StGB in Verbindung mit § 20/21 PreßG., in der folgenden Zweiergruppe nur Goebbels und Dürr – dafür aber im Falle Bd II die Anklage auf „Verleumdung" nach § 186 StGB ausgedehnt und in dem einzeln dastehenden Falle Bd VIII wurden wieder alle drei Täter angeklagt, diesmal nach den §§ 185, 186 StGB und § 20/21 PreßG.

Die Anklageschriften im Dreierpaket betonen, daß Goebbels und Dürr sehr wohl wüßten,

„daß Polizeipräsident [!] [222] Dr. Weiß, um ihn durch Hervorhebung seiner jüdischen Herkunft herabzusetzen, ‚Isidor' genannt wird." [223]

Es seien ja bekanntermaßen schon Verfahren rechtshängig [224] und überdies:

„Wenn auch der Vorname ‚Isidor' seinem Wortstamm nach keine Beschimpfung enthält, so wird er im Volksmunde bekanntlich vielfach gebraucht, um die jüdische Herkunft einer Person zu bezeichnen und zwar im verächtlichen Sinne." [225]

In Bd. V., Bl. 18 wurden dann die Äußerungen „Was trittst du mich mit deinen kleinen Plattfüßchen?" und die Bezeichnung *Isidorchen* so kommentiert:

„Das Hervorheben der jüdischen Herkunft, die an sich keine Beschimpfung darstellt, gewinnt im vorliegenden Falle aber diesen Charakter, denn die Zeitung „Der Angriff" hat eine ausgesprochen antisemitische Tendenz und in einem solchen Blatte soll durch die Bezeichnung eines hohen Staatsbeamten als Jude dessen Minderwertigkeit oder zum mindesten Ungeeignetheit zur Bekleidung des Staatsamtes zum Ausdruck gebracht werden."

Ohne Zweifel: Die Staatsanwälte sahen die richtigen Punkte und fokussierten sie auch. Nicht anders in den drei restlichen Fällen:

„Gerade der Vorname ‚Isidor' ist in vielen Volkskreisen die Bezeichnung, um die Minderwertigkeit der Juden zum Ausdruck zu bringen."

Goebbels sei zwar zur Vernehmung nicht erschienen, aber es bestehe an seiner Mittäterschaft kein Zweifel, denn: „Gerade er ist aber auch die leitende Persönlichkeit im Kampfe gegen das Polizeipräsidium." [226]

Die Anklageschrift, die in Bd. VIII alle drei (Goebbels, Dürr, Schulz) der „Verleumdung" bezichtigte, ging auch auf ein besonders heikles Rechtsproblem, auf die Frage der „Kollektivbeleidigung" ein. Herrschende Meinung war (es wird jetzt zum Vorverständnis vergröbert und an späterer Stelle ausführlich dargelegt [227]), daß nur einzelne, fest bestimmte Personen, nie bloß allgemein benannte Kollektive beleidigt werden könnten. Die Folge war, daß man über Juden die ungeheuerlichsten Dinge sagen konnte, solange man nicht einen bestimmten meinte. Prospektiv formulierte daher der Staatsanwalt:

„Aus den aufgeführten Artikeln ist ganz offensichtlich, daß mit dieser Bezeichnung (i. e. *Isidor*) nicht eine bestimmte politische Richtung oder die jüdische Rasse als ganze, sondern der Polizeivizepräsident [!] persönlich getroffen werden soll. [...] Die gehässige Hartnäckigkeit, mit der die Bezeichnung ‚Isidor' immer wieder gebraucht wird, zeigt, daß es sich nicht um eine nur bösartige Kritik, sondern um eine beabsichtigte grobe Ehrverletzung handelt." [228]

Im Bd. II, Bl. 47 war noch eigens zum Beweise hinzugefügt worden, daß Weiß ja an anderen Stellen der Zeitung keineswegs *Isidor*, „sondern mit dem richtigen Vornamen ‚Bernhard' (stets in Anführungsstrichen) genannt wird."

d) Verbindungsbeschlüsse.
Die Urteile der Amtsgerichte

Daß die Staatsanwälte auch hier gleiche Richtung hielten wie die Antragsteller, ist offensichtlich, aber dennoch nicht so verwunderlich. Sie sind ja weisungsabhängige Beamte. In einem Punkte gaben sie der Sache aber eine Richtung, die bald zu großen Komplikationen führen sollte: Am Schluß der drei Anklageschriften aus dem ersten Paket beantragte die Staatsanwaltschaft, in allen drei Fällen vertreten von Oberstaatsanwalt Keßler, daß die drei Straftaten vor dem Erweiterten Schöffengericht Schöneberg *gemeinsam* verhandelt werden sollten [229]. Und für die restlichen drei Anklagen beantragte der Erste Staatsanwalt Steinbeck im Bd. VIII am Ende seiner Klageschrift vom 30. März ebenfalls gemeinsame Aburteilung.

Jetzt drohten und kamen Zusammenfassungsbeschlüsse (§ 2 StPO), die aus den 6 Straftaten zwei Verhandlungskomplexe machten. Dahinter stand die Absicht, die zusammengefaßten Straftaten zu *einer,* nämlich *fortgesetzten* Tat zu erklären, eine juristische Prozedur, die unter vier Voraussetzungen durchgeführt werden kann: das verletzte Rechtsgut, der Täter und der Geschädigte müssen dieselben sein, und es muß ein einheitlicher Tatwille bestehen. Den Zusammenfassungsbeschluß für das erste Dreierpaket faßte das Schöffengericht Schöneberg am 27. März 1928 (vgl. Faltblatt Kreisziffer 1). Der für das zweite wurde nur teilweise durchgeführt, nämlich Bd. VIII am 24. April 1928 mit einer anderen (vierten) Beleidigungsklage verbunden, die Zörgiebel für sechs Kriminalbeamte initiiert hatte, die im „Angriff" vom 19. Dezember 1927 „Weiß-Tschekisten" geschimpft worden waren [230] (vgl. Kreisziffer 2).

Jetzt tritt die problemspiegelnde Kraft des spezifischen Aufbaus des Flußdiagramms deutlich hervor: Oben drei und unten drei Bände, jeweils zu einem Paket vereint. Auf diese Weise geordnet, treten die Querstände deutlich hervor: Es waren die beiden Verfahren mit dem Vorwurf der „üblen Nachrede" (§ 186) zwar zusammengenommen (im unteren Dreierpaket Bd. II und VIII); dafür hatte man aber die beiden Taten aus dem Jahre 1928 (oberes Dreierpaket Bd. V, unteres Bd. VII) *auseinandergerissen* – und eben dies konnte und sollte dann auch zu außergewöhnlichen Schwierigkeiten führen. Denn gesetzt, es käme allein für das Jahr 1927 zu neuen Rechtsvorschriften (z. B. Amnestien), so mußten diese *jedes* der beiden Urteile über die Dreierpakete ankränkeln, weil in ihnen beiden ja nicht nur Tatteile aus dem Jahre 1927, sondern auch aus 1928 steckten, so daß nicht *eines* als Urteil nur über Taten *allein* aus dem Jahre 1927 oder allein aus 1928 Bestand haben konnte. Der Vertreter des Polizeipräsidenten, Regierungsdirektor Wündisch, jedenfalls ahnte irgendwie Schwierigkeiten und hatte sofort Einwendungen, die er nach dem gleich zu besprechenden ersten Urteil vom 28. April dem Ober-

305

staatsanwalt auch umgehend mitteilte: Er solle die Berufung gegen das Urteil auf alle Fälle aufrechterhalten, alsbald die Akten oder zumindest das Urteil schicken, „um namentlich zu der Verbindung der 3 Strafsachen zu einer Sache in Anbetracht der [...] dem Beleidigten abträglichen Folgen Stellung zu nehmen" [231]. Der Hauptverhandlungstermin für das erste Dreierpaket (Kreisz. 3) wurde vom Schöffengericht Berlin-Schöneberg auf den 28. April 1928 festgesetzt. Jetzt zeigte sich immer deutlicher, daß Goebbels sich der Ladung mit aller Macht zu entziehen suchte. Er sei als Reichs- und Landtagskandidat „an besonders exponierter Stelle" plaziert und müsse sich in Süddeutschland der Propaganda widmen, Argumente, die von der Staatsanwaltschaft sogleich zurückgewiesen wurden [232]. Die Politische Polizei durchschaute Goebbels' Plan. Vorsorglich schrieb Wündisch der Staatsanwaltschaft: Er bitte,

„für den Fall des Ausbleibens des Angeklagten Goebbels oder seiner Mitangeklagten im Termin vom 28. ds. Mts. die Vorführung der ausgebliebenen Angeklagten zu einem alsbald neu anzuberaumenden Termin zur Hauptverhandlung zu veranlassen. Da zu erwarten steht, daß die Angeklagten, insbesondere Goebbels, das Verfahren bis nach den bevorstehenden Wahlen hinzuziehen versuchen werden, um in den Genuß der parlamentarischen Immunität zu gelangen" [233].

Damit war ein Problembereich angesprochen, der im fünfjährigen Verlauf des Prozesses eine immer größere Rolle spielen sollte. (Die Vorstellungen der Politischen Polizei waren illusorisch, denn bei den zu erwartenden Revisionsbegehren konnte der Prozeß auf keinen Fall innerhalb kurzer Frist durch die Instanzen gejagt werden.)

Zur Hauptverhandlung am 28. April – dem Tag des ersten Urteils – erschienen alle drei Angeklagten. Der Staatsanwalt Bürkle beantragte für Schulze Freispruch, für Goebbels und Dürr je zwei Monate Gefängnis, dazu Publikationsbefugnis für Weiß. Der Verteidiger RA Richter plädierte bei Schulze auf Freispruch, bei den beiden anderen auf Freispruch oder eine milde Geldstrafe. Das Urteil lautete:

„Die Angeklagten Dürr und Dr. Goebbels werden wegen gemeinschaftlicher öffentlicher Beleidigung ein jeder von ihnen zu einer Gefängnisstrafe von drei Wochen verurteilt. Der Angeklagte Schulze wird freigesprochen." [234] Außerdem bekam Weiß Publikationsbefugnis innert eines Monats im „Angriff" zugesprochen. Die Kosten des Verfahrens fielen von Gesetzes wegen (§ 365 StPO) den Verurteilten zu.

In der sechsseitigen Urteilsbegründung hielten der Vorsitzende Richter, Landgerichtsdirektor und Amtsgerichtsrat Wengler, und als zweiter Amtsrichter der Landgerichts- und Amtsgerichtsrat Schenk für die Nr. 3, 18 und 28 des „Angriff" fest:

„In sämtlichen Artikeln wird Dr. Weiß mit dem Namen ‚Isidor‘ oder ‚Isidorchen‘ bezeichnet, trotzdem er mit Vornamen ‚Bernhard‘ heißt und noch nie ‚Isidor‘ geheißen hat."

Sie monierten weiter Ausdrücke wie „kleine Plattfüßchen", „du riechst nach Hund" und schrieben über die Karikatur der Ausgabe vom 28. Oktober 1927 (Nr. 18) fest: „Auf dem Bild ist Dr. Weiß als Esel mit großer Nase und Brille abgebildet, der auf dem Eise tanzt." Sie bewerteten die Taten so:

„Sämtliche Artikel enthalten schwere Beleidigungen und rohe Beschimpfungen des Polizeivizepräsidenten Dr. Weiß und lassen die Absicht zu beleidigen deutlich erkennen. Durch die Bezeichnung ‚Isidor‘ und die Bemerkung ‚Was trittst du mich mit Deinen kleinen Plattfüßchen‘ wird die jüdische Abkunft des Dr. Weiß hervorgehoben. Das ist zwar an sich noch keine Beleidigung. Es unterliegt aber bei der antisemitischen Einstellung der Angeklagten und der verletzenden Form der genannten Äußerung keinem Zweifel, daß durch die Bezeichnung des Polizeipräsidenten als Juden dessen geistige und moralische Minderwertigkeit zum Ausdruck gebracht werden sollte." [235]

Die Verteidigung der Angeklagten, nicht Weiß sei gemeint, widerlegte das Urteil mit dem Hinweis auf die Tatsache, daß er in denselben Ausgaben auch beim richtigen Namen genannt und einmal eigens gesagt werde, daß man den Weiß sogar *Isidor* nennen dürfe, „obwohl er längst auf den Namen ‚Bernhard‘ getauft ist". Die Verantwortlichkeit der Angeklagten stehe fest, da Dürr verantwortlicher Redakteur sei und bei Goebbels wäre es höchst unwahrscheinlich, daß er – der Herausgeber und einer der Führer der NSDAP – die Artikel nicht gekannt habe. Bei Schulze hingegen sei es nicht unglaubwürdig, daß er sich bei seiner vornehmlich kaufmännischen Tätigkeit nicht um den Inhalt der bei ihm erscheinenden Zeitungen kümmere.

Goebbels' Anwalt Dr. Richter legte wie der Staatsanwalt (s. o.) Berufung ein und schrieb eine zehnseitige Begründung [236], in der nur Fadenscheiniges stand und die Hauptkraft dem Beweise gewidmet war, daß eben nicht Weiß persönlich gemeint sei, dies auf folgendem Argumentationsniveau: Schon die Feststellung des Gerichts, daß Weiß niemals ‚Isidor' geheißen hat, spreche gegen die Annahme des Gerichtes, daß Dr. Weiß persönlich mit dem Ausdruck *Isidor* gemeint sein könne; außerdem werde doch eigens versichert, er heiße „nicht, oder jedenfalls nicht mehr Isidor". Im übrigen wurden Zitate aus dem „Angriff" angeführt, die beweisen sollten, daß dieser Name nur „pars pro toto" sein solle [237] und die ganze „Argumentation" dann in dem Satz zusammengezogen: „Das Wort Isidor bedeutet eben in diesem Falle nichts weiter als einen Sammelbegriff, der die zur Zeit in Preußen herrschende Verjudung maßgebender Stellen kritisieren soll."

Rechtsanwalt Richter setzte also weiter auf die sprachliche Tatsache, daß Namen tatsächlich im weiten Feld des Lexikons zwischen Begriff und Name pendeln können [238], eine Tatsache, die auch das Gericht erkannt und in seinem Urteil festgehalten hatte.

Zum Eselsbild machte Richter eine Bemerkung, die sofort zeigt, wie gut Weiß daran tat, nicht im Gerichtssaal als Nebenkläger aufzutreten. Die gerichtlichen Feststellungen zur Ähnlichkeit der Karikatur müßten bestritten werden.

„Dr. Weiß war persönlich nicht im Termin zugegen. [. . . eine] Fotografie desselben hat ebenfalls nicht vorgelegen. Diese Feststellung des Gerichtes entspricht also unter keinen Umständen gegebenen Tatsachen. Etwas anderes wäre es natürlich gewesen, wenn die Karikatur eine Eselsgestalt mit einem menschlichen Kopf enthalten hätte, dessen Gesichtszüge den Zügen des Dr. Weiß gleichsehen oder zumindest eine unverkennbare Ähnlichkeit mit demselben aufweisen würden. So absurd es klingt, so muß aber angenommen werden, daß diese Karikatur bestehend aus Eselsgestalt und Menschenkopf mit entstellten jüdischen Gesichtszügen seitens des Gerichts tatsächlich als identisch mit den Gesichtszügen des Dr. Weiß gehalten wird. Das ist jedoch offensichtlich unrichtig." Solche Einlassungen können nicht mehr als Teil einer, wenn auch radikal gegnerischen, so doch noch *gemeinsamen* Rechtspflege von Anwalt und Gericht genommen werden Sie sind ein Versuch der Zerstörung ihrer Grundlagen. Denn, offensichtlich in den Karikaturen Gemeintes wird, nachdem es vom Gericht erkannt und benannt ist, höhnisch als antisemitische Phantasie eben dieses Gerichts ausgegeben – und später öffentlich verwandt: Der „Angriff" vom 9. September 1929 druckte den Esel erneut – jetzt mit dem Hinweis, es sei von Gerichts wegen festgestellt: „Dieser Esel trägt das Gesicht des Polizeivizepräsidenten Dr. Weiß" [239] (Vgl. Abb. S. 310). Die Gründe im dargestellten Urteil vom 28. April waren so fest, die Argumente der Verurteilten so schwach, daß eine Berufung kaum Chancen gehabt hätte. Dennoch: Auch die Staatsanwaltschaft legte Berufung ein, denn sie erkannte: „Bei rechtskräftiger Annahme des Fortsetzungszusammenhangs würden die noch schwebenden Verfahren wegen Beleidigung nicht mehr durchgeführt werden können" [240] (weil sie dann ja mit zu der einen *fortgesetzten* Handlung gehörten). Es kam aber zunächst einmal noch schlimmer als hier befürchtet. Diese Wendung läßt sich besser begreifen, nachdem der gerichtliche Gang der anderen drei (vier) Prozesse bis zur schöffengerichtlichen Instanz geschildert ist. Das kann – aus besonderem Grunde – sehr kurz geschehen.

Die Hauptverhandlung für die mit dem „Weiß-Tschekisten"-Fall (vgl. o. S. 305, Kreisz. 2) verbundene Tat vom 10. Oktober 1927 (Bd. VIII) war am 6. Juni vor dem Erweiterten Schöffengericht Berlin-Schöneberg, wiederum unter Wenglers Vorsitz. Der hatte im gerade dargestellten Urteil vom 28. April (Kreisziffer 3) die Taten schon als eine fortgesetzte Handlung gesehen. Ihm mußte es also einleuchtend erscheinen, daß Goebbels' Anwalt Richter und hier auch die Staatsanwaltschaft zu Beginn der Verhandlung für die Verbindung aller noch schwebenden Beleidigungsfälle plädierten. Das Gericht beschloß demgemäß, den Verbindungsbeschluß vom 24. April 1928 (Kreisz. 2) aufzuheben, die Beleidigung „Weiß-Tschekisten" also wieder von Bd. VIII abzutrennen, dies mit dem erklärten Ziel, dann auch die drei Bände in *einem* (zweiten) Paket wegen einer fortge-

setzten Tat zu verbinden und gemeinsam zu verhandeln[241]. Im begonnenen Termin vom 6. Juni (Kreisz. 4) wurde dann nur noch der
„Weiß-Tschekisten"-Fall abgeurteilt, für welche öffentliche Beleidigung für Goebbels auf 200 M und für Dürr 150 M erkannt wurde[242].

Den anvisierten Verbindungsbeschluß faßte das Schöffengericht
am 23. Juni 1928 und machte damit auch das zweite Dreierpaket
zu einem *gemeinsam* zu verhandelnden Komplex (Kreisz. 5). Und
jetzt trat ein Ereignis ein, das das gerade Zusammengefaßte wieder auseinanderbrechen ließ: Der Reichstag beschloß am 14. Juli eine
Amnestie, die alle politischen Straftaten erfassen sollte, die bis zum
Ende des Jahres 1927 vollendet und mit Urteilen unter 2 Jahren geahndet worden waren. Der Staatsanwaltschaft blieb nichts anderes
übrig, als beim Schöffengericht die Amnestierung von Bd. II und
Bd. VIII zu beantragen, da „die Straftaten vor dem 1. Januar 1928
begangen" seien. Der Beschluß fiel gleich am 24. Juli 1928 (Kreisz.
6)[243]. Als strafbar übriggeblieben war jetzt nur noch die Tat vom

19. März *1928* (= Bd. VII, die also mit Absicht in die Mitte des Schaubilds unter die zweite Tat aus 1928 gestellt ist, weil sie später mit dieser zusammen abgeurteilt werden wird).

Verhandelt wurde über die eine Resttat am 8. August (Kreisz. 7), wieder unter dem Vorsitz von Landgerichtsdirektor und Amtsgerichtsrat Wengler, diesmal mit Dr. Philipps als zweitem Richter [244]. Goebbels erschien nicht. Seine Verhandlung wurde vertagt und Zwangsvorführung in Aussicht genommen. Für Dürr endete der Prozeß mit einem überraschenden, von der Position Wenglers aus gesehen jedoch konsequenten Ergebnis. Der hatte seine im Urteil vom 28. April (Kreisz. 3) festgelegte Meinung keineswegs geändert. Dürrs Einlassung, *Isidor* meine nicht den Weiß, hielt er als Ausrede für keinerlei Beachtung wert. Die Bezeichnung „Isidors tapfere Scharen" sei eine „schwere Beleidigung" Fazit:

„Durch diese in ironisch sarkastischer Art gemachte Äußerung ist nach Ansicht des Gerichts das im politischem Kampf zulässige Maß des Angriffs gegen den Gegner überschritten worden und der Polizeivizepräsident von Berlin in besonders roher Weise beschimpft worden, so daß sich der Angeklagte *an sich* (Hervorh. D. B) wegen öffentlicher Beleidigung schuldig gemacht hat."

Und jetzt kam die Wendung:

„Das Gericht ist aber entgegen den Ausführungen der Staatsanwaltschaft der Ansicht, daß die sämtlichen Beleidigungen [. . .] vom Oktober 1927 ab bis zu den Wahlen im Mai 28 einem einheitlichen Vorsatz entspringen, dahingehend den Polizeipräsidenten durch einen Pressefeldzug zum Zwecke der Wahlpropaganda zu beleidigen und in der Öffentlichkeit lächerlich zu machen."

Wengler und Philipps zählten dann die vier Merkmale auf, die juristisch ein Fortsetzungszusammenhang voraussetzt: derselbe Täter, dasselbe Rechtsgut (Ehre), derselbe Angegriffene (Weiß) und einheitlicher Vorsatz („Pressefeldzug"). Die Konsequenz: Die hier zur Debatte stehende Tat sei dieselbe, die schon im vorigen Urteil vom 28. April (Kreisz. 3) abgeurteilt sei. Ne bis idem, und überdies: jene Erstverurteilung sei noch nicht rechtskräftig; in der anstehenden Berufungsinstanz sei also noch Gelegenheit gegeben, den hier und heute anstehenden Tatteil zu berücksichtigen. „Das Verfahren gegen den Angeklagten ist demnach einzustellen."

Gegen diese fast brillant anmutenden Deduktionen hatte sich die Staatsanwaltschaft also vergeblich gestemmt. Schauten sie und auch Weiß mit seinen Helfern nun resümierend auf die bisherigen Ergebnisse, so schienen sich Amnestie und Fortsetzungszusammenhang zu einer Niederlage zu summieren. Dennoch: Gerade daß Wengler die Anschauung von der *einen* Tat durchgesetzt hatte, mußte die Staatsanwaltschaft, das hinter ihr stehende Justizministerium und nicht zuletzt das Polizeipräsidium alsbald auf die rettende, weil konsequenzenreiche Frage bringen: Waren die amnestierten Taten am Stichtag, dem 31. Dezember 1927, tatsächlich *vollendet?*

e) Das Landgerichtsurteil gegen Dürr

Zunächst aber schien die Anklagebehörde ihren Kampf um Aufrechterhaltung der Klagen immer deutlicher zu verlieren. Am 20. November trat die 2. große Strafkammer des Landgerichts II unter dem Vorsitz von Landgerichtdirektor Neuhaus zusammen (Kreisz. 8), um über die Berufsbegehren der Verurteilten und der Staatsanwaltschaft, und zwar gegen beide bisher gefällten Urteile (Kreisz. 3 u. 7) zu entscheiden [245]. Goebbels erschien nicht. Er sei als Reichstagsabgeordneter immun, daher entschuldigt, was vom Gericht unverzüglich mit Hinweisen auf Lehre und Rechtsprechung zurückgewiesen wurde: die Verfahren seien *vor* seiner Abgeordnetenzeit ordnungsgemäß eingeleitet worden.

Als erstes wurde nun festgesetzt, daß die beiden Verfahren aus dem Jahre 1927, die im ersten Urteil (Kreisz. 3) abgeurteilt worden waren (Paket 1, Bd. VI und I), „in gebotener Anwendung" des Amnestiegesetzes einzustellen seien [246]. Jetzt standen überhaupt nur noch zwei Straftaten wegen § 185 zur Aburteilung an: jene beiden aus 1928 (Bd. V. aus Paket 1, Bd. VII aus Paket 2). Sie wurden zu einer fortgesetzten [247] erklärt und gemeinsam verhandelt.

An der Beurteilung des Sachverhalts änderte sich auch jetzt nichts. Die Richter trafen die entscheidenden Punkte eher noch zentraler und formulierten bei heiklen, aber herrschenden Rechtseinschätzungen sogar mit einigem Vorbehalt: „Wenn auch die Kennzeichnung eines jüdischen Beamten als Juden nicht notwendig eine Beleidigung sein *mag*", sagten sie (nicht mehr „ist" wie die Präjudizien),

„so ist es jedenfalls ehrenkränkend, dieser Tatsache durch einen auf den Beamten nicht zutreffenden jüdischen, spöttisch gemeinten Namen Ausdruck zu geben. [. . .] Auch die in absichtlich gewundener Form und dadurch in nicht mißzuverstehender höhnischer Weise abgegebene Versicherung, daß ‚Berlins Polizeivizepräsident nicht oder jedenfalls nicht mehr Isidor heißt', ist nichts andres als eine Wiederholung des Ausdrucks der Mißachtung und Geringschätzung."

„Arbeiterschlächter" sei einwandfrei eine Beleidigung, die überdies nicht in dieser Weise auf Weiß bezogen in der „Roten Fahne" gestanden habe. Bei der Strafzumessung schrieb man fest:

„daß die festgestellten Beleidigungen besonders schwere und ungewöhnlich boshafte und gehässige sind. Dies letztere trifft vor allem zu für die Bezeichnung eines Beamten als ‚Arbeiter-Schlächter'."

Es sei dies Ausdruck einer unbegründbaren Gehässigkeit und Verrohung. Das Urteil lautete aber nur so wie jenes, das am 28. April (Kreisz. 3) von Wengler für drei Teiltaten gefällt worden war: 3 Wochen Gefängnis wegen öffentlicher Beleidigung, was wiederum die Publikationsbefugnis einschloß [248].

f) Das Reichsgerichtsurteil
über Fortsetzungszusammenhang

Die Staatsanwaltschaft wollte sich mit diesem Ergebnis nicht zufriedengeben. Von ursprünglich sechs Taten waren nur zwei als vorgeblich fortgesetzte überhaupt verurteilt. Das Justizministerium, dem über diese Pressesachen kontinuierlich von der Staatsanwaltschaft berichtet wurde, hatte die Staatsanwaltschaft schon früh in ihrer Ansicht über die Rechtsfolgen der Kategorie „Fortsetzungszusammenhang" bestärkt; die könne man jetzt so nutzen: Wenn im anstehenden Termin vom 20. November (Kreisz. 8) wieder die Fortsetzungsproblematik angesprochen werde, so wäre es doch nicht

ausgeschlossen, auch die schon am 24. Juli 1928 (Kreisz. 6) amnestierten Urteile aus dem 2. Dreierpaket wieder aufleben zu lassen,
weil sie doch auch in den Fortsetzungszusammenhang gehörten[249].
Der Staatsanwalt sah seine Chance. Er trug die Argumentation in
der Verhandlung vom 20. November vor. Später stellte er dann fest,
daß der Protokollant das nicht festgehalten hatte. Der Staatsanwaltschaft war dies Faktum (zu Recht) aber so wichtig, daß sie eine Be-
richtigung des Sitzungsprotokolls beantragte[250]. Die im Verfahren
siegende, zuerst bekämpfte Theorie vom Fortsetzungszusammenhang wurde jetzt zum Rettungsanker. Daß man an ihm schon früh
festgemacht habe, sollte auch das Reichsgericht in den Protokollen
lesen, auf daß es sich um so sicherer der Meinung anschließe, die der
Erste Staatsanwalt Steinbeck dann am 27. Dezember in seiner Revisionsbegründung gegen das Urteil niederlegte: Die 2. große Strafkammer habe nur für die beiden letzten noch anstehenden Taten
Fortsetzungszusammenhang angenommen und die anderen durch
Beschluß vom 24. Juli (Kreisz. 6) amnestierten außer acht gelassen.

> „Da es sich aber bei diesen Einzelhandlungen um rechtlicher
> Selbständigkeit entkleidete und zu einer fortgesetzten Hand-
> lung, also zu einem *untrennbaren Ganzen* (Hervorh. D. B.) ver-
> einigte Straftaten handelt, war die Niederschlagung der vor
> dem 1. Januar 1928 begangenen Einzelhandlungen ausge-
> schlossen und bei der Urteilsfällung als nicht eingetreten an-
> zusehen (R. G. Entscheidung Band 54 Seite 318)."

Und so auch bei den amnestierten Taten aus dem ersten Dreierpaket.
Im ganzen: Sein Begehr ging dahin, alle eingestellten Verfahren,
weil zu Unrecht amnestiert, da am Stichtag nicht vollendet, wieder
aufleben und, zu einer einzigen Tat vereinigt, erneut zur Verhand-
lung kommen zu lassen[251].
Der Zweite Strafsenat des Reichsgerichts entschied unter dem
Vorsitz seines Präsidenten Witt über die Revision am 24. Juni 1929
(Kreisz. 9)[252]. Er entschied freilich nur noch gegen Dürr allein. Für
den Abgeordneten Goebbels hatte nämlich der Reichstag die unter
II PJ 430/27 schwebenden Strafverfahren (d. i. der hier dargestellte
Komplex) „für die Dauer der Sitzungsperiode" aufgehoben. Die ob-
ligaten Revisionsbegründungen Dürrs wurden kurz und knapp zu-

rückgewiesen: Die festgestellte *Absicht* der Beleidigung schließe die Wahrnehmung berechtigter Interessen (§ 193) „ohne weiteres" aus.

„Selbst im schärfsten politischen Kampfe ist es nicht erlaubt, die Mißachtung des Gegners in einer Form kundzugeben, die [...] lediglich der Absicht, ihn zu beleidigen, entspringt und Ausdruck gibt. Daß die in Frage stehenden Veröffentlichungen insoweit nicht gegen das ,in Berlin herrschende Polizeisystem', sondern, ,jedermann erkennbar, gegen den Polizeivizepräsidenten Dr. Weiß *persönlich* gerichtet' waren, hat das Landgericht einwandfrei festgestellt."

Dem Revisionsbegehr der Staatsanwaltschaft wurde stattgegeben. Sämtliche Taten hätten vom Gericht daraufhin geprüft werden müssen, ob sie „zu der ,fortlaufenden Reihe' der gegen ihn gerichteten ,besonders schweren und ungewöhnlich boshaften und gehässigen' Angriffe gehören." Wenn man da zu einem positiven Schluß komme, so entfalle die Anwendbarkeit des Straffreiheitsgesetzes vom 14. Juli 1928. Eine fortgesetzte Handlung habe nämlich erst dann als begangen zu gelten, „wenn der Täter [...] den gesamten nach seinem Vorsatz angestrebten Erfolg verwirklicht und in diesem Sinne die – fortgesetzte – strafbare Handlung *vollendet* hat. (Vgl. RGSt. Bd. 54 S. 318 f., sowie auch Bd. 59 S. 168 f.)". Nicht ein Gerichtsbeschluß könne einem Verfahren wirklich ein Ende machen, sondern nur der Nachweis der Tatsache, an die das Ende des Verfahrens faktisch geknüpft sei (RGSt 54 S. 17 f.).

Dieses Urteil war ein voller Sieg der Staatsanwaltschaft und des sie vorwärtstreibenden Polizeipräsidiums. Dieses nämlich hatte dem Verfahren durch dauernde Ratschläge, Beschleunigungsbegehren und nicht weniger als 32 schriftliche Erkundigungen nach dem Stand der Dinge bei den Justizbehörden Tempo gemacht[253]. Freilich, das Reichsgerichtsurteil war erst ein vorläufiger Sieg, denn alles kam ja noch darauf an, daß die Richter am Berliner Landgericht nunmehr Kategorien fanden, aus denen sie das von Leipzig Geforderte ableiten konnten: einen Gesamterfolg, der durch *einen einzigen* Vorsatz angezielt war. Und hier konnte die Grundstruktur von Namen wieder eine Rolle spielen. Daß *Isidor* eine massive Beleidigung sei, war nunmehr auch vom Reichsgericht anerkannt. Selbst die Nationalsozialisten sagten vor Gericht immer, daß sich das Schmähwort nicht auf die Person Weiß' beziehe, und höhnten allein in ihrer Krawallpresse: Da rege sich einer auf, nur weil man ihn mit einem jüdischen Namen belege; ja, ob denn Jude sein etwas Schlechtes sei? [254]

g) Die Verurteilung Dürrs.
Der Name als Einheit stiftende Kategorie

Durch das Urteil des Reichsgerichts belehrt, trat die 2. große Strafkammer des Landgerichts II am 29. August 1929 zur erneuten Verhandlung zusammen (Kreisz. 10) – wieder unter dem Vorsitz von Landgerichtsdirektor Neuhaus. Daß das Urteil umfänglich ausfiel – 23 Seiten war es lang –, lag sicher an dem mit sechs Strafteilen und vier vorgängigen Erkenntnissen ebenso umfänglichen Verhandlungsgegenstand. Daß es aber auffällig subtil argumentierte, mag an der Tatsache gelegen haben, daß einer der beisitzenden Richter, der Landgerichtsrat Dr. Seligsohn, Jude war. Sämtliche angeklagten Artikel wurden verlesen, alle Karikaturen gezeigt – eine prozessuale Notwendigkeit, für den Beleidigten aber eine der Mißlichkeiten, die Prozessen dieser Art halt anhaftet: Die Beleidigungen kommen immer wieder zur Sprache [255].

Die Strafkammer traf dann „allgemeine Feststellungen" über alle sechs Taten: Sie habe keinen Zweifel, „daß sämtliche den Namen Isidor enthaltenden Veröffentlichungen bestimmt und geeignet sind, die Ehre des Polizeivizepräsidenten Dr. Weiß zu verletzten". Es folgte jene vorsichtige Formel, daß die Kennzeichnung eines Beamten als Jude „nicht notwendig eine Beleidigung sein mag", daß es aber sicher ehrenkränkend sei, wenn man dieser Tatsache durch einen „nicht zutreffenden, spöttisch gemeinten, jüdischen Vornamen" Ausdruck gebe. Dann gingen die Richter zur Bewertung jeder einzelnen Tat über, was hier nicht [256] ausführlich dargestellt sein muß, da es nichts grundsätzlich Neues enthält.

Neu waren dagegen folgende Punkte:
a) Zum ersten Male wurde eine Feststellung zur „Verleumdung" getroffen, freilich nur für die Karikatur [257] „Verhaften? Wieso? Hat

er einen Juden angefaßt?" (Bd. II): Daß Weiß sein Amt parteiisch verwalte –

„Für die Wahrheit dieser Tatsache fehlt es an dem Schatten eines Beweises. Auch der Angeklagte selbst hat nicht einmal den Versuch eines Beweises gewagt."

b) Für ein tiefes Verständnis der jüdischen Probleme zeugte ein Einschub in die uns schon bekannte Einschätzung, daß es eine „Wiederholung des Ausdrucks der Mißachtung und Geringschätzung sei", wenn man höhnisch versichere, daß Weiß „nicht oder jedenfalls nicht mehr Isidor" heiße. Da war jetzt hinzugefügt, daß damit „auf eine charakterlose Namensänderung" angespielt sei, also eine Vorhaltung apostrophiert, die nicht-namenbedrängte Antisemiten Juden immer wieder machten, während sie es doch selber waren, die den Juden das Bleiben in ihren Namen erschwerten[258].

Die restlichen Besonderheiten und Abweichungen stellen wir aus gutem Grund hinter die zentrale Frage, wie denn die Einheit aller Straftaten begründet wurde, die doch nach reichsgerichtlicher Anordnung ein Kernstück des Urteils sein mußte. Man sagte überraschend lapidar:

„Sämtliche Beleidigungen stellen nun eine fortgesetzte Handlung dar, da sie auf einen einheitlichen Vorsatz zurückzuführen und gegen dieselbe Person und gegen dasselbe Rechtsgut gerichtet ist. Der einheitliche Vorsatz ergibt sich besonders aus der politischen Einstellung des Angriff gegen Dr. Weiß und der offensichtlichen Absicht, durch eine fortlaufende Reihe von Artikeln gegen dessen Person vorzugehen."

Wie plausibel heute wie damals das Ergebnis dieser Argumentation scheint, so dünn ist die argumentative Substanz. Wo ist die *eine* Tat, die im Vorsatz ins Auge gefaßt sein muß, wo der „angestrebte Erfolg"? „Absicht [. . .] gegen dessen Person vorzugehen" ist sehr allgemein und kann durchaus verschiedene Taten meinen: Ironie, sachliche Bekämpfung, Beleidigung nach § 185, Verleumdung nach § 186. Das Urteil vom 20. November 1928 (Kreisz. 8) hatte wenigstens noch mit „Presse*feldzug*" eine einheitstiftende Kategorie berufen (und mehrere Urteile sollten das noch nachsprechen[259]). Werden wenig Gründe geboten und das Endergebnis scheint gleichwohl plausibel, muß die Einheit stiftende Kategorie noch unausgesprochen in den Fakten liegen. Sie tritt hervor, wenn wir jetzt weiter die Besonderheiten des Urteils zusammentragen:

c) In der Anklageschrift zum Bd. VIII hatte der Staatsanwalt eigens „Orjes" Formulierung „heute heesta schon ‚Bernhard' unn morjen ahnt keen Aas mehr wat von de Beschneidung" moniert. Gerade in ihr konnte nun die Strafkammer keine Beleidigung feststellen, sondern meinte, daß das eine „erlaubte Polemik" sei, die eine „angebliche" Tendenz der jüdischen Staatsbürger darlegen solle: sich ihren christlichen Volksgenossen anzugleichen und dabei ihr Judentum zu verleugnen". Bei der Überschrift und dem Schluß „Wolln wa jejnanda antretn, Isidor?" könne hingegen kein Zweifel über eine Beleidigung aufkommen.

d) In den drei unter Klage gestellten Karikaturen sah die Strafkammer eine Beleidigung – abgerechnet jene, in der Weiß als SA-Männer quälender Nero dargestellt und weiter mit der Unterschrift angegriffen war: „‚Bernhard' spielt grundsätzlich nur undankbare Rollen". Die Kammer urteilte: „Ein im öffentlichen Leben stehender hochgestellter Beamter muß es sich gefallen lassen, wenn er in einer Karikatur mit den in diesen Zeichnungen üblicher Maßen verzerrten Gesichtszügen und in verzerrter Gestalt dargestellt wird." Sieht man die anderen als Beleidigungen eingeschätzten Zeichnungen, so ist ein deutliches Abrücken von der antisemitischen Verformung nicht recht festzustellen. Wohl aber fällt beim Vergleich der drei etwas anderes auf: Die oben schon erwähnte Karikatur „‚Bernhard': Verbieten? Wieso?" wurde vor allem wegen ihres Unwahrheitsgehalts als Fall einer Beleidigung, eben einer Verleumdung nach § 186 angesehen. In der Eselskarikatur wird Weiß dann wieder als *Isidor* bezeichnet – aber in der „Nero-Karikatur" gerade nicht. Hier stand wieder „Bernhard" – genau wie im Fall c), wo das Fehlen jenes Schmähnamens die Beleidigung aussetzte und just die Nennung von *Isidor* auch wieder den Charakter der Beleidigung zurückrief. Im Kraftfeld dieses Schmähnamens gewinnt der Sachverhalt nach § 185 StGB also offensichtlich Ordnung, und in seinem Kraftfeld haben auch wohl die Urteilenden gestanden. Wo er fehlte, kamen offensichtlich Zweifel auf, ob eine Beleidigung vorliege. Außerhalb des Namenfeldzuges hatten Richter dann auch die Neigung, die Zeitabschnitte, die ein einheitlicher Wille zu bündeln vermöge, deutlich geringer anzusetzen, z. B. beim letzten großen Weiß-Prozeß im September/Oktober 1932, wo zwei neun Tage auseinanderliegende verleumderische (also nicht durch *Isidor* gebündelte) Artikel gegen Weiß schon als sicherlich getrennte Taten gerechnet wurden [260]. Die Potenz dieses einen Wortes, das schon in den vorigen Kapiteln als Speerspitze im Namenkampf erwiesen worden ist, wird nun im letzten anzuführenden Punkt endgültig deutlich.

e) Das Eselsbild beurteilte die Kammer so:

„Mag das Bild an sich nur eine satirische Darstellung des Sprichworts ‚Wenn es dem Esel zu wohl wird, dann geht er aufs Eis tanzen' enthalten, so geht auch hier wiederum aus der spöttisch gemeinten Verwendung des Wortes ‚Isidor' zur Genüge hervor, daß eine Ehrenkränkung des Dr. Weiß beabsichtigt ist."

Hier wird nicht mehr *bewiesen,* daß *Isidor* eine Beleidigung ist. Hier dient das Wort selber zum Beweise, *daß* eine Beleidigung vorliegt. Dies kann argumentativ nur durchschlagen, wenn man es ansieht als ein Element der Sprache, das als Schimpfwort im Code zweifelsfrei *fest*geschrieben ist – so wie das schon an anderer Stelle von Gerichts wegen für den Namen „Cohn" festgestellt worden war [261].

Jetzt dürfte es leichter sein, zu bestimmen, was die Richter (und sicherlich auch die Nationalsozialisten selbst) als einheitliches Tatziel, als den die Tat terminierenden „Erfolg" im Kopf hatten, selbst wenn sie es auch nicht eigens aussprachen: den deutschen Juden Bernhard Weiß in einen *Isidor* umzufunktionieren – das war das Ziel, das allem Bündigkeit gab.

Das in jedermanns Sprachbewußtsein (wenn auch meist nur unbewußt) hinterlegte Wissen über die Grundstruktur von Namen mußte die Richter (wie auch die *Isidor*benutzer) ins Gravitationsfeld von „einheitlicher Tatwille bis zum endgültigen Erfolg" bringen, denn: Namengebungsakte intendieren (zumindest im europäischen Kulturkreis) nie temporäre Wirkung; sie streben ein für allemal gültige Ergebnisse an. Menschen werden nie mit einem *vorläufigen* Namen bedacht. Selbst bei der Benennung von Straßen, die doch ihren Namen durchaus wechseln, – selbst hier: Schon bei der Namenvergabe einen geheimen oder gar offen ausgesprochenen

Zeitvorbehalt zu machen, gilt als absurd. Namen fungieren demnach unter der Zielsetzung einer endgültigen Festschreibung (Taufe), also eines endgültigen Handlungserfolges. Und überdies gilt es als Wesen des Namens, daß gerade er das Bleibende darstellen soll, während das Benannte freien Raum hat, die *Viel*zahl flüchtiger Formen in der *einen* Benennung zu versammeln – beim Menschen vom Kleinstkind bis zum Greisenalter, bei Straßen von ihren Anfängen als mittelalterlicher einfacher Weg bis zur großstädtischen Geschäftszeile.

Wieso eben ein solcher Handlungserfolg auch anvisierter und angestrebter Endpunkt im Feldzug gegen Weiß war, sei hier plastisch dargetan, indem wir in Erinnerung rufen, was der bedeutende Soziologe Leo Löwenthal über die Folge einer Identifikation durch jüdische Namen sagte:

„Jetzt ist die Beute sichergestellt, und man braucht nur noch zum letzten tödlichen Schlag auszuholen. [...] Der jüdische Name ist ein Etikett, welches die Natur des Trägers deutlich bezeichnet; er ist ein Stigma, er *nagelt* den Juden *fest* (Hervorh. Verf.), so daß er nicht mehr entweichen kann." [262]

Die Richter dürften nicht weit von dieser Erkenntnis gestanden haben, Dr. Seligsohn vielleicht sogar ziemlich nah. Und wenn es nun, wie zu befürchten, nicht einmal wenige Richter gab, die zumindest verdeckte Antisemiten waren, dann stand es um die Sache nicht anders, denn die Antisemiten glaubten ja noch fester an die strategische Durchschlagskraft von Namenkämpfen. Die Frage war immer, ob die Richter, ob die Gesamtgesellschaft solche Praktiken für verwerflich und strafenswert hielten. Im hier geschilderten Prozeß kam es in der Tat zu einem Urteil (Kreisz. 10) von beachtlicher Strenge. Dürr wurde wegen öffentlicher Beleidigung (§ 185 und in einem Falle in Tateinheit mit § 186) mit zwei Monaten Gefängnis bestraft. Er hat sie auch abgesessen. Zuerst wehrte er sich zwar mit allen Mitteln: von einem eigenen Antrag auf Bewährungsfrist über ein Gnadengesuch [263] bis zu Eingaben an den Rechtsausschuß des Landtages. Zweimal entschied der Justizminister, es solle von Zwangsmaßnahmen gegen den Verurteilten einstweilen abgesehen werden [264]. Beim zweiten Mal war der Haftbefehl schon ausgestellt und wurde fernmündlich wieder zurückgefordert, da man doch die

Entscheidung des Rechtsausschusses abwarten wolle [265] – eine Konzession, die auf kuriose Weise ins Leere lief. Dürr hatte sich am 4. Mai 1931 freiwillig im Gerichtsgefängnis Charlottenburg eingefunden [266], was den Nationalsozialisten wieder Gelegenheit gab, Hymnen auf ihre Helden und Haßgesänge auf ihre Widersacher anzustimmen. Dürr jedenfalls veröffentlichte schon im „Angriff" vom 2. Mai einen Artikel über seinen bevorstehenden „Abschied auf Zeit":

> „Der antisemitische (sic) Polizeivizepräsident Dr. Bernhard Weiß fand es beleidigend, als Jude bezeichnet zu werden [267]. [...] Wir Nationalsozialisten sind es gewohnt, mit Stolz in die Kerker der Demokratie zu gehen. [...] Im Kampf gegen den Polizeivizepräsidenten Dr. Bernhard Weiß ist unsere Bewegung groß geworden. Das ist wohl zwei Monate wert. [...] Ich werde in Treue zu meinem obersten Führer Adolf Hitler weiterkämpfen bis zum endgültigen Siege. Und dann sprechen wir uns wieder, Herr Polizeivizepräsident Dr. Bernhard Weiß."

Solche Sprache war im Mai 1931 nicht mehr als leeres Gerede zu nehmen. Aber auch Goebbels mußte seit 1929 auf der Hut sein. Er hatte die Zugriffsfestigkeit der Justiz im Falle Dürr gesehen und wußte, daß die Verfahren gegen ihn nur bis zum Ende der Legislaturperiode ausgesetzt waren.

h) Die Verurteilung Goebbels'

Man muß sich die hier so glatt wie eben möglich geschilderten Prozeßzüge oft von diffizilen Rechtsfragen [268] begleitet denken. Nur so entsteht ein Bild, welche Mühen es kostete, die Isidor-Schreier mit rechtsstaatlichen Mitteln niederzukämpfen und wie wach die Staatsanwaltschaft sein mußte, um in genau dem Moment, wo der Zugriff auf Goebbels wieder möglich war, auch wirklich zuzupacken. Vorsorglich hatte die Staatsanwaltschaft am 13. Mai beim Reichstag angefragt, ob die Sitzungsperiode, „die am 27. Februar 1929 lief", auch gegenwärtig noch andauere [269]. Am 18. Juli 1930 war sie tatsächlich überraschend beendet. Sogleich setzte die Staatsanwaltschaft das Verfahren gegen Goebbels wieder in Gang:

„Der Grund für die vorläufige Einstellung ist durch die Auflösung des Reichstags fortgefallen. Handakten dürften wegen der durchgeführten Revision Dürr bereits vollständig sein." [270] Nach heftigen Terminrangeleien und Zustellungsschwierigkeiten an Goebbels (Bd. III, Bl. 24 f.) fand die Revisionsverhandlung gegen ihn am 23. Oktober 1930 vor dem Leipziger Reichsgericht statt (Kreisz. 11). Das Urteil war mit dem gegen Dürr fast identisch, wortgleich jedenfalls in den oben zitierten Passagen [271]. Also: Fortsetzungszusammenhang für alle sechs angeklagten Taten und damit Unwirksamkeit aller ausgesprochenen Amnestien.

Die fällige erneute Verhandlung fand am 11. Mai 1931 vor der 3. großen Strafkammer des Landgerichts statt, unter Vorsitz von Landgerichtsdirektor Schneider und dem Beisitz der Landgerichtsräte Walter und Genzmer (Kreisziffer 12) [272]. Goebbels erschien trotz ordnungsgemäßer Ladung nicht. Goebbels' Anwalt Kamecke versuchte, durch neue Anträge die schnelle Abwicklung der Sache zu stoppen. Die Schriftleiter Dürr und Lippert sollten geladen werden, um zu bezeugen, Goebbels habe in den Redaktionssitzungen „immer wieder darauf hingewiesen, daß Beleidigungen in der Zeitung nicht enthalten sein dürften" [273]. Damit gab eigentlich auch die angeklagte Seite zu, daß das Erschienene voll Beleidigungen stecke. So sahen die Richter keinerlei Anlaß, vom Urteil gegen Dürr abzuweichen. Sie übernahmen fast den ganzen Wortlaut, insbesondere die oben aufgeführten Stellen. An einigen verschärften sie den Text noch leicht [274]. Der subtile Hinweis auf den Vorwurf einer „charakterlosen Namenänderung" blieb stehen. In der Frage der Fortsetzung meinte man, durch die Einführung eines Einheit stiftenden Wortes die bestehende Überzeugung besser zum Ausdruck bringen zu sollen: „Sämtliche Aufsätze sind Teile eines planmäßig ausgeführten *Feldzuges* (Hervorh. Verf.) gegen die Berliner Polizeiverwaltung, deren Vizepräsident in parteiischer Weise die nationalsozialistische Arbeiterpartei im Jahre 1927 verboten haben soll."

Die anderen kleineren Änderungen sind für unseren Zusammenhang nicht von großem Belang [275].

Das Ergebnis: Auch Goebbels wurde wegen öffentlicher Beleidigung in Tateinheit mit Verleumdung ebenfalls zu zwei Monaten

Gefängnis verurteilt und Weiß, wie in *jedem* Urteil, Publikations- und Unbrauchbarmachungsbefugnis zugesprochen.

Dennoch nahm der Fortgang der Sache bei Goebbels einen ganz anderen Verlauf als bei Dürr. Rechtsanwalt Kamecke schrieb eine 15seitige Revisionsbegründung [276]. Die Einwände hatten meist das Argumentationsniveau wie z. B. dieser: in einem Falle (in jenem ersten) sei Goebbels freigesprochen worden; das sei unnötig und wegen der Einheit der Tat rechtlich nicht möglich. Überdies sei kein klares Bild vom gesamten Prozeßstoff entwickelt worden (obwohl doch allein dieser Teil im Urteil 12 Seiten ausgemacht hatte). Daß nicht Weiß persönlich gemeint sei, tischte er wieder auf, und machte auch noch einen Versuch, die Bedeutsamkeit des Wortes *Isidor* zu leugnen:

„Das Gericht hat nicht beachtet, daß gerade im Berliner Volksmund Dr. Weiß überaus häufig mit diesem Vornamen bedacht wird, so daß kaum einer, der das Wort ‚Isidor' hört, dabei das Gefühl haben dürfte, daß Dr. Weiß hiermit verächtlich gemacht werden soll. [...] Der Ausspruch des Wortes ‚Isidor' soll, wie es für jeden im politischen Leben stehenden Menschen selbstverständlich ist [...] auf die Tatsache hinweisen, daß Dr. Weiß jüdischen Blutes ist."

Der Maßstab, den das Gericht bei seiner Einschätzung von *Isidor* angelegt habe, entspreche dem wirklichen Leben nicht.

Zum Fortsetzungszusammenhang trug er vor, Warnungen in der Redaktionskonferenz unterbrächen die Willenskontinuität auf alle Fälle. Und dann kam er auf den Punkt zu sprechen, den die Richter knapp, aber der Substanz nach völlig ausreichend behandelt hatten:

„Der Satz auf Seite 26 des Urteils, daß sich dieser einheitliche Vorsatz besonders aus der politischen Einstellung des ‚Angriff' ergäbe, ist völlig nichtssagend. [...] Der Vorsatz beim fortgesetzten Delikt erfordert die Vorstellung und das Wollen eines nach Zeit, Ort und Gegenstand bestimmten Verhaltens."

Der zeitliche Faktor sei auf alle Fälle nicht genau bestimmt worden.

Der zweite Strafsenat des Reichsgerichts verhandelte die so begründete Revision gegen das Urteil am 10. Dezember 1931 (Kreisz.

13) zusammen mit einem anderen Prozeß Weiß ./. Goebbels, der inzwischen auch den Weg durch die Instanzen gegangen war. Es handelte sich um jenen Artikel vom 11. Juni 1928, mit dem Goebbels in seinem *Politischen Tagebuch* Weiß' Mißgeschick vom 2. Juni 1928 mit Hohn übergossen hatte (s. o. S. 248 und auf Diagramm unten ad Nr. 23).

Die Einwendungen Kameckes wurden kurzerhand abgetan. Der Freispruch in einem Falle beschwere den Angeklagten nicht; die Prozeßmaterie sei sicherlich so dargestellt, daß die Prozeßbeteiligten und das Revisionsgericht den erforderlichen Überblick bekämen, in der Beurteilung von „Isidor" trete ein Rechtsirrtum nicht hervor. Der Reichsgericht entschied, daß das Revisionsbegehren des Angeklagten zurückzuweisen sei.

In Bezug auf jenen zweiten Prozeßkomplex, der Verhöhnung wegen der Prügel (Nr. 23), entschied es zugunsten von Goebbels. Dessen Verteidigung hatte nämlich in der Berufungsinstanz am 21. August 1931 (Kreisz. 14) vor dem Landgericht Berlin gefordert, daß auch diese Tat vom Juni 1928 in den großen, sechs Teiltaten umfassenden Gesamtkomplex aus Nr. 24 eingebracht werden solle. Das Gericht hatte das abgelehnt mit der Begründung, daß das Urteil vom 28. April 1928 (Kreisziffer 3) den Angeklagten Goebbels so stark hätte anmahnen müssen, daß der Fortsetzungszusammenhang auf alle Fälle unterbrochen worden sei. Diese Meinung zu widerlegen, holte das Reichsgericht nun aus und brauchte ganze sechs Seiten (mit Argumentationshilfe aus zehn anderen Reichsgerichtsurteilen!), um seine ganze Rechtsprechung zu einem besonders schwierigen Rechtsproblem darzulegen. Wir zeichnen diesen Fall, weil er selber sehr kompliziert ist, in den Anmerkungen mit möglichst klaren Strichen [277], damit nicht verdeckt bleibt, welch geballter (aber nur aufs Formale gerichteter) juristischer Sachverstand eingesetzt wurde, um der Prozeßmaterie Herr zu werden.

Das Ergebnis war jedenfalls dies: Der Prozeß wegen dieser letzten Tat (Prügel für Weiß, Nr. 23) mußte vor dem Landgericht wieder aufgenommen werden. Hingegen: Das Urteil über den Komplex Nr. 24 mit seinen sechs Taten in zwei Paketen hatte Bestand und wurde rechtskräftig.

Ging nun Goebbels wie Dürr ins Gefängnis? Am 11. Februar 1932 wurde zwar die Vollstreckbarkeitsbescheinigung ausgestellt (Bl. 172), am 20. Februar Herr „Dr. Bernhard Weiß" (so ganz unüblich *mit* Vornamen in den handschriftlichen ! Anweisungen) benachrichtigt, daß das Urteil jetzt rechtskräftig sei, die Publikation nunmehr eingeleitet werden könne (Bl. 174). Am 8. Juni jedoch schickte der Preußische Justizminister der Staatsanwaltschaft die Nachricht, daß der Preußische Landtag (seit den katastrophalen Ergebnissen der Landtagswahl vom 24. April nicht mehr von der Weimarer Koalition dominiert) beschlossen habe, die Strafverfahren 1 pol. J. 966/ 30; 2 P. J 430/27 (eben die hier dargestellte spätere Nr. 24) und E1M 7/32 für die Dauer der Sitzungsperiode auszusetzen [278]. In seinem Bericht vom 2. Juli (drei Wochen vor Weiß' gewaltsamer Amtsenthebung also) an den Kammergerichtspräsidenten und den Generalstaatsanwalt beim Kammergericht schilderte der Oberstaatsanwalt am Landgericht II, Dr. Trautmann:

„In der Strafsache gegen das Mitglied des Preußischen Landtags Dr. Goebbels (II P. J. 430/27) ist bisher die Vollstreckung der rechtskräftig erkannten Gefängnisstrafe von 2 Monaten nicht erfolgt, auch eine Ladung zum Strafantritt mit Rücksicht auf seine Eigenschaft als Mitglied des Reichstags und des Preußischen Landtags nicht ergangen. Mit Rücksicht auf den Beschluß des Preußischen Landtags vom 3. Juni 1932 werden für die Dauer der Sitzungsperiode Maßnahmen zur Strafvollstreckung gegen Dr. Goebbels nicht getroffen werden." [279]

Solche Äußerungen werden bei unserer abschließenden Diskussion über die Schuld am verlorenen Namenkampf eine wichtige Rolle spielen. Der endgültige Schlußstrich unter den Prozeßkomplex Nr. 24 wurde dann am 3. Januar 1933 gezogen. Aufgrund des Amnestiegesetzes vom 20. Dezember 1932 wurde die Strafe erlassen [280].

3. Systematische Analyse der anderen Prozesse

Man kann zu keinem Urteil über die Intensität von Namenkämpfen und auch nicht über Gewinnchancen von Weiß kommen ohne einen Blick auf die Gesamtheit aller überlieferten Prozesse. Waren

Tabelle: Strafanträge und Hauptverhandlungs-Termine gegen Goebbels und andere Gegner Weiß'

Jahr	Monat	Weiß Strafanträge insgesamt	Weiß Strafanträge wg. Isidor	Hauptverh. gegen Goebbels	Hauptverh. Weiß gegen Goebbels	Hauptverh. W. ./. G. wg. Isidor	Hauptverh. W. ./. X	Hauptverh. Weiß wg. Isidor
1927		2	2				2	2
	Juni	1	1					
	Juli							
	August							
	Sept.							
	Okt.	2	1					
	Nov.			1				
	Dez.	2	2					
1928								
	Januar						2	1
	Febr.	2	2					
	März	1	1				1	1
	April			1	1	1	1	1
	Mai							
	Juni	1	1	4	1		2	1
	Juli						1	1
	August	1	1	2	1	1	1	1
	Sept.	1	1					
	Okt.						1	1
	Nov.	1	1	1			1	1
	Dez.	4	1				1	1
1929								
	Januar							
	Febr.	2					1	1
	März							
	April						1	1
	Mai	1						
	Juni						1	1
	Juli							
	August						2	1
	Sept.							
	Okt.	1						
	Nov.	1	1					
	Dez.	1						
1930								
	Januar						1	
	Febr.						1	
	März							
	April							
	Mai			1				
	Juni	1					1	
	Juli	1		4				
	August			4			1	1
	Sept.			3	1		3	1
	Okt.			3	1	1	2	2
	Nov.	1	1	4	1	1	2	2
	Dez.			6	2	1	4	2

Jahr	Monat	Weiß Strafanträge insgesamt	Weiß Strafanträge wg. Isidor	Hauptverh. gegen Goebbels	Hauptverh. Weiß gegen Goebbels	Hauptverh. W./. G. wg. Isidor	Hauptverh. W./. X	Hauptverh. Weiß wg. Isidor
1931	Januar							
	Febr.						1	1
	März	1					1	1
	April			9	3	2	4	4
	Mai	1		5	1	1	1	1
	Juni	1		4	1	1	3	3
	Juli	1						
	August			5	1	1	2	2
	Sept.			2	2	1	4	1
	Okt.			1	1		2	1
	Nov.			1				
	Dez.			3	1	1	2	1
1932	Januar							
	Febr.						1	1
	März						1	
	April						1	1
	Mai			1	1	1		
	Juni						2	
	Juli							
	August							
	Sept.						1	
	Okt.						1	
	Nov.							
	Dez.							
Summe		31	16	63	19	13	60	40

es so viele Klagen, daß Goebbels unter Druck geraten mußte? War Weiß auf seine Prozesse gegen jene Zwangsbenennung etwa so fixiert, daß er nicht einmal anhalten konnte, als der Kampf schon entschieden war?

a) Statistische Hochrechnung
aller Prozesse und Urteile

Die Tabelle weist im ganzen 104 Hauptverhandlungen aus. Weiß erzwang gegen seine nationalsozialistischen Gegner insgesamt 60 (Kolumne VII). Davon ging es allein in 40 um Beleidigungen durch den Schmähnamen (Kol. VIII). Gegen Goebbels sind in den Akten des Landesarchivs Berlin [281] allein 63 Hauptverhandlungen dokumentiert (Kol. IV). 19 erzwang allein Weiß, davon 13 wegen „Isidor" (Kol. V, VI). Von diesen 104 angesetzten Verhandlungen wurden 79 mit einem Urteil abgeschlossen. 25 wurden vertagt. Die zeitliche Verteilung dieser 25 wirft schon ein erhellendes Licht auf die abfallende Linie der Rechtspflege. Gab es von 1927 bis 1929 nur eine einzige Vertagung bei 24 durchgeführten Hauptverhandlungen, so von 1930 bis 1932 schon 24 bei 55 mit Urteil abgeschlossenen [282].

Blickt man auf die Verteilung der Termine (vgl. die Tabelle auf S. 326 f.), so sieht man bei Weiß' Prozessen eine ziemlich breite Streuung, allerdings mit einer deutlichen Massierung in der Zeit vom Herbst 1930 bis zum Herbst 1931. Bei Goebbels (Kol. IV–VI) zeigt sich dagegen eine deutliche Lücke vom Sommer 1928 bis zum Sommer 1930. Seit den Maiwahlen 1928 war er als Abgeordneter immun und konnte erst nach ausdrücklicher Genehmigung des Reichstags gerichtlich belangt werden. Das führte zu zähem Ringen, über das später einige Angaben gemacht werden. Mit der Auflösung des Reichstages am 18. 7. 1930 konnten die Gerichte wieder zufassen. Die Staatsanwaltschaft, ohnehin auf diesen Moment vorbereitet, überdies vom Polizeipräsidium, ja sogar von Weiß selber auf Zugriffschancen aufmerksam gemacht [283], konnte nun eine ganze Welle aufgelaufener Prozesse in Gang setzen, die dann, weil rechtsmäßig eröffnet, bei Goebbels' Wiederwahl am 14. September keineswegs wieder gestoppt waren. So ist die aufgewiesene Lücke und der Prozeßschub vom Juli 1930 bis zum Juni 1931 zu erklären. Diese 42 Termine in elf Monaten, neun allein im April 1931, waren sicherlich eine ernstliche Bedrohung. Im Polizeipräsidium ließ Weiß über seine Prozesse gegen den Gauleiter der NSDAP akribisch Buch führen [284]. Sicherlich kannte er als alter Kriminaler auch die Wirkung, die eine derartige Häufung gerichtlicher Zugriffe normalerweise hat. Ob sie aber Goebbels, der doch mit der Zahl der Prozesse öffentlich prunkte [285], wirklich Druck und damit Eindruck machte, muß eigens bewiesen werden:

Schon am 17. April 1928 hatte er ins Tagebuch geschrieben: „Heute wieder 2 Gerichtsvorladungen. Es wird höchste Zeit, daß ich immun werde", dann verbreitet er sich weiter über Schreckensurteile in Elberfeld [286]. Am 13. November 1928 kommentiert er die Tatsache, daß der Reichstag seine Immunität aufheben will mit dem Ruf „Auch das noch!" Im Dezember „braut sich über" ihm ein Ungewitter zusammen, denn der Reichstag will seine Immunität aufheben wegen Hochverrat: „Dann gibt's bestimmt Festung. Die Schweine!" [287] Im Sommer 1930 sind die Eintragungen nicht weniger angstvoll [288]. Die im Frühjahr 1931 sehen nicht anders aus – im April z. B., dem Monat mit der höchsten Rate, notiert er: „Die Prozesse machen mich tot [...] die Nerven gehen dabei drauf. [...] Auf meinem Tisch liegen die Ladungen wieder zuhauf. Es ist zum Kotzen.... Aber ich darf dabei nicht die Nerven verlieren. Das will ja der Feind."

Am 27. April wurde er dann in München festgenommen und einen Tag später im Amtsgericht Berlin-Mitte zwangsvorgeführt: „Dann werde ich von 3 Kriminalern verhaftet. Zur Bahnhofswache. Ungeheures Aufsehen. Im Nachtzug nach Berlin. Die Krimi mit. Das ist eine furchtbare Situation. [...] Vor meinem Bett sitzt die ganze Nacht durch ein Kriminaler. Das nennt man Immunität." [289]

So war die wirkliche Befindlichkeit des Joseph Goebbels, der nach außen mit seinen Prozessen nicht genug Reklame machen konnte. Weiß und die Polizei hatten bei ihrem Zugriff also eine realistische Einschätzung und auch eine realistische Chance, Goebbels schwer zu schaden. Denn: Als der Vizepräsident das Gros der Prozesse in Gang setzte, da war Goebbels zuerst noch Führer einer kleinen Berliner Krawallpartei und als MdR dann Mitglied in einer 12-Mann-Fraktion, auf die solche Maßnahmen gewiß Eindruck machen mußten.

Sieht man nun auf die Verteilung der Strafanträge von Weiß, so tritt hervor, daß die Masse seiner Anträge eben in jener Anfangszeit von 1927/28 liegt. Prüft man überdies, wann er die Strafanträge wegen der Isidor-Beleidigungen stellte, so zeigt sich, daß sie bis auf einen Fall ausschließlich in jener Zeit liegen, als man mit guten Gründen noch an die Wirksamkeit gerichtlichen Zugriffs glauben konnte. Weiß war also keineswegs so fixiert, daß er einfach blindwütig jeden Isidor-Ruf zu ahnden trachtete. Als er merkte, daß er auf diese Weise nicht obsiegen könne, stellte er diese Versuche fast ein [290]. Andere Strafanträge wegen Beleidigung stellte er weiter: vom Juni 1930 bis zum Juli 1931 im ganzen acht.

b) Die richterliche Einschätzung des Namens *Isidor*

Die Masse der Prozesse bestätigen meist die Kategorien und Auffassungen, die im Komplex Nr. 24 nachgewiesen worden sind. Das Überraschende ist, wie einhellig sie das gerade beim Schmähnamen *Isidor* tun. Das gipfelt schließlich in einem Urteil, das den Sitz des Schmähnamens im Sprachsystem genau beschreibt.

Die Schritte bis zu den Gerichtsverhandlungen waren den bisher vorgeführten sehr ähnlich. Weiß stellte in einigen Strafanträgen den eigentlichen Punkt nur noch ungeschützter heraus. Am 12. August hatten die acht in ganz West-, Nord- und Ostdeutschland verbreiteten Ableger der „Berliner Arbeiter-Zeitung" einen Artikel über einen SA-Mann gebracht, der von Weiß' Polizei hart angefaßt worden war. „Ob ein gewisser Isidor ihm einmal alleine in die schwieligen Finger laufen darf?" Weiß schreibt in seinem Strafantrag vom 11. September 1928: „In diesem in allen genannten Zeitungen übereinstimmenden Artikel bin ich durch die Bezeichnung mit Isidor beleidigt." [291] Drei Monate später ging er gegen einen Artikel „Isidor eröffnet die Parforcejagd" in eben diesen Zeitungen vor, sicherlich weil da drei seiner sensiblen Seiten attackiert waren: seine Reitervergangenheit, seine Familie und sein Name: „[. . .] bin durch die wiederholte Bezeichnung mit ‚Isidor' und durch die wiederholte Bezeichnung mit ‚Rabbinersöhnchen' beleidigt." [292]

Die führenden Beamten der Politischen Polizei (IA) formulierten dann ausführlichere Begründungen, in denen immer wieder betont wurde, Weiß heiße *Bernhard,* habe auch „niemals Isidor geheißen" [293]. Um den Unrechtsgehalt deutlich zu machen, boten sie plastische Beschreibungen der „Bedeutung" des Namens:

„Der Name ‚Isidor' wird in der politisch-satirischen Literatur häufig und überwiegend als Bezeichnung des schmutzigen, raffgierigen und auf niedriger Kulturstufe stehenden galizischen Kaftanjuden geradezu zur Charakterisierung dieses Typs verwandt; in der Gleichstellung des Dr. Weiß mit diesem Typ liegt eine besonders rohe Mißachtung. Gegen solche Verrohung der Sitte und um Dr. Weiß bei seiner hohen amtlichen Stellung als Polizei-Vizepräsident gegen die Beschmutzung seiner Ehre durch politische Gegner zu schützen, bitte ich, auf eine *besonders empfindliche* Bestrafung hinzuwirken.« [294]

Die Leiter der IA hatten mit Beschreibungen dieser Art den Kern der Sache und die Einschätzung aller offensichtlich so zentral getroffen, daß kein einziges Gericht den Beleidigungscharakter abstritt. Das Gesamtergebnis lautet also: Alle Klagen um jenen Schmähnamen gewann Weiß, jeweils mit sehr ähnlichen Begründungen [295] für den Beleidigungscharakter.

Dem immer wieder (vor Gericht scheinbar ernsthaft, im publizistischen Kampf offen zynisch) vorgebrachten Einwand, einen Juden Jude zu nennen könnte doch wohl keine Beleidigung sein, mußten die Gerichte mit eigenen Argumentationen entgegentreten, weil man noch ein deutliches Stück von jener BGH-Rechtsprechung entfernt war, die erst 25 Jahre später zu einem realistischen Standpunkt fand und die beleidigende Kraft auch dieses Wortes anerkannte [296]. Das Erweiterte Schöffengericht Berlin-Schöneberg sprach wohl schon einen Vorbehalt gegen die ganz allgemeine Gültigkeit jenes generellen Satzes aus [297], fuhr dann aber fort:

„hier hat jedenfalls der Angeklagte (i. e. Goebbels) den Polizeivizepräsidenten Dr. Weiß nicht als ‚Juden‘ bezeichnet, sondern ihn ‚Isidor‘ genannt. Das Wort ‚Isidor‘ wird aber als beschimpfende und bewußt beleidigende Typenbezeichnung für Angehörige des jüdischen Glaubens gebraucht.« [298]

Das Gericht ging also schon davon aus, daß die Negativmarkierung nicht okkasionell, sondern generell verfestigt war, und eben dies bestätigt dann das wohl einfühlsamste Urteil in Sachen Weiß. Am 20. Oktober 1931 stellte die 4. große Strafkammer des Landgerichts II fest:

„In den Worten ‚Isidor Weiß mit der langen Nase‘ ist eine Beleidigung des Polizeipräsidenten Weiß im Sinne des § 185

StGB zu erblicken. Der Vorname Isidor ist hier als ein Sammelname für Juden gebraucht, der als solcher einen Beigeschmack der Mißachtung trägt und dazu dient, Juden lächerlich zu machen." [299]

Hier sind festgeschrieben: die Degeneration des Individualnamens zu einem begriffsgefüllten Sammelnamen für eine bestimmte Gruppe („Juden") und vor allem die Tatsache, daß er nicht okkasionell negativ gebraucht wird, sondern *als solcher* die negative Bedeutung schon in sich trägt. Sie ist also im Sprachcode festgeschrieben. Man sollte sich vergegenwärtigen, daß dies Urteil gegen den „Bildungspolitiker" Studienrat Dr. Martin Löpelmann jenen „Kampf ums Heißen" eigentlich abschließt. Es war nämlich das letzte, das – nach der Zurückweisung des „offensichtlich unbegründeten" Revisionsbegehrens durch das Reichsgericht am 22. März 1932 – Rechtskraft erlangt hat [300].

Nicht nur was die argumentative Substanz anlangte, setzte das Urteil einen positiven Schlußpunkt. Es ist auch eines der ganz wenigen, das die Strafe heraufsetzte: von zwei Wochen auf vier Wochen Gefängnis.

c) Gerichtliche Verteidigung von Ehre und Autorität

Die Urteile bestätigten also nichts geringeres, als das Weiß' Ehrgefühl mit den objektiven Normen übereinstimme. Was sich so als individueller Sieg ausnimmt, hatte aber beträchtliche, von heute her nicht mehr klar genug zu sehende Konsequenzen für seinen Stand in der Öffentlichkeit. Was Ehre damals war, was sie insbesondere für Juden war, muß klar sein, ehe ein Urteil möglich ist über die Notwendigkeit und Sinnhaftigkeit der Prozesse.

Es waren nicht nur die Nationalsozialisten, die der Kategorie Ehre Spitzenstellung in ihrem Wertesystem gaben. Auch hier waren sie bloß Erben einer langen Tradition, und die Beleidigungtatbestände des StGB beweisen, daß diese Kategorie bis heute als konstruktiver Punkt von Persönlichkeit und Gesellschaft weiterhin Rechtsschutz genießt. In der Weimarer Republik aber klangen allgemein die rigiden, noch viel mehr an Außenwirkung und Reputation orientierten Vorstellungen der Wilhelminischen Ära nach. Die Rechtsradikalen forcierten sie noch. „Die Ehre wiederherstellen" war für Goebbels die erste revolutionäre Forderung vor zahlreichen anderen [301].

„Ohne Ehre kein Recht auf Leben. [...] Im Verlust unserer Ehre liegt ursächlich der Verlust unserer Freiheit begründet." [302]

Daher: „Ins Zuchthaus und auf den Block mit denen, die in Zukunft diese Ehre mit Füßen treten." [303] War das die immer wieder vorgetragene [304] Position, dann war damit – nach dem Gesetz der manichäischen Dichotomie – die Stellung der Juden schon mitbeschrieben: Als gleichsam metaphysische Widersacher der höchsten Werte können sie gerade das nicht haben, was Lebensrecht gibt: Ehre. Diese Ansicht wurde im „Angriff" immer wieder durch kurze Bemerkungen [305] oder auch lange Deduktionen [306] bekräftigt.

Sie besaß auch eine lange, gut untersuchte Tradition [307]. Eben wegen dieses spezifischen Mangels waren Juden vom Offiziersstand lange ausgeschlossen geblieben [308]. Diese Kaste hatte ja die Ehre in der Normenhöhe von „heiliger Pflicht" zum „höchsten Kleinod" mythisiert.

Standen sich Jude und Ehre in der Vorstellung der Rechten so fremd gegenüber, daß schon 1880 eine antisemitische Zeitung schrieb: „Militärische Standesehre und Judenfreundschaft sind zwei durchaus unversöhnliche Gegensätze" – dann läßt sich kalkulieren, wie leicht solches Denken in militärnahen Korps wie der Polizei wieder – oder auch: noch immer – Anklang finden konnte.

Ehrlosigkeit macht Autorität unmöglich, und so war es eben auch die Autorität, die mit den Isidor-Attacken zerstört werden sollte. So sah es Weiß (dem ja schon als Weltkriegsoffizier hervorragende Autorität bei der kämpfenden Truppe bestätigt worden war, s. o. S. 42), und so sahen es natürlich auch die ihm nachgeordneten Abteilungsleiter, die seine Strafanträge näher begründeten. Wündisch schrieb z. B. am 29. November über Goebbels' Leitartikel „Woso Isidor?" (s. o. S. 252):

„Der ganze Artikel zeigt, daß die niedrigste Gesinnung seiner Entstehung zugrunde gelegen hat und daß es den Verantwortlichen dabei ganz besonders darauf angekommen ist, den Beleidigten in seiner hohen Beamtenstellung öffentlich der Lächerlichkeit preiszugeben und seine Autorität zu erschüttern."[309]

Eben diesen Gesichtspunkt erkannten auch die Gerichte an, wenn sie betonten, daß es sich um Beleidigungen handele, „durch welche ein an hoher verantwortlicher Stelle stehender Polizeibeamter öffentlich vor den Lesern der betreffenden Zeitung herabgesetzt ist"[310].

Gibt diese Autoritätsproblematik den Blick schon frei auf die öffentliche Seite des Problems, so zeigt sie, weil sie Spezialprobleme in militärnahen Korps vorspiegelt, doch noch nicht, welch basale, die gesamte Stellung der Juden betreffende Problematik gerade mit der Kategorie „Ehre" verbunden war. Dies wird erst sichtbar, wenn man über das allgemeine Rechtsgefühl hinaus auf die spezifischen juristischen Auffassungen blickt. Diese zeigen sicher auch dominante Mentalitäten der Gesamtgesellschaft, auf deren Hintergrund verbale Aggression überhaupt erst Wirkung entfalten kann.

Nach dem Zweiten Weltkrieg gab es neue Denkschübe in Richtung einer „personalen Ehrauffassung"[311]. Für die Weimarer Republik muß man aber sagen, daß in Lehre und Rechtsprechung eine Ehrauffassung dominierte, die für die soziale Stellung der Juden in der Gesellschaft, ja für ihre ganze Emanzipationsgeschichte wichtige Konsequenzen hatte. Der Leipziger Kommentar zum StGB formuliert zu den Beleidigungstatbeständen in seiner Ausgabe von 1925 und 1929 übereinstimmend:

„Die einzelnen Begriffsbestimmungen treffen darin überein, als sie die Ehre als Angriffsobjekt bezeichnen [...], und zwar nicht den wegen seiner Innerlichkeit unverletzlichen, dem Rechtsgebiete nicht angehörigen inneren Wert, die i n n e r e E h r e , sondern d i e ä u ß e r e , den Wert, der einem Menschen innerhalb der menschlichen Gesellschaft kraft seiner Eigenschaften und Leistungen, also nach dem Maße der Erfüllung der ihm obliegenden sittlichen, rechtlichen und sozialen Pflichten zukommt."[312]

Der Kommentar von Olshausen bezog dieselbe Position („Wert, den eine Person innerhalb der menschlichen Gesellschaft hat") und bot eine Fülle in der Lehre vertretener Definitionen für diese „äußere Ehre" [313]. Auch der Kommentar von Frank trat der herrschenden Meinung bei und formulierte (nach Ablehnung eines „ethischen" Ehrbegriffs) in einer Weise, daß wir die fälligen Überlegungen eines jüdischen Beamten noch sicherer kalkulieren können:

„Die herrschende Lehre dagegen [...] und die Praxis [...] stellen dem ethischen den sozialen, d. h. den Wert gleich, den eine Person nach der Seite ihrer Eigenschaften und Leistungen zur Erfüllung ihrer spezifischen sozialen Aufgaben hat" [314]. Lehrbücher des Strafrechts sagten ähnliches [315], besonders prägnant Franz v. Liszt: Die Geltung im Urteil der Mitmenschen sei das Rechtsgut und diese Geltung beruhe u. a. „auf der Anerkennung der Erfüllung der durch die Stellung auferlegten Pflichten (des sozialen Wertes), sowie des Besitzes derjenigen körperlichen und geistigen Eigenschaften und Fähigkeiten, ohne welche die Erfüllung der übernommenen Pflichten unmöglich ist (der ‚sozialen Ehre')" [316]. Vor solche Definitionen gestellt, gewinnen auch die dauernden Anwürfe wegen geringer Körpergröße und Plattfüßen eine andere als bloß personale Dimension, vor allem aber sieht man, wieso die dominante Ehrvorstellung Juden besonders tangierte: Die soziale Ehre, früher vom Standesdenken her konstruiert, seit der Französischen Revolution immer mehr auf die Annahme gestellt, daß dem Menschen gleiche Rechte und im Grundsatz die Fähigkeit zu jedem Amte zuzugestehen sei, – eine solche Qualität war den vorher völlig ehrlosen Juden erst im Zuge der Emanzipation von Staats wegen zudiktiert worden, und dies keineswegs unter dem Beifall aller, sondern eben unter dem Widerspruch oder insgeheimen Vorbehalt vieler. Dieser Widerspruch war seit 1870 gewachsen.

Erst die Weimarer Republik zeigte durch Vergabe auch hoher Ämter selbst an Ungetaufte wie Weiß, daß sie nunmehr den Juden nicht mehr nur dem leeren Rechte nach, sondern in Wirklichkeit „Eigenschaften und Leistungen zur Erfüllung" aller „sozialen Aufgaben" zutraute. Es ging also bei Weiß' Abwehrkampf nicht bloß um private Verletzung, sondern um die Stabilisierung der Emanzipation überhaupt. Daß diese Perspektive die richtige ist, wird sich später in der Analyse einer umfassenden Rechtfertigung des Angegriffenen erweisen (vgl. S. 363).

Was hier aus den vorliegenden Daten und Rechtsauffassungen zunächst nur erschlossen worden ist, das haben Juden in lebhaften Debatten über ihren mangelnden Rechtsschutz auch offen ausformuliert. Auf einer Tagung des „Central-Verein deutscher Staatsbürger jüdischen Glaubens" hielten drei bekannte Juristen Vorträge über „Deutsches Judentum und Rechtskrise". Bruno Weil führte über „Politische Prozesse" aus: Es komme darauf an, hinter den vordergründigen Rechtsfragen die eigentlichen Ziele der Angreifer zu sehen. Vordergründig gehe es in Prozessen um die Beschimpfung „Judenrepublik" um die Frage, ob ein solches Wort herabwürdigend sei oder nicht, in Wirklichkeit aber um den Beweis, „daß die gegenwärtige deutsche Staatsform entweder nur durch jüdischen Einfluß zustande gekommen ist, oder nur durch jüdischen Einfluß aufrechterhalten werden kann". Dies Durchschauen sei auch bei Prozessen gegen hohe Amtsträger wichtig:

„Wenn in Weimar sich der Prozeß gegen den [früheren] thüringischen Staatsbankpräsidenten Loeb abgespielt hat, muß bei allem Interesse, das die Person des Herrn Loeb, den ich nicht kenne, verdienen mag, in die erste Linie gerückt werden, daß die seelischen Motoren dieses Prozesses und der bald ausgesprochene, bald unausgesprochene politische Zweck dahin gegangen sind, darzutun und nachzuweisen, daß Juden nicht geeignet seien, hohe Stellen im Staate zu bekleiden, und daß der Nachweis erbracht werden sollte, daß, wo Juden und gar ein Jude, der gleichzeitig Sozialist ist, einmal in hohe Staatsstellungen hineingelangen, sie nicht die nötige Charakterfestigkeit, Lauterkeit und Integrität besitzen." [317]

Genau diese Vorwürfe wurden Weiß immer ungeschminkter und auf immer brutalere Weise gemacht. In jenem Anwurf „Isidor" steckten sie implizit, weil er das Gegenbild eines tüchtigen Deutschen berief. Er war also nicht nur im rein privaten Interesse tätig, wenn er sich seinen Gegnern in Prozessen entgegenstellte, so wie es in den „Judenrepublik"-Prozessen eben auch nicht um dieses eine Wort ging. Und wenn nun die Gerichte in den Urteilen mehrfach betonten, als hoher Beamter verdiene Weiß besonderen

Schutz, so attestierten sie ihm eben auch genau das, was ihm von der anderen Seite bestritten wurde: daß er, ein Insiegel auf die Gesamtentwicklung der Emanzipation, auch als Jude befähigt sei, eine hohe Staatsstelle zu bekleiden[318].

War aber in Ehrenfragen der Name auch von der Rechtswissenschaft als ein besonderer Angriffspunkt und daher als schutzwürdiges Recht erkannt? Fritz von Calker machte hier in seinem Grundriß zum Strafrecht sogar schon bei seinen Definitionen eine für unseren Zusammenhang wichtige Bemerkung: „Ehre im objektiven Sinne: die Geltung in der Meinung der Mitmenschen (der gute Ruf, der gute Name usw.)"[319]. Diese deutliche Maßgabe müssen die Gerichte keineswegs direkt vor Augen gehabt haben, als sie konsequent für Weiß entschieden. Sie brauchten sich nämlich als Urteilsgrundlage nur an das halten, was in jedermanns, also auch in ihrem Sprachwissen hinterlegt war: Im Namen aggregiert der gute Ruf, so wie auch die Schande über den Namen kommt, weil er nicht begriffliche Einzelaspekte an der Person hervorhebt, sondern genau die sprachliche Kategorie ist, in der die Gesamtperson in ihrer ungeteilten Ganzheit symbolisiert ist.

d) Klagezwänge

Dem bisher Vorgetragenen dürfte schon zu entnehmen sein, daß es hier um mehr ging als um jenes bloß private Beleidigtsein, das man vielleicht am besten übergeht, sicherlich aber übergehen sollte, wenn man für ein hohes Staatsamt steht. Es gab aber noch weitere Zwänge, die Weiß nach vorne treiben mußten. Der eine lag in bestimmten Grundannahmen der damaligen Rechtstheorie (1), ein weiterer in einer besonderen historischen Konstellation (2).

(1) Kollektivbeleidigung

Eines der in jüdischen Juristenkreisen am intensivsten diskutierten Probleme lag in dem Begriff „Kollektivbeleidigung". Galt als unumstößlicher juristischer Grundsatz, daß nur eine konkret *bestimmte* Person beleidigt werden könne, führte dies sofort zur Frage, wie zu verfahren sei, wenn eine *Gesamtheit* von Menschen beleidigt oder einzelne mittels einer Gesamtbezeichnung angegriffen würden, z. B. unsägliches Zeug über „die Juden" erzählt wurde, um damit bestimmte Juden oder auch die Juden überhaupt zu beleidigen. Das Reichsgericht hatte nun in dieser Frage ausgerechnet in Bezug auf die immer wieder angegriffene Minderheit schon sehr früh einen verhängnisvollen Standpunkt bezogen. Er schleppte sich die ganze Weimarer Republik hindurch, während er in Bezug auf andere Gruppen deutlich modifiziert wurde. Seit 1881 galt: „Die Injurie muß sich gegen eine bestimmte Person richten. [...] Aus diesem Grunde muß bei Injurien gegen kollektive Einheiten dem Injuranten nachgewiesen werden, daß er bestimmte Personen und welche Person er habe beleidigen wollen. Nicht aber darf seine Bestrafung auf die Schlußfolgerung gestützt werden, seine Beleidigung richte sich gegen die Juden im allgemeinen, die Antragsteller seien Juden und mithin beleidigt worden." [320]

Das öffnete den Antisemiten Tür und Tor für Angriff *und* Rückzug, denn immer konnten sie einwenden, *diesen* (gerade klagenden) Juden hätten sie nun wirklich nicht gemeint. Je mobiler die radikalen Rechten nun das Wort *Isidor* auf der Namen-Begriffs-Skala hin- und hergleiten ließen, um so leichter ließ sich behaupten, man meine die Juden ja nur im allgemeinen [321]. Nichts legt nun das in bestimmten Mentalitäten befangene Bewußtsein der preußisch-deutschen Richter deutlicher offen als ihre den Grundsatz modifizierenden Urteile. Wenn es galt, Gruppen zu schützen, die der ideologischen Basis der meist konservativ eingestimmten Richter nahestanden, dann attestierte man plötzlich Bestimmtheit. So erklärte das Reichsgericht als kollektiv beleidigt: die preußischen Richter („charakterlose Streber"), das Offizierskorps einer bestimmten Garnison, die Gesamtheit der preußischen und hessischen Kriegsteilnehmer, sämtliche Beamten Deutschlands (weil sie Steuern unrichtig verwenden), die evangelischen Geistlichen der Provinz Ostpreußen („Heuchler"), die Großgrundbesitzer einer bestimmten Provinz. Für beleidigt erklärte das höchste Gericht sogar „die Deutschen", als diese von Polen in gemischt bewohnten Gebieten angegriffen wurden, obwohl da dem Grundsatz der klaren

Bestimmbarkeit der beleidigten Personen doch schon deswegen nicht Genüge getan werden konnte, weil es im Einzelfall nicht einmal klar war, ob einer nun Pole oder Deutscher sei [322].

Wurde ein derart ausweitender Standpunkt auch von der Wissenschaft öfter bekämpft [323], fest steht, daß es ausgerechnet für Juden generell beim Standpunkt von 1881 blieb [324]. Erste Anzeichen für eine vorsichtige Wandlung der Rechtsprechung auf unterer Ebene wurden zwar von der „C. V.-Zeitung" sofort herausgestellt [325], im Grunde blieb sie aber bei ihrer Einschätzung von 1922, daß nämlich gegen allgemein auf „Juden" zielende Beschimpfungen „nur in den seltensten Fällen" mit Erfolg gestritten werden könne [326]. Immer wieder drangen der Central-Verein und jüdische Rechtsanwälte deshalb auf Einführung der Kollektivbeleidigung ins materielle Recht [327].

Solange diese Forderung nicht durchgesetzt war, mußten die jüdischen Organisationen andere Wege der Verteidigung empfehlen. „Laßt euch nicht beschimpfen!" überschrieb die „C. V.-Zeitung" im Jahr 1927 einen ihrer häufigen Rapporte über Erfolge bei Gericht [328]. Zur im Jahr 1929 gestellten Frage „Herrscht jetzt Schimpffreiheit?" machte der Justiziar des C. V., Hans Reichmann, gleich Vorschläge, die schließlich, gegen alle Erwartung, doch ein Nein als Antwort möglich machen könnten: Einige Gerichte hätten den richtigen Argumentationsweg eingeschlagen gegen die Nationalsozialisten, die „beinahe ein Studium daraus gemacht [haben], wie man gegen die Republik hetzen, aber dabei doch straffrei bleiben kann". Das Landgericht Frankfurt hätte z. B. bei der versteckten Beschimpfung: „*Schwarz*schild, *Rot*schild, *Gold*schild, verte *Gold*schmidt" keinerlei Ausreden gelten lassen und nach den einschlägigen Paragraphen des Republikschutzgesetzes verurteilt. Aber man komme letztlich auch ohne solche Sondergesetze aus:

„Wenn etwa die Angehörigen der ermordeten Minister Erzberger und Rathenau sich entschlössen, von der Vorschrift des § 189 (Beschimpfung des Andenkens eines Verstorbenen) Gebrauch zu machen und in jedem Fall der Verleumdung Strafantrag zu stellen, so würde die zu erwartende Gefängnisstrafe die Verleumder schrecken. Wenn ferner die Minister, deren

Widerwillen sich mit den Nationalsozialisten auseinanderzusetzen wir durchaus verstehen können, im Staatsinteresse in
jedem Falle einer Beleidigung oder Verleumdung Strafverfolgung beantragten, so würde auch ohne Republikschutzgesetz der Demagogie ein Riegel vorgeschoben werden." [329]
Zwar machte sich Reichmann mit seiner Hoffnung auf abschrek-
kende Urteile von zwei bis fünf Jahren Illusionen, aber mit seiner
Stellungnahme gegen zarter besaitete Minister wie Severing, der –
ähnlich wie Reichskanzler Marx – die Gegner zur Beleidigung ein-
lud mit der Ankündigung, er werde inskünftig überhaupt keine
Strafanträge mehr stellen, und mit seiner Aufforderung an jeden
einzelnen, sich mit aller Macht zur Wehr zu setzen, damit sprach
er das an, was Juden wie Weiß sicher ohnehin bedachten: Wenn
eine *kollektive* Abwehr unmöglich war, dann mußten sich halt Juden finden, die sich als Vorbild und stellvertretend für alle den
Feinden entgegenstellten. Wenn nun dies nicht einmal von jenen
getan wurde, die ziemlich oben angelangt waren, die also etwas für
sich, für die Juden und zugleich auch etwas für die Stabilität des
Staates tun konnten, wer sollte dann noch gegen die Nationalsozialisten aufstehen? Und wenn das nun nicht einmal Personen wag-
ten, die an der Spitze von militärnahen Kadern standen, in denen
sehr nah beieinanderlagen: die Verteidigungspflichten ihrer Ehre,
die Stabilisierungspflicht der Autorität und von beiden wiederum
abhängig die Durchschlagskraft der bewaffneten Macht – dann
konnte man doch wohl Gegenwehr überhaupt keinem mehr zumu-
ten. Und schließlich: Was, wenn man nicht einmal Namen verteidigte, jene Worte also, die die Sprache zu keinem anderen Zwecke
bereitstellt, als umstandslos in jeder Situation „Bestimmtheit"
(eben genau der benannten Person) herzustellen – ganz im Gegensatz zu Begriffen, die immer eine nicht näher bestimmte Vielheit
meinen? Kurzum: Wenn einer in besonderer Weise, dann war Weiß
aufgefordert, sich zur Wehr zu setzen.

Man kann getrost annehmen, daß Anstöße solch übergreifender
Art sich mit dem ganz individuellen Impetus Weiß' verbanden. Also entschloß er sich, auch gegen den Rat von Robert M. W. Kempner, vor Gericht zu ziehen. Dabei war ein weiterer Problemkom-
plex sicherlich wichtig.

(2) Berliner Richter und die „Vertrauenskrise der Justiz"

Nicht erst nachträgliche Forschung hat herausgebracht, daß es mit der Justiz im Weimarer Staat schlecht bestellt war. Es gab eine zeitgenössische Kritik aus dem Blickwinkel spezifischer Gruppen, aus jüdischer, aus sozialdemokratischer Perspektive etwa [330]. Es gab auch die ganz große parlamentarische Debatte über die „Vertrauenskrise der Justiz" [331]. Damals wurde schon von unerschrockenen Einzelnen [332] und Organisationen [333] behauptet, was heute für fast alle feststeht. Die in konservativem Denken befangenen Richter [334] verfuhren nach dem Prinzip: Strenge gegen links, Nachsicht gegen rechts [335]. Diese Neigung mußte bei der landläufigen Ineinssetzung von Linken, Republikanern und Juden auch bei der gerichtlichen Aburteilung von Antisemitismus eine Rolle spielen [336]. Hinzu trat, daß vor allem der Ehrenschutz der Republik und der Republikaner „ein Mißerfolg" [337] war. Es potenzierten sich in Weiß also die Probleme.

Angesichts dieser Lage nimmt sich unser Ergebnis, daß der Polizeivizepräsident *jedesmal* wegen *Isidor* eine Verurteilung erzwang, erstaunlich aus. Der Kontrast scheint jedoch vielleicht nur deshalb so stark, weil sich das historische Bewußtsein bislang vor allem auf die obsiegenden Kräfte konzentriert hat. Es gab aber eine prorepublikanische Gegenbewegung, und sie war gerade in Berlin am stärksten. Birger Schulz hat bewiesen, daß die führende demokratieorientierte Gruppe unter den Richtern, der „Republikanische Richterbund", genau zu der Zeit die größten Erfolge hatte, als Weiß im Jahre 1927 eine grundsätzliche Entscheidung abverlangt war, wie er mit Beleidigungen verfahren solle [338]. Robert Kuhn ist in seiner Analyse der „Vertrauenskrise der Justiz" zu ähnlichen Ergebnissen gelangt: Als der Senatspräsident am Kammergericht Großmann wegen seiner Tätigkeit in jener Organisation aus dem konservativen Pendant, dem „Preußischen Richterverein", relegiert werden sollte, fand das im Bezirksverband Groß-Berlin keine Zustimmung [339]. In den wichtigen Disziplinarkammern für Reichsbeamte hatte der „Republikanische Richterbund" sogar Mehrheiten, zumindest starkes Gewicht. Ins Ganze gerechnet: Von den 300 preußischen Mitgliedern des progressiven Richterverbandes saßen in Berlin allein 124 [340]. Schließlich: 1927 war eben das Jahr der großen Justizdebatte, bei der sogar der SPD-Fraktionsvorsitzende Heilmann Besserung der Verhältnisse gerade auf dem Gebiet des Ehrenschutzes von Politikern zugab [341]. Kurzum, für Weiß war klar: Wenn irgendwo, dann konnte es vor allem in Berlin gelingen, die doch noch schwachen nationalsozialistischen Gegner in die Knie zu zwingen. Die Gerichtsurteile in der Reichshauptstadt heben sich, jedenfalls im Falle Weiß, von den gängigen Vorstellungen über das Versagen der Weimarer Justiz denn auch deutlich ab: Gotthard Jasper verficht gegen die global verharmlosenden Thesen Hattenhauers die global verurteilende Meinung, daß die Weimarer Justiz sehr wohl einen aktiven Beitrag zum Untergang der Republik geleistet habe, denn: häufig seien den Rechts-Zeitungen „Wahrung berechtigter Interessen" zugebilligt, und in vielen Fällen sogar abgelehnt worden, öffentliches Interesse anzuerkennen und demgemäß Offizialklage zu erheben [342]. Bei den zahlreichen Strafanträgen Weiß' jedoch: Die Berliner Justiz hat in *jedem* Falle öffentliches Interesse anerkannt und auch jede Berufung auf „berechtigte Interessen" (§ 193) abgewiesen [343].

Nimmt man jetzt die drei „Klagemotive" und auch noch die berechtigten Hoffnungen auf positiv abstechende Urteile zusammen, ergeben sich, wenn kein unausweichlicher Zwang, so doch gute Gründe, dem Kampf vor Gericht nicht auszuweichen.

e) Die Höhe der Strafen.
Ursachen des Scheiterns

Nicht zuletzt die statistische Hochrechnung der Strafen, die Weiß vor Gericht erstritt, wird uns der Antwort näher bringen, ob er den richtigen Weg gewählt hat, und auch die Kräfte zeigen, die einen Erfolg verhindert haben. In einer juristisch akzentuierten Arbeit wäre es nun unausweichlich, die Instanzen Zug um Zug aufzulisten. Geht es aber primär um die Frage: Welche Aktivitätsintensität kann in einem extremen Fall von Namenkämpfen ausgehen, und welche Ergebnisse konnte man in einer bestimmten historischen Situation erreichen, so genügt ein Überblick, der die wesentlichen Stationen und an ihnen zeigt, wo entscheidende Beurteilungswandel stattgefunden haben. So ist in der Tabelle (vgl. S. 344) aufgeführt: Die Prozeßnummer mit einer Angabe, ob es um den Namenkampf oder andere Anschuldigungen geht, der Name des Verurteilten, der Strafantrag der Staatsanwaltschaft in der ersten Instanz, das Urteil der 1. Instanz, dann das Urteil letzter Instanz und schließlich die Hochrechnung der Vollstreckungen.

Es fällt ins Auge: In der ersten Instanz stellten die Staatsanwälte ziemlich hohe Anträge, insgesamt 35 Monate wollten sie die Angeklagten hinter Gitter und überdies mit 4350 RM belastet sehen. Die Urteile waren noch beachtlich, wenn sie auch sehr häufig statt auf Haftstrafen (neun Monate und eine Woche, also fast nur ein Viertel des Geforderten) auf Geldstrafen erkannten. Diese lagen dann natürlich deutlich höher (7000 RM statt 4350, also rund ein Drittel mehr als gefordert). Nochmalige Reduktion ist dann in der letzten Instanz zu sehen. Jetzt kamen nur noch sieben Monate, eine Woche und auch nur noch 4500 RM Strafe heraus. Drastisch sind dann die Einbrüche in der Rubrik Vollstreckung. Nimmt man allein die rechtskräftig gewordenen Urteile, so lautet die Rechnung: Von den sieben Monaten und eine Woche Freiheitsstrafe wurden drei Monate abgesessen (Dürr und Zawitalski) und von den 2600 RM 1400 wirklich gezahlt. Rechtshängig blieben die Verurteilungen zu 12 Monaten, zwei Wochen und 3000 RM. Eine Vollstreckung konnte da natürlich nicht in Frage kommen. In 12 von 16 Fällen steht: „amnestiert". Überprüft man nun noch die Gründe für diese Amnestien, so stößt man schnell auf die Tatsache, daß sich Goebbels und Strasser durch ihre Immunität immer wieder entziehen konnten und so rechtskräftige Urteile vor dem Eintritt jener Amnestien vereitelten.

Wo also sind letztlich die Gründe für den kläglichen Ausgang der Prozesse in ihrer Gesamtheit zu suchen – wohl nicht in Weiß' Ansinnen, sich auf diese Weise zur Wehr zu setzen, sondern (1) in den Amnestien und (2) im Mißbrauch parlamentarischer Immunität.

Tabelle: Gesamtergebnis der von Weiß
angestrengten Strafprozesse
(n. rkr. = nicht rechtskräftig)

Proz. Nr. Wg.Isi?	Verurteilt	Antrag StA 1. Instanz	Urteil der ersten Inst.	Urteil der letzten Inst.	Vollstreckung Amnestie
ja 2	Goebbels	SchG 2. 12. 30 Monate 3	RM 1500	RG 2. 6. 31 RM 1500 rkr.	gezahlt 700 RM Rest amnestiert
ja 23 § 130 § 185	Goebbels	SchG 17. 4 .31 RM 200 Monate 3	RM 500 RM 2000	RG 10. 12. 31 RM 500 n. rkr. RM 2000 n. rkr.	amnestiert amnestiert
ja 24	Goebbels	SchG 28. 4. 28 Mon. 2; Wo. 3	Wo. 3	RG 10. 12. 31 Mon. 2 rkr.	amnestiert
	Dürr	SchG 28. 4. 28 Mon. 2; Wo. 3	Wo. 3	LG 29. 8. 29 Mon. 2 rkr.	vollstreckt
ja 28	Schulze	SchG 29. 10. 28 RM 500	RM 200	RG 14. 2. 29 RM 200 rkr.	vollstreckt
nein 39 Bd. X	Goebbels	SchG 29. 4. 31 Mon. 4	RM 400	LG 22. 10. 31 RM 300 rkr.	teilw. vollstr.? Rest amnestiert
ja 47	Goebbels	SchG 1. 9. 30 Mon. 9	Wo. 6; RM 500	LG 17. 11. 30 Wo. 6 RM 500 rkr.	Haft amnestiert RM 500 gezahlt
	Schulze	SchG 30. 10. 30 RM 1000	RM 1000	LG 13. 4. 31 Freispruch rkr.	
nein 51 Bd. XI	Strasser	SchG 27. 8. 29 ?	Wo. 3	RG 17. 9. 31 W. allein 3 Wo. rkr.	amnestiert
ja 164	Löpelmann	SchG 7. 8. 31 Mon. 1	Wo. 2	LG 20. 10. 31 Mon. 1 rkr.	amnestiert
ja 367	Zawitalski	SchG 2. 1. 28 Mon. 3	Mon. 1	rkr.	vollstreckt
nein 382	Hillebrand	SchG 10. 1. 28 RM 150	RM 150	rkr.	amnestiert
nein 442		LG 5. 10. 32			
	Lippert	RM 1500	Mon. 3		amnestiert
	Krause	Mon. 5	Mon. 5	rkr.	amnestiert
ja 2184 Bd. I, VI, VII	Strasser	SchG 29. 8. 30 Wo. 6	RM 500	RG 8. 6. 31 aufgeh. LG-Urteil RM 500 n. rkr.	amnestiert
nein 2578	Strasser	SchG 9. 4. 32 RM 1000	RM 250	rkr.	Pfänd. erfolgl. amnestiert
Summe:		Mon. 35 RM 4350	Mon. 9 Wo. 1 RM 7000	Mon. 7; Wo. 1 RM 4500	Mon. 3 RM 1400

Amnestien

Was auf den ersten Blick als entscheidender Grund erscheinen könnte, stellt sich bei genauer Auflistung der Fakten als weniger gewichtig heraus: Sicher ist es für Richter und Staatsanwälte frustrierend, ihre oft unter widrigen Umständen erarbeiteten Urteile durch Amnestie anulliert zu sehen. Für die Verurteilten ist es ein Triumph. Goebbels meinte, er sei nun wieder „rein wie ein Engel" [344]. Er und seine Gesinnungsgenossen werden die Kraft, die solche Entlastung gibt, als Schwäche des Staates interpretiert und allemal als neue Energie zu seiner Bekämpfung genutzt haben. Aber die Zahl der Amnestien im Jahre 1928 war doch klein. Für den Prozeßkomplex Nr. 24 wurde die Anwendung des Straffreiheitsgesetzes schließlich durch höchstrichterlichen Spruch verhindert, so daß letztlich nur die 150 RM Strafe des Urteils gegen Hillebrand (Nr. 382) annulliert wurden. Die unbestreitbare Tatsache, daß die Linken von der Weimarer Justiz benachteiligt wurden, hatte für Amnestien klare Folgen: Die Linken waren ihrer besonders bedürftig und profitierten zwangsläufig am meisten. Das vergaß kein SPD- und auch kein KDP-Abgeordneter bei der Abstimmung. Die Hauptmasse der Straftaten wurde nach dem Reichsgesetz über Straffreiheit vom 20. Dezember 1932 amnestiert, als der demokratische Staat mit seinen wichtigen Machtsäulen: Gewaltmonopol und unabhängige, selbstbewußte Justiz schon zerstört war. Dies Straffreiheitsgesetz war also schon das Produkt vollkommener Destruktion, nicht ihr Grund, also auch nur sehr oberflächlicher Anlaß, daß die Angriffe gegen Weiß nicht gesühnt wurden.

Immunität

Der Mißbrauch der Immunität dürfte der schwerwiegendere Grund sein. Die Rechtslage machte zwar die Einleitung von Strafverfahren gegen einen Abgeordneten ohne ausdrückliche Genehmigung des Parlaments unmöglich, gestattete aber die Weiterführung vorher schon eingeleiteter – es sei denn, das Parlament setzte sie durch eigens gefaßten Beschluß vorläufig aus. Daß der Preußische Landtag 1932, als die demokratische Mehrheit verloren war, für Goebbels einen solchen Aussetzungsbeschluß faßte [345], dürfte angesichts der neuen Mehrheitsverhältnisse kaum zu verhindern gewesen sein. Daß aber der Reichstag bei noch intakten Mehrheiten am 27. Februar 1929 für die Dauer der Legislaturperiode Goebbels den gesamten Prozeßkomplex Nr. 24 durch Aussetzungsbeschluß vom Halse schaffte (o. S. 314), war ein schlimmer Mißgriff. Die demoralisierende Wirkung auf die Gerichte, Staatsanwälte und auch auf die Öffentlichkeit darf nicht gering veranschlagt werden. Wenn nun ohnehin nicht wenige in der Justiz Vorbehalte gegen den Weimarer Staat hatten, wieso sollten sie sich nach solchen Vorgaben mit ganzer Energie gegen Goebbels stemmen, der sich in allen nur erdenklichen Formen auf seine parlamentarische Tätigkeit und Immunität berief und jede Gelegenheit zur Prozeßverschleppung nutzte. Vorgeführt sei das am Prozeß Nr. 23 mit dem doppelten Vorwurf Aufreizung zum Klassenhaß (§ 130 StGB) und Beleidigung (§ 185 StGB) von Weiß wegen jenes Verprügelvorfalls (vgl. Schaubild ganz unten):

Zuerst auch hier: in beiden Fällen die Weigerung des Reichstags, die Immunität aufzuheben (Bd. II, Bl. 4), so daß der Prozeß erst nach Parlamentsauflösung anlaufen kann; am 30. August 1930 läßt Goebbels dann mitteilen, er sei auf Wahlreisen (Bd. I, Bl. 7 a); einen Tag vor der Verhandlung bittet er um Nachweis der Aufhebung der Immunität (9. Dezember 1930, Bd. I, Bl. 15); zur Verhandlung erscheint er nicht, worauf das Schöffengericht die Verhandlung vertagt und sich Verhaftung und Vorführung von Goebbels vorbehält, was wiederum nur mit Genehmigung des Reichstags möglich ist (Bd. II, Bl. 24 f.). Am 25. Februar 1931 beschließt der Reichstag, „die Genehmigung zum Erlaß und gegebenenfalls zur Durchführung je eines Vorführungsbefehls gegen sein Mitglied Dr. Goebbels für den Fall zu erteilen, daß Goebbels auch künftig einer ordnungsgemäßen Ladung zu den Hauptverhandlungsterminen in beiden Sachen ohne hinreichende Entschuldigung keine Folge leisten sollte" (Bd. II, Bl. 30);
zum Termin am 17. April 1931 erscheint Goebbels; für die Revisionsverhandlung wird er vom Erscheinen entbunden (Bd. II, Bl. 83) – ein scheinbarer Vorteil für die Beschleunigung, dies aber mit dem Nachteil, daß das Urteil, da in Abwesenheit gefällt, dem Verurteilten dafür persönlich zugestellt werden muß (Bd. II, Bl. 119), was

wiederum zu dem führte, was Goebbels mit aller Energie anstrebte: Zeitgewinn; die durch die oben besprochene Reichsgerichtsentscheidung vom 10. Dezember 1931 (vgl. o. S. 323 und Kreisziffer 11) erzwungene Revisionsverhandlung war auf den 16. April 1932 angesetzt, genau zwischen die beiden Termine zweiter Wahlgang Reichspräsident (10. April 1932) und Preußenwahl (24. April 1932). Deshalb bat der Verteidiger dringend um Verlegung des Termins, denn: „Der Angeklagte hat zu dieser Zeit naturgemäß besonders viel zu tun" (Bd. II, Bl. 173). Nur wenige ganz prinzipiell Denkende – sicherlich Weiß – hätten den Mut gehabt, sich solchen Argumentationen einfach zu verweigern [346], jedenfalls Oberstaatsanwalt Sethe nicht, der allerdings sofort auf einen möglichst kurzfristigen neuen Termin drängte, da die Tendenz des Angeklagten bekannt sei, die Sache zu verschleppen (Bd. 2, Bl. 176); nach neuerlichem (abgelehnten) Antrag auf Befreiung vom Erscheinen (er habe als neues Landtagsmitglied im Übermaß mit der Regierungsbildung zu tun, sei an dem Tag auch nicht in Berlin, Bl. 185), blieb Goebbels am 3. Mai unentschuldigt aus, trotz ordnungsgemäßer Ladung, die auf die Möglichkeit der Festnahme und Vorführung hinwies. Goebbels' Verteidiger beantragte Verhandlung auch ohne den Angeklagten. Das Gericht und der Staatsanwalt waren dagegen und wollten am 4. Juni erneut verhandeln, dies unter Beiziehung aller Akten des Komplexes Nr. 24, dessen gesamte Argumentation über Fortsetzungszusammenhang laut Reichsgerichtsweisung in das neue Urteil eingebaut werden mußte; Landgerichtsdirektor Ohnesorge beantragte am 19. Mai die erneute Ladung Goebbels' unter Hinweis auf Vorführungsmöglichkeit (Bl. 196v.), was aber sogar der als entschiedener Nazi-Gegner bekannte Staatsanwalt Stenig ablehnen mußte, da eine solche Androhung nicht mehr ohne die Genehmigung des Preußischen Landtags möglich sei (Immunität); am 3. Juni 1932 teilte das Preußische Justizministerium dem Oberstaatsanwalt darin mit, daß das Parlament die weitere Verfolgung Goebbels' in dieser Sache untersagt habe (Bd. II, Bl. 201).

Sicherlich sieht man hier auch gewisse Zögerlichkeiten der Justiz: die Aufschiebung des Termins wegen der Preußenwahl, die *zwei*malige Ladung unter Androhung der Vorführung, die Tatsache, daß die unentbehrlichen Akten der Nr. 24 beim letzten Termin nicht schon vorsorglich bereitgestellt waren. Aber ehe man zu einem ganz *undifferenziert* negativen Urteil kommt, muß bedacht sein: In der ersten Phase hatte die Justiz es mit einem radikalen Schreier zu tun, der gleichwohl vom Parlament gedeckt wurde, dann mit einem, der eine beträchtliche Anzahl Landsleute als emphatische Anhänger hatte, teils auf der Straße, teils als stille Sympathisanten in den Wohn- und Amtsstuben und schließlich mit einem Exponenten der bei weitem größten Fraktion, die dann auch wieder ihr Mitglied parlamentarisch zu schützen wußte. Was den Justizvertretern aber fehlte, war das Wissen um das historische Endprodukt. Dies schon im Kopfe, hätten sicherlich viele Richter die Verurteilung mit äußerster Energie betrieben. Alle vorgetragenen Gesichtspunkte entschuldigen sicher nicht. Es macht aber ein differenzierteres Urteil möglich, warum man nicht in jedem Stadium der Prozesse mit ganz kompromißloser Härte zugriff – wie es einige wenige, eben Leute wie Weiß, getan hätten.

Allerdings, in einem Punkte hatte auch der Polizeivizepräsident seine Möglichkeiten nicht optimal genutzt. Im Übermaß seines Vertrauens in den Preußischen Staat und seine Behörden, im Bemühen überdies, Distanz zwischen sich und die Prozesse zu legen, hatte er von seinen Rechten als Nebenkläger bisher keinen Gebrauch gemacht. Über diese Position hätte er oder ein von ihm beauftragter Vertreter Zugriffsmöglichkeiten gehabt, genau so wie das in einem einzigen Falle von Rechtsanwalt Dr. Max Kantorowicz nicht ohne Erfolg vorgeführt wurde (s. aber auch o. S. 308).

Kriminalkommissar Busdorf beauftragte diesen energischen Mann mit der Wahrung seiner Rechte als Nebenkläger in einem Prozeß, den Weiß über den § 196 StGB am 10. Oktober 1929 für seinen Untergebenen angestrengt hatte. Die Geschichte dieses Komplexes Nr. 39 (in dem weitere sieben Anklagen gegen Goebbels gebündelt waren, zwei davon wegen verleumderischer Beleidigung von Weiß) verlief so: Zuerst wieder die Weigerung des Parlaments, die Immunität aufzuheben (20. Dezember 1929, Bd. 1, Bl. 8), dann aber brachte es der von Kantorowicz permanent vorwärts getriebene Amtsrichter Rambke so weit, daß Goebbels, wie berichtet, in München verhaftet und zwangsvorgeführt wurde [347].

Das Strafmaß des so erzwungenen Urteils vom 28. April 1931 ist bemerkenswert. Es zeigt nämlich deutlich den Einfluß des insistierenden Nebenklägers. Forderte der Staatsanwalt für den Mandanten des RA Kontorowicz nur einen Monat Gefängnis (und für einen weiteren Fall 200 RM), hingegen für die beiden Weiß-Fälle (Verleumdungen) je vier Monate, so erkannte das Gericht eher umgekehrt: 400 RM wegen Weiß (weil es nur in zweiter Linie gegen die Person, in erster gegen das System gegangen sei), hingegen, wie gefordert, einen Monat wegen Busdorf (weil dieser ganz außerhalb der hitzigen Politdebatten gestanden habe). So sehr man nun Max Kantorowicz wegen seines Einsatzes rühmen und Weiß wegen seines Verzichts auf Nebenklägerstatus vielleicht tadeln kann [348], als ganzer wurde dieser Prozeß dann doch von den Erosionserscheinungen der Justiz erfaßt, die in Berlin als deutlicher Reflex auf die allgemeinen Phänomene der Destruktion der Gesellschaft gesehen werden müssen. Von dem einen Monat Gefängnis und der insgesamt 1100 RM hohen Geldstrafe blieben im Berufungstermin am 22. Oktober 1931 (Bd. II, Bl. 94–128) nur noch 900 RM für drei Taten über, während er in den übrigen 4, u. a. in einem der Weiß-Fälle (§ 186), in dem es eben nicht um den Anwurf *Isidor* ging [349], freigesprochen wurde.

Geht man von der Grundannahme aus, daß die Justiz wohl einen bestehenden gesellschaftlichen Konsens gegen Auflösungserscheinungen an seinen Rändern und vielleicht auch noch gegen vereinzelte in seinem Kern verteidigen kann, daß sie aber nicht in der Lage ist, aus eigener Kraft einen weithin zusammenbrechenden Konsens wiederherzustellen, dann kann man ihren Berliner Vertretern [350] in der Weimarer Republik nur insofern ein Versagen vorwerfen, als sie – genau wie viele andere Bereiche der Gesellschaft – wenig Resistenz gegenüber den auf Destruktion zielenden Rechten gezeigt hat. Natürlich beschwert dieses Urteil weiter, daß gerade Gerichte dazu besonders verpflichtet gewesen wären. Mißbrauch der Immunität konnte von ihnen aber nicht verhindert werden. Es konnte weder direkt nützen, daß der C. V. immer wieder warnte [351], noch daß auch das Polizeipräsidium auf diesen Punkt aufmerksam machte [352]. Hier hätten allein die Parlamente durch Selbstreinigung eingreifen können. Sie schützten die rechten Abgeordneten aber auch schon zu einer Zeit, als von den Gerichten – zumindest in Berlin – bei persönlichen Beleidigungen noch glatte Verurteilungen zu erwarten waren. Als sie nach dem Schock vom September 1930 in einer Anzahl von Prozessen die Vorführung des Angeklagten genehmigten – von den Weiß-Prozessen der Tabelle auf S. 344 in zwei Fällen [353] –, blieb bis zum völligen Zusammenbruch aber nicht hinreichend Zeit, die Prozesse zu Ende zu bringen, und Wille wie Kräfte schwanden angesichts der realen Verhältnisse auch. Die unverzeihlichen, weil leicht zu vermeidenden parlamentarischen Fehler lagen vorher, denn: Den 12 Fällen aus der Tabelle S. 344, bei denen in der Zeit von 1928 bis Sommer 1930 der Reichstag die Genehmigung zur Strafverfolgung *verweigerte* [354], stehen nur zwei positiv entschiedene Fälle gegenüber [355], also genauso viele wie die, in denen laufende Strafverfahren von Parlamenten ausdrücklich abgeblockt wurden [356].

Ins Ganze gerechnet: Weiß gewann also gerade alle die Prozesse, in denen es um jenen Schmähnamen ging. Zu Skandalurteilen gegen Goebbels kam es im Gegensatz dazu gerade dann, wenn die Anklagen auf andere Tatbestände zielten [357], wenn die Beleidigungen nicht in einem so deutlichen Wort wie *Isidor* gefaßt waren [358] oder wenn die Kläger weich wurden [359]. Er hatte also genau den Weg eingeschlagen, der noch am ehesten zum Erfolg führte, freilich bei fortschreitender Zeit zu einem immer zweifelhafteren Erfolg. Das Strafmaß sank. Der Rechtsordnung schien zwar mit jeder Verurteilung prinzipiell noch Genüge getan, dies freilich in einer Gesellschaft, der mit einem am Gesetz orientierten Verhalten immer weniger imponiert werden konnte. Das Gegenteil machte immer mehr Eindruck: brutale offene Gewalt auf der Straße und mindestens so stark auch fein geschliffene psychische Gewalt. Und so war denn letztlich die eine wie die andere Form des Terrors doch ein Sieg der Rechten.

Unsere Untersuchungen bestätigen also zunächst einmal die Ergebnisse von Beer [360] und Niewyk [361]: Kam es zum Prozeß, wurden *persönliche* Beleidigungen *einzelner* Juden in der Tat durchweg bestraft. Beide Forscher zeichnen die Situation aber entschieden zu positiv. Beer erwähnt nur, daß die Parlamente auch Strafverfolgungen zugestimmt hätten [362], und läßt die eben viel höhere Gegenrechnung unerwähnt. Niewyk zählt in seiner Statistik nur die in der

„C. V.-Zeitung" und in den Organen des „Vereins zur Abwehr des Antisemitismus" erwähnten Fälle, wo man wohl zum Zwecke der Ermutigung Erfolge berichtete. Jedenfalls verschließt er die Augen vor der Tatsache, daß viele Juden durch das antisemitische Klima verängstigt waren, Peinlichkeiten fürchteten und erst gar keine Strafanträge stellten, oft auch, weil kollektiv beleidigt, auch gar keine stellen *konnten*. Daß diese Sicht richtig ist, beweisen die Artikel der „C. V.-Zeitung", die dringliche Aufforderungen *zur* und Handlungsanweisungen *für* entschiedene Gegenwehr boten [363], beweist auch die ausgedehnte Diskussion, ob sich die Juden nicht zu spät auf allen Ebenen und mit allen Mitteln zur Wehr gesetzt haben [364]. Weiß war rechtzeitig zur Gegenwehr bereit – auch unter persönlichem Risiko, ungeachtet der Verletzungen, die solche Prozesse für jeden mit sich bringen. Für einen hohen Beamten waren sie wohl besonders gefährlich, weil der, damals noch weit mehr als heute, auch auf die Außenfront achten mußte. Bis zum Frühjahr 1932 hatte Weiß – eigentlich ein entmutigendes Fazit – nach einigen Anfangserfolgen durchschlagende Ergebnisse gegen die führenden Nationalsozialisten nicht erzielen können, und dies vor allem wegen des Mißbrauchs der Immunität. Um so mehr muß interessieren, was er unternahm, als die Gefährdung der Juden größer, hingegen die Chancen, den Gewaltverhältnissen zu steuern, noch kleiner wurden.

V.
Biographischer Schluß

Zieht man, wie schwer das auch sein mag, die Fülle des bisher Vorgetragenen zu einer Gesamtvorstellung zusammen, dann hat man die Last vor Augen, die dem preußischen Juden Bernhard Weiß eine mehr als jahrhundertlange Entwicklung aufgeladen hat. Eine solche Vergegenwärtigung führt nicht zwangsläufig zu falscher Entindividualisierung. Die kollektiven Kräfte und das historische – eben auch das sprachhistorische – Erbe zu sehen, befähigt erst, die Leistung eines Individuums einzuschätzen. Jetzt ist nämlich eine substantielle Antwort auf die Frage möglich: Welche Widerstandskraft war nötig, um diesem Druck standzuhalten? Es gab im Entscheidungsjahr 1932 mehrere Ausnahmesituationen, die Kalkulationen darüber möglich machen.

Wir kehren also zur „Biographie" von Weiß zurück und stellen jetzt, durch das Vorangehende in der Urteilskraft gestärkt, die Namenverfemung *in* den Fluß der Ereignisse.

A. Endkampf in Berlin

1. Der 12. Mai 1932. Einsatz im Reichstag

Kaum eine Szene kann so gut die aufeinandertreffenden Kräfte: die Turbulenzen des Niedergangs, die bedrohliche Sprengkraft des Schmähnamens und die äußerste Entschlossenheit, dagegenzuhalten, kennzeichnen wie die Vorfälle vom 12. Mai 1932, als Weiß mit einer Schupoeinheit von 25 Mann sogar im Reichstag erschien, um nationalsozialistische Gewalttäter dingfest zu machen. Die Aufarbeitung dieses auffälligen Höhepunktes seiner Wirksamkeit zwang ihn aber auch zu einer umfassenden Darlegung seiner Position im Ringen zwischen den Nationalsozialisten und den Juden. Um das in den Griff zu bekommen, blieb er – so wenig wie wir – in einer unhistorischen Betrachtung des bloßen Augenblicks befangen, sondern wagte einen Herabblick auf die gesamte Geschichte der Emanzipation.

Am 12. Mai 1932, es war der Tag, an dem Reichswehrminister Gröner zurücktrat, das Machtvakuum sich also schlagartig vergrößerte, an diesem Tage also hatte sich der SPD-Vorsitzende Otto Wels mittags im Parlamentsrestaurant mit Dr. Helmut Klotz getroffen, einem ehemaligen Nationalsozialisten und jetzigen Parteifreund. Dieser Abtrünnige war den Braunen besonders verhaßt, weil er Beweise für homosexuelle Neigungen des Stabsschefs der SA, Ernst Röhm, veröffentlicht hatte. Gerade als Gastgeber Wels sich zu einer Abstimmung ins Plenum begeben wollte, wurde Klotz, Korvettenkapitän im Ersten Weltkrieg, von vier nationalsozialistischen Abgeordneten zusammengeschlagen. Reichstagsbeamte warfen sich dazwischen. Sie gingen dann mit dem Angegriffenen in die Wandelhallen des Parlaments, um die Täter zu identifizieren. Es kam da zu erneuten Tätlichkeiten. Der Ältestenrat verhandelte über den Vorfall und Reichstagspräsident Löbe (SPD) verkündete dies: „Bevor ich die Verhandlungen weiterführe, mache ich die Mitteilung, daß ich die Polizei angewiesen habe, alle erforderlichen Maßnahmen zu treffen, die den Tatbestand aufhellen und eine Verdunkelung des Falles verhindern. Mir ist ferner mitgeteilt worden, daß bei der Frau des im Hause geschlagenen Herren angerufen worden ist, ihr Mann habe sich hier im Reichstag ungebührlich benommen [. . .]. Sie solle hierher kommen und sich seine Knochen abholen." [1]
Darauf schloß er die vier Täter, Heines (den schon zu fünf Jahren Gefängnis verurteilten Fememörder), Weizel, Stegmann und Krause (Ostpreußen), für 30 Tage von den Sitzungen aus und forderte sie auf, den Saal zu verlassen. Als sie sich weigerten, hob Löbe die Sitzung auf, und der Polizeivizepräsident folgte nun dessen ausdrücklicher Weisung, „alle geeigneten polizeilichen Maßnahmen zur Feststellung und Festnahme der Teilnehmer an beiden Überfällen zu treffen" [2].
Es kann keinem Zweifel unterliegen, daß Bernhard Weiß genau wußte, was geschehen werde, wenn er – notfalls mit Uniformierten – im Sitzungssaal erschiene, um dem Wort des Reichstagspräsiden-

ten und dem Prinzip der Gewaltfreiheit wenigstens im Parlament Geltung zu verschaffen. Aber es blieb ihm keine Wahl. Wegen der augenblicklichen Abwesenheit Grzesinskis war er der „geschäftsführende Polizeipräsident von Berlin"[3]. Das Befürchtete, gegen das er sich nach außen unempfindlich gab, für das die Rechtsfraktionen im Reichstag aber allemal höchst empfänglich waren, trat ein.

Als er sich, zunächst mit einigen Kriminalbeamten in Zivil, auf der Regierungstribüne sehen ließ, wurde er sofort von der NSDAP-Fraktion „mit lautem Halloh und Isidor-Rufen begrüßt"[4]. In diesem Tumult konnte er allein nichts gegen die vier Übeltäter ausrichten. So „ist mir nichts übrig geblieben, als nun die Polizeimannschaften vorzuschicken"[5]. Zirka 25 Schupos setzten über die Balustrade der Regierungsplätze hinweg. In ohrenbetäubendem Tumult und unter dauernden Rufen wie: „Isidor ist wieder da"[6] dirigierte Weiß seine Leute mit eindeutiger Zeichengebung und ließ, da weder er noch die vorrückenden Schupos die vier Täter kannten, zunächst einmal zwei besonders laute „Isidor"-Krakeeler für einige Minuten festnehmen, die NSDAP-Abgeordneten Hinkel und Fillusch. „Die beiden setzten sich auf die Plätze des Kanzlers und des Außenministers, zündeten sich eine Zigarette an und wechselten mit den übrigen Mitgliedern ihrer Fraktion Fascistengruß und Heilrufe."[7] Während des Tumults äußerte Joseph Goebbels den Satz: „Da kommt das jüdische Schwein, der Weiß, hier herein und provoziert uns durch seine Anwesenheit."[8]

In einer kurzen Verhandlung mit dem Fraktionsführer Frick bekam Weiß dann die Zusicherung, daß sich die Täter freiwillig stellten. Sie wurden wirklich abgeführt und in einem Nebenraum verhört. Gegen den prominenten, ebenfalls als Schläger beschuldigten Gregor Strasser mußte Weiß allerdings anders vorgehen: Er ließ ihn am nächsten Morgen in einem FD-Zug Berlin–München aufspüren und verhaftet ins Polizeipräsidium bringen, um ihn dort persönlich zu verhören. An eben diesem Tage schon, also 24 Stunden nach der Tat, wurden die vier Schläger vom Schnellschöffengericht Berlin-Mitte zu je drei Monaten Gefängnis verurteilt, Strasser hingegen freigesprochen[9].

So schien die Aktion des Polizeivizepräsidenten ein voller Erfolg. Aber in die immer chaotischeren Verhältnisse gestellt, gewannen solche Einzelaktionen eines unbeirrbar Tatkräftigen doch einen fast grotesken Anstrich. Denn bei der Aufarbeitung jenes Polizeieinsatzes zeigte es sich, daß Weiß mit seiner kompromißlosen Festigkeit immer isolierter dastand.

Die nationalsozialistische Reichstagsfraktion verklagte ihn, weil er die anwesenden Nationalsozialisten „bewußt durch sein Erscheinen" provoziert und mit „etwa 20 Mann deutschblütiger Schupobeamter, die in Verfolgung des Dienstreglements Herrn Weiß gehorchen mußten", sich der „Nötigung im Amt in Tateinheit mit einem Vergehen des Hausfriedensbruchs und der Amtsanmaßung" (§§ 123, 132, 339 StGB) schuldig gemacht habe. Die Nationalsozialisten meinten, ihre „Beute" durch Namenmarkierung schon so „sichergestellt" (L. Löwenthal) zu haben, daß im Strafantrag jedwede Gegenwehr eigens für unstatthaft erklärt wurde:

> „Der Polizeivizepräsident Weiß war nicht ermächtigt wegen der von den Tribünen gefallenen, ihn persönlich angehenden und von ihm *durch jahrelange Übung zweifellos schon gewöhnten Bezeichnung als Jude oder Isidor* (Hervorh. v. Verf.), die mit den Mitteln der Steuerzahler erhaltenen Schutzpolizeikräfte zur Sicherung allenfallsiger Beweise in *einem von ihm allenfalls geplanten* Privatbeleidigungsverfahren einzusetzen." [10]

Dieser Strafantrag ließ sich ziemlich leicht abwehren, und zwar mit sehr ähnlichen Argumenten, wie Weiß sie auch dem Reichstagspräsidenten Löbe vorgetragen hatte, als der sich nach einer geharnischten Beschwerde von Hinkel und Fillusch Bericht erstatten ließ [11]: Der Einsatz sei berechtigt gewesen, weil der Reichstagspräsident die (ihm nach Art. 28 der Reichsverfassung auch zustehende) Polizeigewalt ausdrücklich auf den Vizepräsidenten übertragen habe. Also sei er nunmehr *verpflichtet* gewesen, gegen die vier der gemeinschaftlichen Körperverletzung dringend verdächtigen Abgeordneten gemäß §§ 163, 164 StPO vorzugehen. Legt der erste Paragraph die Polizei darauf fest, „strafbare Handlungen zu erforschen", „um die Verdunkelung der Sache zu verhüten", so gibt ihr der zweite das Recht, Personen, die eine „amtliche Tätigkeit vorsätzlich stören", bis zu ihrer Beendigung (jedoch nicht über den folgenden Tag hinaus) festhalten zu lassen. Weiß folgerte:

„Die Amtshandlung wurde dadurch vorsätzlich gestört, daß bei den nationalsozialistischen Abgeordneten ein Lärmen, Schreien und Rufen einsetzte, das ein Verständlichmachen und eine Bekanntgabe an die Schuldiger, sich zur Vernehmung zu gestellen, unmöglich machte. Um die Amtsverrichtung durchzuführen, war zunächst die Beseitigung der Störung notwendig." [12] Strasser habe sich der Vernehmung entzogen, habe auch sein Hotelzimmer absichtlich unbenutzt gelassen, was den Verdacht auf Verdunkelung bestärkt und unausweichlich gemacht habe, ihn bei der Abreise im FD-Zug aufzugreifen.

Der Staatsanwalt konnte weder Hausfriedensbruch, noch widerrechtliche Nötigung (§ 339 StGB) und auch keine Freiheitsberaubung im Sinne des § 239 StGB erkennen und stellte daher das Verfahren ein [13].

Was in juristischer Hinsicht so glatt ablief, hatte indessen unter Publizitätsgesichtspunkten viel unangenehmere Aspekte, mit denen man keineswegs so einfach, ja vielleicht gar nicht mehr fertigwerden konnte: Der „Völkische Beobachter" veröffentlichte einen detaillierten Bericht des kurz festgenommenen Hinkel, der jene Klemme ausschlachtete, in die die handelnden Polizisten unweigerlich kamen: Sie konnten eine Begründung für die vorläufige Festnahme nicht geben, ohne das Tabu zu brechen, das – gerade für Nachgeordnete – über jenem Schmähnamen lag. Überdies wirkte natürlich jenes Doppelbewußtsein handlungshemmend, das Namen als Schall und Rauch ansieht und sie meist erst beim zweiten Hinsehen und in Konfliktsituationen, die die eigene Person betreffen, für einen bedeutsamen Bestandteil menschlicher Existenz erkennt.

„Der Offizier: ‚Sie sollen etwas gerufen haben.'
Ich: ‚Ich soll etwas gerufen haben? Was denn?'
Der Offizier: ‚[. . .] Sie sollen irgend einen Namen gerufen haben . . . kommen Sie mit!'" [14]

Gleichviel, ob sich die Sache wirklich so abgespielt hatte oder ob Hinkel die Handlungshemmung des Polizisten nur geschickt imaginierte – es wurde nach außen immer deutlicher, daß in der öffentlichen Meinung mit Strafen gegen ganz unbezweifelbares, sogar besonders niederträchtiges Unrecht nichts mehr zu machen sei, da eben immer weitere Kreise gerade in der Aggression ein probates Mittel der Problembewältigung sahen oder Aggressionen zumindest hinzunehmen bereit waren, wenn das nur endlich zu „Ruhe und Ordnung" führe. So mußte denn auch Weiß mehr und mehr einsehen, daß Verfechter des alten Rechtsstandpunkts sich immer weniger auf die anderen Staatsbeamten, ja vielleicht nicht einmal mehr auf die eigenen Leute verlassen konnten.

Drei Tage nach Weiß' äußerlich so erfolgreichem Eingreifen veröffentlichte der Verwaltungsdirektor des Reichstags, Galle, im deutschnationalen „Der Tag" scharfe Angriffe gegen den Vizepräsidenten:

„Daraufhin hat der Polizeivizepräsident Dr. Weiß ohne besondere Weisung des Reichstagspräsidenten und ohne Verständigung des Reichstagsdirektors oder seines Stellvertreters der uniformierten Polizei den Auftrag erteilt, in den Sitzungssaal einzudringen und die vier angeschuldigten Abgeordneten herauszuführen. [...] So beispiellos, wie die bedauerlichen Vorgänge im Reichstag, die e r s t m a l i g zum Einsatz der u n i f o r - m i e r t e n Polizei im Plenarsaal des Reichstags geführt haben, sind, so eigenartig ist das Verhalten des für das polizeiliche Eingreifen verantwortlichen Leiters, des Polizeivizepräsidenten Dr. Weiß, der die Ergebnislosigkeit seiner Aktion dadurch zu erklären versucht, daß er über den Leiter der Reichstagsverwaltung und die Beamten des Reichstags in der Öffentlichkeit Behauptungen verbreiten läßt, die den Tatsachen nicht entsprechen."

Weiß hielt sich nun sofort an die Regel, die verletzt zu haben er Galle vorwarf. Es sei alte preußische Gepflogenheit, daß nachgeordnete Beamte sich zunächst an ihren Chef wendeten, wenn sie sich ungerechten Angriffen ausgesetzt fühlten. Er schrieb also, aufs äußerste verbittert, Grzesinski über jene Vorwürfe eine siebenseitige Beschwerde [15], aus der dann zu entnehmen war, wie wenig sich die Demokraten noch auf die Mithilfe der Beamten verlassen konnten: Galles Einlassungen seien nicht nur „anmaßend" und „ungehörig in höchstem Maße", sondern auch eine bewußte Irreführung der Öffentlichkeit. Der Innenminister Severing selbst habe nämlich den Büroleiter des Reichstags auf die ausdrückliche Ermächtigung durch Präsident Löbe eindringlich hingewiesen.

Severing habe auch folgendes „unwürdige Schauspiel der Reichstagsbeamten" angeprangert:

„der eine Teil der Beamten, an den ein entsprechendes polizeiliches Ersuchen [die Täter aus dem Sitzungssaal zu holen] gerichtet wurde, verschwand und kam nicht wieder; der andere Teil erklärte, er kenne jene gesuchten Abgeordneten selbst nicht. Diese passive Resistenz der Reichstagsbeamten [. . .] war der letzte Grund dafür, daß uniformierte Polizei im Sitzungssaal eingesetzt werden mußte."

Gleich seinen Untergebenen sei auch Herr Galle verschwunden gewesen, und wie hier Obstruktion gegen die Maßnahmen des Präsidenten Löbe und der Polizei geherrscht habe, so auch bei der zunächst im Reichstag versuchten Verhaftung von Strasser [16].

Aus Weiß' Schilderung wird deutlich: Die Basis für einen Kampf gegen die nationalsozialistischen Staatsfeinde zerbröckelte immer mehr. Im Reich war sie ja nie ganz fest gewesen. Und Bedenken gegen Juden – in diesem Punkte konnte man mit immer breiterem Konsens rechnen: von den ganz Radikalen bis zu den leicht rechts Gestimmten. Auch Brüning moniert in seinen Memoiren, daß Weiß „in herausfordernder Haltung" von der Regierungsestrade aus die Aktion dirigiert habe [17]. Wie klein sollten sich denn nun die jüdischen Amtsträger und überhaupt die jüdischen Bürger machen angesichts der jetzt sogar schon im Reichstag prügelnden Nationalsozialisten und ihrer geheimen oder gar nur achtlosen Helfershelfer? Natürlich klammerte sich Weiß in solch heiklen Situationen an seine alten militärischen Tugenden, die ihm schon 1917 das Lob eingetragen hatten, „vor allem in Bezug auf persönliche Tapferkeit und Willenskraft" sei er beispielhaft gewesen [18], agierte also von der Regierungsestrade aus nicht wie ein Duckmäuser. An die Stelle solcher Methoden des geradlinig „preußischen", etwas autoritär grundierten Zugriffs könnten heute indirektere, psychologisch fein abgestimmte getreten sein. Nach der alten Fasson vorzugehen hat aber sicher ein Recht, wer es mit Nationalsozialisten zu tun hat, und besonders der, der diese ohne Winkelzüge zupackende Art auch unter großer persönlicher Gefahr beibehält, wenn der Gegner nämlich den Staatsstreich wagt. In eine solche Situation sah sich Weiß schon nach einigen Wochen gestellt.

Mochte der Vizepräsident nun am 12. Mai 1932 über die Attacken seiner angestammten Feinde und über ihr inzwischen weites Verbindungsnetz entsetzt sein, noch mehr mußte ihn peinigen, daß sogar Kritik aus den eigenen Reihen kam. Der Leiter der Polizeiabteilung im Innenministerium, Klausener, berichtete ihm, daß sogar Bedenken aus den Reihen der liberalen Staatspartei gekommen seien. Das stritt MdR Weber, bei dem sich Weiß sofort darüber beschwerte, zwar ab [19], aber wahrscheinlich ist es gleichwohl, denn auch aus jüdischen Kreisen wurde Weiß mehrfach mit der Frage konfrontiert, wie er sich denn als Jude zum Schaden aller jüdischen Mitbürger so exponieren könne?

Es begannen sich also auch bei den Juden jene, die prinzipienfest auf alle Fälle Widerstand leisten wollten, von den anderen zu trennen, die auch insofern „richtige Deutsche" waren, als sie das kleinlaute Ducken vor der Gewalt für einen gangbaren Weg hielten, sich mit den nicht ganz sympathischen Verhältnissen zu arrangieren. Sicher, es kam auch positives Echo, z. B. eine Zuschrift des Rechtsanwalts Dr. Gerhard Wilk:

> „Heute kann ich wirklich nicht umhin, Ihnen meine persönliche Bewunderung und Hochachtung für Ihr Verhalten in den letzten Tagen auszudrücken. Ich glaube, wenn alle Republikaner mit demselben Mut gehandelt hätten wie Sie, wäre es um den Staat heute anders bestellt." [20]

Weiß entwarf zuerst einen so betroffen verzweifelten Brief [21], daß er ihn schließlich durchstrich und später einen gefaßteren abschickte. So ungeschminkt wollte sich Weiß einem Fremden nun doch nicht zeigen.

Damit Rechtsanwalt Wilk aber dennoch seine Meinung genau kennenlerne, legte er ihm den Artikel bei, den er am 3. Juni auf der Titelseite der „C. V.-Zeitung" über die bitteren Erfahrungen anläßlich seiner Reichstagsaktion veröffentlicht hatte. Unter der Überschrift: „Mehr Selbstbewußtsein" hatte er da eine Gesamtanalyse über die Position der Juden in Deutschland geschrieben.

> „Das freiheitliche Bürgertum, das früher im Kampf gegen den Antisemitismus in vorderster Linie stand, ist zum einen Teil dem Antisemitismus verfallen, und zum anderen Teil wagt es

nicht mehr, seine Stimme gegen Unduldsamkeit, Antisemitismus zu erheben, sein *politisches Rückgrat* ist gebrochen."
„Mangel an Selbstbewußtsein und Kampfeswillen" sei also nicht eine spezifische Untugend der Juden, die sich ja seit je dem liberalen Bürgertum zugerechnet hätten. Aber die Reaktionen auf sein pflichtgemäßes Eingreifen im Reichstag hätten ihm doch gezeigt, daß „in einzelnen jüdischen Köpfen jedes Gefühl für Selbstbewußtsein erstickt zu sein scheint, wie *politische Würdelosigkeit* bei gewissen Juden zu beobachten ist." Den Nationalsozialisten nehme er ihre Gegenaktionen „nicht im mindesten übel" – egal, ob sie nun in geistvollen ‚Isidor'-Rufen oder Schmäh- und Drohbriefen ihren Ausdruck fänden, mit denen er sich „ebenso gelassen abfinde, wie die Herren Nationalsozialisten es sich andererseits gefallen lassen müssen, daß ich ihnen – wie allen Staatsbürgern – gegenüber meine Amtspflicht [. . .] erfülle, gleichviel, ob dem Gegner meine Nase und meine Person gefällt oder nicht".

Keinerlei Verständnis habe er aber, wenn ihn Juden wegen seiner Haltung kritisierten, wie z. B. der Redakteur einer Berliner Zeitung, der ihm wörtlich gesagt habe: „In Zeiten wie den jetzigen muß ein Jude alles vermeiden, was ihn in Kollision mit den Nationalsozialisten bringen kann." Dem erteilte er jetzt eine Antwort, die er auf ein umfassendes Urteil über die gesamte Emanzipationsgeschichte der Juden in Deutschland gründete. Dabei muß man nicht unbedingt glauben, daß er, der doch einen Sitz im Kuratorium der „Hochschule für die Wissenschaft des Judentums" hatte, nun ausgerechnet an den Kampf seines Großvaters um jene Staatsstelle im Oranienburger Waisenhaus gedacht haben muß, wenngleich er einige Monate später in noch viel prekärerer Situation auf diesen seinen Namengeber, Dr. med. Bernhard Weiß, zu sprechen kam [22].

„Die Auffassung des erwähnten Redakteurs folgerichtig zu Ende gedacht, muß *alle Errungenschaften der schwer erkämpften Juden-Emanzipation zunichte machen,* führt letzten Endes in ein politisches Ghetto zurück. Jahrhundertelang haben die besten Deutschen – Christen wie Juden – dafür gekämpft, daß den deutschen Staatsbürgern jüdischen Glaubens die staatsbürgerliche Gleichberechtigung zuteil werden, daß ihnen alle

Berufe, alle Staatsstellen wie jedem anderen Staatsbürger geöffnet würden. Das Ziel ist zum wesentlichen Teil erreicht." Nicht aus eigener Initiative, sondern gerufen schon vom letzten königlich-preußischen Innenminister sei er in den Staatsdienst gekommen. Jetzt heiße es plötzlich, der Jude müsse sich zurückhalten.

„Machen die Vertreter solcher schwächlichen Auffassung sich denn nicht klar, daß ihr Gedankengang letzten Endes im Argumenten-Arsenal des Antisemitismus endet? ... Ein in Beamtenstellung stehender Jude darf nach dieser Auffassung also die Pflichten seines Amtes nicht erfüllen, wenn er sich hierbei gegen grundsätzliche Judengegner wenden muß. Die natürliche Folge: Kein Jude darf eine Staatsstellung bekleiden, die ihn in ‚Kollisionen' mit Judengegnern führen könnte; mit anderen Worten: Kein Jude darf Verwaltungsbeamter, Richter oder ähnliches Organ des Staatswillens werden. Gibt es auf dieser politischen Linie überhaupt ein Halten?"

Ein glänzenderer Beweisgang, daß die Haltung der Kritiker exakt zu dem ganz freiwillig geführt hätte, was die Nationalsozialisten wollten, ist so leicht nicht denkbar – und ein eindrucksvolleres Bekenntnis zum Judentum *und* zu altpreußischen Lebensprinzipien auch nicht. Weiß schloß nämlich:

„Nichts Unwürdigeres und Erbärmlicheres aber gibt es in solcher Lage, als schwächlich und mutlos den Kampf aufzugeben, uns judengegnerische Argumente des Gegners auch nur im Kompromißwege zu eigen zu machen und hiermit dem Gegner freie Bahn zu schaffen zur Verwirklichung seiner letzten Forderungen. Je mehr man uns angreift, desto lebendiger und kraftvoller wollen wir aufrechten, selbstbewußten deutschen Staatsbürger jüdischen Glaubens uns zu Wehr setzen, vor allem aber sachlich und unerschrocken für das Wohl der Volksgemeinschaft unsere Pflicht erfüllen, jeder an dem Platz, an den das Schicksal ihn gestellt hat."

Ein hoher jüdischer Beamter mit einer solchen Haltung und einer entsprechenden auch am 12. Mai 1932 wieder bewiesenen Tatkraft mußte die Nationalsozialisten aufs äußerste reizen – nicht zuletzt auch deswegen, weil er durch die liberalen Wahlveranstaltungen zog und dort den „demokratischen Staat vor Selbstmord" warnte und deshalb dagegen kämpfte, „daß die Grundsätze der Demokratie gegen ihre Feinde angewendet werden" [23]. Weiß' Artikel in der „C.V.-Zeitung" läßt trotz aller Gradlinigkeit einen Hauch Verzweiflung spüren. Die Gewißheit, mit einer solchen Haltung schließlich auch etwas ausrichten zu können, steht in umgekehrtem Proporz zur etwas angestrengten Höhe der Diktion. Und in der Tat: Wenn die „Jüdisch-liberale Zeitung" in ihrer Ausgabe vom 1. Juni 1932 das hinter Weiß Liegende schon qualifizierte als „ein beispielloses Kesseltreiben [. . .], Kübel des Hasses, des journalistischen Unflats, der Niedertracht und Gemeinheit sind über ihm entleert worden", so war dies doch noch nichts gegen das, was noch kommen sollte.

2. Kesseltreiben gegen Weiß. Verteidigung der Rechtsidee mit „unrechtlichen" Mitteln

Jetzt die Masse der *Isidor*-Anwürfe, der sonstigen Verbalinjurien und Verleumdungen aufzuführen, mit denen die rechte Presse ihre Kampagnen gegen Weiß wegen des Einsatzes im Reichstag führte, brächte keinen Erkenntniszuwachs. Aber der Vizepräsident mußte eben auch in der rechts-demokratischen Presse lesen, daß seine Ablösung angebracht sei, weil er bei der Aktion die „selbstverständliche Besonnenheit" und den „notwendigen Takt" habe vermissen lassen [24]. Am 1. Juni setzten die Nationalsozialisten dann zum konzentrierten Schlag gegen die Polizei, ihren Präsidenten und vor allem gegen seinen Stellvertreter an. Da seit der Wahl vom 24. April 1932 die demokratische Mehrheit auch im Preußischen Landtag verloren gegangen war, hatte man jetzt auch einen parlamentarischen Ansatzpunkt. Am 1. Juni 1932 forderten die Nationalsozialisten im Urantrag 106, daß (wegen des brutalen Einsatzes der Polizei beim Aufzug der sogenannten „Skagerrakwache") Grzesinski entlassen, Kommandeur Heimannsberg vor ein Disziplinargericht gestellt und die schuldigen Offiziere und Mannschaften des Dienstes enthoben und von „deutschen Richtern" abgeurteilt werden sollten. In einem besonderen Urantrag wurde die Absetzung Weiß' gefordert, der sein Amt ohnehin nur parteiisch ausübe. In einer großen Anfrage (Nr. 3, aus Nr. 123) vom gleichen Tag wollte die NSDAP-Fraktion von der Staatsregierung wissen, ob sie billige: 1. die unwahren Darstellungen Weiß' über sein Eingreifen, 2. den Verfassungsbruch, den die Festsetzung von Hinkel und Fillusch darstelle, ob sie 3. bereit sei, den Verfassungsbruch zu bedauern und 4. gegen Weiß wegen dieser Verfassungswidrigkeit ein Disziplinarverfahren zu eröffnen mit dem Ziel, ihn aus dem Dienste zu entlassen [25].

Als die entsprechenden Beschlüsse der rechtsradikalen Mehrheit im Preußischen Landtag die geschäftsführende Regierung Braun nicht zur Entlassung Weiß' bewegen konnten, steigerten die Nationalsozialisten ihre Aggression bis auf eine ganz neue Ebene. Im Urantrag Nr. 573 vom 6. Juli forderten die NSDAP-Abgeordneten „Kube, Hinkler, Lohse (Altona), Haake, Dr. Freisler" und die übrige Landtagsfraktion erneut ein Dienststrafverfahren mit dem Ziele der Entlassung, weil Weiß sich „an der Riviera von dem Schuhjuden Krojanker der Firma Tack & Co." habe die Spielschulden bezahlen und sich auch sonst habe aushalten lassen.

> „Ist schon ein solches Verhalten auch für einen jüdischen Beamten, dem infolge seiner Rassezugehörigkeit naturgemäß deutsche Ehrbegriffe fremd sein müssen, eine Unmöglichkeit, so kommt hinzu, daß die Frau des Bernhard Weiß, wie in Berlin ein öffentliches Geheimnis ist, das notorische Verhältnis des Krojanker ist." [26]

Diese unerhörten Behauptungen waren nur der besonders undelikate Extrakt aus einer Masse von Verleumdungen, die „Der Angriff" in seinen Ausgaben vom 24. Juni und vom 1. bis 9. Juli 1932 in einer einzigartigen Hetzkampagne gegen Weiß vorgebracht hatte. Gerafft ergaben sich folgende Punkte, die ein führender Beamter nicht auf sich sitzen lassen konnte:

- Bei Lizenzen für Spielklubs habe sich Weiß von eigennützigen Beweggründen leiten lassen,
- sei selber in einigen Mitglied,
- habe sich an verbotenem Glücksspiel beteiligt,
- profitiere dort von den Reingewinnen,

- habe die Bekämpfung dieser Spielklubs verhindert,
- habe Anzeigen in Glücksspielangelegenheiten unterdrückt,
- sei der Hauptschuldige der übelsten Korruptionswirtschaft im Polizeipräsidium,
- sei im höchsten Grade verdächtig, nach Frankreich flüchten zu wollen,
- habe bei seiner Rivierareise gegen die Devisenbestimmungen verstoßen,
- habe an Glücksspielen in der Villa seines Freundes Krojanker teilgenommen,
- dem Krojanker unter der Hand eine Baugenehmigung, anderen eine unrechtmäßige Schankkonzession verschafft,
- wäre im alten Preußen längst aus dem Amte getrieben worden,
- habe nicht die moralischen Qualitäten für sein Amt u. a. mehr.

Gegen diese Anschuldigungen erwirkte Weiß zwar am 11. Juli eine einstweilige Verfügung [27] und erzwang auch, vertreten durch die Rechtsanwälte Arras und Rudolf Olden, am selben Tage eine Verhandlung vor dem Schnellschöffengericht. Als aber nach der Vernehmung des fünften Zeugen die Verteidigung zwei weitere Beweisanträge überreichte, erklärte das offensichtlich überforderte Gericht die Sache als für ein Schnellverfahren ungeeignet [28]. Daher kam es erst im September/Oktober zum Strafprozeß, dem spektakulärsten und auch dem letzten, den Weiß durchstand und sogar in dieser „Spätzeit" noch mit beachtlichem Ergebnis abschloß. Wird das auch erst im nächsten Kapitel dargestellt, so sollte man doch die Möglichkeit haben, sich den Druck vorstellen zu können, unter dem Weiß bei seiner Verhaftung dennoch Haltung bewahrte, sollte man aber auf alle Fälle Weiß' Maßnahmen gegen den oben zitierten Urantrag kennen, und dies nicht nur, weil ein Angriff auf die Ehre der Familie bei Juden eher noch mehr durchschlug, als er es ohnehin allenthalben im Deutschland der „nachwilhelminischen Epoche" tat. Wir können hier vielmehr nochmals erkunden, ob Weiß inhaltsleeren „Sekundärtugenden" folgte oder ob er sogar Rechtsvorschriften desavouiren konnte, wenn sie eben nicht dazu dienten, die inhaltliche Idee der Gerechtigkeit durchzusetzen – wie er das ja im Falle Carl von Ossietzky so unorthodox bewiesen hatte [29].

Innenminister Severing kam Weiß und seiner des Ehebruchs bezichtigten Frau höchstpersönlich zu Hilfe. Er schrieb dem Vizepräsidenten einen Brief, der auch in der Presse veröffentlicht wurde.

> „Da diese Behauptungen unter dem Schutze der Immunität angestellt worden sind und ihre Widerlegung von einem Disziplinarverfahren erwartet wird, zu dem jeder Anlaß fehlt, ist es für Sie sehr schwer, Ihrer Gattin für ihre Verunglimpfung sofort eine äußere Genugtuung zu verschaffen. Ich möchte Ihnen deshalb sagen, daß alle sachlich und rechtlich denkenden, alle anständigen Menschen selbst unter Ihren politischen Gegnern gleich mir von der widerwärtigen, rein demagogischen Verunglimpfung Ihrer Gattin nur mit dem Gefühl höchster Entrüstung Kenntnis nehmen." [30]

Typisch Severing, endete der Minister mit dem Vierzeiler eines drittklassigen Schriftstellers, der versicherte, daß die immer siegende Gemeinheit schließlich doch an sich selbst verrecke. Weiß meinte, *selbst* besondere Anstrengungen unternehmen zu müssen.

Zunächst schrieb er am 14. Juli seinem Vorgesetzten pflichtschuldigst einen Dankesbrief:

> „Sie wissen, verehrter Herr Minister, daß ich den Kampf nicht scheue; Angriffe politischer Gegner pflegen mein Inneres kalt zu lassen und dienen lediglich dazu, meine Kampfesfreudigkeit zu erhöhen."

Daß das eher Selbstappell als einfache Schilderung eines Faktums war, braucht man nicht aus der etwas überprononcierten Diktion und auch nicht aus den vielen Strafanträgen gegen die Attacke „Isidor" abzuleiten. Weiß selber fährt nämlich fort mit einem Geständnis: „Im vorliegenden Fall aber, in dem das politische Gesindel, das sich hinter der Firma ,Nationalsozialistische Deutsche Arbeiterpartei' verbirgt, nicht nur mich mit Beschimpfungen belegt, sondern auch der Ehre meiner Frau zu nahe getreten ist," habe er die öffentliche Hilfe als Genugtuung empfunden [31].

In solch außergewöhnlicher Situation griff Weiß dann zu einem außergewöhnlich riskanten Mittel. Am 14. Juli 1932, am selben Tage also wie den Brief an seinen Vorgesetzten, schickte er dem Generalstaatsanwalt beim Landgericht I einen höchst eigentümlichen Strafantrag.

„Wie mir soeben vertraulich mitgeteilt wird, hat der Chauffeur Johannes *Rook,* wohnhaft Berlin-Charlottenburg, Kantstraße 118, v.III, sich in einem Gespräch, das in einem öffentlichen Schanklokal geführt wurde, die von der nationalsozialistischen preußischen Landtagsfraktion in ihrem Urantrag Nr. 573 aufgestellte Behauptung insofern zu eigen gemacht, als er erklärte: ,Es sei sicher richtig, daß die Frau des Polizeivizepräsidenten Weiß mit dem Herrn Krojanker ein Verhältnis unterhält und daß der Polizeivizepräsident infolgedessen von dem Herrn Krojanker ausgehalten werde; denn es sei ausgeschlossen, daß die Führer der Nationalsozialistischen Deutschen Arbeiterpartei im Parlament vor der Öffentlichkeit eine solche Behauptung aufstellten, ohne Beweise dafür in Händen zu haben.' "

Seine Frau und er stellten Strafantrag wegen Beleidigung (§ 185 StGB), träten dem Verfahren als Nebenkläger bei, erbäten öffentliche Klage, „recht beschleunigte Durchführung" und verlangten überdies, zur Hauptverhandlung die Abgeordneten Kube, Hinkler, Lohse, Haake und Freisler als Zeugen zu laden, also genau die, die den Urantrag namentlich vertreten hatten [32].

Der Staatsanwalt fertigte die Anklageschrift bereits am folgenden Tage [33]. Schon am 21. Juli, also einen Tag nach Weiß' zeitweiliger Verhaftung und Absetzung beim Preußenschlag, verhandelte das Schöffengericht Berlin-Mitte. Die genannten Abgeordneten waren zunächst zur Verhandlung geladen, dann aber wieder abbestellt – auch weil inzwischen ein Entschuldigungsbrief Kubes an Frau Weiß bekanntgeworden war [34]. In der Verhandlung gab der beschuldigte Chauffeur Rook in Anwesenheit der Nebenkläger die Tat zu. Frau Weiß und Herr Krojanker sagten unter Eid aus, niemals intime Beziehungen zueinander gehabt zu haben. Jetzt bedauerte der Angeklagte, sich die offensichtlich haltlose Meinung der NSDAP-Fraktion zu eigen gemacht zu haben. Daraufhin nahmen die drei Nebenkläger ihren Strafantrag zurück [35].

Dies Verfahren hatte für Weiß ein Nachspiel. Er selber wurde angeklagt – formal gesehen zu Recht, denn die „Straftat" des Rook war *fingiert.* Weiß hatte sich den Angeklagten, einen staatstreuen Reichsbannermann, *gedungen* und sich deshalb einer „falschen Anschuldigung" (§ 164 StGB) schuldig gemacht. Aber: Vor die Wahl gestellt, immer das Opfer jenes Mißbrauchs von Recht, nämlich der Immunität, zu sein oder sein Recht in einer besonderen Notlage dadurch zu schützen, daß er eine Rechtsbestimmung wissentlich verletzte, ohne daß die Rechtsidee ernsten Schaden litte, wählte er den formalen Rechtsverstoß. Er versuchte also, die immunitätsgeschützten Verleumder aufgrund eines „Tricks" vor Gericht zu zitieren. Diese seine „Straftat" wurde dann am 21. Februar 1933, allerdings erst nach Auseinandersetzungen [36], amnestiert aufgrund eben jenes Freiheitsgesetzes, das auch seine nationalsozialistischen Gegner vor so vielen Prozessen rettete [37].

Die im Vorgriff aufgedeckten Hintergründe des Falles Rook dürften die Fragen noch spannender machen: Wie hat sich der Drangsalierteste von allen beim Papenstreich verhalten, und wie ist die Reaktionsweise des Isidor-Geschmähten zu würdigen?

3. Absetzung beim Preußenstreich

Am 20. Juli 1932 endete die Geschichte Preußens mit der „Verordnung des Reichspräsidenten betreffend die Wiederherstellung der öffentlichen Sicherheit und Ordnung in Groß-Berlin und Provinz Brandenburg". Verfassungswidrig, unter dem Vorwande intolerabler Handlungsschwäche gegen die Linken, setzte Reichskanzler von Papen die Preußische Minderheitsregierung ab. Über Berlin und Brandenburg wurde der Ausnahmezustand verhängt. Der Reichswehrminister bekam die vollziehende Gewalt. Er übertrug sie dann speziell für Berlin und die Mark Brandenburg auf den Befehlshaber des Wehrkreises III, von Rundstedt.

Es kann in einer namengeleiteten Biographie nicht um eine Neubeantwortung der hitzig diskutierten Frage gehen, ob die demokratischen Kräfte durch einen Zusammenschluß von preußischer Polizei, Reichsbanner und Gewerkschaften der mit der Reichswehr verbündeten Rechten mit Siegeschancen hätten entgegentreten können [38]. Wie verschieden hier die Meinungen auch sind, einig ist

man sich, daß die demokratischen Vertreter, vom langen Abwehrkampf zermürbt, ohne ernstliche Gegenwehr ihre Staatsämter zur
Verfügung gestellt haben. Die neuen Machthaber wußten natürlich, daß am ehesten von der Berliner Polizei Widerstand kommen
könne. Also setzten sie deren Spitzen sofort ab. Die Öffentlichkeit
erfuhr zuerst ganz allgemein, daß Grzesinski sich – wie Severing –
geweigert habe, sein Amt zur Verfügung zu stellen. Kurz vor der
Nachricht, daß Grzesinski, Weiß und Heimannsberg sich doch ge-
fügt hätten, las man in den Zeitungen auch noch den Protestbrief,
den der wegen seiner Standfestigkeit gerühmte Grzesinski noch an
den neuen Innenminister geschrieben habe:

„An den Herrn Oberbürgermeister Dr. Bracht, Berlin Reichs-
kanzlei.

In einem undatierten Schreiben, das kein Aktenzeichen, noch
die Firmierung des preußischen Ministers des Innern trägt
und von Ihnen als ‚Mit der Wahrnehmung der Geschäftsführung beauftragt‘ gezeichnet ist, wird mir mitgeteilt, daß Sie
mich bis auf Weiteres von meinem Amt beurlauben und mir
die Ausübung meiner Amtsgeschäfte untersagen [...] Nach
eingehender Nachprüfung der Rechtslage kann ich Sie nicht
als befugt ansehen, mich zu beurlauben [...] Ich verbleibe daher auf meinem mir vom preußischen Staatsministerium
rechtskräftig verliehenen Platz, andernfalls ich mich einer
Amtspflichtverletzung schuldig machen würde.“ [39]
Es liegen nun so viele – bisher nie analysierte – Zeugenaussagen
über die wirklichen Vorgänge im Polizeipräsidium Berlin an jenem
Tage vor, daß man genau dartun kann, wie es zu diesem, auf eigentümliche Weise mit Formalia argumentierenden Brief gekommen, ja, wie der letzte Tag Preußens in Wirklichkeit in jenem
Machtzentrum abgelaufen ist – jedenfalls ganz anders, als solche
Briefe vorspiegeln mußten. Eine andere Person als der hier so deutlich im Vordergrund stehende Präsident lenkte das Geschehen. Die
Zeugenaussagen sind auch so gut gestreut, daß man nicht befürchten muß, nachdem Weiß geflohen war, hätten die Zurückbleiben-
den ihn belasten wollen und gefahrlos belasten können. Es stimmen also die Berichte von 1932 [40], die aus der Zeit des Dritten Reiches [41] und die aus der Nachkriegszeit [42] so gut zueinander, daß an

folgender Zusammenschau aller Zeugnisse so leicht kein Zweifel aufkommen kann.

Für den frühen Nachmittag jenes 20. Juli 1932 war die Beerdigung des Chefs der Exekutive der Kriminalpolizei, Regierungsrat Mercier, angesetzt; so kam es, daß die meisten der Abteilungsleiter, die Grzesinski um 11.30 Uhr ganz unvermutet zu einer Besprechung zusammenrufen ließ, in Trauerkleidung (!) erschienen[43]. Der Polizeipräsident berichtete den Versammelten „mit fatalistischer Miene"[44], daß er gegen 10.30 Uhr von General Rundstedt angerufen, über die Reichsexekution gegen Preußen verständigt und von ihm für abgesetzt erklärt worden sei. Resigniert[45] gab Grzesinski der Konferenz zugleich den Charakter einer Verabschiedungszeremonie, und ein Herr des Hauses sprach denn auch einige Worte, denen Weiß zuerst das Lob folgen ließ, keinen besseren hätte man sich als Präsident denken können, dann aber „als erster"[46] Einwendungen machte: Er regte an,

„zu prüfen, ob die Verordnung ordnungsgemäß dem Preußischen Staatsministerium mitgeteilt sei. Er stellte ferner die Frage, in welcher Eigenschaft Generalleutnant von Rundstedt handele und ob die Vollmachten der Herren in Ordnung seien"[47].

Man ging auseinander. Weiß rief dann die Abteilungsleiter in sein Dienstzimmer und setzte die Debatte über die Rechtslage fort[48]. Schon bald (gegen 12.30 Uhr) wurden alle wieder ins Präsidentenzimmer beordert, wo die Herren Nachfolger, Melcher und Poten, eingetroffen waren. Grzesinski war „offenbar"[49] darauf eingestellt, die Geschäfte zu übergeben. Er las das Absetzungsschreiben vor, die die Eingetroffenen mitgebracht hatten. In diesen wurde jede weitere Dienstausübung untersagt. Es waren eben jene Schriftstücke ohne Datum, ohne ein Aktenzeichen, ohne die Firmierung des preußischen Ministers des Innern, bloß unterzeichnet: „Mit der Wahrnehmung der Geschäftsführung beauftragt Bracht" (vgl. o. S. 371). Grzesinski verabschiedete sich alsdann vom neuen Präsidenten Melcher mit Händedruck und so auch einzeln von seinen Mitarbeitern, die er, die jeweiligen Arbeitsgebiete nennend, auch dem neuen Chef vorstellte[50].

Weiß weigerte sich jetzt, aufgrund eines solchen Schreibens sich absetzen zu lassen. Er erbat eine Stunde Bedenkzeit und zwang so auch seinen Chef in immer tiefere Bedenken. Die Herren Amtsaspiranten mußten unverrichteter Dinge das Zimmer verlassen. Die gesamte Szenerie schildert der spätere Nachfolger Weiß', Mosle, so:

„Das Bild dieser verhältnismäßig friedlichen Erledigung änderte sich aber in dem Augenblick, als Weiß schärfsten Protest gegen seine auch erfolgte Absetzung einlegte. Weiß machte sofort dem Grzesinski Vorhaltungen; er verwies ihn auf den der Verfassung geleisteten Eid und ferner darauf, daß er der markanteste Schirmherr der Verfassung sei und er es sich nicht gefallen lassen könnte, daß da Leute, die vollkommen unlegitimiert hierher kämen, ihn absetzten. Weiß zweifelte weiterhin die Rechtmäßigkeit der Vollmachten, insbesondere der überreichten Schreiben an." [51]

Nach anderen Aussagen hat er ausdrücklich an den Kapp-Putsch erinnert, auf alle Fälle aber mit vehementen Worten das formale Ungenügen der Briefe angeprangert [52]. „Jetzt rief Weiß das Innenministerium an, sprach mit einigen hohen Funktionären, die aber offenbar zum Nachgeben rieten und wurde immer lauter und fast grob, bis plötzlich die Verbindung abriß." [53]

In der anschließenden Beratung setzte sich dann der Standpunkt von Weiß durch. Man entwarf auf seine Anregung eben jenen auch in der Presse veröffentlichten Brief (vgl. o. S. 371) an Bracht (und einen zweiten gleichen Inhalts an v. Rundstedt), in denen sich dann auch Grzesinski weigerte, von seinem Posten zurückzutreten. Die zum zweitenmal erschienenen Herren Nachfolger waren also endgültig abgeblockt und verließen daraufhin um 15 Uhr das Polizeipräsidium. Es fand anschließend eine weitere Besprechung auf Anregung Weiß' statt, in der dieser entschieden dafür kämpfte, daß man auf keinen Fall das Kommando über die Schutzpolizei abgeben könne [54]. Weiß, wenn er wohl auch nicht zu bewaffnetem Widerstand *entschlossen* war, wollte also doch auf keinen Fall diese Option aus der Hand geben. Er jedenfalls ging bis zu einem riskanten Punkt, den Mosle in seiner Vernehmung ausdrücklich schildert: Als er die inzwischen bekanntgewordene Verordnung Hindenburgs erwähnt habe, habe Weiß verlauten lassen, „selbst eine Ausnahmeverordnung des Reichspräsidenten könne einen Verfassungsbruch nicht rechtfertigen".

Nachdem v. Rundstedt die Weigerungsbriefe erhalten hatte, schritt er zur gewaltsamen Exekution. Er schickte den Reichswehrhauptmann Hauffe mit zwei Offizieren und einem Kommando von zwölf Soldaten ins Präsidium. Mit Handgranaten bewaffnet betraten die drei Offiziere das Zimmer des Präsidenten und überreichten eine formfehlerfreie Anordnung des Generals, daß sie sich jeder Diensttätigkeit zu enthalten hätten. Grzesinski überreichte im Gegenzuge ein Schreiben, daß er, vor allem wegen seiner Immunität als Abgeordneter, nicht abzutreten gesonnen sei, und Weiß eines, in dem er feststellte, daß er zwar grundsätzlich bereit sei, sich „jeder Anordnung des Inhabers der vollziehenden Gewalt zu fügen", da aber sein Präsident weiter im Amte sei, wie gerade von ihm erklärt, fühle er sich von seiner Gehorsamspflicht ihm gegenüber nicht entbunden[55].

Nach erneuter telefonischer Absprache mit seinem Kommandierenden General ließ Hauptmann Hauffe nunmehr Grzesinski, Weiß und Heimannsberg gegen 17 Uhr verhaften. Er verbrachte die drei in das Kameradschaftsheim der Wachtruppe in Moabit, wo sie jeder in einem einzelnen Raum festgesetzt und von einem Soldaten bewacht wurden. Auf dem Wege dorthin – unten im Innenhof des Polizeipräsidiums – kam es zu einer Szene, die für Weiß' Art in besonderer Weise zeugen kann: Vor dem Präsidenteneingang im Innern des Hofes hielt ein Polizist Wache. Er sah die drei Verhafteten unter Führung jenes Reichswehroffiziers auf sich zukommen und – grüßte. Der Offizier erwiderte. Da fuhr ihn Weiß an: „Dieser Gruß gilt dem Präsidenten und nicht Ihnen!"[56]

Woher nahm er diesen Schneid? Man müßte weit über die hier abgesteckten Beweisziele hinausgehen, um folgende Antworten umfassend zu bewahrheiten: Weimar war für viele Juden die große Hoffnung, endlich „zu Hause" zu sein; andere meinten, auf die Erfüllung der alten messianischen Idee in kommunistischen Staaten setzen zu sollen; die Zionisten kämpften für Israel; alle drei vereinigte der spezifisch jüdische Gedanke, daß „Erlösung" immer mit einer Gerechtigkeitsidee in politischer Konkretion verbunden sein müsse und daß ein spezifisch deutscher Fluchtweg in die reine Innerlichkeit für Juden nicht in Frage komme. Hier weitere Plausibilitätsgründe vorzulegen paßt nicht mehr ins Konzept einer namengeleiteten Biographie. Wohl aber kann gerade die und nur diese eine Vorstellung von der Leistung verschaffen, daß es ausgerechnet jener mit Schmähungen überschüttete „Isidor" war, der Widerstand zu leisten und zu organisieren unternahm, während alle anderen die Waffen sofort streckten.

Gefangengesetzt und aus ihren Ämtern vertrieben, unterzeichneten dann in jenem Kameradschaftsheim noch am selben Abend alle drei einen ähnlichen Revers wie Weiß:

„Nach meiner gewaltsamen Entfernung aus dem Amte, erkläre ich mich bereit, mich jeder weiteren dienstlichen Maßnahme zu enthalten." [57]

Danach wurden sie noch am selben Abend wieder freigelassen. Weiß blieb keine Atempause. Schon am nächsten Tag ging er ins Amtsgericht Berlin-Mitte, um in jenem auf so eigentümliche Weise in Szene gesetzten Prozeß seine und seiner Familie Ehre zu verteidigen – dem Scheine nach gegen Rook, in Wirklichkeit aber gegen die verleumderischen Landtagsabgeordneten.

4. Der letzte Prozeß

Weiß ließ sich durch den Hohn nicht entmutigen, den er – als einer der ganz wenigen völlig unverdient – wegen seiner Absetzung hinnehmen mußte: Unter der Überschrift „Gestern noch auf stolzen Rossen ..." wurde er, „ ,Bernhard' Weiß" neben „Hitlerbeschimpfer Grzesinski" abgebildet und mit der Meldung beiseite geschoben: „Ein Verhaftungskommando der Reichswehr genügt zum Sturz der Systemgrößen!" [58] Weiß ließ in seiner Kampfbereitschaft nicht nach, redete am 28. Juli, drei Tage vor den Wahlen, auf einer Kundgebung des C. V. über seine Absetzung. Sie war so gut besucht, daß sie auf drei Säle verteilt werden mußte. Dort trug er wieder die Thesen aus seinem Leitartikel vor und widerlegte die Scheinargumente, die Papen für die Reichsexekution angeführt hatte. Nicht scharf und entschieden genug gegen die Linken? – Das ihm, der 1924 wegen zu kompromißlosen Zugriffs auf die sowjetische Handelsmission seinen Posten verloren habe![59] Und vor allem: Ohne Rücksicht auf den katastrophalen Ausgang der Reichstagswahlen vom 31. Juli (NSDAP von 107 auf 230 Mandate, „seine" Liberalen von 14 auf 4) betrieb er weiter den Prozeß gegen die Verleumder in der „Angriff"-Redaktion. Seinem Strafantrag vom 24. Juni (s. S. 366) hatte er am 6. und 13. Juli zwei weitere folgen lassen.

Das Schnellschöffengericht hatte sich für außerstande erklärt, solch umfängliche Prozesse abzuhandeln [60]. Zum nächsten Hauptverhandlungstermin (29. Juli) verlangte die Verteidigung die Ladung von nicht weniger als 44 Zeugen, mittels derer sie den Wahrheitsbeweis antreten wolle [61]. Der Vorsitzende der 3. Ferienstrafkammer fürchtete, daß zu viele verreist seien und setzte den Termin ab [62]. So kam es, daß der Prozeß erst ab 26. September vor der 5. großen Strafkammer des LG I unter dem Vorsitz von Löschhorn stattfinden konnte – ein Verfahren, das die Dimensionen aller bisher gelaufenen Weiß-Prozesse sprengte. Durch die nachgeschobenen Strafanträge war die Menge der angeklagten Beleidigungen und Sachbehauptungen auf ein schwer überschaubares Maß (vgl. o. S. 366 f.) angewachsen. Sieben ganze Tage dauerte die Verhandlung, und die Zeitungen berichteten jetzt nicht mehr in kürzeren Notizen, sondern täglich in langen Artikeln [63] über das Ringen. Zum Spektakel und Tagesgespräch gedieh die Sache nicht nur, weil Schmutz aufgerührt wurde, sondern weil Weiß selber auftrat. Zum ersten Male hatte er sich als Nebenkläger dem Prozeß angeschlossen [64] – wohl auch, weil ihm mehr und mehr klar geworden war, daß man den „objektiven" Rechtsverfahren so ganz blind nicht vertrauen, sondern vielleicht auch selber steuern sollte. Neunmal wurde Weiß allein in den ersten drei Prozeßtagen in den Zeugenstand gerufen [65].

Aber nicht nur in dieser allen auffälligen Weise hatte Weiß sein Verhalten geändert. Er tat dies auch in einem ganz unauffälligen, scheinbar nebensächlichen, aber gleichwohl bedeutsamen Punkt: Hatte er früher sämtliche Strafanträge, Erklärungen u. ä. einfach mit „Weiß" unterschrieben [66], so begann er seit seinem Eingreifen im Reichstag (obwohl immer noch Polizeivizepräsident), den Vornamen hinzuzusetzen: „Bernhard Weiß"[67]. Man wird nicht zu weit gehen, wenn man hierin einen Reflex der Tatsache sieht, daß er in ganz neuer Weise herausgefordert war, so jedenfalls, daß er seine Individualperson auf ganz andere Weise einbringen und überhaupt seine ganze Natur gegen seine Feinde behaupten mußte, und dies vielleicht mit ersten Befürchtungen, daß seine Sache womöglich doch nicht siegreich bleibe. Diese Vermutungen werden sich durch sein Verhalten im Prozeß bestätigen.

Es wäre nun angesichts unseres besonderen Darstellungs- und Erklärungsziels nicht hilfreich, die Unzahl von Anklagepunkten (s. S. 366 f.) hier einzeln auszubreiten, wie es das Gericht in seinem 80 (!) Seiten langen Urteil tat. Es muß genügen, durch Zitieren der ersten angeklagten Artikel aus der Nr. 132 vom 24. Juni 1932 eine Vorstellung von der kaum noch zu überbietenden Tonlage der „Angriff"-Redakteure zu verschaffen und dann anhand eines Beispiels zu zeigen, mit welch infamen, der Wahrheit offen ins Gesicht schlagenden Mitteln da gearbeitet wurde. Nur so wird deutlich, wieso sich Weiß so herausgefordert sah, welche psychische Anstrengung die Gegenwehr implizierte und warum er sich in ganz neuer Weise in seinem Schlußwort am 5. Oktober 1932 gegen die Verleumder stellte.

Auf der Titelseite stand zwischen zwei roten Balken die Überschrift: „Vize Weiß auf der Flucht nach Paris?"

„Der Angriff hat jetzt in bezug auf die Zustände im Berliner Polizeipräsidium seine Ermittlungen abgeschlossen und so schwerwiegendes Material gegen die Machthaber der Berliner Polizei zu Tage gefördert, daß man nach Kenntnis dieses Materials nur noch die Zustände in Chicago zum Vergleich heranziehen kann. Wir haben damit einen Skandal aufgedeckt, in dessen Mittelpunkt der Jude Bernhard Weiß steht. [. . .] Auf der dritten Seite des Hauptblattes geben wir heute erstmalig das Ergebnis unserer Ermittlungen bekannt [. . .] Die Polizei wird heute von Leuten kommandiert [. . .], die auch nicht die geringsten moralischen Qualitäten für diesen Posten aufweisen können. Das Material über den Juden Weiß ist so belastend, daß man bei einer gerechten Aburteilung dieses

377

Burschen sicher mit einer längeren Gefängnis-, wenn nicht mit einer Zuchthausstrafe rechnen kann. Wir machen heute schon darauf aufmerksam, daß der Angeklagte Weiß im höchsten Grade fluchtverdächtig ist. [...] Am besten wäre es also, wenn Herr Dr. Bernhard Weiß sofort in Haft genommen würde."

Auf Seite 3 stand dann ein Bericht über den „Korruptionssumpf" im Polizeipräsidium: Weiß sei selber Mitglied „mehrerer Spielklubs", auch an ihren Reingewinnen beteiligt und habe den Kriminalbeamten Anweisungen gegeben, in welchen sie eingreifen sollten und in welchen nicht. Fazit: „Der korrupte Jude Weiß" sei „gerichtet".

Unser angekündigtes Beispiel sei der Punkt: gezielter Schutz dem Vizepräsidenten befreundeter Klubs. Die Ermittlungen ergaben: Die Praxis, „geschlossene Gesellschaften", in denen auch mal gespielt wurde („gute Klubs"), und rein gewerbsmäßige Spielklubs anders zu behandeln, dergestalt, daß die Polizei bei den „guten" nur nach vorheriger *Anfrage* beim Abteilungsleiter oder Vizepräsidenten, bei den anderen aber nach eigenem *Gutdünken* eingreifen konnte, hatte gar nichts mit Weiß zu tun, sondern war am 26. März 1925 von seinem *Vorgänger* per Umlaufverfügung in Kraft gesetzt worden – also genau zu der Zeit, als Weiß seinen Posten bei der Polizei wegen der scharfen Razzia in der sowjetischen Handelsmission verloren hatte. Als sich das Innenministerium dann am 6. August 1927 gegen diese Verfügung wandte und die Verfolgung des Ecarté verlangte, wo auch immer es gespielt werde, erhoben der Polizeipräsident, sein Vize, der zuständige Abteilungsleiter und der Justitiar Bedenken – mit dem Erfolg, daß es stillschweigend bei der alten Ordnung blieb. Weiß wies nach, daß er sogar selbst Durchsuchungen angeordnet hatte, und zwar mit dem Ergebnis, daß der Leiter des Etablissements verurteilt wurde. Die jeweiligen Chefs der Kripo, Hagemann zuerst, dann Scholz, bezeugten, daß der Vizepräsident allen ihren Durchsuchungsvorschlägen gefolgt sei, und als der Spieler-Dezernent Greiner, ein erklärter Nationalsozialist, dem das Gericht offene Antipathie gegen Weiß attestierte, vortrug, Weiß habe 1927 aus dubiosen Gründen seinen Vorschlag abgelehnt, „an alle Klubs warnende Rundschreiben über die neue

Rechtslage zu versenden", erklärte der derzeitige Chef der Kripo, Scholz, der Vizepräsident habe sich dagegengestellt, weil „er sofortiges Einschreiten ohne vorherige Benachrichtigung verlangte" [68]. Auf ähnliche, wenn auch nicht in allen Fällen so spektakuläre Weise konnte Weiß alle Vorwürfe entkräften. Bei einigen blieb ein „Körnchen Wahrheit" [69] bestehen, aber: „Vorwürfe von der Art und Form der erörterten durften auf diesen außerordentlich schwachen und belanglosen Grundlagen nicht aufgebaut werden." [70]

Bevor nun am 5. Oktober 1932 die Angeklagten Lippert und Krause das letzte Wort bekamen, erhielt Weiß Gelegenheit, sich abschließend zu äußern. Er tat es in umfassender Weise – *wie,* das kann nur würdigen, wer sich zuerst vor Augen hält, daß ein soldatisch erzogener Preuße, ja überhaupt ein Mann, dessen Mentalität und Seelenleben im 19. Jahrhundert formiert war, sicherlich vor allem auf „Haltung" aus war, jedenfalls nicht darauf, sein Seelenleben unverdeckt und damit ungeschützt offenzulegen. Der befreundeten demokratischen Presse kam es ebensowenig darauf an, eben das, was Weiß bloß *durchblicken* ließ, in unfeiner Weise nach vorne zu zerren. In diesem Punkte hatte die NS-Presse durchaus entgegengesetzte Interessen; deshalb könnte ihr Zeugnis in diesem Falle besonders Wichtiges zeigen.

Vor diesen Hintergrund gestellt, kann man die Zeitungsberichte über jenes Schlußwort nur interpretieren als Dokumente über eine äußerst extreme Seelenlage: „Sichtlich bewegt" (so das „Berliner Tageblatt" [71]), „in starker Erregung" (so der „Berliner Börsen-Courier" [72]) habe Weiß betont, daß er zwar schon öfter gezwungen gewesen sei, seine Ehre gerichtlich in Schutz zu nehmen, daß er jetzt aber in einer so ungeheuerlichen Weise angegriffen worden sei, daß er sich zum ersten Male sogar als Nebenkläger habe ins Verfahren einschalten müssen. In einem der früheren Abwehrverfahren habe ihm ein Zuschauer während der Verhandlung zugerufen: „Ein Jude hat eine Ehre?" Das war der Punkt, eben der *Ehren*punkt, mit Hilfe dessen die Rechten alle Juden überhaupt aus der Gesellschaft und vor allem aus jenem Zentrum preußisch-deutschen Wesens, aus dem Militär, herauszudefinieren versuchten. Er, Weiß, „habe seinen Namen aber 52 Jahre lang ohne Makel getra-

gen, bis ihn diese beiden Jünglinge in den Kot gezogen hatten" [73].
Das war im wörtlichen Sinne nicht ganz richtig, denn Weiß hatte ja
vielfach gerade um die Unantastbarkeit seines Namens prozessiert,
und dies sogar gegen den ausdrücklichen Rat des Justiziars der Polizeiabteilung im Innenministerium [74]. „Mit gehobener Stimme" [75]
endete er: Ihm sei es persönlich gleich, ob die Angeklagten bestraft
oder später amnestiert würden.

> „Ich wollte lediglich in voller Gerichtsöffentlichkeit die Vor-
> würfe geklärt haben und durch den Spruch unbefangener
> deutscher Richter das Gut wiedererlangen, was sie mir zu neh-
> men versuchten, meine Ehre." [76]

Man merkt die äußerste Erregung und erkannte Gefährdung nicht
nur am hier *dezent* geschilderten Benehmen, sondern auch an den
Formulierungen, die nicht ohne widerspruchsvolle Spannung sind:
„wiedererlangen", was man ihm zu nehmen nur „versucht" hatte?
Weiß' Illusionen begannen zu wanken. Das konnte kaum anders
sein bei einem, der sich in diesem Moment mit seiner ganzen Natur
aufbäumte und da auch erwähnen mußte, daß man seine Frau auf
unerhörte Weise in den Schmutz gezogen und die Stirn gehabt hatte, dem gerade eingesetzten Untersuchungsausschuß des Preußischen Landtages den Namen „Chicago-Ausschuß Dr. Weiß" zu
geben [77].
Es lohnt sich nun, den Bericht von Goebbels' „Angriff" zu analysieren, der sicherlich keine diskrete Darstellung brachte und deshalb womöglich Fakten festhält, die, falls sie nur gut bezeugt sind,
vielleicht noch tiefer blicken lassen. Er schilderte unter der Balken-
überschrift „Der letzte Tag im Weiß-Prozeß" und dem Untertitel
„Die Ahnengalerie des Vize" den Ablauf. Was den seriösen Zeitungen verständliche, berechtigte und noch im Zaum gehaltene Erregung war, das verhöhnte Goebbels' Kampfblatt als echt jüdisches „Theater", „überreichen Wortschwall", eben als „jüdisches
Gemauschel" (= „wie *Moses/Mausche* reden"). Über die Passage,
in der Weiß die lebenslange Ehrenhaftigkeit seines Namens beschworen hatte, berichtete man so: „durch diese Beschuldigungen sei
sein e h r s a m e r   N a m e [. . .] geschändet worden." Was hier
durch Klammersetzung vorab ausgelassen ist, gibt nun den Blick

auf die Tiefenverwurzelung von Weiß' Bewußtsein frei. Es war da hinter „ehrsamer Name" eingefügt:

„den schon sein Großvater, auch ein Dr. Bernhard Weiß, getragen habe" [78].

Es kann kein Zweifel sein, daß hier ein wichtiger Argumentationspartikel aus der Rede richtig wiedergegeben ist, denn: An keiner Stelle des „Angriff" wird der Großvater jemals erwähnt. Es ist daher unabweislich, daß der gleichnamige Enkel, willens, mit gesammelter Kraft und seiner ganzen Person gegen die Verleumder aufzustehen, alles bündelte, was ihm zur Verfügung stand, und dabei den Namen jenes ihm besonders verbundenen Großvaters berufen hat, um auch so seine unbescholtene und alteingewurzelte Art im Preußischen Staate unwiderleglich zu dokumentieren.

Weiß erzwang mit seinem Engagement ein außerordentliches Urteil: Das Gericht ging sogar über den Antrag des Staatsanwaltes hinaus: Krause bekam fünf Monate Gefängnis, wie gefordert, aber Lippert ließ es nicht mit 1500 RM Geldstrafe davonkommen, sondern verurteilte ihn zu drei Monaten. Im von den Nationalsozialisten angestrengten Berufungsverfahren gegen jene gleich im Juli erwirkte einstweilige Verfügung war der Sieg von Weiß nicht ganz ohne jeden Makel. Der 5. Zivilsenat des Kammergerichts entschied unter seinem Präsidenten Dr. Koenig in einem einzigen von 15 Klagepunkten gegen Weiß: Angesichts der Tatsache, daß Weiß auch nach seiner Ernennung zum Vizepräsidenten noch einige Male an objektiv verbotenem Glücksspiel (Ecarté) teilgenommen und überdies die Justizbehörden im Falle des Chauffeurs Rook getäuscht habe (aus wie guten Motiven auch immer), könne man die Behauptung nicht untersagen, daß gegen ihn im alten Preußen zumindest ein Disziplinarverfahren eingeleitet worden sei [79].

Nach seiner Absetzung entschloß sich Weiß, eine Anwaltskanzlei zu eröffnen. Er konnte sicher sein, daß es bei seiner Popularität an Klienten nicht fehlen werde. Er stellte den Antrag, zum 1. Dezember 1932 in den Ruhestand versetzt zu werden, und zu eben dem Tag ließ ihn der Kammergerichtspräsident auch als Rechtsanwalt beim Landgericht I zu [80]. Um diese Zeit zog er aus seiner großen Dienstwohnung am Sophie-Charlotte Platz 1 in eine ähnlich opulente Etage am Steinplatz 3. Zur Wahl am 6. November, die einen leichten Rückgang der NSDAP zeigte, machte er für die liberalen Ideen des C. V. eine deutschlandweite, erfolgreiche Wahlreise [81]. Zwar nahm er seine Anwaltstätigkeit sofort auf, konnte seine Kanzlei aber nicht mehr zur Blüte bringen. Denn seit der Machtübernahme mußte er um sein Leben fürchten.

B. Der staatenlose Emigrant

1. Flucht

Die Dinge spitzten sich dramatisch zu, als am Tage der Märzwahl (5. März 1933) die schon länger vor seinem Hause postierte Schutzpolizei die dem Hause gegenüber scharenweise lagernde SA nicht mehr vom Sturm auf die Wohnung abhalten konnte. Hilde Baban-Weiß, die damals 12jährige Tochter, schildert die Flucht und die Verfolgung ihres Vaters so [82]: Mit ihrer Großmutter Buss war sie schon morgens in eine Pension auf der nahe gelegenen Fasanenstraße in Sicherheit gebracht worden. Gegen Abend verließen die Eltern die Wohnung am Steinplatz durch einen Hinterausgang, um ihr gute Nacht zu sagen. In der Pension Teske angekommen, erhielten Vater und Mutter Weiß sogleich einen Anruf des Dienstmädchens am Steinplatz, das von der Erstürmung der Wohnung berichtete und vor Rückkehr warnte. Die Eltern verbrachten darauf die Nacht im Hotel Adlon [83], hörten dort vom überwältigenden Sieg der Nationalsozialisten und setzten sich deshalb zu Verwandten nach Hamburg ab. Als Weiß dort eines Morgens in der Zeitung las, er werde von der Berliner Polizei gesucht, nahm er zum Entsetzen seiner Familie den nächsten Zug nach Berlin und ging direkt ins Präsidium zu seinem Nachfolger, dem befreundeten Dr. Mosle, und dem neuen Leiter der IA, Diels [84]. In höchster Besorgnis rieten alle zur Flucht. Die Meldung sei ein Trick der Nationalsozialisten, seiner habhaft zu werden [85]. Der Chauffeur des Vizepräsidenten brachte ihn dann zu seiner Tochter und Schwiegermutter in die Fasanenstraße. Der Portier der Pension Teske berichtete ihm über die Durchsuchung der Zimmer in der vorigen Nacht, bei der die SA nicht nur angedroht habe, sondern nur knapp daran gehindert werden konnte, die Kleine als Geisel zu nehmen, solange der Vater nicht auftauche. Während dieses Berichts fuhren SS-Kommandos vor. Der Portier versteckte den Vater im Keller unter den Kohlen. Da die Mutter telefonisch mitteilte, daß auch schon bei den Verwandten in Hamburg Hausdurchsuchungen stattgefunden hätten, konnte Weiß auch dorthin nicht mehr zurück. Er entschloß sich, zuerst nach Magdeburg zu fahren, und wandte sich dann, jeden Abend die Stadt wechselnd, in Richtung Tschechoslowakei. Im März kam er, von einem Helfer über die grüne Grenze gebracht, in Prag an, dessen Polizeipräsidenten er aus der Internationalen Polizeikommission kannte. Über Details dieser gefahrvollen Odyssee gibt es verschiedene Berichte, deren vielfältige Widersprüche wir weder auflösen können noch müssen.

Frau Lotte Weiß, ohne Ausweispapiere, bettelte Göring persönlich einen Reisepaß ab und traf ebenfalls in Prag ein. Dort blieb man einige Monate. Aus dieser Zeit ist ein besonderes Dokument erhalten, das einen Blick in Weiß' psychische Struktur und auf eine Handlungsmaxime gestattet, die ihm Richtschnur für die gesamte Emigrationszeit geblieben ist. Er schickte dem Reichsminister und Preußischem Ministerpräsidenten Göring am 15. August 1933 die Abschrift eines nachrichtendienstlichen Briefes über seine Person, in dem behauptet wurde, „daß Herr Weiß bei der Prager Polizeibehörde Dienst tue". Gegen ein festes Gehalt beaufsichtige er in der Tschechei die deutschen Flüchtlinge. „Außerdem soll er die Propaganda gegen Deutschland organisieren." Da er nun fürchten müsse, daß solche Briefe auch bei den preußischen Staatsstellen vorlägen, halte er sich verpflichtet, ehrenwörtlich die Unrichtigkeit solcher Meldungen zu versichern. Richtig sei, daß er alle Angebote zu schriftlichen Äußerungen über die Lage in Deutschland wie auch die Veröffentlichung von Memoiren abgelehnt habe.

„Obwohl ich mich im scharfen Gegensatz zur gegenwärtigen deutschen Regierung befinde, halte ich es mit meiner mehr als 30jährigen Beamtendienstvergangenheit als preußischer Beamter nicht für vereinbar, durch mein Verhalten im Auslande, sei es durch Wort, oder gar durch Handlungen, die deutsche Regierung und damit mein deutsches Vaterland zu schädigen. Gleichviel, ob die gegenwärtigen Machthaber in Deutschland mich als Beamten und Staatsbürger anerkennen oder nicht, werde ich mich immer als Deutscher fühlen und mich im Auslande so verhalten, wie es meinen Auffassungen von der Würde eines preußischen Beamten, der seinem Staate in langen Jahrzehnten nach besten Kräften gedient hat, entspricht.

gez. Dr. Bernhard Weiß" [86]

Bei dieser strikten Trennung zwischen den „Machthabern in Deutschland" und „seinem deutschen Vaterland" ist es für ihn immer geblieben, wie sehr ihm diese Grundeinstellung auch noch Schwierigkeiten bereiten sollte [87] – jedenfalls bezog er sie sehr entschieden, obwohl die Gestapo eine Fahndung nach ihm ausgeschrieben [88] und Beauftragte dieser Machthaber das Geld, das bei der Versteigerung seiner wertvollen Möbel herausgekommen war, am Schluß der Auktion einfach konfiszierten [89]. Über seine Qualität als „Deutscher" zu urteilen, entzog er den Machthabern in seinem Brief schon vorsorglich jede Möglichkeit. Denn: Erst am 25. August erschien die erste Liste von Zwangsausbürgerungen im „Deutschen Reichsanzeiger". Es steht fest, daß eigens die Gestapo dafür sorgte [90], daß Weiß von diesem Tage an staatenlos war, weil er angeblich durch ein Verhalten, „das gegen die Pflicht zur Treue gegen Reich und Volk verstößt, die deutschen Belange geschädigt" habe – zusammen mit Rudolf Breitscheid, Lion Feuchtwanger, Alfred Kerr, Kurt Tucholsky, Otto Wels und 26 anderen. Bei allen Ausgebürgerten wurde das Vermögen konfisziert. Weiß stand mittellos da.

2. Leben in London.
Die Entwicklung in Deutschland

Weiß blieb bis zum Anfang des Jahres 1934 in der Tschechoslowakei. Für die weitere Flucht nach London stellte ihm der befreundete Prager Polizeipräsident einen tschechischen Paß aus. Auf Gastfreundschaft – peinlich berührt, hat es Weiß immer empfunden als: aufs Ausgehaltenwerden angewiesen, fand er mit seiner Frau mehrere Jahre Aufnahme bei einer reichen Gönnerin, der Hon. Mrs. H. Franklin in London, W 2. Hierher konnten die Eltern jetzt, wenn auch auf gefahrvollen Wegen über Belgien, ihre in Hamburg verbliebene Tochter nachkommen lassen.

In Deutschland kam der Nationalsozialismus wegen seiner außen- und innenpolitischen Erfolge immer fester in den Sattel. Goebbels, der „Minister für Volksaufklärung und Propaganda", war nun

ganz oben. Die Historiker sind sich aber einig, daß er in Friedenszeiten nicht zum innersten Machtzirkel um Hitler gehörte, in dem
die wirklichen Machtentscheidungen fielen [91]. Wenn es jedoch um
die Ausschaltung der Juden ging, dann stand Goebbels in vorderster
Reihe und ließ sich so leicht von keinem in seinem Radikalismus
übertreffen. Schon im Juni 1938 propagierte er:
„Wir werden Berlin judenrein machen. Ich lasse nun nicht mehr
locker. Unser Weg ist der richtige." [92]
Sogar Wirtschaftsminister Funk und Außenminister von Ribbentrop
hatten Bedenken. Die Erschießung des deutschen Legationsrats Ernst
vom Rath durch den Juden Hershel Grynspan gab Goebbels die Gelegenheit, „spontanen" Volkszorn gegen die Juden zu inszenieren
und nach dieser Reichspogromnacht die vollkommene Eliminierung
der Juden aus dem kulturellen Leben ins Werk zu setzen: Ausschluß
aus Theater, Konzert, Schlafwagenabteilen, Bädern, Schulen, ja sogar aus dem „deutschen Wald" [93]. Das mußte Kräfte im Innenministerium bestärken, die schon gleich nach der Machtübernahme den
Ausschluß der Juden aus einem besonderen deutschen Kulturareal
betrieben hatten: ihre Vertreibung aus der „deutschen" Namenwelt.
Es ist nicht wahrscheinlich, daß Bernhard Weiß in London von sämtlichen Etappen auf diesem tödlich abschüssigen Weg Kenntnis erlangt hat. Aber die Gesamttendenz und vor allem der Höhepunkt
vom 1. Januar 1939, an dem *allen* Juden das widerfuhr, was ihm in
Berlin angetan worden war, hat er sicherlich in Erfahrung gebracht,
und darum sei hier die historische Entwicklung kurz nachgezeichnet, die wir oben (s. S. 164) mit guten Gründen abgebrochen hatten.
Als die Nationalsozialisten im Jahr 1933 das Heft in die Hand
bekamen, ließen sie sofort eine Statistik anfertigen. Über das Ergebnis, daß nämlich nur 600 Juden in der verketzerten „Judenrepublik"
ihren Namen geändert und daß überdies 200 von ihnen wieder einen
jüdischen Namen gewählt hatten, staunten die Machthaber. Sie fol-
gerten aus dieser Überraschung aber nur, daß die Massenänderun-
gen dann wohl schon vorher durchgeführt worden sein müßten [94].
Jedenfalls waren sie derselben Meinung wie der Deutsche Anwalts-
verein, der noch im Jahr 1933 beim preußischen Justizminister beantragte: „Rechtsanwalt Schmitthoff soll wieder Schmulewitz und
Rechtsanwalt Pindar soll wieder Pincus heißen." [95]

Außenpolitische Rücksichten ließen die Nationalsozialisten aber zuerst nur die Straßennamen „arisieren". Im Jahr 1938 jedoch nahmen sie dann in dem „Gesetz über die Änderung von Familiennamen und Vornamen" den Plan auf, sämtliche Namenänderungen von Juden, seien sie nun schon verstorben oder noch lebend, rückgängig zu machen. Freilich mußte man bald eingestehen, daß man selbst mit solch radikalen Eingriffen die jahrtausendealte Namenvermischung im Abendland nicht aufheben und den Wahn vom reinen Ariertum der Wirklichkeit nicht aufzwingen konnte. Seit dem 1. Januar 1939 wurden deshalb jedem Juden klarere Erkennungsmerkmale zudiktiert: die Zwangsnamen *Sara* für die Frauen, *Israel* für die Männer. Eine Liste von extrem fremdartigen Vornamen, die als einzige künftig sonst noch jüdischen Kindern beigelegt werden durften, ließ das Innenministerium anfertigen und von Hitler eigenhändig durchkorrigieren [96].

Worauf das alles abzielte, war klar. Die „Nationalsozialistische Landpost" beschrieb am 2. September 1938 die neuen Maßnahmen und die notwendigen Handlungskonsequenzen so:

„Man wollte eben durch diese Namenswahl die Juden in Deutschland nicht ironisieren, sondern nur kennzeichnen. Zur Vervollständigung dieser Kennzeichnung gehört allerdings auch, daß umgekehrt Kinder deutscher Staatsangehöriger in Zukunft grundsätzlich nur deutsche Vornamen erhalten."

Die scheinheilige Behauptung, es gehe nicht auch um Ironisierung, bedarf nicht des Materials aus unserer Untersuchung, um widerlegt zu werden. Andere Blätter äußerten sich ganz offen – die „Grazer Tagespost" v. 26. August 1936 z. B.: *Kaleb* (vgl. 1. Mose 36,11) – das könne vielleicht eine Autobusgesellschaft sein, *Feibisch* (= gr. *Phoibos*) ein Hustentee.

„ ‚Saudik', gut das ist ein Ausdruck, ein solider, ehrlicher, der jedem Schweinefuttermittel Ehre machen würde, aber auf das Wort ‚Sprinze' [= jiddische Ableitung von *Esperanza*, Verf.] paßt schon wieder nichts mehr; so kann kein Gummiabsatz heißen, der etwas auf sich hält, kein Klosettpapier, nein, so kann – jetzt weiß ich es ja – nur eine Jüdin heißen."

Auch solche jeden Rahmen sprengenden Auslassungen, die freilich in der systematischen Destruktion von Weiß' Namen ihr Präludium gehabt hatten, beendeten noch nicht die Geschichte der Deformation der Namen der Juden. Der Zwang, den „Judenstern" zu tragen und das J im Paß verlegte die Markierung ins Visuelle und machte jede verbale Kontaktaufnahme überflüssig. In den Konzentrationslagern erübrigte sich der Name als menscheneigene Qualität vollkommen. In die Haut gebrannte Nummern ersetzten ihn. Das war ein folgerichtiger Endpunkt. Für industriehafte Zusammenhänge genügt ein Bezeichnungssystem, das jedes Objekt unverwechsel- *und* abzählbar macht: die Ziffer als vollkommen entmenschte Markierung.

Angesichts dieses historischen Endprodukts sieht man Weiß' Abwehrkampf doch in anderem Licht. Und so dürfte man auch mit anderen Einschätzungsvoraussetzungen auf den wirklich letzten Kampf um seinen Namen sehen, der Weiß sogar in England aufgrund eines deprimierend-grotesken Zufalls abverlangt wurde.

3. Internierung. Letzter Namenkampf

Als Großbritannien am 3. September 1939 Deutschland den Krieg erklärte, befanden sich 65 000 bis 80 000 Deutsche und Österreicher auf der Insel. Dreihundert von ihnen wurden als aktive Nationalsozialisten eingeschätzt und von der britischen Polizei am Vorabend der Kriegserklärung verhaftet und interniert. Der Rest konnte ausreisen[97]. Unter den vierzig Mann, die bis zum Morgen des 3. September in die Olympia-Ausstellungshallen in London gebracht wurden, war auch Bernhard Weiß. Daß man ihn für ein Sicherheitsrisiko hielt und mit den wirklich gefährlichen Nationalsozialisten zusammensperrte, erklärt der beste Kenner jener langen Internierungsgeschichte, Ronald Stent, auch aus folgendem: „He had been such a conscientious and correct Prussian civil servant, that after his flight from Germany he had always refused to speak publice or to engage in political activity in his new country."[98]

Weiß wurde zunächst drei Tage lang in diesen Hallen festgehalten und dann in ein Lager verbracht – in das Butlin's Luxury Holiday Camp in Clacton-on-Sea. Es ist mehrfach bezeugt, daß Weiß diese

Zeit (es wurden zwei Monate) als die „schönsten Ferien" seines Lebens bezeichnet hat, – was den Komfort, aber auch die Möglichkeit betraf, mit den Nationalsozialisten zu streiten [99]. Im Hinblick auf die außergewöhnlich gute Unterkunft und die Verpflegung besteht kein Zweifel [100], aber was seine Auseinandersetzungen mit den Nationalsozialisten anlangt, sprechen die Quellen [101] eine andere Sprache, so daß man annehmen muß, auch in diesem Falle habe sich Weiß wohl eher „preußisch" verhalten: stramme Haltung nach außen, ohne Einblick in seine wirklichen Gefühle zu gestatten. Will man richtig einordnen, was er während seiner Internierung erlebte, so muß man bedenken, daß man da von einem Mann hörte, der, wie viele Juden, immer eine Todeskapsel bei sich trug, um im Notfalle das Ende selber in der Hand zu haben [102]. Erlebt hat er dies:

Am Morgen des 3. September sah er sich zusammengesperrt mit einer Reihe wirklicher, durchaus prominenter Nationalsozialisten, mit Putzi Hanfstaengl, pittoreskem Groupy von Hitler, zusammengesperrt mit Hauptmann Schiffer, einem Mann aus der Berliner Gestapo, von dem man vermutete, er sei seit seiner Übersiedlung nach London offiziell zwar Waffenhändler, in Wirklichkeit aber Gestapo-Chef in England, weiter mit Baron Constantin von Pillar, Repräsentant des „Norddeutschen Lloyd" in London und bekannt für sein antisemitisches Ressentiment [103]. Ein englischer Oberst (Colonel in charge) ließ die Gruppe von ungefähr 40 Mann antreten, erklärte ihnen, daß sie nunmehr den Status von „enemy aliens" hätten und verlangte die Wahl eines Sprechers. Es stellte sich schnell heraus, daß die Gruppe gespalten war: 17 Anti-Nazis und eine kleinere Zahl offene Hitler-Sympathisanten; die restlichen erklärten sich für neutral, obwohl sie in Wirklichkeit alle Parteigenossen waren [104].

Ausgerechnet der Gestapo-Mann Schiffer wurde vorgeschlagen und dann Weiß als Gegenkandidat benannt. Er behielt zwar die Oberhand, aber nur, indem er sich auf folgende Art dem Konkurrenten und seinen Parteigängern entgegenwarf: Als die ihren Favoriten immer wieder „Hauptmann" Schiffer titulierten, „Weiß lost his self-control and shouted with a high pitched voice, henceforward he wished to be called ‚Rittmeister' Weiß" [105]. Wenn es auch feststeht, daß er in zivilem Ambiente nichts Militärisches an sich hatte [106] – so versuchte er in solchen Extremsituationen doch, sich den zackig militärischen Nationalsozialisten mit noch größerem Schneid entgegenzustellen, gestützt auf eben jene preußischen Verhaltensmaximen und Wertvorstellungen, die sich auch die Nationalsozialisten nutzbar machten *und* pervertierten.

Gegen Abend des 3. September kamen 36 Seeleute des zufällig in London ankernden Bananendampfers „Pamona" zu den 40 Internierten. Mit „Heil-Hitler"-Gebrüll marschierten sie in die Halle ein [107]. In Alec Nathans Bericht, daß Weiß' Kommandoton ihm so viele Sympathien kostete, daß er später als Sprecher abgewählt wurde, könnte ein Wahrheitskern stecken. Mindestens ebenso großen Einfluß dürfte die Tatsache gehabt haben, daß der Anteil der Nationalsozialisten in der Gruppe ja deutlich zugenommen und diese angesichts der Erfolge von Hitler auch immer mehr Mut hatten, offen ihre Einstellung zu zeigen. Unbezweifelbar ist aber ein anderer Bericht von ihm, weil er von einer Roheit berichtet, die angesichts der nationalsozialistischen Mentalität (sowohl der feineren Herren als auch der sicher meist handfesten Seeleute) zu befürchten, wenn nicht gar sicher vorauszusagen war.

„When challenged Dr. Weiß lost frequently his self-control which opened his foes unnecessary (gestrichen: plenty of) targets, e. g. making hostile remarks about ‚Isidor' his notorious nickname in Germany." [108]

Mag das „unnecessary" ein Reflex der für Weiß nicht besonders freundlichen Darstellung des Berichterstatters Nathan sein, daß es für den schon vor zehn Jahren so in die Zange Genommenen ein außerordentlich unangenehmes, besonders ungerechtes Schicksal war, nach seinem Berliner Abwehrkampf jetzt auch in England von seinen alten Feinden wieder mit der alten Waffe traktiert zu werden, liegt auf der Hand. Mag er auch die Sache so verarbeitet haben, daß er anderen erzählte, herrlich sei's gewesen, sich täglich mit diesen Leuten zu zanken, und mag das für eine Kampfnatur wie Weiß in verschiedenen anderen Punkten auch der Fall gewesen sein, Tatsache ist dennoch, daß er – als der antisemitische Baron Constantin von Pillar in Clacton-on-Sea zum neuen Sprecher der Gruppe gewählt und dazu ausgerechnet noch Kapitän Sievers von der „Pamona" zum Stellvertreter gewählt wurden [109], daß er da den englischen Behörden einen offiziellen Brief schrieb, in dem er dringlich die Trennung von dieser faschistischen Gruppe verlangte [110]. Trotzdem: Neben den Bericht Eugen Spiers, daß er am Fasttag (nach Meldung des „Daily Herold" am 5. November 1939) entlassen und „very pleased" gewesen sei, seine Zwangsferien zu beenden, setzte er in seinem Handexemplar ein „ro!" [111] Es kann also durchaus sein, daß er, obwohl offensichtlich getroffen, als Kampfnatur sich dennoch an jenem Ort nicht unwohl fühlte, wo er seinen Gegnern entgegentreten konnte, ohne gleichzeitig sein deutsches Vaterland zu desavouieren. Jedenfalls hatte er eine direkte, offene Kampftechnik – ganz anders als jener 70 Jahre alte Jude Faßbänder, der den hochgewachsenen Hanfstaengl auf raffinierte Weise kürzer machte: Als er ausgerechnet mit ihm zusammen eine kleine Hütte in Clacton-on-Sea teilen mußte, eröffnete er ihm: „Ich brauche mehr Lebensraum". Durch dies Hitlerzitat brachte er die Freunde zu befreiendem Gelächter; bei den Nationalsozialisten hingegen erzeugte er verbissene Wut – ein Verfahren, das eher der alten jüdischen Art entsprach, sich in machtloser Situation auf andere Waffen als die des offenen Kampfes zu verlassen.

4. Innere Emigration in der äußeren

Weiß kehrte also nach London zurück und lebte dort weiter in zuerst sehr bescheidenen Verhältnissen. Er hatte ein kleines Kommissionsgeschäft für Druckereibedarf begonnen und zog, nach dem Urteil Ronald Stents, anfangs auf kümmerlichem Niveau [112] mit einer Musterkollektion von Firma zu Firma, um Aufträge hereinzuholen. Hatte er das Vorurteil vom feigen Juden vorher schon widerlegt, so jetzt das von seiner allemal raffiniert geschäftstüchtigen Wesensart [113]. Erst allmählich ging das Geschäft bergauf.

Frau Lotte Weiß hatte sich schon während des Krieges von der Familie getrennt und war nach New York gezogen. Weiß lebte die meiste Zeit auf einem Zimmer bei einer von ihm „Frau Wirtin" genannten Person. Diese Ruth Mendel, Tochter eines wohlhabenden Berliner Kaufmanns, vor ihrer Flucht schon selbst Besitzerin eines eigenen Geschäfts in Berlin, in London dann zunächst Dienstmädchen, berichtet von erbitterten Debatten zwischen ihr und Herrn Weiß. Sie hätten oft mit Kündigung und ebensooft mit Wiedereinzug von Weiß geendet. Nachdem ihre Eltern von den Nationalsozialisten in den Tod getrieben worden waren, kannte diese Emigrantin keine andere Position mehr als: „Nur ein toter Deutscher ist ein guter Deutscher". Weiß hingegen – so das Zeugnis Ruth Mendels – „war ein Tiger, wenn es um Deutschland ging". Sein Vaterland wollte er eben auf keinen Fall mit den Nationalsozialisten gleichgesetzt haben [114], und wie in den „häuslichen" Debatten, so auch ganz offen in den Emigrantenkreisen. Zwar ging er immer wieder zu den Londoner Treffen seiner alten Studentenverbindung F. W. V. (vgl. o. S. 34), aber dort kam es zu solch harten Auseinandersetzungen, daß Weiß sich wegen seiner differenzierten Einstellung nicht gerade beliebt machte und ziemlich isoliert dastand.

Er blieb auch in anderer Hinsicht der „Super-Preuße", wie ihn Robert M. W. Kempner, früher Justitiar der Polizeiabteilung im Innenministerium, mit viel Bewunderung und ein wenig Tadel charakterisierte [115]. Sein berlinerndes Deutsch ließ er in voller Lautstärke auch mitten im Kriege durch die Londoner Busse schallen; das Echo des Publikums kümmerte ihn nicht: „bloody Germans" [116]. Die Landessprache lernte er nie gut. Sein Vetter Gotthilf hat noch 1981 geschildert, wie er in der Metzgerei Wurst einkaufte: „Please, give me a piece of that – and of that – and of that"; und er hat geurteilt: „Nie klang Englisch deutscher". Auch bei militärnahen Kategorien blieb er, wenn Auseinandersetzungen unumgänglich waren. Eva G. Reichmann, von E. G. Lowenthal als kraftvollste Denkerin unter den C. V.-Zeitungsredakteuren bezeichnet, erinnert sich an einen Besuch bei Weiß während der Zeit deutscher Bombenangriffe auf London. Mit der Frage: „Ja, ist das nicht phantastisch?" habe er sie empfangen und auf Nachfrage die Erklärung nachgeschoben: „Ja, daß wir endlich auch Frontstadt sind!" Mag nun in solchen „Sprüchen" bei Empfangs- und Begrüßungsritualen der Anteil witzigen Aufeinanderzugehens nicht klein sein, so ist der symptomatische Wert für eine bestimmte Mentalität ebensowenig gering anzusetzen.

Und wie stand es mit seinem Hauptgegner aus den Berliner

Kampfzeiten? Joseph Goebbels, der sich schon in Friedenszeiten auch an jüdischem Eigentum zu bereichern wußte, ließ sich im Jahr 1939 ein Minister-Dienstpalais bauen von solch übertriebenem Prunk, daß sogar der Finanzminister „die schwersten Bedenken" erhob [117]. Im Verlauf des Krieges – je mehr es dem Ende zuging, um so näher rückte Goebbels auch seinem Idol Hitler. Jetzt saß er als Durchhalteprediger par excellence näher am innersten Kreise der Macht. Er und seine Familie harrten auch im Führerbunker bei ihm aus. Nationalsozialismus und Deutschland waren von ihm wohl so weit für identisch erklärt, daß er sicher mit Hitler übereinstimmte, der in seinem Testament in den Untergang des Volkes einwilligte, weil der verbliebene Rest ja ohnehin der nichtswürdige Ausschuß sei. Am Abend des 1. Mai 1945 ließ er seinen Kindern vom SS-Arzt Kunz zum Einschlafen Morphium spritzen. Der SS-Arzt Stumpfenegger war dann Magda Goebbels behilflich, Zyankali-Kapseln im Mund der Kinder zu zerdrücken. So starben Helga, Hilde, Helmut, Holde, Hedda und Heide. Hitlers Tod war ihm eher Vorbild als Möglichkeit, sich seiner Schuld zu stellen. Magda und Joseph Goebbels brachten sich am selben Abend um.

5. Wiedersehen mit Berlin

Das von den Führern des „Tausendjährigen Reiches" innerhalb von fünfeinhalb Jahren in Schutt und Asche gelegte Berlin hat Bernhard Weiß wiedergesehen, freilich viel später als andere. Von Eilfertigkeit kann keine Rede sein [118]. Erst im September 1949 kam er zu Besuch. Die Zeitungen berichteten und brachten auch Fotos. Sie zeigen ihn schmal und abgemagert. Weiß war seit 1946 krebskrank [119]. Seine Freude und tiefe Genugtuung am Wiedersehen der überlebenden Freunde und seines Dahlemer Hauses am Bachstelzenweg hat ihm das nicht nehmen können. Auch seinen Schmähnamen erwähnte er – diesmal wirklich vollkommen entspannt:

„Kannst Dir nicht vorstellen, wie sich die Berliner mit Isidor freuen. Selbst auf der Straße sprechen mich Leute an, ob ich nicht der frühere Vipoprä bin. [...] Haus in Dahlem unsagbar schön. Der Nussbaum voll der schönsten Nüsse, Apfel- und Birnbäume voll der herrlichsten Früchte. [. . .] Und die Freude, als ich im P. P. erschien – unbeschreiblich." [120] Mit dem Regierenden Bürgermeister sprach er über eine neuerliche Verwendung beim Aufbau der Polizei. Nach London schickte ihm Ernst Reuter dann ein nobles Vertragsangebot: Beratung in allen Fragen der neuen Polizeistruktur – ohne bestimmte Dienstzeiten [121]. Seinen Antwortbrief begann Weiß: „Wie ich Ihnen schon mündlich sagte, ist es mein sehnlichster Lebenswunsch, nach Berlin zurückzukehren." [122]

Zur Erfüllung ist es nicht mehr gekommen. Im Sommer des Jahres 1951 verschlimmerte sich der Gesundheitszustand von Weiß dramatisch. Er wartete gerade auf den Sanitätswagen des Krankenhauses, als der Postbote einen Brief der deutschen Botschaft in London brachte. Es war die Nachricht seiner Wiedereinbürgerung [123].

Bernhard Weiß ist am 29. Juli 1951 gestorben. Vor seinem Tod hatte er „Winke für meine Beisetzung" aufgeschrieben.

„1) Kein grosser Tam-Tam! Keine grossen Ausgaben! Keine grossen Blumenspenden. Die Freunde und Bekannten sollen das Geld besseren Zwecken zuwenden.

2) Wenn ein Rabbiner am Grabe sprechen soll, dann nur einer, der meinen unvergleichlichen Vater u. meine gute Frau kannte (d. h. Baeck oder Warschauer). Aber beide letztgenannten werden mehr u. Besseres zu tun haben. So soll nur Davidsohn, der Kantor, sprechen. [. . .] Die Rede soll nicht auf einen Trauerton gestimmt sein. Ich gehe fröhlich in den Tod, mit Gottvertrauen. So soll die Rede auch einen fröhlichen Unterton haben: ein herrlich reiches, glückliches u. erfülltes, gesegnetes Leben ist zu Ende gegangen – – Auch die etwaige Musik soll nicht an die Tränendrüsen appellieren. Nichts Sentimentales, sondern etwas Herbes-Aufbauendes wie ‚Ich hatt' einen Kameraden' –! Nicht niederdrücken soll die Feier bei der Beisetzung, sondern erheben: ‚Welch ein Glück! Fröhlich gelebt und fröhlich gestorben . . .' " [124]

Wie er es gewünscht hatte, ist es bei seiner Beerdigung auf dem jüdischen liberalen Friedhof in London geschehen.

VI.
Blick aufs Ganze

Äußerungen, wie Weiß sie am Ende seines Lebens tat, sind rätselhaft. Blickt man nämlich auf das Ganze zurück, dann drängt sich wohl kaum das Urteil auf: „ein herrlich reiches, glückliches und erfülltes, gesegnetes Leben ist zu Ende gegangen". Es weicht dies Urteil vielmehr so stark vom Erwarteten ab, daß erst tiefgreifende Interpretationen das hier Geschilderte mit dem Selbstresümee in Übereinstimmung bringen können. Es wäre nun sicher trivial, alles aus jenem Habitus zu erklären, der echte Preußen verpflichtete, in jeder Lebenslage „tadellose Haltung" zu zeigen.

Hilde Baban-Weiß, die Tochter, berichtet von einer Grundeinstellung ihres Vaters, die bessere Erklärungen bieten kann. Immer, nicht nur im Angesicht des Todes, habe er versichert, daß er das Schwere mit derselben Ehrerbietung als Schicksal angenommen habe wie das Glück. Gerade das scheinbare Unglück verwandele sich nämlich immer ins Beste, was der Mensch erringen könne: einen ausgeprägten Charakter. Sein Wachstum begünstige Bedrückendes mehr als einfaches Wohlergehen. Es führt vielleicht in Tiefsinnigkeit, aber nur schwer auf wissenschaftlich abgesichertes Terrain, jetzt auf die Verbindung solcher Vorstellungen zu jener alten Grundposition jüdischen Denkens überhaupt hinzuweisen, die im großen Maßstab den Juden lange Zeit eine Sinngebung für ihre Leiden ermöglicht hat: Tod und Verfolgung zeigen nicht die Verlassenheit des Volkes Israel, sondern künden, als erste Schritte des Messias, seine Errettung an.

Wissenschaftlich kalkulierbar ist jetzt aber die Massivität des Drucks, den Goebbels auf Weiß lenken konnte. Er war so groß, weil mehrere getrennte Potentiale sich in diesem herausragenden „Fall Isidor" verbinden ließen. Bernhard Weiß war tatsächlich der erste nicht getaufte Jude, der in ein machtorientiertes Ministerium kam und der dann eine unvergleichliche Karriere machte. Sein Rang als Symbol für endgültige Emanzipation und zugleich für die Wehrhaftigkeit des neuen demokratischen Staates – dies als Polizeivizepräsident in eben jener Stadt, die selbst wiederum als Symbol für den deutschen Staat dastand – diese dreifache Verdichtung in der einen Person zeigt, was die Nationalsozialisten in ihr mit *einem* Schlage treffen wollten und konnten.

War dies die Lage, dann bot es sich an, auch für dies *mehrere*

Sachzusammenhänge bündelnde Symbol der Person *ein* sprachliches zu finden, das abermals verdichtete und überdies so geartet war, daß es nicht *einen* der gebündelten Einzelaspekte aufs Korn nahm, sondern mit einem Schlage alle. Genau dies leistet ein Name. Er zielt ja nicht auf einzelne Aspekte. Er ist vielmehr ein begriffsfernes Zeichen, das ungeschieden alle Seiten einer Person auf einmal, die Person eben als ganze anspricht. Die Nationalsozialisten nutzten den Schmähnamen also als Totalisator, der als *Individual*zeichen auf dem einen Pol genau das leistet, was auf dem gerade entgegengesetzten von Carl Schmitt in seiner wohl bekanntesten Schrift beschrieben worden ist: In polemischen Auseinandersetzungen habe die Usurpation extrem umfassender *Begriffe* notwendig inhumane Folgen:

„Die Führung des Namens [hier = Begriffes, D. B.] ‚Menschheit‘, die Berufung auf die Menschheit, die Beschlagnahme dieses Wortes, alles das könnte, weil man nun einmal solche erhabenen Namen nicht ohne gewisse Konsequenzen führen kann, nur den schrecklichen Anspruch manifestieren, daß dem Feind die Qualität des Menschen abgesprochen, daß er hors-la-loi und hors l'humanité erklärt und dadurch der Krieg zur äußersten Unmenschlichkeit getrieben werden soll." [1]

Genauso bleibt auch an einer Person kein akzeptabler Rest, wenn sie mittels eines (eben alles umfassenden) Namens als ganze zurückgestoßen ist. Symbolisiert nun die Person selber die Demarkationslinie zwischen Freund und Feind, dann ist auch der Gegner *in* dieser Person und in ihrem Namen als vernichtungswürdig außerhalb des menschlichen Rahmens („hors l'humanité") gestellt.

Diesen Mechanismus in Gang zu setzen, dafür brauchten, so ist bewiesen, die Nationalsozialisten kein neues Instrumentarium. Sie konnten ein altes ausbauen; dies taten sie freilich mit noch nicht dagewesener Exzessivität. Dabei garantierten individuelle Zufälle, daß die verbale Waffe in besonderer Weise paßte. Bei Weiß traf der Schmähname nämlich alle konstruktiven Punkte, die bei ihm personale Würde und öffentliche Wirksamkeit trugen: sie traf seine ganze Familie durch die spezifische Namentradition, seine Ehre als Frontkämpfer im Ersten Weltkrieg, seine Stellung an der Spitze eines außergewöhnlich großen und dazu noch militärnahen Apparats, sein selbstbewußt offen bekanntes Judentum, sie traf ihn als Deutschen, der mit ganzer Liebe an seinem Vaterland hing, und sie traf ihn schließlich als liberalen Repräsentanten eines neuen demokratischen Staates, der als „Judenrepublik" verschrien wurde und somit auch am besten mit einem Namen zu bekämpfen war, in dem alle negativen Einschätzungen gegen Juden konzentriert waren. Bei Goebbels optimierte den Namenkrieg das eigene Leiden an einem Stigma, also das auf peinigende Weise zugewachsene Wissen um die Erbarmungslosigkeit des Menschen, sei es, daß er als Kind an die Zügel des Anstands noch nicht gewöhnt ist (s. o. S. 104), sei es, daß sie ihm in politischen Verrohungsprozessen absichtlich genommen werden. Die Forcierung der spezifisch Berliner Art, Witze auch auf Kosten der Mitbürger zu machen, tat ein übriges.

Schließlich paßte die Namenwaffe wegen bestimmter linguistischer Strukturmerkmale besonders gut zu den Kampfbedingungen, die die Nationalsozialisten bevorzugten. Sie konnten so die begriffliche Auseinandersetzung klein halten und die rein emotionale, (a-) moralische dominieren lassen. Namen kommen ja durch bloßen Konsens in die Welt, während bei Begriffen gemeinhin doch ein Fundament in der *Sache* angenommen wird, d. h.: Gegen den Angriff „Mörder", „Dieb", „Verbrecher", „Betrüger" oder die Umdefinition von Begriffen wie „Staat", „Demokratie", „Gewalt", „Gerechtigkeit" u. ä. kann man sich zur Wehr setzen, indem man den Inhalt dieser Begriffe zur Hilfe nimmt, in Diskursen Begriffsarbeit leistet und einklagt. Hingegen: Wer wie heißt, ist purer Sozialkonsens, der durch nichts anderes als Abmachung zustande kommt und auch durch nichts anderes getragen wird. Ob man sich an diese Abmachung hält oder sie aufkündigt, ist allein eine Frage des Willens und der Moral.

Durch die Gleichsetzung mit „negativer Jude" war *Isidor* natürlich auch inhaltlich bestimmt und gewann eben dadurch seine Gefährlichkeit. Aber das Wort blieb in seinen formalen Gebrauchsbedingungen Name, und dies auch insofern, als in ihm begrifflich nicht eigens ausgedrückt zu werden brauchte, was genau gemeint war; jeder konnte in ihn einfach die Vorwürfe hineinlegen, die ihm gerade in den Kopf kamen und aggressive Abfuhr verlangten. Psychologisch entlastend wirkte dann, daß man sich immer vorgaukeln konnte, doch nur einen Namen gebraucht zu haben, was doch wohl gestattet sei.

So dargestellt, erweisen sich Namen als schwer verteidigungsfähig. Nur solange der Konsens einigermaßen gesichert ist, dürfte Gegenwehr, sei es gerichtliche, sei es informelle, eine Durchsetzungschance haben. Genau so ist Weiß verfahren. Als der Konsens weitgehend zerstört war, hat er keine Strafanträge mehr wegen jenes Schmähnamens gestellt. Und die Verteidigung seines Namens vor die weitere historische Entwicklung gestellt? Aus dieser Sicht dürfte er in besonderer Weise gerechtfertigt erscheinen, weil die Nationalsozialisten, was sie bei Weiß mit aggressivem Geschrei öffentlich in Szene setzten, später auf dem einfachen Verwaltungswege allen Juden antaten: Zwangsmarkierung mittels der „Schein-Namen" *Sara* und *Israel,* die nicht mehr Individualisierung, sondern genau das Gegenteil leistete: Kollektivierung, um die so Gezeichneten einem kollektiven Schicksal entgegenzutreiben.

Gleichwohl bleibt es fraglich, ob man sich mit dem Eingeständnis der Verletzung eines so intimen Punktes wie des Namens an die Öffentlichkeit begeben sollte. Sieht man Weiß' Schicksal, so würde man *nach* seinen Erfahrungen vielleicht doch eher abraten, so wie ihm auch vom Justitiar des Innenministeriums, von Robert M. W. Kempner, abgeraten worden ist [2]. Erkennt der Aggressor noch dazu keinerlei Schamschranke an, so wird es noch schwieriger, ihn zu beeindrucken. In solchen Fällen dürfte nur noch auf Klage setzen, wer ein großes Vertrauen auf ein alle überspannendes und deshalb auch alle bindendes Rechtssystem hat. Dies Vertrauen dürfte bei Weiß nicht ganz frei von Realitätsblindheit gewesen sein. Die bittere Einsicht, daß unbezweifelbares Recht und seine Verteidigungsfähigkeit durchaus verschiedene Dinge sein können, wollte ihm, dem Preußen und dem aus einer Gesetzesreligion stammenden Juden, nicht gleich in den Kopf.

Die Frage, ob er sich wirklich beleidigt gefühlt hat, spielt eine eher untergeordnete Rolle. Wenn aber immer wieder seine Ehrlichkeit gerühmt wird, so darf man von dieser Eigenschaft auch nicht absehen, wenn er dem Gericht mehrfach Formeln geschrieben hat wie: „bin ich durch die Bezeichnung mit ‚Isidor' beleidigt" [3]. In erster Linie ging es ihm aber gewiß um die Wirkung des Schandnamens in der Öffentlichkeit und da vor allem bei seiner Polizeitruppe. Hier mußte er nämlich mit schon bestehenden Antipathien und deshalb um so mehr mit Reaktion rechnen wie: Ein Jude, der sich bei derartigen Anwürfen nicht wehrt, bestätigt das Bild vom grundsätzlich feigen, ehr- und deshalb autoritätsuntauglichen Menschen. Nichts anderes als diese umfassende Amtsunfähigkeit wollten die Nationalsozialisten vorführen.

Hätte Weiß aber nicht vielleicht doch auf *Beleidigungs*klagen verzichten und seine ganze Kraft auf andere Tatbestände richten sollen? Bei der Antwort darf nicht außer acht bleiben, daß juristische Erfolge bei Klagen wegen persönlicher Beleidigung tatsächlich noch am sichersten zu erringen waren (s. S. 350) und die Skandalurteile, auch in Berlin, gerade bei den anderen Delikten gefällt wurden:

So schrieb der Oberreichsanwalt in Leipzig am 16. August 1928 dem Generalstaatsanwalt am LG I in Berlin, er wolle gegen Goebbels und Genossen von sich aus kein Hochverratsverfahren einleiten, weil er in folgendem „Angriff"-Gedicht keine „Vorbereitungshandlung zu einem konkreten hochverräterischen Unternehmen" erblicken könne:

„So stehn die Sturmkolonnen
Zum Rassenkampf bereit
Erst wenn die Juden bluten
Erst dann sind wir befreit.

Kein Wort mehr von Verhandeln,
Das doch nicht helfen kann
Mit unserm Adolf Hitler,
Wir greifen mutig an." [4]

Nach der Absage aus Leipzig strengte die Berliner Staatsanwaltschaft ein Verfahren wegen Aufreizung zum Klassenhaß (§ 130 StGB) an, welches dann zusammen mit Weiß' Beleidigungsklage wegen der Kommentare zu jenem mißlichen Verprügelfall verhandelt wurde. Das Strafmaß des urteilenden Schöffengerichts ist absonderlich, aber bezeichnend: nur 500 RM für das Gedicht, aber 2000 für die Verhöhnung Weiß' [5]. Und wenn es hier also doch noch zu einer Verurteilung kam, wenn auch zu einer grotesk geringen, so gab es andere, wo sich die Angegriffenen überhaupt nicht mehr durchsetzen konnten [6] – ganz anders als der bei den Beleidigungsklagen immer wieder obsiegende Polizeivizepräsident. Weiß erscheint uns also am Ende der Untersuchung in seinen Handlungsweisen verständlich und gerechtfertigt. Aber wir müssen uns erinnern, daß hier ja nur der Teil seiner Biographie thematisiert ist, der zweifellos einen Kulminationspunkt in der Geschichte brachte. Nähmen wir die gesamte Breite seiner Wirksamkeit, könnten Schattierungen auftauchen [7]. In vielen Punkten, seinem bewundernswerten Mut, seiner rückhaltlosen Einsatzbereitschaft für die junge Demokratie, seiner erstaunlichen Arbeitskraft und Nervenstärke und vor allem in seinem Namenkampf, steht er einzigartig da, und so konnte sein Fall auch zu einem Beweisgang von allgemeiner Bedeutung dienen: Es genügt nicht, sprachliche Elemente – wie *Isidor* – einfach als „markiert" zu bezeichnen und überdies der Sprache allgemein eine wichtige Funktion in der Geschichte zuzuschreiben. Worte sind Werkzeuge, die Sozietäten sich zu bestimmten Zwecken verfertigen. Mit ihnen interpretieren *und* formen sie Wirklichkeit. Die Handlungsresultate, die durch verbalen Einsatz erreicht werden, sind von der Art des eingesetzten Mittels abhängig – genau wie das verbale Werkzeug wiederum in seiner Struktur von der Realität, die es bewältigen soll. Also muß auch konkret gezeigt werden, wie die beiden Sphären, Sprache und geschichtliche Wirklichkeit, ineinanderfassen. Der Namenkampf zwischen Weiß und Goebbels zeigt besonders deutlich: Es gibt bedeutsame historische Vorgänge, die sich befriedigend überhaupt nur rekonstruieren lassen, wenn man sprach- und allgemeinhistorische Erkenntnisse zusammenführt.

Anmerkungen

I. Einleitung

1 Stephan, Werner 1949: Joseph Goebbels. Dämon einer Diktatur, Stuttgart und in den Tagebüchern Graf Kesslers 1961, S. 741 (Eintragung vom Juli 1935): „Goebbels schätzt Brüning geistig sehr hoch. Er sei von einer diabolischen Klugheit. ... In der Tragödie vom 30. Juni habe er eine dämonische Rolle gespielt."

2 „Soll mir doch mal einer sagen, wann es bei uns seit Goebbels einen so begabten Demagogen wie Geißler gegeben hat" (Spiegel, Nr. 21 v. 20. Mai, S. 28)

3 Kölner Stadtanzeiger Nr. 32 v. 7. Februar 1989.

4 FAZ-Magazin v. 31. März 1989, S. 38.

5 Ferdinand Friedensburg, sein Amtsvorgänger, schrieb in seinem Nachruf: „Bernhard Weiß gehörte zu den meistgenannten und wichtigsten Persönlichkeiten Berlins aus der Zeit der Weimarer Republik." (Kurier v. 30. Juli 1951) „Die Neue Zeitung" formulierte (31. Juli 1951) in ihrem Nachruf: „einer der markantesten Köpfe der Weimarer Epoche" und „Der Abend" (31. Juli 1951): „einer der populärsten Berliner".

6 1932, S. 1142. Über die Bedeutung von Olden vgl. den Portrait-Essay von Elisabeth Wehrmann 1984 und die ausführliche Würdigung von Finetti, M. 1990.

7 Weiß wird in den wichtigen Standardwerken übergangen, z. B. Schulze, H. 1977, oder nur ganz am Rande erwähnt, z. B. Bracher, K. D. 1971, S. 506, 516.

8 Erst die Arbeiten von Bering, D. 1983 a u. b, 1987, 1988 und von Reuth, R. G. 1990 brachten einen Perspektivenwechsel.

9 Cronica Israelitica August 1951. Der Nachruf wurde einige Ausgaben später vom Bruder Bernhards, Dr. Adolf Weiß (New York), in einem ausführlichen und warmherzigen Dankesbrief besonders gelobt (Bestand Baban-Weiß). Glaube, daß er in Wirklichkeit „Isidor" heiße, auch vor Gericht als Entschuldigung der Goebbels-Verteidiger vorgebracht, z. B. LAB Rep. 58, Nr. 2 Bl. 67.

10 Goebbels Tgb. IfZ, Bd. 1, S. 254 (10. August 1928). Daß Ley 1929 auch von rebellischen Kölner Volksgenossen als jüdischer Namenmanipulateur angegriffen worden ist, berichtet die C.V.-Z. 1929, S. 60.

11 Brecht, A. 1967, S. 490; weiter: tadelnder Leserbrief in „Deutsche Zeitung", Berlin v. 12. Oktober 1949, über die Verwendung des fal-

schen Namens in der Zeitschrift „Neuer Südfunk" vom 2. Oktober 1949.

12 Vgl. hier schon u. S. 76.

13 Frühe Goebbelsbiographen erwähnen ausdrücklich: „Für die Kampflieder gab es nur noch einen Mann, wert ihn zu besingen" (Bade, W. 1933, S. 35); „sogar in Kampfliedern wird er singend durch die Straßen getragen" (Jungnickel, M. 1933, S. 56); ein weiteres Liedbeispiel gibt Bade, W. 1934, S. 113 f.; das vorliegende mitgeteilt von einem Reichswehroffizier.

14 Bering, D. 1988.

15 S. 479. Ein anderes Beispiel: Am 11. Mai 1932 quittiert ein kommunistischer Reichstagsabgeordneter die Anfrage des nationalsozialistischen Abgeordneten Frick, was denn der Polizeivizepräsident Weiß im RT zu suchen habe, mit dem Zwischenruf: „Der könnte Goebbels' Bruder sein" (Voss. 11. Mai 1932 [M.]).

16 Da der Forschungsstand zu den psychologischen und linguistischen Problemen bei Namen in Bering 1988, S. 250–288 breit dargestellt ist, wird er hier nicht wiederholt.

17 Löwenthal, L. 1982, S. 88 f.

18 Vgl. z. B. Bayerndörfer, H. P. 1985, S. 221 f.; Bein, A. 1980, Bd. 1, S. 337–339; Mosse, George L. 1966, S. 188 und 212, wo mitgeteilt wird: bis 1932 Aufl. 100 000; die hier benutzte Ausgabe von [13]1920 gibt aber schon 100.–110. Tausend an!

19 Zu den „Wegbereitern" (Angr. 1927, Nr. 8, S. 4), den echten „Propheten" (1928, 19, S. 3) des Dritten Reiches gezählt; Hitler als Patenonkel seiner Tochter Friedhilde (1928, Nr. 29, S. 4); Redner auf dem Nürnberger Parteitag (1927, 9, S. 4). Obwohl dann am 11. Oktober 1928 ausgeschlossen, blieb der Roman im Zentrum nationalsozialistischen Bewußtseins (z. B. auf der Bücherliste des Angr. 1930, 7, S. 3 als einziges Buch gleich dreimal angeboten).

20 Nichts zeigt eindringlicher, wie schriftstellerische Phantasie und politische Phantasmagorie aufeinander angewiesen waren, als die dringliche Suchmeldung des „Angriffs" auf der Seite 3 der Nr. 25 von 1927: Beim letzten Polizeieinsatz gegen die Partei sei Dinters „Die Sünde wider das Blut" abhanden gekommen. Man bitte dringlich um Rückgabe.

II. Biographische Exposition

1 Die Quellen über sein Leben sind spärlich. Als kompakte Bestände sind zu nennen: die Offiziersakte, seine Handakten aus dem Polizeipräsidium (von der Gestapo durchgeplündert, ehemals sicher sehr umfangreich, jetzt zusammen vielleicht noch gerade 2 Meter, trotz großer Faszikelzahl!) und seine Entschädigungsakte, in der mehrfach betont ist, daß seine Personalakten verloren gegangen sind.

2 Geb. 1843 in Oranienburg als Sohn des Dr. med. Bernhard Weiß (über diesen Namengeber des Enkels Bernhard genauer u. S. 60), gest. 1926 in Berlin.

3 Am 30. September 1907 stellte er seinem Sohne für dessen Offizierswahl den Revers aus, daß dieser beim Ableben des Vaters eine Erbschaft von 200 000 M zu erwarten habe (Offiziersakte B. Weiß, München OP 51 391). Sechs Geschwister gerechnet, erweist sich das Familienoberhaupt schon damals als Millionär. 1951 gab die Ehefrau Bernhard Weiß' an, Max Weiß habe 1926 mehrere Millionen hinterlassen (Entschädigungsakte Berlin Nr. 70 005).

4 Um 1910 (Brief des Vetters P. Nathan).

5 Briefl. Vetter P. Nathan: „Der Vater und alle Geschwister waren gute Juden, für die eine Assimilation nicht in Frage kam" (gemeint ist sicher: Abrücken bis hin zur Taufe).

6 „Hochschule für die Wissenschaft des Judentums" (vorher: „Lehranstalt für") war das organisatorische Aggregat der „Wissenschaft des Judentums", die seit Beginn des 19. Jahrhunderts bemüht war, das Judentum auf moderne, den Wissenschaftsprinzipien der aufgeklärten Mehrheitskultur angeglichene Weise zu erforschen (Vgl. Bein, A. Bd. 2, S. 257–265 mit ausgiebigen Literaturangaben). Max Weiß wird in den Erinnerungen von Ismar Elbogen: „25 Jahre Dozent" besonders hervorgehoben als Helfer von Maybaum, der neue Lehrstühle eingerichtet habe. Weiß war „unermüdlich darauf bedacht, die Mittel der Anstalt zu vermehren." Im Herbst 1903 machte er gleich zwei größere Stiftungen (C.V.-Zeitung 1927, S. 700).

7 Im Interview ausdrücklich versichert von F. W. Stern, der selber oft Gast im Hause Weiß war.

8 Briefl. Mitteilungen von Pierre Nathan, einem Vetter von B. Weiß, der kontinuierlich in dessen Elternhaus verkehrt hat.

9 Allbekannt. Überblick bei Zmarzlik, H.-G. 1981, S. 250 f.

10 Von 1885–1905 wuchs Berlin von 1,315 auf 2,040 Millionen (das spätere Groß-Berlin gerechnet von 1,537 auf 3,131) nach Erbe, M.

1988, S. 694; über die Industrialisierung vgl. Erbe, M. 1988, S. 727 bis 730.

11 Über diese bekannte Tatsache vgl. z. B. Silbergleit, H. 1930, S. 90, S. 91 speziell für Berlin; für freie Berufe (Rechtsanwälte, Ärzte usw.) vgl. S. 106–118.

12 Erbe, M. 1988, S. 779.

13 Vgl. Erbe, M. 1988, S. 759–763.

14 Pulzer, P. 1976, S. 190; Frye, B. B. 1976, S. 148 f.

15 Sein Schicksal scheint unklar: Pierre Nathan meint, er sei schon um 1920 in Mexico verstorben, H. H. Borchardt berichtet, er sei, von den Philippinen kommend, noch während des Zweiten Weltkrieges in New York aufgetaucht.

16 Nach den Berechnungen Christian Velders (1989, S. 24) waren es 35 % gegenüber 7 % Juden an den übrigen preußischen Gymnasien. Antisemiten gaben Werte an, die noch um 10 % höher lagen (vgl. z. B. Th. Fritsch in „Der Hammer" 9 [1910], S. 59).

17 Lebenslauf in Offiziersakte.

18 So bestätigt in Interviews von R. M. W. Kempner *und* W. Stennes. Nach dem Krieg: „Sein Mut und seine Integrität waren legendär" (Brief G. Stern, Israel).

19 Nur so sind Urteile wie das von G. Stern (7. März 1982) zu erklären: „Ich weiß nur, daß Dr. W. sehr freundlich und hilfsbereit war und gleichzeitig überaus mutig. Wie das zusammenhing? Wer weiß?"

20 Lebenslauf Weiß' in der Offiziersakte.

21 H. St. (d. i. E. G. Lowenthal) im Aufbau vom 2. Juli 1971 zum 90. Stiftungsfest (gefeiert in New York!).

22 Brief von R. Kantorowicz.

23 Bernhard Weiß selber in seinem Lebenslauf: „ebenso war ich ein eifriger und ziemlich gewandter Fechter, der die Klinge auch im Ernstfalle gar manches Mal erprobte" (Offiziersakte); R. Kantorowicz berichtet brieflich, daß Weiß (der als Polizeivizepräsident mit ganzer Kraft gegen studentische Duelle kämpfte) ihm, der er als Vertreter des Burschenbundes Brandenburgia beim 50. Stiftungsfest der F. W. V. am 22. Mai 1931 zugegen gewesen sei, auf einen anspielungsreichen Trinkspruch bestürzt gesagt habe: „Um Gottes Willen, woher wissen Sie denn, daß ich einmal auf Ihre Waffen gefochten habe?"; der Generalmajor z. D. R. Lorenz bezeugt 1907 in seinem Gutachten zur Offizierswahl: „Auf studentischen Säbelmensuren hat er (d. i. B. Weiß) tadellos seinen Mann gestanden." Seit den Forschungen von Ute Frevert über das Duell hat man ein Urteil, was für

eine Rolle die Verteidigung der Ehre mit der Waffe im psychischen Gesamthaushalt des Individuums spielte und welche Funktion sie für die Hierarchie in männerbündisch strukturierten Gemeinschaften hatte.

24 Im Lebenslauf schreibt er: „[..] studierte ich das jus, ohne von ihm aber ausschließlich meine Tätigkeit in Anspruch nehmen zu lassen. Auf wissenschaftlichem Gebiete waren es vor allem die Philosophie und die Staatswissenschaften, denen [...] mein Interesse [...] galt." (Offiziersakte).

25 1919 publizierte er z. B. als Regierungsrat im Polizeipräsidium Berlin eine kriminalistische Abhandlung „Über Glücksspiel, Spielklubs und öffentliche Spielbanken", 127 Seiten lang und mit 122 gut gefüllten Anmerkungen unterfüttert – eine Akuratesse, die im polizeilichen Publikationsmilieu wohl nicht gängig gewesen sein dürfte. Seit März 1928 war er Herausgeber der renommierten „Kriminalistischen Monatshefte". Dort publizierte er kontinuierlich Rezensionen über juristische und polizeiliche Fachliteratur – allein im Jahre 1928 z. B.: über Wilddieberei und Förstermorde, S. 118; über moderne Betrüger, S. 142 f.; über Rudolf Olden/Josef Bernstein: Der Justizmord an Jakubowski, S. 191; über Ziele und Aufgaben der weiblichen Polizei in Deutschland, S. 238; über Verbrechen und Versicherung, S. 262; über Strafvollzug in Preußen, S. 263. Ein großes, umfassendes Werk über Kriminologie zerschlug sich wegen Verlagsquerelen (Handakten 21 353).

26 Geschrieben für die Propagierung eines groß aufgezogenen Vortrages in Riga im April 1931, Handakten Nr. 21 344, Bl. 6–7.

27 Jg. 6,1. (1907), S. 521 f.

28 Benecke 1907, S. 773.

29 Weitere Beweise für diese Meinung Bering, D. 1988, S. 359 f., 364.

30 Benecke 1907, S. 774, 776.

31 Das geschah fast jedes Jahr im Parlament bei den Haushaltsdebatten, vgl. z. B. die komplette Aufstellung bei Angress, W. T. 1972.

32 Bayerisches Hauptstaatsarchiv München, Abt. IV Kriegsarchiv, MKr. 43, Bl. 3–7.

33 Ebd., Bl. 1–1 v., 8.

34 Offiziersakte. Schreiben vom 6. Oktober 1907. Den Vater bezeichnete der General als „angesehenen und wohlhabenden Großkaufmann".

35 Über seine Mitgliedschaft im „Verein zur Abwehr des Antisemitismus" und im „Antizionistischen Komitee" des Vereins für religiös-

liberales Judentum, dessen Protokolle im Leo Baeck Institute New York liegen (Mitteilung Prof. K. Hermann, Montreal), vgl. u. S. 91.

36 Dort berichtet Weiß über sein Reüssieren in der Bayerischen Armee, vgl. „Mitteilungen des Vereins zur Abwehr des Antisemitismus" 18 (1908), S. 336.

37 Protokolle dieses Komitees in den Archiven des KGR Leo Wolffs im Leo Baeck Institut; den Hinweis verdanke ich Klaus Hermann (Montreal).

38 Brief von Herbert H. Borchardt an Hilde Baban-Weiß v. 2. Dezember 1980. Gemeint ist der Bruder Konrad; die Einschätzung „very severely" stimmte auf sichtbare Weise mit der Wirklichkeit überein.

39 Bericht Weiß' aus dem Lazarett in Ludwigshafen an sein Regiment (Offiziersakte).

40 U. a. das Oldenburg. Friedr. August Kreuz 2. u. 1. Klasse.

41 Vgl. u. S. 108. „Der Angriff" brachte nach 1933, als man Weiß' Wohnung ausgeraubt und auch Fotoalben aus seiner militärischen Ausbildungszeit mitgenommen hatte, einen mit dem Raubgut bebilderten Artikel gegen Weiß. Er endet: „Trotz der Reichhaltigkeit des Albums, das aus Isis Militärzeit erzählt, haben wir uns vergeblich bemüht, ein Bild von ihm zu finden, wo er an der Front ist [. . .] Leider Fehlanzeige . . ." (Bestand H. Baban-Weiß). Vgl. Angr. 1928 36, S. 5.

42 Wiederholter Antrag auf Übungsverschiebung mit demselben Argument am 13. März 1913.

43 Verfügung des Militärgerichts in der Offiziersakte. Die Strafe wurde am 6. Februar 1917 auf dem Gnadenwege erlassen.

44 „Führung: Ganz vorzüglich gut" (1907 unter seinem Offiziers-Aspiranten-Personalbogen); „Seine Reitfähigkeit ist befriedigend, jedoch Haltung und Auftreten vor der Front entbehrt noch der nötigen Sicherheit, auch im außerdienstlichen [!] Verkehr muß derselbe sich noch mehr den militärischen Formen anpassen, um in jeder Hinsicht entsprechen zu können" (Qualifikationsbericht 1910); „. . . sein Verhalten vor der Front zu Fuß und zu Pferd sind vollständig entsprechend. [. . .] unbedingt geeignet für seine jetzige Stellung sowie zur Beförderung zum Oberleutnant" (Qualifikationsbericht 1912); „Er hat sich im Felde gut bewährt [. . .] und ist für den nächsthöheren Dienstgrad unbedingt geeignet" (Beförderungsvorschlag zum Oberleutnant 1914); „[. . .] als pflichteifrigen, gewissenhaften Offizier kennengelernt, der seine Kolonne in jeder Beziehung in sehr gutem Zustande führte" (Beurteilung vom 2. Juli 1918).

45 Qualifikationsbericht 1912.

46 Schreiben Drews vom 14. Juni 1918 in Offiziersakte. Weiß' eigene Angabe: März 1918 (Handakten 21 344 Skizze eines Lebenslaufs vom 17. April 1931) sind also n.cht ganz korrekt.

47 Bill Drews an H. Reichmann, vgl. H. Reichmann 1962, 565 f.

48 Vgl. z. B. Friedensburg, F. 1927, S. 45.

49 Ebd., S. 49.

50 Weiß, B. 1928 a, S. 9; ähnlich 1929 b, S. 513: „Die Polizei der Gegenwart ist Volkspolizei".

51 Vor allem die neueste Arbeit von Peter Leßmann 1989 hat in diesem Punkte für deutliche Einschränkungen plädiert (vgl. vor allem S. 302 bis 322 über die ziemlich erfolgreiche die Agitation der NSDAP und den Standort des Polizeioffizierskorps). Über die verschiedenen Positionen in der Frage der Widerstandsmöglichkeit vgl. Grebing, H. 1983 und Winkler, H. A. 1987, S. 671–680.

52 1961, S. 177 f.

53 1929, S. 12.

54 So z. B. das „Tagebuch" 1927, S. 408, als Kommentar zur Abberufung Ferdinand Friedensburgs, dessen Nachfolger Weiß dann im Amte des Vizepräsidenten wurde.

55 Vortrag von Weiß (1950) am 23. September 1949 im RIAS Berlin, S. 7. Dieselben Akzente in seinem gewichtigen Artikel in der C.V.-Z. vom 3. Juni 1932 (vgl. u. S. 362) und in seiner Rede vor dem C.V. nach der gewaltsamen Vertreibung aus seinem Amt, Vorwärts Nr. 354 v. 29. Juli 1932.

56 Vgl. z. B. dessen informativen Artikel (1928) über die Eigenart der modernen Kriminalpolizei, in dem tatsächlich viele der Gedanken Weiß' wiederkehren.

57 Ebd., hier zitiert nach dem von Weiß selber korrigierten Exemplar aus dem Bestand Baban-Weiß.

58 So gesehen im Rückblick 1946 auch von Friedensburg, F. 1946, S. 243 f., nicht anders beurteilt von Bill Drews (1920, S. 181), dem Förderer Weiß', der zum Kommissar für die Verwaltungsreform Preußens ernannt worden war: „Während in früheren Zeiten die Aufgabe der Sicherheitspolizei im wesentlichen in der Verhinderung polizeiwidriger Handlungen von Einzelpersonen lag, muß gegenwärtig sehr stark mit Massenangriffen gegen Staatsordnung, Person und Eigentum gerechnet werden."

59 Die besonders turbulente Phase 1918–1923 ist bei Johannes Buder 1986 breit, bei Peter Leßmann 1989, S. 11–102 und bei Ludwig Dierkse 1969 kürzer geschildert. Bei Leßmann auch eine übersicht-

liche Zusammenstellung der weiterhin wichtigen Literatur, S. 6 f.

60 Vgl. z. B. Liang, H.-H. 1977, S. 44, 48 ff.

61 Vgl. z. B. Liang, H.-H. 1977, S. 54 ff.; Drews, B. 1920, S. 181.

62 Vgl. Liang, H.-H. 1977, S. 138.

63 Weiß führte aus: „Seit der Staatsumwälzung vom 9. November 1918 hat sich in Groß-Berlin eine arge Zersplitterung des polizeilichen, insbesondere des kriminalpolizeilichen Betriebs bemerkbar gemacht. Unbekümmert um gesetzliche Bestimmungen maßten sich die verschiedensten Dienststellen kriminalpolitische Befugnisse an." Die Volksmarinedivision (die bekannte revolutionäre Einheit) habe sogar eine besondere Kriminalabteilung mit einem von auswärts stammenden Kriminalkommissar eingerichtet. Überdies hätten sich noch folgende Gruppierungen zu Kripo-Stellen aufgeworfen: 1. die Militärpolizeistelle beim Reichsverwertungsamt, 2. der Überwachungsdienst des Ober-Kommandos, 3. die „Zentrale der Exekutive" des Reichswehrgruppenkommandos I., 4. die Ermittlungsstelle beim Zentralrat der Deutschen Sozialistischen Republik und 5. die Wachabteilung der Kommandantur. Es folgte dann die Analyse der Unzuträglichkeiten: 1. mangelnde sachliche Abgrenzung, 2. die Gegenläufigkeit der Aktionen, 3. die unsachgemäße Verfahrensweise. 4. „Die neuen Kriminalpolizeistellen untergraben das Ansehen der Polizei" und 5. die Zunahme „auf Kripo machender" Betrüger. Ehe er dann noch Argumentationshilfen für die zielsicher antizipierten Ausreden der angeklagten Usurpatoren aufstellte, zog er Summe: „Die genannten Mißstände legen die Notwendigkeit nahe, wieder für eine Vereinheitlichung der Berliner Kriminalpolizei und somit für eine Beseitigung der von den neuen Dienststellen selbständig ausgeübten kriminalpolizeilichen Tätigkeit zu sorgen." (GStArch. Rep 84 a, Nr. 9259, Bl. 228–236 vs., von Eugen Ernst abgezeichneter Entwurf; vgl. ferner die nachgeschobenen Argumente und Anlagen vom 27. Dezember 1919, ebd., Bl. 257–258.)

64 Vgl. z. B. Buder J. 1987, S. 192 ff., 198 u. ö. Im Januar 1920 war Weiß übrigens noch für kurze Zeit Leiter der neugegründeten Wucherabteilung geworden, Kurz-Biographie in StArch Potsdam, Handakten 21344, Bl. 6.

65 Weiß, B. 1928, S. 95 f.

66 Ebd., S. 56.

67 „Als ich in Deutschlands schwerster Zeit im Brennpunkt der politischen Ereignisse mehr als vier Jahre die politische Polizei leitete, bin ich gegen solche Angriffe allmählich gleichgültig geworden. (Zur

bleibenden Erinnerung an jene Jahre bewahre ich nicht nur einen Stoß entsprechender Zeitungsäußerungen, sondern auch ein stattliches Päckchen lieblicher Schmäh- und Drohbriefe.)" (1928, S. 8.)

68 Ebd., S. 96.

69 Ebd., S. 8.

70 1928, S. 16; Rundfunkvortrag 1950.

71 1950 Vortrag S. 8 und 1928, S. 16. Tief blicken läßt auch die Fortsetzung der Geschichte: Als die Franzosen Sühne verlangten und eine Kompagnie grüßend an der Fahne vorbeiziehen sollte, fand sich zuerst keine, die das auf sich nehmen wollte, schließlich aber doch eine, die so verfuhr: den Stern herunter durchs Brandenburger Tor ziehend, der Kommandeur zu Pferd mit gezogenem Säbel, begann die Einheit das Deutschlandlied zu singen, als sie die Höhe der französischen Botschaft erreicht hatte.

72 Weiß, B. 1928, S. 21–24.

73 1928, S. 21. Mit sehr ähnlichen Worten hatte er das Vorwort beendet, vgl. S. 8.

74 1928, S. 20; „Sie waren in der Tat verwandt. Sie waren sich einig in ihrer Feindschaft gegen die Demokratie, und wie oft habe ich es erlebt, daß die gleichen Menschen sich bald kommunistisch, bald rechtsradikal gebärdeten" – so 1950, S. 7.

75 Leserbrief auf einen Artikel der „Zeitung" (19. Juni 1942) anläßlich des 20. Jahrestages des Attentats. Bezeichnend ist, daß Weiß sich auch da schützend vor die Kripo stellt, die bezichtigt wurde, „sehr langsam und mißmutig" die Verfolgung der Täter aufgenommen zu haben (Bestand Baban-Weiß). Weitere Information zum Rathenau- und Erzberger-Mord in: Weiß, B. 1928, S. 78 f., 140 ff.

76 In 1928 g) wandte sich Weiß im „Berl. Tagebl." gegen Bernhard Shaw, der Kopfprämien bei der Polizei angeprangert hatte. Er brauche nur auf ein der Öffentlichkeit unbekanntes Detail beim Rathenau-Mord hinzuweisen: „den ersten Hinweis auf die Täterschaft der Fischer, Kern und Techow gab der Polizei eine Person, die dem Mordverschwörerkreis nicht fernstand" – und um der Kopfprämie willen gehandelt habe.

77 Z. B. im Leitartikel „Deutsche Zeitung" (deutsch-national) v. 18. Juli 1922 (Nr. 307) und Nr. 70 v. 11. Februar 1923.

78 Urteil vom 24. April 1923 in StArch Potsdam, Handakten Nr. 21299, Bl. 1–3. In einem ähnlichen Falle war gerichtlich *gegen* den bekannten Kripokommissar und späteren (Nachkriegs-)Polizeipräsidenten Dr. Stumm entschieden worden: Die 24-Stunden-Frist könne um wei-

tere 24 Stunden, äußerstenfalls um 48 verlängert werden. Man sieht, daß Weiß sich im Rahmen gehalten hatte (ebd., Bl. 4–11).

79 Genossen Sabottka, Scholem (den Bruder von Gershom) und Rosi Wolfstein ins „Kellergeschoß" geschleppt (RF v. I. Mai 1923). Zur Aktion im Reichstag vgl. u. S. 356.

80 So seine eigene Darstellung im Lokal-Anzeiger v. 16. Mai 1924.

81 20 (1924), S. 646 f.

82 Über seine Spannungen zu Kuenzer und die Abwehr einer Reichskriminalbehörde Material in StArch Potsdam, Handakten Nr. 21308, z. B. Bl. 47.

83 Vgl. Aktennotiz in Handakten Weiß Nr. 21308, Bl. 36.

84 1929 a) und b). Anlaß war das vom Polizeipräsidium verfügte Verbot des Lampeschen Giftgasstückes.

85 1929 b), S. 512 f. Er habe auch erhebliche Schwierigkeiten mit dem Innenministerium bekommen, wo noch eine Reihe Herren alten Schlages gesessen hätten und nur Freund [Unterstaatssekretär, getaufter Jude] ihn geschützt habe, ebd. Für Weiß' Liberalität zeugt auch, daß er gegen das Verbot von Lampes berüchtigtem Stück „Giftgas über Berlin" war, obwohl es einen Rechtsdrall hatte, und sein Chef und Innenminister Grzesinski dafür waren, vgl. Feder, E. 1971, S. 210.

86 1929 b), S. 513.

87 Bericht „Deutsche Tageszeitung" v. 8. Mai 1923. Die „Deutsche Zeitung" schrieb: „Der ungekrönte König von Berlin" Nr. A/106, v. 8. Mai 1923. Die Hinweise verdanke ich Erika Laurent.

88 Zahlen (nach Angaben von A. Grzesinski) bei Liang, 1977, S. 142. Für das Jahr 1928 gibt Weiß, 1928, S. 210 an: 2412 Kriminalbeamte, darunter 167 obere, welche Zahlen im Verhältnis zum Stand von 1900 einer Verfünffachung gleichkam.

89 Liang, H.-H. 1977, S. 163 ff. London gleich, war das kriminalistische Klima im Berlin der zwanziger Jahre von solchem Interesse, daß wohl jedes der bekannteren Bücher über die Reichshauptstadt ein Kapitel über dies Sujet besitzt, z. B. Weiglin, P. 1955, S. 67 f.; Kiaulehn, W. 1958, S. 505–531.

90 Wie gängig das war, zeigen nicht nur die vielen Anspielungen in der Rechtspresse (vgl. Angr. 1928 Nr. 18, S. 1; 38, S. 8; 1930 40, S. 4, vgl. überdies u. S. 380 „Chikago-Ausschuß Weiß"), sondern auch, daß Weiß bei einer großen Vortragsreise 1931 sogar in Riga (s. u. S. 85) auf die „Chicagoer Sitten" angesprochen wurde, in: Handakten 21344, Bl. 41.

91 Zitiert bei Liang, H.-H. 1977, S. 127.

92 Alle Zeitungen berichteten seitenlang über die Verhandlungen, in denen ein seltsames Gemisch von Mord, Selbstmordplänen, pubertären Liebesphantasien und expressionistischen Elaboraten des Angeklagten, des Primaners Kranz, verhandelt werden mußte. Weiglin, P. 1955, S. 68; Kiaulehn, S. 520 ff., Liang, H.-H. 1977, S. 130 f.

93 Angr. 1928 Nr. 9, S. 3.

94 Vgl. die Zahlen bei Liang H.-H, 1977, S. 163 und die allgemeinen Bemerkungen bei Weiglin, P. 1955, S. 67.

95 Mit der „Weltbühne" gab es z. B. eine hitzige Debatte über die Höhe der Mordrate, vgl. Art. „Die Mordkurve" von Hans Hyan Nr. 37, v. 15. September 1931, S. 398–408, wo der deutliche Anstieg der Kurve behauptet und diese Tatsache genau mit der Brotpreiskurve parallelisiert wurde. Dagegen dann mehrseitige Korrekturen des Chefs der Kripo Scholz und Gennats in Weiß Handakten Nr. 21321, Bl. 1–9.

96 Daten bei Liang, H.-H. 1977, S. 146.

97 Um immer mit präzisen Daten aufwarten zu können, hatte Weiß ausgedehnte Kriminalstatistiken in seinen Handakten, z. B. in Nr. 21309 eine sehr ausführliche über das Jahr 1926.

98 Diese und die folgenden Informationen aus Weiß 1925 und 1928 f).

99 Weiß, B. 1928, S. 213. Die Zahl der vorhandenen Verbrecherphotographien gibt Weiß im April 1928 mit 39 000 an (Handakten 21322, Bl. 10 f. in Brief an Schober).

100 Weiß, B. 1925.

101 Weiß, B. 1928 f.), S. 212; detaillierter festgehalten in seinem Aufsatz 1925 b), S. 505 f., der ganz der neuen Institution gewidmet ist und die Eingliederung ins P. P. für zweckmäßig hält, weil es „bereits jetzt in freilich ganz beschränktem Umfange kriminalpolizeiliche Zentralfunktionen ausübt" (S. 505); festgehalten zweitens in der oben schon zitierten Aktennotiz (Handakten Nr. 21 299, Bl. 36 f.): 1. „inspizierende, beaufsichtigende Aufgabe", „dient zweitens als Zentralstelle für den kriminalpolizeilichen Nachrichtenverkehr, für den Fahndungsverkehr und für den Erkennungsdienst". Und weiter, damit die außerordentliche Kompetenzweite von Weiß hervortritt: „Zur Erfüllung dieser Aufgaben nimmt das L. K. P.-Amt Einsicht in die Geschäftstätigkeit der L. K. P.-Stellen, stellt allgemeine Richtlinien auf und macht dem M. D. I. Vorschläge zu Abstellung kriminalpolizeilicher Mißstände". Weitere Information bei Liang, H.-H. 1977, S. 140 f., 147. Die Fast-Koinzidenz von Weiß' Amtsantritt und der

Gründung des L. K. P. ist keineswegs zufällig, vgl. o. S. 51. Überdies ist daran zu erinnern, daß der Plan eines L. K. P. im Zusammenhang mit dem Rathenau-Mord aufgekommen war (vgl. Liang, H.-H.
1977, S. 141), so daß Weiß auf diesem Felde also große Verdienste
zugesprochen werden müssen.

102 Für das Folgende vgl. die kompakte Darstellung des Falles bei Bering, D. 1983, S. 98 f. und ausführlich Kuhn, R. 1983, S. 59–96.

103 R. Kuhn formuliert (1983, S. 68): „Die ‚republikanische' Exekutive
ist dem Konflikt mit der konservativen Magdeburger Justiz nicht gerade aus dem Weg gegangen."

104 Liang, H.-H. 1977, S. 160 mit weiteren Angaben zum Hergang der
dramatischen Begebenheit, die übrigens später auch als „Affäre
Blum" verfilmt wurde.

105 Vgl. z. B. die Darstellung beim rechtsorientierten G. Zarnow 1931,
S. 39, 40, 75–79.

106 Vgl. Kuhn, R. 1983, S. 66 f., 72, 76.

107 Vorwärts Nr. 558 v. 26. November 1926 über einen Vortrag Weiß'
im „Reichsverband der deutschen Presse"; ähnlicher Bericht Voss.
Zeitung Nr. 560, v. 26. November 1926.

108 Vgl. Weiß, B. 1928 a) das Vorwort, das ganz dem Thema gewidmet
ist; weiter: den eindringlichen Aufruf 1929 c), wo er um vertrauens-
volle Mitarbeit ringt und argumentiert, daß Wachsamkeit und Vertrauen Massenmördern wie Denke es doch eigentlich hätten unmöglich machen sollen, 30 Menschen verschwinden zu lassen, obwohl er
mit allen 13 Mitbewohnern des Hauses denselben Flur benutzt habe!
Schließlich enthält sein Buch über „Politik und Polizei" ein ganzes
Kapitel über „Politische Polizei und Presse" (S. 139–151), wo er die
Erfolge bei der Verfolgung der Rathenau-Mörder der Presse zugute
schreibt.

109 Original in: GStA Rep. 84 a, Nr. 7960.

110 1977, S. 147.

111 Liang, H.-H. 1977, S. 150 mit weiteren Zeugnissen für den Nach-
ruhm von Gennat, der 1926 sich seine Mordkommission selber aufgebaut hatte – und Weiß ihn also aufbauen *gelassen* hat! Auch Kiaulehn 1958 berichtet noch über den dicken Kriminalrat Gennat, „der
so gerne Stachelbeertorte aß und alles, was er betrachtete, ganz gleich
ob es Obstkuchen oder ein Aktenstück war, grundsätzlich durch eine
große Lupe musterte" (S. 528).

112 Bemerkenswert ist, daß Weiß diese Kategorie auf vielen Feldern be-

rief, z. B.: „Letzten Endes ist die ganze Zensurfrage eine Persönlichkeitsfrage" (1929 b).

113 RF Nr. 27, v. 2. Februar 1927 zu der Nachricht von Weiß Aufstieg: „Die Ernennung des Dr. Weiß bedeutet eine Provokation der gesamten Arbeiterschaft."

114 Vgl. Glees, A. 1974, bes. S. 823 über seine machtorientierte Personalpolitik.

115 C. v. Ossietzky 1930, Nr. 10, S. 341.

115a Ein Dokument ließ sich für diese Mitgliedschaft nicht finden, Weiß hat sich aber immer in diese politische Richtung geäußert, vgl. auch die Angaben bei Graf, Chr. 1983, S. 28, 390. Der Angr. 1930 70, S. 2 eine Meldung über den Beitritt zur Staatspartei.

116 Vetter P. Nathan brieflich: „B. W., genau wie seine Geschwister, respektierten den Vater, und es herrschte das beste Verhältnis in der Familie." Brieflich L. Warschauer (sehr guter Freund der Familie): „Mit seinem Vater hat er gut gestanden, welcher selbst des öfteren sagte, daß ihm sein Sohn Bernhard ,nur Ehre und Freude' mache."

117 Vgl. u. S. 381.

118 Briefl. Vetter P. Nathan: „Es war die Tradition, daß der älteste Sohn den gleichen Namen bekam wie sein Großvater. (Mein ältester Bruder natürlich auch)." Über diese Sitte der „Nachbenennung" vgl. Bering, D. 1988, S. 87, 244, 261, 474 f.

119 Sämtliche Schriftstücke in GStArch Pr. Br. Rep. 2 B, Abt. II, No. 946 betr.: „Den Doktor und Chirurgus, auch die Medikamente betreffend."

120 Anträge und Bericht der Inspektion des Waisenhauses vom 14. Juli 1836.

121 Geburtsort und Alter sind in der Akte auf dem Schreiben vom 11. Oktober 1837 genannt.

122 Emanzipationsedikt abgedruckt bei Freund, I. 1912, Bd. 2, S. 455 ff.

123 Freund, I. 1912, Bd. 1, S. 238–240 zählt die kassierten Rechte einzeln auf.

124 Notizen auf Schreiben Gähdes vom 11. Oktober 1837.

125 StArch Potsdam Pr. Br. Rep. 2 A, Nr. 16, Bl. 34.

126 Schreiben Gähdes vom 16. Dezember 1838.

127 Vgl. Bericht des BT v. 4. September 1929, Nr. 416 (in Handakten 21 351, Bl. 4).

128 8 Uhr-Abendblatt der National-Zeitung, Nr. 301, v. 27. Dezember 1929 (in Actis, Handakten 21 203). Moderne Darstellung bei Erbe, M. 1988, S. 745.

129 Erbe, M. 1988, S. 745, 749; Die Entwicklung des Königlichen Polizei-präsidiums zu Berlin in der Zeit von 1809 bis 1909, S. 18.
130 1988, S. 820.
131 Daten nach Liang, H.-H. 1977, S. 9.
132 Handakten Weiß, Nr. 21 302, Bl. 6 f.
133 Daten in: Die Entwicklung des Königlichen Polizei-Präsidiums zu Berlin . . ., S. 25; so auch Martell, P. 1936, S. 4.
134 Vgl. Weiß' Aufsatz von 1927: „Die Organisation der preußischen Polizei." Dessen Entwurf in Handakten, Nr. 21 333, Bl. 32 ff.
135 Friedensburg, F. 1969, S. 155.
136 1927 Nr. 13, S. 481; dort auch Komplimente für Grzesinski, abgerechnet sein Ton gegen die Kommunisten. Vgl. ähnlich 1928, Nr. 23, S. 888; 1929, Nr. 20, S. 729.
137 Angr. 1928 15, S. 1. Ein ähnlicher Effekt kam heraus, wenn man den Namen Weiß *vor* den des wirklichen Präsidenten stellte (Angr. 1928 46, S. 1).
138 Angr. 1928 26, S. 7.
139 Angr. 1930 35, S. 3. Sehr ähnlich auch: 1928 32, S. 1; „daß Herr Weiß im Vordergrunde steht und in den Augen der Öffentlichkeit – übrigens wohl durchaus mit Recht – als der *eigentliche* Leiter des Polizeipräsidiums gilt" (Angr. 1929 10, S. 1) oder auch 1928 25, S. 5 der Vorschlag Weiß zum Präsidenten und Zörgiebel zum Vize zu machen.
140 Artikel aus der Berliner Arbeiter-Zeitung (BAZ), angeklagt von Zörgiebel, in: LAB Rep. 58, Nr. 2091, Bl. 12.
141 Angr. 1928 40, S. 7.
142 Angr. 1928 32, S. 7.
143 LAB, Rep. 58, Nr. 2, Bl. 77. Auch in Urteilen wurde festgehalten, daß Weiß nach Ansicht der Nationalsozialisten den wichtigsten Posten und nicht den zweitwichtigsten innehabe (LAB Nr. 442, Bd. 2, Urteil v. 5. Oktober 1932, S. 19 f.).
144 Angr. 1928 26, S. 4.
145 Angr. 1928 26, S. 7.
146 Angr. 1928 28, S. 5. 1927 verteidigte der verantwortliche Schriftleiter des VB die von seinem Namensvetter inkriminierte Schlagzeile „Der jüdische Herr von Berlin" mit der Einlassung, das sei keine Beleidigung, sondern das entspreche durchaus den Tatsachen LAB Rep. 58, Nr. 367, Handakten Bl. 15.
147 LAB Rep. 58, Nr. 51, Bd. II, Bl. 19.
148 LAB Rep. 58, Nr. 24, Bd. II, Bl. 44; Bd. VII, Bl. 14.

149 Weiß Handakten Nr. 21 339.

150 Schreiben vom 27. Juli 1928, Handakten 21 309, Bl. 20; dort auch ausführlicher Artikel der „Nachtausgabe", Bl. 21.

151 Reichsgesetzblatt I, S. 593.

152 Entwurf des RMdI in: Handakten 21 308, Bl. 16 f.

153 Brief von Weiß an den Landtagsabgeordneten Dr. Grzimek vom 8. Dezember 1927. Handakten, Nr. 21 308.

154 Vgl. z. B. das 22 S. lange Protokoll der Sitzung des Ausschusses I der Deutschen Krimpol. Kommission vom 27. bis 28. Januar 1928 in Berlin, in dem beschlossen wird, die Länderzentrale für Daktyloskopie in Berlin anzusiedeln (Handakten Nr. 21 308, Bl. 21–32, hier Bl. 22 u. 32 f.); vgl. weiter Weiß' scharf gegen Kuenzel argumentierender Brief an den Präsidenten des Sächsischen Landeskriminalamtes Dr. Palitzsch v. 14. Februar 1928, ebd., Bl. 38, wo betont wird, nicht als Reichszentrale wolle man das Zentrum in Berlin aufbauen, sondern als Länderzentrale.

155 Brief vom 30. Oktober 1929, Handakten 21 308, Bl. 5759.

156 Zusammenstellung der Mitglieder Handakten 21 327, Bl. 26–28.

157 13seitiger Bericht v. 20. April 1929 in Handakten 21 332, Bl. 88–94. Bericht über den Wiener Kongreß ebd. Bl. 114–118.

158 Mit ihm korrespondierte Weiß z. B. ausgiebig über Fahndungs- und Erkennungsmethoden nach Galton (1895), Bertillon, Prof. Oloricz, Vucetich – alles abgesichert durch präzise Literaturverweise, Brief v. 6. April 1928 in Handakten Nr. 21 322, Bl. 10–11.

159 Art. in „Neues Wiener Journal" vom 28. Januar 1930, in actis Handakten 21 332, Bl. 98.

160 Handakten Nr. 21 293 Bericht des ehemaligen Polizei-Oberwachtmeisters Adolf Grzema. Ähnliche Beschwerden kamen vom SPD-Parteigenossen Dr. Kurt Raphael (Bl. 5), von Landrat z. D. Robert Scholz (Bl. 20), von Alexander Graf Stenbock-Fermor (Bl. 18 f.).

161 Ebd., Bl. 5, 18 f., 20 f.

162 Handakten 21 350 (in der hier gesetzten Reihenfolge: Bl. 1–2, 3–9, 10–18, 23–25, 32–36).

163 Der persönliche Referent des Ministerpräsidenten Braun, Herbert Weichmann, später Regierender Bürgermeister von Hamburg, urteilte 1981: „Er hätte sich vielleicht mehr zurückhalten sollen", was Axel Eggebrecht sofort mit dem Satz zurückwies: „Typisch Weichmann" (Interviews).

164 Z. B. BT v. 5. Mai 1924 (A): „Herr Oberregierungsrat Weiß, der die Aktion leitete."

165 Z. B. allein in der Ausgabe vom 4. Mai 1924: „Die Aktion wurde vom Oberregierungsrat Weiß persönlich geleitet"; „unter Führung des Oberregierungsrats Weiß"; „unter Anführung"; „unter den Augen des" usw.

166 Vgl. o. S. 51.

167 Bei einem Lokaltermin mitten in der Menge stehend, verhörte er persönlich den Kaufmann Trotzki, in dessen Fabrik es eine gefährliche Explosion gegeben hatte (Handakten Nr. 21 349 [5. Juni 1928]). In eigener Person verhört hatte er auch ein Jahr früher die dubiose Scheller aus dem Krantz-Prozeß, jener berühmt gewordenen todessüchtig-tödlichen Schüleraffäre im Schnitzler-Stil (Liang, H.-H. 1977, S. 130 f.). Nicht anders in seiner Zeit als Chef der IA, als er 1923 den verhafteten Leutnant a. D. Roßbach verhörte und dort Sachen zutage brachte, die zum Verbot der Deutschvölkischen Freiheitspartei führten (Bericht des BT vom 23. März 1923 [M]; Lokal-Anzeiger v. 23. März 1923; Kreuz-Zeitung v. 23. u. 25. März 1923, wo Weiß allerdings noch „Weise" genannt und damit wohl bewiesen wird, daß er noch nicht zu den ganz geläufigen Persönlichkeiten zählte).

168 Ebd., S. 155.

169 Vossische Nr. 134 (Postausg.) v. 6. Februar 1928.

170 BT 4. Juni 1928 (A).

171 „Ein skandalöser Vorfall", titelte das BT in der angegebenen Nr. Die Vossische schrieb einen Leitartikel über die Preußischen Polizeiprobleme: Ohne Stärkung des Selbstbewußtseins und der Nerven der Polizei – auch durch bessere Gehälter – müßte es immer wieder zu solchen Überreaktionen kommen (5. Juni 1928 Postausg.).

172 RF v. 7. Juni 1928. Das Blatt ließ aus, was die nicht-orthodoxe Linke ausdrücklich berichtete: Als Oberst Hellriegel daraufhin sogar Schießbefehl geben wollte, wurde er aufgrund von Weiß' „wütend-[em]" Kommando von seinem Chauffeur zwangweise „vom Schlachtfeld entfernt" (Weltbühne, Nr. 24, S. 889).

173 RF 7. Juni 1928. Gedicht in der Ausg. v. 5. Juni: „Ich heiße Weiß, bin Präsident!/Wie kommt es, daß hier alles rennt?/Sie Schupomann! Was geht hier vor?/Der hörte nur mit halbem Ohr/Der stach und trat und hieb und schlug,/derweil Instruktor Weiß ihn frug,/Eins, zwei, drei vier, es klang wie Gong/Von Weißen's kahlem Pappkarton."

174 Vgl. hier schon u. S. 250 und die durchaus humorvolle Bewältigung auf S. 80.

175 So Weiß in einem eigenen Aktenvermerk Handakten, Bd. 21 350, Bl. 8.

176 Handakten Nr. 21 339, Bl. 49.

177 Ebd., Bl. 12 v.

178 Z. B. am 13. Februar 1930 über politische Attentate in der Reihe „Wovon man spricht", am 30. Oktober 1930 über „Theater-Zensur", für welche halbstündige Leistung Weiß 150 M bekommen sollte und nach seiner Intervention dann 200 bekam (in: Handakten 21 343, Bl. 3 vs. u. 4).

179 „8 Uhr-Abendblatt" (Sport-Beilage) v. 1. November 1930 in Handakten 21 343, Bl. 14.

180 Weiß in der Nachkriegsliteratur als humorloser, steifer Beamter: Fraenkel, H./Manvell, R. 1960, S. 126 leiten „die Humorlosigkeit des Beamten" sogar direkt aus einem Goebbels-Zitat ab und tadeln: „Mit etwas mehr Gewandtheit hätte Dr. Weiß dem Gauleiter leicht den Wind aus den Segeln nehmen können. Stattdessen nahm er alles furchtbar ernst und strengte Prozesse an." Reimann, V. urteilt 1971, S. 107: „Nun dürfte Dr. Weiß eine Menge hervorragender Eigenschaften gehabt haben, nur eine besaß er nicht: Humor." Riess, C. 1950, S. 61 f. „typisch preußischer Beamter, der die typische Beamtenlaufbahn hinter sich hatte".

181 Z. B. Goebbels zum zweijährigen Jubiläum des „Angriff" (1929 26, S. 12) „Und wir gedenken dabei in Dankbarkeit *jenes Vizepräsidenten,* dessen Humorlosigkeit für uns die Quelle alles Humors, dessen Groll unsere Freude, dessen Wut unsere Heiterkeit und dessen kochender Ärger unsere Lust war." Oder: „Dr. Weiß gehört zu jenen beneidenswerten Exemplaren menschlicher Spezies, die keinen Spaß vertragen können. Er ist ein gänzlich humorloses Lebewesen." (Angr. 1929 18, S. 1)

182 Beides briefliche Mitteilung von G. Stern v. 14. Dezember 1981.

183 Die Handakten Nr. 21 351 enthalten Berichte und Pressemeldungen zu Fahrstil und zu 5 Unfällen, wobei bei einem Weiß selber am Steuer saß. In allen Fällen bestritt er energisch jedwede Schuld. Übrigens bezeichnete Robert M. W. Kempner, der damalige Justitiar der Polizeiabteilung im Innenministerium, Autoprobleme als einzigen Konfliktfall zwischen ihm und Weiß (Interview).

184 BT v. 10. September 1929, Nr. 427. (in actis ebd., Bl. 16).

185 Handakten 21 351, Bl. 15 f.

186 Briefliche Mitteilung (14. Juli 1980) von Inge Cohn-Lemper (Berlin) als oft erzähltes Erlebnis ihres Vaters. Die Anekdote wird von der

Tochter Hilde Baban-Weiß bestätigt, allerdings mit dem Unterschied, daß sie so dem jeden Morgen anrufenden Offizier vom Dienst geantwortet habe. Die „falsche" Version ist hier mit Bedacht herausgestellt, weil sie noch deutlicher für die Art zeugen kann, wie Weiß in aller Munde war.

187 Beide Erlasse in Handakten 21 294, Bl. 46.

188 Handakten 21 293, Vermerk vom 5. Oktober 1927.

189 LAB Rep. 58, Nr. 382, Bl. 2 Bericht des Polizisten, Bl. 5 das Eingeständnis des Hillebrand.

190 Ebd., Bl. 26 Schreiben vom 12. Januar 1928.

191 Vgl. u. S. 91.

192 Ebd., Bl. 26 v. Daß man nicht meint, Weiß habe in Don Quichote-Manier seine Prozesse verfolgt: Als der Oberstaatsanwalt – nach Konsultationen des Generalstaatsanwalts beim Kammergericht und des Innenministers – meinte, daß keine höhere Strafe zu erreichen sei (ebd., Handakten, Bl. 17), verzichtete Weiß auf die Berufung. Die Geldstrafe verfiel der Amnestie vom 14. Juli 1928. Die Publikationsbefugnis des Urteils in 4 Zeitungen wurde durchgeführt.

193 Friedensburg, F. 1969, S. 158.

194 Anfang der dreißiger Jahre z. B. wandte er sich noch energisch gegen ein rechtskräftiges Urteil, das, entgegen dem Rate seines Präsidiums, einem Zuhälter und seiner Dirne Bewährung gegeben hatte, dies – obwohl sich die zwei Schupos bei der Zwangsvorführung der Prostituierten hatten anhören müssen: „Sittenbullen, Penner, Strolche" und anderes in jenem Milieu zu Erwartende, einschließlich der Drohung, man werde sie zum Fenster rausschmeißen – gewürzt überdies vom Hohn, was „die beiden Strolche in Monaten verdienen, verdiene ich in einer Woche!" Weiß schreibt dem Gericht: „Es ist völlig verkannt worden, daß es sich auf der einen Seite um Vertreter der Staatsautorität, denen der Schutz des Gesetzes in besonderem Maße zusteht" handele, auf der andern Seite aber um Personen, die der Gesetzgeber bei dem Rechtsinstitut der Bewährungsfrist wohl nicht als erste im Auge gehabt habe (von Weiß intensiv durchgearbeitetes Prozeßmaterial in Handakten 21 311, zitiert ist Bl. 9).

195 Vgl. u. S. 176 und Bering, D. 1988, S. 359.

196 Offiziersakte.

197 *Zeitzeugen:* briefl. G. Stern (Sohn einer Cousine von Weiß): „. . . war ein kleiner, sehr jüdisch aussehender Mann, dem niemand seine Hochachtung versagen konnte, der ihn kannte; auch seine persönlichen Feinde nicht. Und dazu gehörte Goebbels, von Dr. Weiß nur

‚die giftige Parteikröte' genannt". Erich Gottgetreu 1981 über seinen Großvetter: „dieser Mann, der so pronconciert jüdisch aussah." Walter Stennes: „Er sah sehr jüdisch aus" – so im Interview, das er dem Verf. gab, weil er meinte: Was die „Pläne hinsichtlich der Ehrenrettung posthum von Bernhard Weiß" anbetreffe, „so finde ich diese Idee sehr anständig" (Brief vom 5. November 1980). *Sekundärliteratur:* Fraenkel, H./Manwell, R. 1960, S. 126 „sehr jüdisch aussah".

198 Friedensburg, F. 1969, S. 175.

199 Für die sogenannte Judennase hat R. Erb 1985 eine vorbildliche Analyse geboten, in der er zeigt, daß sie erst dann überhaupt behauptet und herausgestrichen wird, als man nach sicher markierenden Anzeichen für Juden zu suchen begann.

200 So auf den meisten Bildern der Berliner Landesbildstelle und genau so auch geschildert im Nachruf des „Tagesspiegel" v. 31. Juli 1951: „hat er sich in den fünfzehn Jahren seiner Tätigkeit Popularität vor allem dadurch erworben, daß er auf allen offiziellen Veranstaltungen mit Cutaway, mit Zylinder und gestreiften Hosen erschien."

201 Handakten 21 344, dort auch sehr umfangreiche Vorbereitungen, aus denen sich entnehmen läßt, wie Weiß zu seinen Erfolgen kam: 93 Diapositive führte er mit – vom Hauptmann von Köpenick über die renommierten Geldschrankknacker bis zu den Massenmördern Denke, Haarmann, Kürten. Presseberichte, eigens schon übersetzt aus Riga geschickt, in Handakten Nr. 21 355.

202 Paucker, A. 1968.

203 Presseausriß in Handakten 21 345. Sehr ähnlich die (identischen) Groß-Berichte des „Angriff" (19. Mai 1931) und des VB (13. Mai 1931). Über seine Aversion gegen den „Militarismus" M. Heimannsbergs vgl. u. S. 98, Feder, E. 1971, S. 244 u. Bornstein, J. 1930, S. 330: „Es handelt sich, grob zusammengefaßt, um einen Gegensatz zwischen militaristischer und ziviler Betrachtungsweise der polizeilichen Funktionen" (S. 330).

204 Bericht der BT v. 16. April 1932 (Morgenausg.) in Handakten Nr. 21 348.

205 Bericht der Berliner Börsenzeitung vom 16. April 1932 (in actis ebd., Bl. 61).

206 Grossmann, K. R. 1963, S. 10.

207 In der Sitzung des Kuratoriums vom 27. Juni 1926, auf der auch der drei verstorbenen Kuratoriumsmitglieder gedacht wurde: Geh.-Justizrat Prof. Dr. Mosse, Oberreg.-Rat Dr. Meyer und Ehrenschatz-

meister Max Weiß (Bericht der „Jüdischen Rundschau" v. 2. Juli 1926).

208 Handakten 21 352 (betr.: „Betätigung in jüdischen Organisationen"), Bl. 37. Er warb auch Geld für die Institution ein, z. B. 3000 M vom Generaldirektor Nacher (Engelhardt Brauerei), ebd., Bl. 7.

209 BAZ Nr. 35 v. 1. September 1929.

210 Ebd., S. 185–186.

211 Ebd., S. 234.

212 „He Rules Berlin's Finest. Bernhard Weiss is the Only Jewish Police Commissioner in Europe" titelte „The American Hebrew" am 17. Juli 1931. „Max Weiss, father of Berlin's police Commissioner, is a devout Jew and speaks with elation of the fact that his son has not been dazzled into irreligion by his glittering career. He is prouder of having been able to communicate this spiritual heritage than all the wealth that he has accumulated during his rich span of life."

213 Handakten 21 352, Bl. 11 die gedruckte Resolution und Bl. 12 vs. Weiß' kommentierte Zusage. Dort weitere Briefe zu diesem Sujet.

214 Brief vom 29. November 1929. Eine Kandidatur auf der liberalen Liste hatte er abgelehnt, Handakten 21 352, Bl. 15 bzw. 18 f.

215 Das Verhältnis der deutschen Juden zur Weimarer Zeit zu den Ostjuden haben am umfassendsten Pierson, R. 1970, S. 201–244 und Maurer, T. 1989, bes. S. 741–753 dargestellt. Weiß' Position zu den Ostjuden muß man in negativer Relation zu seinem ganz engagierten Deutschtum sehen. Dies hatte ihn schon 1912 dazu gebracht, innerhalb des „Vereins für religiös-liberales Judentum", als Gründungsmitglied ein „Antizionistisches Komitee" zu bilden (Nachricht von Klaus Hermann, Concordia University, Montreal), der die Protokolle im Nachlaß von KGR Leo Wolff im Leo Baeck Institut gefunden hat (Brief v. 3. Januar 1982). Arian (kurze Zeit Pressereferent des P. P.) erinnert sich genau, daß Weiß damals einen Aufruf der Naumann-Gruppe gegen die Ostjuden unterschrieben habe. Mit: „Das paßt Ihnen wohl nicht?" habe Weiß einen Disput eingeleitet, seinem Untergebenen dann aber das zionistische Engagement nicht weiter übelgenommen. (Interview mit Arian)

216 Handakten 21 352, Bl. 21–23.

217 Ebd., Bl. 24, Brief v. 23. Dezember 1930.

218 Von seiner Tochter und auch brieflich ausdrücklich bezeugt z. B. durch Ludwig Warschauer (Arlington, Virginia), 13. Februar 1982.

219 Brief v. 7. März 1982.

220 Handakten 21 306, Bl. 1. Die Bitte wurde höflich abgewiesen.

221 Dieses perfekte Ineinander wird auch von Zeitzeugen betont – mit der jeweiligen eher deutsch-nationalen oder eher zionistischen Bewertungskomponente; z. B. urteilt Ludwig Warschauer (Arlington, Virginia), ein intimer Freund der Familie: „Er war ein deutscher Jude. Deutschtum und Judentum waren bei ihm so vornehmlich und unzertrennbar, daß er die Gefahr, welche damals aus der immer größeren Nazibewegung drohte, nicht sah oder nicht sehen wollte. Ich bin mir selbst hierüber nicht klar geworden." Brief vom 13. Februar 1982. Die C.V.-Z. (1930, Nr. 31 v. 1. August) schrieb zu seinem 50. Geburtstag: „Wir beglückwünschen Bernhard Weiß, der ebenso wie seiner deutschen Heimat auch seinem jüdischen Glauben treu ergeben ist." Seine Tochter, H. Baban-Weiß, beschreibt seinen Glaubenssatz so: „I am a german by nationality and a jew in religion."

222 Resümierend Schulze, H. 1980 und Kolb, E. 1988, S. 140–142.

223 Vgl. Erdmann, K. D. 1980, S. 346; ders. 1976, S. 330.

224 So z. B. Kolb, E. 1988, S. 142.

225 Vgl. z. B. zusammenfassend: Bracher, K. D. 1988, S. 543.

226 Leßmann, P. 1989, S. 263.

227 1988, S. 536.

228 Die Preußische Regierung formulierte in Wahlaufrufen an die Bevölkerung selbst: das „letzte große Bollwerk, die Zitadelle der Demokratie und der Republik in Deutschland" (zitiert bei P. Leßmann 1989, S. 286); an vielen Orten ist diese Funktion beschworen, z. B. H. Schulze 1977, S. 499 u. ö.; S. Höner 1984 bringt auf S. 25 f. viele Stimmen.

229 1984, S. 9 f.; Stahlhelmführer Seldte begründete 1930 seinen rücksichtslosen Kampf mit: „Wer Preußen hat, hat Deutschland", zit. bei Bracher, K. D. 1978, S. 343.

230 Ähnlich auf der Wahlversammlung des C.V. „Jeder muß wählen, damit Preußen so preußisch bleibt, wie es seit dem 9. November 1918 gewesen ist: Hort der Demokratie und der Freiheit." (22. April 1932, S. 165)

231 J. Goebbels, 1934, S. 136. Sehr ähnlich auch in Leitartikel „Angriff" vom 5. Oktober 1930.

232 Vgl. Köhler, H. 1988, S. 849 („linke Hochburg"). Bei der Wahl zum 14. September z. B. erreichten die KPD 27,3 %, SPD 27,2 %, zusammen weit über 50 %, während die NSDAP mit 14,7 % in Berlin deutlich unter dem Durchschnitt (= 18,3 %) lag, vgl. Köhler, H. 1988, S. 919 f.

233 Vgl. auch Merkls, P. H. 1982, S. 430.

234 Köhler, H. 1988, S. 913, Goebbels, J. 1934, S. 63–70.

235 Vgl. u. 124. Über den mehrere Tage dauernden Prozeß berichteten alle Zeitungen ausführlich. 13 Bände Akten erhalten in LAB Rep. 58, Nr. 382.

236 Staatsarchiv Potsdam, Rep. 12 B Staatsanwalt b. LG I, Nr. 2, Bl. 9 f., meist mit genauen Angaben des Besitzers.

237 Vgl. hier schon u. S. 287 u. Bering, D. 1983, bes. auf S. 91 Faksimile der „Sondernummer gegen den jüdisch-marxistischen Polizeiterror in Preußen".

238 Reuth, R. G. 1990, S. 214.

239 Reuth, R. G. 1990, S. 218.

240 Vgl. Reuth, 1990, S. 337.

241 Leßmann, P. 1989, S. 274. Reuth, 1990, S. 247.

242 Ausführlicher Bericht des äußerst erregten Weiß, festgehalten von Feder, E. 1971, S. 244 in Eintragung vom 25. Februar 1930. Über die Gesamtsituation und die Debatten sogar schon im Landtag, vgl. „B.Z. am Mittag" Nr. 55 v. 25. Februar 1930, welcher Artikel auf der Titelseite die Diskussionen öffentlich gemacht hatte; vgl. o. S. Anm. 203; weitere Bornstein, J. 1930, der ausdrücklich betont, Weiß habe sich mit seinen zivileren Methoden bei den taktischen Planungen für den 1. Mai 1929 nicht durchsetzen können.

243 Leßmann, P. 1989, S. 266.

244 Zahlen mit weiteren Verweisen bei Leßmann, P. 1989, S. 288 f.

245 Liang, H.-H. 1977, S. 124.

246 Liang, H.-H., S. 125 f.; Leßmann, P. 1989, S. 336 f.

247 Leßmann, P. 1989, S. 331.

248 Leßmann, P. 1989, S. 335.

249 Vgl. Bering 1990, S. 27.

250 Dazu vgl. u. S. 366.

251 Goebbels, J. 1934, S. 117.

252 Dieselbe Schreibung beim Vater (Auszug aus dem Geburtsregister in Landesarchiv Berlin [= LAB], Rep. 58, Nr. 47, Bd. VII, Bl. 5; so auch Heiber, H. 1974, S. 9).

253 Ein 26seitiges Lebensresümee, 1924 geschrieben, um es dem da begonnenen Tagebuch voranzustellen, hier zitiert nach IfZ Tagebuch (künftig Tgb.), Bd. 1, S. 1–29.

254 Tagebuch (= Tgb.) IfZ, Bd. 1, S. 1.

255 Ebd., S. 2.

256 Forschungsgeschichtlich dargestellt bei Müller, H.-D. 1974, S. 21 (mit Hinweisen auf die Arbeiten von Werner Stephan, Erich Eber-

mayer/Hans Roos und Carl Otto Schuhmann) und Kessemeier, C. 1967, S. 21 f. Über die Herkunft des Klumpfußes ist viel geschrieben worden. Die einzelnen Erklärungen interessieren hier nicht (Knochenmarkentzündung, Kinderlähmung [Heiber, H. 1974, S. 13]; neuestes Plädoyer: neurogener Klumpfuß infolge Kinderlähmung bei Reuth R. G. 1990, S. 15). Wohl aber soll hier schon betont sein: Goebbels selbst (vgl. u. S. 126) und seine Familie ließen keine Mär ungenutzt, um den Körperschaden als nicht erblich hinzustellen (Heiber, H. 1974, S. 13).

257 Fest, J. 1963, S. 123.

258 1974, S. 13.

259 Tgb. IfZ, Erinnerungsblätter, S. 2. Die Verhaltensformen des Kindes Joseph genauer geschildert bei Reuth, R. G. 1990, S. 17.

260 Tgb. IfZ Bd. 1, S. 282 ad 26. Oktober 1928: „Ewig Schmerzen und Unannehmlichkeiten. Dazu das Geschwätz der Übelwollenden, ich sei ein 175er" (= Homosexueller); S. 387 ad 18. Juni 1929 über den Aufmarsch von 1000 SA-Männern: „Lauter Bauernsöhne. Man kommt sich vor wie ein Zwerg."; S. 433 ad 21. Oktober 1929 über eine Einladung zum SA-Führer Stennes: „Es wird getanzt. Das gefällt mir wenig."

261 Vgl. bei Reuth R. G. 1990, S. 16 das Zitat aus der frühen autobiographischen Schrift „Michael Vormann" (Vorläufer des Michael-Romans), wo Goebbels ausgedehnt die Folgen des Stigmas beschreibt: „Wenn er so sah, wie die anderen liefen und tollten und sprangen, . . . dann haßte er die andern, daß sie nicht auch waren wie er."

262 So die Stigma-Definition bei Goffman, E. 1979, S. 13.

263 Heiber, H. 1974, S. 14.

264 Tgb. IfZ, Bd. 1, S. 3.

265 Tgb. IfZ, Bd. 1, S. 3.

266 Gedichtband aus der Oberprima (Kladde mit 35 Gedichten), im Privatbesitz des Autors. Hier auch eine etwas abweichende Fassung des oben zitierten Gedichtes für Herbert Lennartz.

267 Ebd., S. 18 f. Heiber folgt hier nahezu wörtlich Fraenkel, H./Manvell, R. 1960, S. 27 f.

268 Reuth, R. G., S. 30.

269 Vgl. Reuth, R. G., S. 24, Anm. 60 u. S. 26.

270 Goebbels, J. 1936, S. 115 f., vgl. dort weiter S. 9 „Unter meinen Schenkeln schnaubt nicht mehr der Vollbluthengst, ich sitze nicht mehr auf Kanonenbänken, noch stapfe ich durch den lehmigen

Schlick verwahrloster Schützengräben" oder auch seine im „Angriff"
publizierten Militärphantasien, z. B. 1928 6, S. 3 der Schwarm vom
vielfach verwundeten Oberleutnant Schulze, der jetzt in die Zelle
eines Lustmörders eingeliefert worden sei; 1928 39, S. 1 die Hymne
auf „jene grauen Frontsoldaten", „die vor Ypern und Verdun uner-
schüttert" gestanden hätten, u. ä. hundertfach.

271 Protokolle 57. Sitzung v. 23. Februar 1932, S. 2250–2252.

272 Vorwärts Nr. 91, v. 24. Februar 1932.

273 LAB Rep. 58, Nr. 716; Nr. 2572 Klage des mitgemeinten Frick. Beide
erreichten einen Strafbefehl, später amnestiert.

274 Heiber, H. 1974, S. 18. Die Mär geht auf die dubiosen Aufzeichnungen aus Goebbels „Umgebung" zurück, die B. v. Borresholm 1949
herausgab (S. 31).

275 Zitat aus einer von Goebbels 1917 geschriebenen Novelle: „Bin ein
fahrender Schüler, ein wüster Gesell", bei Reuth, R. G. 1990, S. 30.

276 Studentenjahre Goebbels': Heiber, H. 1974, S. 18–31; Reuth, R. G.
1990, S. 29–55; Fraenkel, H./Manvell, R. 1960, S. 29–45.

277 Reuth, R. G. 1990, S. 30.

278 Tgb. IfZ, Bd. 1, S. 7.

279 Tgb. IfZ, Bd. 1, Erinnerungsblätter, S. 5 bzw. 16.

280 Reuth, R. G. 1990, S. 37.

281 Tgb. IfZ, Bd. 1, Erinnerungsblätter S. 16. Tief kränken mußten ihn
auch überraschende Rücksichtnahmen seiner Geliebten: Als ihr Bruder Willy 1918 in München zu Besuch kommt, lädt sie Goebbels
nicht ein. Die Reaktion: „Das erste Zerwürfnis. Sozialer Unterschied.
Ich bin ein armer Teufel. Geldsorgen. Größte Kalamität" (ebd. S. 8).

282 Tgb. IfZ, Bd. 1, S. 11.

283 Reuth, R. G. 1990, S. 49 f.

284 Tgb. IfZ, Bd. 1, Erinnerungsblätter, S. 6.

285 Zitat nach Wilfried von Oven bei Reuth, R. G., S. 34.

286 Tgb. IfZ, Bd. 1, Erinnerungsblätter S. 18 f.

287 Bahr, Herm., Chamberlain, H. St., Claudel, Paul, Dehmel, Dosto-
jewski 3x (Schuld und Sühne), Hardt, Hasenclever 2x, Hauptmann
2x, Herweg, Ibsen, Kaiser, Georg 2x, Lautensack, Heinrich Mann,
Thomas Mann 3x, Maeterlinck, Meyrink, Plachner, Raabe, Spengler
4x, Strindberg 3x, Tolstoi 3x, Trompeter von Säckingen, Versunkene
Glocke.

288 Tgb. IfZ, Bd. 1, S. 13. Vgl. weitere Erwähnung des Expressionismus
S. 24. Am 11. Januar 1929 liest er z. B. noch Klabund (ebd. S. 315).

289 Reuth, R. G. 1990, S. 49 (Original im Bundesarchiv).

290 Hans-D. Müller hatte für seine Dissertation 1974 von F. Genoud/ Lausanne, Goebbels' wirklichem (wenngleich dubiosem) „Nachlaßverwalter", Einblick in eine große Anzahl unbekannter Briefe und literarischer Versuche bekommen. Ralph G. Reuth konnte alles komplett in Augenschein nehmen und hat seine Kopien dem Stadtarchiv Mönchengladbach übergeben. Hinzu kommt der im Bundesarchiv verwahrte Nachlaß. S. noch Anm. 291.

291 Briefe: an Freunde, Verwandte und Geliebte (an Anka Stahlherm zeitweise täglich); Novellen: „Die die Sonne lieben"; „Bin ein fahrender Schüler"; Dramen : außer dem genannten noch „Die Saat", „Kampf der Arbeiterklasse", „Judas Iscariot"), Biographisches: „Michael Vormann. Ein Menschenschicksal in Tagebuchblättern", 3 Teile, Teil 1: „Michael Voormanns Jugendjahre", nach Reuths Urteil [1990, S. 64] „die erste und einzige kritisch-ehrliche Selbstbespiegelung", 1929 dann der bekannte „Michael".

292 Vgl. die ernste, aber letztlich doch als Drohbrief einzuschätzende Antwort des Vaters auf Josephs angedeuteten Glaubenszweifel, in: Fraenkel, H./Manvell, R. 1960, S. 39 f. Einiges sei zitiert, damit man sieht, unter welch autoritären Pressionen sich Goebbels' Ich bildete. Der Vater konfrontiert den Sohn mit der Frage, ob er womöglich unchristliche Bücher schreiben oder einen unchristlichen Beruf ergreifen wolle, führt ihn zurück an die Bahre seiner Schwester Elisabeth, an der er doch gebetet habe, erinnert ihn an die Todesstunde der Mutter und fragt: „Willst du dann als Ungläubiger Abschied nehmen von Deinen Eltern? Und wenn Deine Geschwister am Sarge Deiner Eltern knien, willst Du dann abseits stehen?"

293 BAK NL 118/126, Bl. 132, 136.

294 Vgl. über die Zarathustra-Lektüre, R. G. Reuth 1990, S. 34, 65.

295 Vgl. Bering, D. 1977, S. 82–88 mit weiteren Literaturangaben.

296 Zitiert von E. Fröhlich in Tgb. IfZ, Bd. 1, Vorwort, S. XCIV.

297 BAK NL 118 126, Bl. 146. Interessant, daß Goebbels auf derselben Seite von „Aus meinem Tagebuch" einen scharfen Trennungsstrich zwischen der katholischen Kirche und dem Katholizismus zieht, welcher eben „ein Weltgefühl" sei.

298 Diesen Glaubens*zwang* macht Reuth durchaus zu Recht zu einer Kernthese seiner Biographie, z. B. S. 56, 65 f. u. ö.

299 Vgl. hier die für diesen Punkt wichtige Arbeit von Bärsch, C.-E. 1987, S. 48. Die Position Bärschs ist von unserer nicht weit entfernt: Auch er leitet, klarer als andere, die Psyche des jungen Goebbels aus christ-

lichen Wurzeln ab, zielt aber eher auf eine psychoanalytische Betrachtungsweise. Noch klarer herausgestellt in: ders. 1988.
300 BAK NL 118/126, „Aus meinem Tagebuch", Bl. 144 v.
301 Tgb. IfZ, Bd. 1, S. 17.
302 1971, S. 25.
303 Reimann, V. 1970, S. 32.
304 Reimann, V. 1970, S. 36; Heiber, H. 1974, S. 37 f.; Reuth, R. G.
1990, S. 71.
305 Reimann, V. 1970, S. 32.
306 Reuth, R. G. 1990, S. 58.
307 Reuth, R. G. 1990, S. 60 ff.
308 Heiber, H. 1974, S. 30 f., so auch noch die Berliner Jahre eingeschätzt, vgl. S. 72.
309 Reuth, R. G. 1990, S. 73.
310 Erinnerungsblätter, IfZ Bd. 1, S. 25.
311 Haß z. B. Reuth, S. 19, 21, 45 u. ö.; Goebbels selber z. B. Tgb. IfZ,
Bd. 1, S. 415 (in Eintragung zum 29. August 1929 Plädoyer für eine
„Orgie des Hasses").
312 Briefe vom 25. November bzw. 10. November 1917, Stadtarchiv
Mönchengladbach.
313 1974, S. 41.
314 Vgl. u. S. 132.
315 Vgl. z. B. Reimann, V. 1971, S. 39; Heiber, H. 1974, S. 43 f., Reuth,
R. G. 1990, S. 86 f.
316 Reuth, R. G. 1990, S. 147; Heiber, H. 1974, S. 45 f.
317 Reuth, R. G. 1990, S. 87.
318 Tagebuch IfZ, Bd. 1, S. 141, v. 6. November 1925. Wie Reuth akribisch nachweist, ist dies höchstwahrscheinlich schon die zweite Be-
gegnung mit Hitler (1990, S. 90, Anm. 58).
319 Goebbels, J. 1936, S. 103.
320 Vgl. Broszat, W. (Hg.) 1960; dort auch: Mitteilung, daß die NSDAP
bei der Berliner Stadtverordnetenwahl v. 25. Oktober 1925 mit 137
Stimmen die wenigsten hatte (S. 86).
321 Broszat, M. (Hg.) 1960, S. 102.
322 Ebd. S. 104. Die Politische Polizei, hier Krim.Ass. Rühl, berichtete
am 28. März 1927, daß allein in diesem Monat 400 Neuanmeldun-
gen gekommen und die Gesamtstärke der Partei nunmehr auf 3000
zu beziffern sei (Dokumentenanhang in Goebbels, J. 1925/26,
S. 117).
323 Landesarchiv Berlin (fortan LAB) Rep. 58, Nr. 302, Bd. II, Bl. 63.

324 Ebd. Bd. III, Bl. 195. Der Kriminalassistent Rühl, der den Chauffeur vernahm, drückte sich so aus „. . . von einem Herrn, der auf dem einen Fuße lahmte (es könnte sich also hierbei nur entweder um die Person Goebbels oder Rehm handeln, da beide lahm gehen)", ebd. Bl. 194.

325 Das läßt sich auch an feinen Nuancen der Sprachgebung zeigen: Als der Polizei-Oberstleutnant Jager am 25. September 1930 über einen Vorfall berichten mußte, bei dem auch Goebbels im Gedränge von Polizeiknüppeln getroffen worden war, da schrieb er: möglicherweise habe er tatsächlich „bei dem Durcheinander auch einen Stoß oder Schlag an *das* (Hervorh. Verf.; also nicht *ans*!) Bein bekommen" (LAB Rep. 58, Nr. 5, Bl. 17 vs.), so formuliert, obwohl eine besonders infame Attacke auf Goebbels' Fuß gar nicht debattiert wurde.

326 R. Diels berichtet 1950, S. 119, daß auch nach 1933 noch auf sehr ähnliche Weise über Goebbels gehöhnt wurde, z. B. in einer witzigen Rede ein Ordinarius der Berliner Charité: „Es ist etwas Wahres daran, daß der Bucklige geizig ist [. . .] jeder Regisseur weiß, daß er den Mephistopheles nicht nur hager, dunkelhaarig und mit spitzer Nase, sondern auch mit dem Klumpfuß ausstaffieren muß."

327 Tgb. IfZ, Bd. 1, 26. März 1925, S. 98.

328 Hanfstaengl, E. 1970, S. 319. Seine Klassenkameraden sollen ihn schon „Rabbiner" genannt haben (Fest, J. 1963, S. 133 nach K. Heiden).

329 Goebbels, J. 1925/26, Dokumentenanhang, S. 122, Brief v. 5. Juni 1927.

330 Ebd. S. 128 f.

331 Ebd. S. 124 f.

332 So mehrfach auch in der C.V.-Z., z. B. in der 1930, S. 108 f., hier interessanterweise im Zusammenhang mit dem Nachweis, daß man weder aus „jüdischen" Namen (*Schlesinger*, der Minister aus Mecklenburg-Schwerin, viele nichtjüdische Träger des Namens *Israel*) noch aus „jüdischem" Äußeren Schlüsse ziehen könne; es gebe sogar bei den Nationalsozialisten welche, die „so aussehen" . . . (Nicht wahr, Herr Goebbels?)" oder auch 1932, S. 166, wo eine Trivialphysiognomik „Ivan Kutisker" mit einem germanischen Kopf verglichen wird: „wikinghaft klar und kühn, wie Herr Dr. Goebbels ihn sich träumt, wenn er zu lange in den Spiegel gesehen hat." NS-orientierte Goebbelsbiographen haben die Tatsache auch angesprochen: „Die journalistischen Hetzhunde springen und beißen ihn an. – Seht doch! Goebbels, ein Jude! Heißt eigentlich Goebbeles. Hat ein e unterschlagen,

um sich zum Arier zu machen" (Jungnickel, M. 1933, S. 59). Die permanente Apostrophierung von Goebbels als einen Nicht-Arier hielt sich auch nach 1933, z. B. Karikaturen mit der Unterschrift: „das ist doch der Vertreter der hochgewachsenen, gesunden, blonden und blauäugigen Rasse" (bei seinem ersten Auftritt in Genf) (vgl. Fest, J. 1963, S. 123); Flüsterwitz im 3. Reich: „Lieber Gott, mach mich blind,/daß ich Goebbels arisch find!" (Gamm, H.-J. 1979, S. 95). Vgl. weiter S. 128–133.

333 LAB Rep. 58, Nr. 705 (nur Handakten erhalten). RA Kamecke begründete den Antrag: „Die Karte ist für den anzeigenden Goebbels im höchsten Grade beleidigend. Eine längere Ausführung wird hierzu nicht erforderlich sein." Öffentliches Interesse sei gegeben, da es auch „Aufgabe der Staatsanwaltschaft sei, für die Sauberkeit im politischen Kampf zu sorgen." Eine einstweilige Verfügung liege schon vor (Bl. 1). Der Staatsanwalt weigerte sich, „im öffentlichen Interesse" einzugreifen, da Goebbels nicht als Abgeordneter angegriffen sei und sein sonstiges Auftreten vor Gericht gezeigt habe, daß ein öffentliches Interesse nicht gegeben sei (Bericht v. 28. Januar 1932 an den Preuß. JM und Generalstaatsanwalt beim KG, Bl. 4). Die Apostrophierung des ungermanischen Äußeren war gängig, vgl. z. B. C. v. Ossietzky in Weltbühne 1930, Nr. 40, S. 503: „Wenn unser Goebbels, der Sohn des Hammergottes Thor und der Schwiegersohn des Knüppelgottes Kunze", vgl. weiter, ebd. 1930, Nr. 53, S. 1006.

334 StArch Potsdam Rep. 12 B Staatsanwalt beim Landgericht Berlin I, Nr. 2 Strafs. gegen Dr. Goebbels wegen Aufforderung zu Körperverletzung (Mißhandlung Pfarrer Stucke usw.) nur Bd. 1 erhalten; hier Bl. 4 vs. Nachtrag zum Bericht von 4 Kriminalbeamten v. 5. Mai 1927; übernommen in das Ermittlungsergebnis in der Anklageschrift vom 23. November 1927, ebd. Bl. 107; die zitierte Drohung gab Goebbels vor Gericht als „humoristische Form der Warnung" aus, Akte Bl. 110; Anklage gegen Goebbels auch wegen Aufforderung zur Gewalt in den NS-Briefen, und zwar Gewaltinszenierung auf genau dieselbe Weise wie Stucke dann attackiert wird, vgl. LAB Rep. 58, Nr. 385. Adressenherausgabe oder auch öffentliche Adressensuche zum Zwecke persönlicher Gewaltanwendung war ein bei den NS gängiges Kampfmittel, vgl. Prozeß LAB Rep. 58, Nr. 45 Weiß im Auftrage der „Liga für Menschenrechte" ./. Goebbels wg. § 110, 111 StGB; vgl. weiter folgende Adressenangaben im Angr.: 1929 37, S. 11 (leitende Herren des jüd. Ullsteinverlages), 1929 43, S. 7 (Hans Krause, der auf Goebbels die Pistole angelegt habe), 1930 63, S. 2

(Polizeiwachtmeister, der NSDAP-Mann brutal behandelt haben soll) usw. eine Großzahl von Fällen.

335 StArch Potsdam, Rep. 12 B, Nr. 2, Bl. 100 (als Vorname ist hier Paul Otto angegeben) und so auch in Anklageschrift Bl. 107 (als Vorname steht hier Carlotto). In allen Berichten der Kriminalbeamten geht es nur um den Familiennamen, von dem Goebbels offensichtlich nicht wußte, daß diesen auch der wohl berühmteste jüdische Historiker und Treitschke-Gegner getragen hat (Heinrich Graetz).

336 Ebd. Anklageschrift, Bl. 107 v.; auch in LAB Rep. 58, Nr. 27, Bl. 17.

337 Nr. 208 v. 5. Mai 1927 bzw. Nr. 208 Berliner Börsen-Courier v. 5. Mai 1927.

338 Ebd. (Potsdam) Brief v. 13. Dezember 1927 auf die Anklageschrift. In seinem „Kampf um Berlin" ließ Goebbels von diesem peinlichen Satz gar nichts verlauten (vgl. 145 f.).

339 Ebd. (Potsdam) Bl. 107 vs.

340 Aussage des Stucke, ebd. Bl. 102 v.

341 Nr. 39, v. 6. Dezember 1924. Damit man sieht, um was sich die Phantasien damals schon rankten, noch das unmittelbar folgende Streiflicht: Die Äußerung, man müsse alles Fremdrassige „abschlacken", wird durch Zuruf korrigiert: „Von wegen abschlachten!".

342 Vgl. o. S. 97.

343 1970, S. 199.

344 Allenthalben, z. B. Ossietzky in Weltbühne 26 (1930), Nr. 38, S. 425; ders. 26 (1930), Nr. 43, S. 603: „Der kleine Goebbels ist für solche Schwerarbeit nicht ohne Riechfläschchen denkbar." Fast zum Epitheton ornans geworden, verstand man es auch, wenn genau das Gegenteil gesagt wurde: „Wahlversammlung in Moabit, mit dem großen Goebbeles als Redner" (ebd. 1930, Nr. 36, S. 369).

345 1950, S. 114.

346 1970, S. 198.

347 Diels, R. 1950, S. 198.

348 „Der Bock von Babelsberg" oder: „Goebbels ist wie eine Kaulquappe. Besteht nur aus Schnauze und Schwanz" (mitgeteilt von U. Groenke, Köln). In den Tagebüchern ist kontinuierlich von seinen Amouren zu lesen, vgl. z. B. Tgb. IfZ Bd. 1, S. 251 ff.

349 „Labiler Intellektuellentyp" (Diels, R. 1950, S. 198).

350 Bering, D. 1978, S. 117–124.

351 Weltbühne 15 (1929), Nr. 19, S. 728; ähnlich 26 (1930), Nr. 27, S. 36: „Göbbeles. Gehen Sie ohne Hitleruniform nicht auf die Straße.

Sie könnten sonst in eines der von Ihnen angekündigten Pogrome geraten."

352 Daß automatisch so analysiert und das eigentlich Bedeutete verstanden wurde, lag sicher auch daran, daß es nicht wenige Namenwitze gab, die genau mit dieser eigentümlich jiddischen Bildungsform spielten, z. B. Wenn der Rechtsanwalt „Kränkeles" bei den hohen Herren des Ministeriums um Namenänderung einkommt und er mit der Bemerkung abgewiesen wird, an „Aristoteles" und Praxiteles" sei doch auch wohl nichts Jüdisches (Nuél, M. 40. J., S. 119).

353 15 (1929), Nr. 42, S. 609.

354 Nr. 37, S. 415.

355 BAZ Nr. 44, v. 2. November 1930.

356 Vgl. u. S. 252.

357 Man sehe allein Goebbels' Zitiererei: Schillers „die schönen Tage von Aranjuez" (Angr. 1927 16, S. 3); „dieser Mortimer starb euch gelegen" (Angr. 1929 24, S. 1), Shakespeares „bei Philippi ..." (1928 3, S. 4; 1930 42, S. 3; 52, S. 1; 62, S. 2); weiter Goethes „Faust": 1928 13, S. 1; 1930 4, S. 3; 1929 21, S. 3 Berlichingen; 1929 13, S. 1 (Gespräche mit Eckermann); Luther 1930 54, S. 3 (Verstand als Hure des Teufels); von den moderneren: Morgenstern (1928 25, S. 1), Mommsen (1930 31, S. 2), Oscar Wilde 1930 30, S. 1 usw.!

358 So das durchaus plausibel begründete Ergebnis der Arbeit von Paul, G. 1990.

359 Ab Nr. 23 1927 konnte man das Blatt in Hamburg erhalten, ab März 1928 (Nr. 3, S. 4) in Halle und bald auch in Italien (1923 8, S. 3).

360 Abgerechnet ein Produkt aus der NS-Zeit (Rahm, H. G. 1939), gibt es keine analysierende Monographie über den „Angriff"; am besten noch immer: Kessemeier, C. 1967, S. 51–55 über das Layout und S. 55–74 über die spezifischen Inhalte.

361 Angr. 1928 5, S. 8. Diese Formel immer wiederholt, z. B. Angr. 1929 51, S. 4 (als große Überschrift); so auch im IB 1930, Nr. 14, S. 218.

362 Z. B. „Nun deutsche Schmiede hämmern/ stahlhart das deutsche Herz,/ der blut'ge Morgen dämmert,/ rings starrt die Welt in Erz." (Angr. 1929 20, S. 7). „Ja, da heißt es brav marschieren,/ Der Hitler soll uns führen! Legt an! Gebt Feuer!/ Und ladet schnell, / Weich' keiner von der Stell'!" (Angr. 1929 42, S. 6).

363 Angr. 1928 41, S. 4.

364 Auf die Plakatsäulen geklebt als Dank des Gauleiters für die schon

zahlreichen Blutopfer der S.A., Angr. 1929 37, S. 4. Abundativ gebraucht, z. B. Angr. 1927 8, S. 2; 1927 15, S. 6.
365 Angr. 1930 13, S. 4; vgl. Persiflage auf „zackig" durch bloßes Zitieren aus dem „Angriff" v. 27. April 1930 in „Weltbühne" 26 (1930),
S. 707. Mit der Schilderung der männerbündisch-infantilen Taten-
bereitschaft korrespondiert die trivialpoetische Verklärung der brutalen Aktion: „Stühle zerkrachen, Bierglas auf Bierglas wird auf die
SS. geschleudert. Blitzend sinken die Glassplitter auf den Boden, in
das Schmettern der Tischbeine mischt sich das Wutgeheul der entfes-
selten Unterwelt. Spitz steigen die Schreie der ersten Verletzten durch
das Toben des Kampfes, Flaschen und Gläser, Tisch- und Stuhlbeine,
Lampen und Teller schwirren durch die Luft. Ohrenbetäubend ist
das Gebrüll" (Bade, W. 1933, S. 28).
366 Angr. 1928 4, S. 7.
367 Angr. 1927 22, S. 1.
368 Angr. 1929, Nr. 3, S. 1; für die eschatologische Komponente mit
ihrem Gegeneinander von Juden und Gott in Hitlers Denken vgl.
z. B. Jäckel, E. 1981, S. 64.
369 Vgl. o. S. 89.
370 Angr. 1929 14, S. 6.
371 Angr. 1928 31, S. 7.
372 Angr. 1928 35, S. 7. Sehr ähnliche Situation aus Kalbe/a. d. Milde in
Angr. 1928 42, S. 2.
373 Angr. 1928 36, S. 5.
374 Angr. 1927 25, S. 4.
375 Angr. 1929 40, S. 6.
376 Ein Angeklagter erkennt, schon aus dem Äußeren, daß Richter und
der Sachverständige („den ich beobachtet hatte") Juden sind (Angr.
1928 47, S. 2).
377 Angr. 1929 29, S. 8.
378 Angr. 1928 7, S. 7.
379 Angr. 1930 30, S. 7.
380 Orje sitzt in der U-Bahn. „Wer kommt rin? Ene kleene Jüdin" (Angr.
1928 31, S. 7); er geht zu Tietz und will sich von jemandem in Sachen „Blechsoldaten" beraten lassen, der lächelt ein wenig darüber:
„natürlich isset een Jude" (Angr. 1928 50, S. 2).
381 Angr. 1928 20, S. 1.
382 Goebbels' Rede im RT, zit. in: Angr. 1929 25, S. 2.
383 Angr. 1929 2, S. 1.
384 Goebbels in Angr. 1930 58, S. 1.

385 Um auch hier wieder zu zeigen, daß das Juden-Demaskieren und schließlich das „jüdische Namen-Demaskieren" nur die Verlängerung einer allgemeinen Problembewältigungstechnik sind, sei wiederum Goebbels vorgeführt: zum Herbst 1928 müsse er nun auf einige Dinge hinweisen: „Sie resultieren, wie selbstverständlich, aus der gegenwärtigen politischen Lage, die wenn auch noch verschleiert für den Unwissenden, dem aufgeklärten Nationalsozialisten in festumrissener Demaskiertheit vor Augen steht." (Angr. 1928, Nr. 35, S. 1).

386 Für diese immer wiederholte Charakterisierung nur ein einschlägiges Zitat aus dem „Angriff", um zu zeigen, daß landläufige „Theorie" und propagandistische Alltagspraxis eng verbunden waren: „Wie oft muß man es denn sagen, daß der Feind Mimikry betreibt, daß er jeden Tag eine neue Maske aufsetzt und man ihm nur die Maske herunterzunehmen braucht, um darunter immer wieder den ewigen Juden zu erkennen?" (1929, 1, S. 1); weitere Fälle: Taufe bei Juden, „um hinter dieser Maske um so ungestörter jüdische Minierarbeit leisten zu können" (Angr. 1929 24, S. 2); der Jude hatte im alten Reich, „wenn auch noch unerkannt", das Heft in der Hand (Angr. 1929 4, S. 1). Über „Tarnung" der Juden weiter z. B. Römer, R. 1985, S. 173.

387 Vgl. u. S. 245.

388 „Herr Julian muß schließlich die Nerven verloren haben, denn er behauptete, Hitler sei – – Jude!" (Angr. 1928 5, S. 4). Über Strasser vgl. o. S. 126. Bemerkenswert in diesem Zusammenhang die 15 Seiten lange Liste der als Juden verdächtigten Nicht-Juden aus dem deutschen Kulturbereich in Kaznelson, S. 1962, S. 1045–1060.

389 Vgl. Bering, D. 1988, S. 201 f.; vgl. auch dieselbe Argumentation bei Römer, R. 1985, S. 171.

390 In der Zeit vom 1. Juni 1929 bis zum 31. Mai 1930 wurden solche Fragen in folgenden Nr. jeweils auf den Seiten 7, 9 oder 11 beantwortet: 1929 die Nr. 27, 29, 37, 43, 45, 52, 54; 1930 die Nr. 22, 23, 26, 27, 29, 37, 40, 42. Besonders wichtig hier die Fälle, in denen auch die NS nicht so recht wußten, ob das ein Jude sei (1929 Nr. 27, 45, 52).

III. Namensysteme

1 Landmann, S. 1969, S. 164.

2 Der Empfehlung des Impresarios, sich doch einen Künstlernamen zuzulegen, begegnet der Schauspielaspirant mit dem Satz: „Schmul' ist doch mein Künstlername" (Moszkowski, A. 1911, S. 13).

3 Ebd. S. 42.

4 Ausführlich dargestellt in Bering, D. 1988. Die Anmerkungen halten wir deshalb in diesem Abschnitt knapp.

5 Vgl. zu diesem wichtigen Punkt Bering, D. 1988, S. 409, Anm. 45.

6 Gutachten zum Schroetterschen Entwurf des Emanzipationsgesetzes, in: Freund, I. 1912, Bd. 2, S. 275.

7 ZStAM MdI Rep. 77, tit. 30, Nr. 18 (Fortan: MdI N Jud Best.) Bd. 1, Bl. 19.

8 ZStAM MdI Jud Best., Bd. 1, Bl. 18.

9 Ebd. Bd. 1, Bl. 47.

10 Preußische Gesetzessammlung 1834, S. 3, Nr. 1497.

11 ZStAM MdI Rep. 77, 30, Nr. 70, Bl. 20.

12 Zitiert bei Toury, J. 1977, S. 199.

13 ZStAM MdI Jud Best., Bd. 1, Bl. 169 f.

14 Ebd. Bl. 253 v.

15 ZStAM Zivilkabinett Nr. 23 687, Bl. 298.

16 In: 1879, S. 19.

17 Stenographische Berichte über die Verhandlungen des Reichstags, VIII Leg.Periode 1892/93, Bd. 3, Sp. 1943, 2 D.

18 Ebd. S. 2042 f.

19 Der Fall ist ausführlich in einer eigens angelegten Akte überliefert. ZStAM MdI, Rep. 77, 30, Nr. 20, Anlage zu Bd. 15.

20 Vgl. Bering, D. 1988, S. 136–141.

21 Ebd. 142 ff.

22 ZStAM MdI Rep. 77, tit. 30, Nr. 18, Bd. 3, Bl. 90.

23 Stenogr. Berichte, 24. Sitzung, Sp. 1446 f.

24 ZStAM MdI Änderung FN, Bd. 17, Bl. 56 v.

25 Vgl. u. S. 213 u. o. S. 20 genau dieselbe Formel im Anti-Weiß-Gesang.

26 ZStAM MdI N. Jud Best., Bd. 3, Bl. 42 f.

27 Sämtliches Material in einer eigenen Akte gesammelt (ZStAM MdI Rep. 77, 30, Nr. 18, Beiakte 1).

28 Man kann sie vorausgreifend auf S. 386–388 lesen.

29 Bering, D. 1988, S. 223–230.

30 Angr. 1927, Nr. 3, S. 1.

31 Ausführlich dargestellt bei Bering, D. 1990.

32 Komplette Darstellung Bering, D. 1988, S. 238–240.

33 Bei den Gemeindeschulen sah es etwas ungünstiger aus. Für die Daten vgl. Pulvermacher, N. 1902, Bd. 1, S. 14 f.

34 Goldstein, M. 1977, S. 46.

35 ZStAM MdI Änd. VN, Bd. 5, Bl. 2.

36 Vgl. Bering, D. 1991, S. 333, 340.

37 Vgl. zur Geschichte seiner Verbreitung ausführlich Bering, D. 1988, S. 467, Anm. 8.

38 Vgl. Kaganoff, B. C. 1977, S. 60 f.

39 ZStAM MdI Änd. VN, Bd. 2, letzter Fall der Akte.

40 Ebd. Bd. 6, Bl. 27.

41 Ebd. Bd. 3, abgelehnt am 28. 1. 1908.

42 Neben dieser mir mündlich von mehreren zugetragenen Form gibt es eine gröbere, die W. Mieder 1982, S. 220 mitteilt: „Loch ist Loch, sprach Isidor / und vögelte ein Ofenrohr."

43 Z. B. bei Stußlieb, E. 1892 belehrt der Schochet Isidor Eisenstein seinen Sohn Moritz, wie er mit den Gojim fertig wird; im letzten Lehrgespräch (Nr. 12) – ins Jahr 1950 verlegt – belehrt dann der zum Bankdirektor aufgestiegene Moritz wiederum seinen Sohn Isidor.

44 ZStAM MdI Änd. VN 5, Bl. 95 f.

45 In actis GStA JM 2364, Bl. 60.

46 Vgl. hier o. S. 104.

47 ZStAM MdI Änd. FN, Bd. 15, Bl. 86.

48 Vgl. die ausführliche Darstellung bei Bering, D. 1988, S. 250–273.

49 Antijüdische Pamphlete, seit je auch die Karikaturen und fast jede Witzsammlung nahmen diesen Punkt aufs Korn (vgl. z. B. Fuchs, E. 1921, S. 153–156).

50 ZStAM MdI Änd. VN, Bd. 6, Bl. 130.

51 Ebd. Änd. FN, Bd. 18, Bl. 147.

52 Goldschmidt, A. (Hg.) 1890, S. 10 ff.

53 Als Zweitglied bei Namen jüdisch markiert (obwohl auch bei „Deutschen" häufig vorkommend), vgl. Bering, D. 1988, S. 231.

54 Die Brennessel 1 (1931), S. 192.

55 Vgl. Abbildung (1909) in Bering, D. 1988, S. 349.

56 Loewenthal, M. J. 1911, S. 119 f.

57 Zitiert bei John, H. 1981, S. 186 f.

58 ZStAM Änd. FN Bd. 22, Bl. 166.

59 Ebd., Bd. 26, Bl. 131 f.

60 1929 39, S. 2.
61 Angr. 1930 24, S. 7.
62 Angr. 1928 3, S. 32.
63 Von den gleich abgehandelten Familiennamen (*Cohn, Levi* ✕, *Moses* ✕, *Friedländer*) zwei, von den Vornamen *Isidor, Isaak* ✕, *Abraham* ✕, *Siegfried* zwei; im ganzen: 19 der markierten VN auch auf der Markierungstabelle der FN.
64 Angr. 1928 26, S. 5. Der bestimmte „aufgeregt-lebendige" Gebrauch der Hände gehörte mit zum antisemitischen Klischee.
65 Angr. 1929 12, S. 2.
66 IB 1929, S. 158.
67 Angr. 1930 6, S. 7.
68 Angr. 1930 30, S. 7.
69 Angr. 1928 40, S. 5.
70 Angr. 1929 57, S. 4.
71 Vgl. Bering, D. 1990.
72 Angr. 1927 7, S. 7; weitere Beispiele: „Ist Herr Grzesinski (vom Hause Cohn) / . . . Bewährt und gleichfalls rot wie Mohn" („Illustrierter Beobachter" 1930, Nr. 897, S. 897); „Wir haben keine Fahne / . . . wir haben Kohn, Kahane" (Angr. 1927 12, S. 7); „Nathan Kohn, der Wundersohn" Kikeriki-Bilder-Bogen, in: Fuchs, E. 1921, S. 200 f.; „Auf der ersten Seite schon, / Sehen Sie den alten Kohn" (Kohn Lexikon, S. 3); „Orpheus, der von je dem Schönen / zugetan ist, was bekannt, / singt Euch diesmal von zwei Cöhnen, / wenn sie auch nicht so genannt. / Emil Ludwig, der entsprossen / dem erlauchten Zweige Cohn, / fand in Kortner den Genossen / und geliebten Compagnohn [. . .] ‚Hol der Kuckuck alle Cöhne!' / laute unser Schlachtgebet, / wenn der Fürst im Reich der Töne / mauschelnd auf der Leinwand steht" (Brennessel vom 18. Januar 1933); „Kein Itzig ist der Salomon, / der Levi nicht und nicht der Kohn" (Brennessel 1932, S. 310); „Hier spielt Herr Hirsch mit Dora Cohn / Den Hochzeitsmarsch von Mendelssohn" in: Wieland der Schmied 1933, S. 41; ähnlicher Reim dort S. 25 („Cohn – Dimension") so auch S. 36, S. 49 „Cohn – Ovation", S. 51 „Cohn – Patriziersohn" und „Cohn – Auktion", S. 53 „Cohn – Mission", S. 55 „Cohn – Hohn" usw. . . . fast beliebig anzureichern mit ähnlichen Exemplaren, natürlich auch aus der BAZ, z. B. „für unsern wen'gen Lohn / Beschmeißt uns noch der Cohn" (Nr. 40, v. 6. Oktober 1929).
73 Angr. 1928 40, S. 5.
74 Angr. 1928 24, S. 7; weiter 1928 26, S. 2; 32, S. 5; 50, S. 2 – alle

Fälle mit voll ausgeschriebenem Vornamen, worin ja eine deutliche Abweichung liegt.

75 Dinter, A. 1920, S. 35 f.

76 Ausführlich belegt bei Bering, D. 1988, S. 413, Anm. 12.

77 Angr. 1929 47, S. 7.

78 Teilabdruck in Angr. 1928 12, S. 2. Über die spezifisch galizische Konnotation der y-Schreibung vgl. Bering, D. 1990, S. 32–36 und dazu den Namen des bösen kommunistischen Verführers in Goebbels „Michael": *Wienurowsky.*

79 Angr. 1928 16, S. 5. Für eine Karnevalsveranstaltung der Partei kündigte man eine lustige Nummer an, in der sich ein bekannter höherer Polizeioffizier „Isaak Schweiß" vor dem Reichstag zu verantworten habe (Angr. 1929 6, S. 11).

80 Angr. 1929 22, S. 12.

81 Angr. 1928 31, S. 2.

82 Vgl. o. S. 26.

83 An solchen Terminbestimmungen sieht man die weitere Virulenz der alten religiös bestimmten Judenfeindschaft. Der Ostertermin war heikel: Jetzt brauchten die Juden Christenblut; oftmals war der Tag Anlaß zu Pogromen; die Tore des Ghettos durften nicht geöffnet werden.

84 Dinter, A. 1920, S. 6 f.

85 Angr. 1928 39, S. 2.

86 Angr. 1930 50, S. 3.

87 Angr. 1930 24, S. 3; weitere Verwendung von „Obermoses" in 1928, 52, S. 5; 1929 20, S. 3 (Goebbels einfach für Juden); 1929 40, S. 3 (Goebbels für den Chefredakteur des BT, Theodor Wolff).

88 Angr. 1930 41, S. 9.

89 Mitgeteilt von E. Kindt. Schon 1920 zum Lied der Brigade Ehrhard gesungen.

90 Vgl. z. B. Kaganoff, B. C. 1977, S. 152 f.

91 Angr. 1928 13, S. 5.

92 Angr. 1927 8, S. 5.

93 Krause, K. 1943, S. 11.

94 Siegfried-Witz in Sammlung Landmann, S. 1969, S. 210. Ähnliche Verstehensvoraussetzungen in Moszkowski, A. 1911, S. 57: Beweis, daß Wagner kein Antisemit gewesen sein kann, aus der Art seiner Namen in den Meistersingern: „Siegfried Sachs".

95 Angr. 1929 8, S. 12.

96 Angr. 1927 8, S. 5.

97 Angr. 1928 52, S. 7.

98 1928 50, S. 2.

99 Es gibt hierzu eine hitzige Debatte zwischen Meyerowitz 1971 und Salcia Landmann. Vor allem habe sie die viel harmloseren echten ostjüdischen Witze in den Hintergrund gedrängt und eher „Judenwitze" rechter Provenienz aufgenommen, was vor allem an den Namen zu sehen sei, die eben in den echten ostjüdischen Witzen nicht vorkämen (S. 15 f.). Über die bisher angedeuteten Fakten der Selbstkritik herrscht aber weithin Einigkeit, vgl. z. B. Moszkowski, A. 1923, S. 11, Landmann, S. 1969, S. 34, 38, 42; Röhrig, L. 1980, S. 275.

100 Angr. 1929 50, S. 2.

101 Angr. 1927 13, S. 5.

102 Angr. 1928 20, S. 2 (reine Wortklauberei ohne Geist, nur Witz).

103 Jossel, Ch. ⁴¹1912; Nuél, M. o. J. 10.–20. Tausend; Moszkowski, A. 1923.

104 Vgl. auch Schwadron, A. 1920, S. 37: „Aber wir mußten doch in den letzten Dezennien auch die echt arischen Moriz, Hermann, Rosa, Else u. dgl. wechseln, aufgeben, weil sie bereits als echt jüdisch angesehen wurden". Im März 1931 fingierte Goebbels ein Sprengstoffattentat auf seine Person. Um den Verdacht auf Juden zu lenken, ließ er am 17. Februar 1931 durch einen ebenfalls fingierten Brief (aufgegeben im selben Postbezirk wie die Parteigeschäftsstelle) beim P. P. seine Privatadresse erfragen, und zwar von: „Sascha Nathan Baruch und Rosa [. . .] Rosenbaum" (Bericht der IA v. 30. März 1931, LAB Rep. 58, Nr. 509, Bl. 12 f.).

105 Es könnten, ohne daß Systematisches dagegenspräche, beliebig viele Wörter ad hoc zu FN erklärt werden, während der VN „seinem Wesen nach" einer sein, d. h. daß er traditionell als VN bekannt sein muß.

106 Kessler, G. 1935, S. 79 fand im gesamten Berliner Adreßbuch von 1926 nur 62 Exemplare, worunter er sogar noch Namen wie *Flanzreich, Heidenstein, Himmelweit, Königsfest, Mohnblatt, Mondschein, Quartiermeister, Reginbogin, Siebzehner, Sonnenblick, Terkeltaub, Wagschal, Weißbrod* u. ä. zählte. Sein Urteil lautet: „Altansässige deutsche Juden haben solche Namen niemals geführt, und aus ihrer Seltenheit in Berlin darf man schließen, daß höchstens 150 bis 200 jüdische Familien in ganz Deutschland diese berüchtigten Namen tragen." Die Namenbücher von Cascorbi und Gottschald zählten aber viele beleidigende galizische Namen auf, die im deutschen

Reichsgebiet niemals vorgekommen seien. Er unterstreicht dann energisch, daß auch bei „Deutschen solche Namen nicht fehlen, wie z. B. *Blödhorn, Höhnermörder, Morgenschweiß, Niedergesäß, Lausmann, v. Schweinichen.*" Der WDR II brachte am 17. 3. 1991 eine Sendung über schwer zu ertragende „deutsche" Namen wie: *Kackstädter, Hasenfuß, Niemand.*

107 Außer einer Reihe von „jüdischen" Namen aus der Markierungstabelle (z. B. *Abraham, Blumenthal, David, Goldberger, Israel, Jerusalem, Jud, Kohn 5 ×, Moses, Rosenthal, -stein, -stengel, Wolff*) bietet die Liste folgende Ekelnamen, die offensichtlich Deutschbürtigen geändert wurden: *Dumm, Esel, Eyerschmalz, Fröschl, Gimpl, Grünzweig, Hammel, Haseneiner, Hirschvogel, Hundsbalg, Hünnerkopf, Kalb, Kalbskopf, Knoblauch, Leberwurst, Maulwurf, Ochs 2 ×, Roßkopf, Sautreiber 2 ×, Scheibenbogen, Schießinwald, Schlampe, Schwanzer, Schwind(e)l 2 ×, Tausendteufel, Teufel, Unsinn, Wurst, Zahnweh 2 ×.* (Familiennamenänderungen, in: Deutsche Gaue, Kaufbeuren, 39 (1938), S. 116–119. (Die Liste verdanke ich W. Seibicke.)

108 Angr. 1928 34, S. 3.

109 S. u. S. 277.

110 S. 525. Ähnliche Verwendung in einer Schauergeschichte von Lippert: jüdische Firma „Lautenschläger", Angr. 1928 14, S. 2.

111 Angr. 1929 4, S. 2.

112 „Pinkel(es)" hält man zunächst für einen Namen, der wohl nie getragen worden ist, vgl. aber Tabelle S. 208. Für „Jeiteles" („Jeit-" = Jude) zitiert Schwadron, A. 1920, S. 56 den Sprachforscher Heinrich Teweles: „Ich weiß nicht, ob es dermalen in Prag noch einen Menschen gibt, der Jeiteles heißt." Zur Bildeweise -eles hatte derselbe Autor geschrieben: „Es sind der Form nach entschieden deutsche Namen, aus einem Liebkosungs-Diminutiv und dem genitivischen s entstanden." Dieselbe patro- oder matronymische Erklärung für diese Bildeweise bei Krause, K. 1943, S. 56; Kessler, G. 1935, S. 62.

113 Angr. 1929 4, S. 2.

114 Angr. 1929 62, S. 5.

115 Über den Zionisten-Kongreß 1929 in Zürich witzelte Goebbels: „Cohn und Veilchenstengel" würden nun bald wieder als Polizeipräsidenten, Arbeiterführer, Bankiers und Meinungsfabrikanten nach Berlin, Paris und London zurückkreisen (Angr. 1929 36, S. 3). Bei seinem Vorschlag für den neuen Einheits-Dress anstelle der verbotenen SA-Uniform brachte er ähnliches ins Spiel: Man wisse nun gar nicht mehr, was die Jungs überhaupt noch tragen sollten, am besten

vielleicht, sie trügen ganz ungeniert Schwimmhosen und Badetrikots, „als befinden sie sich mit Cohn und Veilchenstengel am Strande von Binz oder Norderney." (Angr. 1930 52, S. 1).

116 Angr. 1930 48, S. 10.

117 Angr. 1929 37, S. 8.

118 Hier danke ich Thomas Eckelmann für Suchhilfen. Benutzt wurden: Bauer, E. 1936; Fuchs, E. 1921; Hiemer, E. 1938; Leers, Der Joh. v. o. J.; Rosen, C. 1934; Schwechten, E. 1933; Wieland der Schmied 1933; Die Brennessel; Der Angriff; Der Stürmer.

119 190 gepfefferte Witze; Jossel, Ch. 1912; Moszkowski, A. 1911; Moszkowski, A. 1923; Nikolaus, P. 1924; Nuél, M. ⁴o. J.; Nuél, M. o. J.: Das Buch der jüd. Witze; Reitzer, A. o. J.; Reitzer, A. ⁴o. J.; Rund, M. 1914. Gezielt sind nur Sammlungen gewählt worden, die um die Mitte der zwanziger Jahre schon erschienen waren und jene fortgelassen, die nach dem Zweiten Weltkrieg bekannt und deren unverfälscht jüdische Substanz angezweifelt wurde (z. B. Landmann, S. 1969).

120 Angr. 1929 29, S. 11.

121 Schwadron, A. 1920, S. 60; Moszkowski, A. 1923, S. 77.

122 Angr. 1928 11, S. 5.

123 Vgl. o. S. genau dieselbe Formel im Landtag 1900.

124 Um nur einige kurz anzudeuten: 1. „Daudet" als „kleiner David" entlarvt, dadurch jetzt Namensvetter von Ovid, der eigentlich „Dovid" heißt (Moszkowski, A. 1923, S. 71); „Schweißloch" zahlt der galizischen Polizei 20 Gulden allein für das W (ders. 1911, S. 19); Markus Levy wählt bei seiner Taufe den Namen Martin Luther, um das Monogramm in der Wäsche nicht ändern zu müssen (ders. 1911, S. 50); vom Asch gefragt, woher denn Herr Cohn plötzlich zu dem r im neuen Namen „Krohn" gekommen sei, erhält zur Antwort: „Aus Ihrem Namen" (Nikolaus, P. 1924, S. 9); der alte Vater wird von seinem arrivierten Sohn in Budapest aufgeklärt, daß das das Standbild vom Petöfy sei, was der ungebildete Vater mit der Frage beantwortet: „Petöfy – – – Fetöfy – wie hat er früher geheißen?" (Nuél, M. o. J., S. 41).

125 Z. B. Angr. 1929 50, S. 5; 1928 39, S. 3; 11, S. 5; 21, S. 5; 1929 4, S. 9; 34, S. 6; 36, S. 6; 14, S. 6; 56, S. 2; 1930 9, S. 5 u. ö.

126 Angr. 1928 39, S. 3, S. 8; 1928 4, S. 5; 1928 17, S. 5.

127 Angr. 1929 2, S. 7. Über den verstorbenen Ruben Moses witzelte man, daß er sich „nach der neuen Rechtschreibung Rudolf Mosse" buchstabiere (Angr. 1928 53, S. 7).

128 Erich–M o s e s s o h n Angr. 1927 24, S. 5; Chaplin-T h o n s t e i n 1928 20, S. 5; Alfred Kempner-K e r r 1927 24, S. 5; 1928 3, S. 5; Lessing-L a z a r u s 1928 19, S. 1; Litwinow-F i n k e l s t e i n 1930 31/32, S. 1; Bruno Walter-S c h l e s i n g e r 1929 13, S. 6.

129 Z. B. Angr. 1930 25, S. 5.

130 Angr. 1929 46, S. 2.; 12, S. 4; 13, S. 6 („Herrn Generalmusikdirektor Bruno Walter – beruhige dich Deutscher, er heißt S c h l e s i n g e r)"; 14, S. 6 („Bruno Walter, mit seinem richtigen Namen Schlesinger [...] Der hohe Herr Schlesinger muß einsehen").

131 Angr. 1928 8, S. 5; 26, S. 1 („der mit seinem richtigen Namen G o l d m a n n heißt"); 48, S. 2; 1929 13, S. 6; 16, S. 6; 50, S. 7.

132 Angr. 1928 14, S. 1 („So sieht er aus").

133 Angr. 1928 51, S. 2.

134 Angr. 1929 15, S. 11 (Leserzuschrift).

135 Angr. 1928 9, S. 6.

136 Angr. 1928 39, S. 2; auch erwähnt in 18, S. 6.

137 Für den Leiter des Namendezernats im Preußischen Innenministerium zählten die Namenänderungen in der Familie Witkowski als ungutes Paradebeispiel, auf das er denn auch immer wieder hinwies, Bering, D. 1988, S. 185, 192.

138 Angr. 1927 19, S. 3.

139 Über dieses Phänomen der Generalisierung vgl. o. S. 140.

140 BAZ Nr. 20, v. 18. 7. 26.

141 Z. B. Bronstein-Trotzki 1928 35, S. 2; 1929 8, S. 1; 26, S. 2; dann wieder Braunstein-Trotzki 1928 8. S. 3; Litwinow-Finkelstein 1928 22, S. 1; 14, S. 3; 1927 24, S. 3; Bela Kuhn-Cohn 1928 29, S. 5; Sinowjew-Apfelbaum 1930 42, S. 5.

142 Angr. 1927 23, S. 1.

143 Angr. 1928 8, S. 1.

144 Angr. 1929 6, S. 10.

145 Angr. 1928 52, S. 1.

146 Dinter, A. 1920, S. 91–95.

147 „Gesetz der appellativischen Herkunft", vgl. Sonderegger, St. 1985, Bd. 2, S. 2040–42.

148 Nuél, M. o. J., S. 106; auch in: 190 gepfefferte, S. 30.

149 Moszkowski, A. 1923, S. 119.

150 Moszkowski, A. 1911, S. 82.

151 Moszkowski, A. 1911, S. 88.

152 Jossel, Ch. 1912, S. 111.

153 Beide in Moszkowski, A. 1923, S. 13. Weitere Variante in Nuél, M.
⁴o. J., S. 119.

154 Jossel, Ch. 1912, S. 81.

155 Nikolaus, P. 1924, S. 135. In einer etwas anderen Variante auch bei
Rund, M. 1914, S. 44. Vgl. z. B. auch, wie sich der kleine, beweg-
liche schwarzgelockte Dr. „Löbl" aus Wien und der blonde, blau-
äugige „Müller" aus Westfalen am Ende einer Kreuzfahrt doch noch
gestehen, daß der eine Jude, der andere Christ ist – dies freilich in
genau der umgekehrten Paarung, wie nach gängigem Vorurteil zu
erwarten wäre (Nuél, M. o. J., S. 119 f.).

156 Nuél, M. o. J., S. 113; ähnlicher, allerdings hämisch verkanteter
Effekt bei der Ablehnung einer Namenänderung *Kränkeles* durch
einen Minister mit dem Hinweis, an *Aristoteles* und *Praxiteles* sei
auch nichts Jüdisches (Nuél, M. ⁴o. J., S. 119).

157 Vgl. Runderl. des RMdI v. 25. 6. 1934 in: Kriege, W./Opitz, F./
Globke, H. 1934, S. 99 f.

158 Moszkowski, A. 1911, S. 57.

159 So auch in BAZ v. 18. 9. 27.

160 Angr. 1930 62, S. 1; 1930 60, S. 6 druckte man eine Reklame für
den Tischlermeister *Abel* ab; im Jüd. Adreßbuch 5 × *Abel*, 5 ×
Abeles.

161 Nach Goebbels' eigenem ausführlichen Bericht dargestellt bei Oven,
W. v. 1949, Bd. 2, S. 170 f.

162 Angr. 1929 65, S. 7.

163 Systematische Zusammenstellung bei Bering 1988, S. 231 und 401–
403 (nach Kessler, G. 1935).

164 Dort allerdings mit „ey", im Jüd. Adreßbuch 4 × mit „ay".

165 Angr. 1929 26, S. 7.

166 Angr. 1927 22, S. 3 (*Hirschmann* 9 × im Jüdischen Adreßbuch und
20 × im „judenreinen" Berliner Telefonbuch von 1941).

167 Angr. 1928 41.

168 1930 Nr. 2, S. 3.

169 Angr. 1928 14, S. 5.

170 IB 1929, S. 504.

171 Angr. 1928 45, S. 2, der später dann bei der NSDAP als einziger mit
„reiner Weste" dasteht (Angr. 1929 44, S. 7).

172 Angr. 1928 26, S. 6.

173 Im ganzen finden sich meinem Korpus aus dem „Angriff" 101
Fälle, bei denen ein jüdisch markierter Name eindeutig einem Nicht-

Juden zuzuordnen ist, wobei so gängige Namen wie *Meyer* u. ä.
nicht in jedem Falle notiert worden sind.

174 1929 32, S. 1.

175 Z. B. weitere parteinahe „Rosenbergs", ein Artikel von „Rosen-
hahn" über die Tannenbergfeier, hymnische Gesänge auf „Samuel
Puffendorf", die 3.–M. Spende des Herrn „Schnürstein", mehrfach
der Name „Simon", Lobgesänge auf den Grafen „Sternberg", auch
auf den *Noch*-nicht-Nationalsozialisten „Sternberg", der gleichwohl
schon sein Leben bei einer Schlägerei in einem SA-Lokal opferte
(Angr. 1929 55, S. 4), gerühmt weiter die Bücher „Wolf-Meyer-Er-
lachs" aus der Serie „Nordische Seher und Helden", erwähnt der
Abgeordnete der Völkischen „Ziegenrücker" (*Zickenoppasser* von
Kessler, G. 1935, S. 79 zu den Ekelnamen gestellt!).

176 Angr. 1928 29, S. 2.

177 Angr. 1930 28, S. 2.

178 1930 28, S. 2.

179 LAB Rep. 58, Nr. 509, Bl. 19 f.

180 1928 7 S. 7.

181 Dinter, A. 1920, S. 79.

182 Ebd., S. 127, 180.

183 Angr. 1929 34, S. 11. Vgl. auch S. 242.

184 Angr. 1928 37, S. 7.

185 Angr. 1930 78, S. 4. Ein französischer Accent aigu konnte als zu-
sätzliches Distanzierungsmittel „jüdischen" Namen aufgepfropft
werden, so beim jüdischen Ozeanflieger Charles A. Levine (é), vgl.
C. V.-Z. 1927, S. 380.

186 Angr. 1929 7, S. 7. Weitere Fälle mit „deutscher", „Holländer" 1929
33, S. 11; 1929 28, S. 11 (der „Rumäne" *Barsch*, die „Deutsche"
Meta Pistol usw. in einer sehr großen Zahl von Fällen). Anführungsstriche bei Begriffsworten konnten ähnliche Effekte hervorbringen, wenn z. B. vom „Sozialisten" *Friedländer* die Rede war
(Angr. 1928 8, S. 2.).

187 Angr. 1930 58, S. 1.; ähnliche Fälle sehr häufig, z. B. „ein gewisser
Artur Schweriner (!)" (Angr. 1930 33, S. 4); „Magnus (!) Hirschfeld" (Angr. 1930 73, S. 3.).

188 Z. B.: Viele bejubelten den Mann, der den Dawes-Plan verbessern
wolle, obwohl er „in New York sitzt und – Baruch heißt" (Angr.
1928, 3, S. 2).

189 1930 69, S. 3.

IV. Der Namenkampf

1 Bade, W. 1933, S. 46, abgedruckt auch im Angr. 1927 19, S. 4.
2 Lasch, A. 1928, S. 4; Röhrich, L. 1980. S. 227.
3 Ostwald, H. o. J., S. 6; Brennglas, A , S. 21; Lasch A. 1928, S. 7; Lederer, F. 1927, S. 61.
4 Weber-Kellermann, I. 1965, S. 21; Schadewaldt, W. 1963, S. 37; Brennglas, A., S. 22 („allezeit kampffertig").
5 Schadewaldt, W. 1963, S. 33; Lasch, A. 1928, S. 7.
6 Ostwald, H. o. J., S. 6, 14 f.; ders. 1926. S. 12; Lederer, F. 1927, S. 21; Lasch, A. 1928, S. 2.
7 Lasch, A. 1928, S. 4; Lederer. F. 1927, S. 36, 56–60. Ostwald, H. 1926, S. 655.
8 Ostwald, H. o. J., S. 5.
9 Weber-Kellermann, I. 1965, S. 22; Ostwald, H. o. J., S. 12 f.: „Respektlosigkeit".
10 1963, S. 35. Brennglas, A. o. J., S. 23 sieht ihn sogar direkt aus dem Kopfe Friedrich des Großen entsprungen.
11 1926, S. 8, 12.
12 1927, S. 29 f.
13 Zitiert bei Ostwald, H. o. J., S. 6, Schadewaldt, W. 1963, S. 30 u. bei Lasch, A. 1928, S. 8.
14 So Fido, H. 1933, S. 5; Röhrig, L. 1980, S. 227; auch Agathe Lasch meint, daß Gutmütigkeit die berlinische Ironie davor schütze, wirklich boshaft zu werden (S. 17).
15 Man könnte, um das Dominante zu bestimmen, jetzt Witze darbieten, die in der hier zitierten Literatur dargeboten werden, daß man z. B. die vier weiblichen Gestalten auf der Einfassung des großen Begasbrunnens auf der Schloßfreiheit „die schweigsamsten Frauenzimmer von Berlin" nannte, dies mit der Begründung: „Die halten ständig den Rand" (= die Klappe) – Ist das ein Witz von „jutem Herzen"? – oder vielleicht dieser: „Mensch, Ihr Kopp uff'm Geldschrank und det Jeld ist sicher" (Beispiele bei Weber-Kellermann, I. 1965, S. 21 f., die behauptet, daß da „viel Herz verborgen" liege und der Witz der Berliner „nie gehässig" sei (S. 23).
16 Vgl. o. S. 119.
17 Angr. 1929 8, S. 12.
18 Lasch, A. 1928, S. 9 f.
19 Weber-Kellermann, I. 1965, S. 21.

20 1927, S. 83–86. Dort auch S. 86–88 über Wortspiele und Klang-
malerei. Wortklamauk bei Goebbels vgl. Beispiele S. 203, 247, 252.

21 1928, S. 21. Daß sie sich anschließend gegen die Meinung wendet,
dieser Witztyp sei anderswo nicht zu finden, hebt nicht ihr Urteil
auf: „ein guter Teil" der Berliner Produktion sei eben jenem Typ
zuzurechnen.

22 Angr. 1927 17, S. 7; 1928 1, S. 5.

23 Angr. 1928 3, S. 5; 1930 9, S. 5; 7, S. 7.

24 Angr. 1928 37, S. 5.

25 Angr. 1930 7, S. 7.

26 Angr. 1929 22, S. 4.

27 Angr. 1928 13, S. 5; 12, S. 5; 1929 25, S. 6; 13, S. 6.

28 Angr. 1930 33, S. 1.

29 Angr. 1930 67, S. 11.

30 Angr. 1927 21, S. 3.

31 Angr. 1929 6, S. 11.

32 1928 15, S. 5; 1928 26, S. 1.

33 Angr. 1928 41, S. 3.

34 Angr. 1928 38, S. 1; 1929 10 S. 5; „‚Reichskanzler' Müller-Versailles" (1929 61, S. 1); BAZ Nr. 31, v. 5. 8. 28; Nr. 38, v. 23. 9. 28.

35 Angr. 1928 27, S. 2.

36 Angr. 1929 6, S. 11.

37 Angr. 1930 70, S. 2.

38 Angr. 1930 62, S. 9; 64, S. 1; 72, S. 9.

39 Angr. 1930 54, S. 5.

40 BAZ Nr. 23, v. 9. 6. 29.

41 Angr. 1929 4, S. 9; „harmlose Passanten" hatten die jüdischen
Abwehrorganisationen die bei den Kudammkrawallen tätlich Angegriffenen bezeichnet, womit sie die Wirklichkeit trafen, aber dennoch den Nationalsozialisten eine immer wieder zum Witzwort ver-
drehte Formel lieferten (vgl. z. B. Angr. 1928 22, S. 3).

42 IB 1929 S. 127.

43 Angr. 1929 13, S. 3, bzw. 14, S. 3.

44 1929 51 7; „Bald ertönt ein rabbinisches Getös', / dann wird's für
den bösen Böß sehr bös' " (1929 24, S. 13).

45 Angr. 1927 25, S. 1: „Fühl' in der Kohne Kranz / Die hohe Wonne
ganz, / Schächter des Volks zu sein – / Heil Parker Dir! National-
lied der Daweskolonie. Es wurde mit gütiger Erlaubnis des Verle-
gers den neuesten Eulenspiegeleien des republikanischen Hofdichters
Gerardo Capitano entnommen."

46 Angr. 1929 20 S. 6: „weil er (Bert Brecht) dem alten Zehntafelhüter Kerr-Klempner auf dem Presseberge Sinai in der Jerusalemer Straße aus gewissen Gründen mißfiel".

47 Angr. 1928 2, S. 5: „hob der Jude sein Hinterbein und kerrte Sudermann an".

48 Angr. 1929 12, S. 12; 14 S. 3; 25 S. 12; „SPD-Oberbonze mit dem bezeichnenden Namen Kürbis" (1929 11, S. 12).

49 1930 68, S. 3; „schon der Name sagt alles!" (1930 26, S. 2).

50 H. Fido hat 1933 die Denkmalswitze, von denen einige auch im „Angriff" erschienen waren, gesammelt und illustriert herausgegeben. Für die 213 Denkmäler Berlins führte er 61 Uminterpretationen an. Andere machten ein eigenes Kapitel aus diesem Witztyp, z. B. Ostwald, H. o. J., S. 253–264.

51 Fröhlich, L. 1980, S. 227.

52 Angr. 1927 1, S. 7; 1929 37, S. 8; 1930 39, S. 3.

53 Angr. 1930 59, S. 3 (vgl. o. S. 190).

54 1927 6, S. 7; 8, S. 5. BAZ v. 12. Februar 1928.

55 Vgl. u. S. 267.

56 Vgl. auch unten S. 292 das B. Weiß in den Mund gelegte Wort: „wenn ich gleichzeitig Polizeivicepräsident von Jeru ...", vielmehr Berlin wäre".

57 Angr. 1928 21, S. 5.

58 Angr. 1928 9, S. 5.

59 Angr. 1928 9, S. 5; BAZ v. 4. November 1928 (angeklagt in LAB Rep. 58, Nr. 51 Bd. II).

60 Angr. 1930 10, S. 7.

61 Angr. 1928 10, S. 4.

62 Angr. 1929 43, S. 3. Als dann der Rat der Stadt den toten Staatsmann durch einen Straßennamen ehrte, geschah dasselbe wie im selben Falle bei den neuen Namenspaten Rosa Luxemburg und Wilhelm Liebknecht: schriller Protest gegen den Versuch, ein falsches, „undeutsches" Gedächtnis topographisch festzuschreiben (Angr. 1929 2, S. 11).

63 Heiber, H. 1974, S. 72: „Der übelste Trick bestand darin, daß Goebbels für Bernhard Weiß den Vornamen Isidor erfand." Hamburger, E. 1968, S. 102; Reimann, V. 1971, S 107 (abgeschwächt: „erfand oder zumindest aufgriff"). Auch vom Autor dieses Buches zuerst so dargestellt (1983, anders dann 1988, S. 19).

64 Goebbels, J. 1932, S. 140.

65 Bade, W. 1933, S. 34 „Dr. Goebbels hatte diesen Namen nicht er-

funden. Aber daß der Berliner Volkswitz diesem Vize gerade diesen Namen innerhalb einer Stunde anhängte, so daß ihn die National-sozialisten nur zu übernehmen brauchten, wog schwer und drängte die Staatsgewalt von vornherein in die Abwehr."

66 Nr. 26, S. 2.

67 RF Nr. 152, v. 5. Juli 1923. Da auch: „Herr Weiß./Urgermanisch! Keine Phrase!/Dieser Weiß! Geschwung'ne Nase!/Saß und blätterte in Akten,/Als ihn die Verteid'ger zwackten!" (Den Hinweis verdanke ich Walter Grab).

68 RF v. 16. Mai 1924.

69 1932, S. 192.

70 So die Angaben im Brockhaus, im Meyer und in „Neue deutsche Biographie", Bd. 7, S. 647.

71 Am 15. Dezember 1922, dem Tag, als in jenem berühmten antisemi-tisch eingefärbten Prozeß gegen seine beiden Attentäter, Weichart und Grenz, das Urteil gesprochen wurde, ergriff er als Nebenkläger noch einmal das Wort. Man habe immer über ihn gesagt: „das ist ja ein Jude, er heißt auch Isidor. Wenn diese beiden Menschen hier *Blumenstock* oder *Veilchenfeld* hießen und wenn der Überfallene einen *urgermanischen* Namen hätte, sagen wir etwa – *Max Klante* (große Heiterkeit) – glauben Sie wirklich, daß man es auch so leicht genommen haben würde? Ich glaube nicht. Es steckt doch hinter dem ganzen Verfahren die tiefe Insinuation: Dieser gemeine Jude, eigent-lich heißt er Isidor, – ich habe niemals Anspruch auf diesen Namen gehabt. [. . .] Meinen Namen habe ich geändert, wie das üblich war, als ich zur Bühne ging. Ich habe nie für jüdische Dinge Partei genom-men, sogar eine Zeitlang eher für einen Antisemiten gegolten. Es scheint aber, daß es unverjährbar ist. Ich bleibe Isidor." (Deutsche Zeitung v. 15. Dezember 1922) Diesen Fund verdanke ich Erika Laurent. Sehr ähnlich auch in Voss. v. 15. Dezember 1922 Nr. 592 mit weiteren Ausführungen, daß *Isidor* ein alter christl. Name sei und: „Hunderte von Menschen wechseln ihren Namen. Nur bei mir scheint dies ein Verbrechen, das nie verjährt." Ausdrückliche Ver-sicherung, daß er nie Isidor geheißen habe, auch in C. V.-Z. 1927, S. 613. Umtaufe von Alfred Kerr in *Isidor Katzenstein* z. B. in der anti-semitischen Staatsbürger-Zeitung Juni 1923, Nr. 22.

72 9. April 1928; 18. Juni 1928; 29. Oktober 1928; 11. März 1929; 6. Mai 1929.

73 Angeklagt wurden Goebbels, Dürr und der Drucker Schulze; aus-führlich dargestellt u. S. 291 ff. Goebbels' Leitartikel „Angenommen"

wurde am 17. April 1928 von der Justizpressestelle der Staatsanwaltschaft zugeleitet und dort mit der Aufschrift versehen: „zur geflg. Kenntnis für den demnächst anstehenden Termin gegen Goebbels und Genossen" (LAB Rep. 58, Nr. 24, Bd. IV Handakten ad Bd. V, Bl. 27).

74 Vgl. u. S. 280.

75 Vgl. u. S. 313.

76 Die BAZ schreibt am 1. September 1929 über einen Sensationsprozeß gegen Gregor Strasser, den Weiß mit eingeleitet hatte und in dem er als Zeuge von Roland Freisler ins Verhör genommen wird: „Dr. Bernhard Weiß bekennt sich stolz auf Befragen als Semit, – ist einer der prominenten Führer des Judentums auf deutschem Boden, – ist einer der Großwürdenträger des heutigen Staats [. . .]". Daß der Prozeß in Oranienburg, also an dem Ort stattfand, wo sein Namenspate und Großvater Dr. med. Bernhard Weiß gelebt hatte, gibt dieser Szene natürlich eine besonders eindringliche Note.

77 Z. B. Angr. 1928 15, S. 2; 44, S. 7 u. ö. vgl. S. 281.

78 Natürlich war hier das apostrophierte Wort „Rabbiner" faktisch als Schimpfwort gemeint, obwohl es wie „Jude" durchaus auch neutralen Charakter haben konnte.

79 5. Juni 1928, S. 231. Angeklagt in der Nr. 23, vgl. u. S 324.

80 „Weil es so schön war", Angr. v. 18. Juni 1928.

81 IfZ Bd. 1, 1928 4. Mai (S. 221); 13. Juni (S. 234).

82 Angr. 1928 24, S. 6; 25, S. 5 (schon mit groß abgebildetem Cover) und S. 8 (mit quer über die Seite reichendem Balken); 27, S. 8; 28, S. 6 und 8.

83 Als dritter Preis einer Werbekampagne für den „Angriff" mit persönlicher Widmung ausgelost (1928 27, S. 7); dem Fememörder Heines zum Trost ins Gefängnis geschickt, dort aber nicht ausgehändigt (1928 44, S. 1).

84 29, S. 3. So auch in Goebbels' Leitartikel 1929 10, S. 1 („Rund um den Alexanderplatz") – in einer Nr., die ganz Weiß gewidmet war.

85 Angr. 1928 29, S. 4 und 1929 10, S. 1.

86 Angr. 29, S. 4.

87 Angr. 1928 50, S. 4.

88 1929 Nr. 11, v. 18. März.

89 Diese Zeile – aus Ulrich von Huttens von Rechten vielfach mißbrauchtem (vgl. z. B. VB Nr. 62, v. 5. August 1922, S. 1) Gedicht „Ich hab's gewagt mit Sinnen" genommen – ein Beispiel für Goebbels' gefährliches Gemisch aus Trivialität und Bildungsingredienzien, vgl. weiter zu seinem Zitiergebaren o. S. 434.

90 Sonderegger, St. 1985, S. 2042 f.
91 Höfler, O. 1954, S. 26–53.
92 Originalbroschüre abgeheftet in LAB Rep. 58, Nr. 2 (hier S. 16).
93 Vgl. u. S. 329 f.
94 Mitteilung der Zeitzeugin vom 23. August 1981.
95 Vgl. insbesondere Wimmer, R. 1973, S. 130 f. u. Leys, O. 1979, S. 78 f. und weiter die weitläufig angeführte Literatur bei Bering, D. 1988, S. 482, Anm. 30.
96 Angr. 1928 8. S. 3 u. 1928 9, S. 2.
97 Z. B. Angr. 1927 19, S. 3; 23, S. 7; 24, S. 7; 1928 1, S. 7; 2, S. 7; 5, S. 7; 11, S. 5; 30 S. 5 usw. (mit abnehmender Tendenz).
98 Angr. 1928 19, S. 5. „Der Angriff" sagte es andernorts auch explizit, z. B. „Und hieße er nicht Jeiteles, er wäre es tausendmal. Ist Jeiteles denn nur ein Name, ist Jeiteles nicht ein Begriff?" (Angr. v. 9. September 1929).
99 Angr. 1928 19, S. 5; ähnlich 1927 25, S. 4 („großer Tag Isidors, des Gummiknüppelgeistes"). Vgl. u. im Prozeßkapitel S. 302, 323.
100 BAZ Nr. 35 v. 28. August 1927.
101 Angr. 1928 7, S. 7.
102 1928 42, S. 3.
103 Angr. 1927, 23, S. 7.
104 Angr. 1930 62, S. 9.
105 S. u. S. 308, 315, 323.
106 1927 12, S. 5 (wo vor allem die Pferde bedauert werden); 25, S. 4; 1928 30, S. 4; 38, S. 4.
107 Angr. 1928 44, S. 7.
108 Angr. 1927 20, S. 7.
109 Angr. 1928 1, S. 3 („Polit. Tagebuch").
110 Dinter, A. 1920, S. 316.
111 Dinter, A. 1920, S. 317, bzw. 126.
112 Vgl. hierzu Kessler, G. 1935, S. 23; Jüdisches Lexikon Bd. 4, 1., Sp. 395 f.
113 Weder seine Tochter H. Baban-Weiß noch die noch lebenden Verwandten und Bekannten wußten ihn.
114 Angr. 1928 23, S. 7.
115 Angr. 1928 3, S. 4. Nicht *direkt* auf Weiß bezogen ist: Beim Morgenritt im Tiergarten träfe sich „so der Adel von Bank, Börse, Film und Regierung und alles, was sonst noch I s i d o r heißt oder geheißen (sic) hat" (Angr. 1927 12, S. 5).
116 Angr. 1927 19, S. 4.

117 Angr. 1930 58, S. 9.
118 Im P. P. gibt es vieles, „das man nicht Weiß" (BAZ Nr. 11, v. 17. März 1929).
119 Z. B. „Die Kohl,Weiß'linge laßt fliegen" (BAZ Nr. 26 v. 26. Juni 1927). Dort auch: „Nicht Veits-tanz sondern ,Weiß-Tanz'". „Dr. ,Bernhard' Weiß contra Weißkäse" (BAZ Nr. 27 v. 7. Juli 1929).
120 Ähnliche Beispiele vgl. vorige Anm.
121 Z. B. 1927 14, S. 7; 15, S. 7; 18, S. 7; 25. S. 4; 1928 8, S. 3; 48, S. 1 u. 4; 50, S. 4; 1929 21, S. 2; 33, S. 12.
122 Vgl. die den Streit zwischen Weiß und Heimannsberg persiflierende Karikatur im Angr. Nr. 16 v. 23. Februar 1930, S. 1.
123 Liang, H.-H. 1977, S. 179.
124 Angr. 1929 18, S. 1.
125 Nur so konnten sie an die Bedeutung des seltenen Namens *Daisy* und Übersetzungen des hebr. *Jakob* gekommen sein (vgl. Bering, D. 1990, S. 46).
126 Angr. 1927 17, S. 5. dasselbe in 16, S. 4.
127 Angr. 1928 23, S. 5.
128 Angr. 1929 36, S. 6.
129 1928 23, S. 5.
130 Angr. 1929 34, S. 8.
131 Angr. 1930 53, S. 3.
132 Angr. 1928 3, S. 5.
133 Goebbels in Leitart. v. 9. April 1928, ferner: Angr. 1928 22, S. 1; 1929, 18, S. 1. Vgl. weiter S. 242.
134 1928, 52, S. 2.
135 Ausgezählt bei Seibicke, W. 1977. Die erwähnten 9 aus cirka 2600 Vornamen: *Adrian, Amalfried, Cosimo, Cyprian, Ephraim, Fabian, Florian, Fridolin* und *Josua.*
136 Vgl. o. S. 245 f.
137 Angr. 1927 13, S. 4; ähnlich „isidorische Dekretalien" BAZ Nr. 8, v. Februar 1928.
138 Angr. 1928 16, S. 4.
139 1927 18, S. 5. Vgl. hier schon die Stellung der Gerichte zu diesen Diminutivbildungen (u. S. 307).
140 Angr. 1927 15, S. 7. Aus ähnlichen Gründen empfindet man die Berliner Deklination des Namens bei „Orje" besonders witzig: „Isidorn" (1927 7, S. 7) und vielleicht auch „Bernhartn", vgl. u. S. 274.
141 LAB Rep. 58, Nr. 2.

142 Angr. 1929 19, S. 11.

143 „Aus den Versuchen von S a p i r und anderen ist bekannt, daß die
Vokale o und u physiognomisch ‚größer' erscheinen als i und e"
(Hörmann, H. 1967, S. 238 nach Sapir, E. 1929, S. 225 ff.). Daß das
keine veraltete Position ist, bezeugt E. Holenstein, 1985, S. 134, der
nach Durchsicht einer sehr großen Anzahl von Literatur urteilt: Am
besten erforscht und gesichert sei die universelle Laut-Größe-Symbo-
lik, die nicht nur „helle Vokale mit Kleinheit und dunkle mit Größe"
verbindet, sondern weiterhin „in verhältnismäßig direkter Weise"
helle Vokale mit Schwäche (!), Weiblichkeit (vs. Männlichkeit!), ja
überhaupt mit Pejorativität (!) verbinde.

144 Hörmann, H. 1967, S. 240.

145 Mendelssohn, P. de 1959, S. 306.

146 Kriminalassistent Oehmichen über eine Rede im Lokal Märchen-
brunnen, Friedrichshain vom 15. März 1929. in: LAB, Rep. 58, Nr.
39, Bd. XI, S. 3.

147 „Wer lehrte uns völkische Schriftsteller, klug wie die Schlangen um
die Dinge herumzureden? ... Wer zeigte uns, daß man nur ‚Demokratie' zu schreiben brauche und die direkte Bezeichnung vermeiden müsse, um ‚der verfassungsmäßig festgestellten Staatsform' die nötigen
Nasenstüber auszuwischen. Wer schulte uns im Gebrauch ihrer gewissen Charakterisierung, die dann straflos ist, wenn damit laut Reichsgerichtsentscheidung das ‚Vorwalten eines verhältnismäßig starken
jüdischen Einflusses' im Staatsleben gekennzeichnet werden soll?"
(Angr. 1928 30, S. 5).

148 „Sie kennen doch den Wahlspruch unseres ‚Bernhard' Weiß: Ruhe ist
die erste Bürgerpflicht"; „oder wenn schon Herr ‚Bernhard' Weiß
sich der Stimme seines Blutes nicht entziehen kann" (Angr. Nr. 1,
S. 7); „Die Herren Zörgiebel und Dr. ‚Berhard' Weiß" (Überschrift
in Nr. 2, S. 1).

149 Eine *kleine* Auswahl: Angr. 1927 12, S. 5; 16, S. 5; 17, S. 5; 19, S. 7;
25, S. 5; 1928 1, S. 5; 39, S. 3; 1929 36, S. 6; 51, S. 1; 1930 8, S. 4;
78, S. 8 (Gedicht). Angr. 1927 16, S. 5, wo ein ganz anderer Bernhard
gemeint und trotzdem in Anführungsstriche gesetzt ist!

150 Angr. 1931 71, S. 2.

151 Sehr häufig, z. B. Angr. 1927 9, S. 3; 1928 11, S. 3; 19, S. 5; 52, S. 2
(2 ×); 1930 53, S. 1.

152 Angr. 1928 11, S. 5; 24, S. 5; 52, S. 2 (mehrfach); 1929 4, S. 2. 1930
21, S. 5; 35, S. 1.

153 „Armer – nun geben wir uns einen Stoß und sagen – ‚B e r n h a r d'!"

(Angr. 1928 24, S. 5); „Be.. Bernhard Weiß" 1928 32, S. 5; „die Polizei der Herren Zörgiebel-Weiß (Bernhard)" (IB 1929, S. 102).

154 Abgedruckt in Angr. 1928 38, S. 4; weitere Beispiele Weiß mit VN, andere ohne: 1928 35, S. 1 (mit Severing); 1928 47, S. 7 (mit Zörgiebel) und sehr viel öfter.

155 LAB Rep. 58, Nr. 39, Bd. 11, Bl. 3 v.

156 BAZ Nr. 17, v. 29. April 1928.

157 Angr. 1929 4, S. 8.

158 Angr. 1928 39, S. 3; 40, S. 4.

159 Angr. 1928 41, S. 5.

160 1928 34, S. 5; 16, S. 5.

161 1929 19, S. 11; zu beachten ist die zusätzliche Signifikation durch Großschreibung.

162 Angr. 1930 26, S. 7.

163 Angr. 1928 33, S. 5; auch „Vize-Bernhard" 1928 39, S. 3.

164 Angr. 1928 14, S. 5 oder das Beispiel von S. 1 des Angr. v. 2. September 1929: „wurde dieser [Dürr] nurmehr unter Mißachtung der Amnestie zu 2 Monaten Gefängnis wegen Beleidigung des Polizeipräsidenten ... Weiß verurteilt".

165 1928 19, S. 5.

166 Angr. 1927 12, S. 5.

167 Vgl. z. B. Herlitz, G./Kirschner, B. 1927, Bd. 2, S. 1235–1240; Birus, H. 1988, S. 31 f.

168 Angr. v. 9. April 1928, S. 1.

169 Angr. 1930 26, S. 3.

170 1927 20, S. 6.

171 1927 15, S. 6, aufgelöst in 16, S. 6: „Verbreite den Angriff bis Isidor besiegt ist." Über die Klage gegen dieses Kreuzworträtsel, vgl. u. S. 293.

172 S. o. S. 248 f. und weiter 1928 7, S. 4; 1929 6, S. 11 ein „Gedicht" von Jaromir: „Aschermittwochzauber ...

Wie im Regier:ang es steht: / Wenn heut einer noch / fröhlich in der Maske geht / hopp! den nimmt er hoch. ... / Ha! wer kommt die Straß lang, / unstatthaft maskiert? / Wie es steht im Reglement / wird er arretiert: / ,Masken sind nicht mehr erlaubt! / Nase runter schnell!!' / Aber der Passant behaupt', / die sei naturell, / und erhebt ein groß Geschrei, / daß man ihn nicht kennt – – / Ach, es war der Polizei – / Vicepräsident ..."

173 Angr. 1928 7, S. 8 Reklame für „Isidor und andere Puppen in prima Papiermaschee, günstiger Farbe und wippendem Kopf", auf der S. 7 angepriesen mit: „Isidormännekes sind injetroffen ... Mit wippen-

dem Kopp und mit die janze demliche Natirlichkeet, wie int wirkliche Leben. Wer Isidorn öfters een Nasenstüba jehm unn seine Kinda ne Freude machn will, der kooft nen Isidor".

174 Goebbels fuhr fort: „Jetzt dürfe man in Deutschland nicht sagen, daß dieser Mann ‚Isidor' heiße und ‚Jude' sei, sonst wird man mit Gefängnis bestraft" (LAB Rep. 58, Nr. 39, Bd. XI, Bl. 3.).

175 Vgl. die Geschichte IB 1930, S. 162: „Moritz [R. 13–16;] nimmt Abschied vom Polenland / Der Tate segnet den dreckigen Fant" bis: „Nachts fährt er im Auto von Bar zu Bar / Als Opfer daneben den blondesten Star." Auch diese „Wanderungs- und Verwandlungsgeschichten" hatten Tradition, vgl. z. B. in: Kehraus. Humoristischsatirischer Volkskalender, Berlin 1886, S. 65–73 die bezeichnend getitelte Geschichte: „Merkwürdige Lebensschicksale des russisch-deutsch-jüdisch-amerikanischen Obergauners Isidor Seifenstein", wo der Verwandlungskünstler allerdings als Isidor Soapstone von der New Yorker Bevölkerung schließlich geteert und gefedert wird.

176 Z. B. *Moritz Schmeiß* Angr. 1929 7, S. 12; *heiliger Isidor* 1927 23, S. 5; *dummer August* 1928 42, S. 4; *Polizeivizemussolini* 1927 12, S. 5; *Knutenmeister* 1929 40, S. 4; *Pullezeivizepräsident* 1929 61, S. 7; *Weiß-Fouché* 1927 7, S. 4; *Vize-Jernejroß* 1927 20, S. 7.

177 Angr. 1929 3, S. 1; 4, S. 9: „Nasobem (Isidorii-Linae)" auf Karikatur; 7, S. 11.

178 Angr. 1927 8, S. 7.

179 Zwar ist das Chinesische eine Tonsprache mit 4 bedeutungsrelevanten Tönen, aber: FN sind im Chinesischen gemeinhin einsilbig, VN zweisilbig. „Weiß" heißt „bai", „schwarz" „hei" und „grau" „hui" (Auskünfte verdanke ich L. Bieg, Köln).

180 Vgl. dieses Zitat von Weiß o. S. 77.

181 NS Briefe 3 (1927/28), S. 386.

182 Vgl. o. S. 17.

183 Er liegt als: Generalstaatsanwalt bei dem Landgericht Berlin Rep. 58 im Landesarchiv Berlin.

184 Es folgen: 4. der Kommunist E. Schneller (20), 5. Innenminister Severing (18) und des weiteren für unsere Zusammenhänge wichtig: 6. Lippert (17), 8. Hitler (16), 11. Grzesinski (13), 12. Zörgiebel (12), 13. Gregor Strasser (12), 14. Pieck (11), 15. Löpelmann (11) und 20. Carl von Ossietzky (7).

185 1 in Nr. 2; 1 in 23; 6 in 24; 2 in 47.

186 In Nr. 24, Bd. V, Bl. 4 v. in Angeklageschrift vom 2. März 1928 wird vom Staatsanwalt eigens darauf hingewiesen: Im AG Mitte lägen

schon zwei Verurteilungen wegen Isidor, und zwar unter den AZ 768/27 und 855/27 (nicht identisch mit Zawitalsky, Nr. 367 und 368). Die beiden anderen sind a) die Urteile gegen Kahlert vom 4. Juni 1928 (AG 2 Monate Gefängnis bei Antrag des Staatsanwalts auf 3 Monate) und 4. Juni 1928 (LG, 2 Monate Gefängnis mit Bewährung), Termini ante quem, vgl. Berichte des *Angriff* v. angegebenen Datum (= Nr. 11 u. 23); der Kaufmann hatte seine Briefe mit Aufklebern „Herr Isidor Weiß" versehen, b) das Verfahren gegen den Beamten, der ins Telefonverzeichnis des P. P. „Isidor Wukiutschu" eingetragen hatte (s. o. S. 280).

187 Hattenhauer, 1980, S. 203 f.
188 Es wird von der Rechtslage ausgegangen, die in den Jahren 1927 bis 1933 bestand; einige heute unübliche Schreibweisen werden aus den Akten übernommen.
189 Vgl. z. B. Olshausen, J. v. 1926, § 187, Anm. 1, S. 753.
190 Dohna, Graf zu A. 1925, S. 213.
191 Nr. 367, Bl. 17.
192 Nr. 367, Bl. 1 v.
193 Nr. 367, Bl. 19 v.
194 Insgesamt wurden acht Händler verantwortlich vernommen und über 30 Seiten Protokolle angefertigt, vgl. Nr. 367. Bl. 57. Der Zeitungshändler Grosche hatte die Sondernummer mit dem Ruf angepriesen: „10 Pf. das Stück, ehe sie beschlagnahmt wird" (Bl. 57).
195 Nr. 367, Bl. 78.
196 Vgl. die ausführliche Darstellung des Falles in Bering, D. 1983.
197 Nr. 367, Bl. 94 v.
198 In einem zweiten, von der Politischen Polizei angestrengten Prozeß gegen Zawitalsky lief alles noch schneller: Am 22. Juni 1927 hatte man an seinem Zeitungsstand Aufkleber vom Schlage: „Solange Korruption und Ausbeutung mit diesem Staat identisch sind, solange braucht diese Republik Polizeiterror und Schutzgesetze!" gefunden. Am selben Tag wurde der Strafantrag gestellt, acht Tage später war die Anklageschrift gefertigt; am 7. September erging der Eröffnungsbeschluß durch das AG, und am 20. November schon war der Täter zu 70 M verurteilt (freilich nicht zu drei Monaten Gefängnis, wie Staatsanwalt Kirschner gefordert hatte). Vgl. LAB Rep. 58, Nr. 368.
199 Vgl. u. S. 341.
200 Nr. 382. Vgl. o. S. 82.
201 Vgl. o. S. 238 f.
202 Vgl. o. S. 270.

203 Vgl. o. S. 269.

204 Nr. 24, Bd. II, Bl. 3.

205 Nr. 24, Bd. VI, Bl. 2.

206 Nr. 24, Bd. V, Bl. 2.

207 Nr. 24, Bd. VII, Bl. 2.

208 Bd. II, Bl. 1 f.

209 Er unterstrich beim vorletzten Antrag, daß der Vizepräsident bekanntlich „Bernhard heißt und niemals ‚Isidor' geheißen hat", womit er auf die (eben gängige, s. o. S. 210 ff.) Unterstellung eines Namenwechsels in dem inkriminierten Artikel (s. o. S. 299, Bd. V) eingeht, die er außerdem noch als wider besseres Wissen getan erweist (Nr. 24, Bd. V, Bl. 1). Es heiße im Artikel, daß man einen Namen nach eigenem Geschmack wählen könne, „selbst wenn das Kind eigentlich ganz anders heißt." In Bd. II sah Wündisch die Beleidigung „insbesondere in der wiederholten Bezeichnung mit ‚Isidor'" (Bl. 1). Bd. VI, Bl. 1: „Bei der Schwere der Beleidigungen, welche eine besonders große Geringschätzung und Mißachtung des Strafantragstellers erkennen lassen, wird eine exemplarische Bestrafung der Verantwortlichen am Platze sein."

210 Bd. VII, Bl. 1.

211 Ebd. Da auch die Bemerkung, daß „Der Angriff" schon seit längerer Zeit das Reiten des Vizepräsidenten mit „bösartiger Kritik" verfolge. Zum Strafantrag gegen die Nero-Karikatur bemerkte Wündisch, daß Weiß gerade gegen Karikaturen immer besonders tolerant gewesen sei und bewies das an Exemplaren, die er eben nicht angezeigt habe, z. B. die Nr. 18, 19 und 21.

212 Bd. II, Bl. 1.

213 Sämtliche tragen dasselbe Datum wie sein Strafantrag, wobei in einem Falle (Bd. VII) im Schreiben des Wündisch das Datum mit Schreibmaschine getippt, das im Strafantrag aber freigelassen und von Weiß nach Lektüre der Begründungen handschriftlich eingefügt wurde: 30. März 1928, dasselbe Datum wie das getippte.

214 Bd. VII, Bl. 1 v.

215 Bd. I, Bl. 10; so auch in einem eigens nachgeschickten Schreiben vom 6. Dezember 1927 in Bd. II, Bl. 10.

216 Bd. II, Bl. 31 b.

217 Bd. VIII, Bl. 17.

218 Bd. I, Bl. 16; Bd. VI, Bl. 14. Genauso auch die Einlassung in Bd. VIII, Bl. 17.

219 Z. B. Bd. VIII, Bl. 8 am 12. März 1928.

220 Am 26. März 1928 schrieb Wündisch z B. dem Oberstaatsanwalt am
   LG III (nachdem er vorab mitteilen mußte, Nachforschungen nach
   dem Verfasser des Silberrätsels habe man nicht zum erfolgreichen
   Ende führen können): „Übrigens habe ich zu meinem großen Befremden aus den Akten entnommen, daß das Amtsgericht Schöneberg am 7. November 1927 die zu vernehmenden Beschuldigten auf
   den 6. Dezember 1927 und am 27. Dezember 1927 Dr. Goebbels und
   den Drucker Schulze auf den 2. Januar 1928 (Bl. 13) vorgeladen hat.
   In beiden Fällen liegen zwischen der Vorladung und den Terminen
   Zeiträume von 1 Monat und mehr." Größte Beschleunigung sei angezeigt. Bd. II, Bl. 38 ff. Ähnlich die IA schon am 18. Februar 1928
   Bd. II, Bl. 29.
221 Bd. II, Bl. 42 v.
222 Dieselbe bezeichnende Verwechslung in den Anklageschriften zu Bd. I,
   Bl. 21 und Bd. II, Bl. 44.
223 Bd. V, Bl. 4 v.
224 Bd. V, Bl. 4 v; Bd. I, Bl. 22 v.
225 So in Bd. I, Bl. 23 und ähnlich in Bd. V, Bl. 4 v.
226 Bd. VII, Bl. 16.
227 Vgl. u. S. 337 ff.
228 Bd. VIII, Bl. 21.
229 Bd. I, Bl. 24 v; Bd. V, Bl. 5 v.; Bd. VI, Bl. 18.
230 Für Paket 1 am 27. März 1928 zusammen mit dem Eröffnungsbeschluß, Bd. I, Bl. 29.; Paket 2 Bd. VIII, Bl. 36 v.
231 Bd. VI (= Handakten der Staatsanwaltschaft) Bl. 32: Schreiben
   Wündischs vom 10. Mai 1928.
232 Schreiben vom 17. April (Bd. I, Bl. 36,1 und 23. April (Bd. I, Bl. 37);
   6. August 1928 (Bl. 71). Weitere Entschuldigungen zu Terminen,
   Bd. II, Bl. 8. Ob Goebbels wirklich häufig verreist sei, ließ das Gericht durch die IA genau prüfen, mit dem Ergebnis, daß er immer für
   höchstens 1–2 Tage außerhalb Berlins sei (ebd., Bl. 12 f.).
233 Brief v. 23. April 1928, Bd. IV, Bl. 26.
234 Verhandlungsprotokoll und Urteil in Bd. I, Bl. 40–50.
235 Der Text in den letzten fünf Zeilen vielleicht etwas unkorrekt, da
   stark unleserlich.
236 Bd. I, Bl. 65–69 v.
237 Z. B. Isidor als „dieser süße Geist der Gummiknüppeldemokratie
   (Nr. 9, v. 27. Februar 1928); „Die Herren Isidore kennen schon die
   festesten Stützen, auf denen sich ihre Macht aufbaut." (Nr. 2 1928);
   1928 Nr. 14: „Wie oft sollen wir noch wiederholen, daß ‚Isidor'

für uns keine bestimmte Persönlichkeit ist, sondern ein Symbol. Gewissermaßen der Geist der Gummiknüppeldemokratie" (dies in einem Artikel, der sich gegen die zahlreichen Strafanträge Weiß' wandte).

238 Vgl. Bering, D. 1988, S. 286 ff.

239 Zweite Veröffentlichung der Eselkarikatur angeklagt in Prozeß Nr. 47, Bd. 1.

240 Bd. IV (Handakten der Staatsanwaltschaft), Schreiben vom 2. Mai 1928 an den P. P.

241 Vgl. Sitzungsprotokoll der Verhandlung Bd. VIII, Bl. 36 v. Eben diese neuerliche Trennung forderte ja auch der aufmerksame Wündisch, da kein innerer Zusammenhang bestehe, wohl aber die Gefahr, daß die Verquickung sich ungünstig auf die Rechte von Weiß auswirke (Schreiben vom 10. Mai 1928; in: Nr. 27, Handakten, Bl. 21).

242 Vgl. Rep. 58, Nr. 27. Der Staatsanwalt hatte für jeden 300 gefordert.

243 Bd. II, Bl. 62.

244 Verhandlungsprotokoll und Urteil in Bd. II, Bl. 65–69.

245 Urteil in Bd. II, Bl. 87–92 v.

246 So hatte es Rechtsanwalt Richter schon am 8. August beantragt, wogegen sich dann die Staatsanwaltschaft am 8. Oktober mit dem Argument gewandt hatte, aus einer fortgesetzten Handlung könnten nicht Tatteile herausgebrochen werden Bd. I, Bl. 80. So auch schon vorgetragen am 3. August 1928 in Schreiben an den Vorsitzenden der großen Strafkammer LG II.

247 Ebd. Bl. 91 v. „Sämtliche Beleidigungen stellen eine fortgesetzte Handlung dar, da sie auf einem einheitlichen Vorsatz des Artikelschreibers zurückzuführen und gegen dieselbe Person und gegen dasselbe Rechtsgut gerichtet sind. Der einheitliche Vorsatz ergibt sich besonders aus der politischen Einstellung des ‚Angriff' gegen Dr. Weiß und der offensichtlichen Absicht, durch eine fortlaufende Reihe von Artikeln gegen dessen Person vorzugehen."

248 Goebbels traf diese Strafe allein für den Tatteil aus Bd. V, weil über ihn wegen des Tatteils Bd. VII im Urteil vom 8. August 1928 wegen seines Ausbleibens ja noch nicht verhandelt worden war (vgl. Kreisz. 7).

249 Schreiben vom 11. September 1928, Bd. IV, Bl. 45; Antwort des Oberstaatsanwalts an den JM mit der Zusage, so in der Verhandlung verfahren zu wollen, am 10. Oktober 1928, Bl. 49.

250 Bd. II, Bl. 98 v. Neuhaus lehnte ab, weil das nur eine Rechtsmeinung sein und auch nur als solche (also wohl nicht als Antrag) vorge-

tragen worden sei (vgl. seine Antwort vom 9. Januar 1929, Bl. 101).

251 Revisionsantrag in Bd. II, Bl. 99 f.; die Revisionsbegründung von Dr. Richter (Bl. 104) wird hier – wie viele andere Sonderprobleme übergangen, weil sie zu unserer spezifischen Problemlage nichts Klärendes beitragen.

252 Urteil in Bd. II, Bl. 115–118.

253 Auch vom Landgericht sind Beschleunigungbegehren bekannt: z. B. Bd. II, Bl. 17, 20, Bl. 35. Das P. P. bittet xfach um Akteneinsicht, z. B. in: Bd. I, Bl. 52, Bd. II, Bl. 28. Selbstverständlich bekam Weiß auch immer von einer erfolgten Verurteilung eine (wegen der Publikationsbefugnis) persönlich an ihn gerichtete Nachricht durch die Staatsanwaltschaft (bei Dürr z. B. Bd. 24, Bl. 165).

254 Vgl. S. 246.

255 In der Klemme befand sich auch die demokratische Presse, die über solche Prozesse berichtete, die Beleidigungen aus § 185 aber nicht wiederholen konnte, z. B. Bericht des BT über die Verurteilung Dürrs vom 30. August 1929, Nr. 408, des Lokal-Anzeigers vom selben Tag – beide ohne den Namen *Isidor*.

256 Zur Orientierung die Essenz der Bewertungen: die Artikel in Bd. II (s. o. S. 292): „geeignet sind, den Polizeivizepräsidenten in persönlich gehäßiger, unwürdiger Weise in der öffentlichen Meinung herabzusetzen"; Bd. VI (s. o. S. 295): „soll durch die Bezeichnung eines hohen Staatsbeamten als Jude dessen Ungeeignetheit zur Bekleidung des Staatsamtes zum Ausdruck gebracht werden"; „alle diese Äußerungen sind unbedenklich als Beleidigungen im Sinne des § 185 StGB anzusehen"; Bd. I „nicht mehr eine Satire, sondern eine rohe und verletzende Beleidigung" (Urteil in Bd. II, Bl. 130–141).

257 Die von der Staatsanwaltschaft auf § 186 eigenmächtig erweiterte Anklage Bd. VIII wurde in diesem Punkt an keiner Stelle verfolgt.

258 Namenänderung als Charakterlosigkeit: Vgl. Bering 1988, S. 393, Angr. 1930 52, S. 5 („Gesinnungslumperei").

259 Vgl. S. 322.

260 LAB Rep. 58, Nr. 442, Bd. 2, Urteil vom 5. Oktober 1932, S. 75 f., wobei hier schon eine dazwischenliegende einstweilige Verfügung den Tatwillen zwingend unterbricht.

261 Vgl. Bering, D. 1990, S. 52.

262 Löwenthal, L. 1982, S. 88 f.

263 Eingereicht 16. April 1930, abgelehnt nach langen Beurteilungsprozeduren am 15. Februar 1931; komplett gesammelt im Gnadenheft (Anlage zu Rep. 58, Nr. 24).

264 Nr. 24, Gnadenheft Bl. 7 (16. Juni 1930), Bl. 37 (1. Mai 1931).

265 Bd. III, Bl. 52–56.

266 Bd. III, Bl. 58 f.

267 So wiederum auch in vielen Varianten der große Artikel im *Angriff* Nr. 94 v. 4. Mai über den Strafantritt von Dürr, während doch die Sklareks „und Kohnsorten" frei herumliefen. Am 4. und 6. Juli dann ausgedehnte Berichte über die Wiedersehensfeiern mit Dürr.

268 Sonst entsteht kein Bild von der Gesamtheit der Anstrengungen. Z. B. die Wachsamkeit, die es erforderte, in der ausstehenden Sache Goebbels keine Fristen verstreichen zu lassen. Die Verjährungsfrist für Preßvergehen setzt § 22 PreßG auf 6 Monate fest. Der Reichstag hatte am 27. Februar 1929 das Verfahren gegen Goebbels ausgesetzt, der Preußische Justizminister erst am 16. März der Staatsanwaltschaft darüber Nachricht gegeben; eingetroffen war sie bei der Staatsanwaltschaft am 22. März, und die Strafkammer hatte dann wiederum 4 Tage später, am 26. März, das Verfahren gegen ihn vorläufig eingestellt (Bd. II, Bl. 107; Bd. IV (Handakten), Bl. 114; Bd. II, Bl. 106 v). Ein aufmerksamer Staatsanwalt rechnete jetzt durch und ließ das beängstigende Ergebnis sofort dem Oberstaatsanwalt am Landgericht III zur Warnung wegen dort anhängiger Verfahren (Es war das Verfahren gegen den Drucker Schulze innerhalb des ebenfalls sehr umfangreichen Prozeßkomplexes Nr. 47.) zukommen: Ging man davon aus, daß der Einstellungsbeschluß des Gerichts nur deklaratorische Wirkung hatte, also nicht als selbständige richterliche Handlung zählte, die nach Gesetz allein die Verjährungsfrist unterbrechen kann, und stellte man sich dann weiter auf den Standpunkt, daß das Ruhen des Verfahrens mit dem Eingang der Nachricht oder dem Einstellungsbeschluß des Gerichts eintrete (also: Ende März), so kam heraus (niedergelegt in Schreiben vom 19. Mai 1930, Bd. III, Bl. 7.), daß – da die letzte zweifelsfreie richterliche Handlung gegen Goebbels am 3. Januar 1929 vollzogen war – von den sechs Monaten Frist schon fast drei Monate vergangen waren (also: 3. Januar bis Ende März).

269 Bd. III, Bl. 4; Antwort Blatt 6.

270 Bd. III, Bl. 18 v. Notiz des StA vom 19. Juli 1930.

271 Urteil in Bd. III, Bl. 37–40.

272 Urteil in Bd. III, Bl. 62–80.

273 Antrag, im Gericht niedergeschrieben, Bd. III Bl. 65.

274 In: „Sie (sämtliche den Namen Isidor enthaltenden Veröffentlichungen) enthalten den Ausdruck der Geringschätzung und Mißachtung"

(Dürr-Urteil, S. 12) fügte man noch „Ausdruck denkbar größter Geringschätzung" (Goebbels-Urteil, S. 14).

275 a) Daß man jetzt betonte, auch für die Behauptung in Bd. VIII fehlte jeder Wahrheitsbeweis, also läge hier, wie die Anklage behauptet hatte, „Verleumdung" vor (§ 185).
b) daß man das Silbenrätsel einfach überging, c) daß man unterstellte, Goebbels habe in Redaktionskonferenzen vor Beleidigungen gewarnt, was ihn für den ersten Artikel (Bd. II), aber eben auch nur für diesen ersten, entschuldigen könne.

276 Bd. III, Bl. 139–153.

277 Das Reichsgericht fragte da, was zu geschehen habe, wenn, wie im vorliegenden Falle, zwei Rechtsgrundsätze miteinander kollidierten: 1. das Prinzip, daß Inhalt eines Urteils immer nur eine *vergangene* Tat sein könne (also sie muß eigentlich beendet sein) und 2. die Tatsache, daß Merkmale des Fortsetzungszusammenhangs die Verkündung eines Urteils überdauern könnten (der Verurteilte weiter an seinem durch Fortsetzungswillen charakterisierten Plan festhält). Die Rechtsprechung dürfe diesen Widerspruch nicht so lösen, daß der Täter nach einem Urteil straffrei seinen (von vornherein einheitlich gefaßten, durch Fortsetzungszusammenhang gebündelten) Willen straflos weiterverfolgen könne, dies mit dem Argument, er sei für diese Tat schon bestraft. Daraus ergebe sich, daß nicht *jedes* Urteil notwendig den Fortsetzungszusammenhang unterbreche, sondern nur die, die Rechtskraft erlangten, nicht aber die, gegen die Berufung eingelegt werde. Bei denen sei ja nicht zu befürchten, daß der Täter *ungestraft* seine Tat weiterverfolgen könne, denn das endgültige Urteil stehe dann ja immer noch aus und könne auch noch unter dem Aspekt der ganzen, eben fortgeführten Tat ausgestaltet werden (durch Strafverschärfung, -milderung). Also: Das letzte noch offene Urteil unterbreche demnach den Tatwillen (Fortsetzungszusammenhang) auf alle Fälle, nicht aber jene Urteile, die weiter rechtshängig seien. Rechtshängig, weil angefochten, sei nun jenes Urteil vom 28. April (Kreisziffer 3) gewesen, auf das sich also die Staatsanwaltschaft nicht hätte stützen dürfen, als sie in der Verhandlung vom 31. August 1931 über den Prügelfall (Prozeßnr. 23, Kreisz. 13) behauptete, dies Urteil habe allemal unterbrechende Kraft gehabt, und daraus dann den Schluß zog, daß die Straftat vom 13. Juni 1928 (Verhöhnung wegen der bezogenen Prügel) *nicht* mit einbezogen werden dürfe.

278 Bd. III, Bl. 184.

279 Bd. IV (Handakten), Bl. 225 v. f.

280 Bd. III, Bl. 190.

281 Rechnete man deutschlandweit, dann müßte man noch mehrere Prozesse hinzuzählen, z. B. jenen, den Ministerpräsident O. Braun gegen den Gauleiter in Hannover führte und der zu einer wahren Triumphveranstaltung für Goebbels wurde (vgl. IfZ Tgb. Bd. 1, S. 589 ad 12. August 1930.)

282 Detaillierte Aufschlüsselung nach durchgeführten/vertagten: 1927: 3/–; 1928: 16/1; 1929: 5/–; 1930: 20/15; 1931: 30/7; 1932: 5/2.

283 Am 29. August 1930 macht er das Schöffengericht Charlottenburg darauf aufmerksam, daß Goebbels sich der anstehenden Verhandlung weiter entziehen will, bis er im Sept. seine Immunität wiederhabe und gibt dann den gezielten Tip, daß Goebbels „heute Abend im Sportpalast" auftrete, so daß man ihm dort sicherlich eine rechtsgültige Ladung zukommen lassen könne (Nr. 47, Bd. I, Bl. 59).

284 Systematische Tabelle aller Prozesse dem Strafantrag in Nr. 2 beigegeben, Bl. 4–6. Überdies führte Weiß diese Aufstellung auch bei wichtigen Vorträgen mit sich, vgl. o. S. 87, Handakten 21348, Bl. 3 f.

285 Vgl. seinen Leitartikel „Mich willst Du wählen" in Angr. v. 7. Mai 1928; weiter Bericht des Angr. 1931 93, S. 3 mit RA Kameckes ironischem Verweis auf die jubiläumsreife Zahl der Monate, die in den letzten 12 Wochen gegen Goebbels beantragt worden seien: 75!

286 Tagebuch IfZ Bd. 1, S. 215 f.

287 Ebda. S. 469, 471.

288 Vgl. S. 576, 585, 591, 593.

289 Tagebuch IfZ Bd. 2, S. 51, bzw. 56.

290 Vgl. o. S. 327.

291 LAB Rep. 58, Nr. 2184, Bd. 6, Bl. 3.

292 Ebd. Bd. 7, Bl. 3 f. Weiter *Isidor* im Strafantrag direkt genannt: Nr. 2, Bl. 2 (22. November 1929); Nr. 164, Bl. 2 ./. Dr. Löpelmann (wg. „Isidor Weiß mit der langen Nase"), letzter Antrag (v. 11. November 1930); „durch die Worte: ‚Residenz Isidor', ‚Gummiknüppel-Demokratie der Isidor und Cohnsorten', die ‚Isidortreue Schupo', ‚Residenz der Isidore', die ‚Isidore des heutigen Staates' beleidigt" (Nr. 2184, Bd. I, Bd. 3 v. 25. August 1928); *ohne* Namennennung. z. B. Nr. 28, Bl. 2 (wg. „Politisches Tagebuch" [Verprügelfall])

293 Z. B. Nr. 2, Bl. 1 am 22. November 1929 (der letzte Antrag); Nr. 2184, Bd. I, Bl. 1 v. 27: August 1928; Nr. 28, Bl. 1 v. 27. Juni 1928; Nr. 47, Bd. II, Bl. 1 v. 29. November 1928.

294 Nr. 2184, Bd. I, Bl. 2 ./. Strasser v. 27. August 1928.

295 Mal sagten die Gerichte einfach: „Die genannten Ausdrücke (i. e. „Isidor", „Rabbinersöhnchen Isidor", „negroider Jude") enthalten sämtlich, wie keiner weiteren Ausführung bedarf, eine dem Angeklagten bewußte und von ihm gewollte Kränkung und Herabsetzung" (Urteil v. 29. August 1930, Nr. 2184, Bd. I, Bl. 35 f.), mal qualifizierten sie *Isidor* als „eine außerordentlich schwere und ehrenkränkende Beleidigung" (14. April 1931, Nr. 2, Bl. 47), mal sagten sie „ohne Weiteres ehrverletzende Äußerung" (= „Isidor mit der langen Nase") Urteil v. 7. August 1931, Nr. 164) und wieder ein anderes Mal meinten sie, mit dem Wort werde „in gröblich herabsetzender Weise auf die jüdische Herkunft des Polizeivizepräsidenten Dr. Weiß hingewiesen" (21. August 1931 LG II, Nr. 23, Bd. II, Bl. 112).

296 Urteil des 5. Strafsenats v. 29. November 1955, BHG St. 8, S. 325–26.

297 Vgl. o. S. 316 die ebenfalls einschränkende Formulierung „mag".

298 17. April 1931, Nr. 23, Bd. II, Bl. 50 f.

299 Nr. 164, Bl. 85.

300 RG-Urteil in Nr. 164. Am 7. Juli 1932, zwei Wochen vor seiner Absetzung, teilt Weiß dem Oberstaatsanwalt LG II noch mit, daß er von der ihm auch zugesprochenen Publikationsbefugnis des Urteilstenors im „Angriff" und im „Berliner Lokal-Anzeiger" Gebrauch machen wolle, Bl. 118. Der letzte Prozeß ./. Goebbels wg. *Isidor* wurde am 3. Mai 1932 von der Ohnesorg-Kammer des LG III vertagt.

301 Angr. 1928 32, S. 1; ähnlich Angr. 1929 55, S. 03.

302 Angr. 1928 32, S. 1.

303 Angr. 1929 46, S. 4.

304 Vgl. z. B. weiter Angr. 1928 45, S. 1; 1929 13, S. 3 u. sehr viel öfter.

305 Der C. V. habe gegen den „Völkischen Beobachter" auf Schadensersatz geklagt. „Nicht etwa, daß er wegen Verletzung seiner E h r e beleidigt wäre. Es handelt sich doch um Juden" (Angr. 1928 52, S. 6).

306 Ein Kapitän habe bei Feuerland sein sinkendes Schiff nicht verlassen wollen und die Ehre so höher als Leben gestellt; die Judenblätter hätten das als „Mutwille" und „Aberglaube" qualifiziert! „Hieran erkennen wir wieder einmal, wie grundverschieden die Charaktere der beiden Völker der Deutschen und der Juden sind. – Die Juden konnten hier garnicht anders urteilen. Es gibt keinen j ü d i s c h e n Kapitän. In keinem Beruf oder Sport, der Lebensgefahr mit sich bringt, finden wir den Juden. Überall, wo Hochleistungen gefordert werden, fehlt der Jude. Wer Geld über Ehre stellt, dem steht das

Leben turmhoch über der Ehre. Solch Leute sind auch niemals bereit, für ihre eigenen demokratischen Ideen zu sterben." (Angr. 1930 10, S. 2) In solchen Äußerungen wird hinter der rein privaten Dimension solcher Vorstellungen sogleich die öffentliche sichtbar.

307 Vgl. Bering 1988, S. 353 mit zahlreichen in die historische Tiefe reichenden Angaben in den Anm.

308 Vgl. o. S. 175 ff.

309 LAB Rep. 58, Nr. 47, Bd. II, Bl. 1 v.; in Nr. 2184, Bd. VI, Bl. 1 v. am 1. September 1928: „bezweckt letzten Endes, die Autorität ... zu untergraben"; ebd. Bd. VII, Bl. 1 vs. „führt diesen Kampf in der rohesten und die Ehre des Angegriffenen beschmutzenden Weise, um seine Autorität als Polizeivizepräsident zu untergraben".

310 Nr. 2184, Bd. I, Bl. 35 vs. Urteil SchG Oranienburg v. 29. März 1930.

311 Hier ist der von Hirsch, H. J. 1967, S. 29 ff., 72 ff., 90 favorisierte und vom einflußreichen Universitätsjuristen Welzel akzeptierte Begriff von der „personalen Ehre" zu nennen, die auf die Personenwürde gegründet wird. Hirsch und Welzel koppelte die Ehre vom Gesichtspunkt der „sozialen Eignung" ab, d. h. sie drängten genau das in den Hintergrund, was während der Wilhelminischen und Weimarer Zeit dominierte (s. u.); von Schönke/Schröder 1980, S. 1266, 1. als vordringende Meinung neben die herrschende Meinung vom „normativ-faktischen Ehrbegriff" gestellt, der, als komplexes Rechtsgut, die „innere Ehre" (s. u.) ebenso meine wie die „äußere".

312 Ebermayer, L./Lobe, A./Rosenberg, W. 1925, 1929, S. 579, 2., S. 611, 2.

313 1916, S. 737, 2 a), dort zitiert: „die soziale Geltung einer Person" (bei Merkel); „Wert einer Person innerhalb der menschlichen Gesellschaft und für dieselbe" (bei Kronecker).

314 1931, S. 418.

315 Z. B. Wachenfeld, Fr. 1914, S. 352 f.

316 1921, S. 349 f.

317 Weil, B. 1927, S. 78 f.

318 Z. B. „Was das Strafmaß angeht, so war zu berücksichtigen, daß der Beleidigte an hervorragender Stelle im öffentlichen Leben steht und darum erhöhten Strafschutz verdient." (Urteil LG II 4. gr. StrK v. 20. Oktober 1931, in: Nr. 164, Bl. 87); „Die exponierte Stellung des Beleidigten als Polizeivizepräsident der Reichshauptstadt und des größten Gemeinwesens Deutschlands war besonders [...] zu berücksichtigen" (Nr. 47, Bd. I, Bl. 71, Urteil SchG v. 1. September 1930).

319 1924, S. 97.

320 Zitiert bei Hirschberg, A. 1929, S. 73.

321 Zu den schon genannten Fällen S. 302, 308 u. ö. weitere Fälle dieser Einlassung in Rep. 58, Nr. 164, BL 50 (Urteil v. 7. August 1931). Dieser Trick implizierte, daß die Gerichte in allen Urteilen besonderen Wert auf den Nachweis legen mußten, daß Weiß tatsächlich als Person *Isidor* genannt worden sei, was wieder den Zielen der Angreifer nutzte.

322 Auf diese Urteile verweisen fast alle juristischen Kommentare, um den vom RG verfochtenen Grundsatz zu verdeutlichen: „Die Frage (i. e. Beleidigungsfähigkeit von Personengesamtheiten unter einer Kollektivbezeichnung) wird von der Rechtsprechung bejaht, wenn durch die Gestaltung des Inhalts der Kundgebung die Möglichkeit einer Beziehbarkeit derselben auf alle unter die Gesamtheit fallenden Personen geschaffen, der Beleidiger sich dessen bewußt ist und bestimmte Personen erkennbar sind. Ob das eine und das andere zutrifft, unterliegt der tatsächlichen Würdigung im einzelnen Falle" – so der Leipziger Kommentar von Ebermeyer u. a. 1925, S. 580, 6.

323 Z. B. Fr. v. Liszt: „sehr bedenklich" (1921, S. 352, Anm. 8); Frank, R. weist 1931, S. 420 III. auf die Schwierigkeit hin, daß so kein Richter mehr zur Aburteilung fähig sei, weil jeder wegen Befangenheit abgelehnt werden könne; weitere Information in allen genannten Kommentaren, z. B. Ebermayer, L. / u. a. 1929, S. 613, 6.

324 Die StGB-Kommentare lassen der Aufzählung der neuen modifizierenden Urteile immer gleich das alte über die Juden folgen z. B. Ebermayer, u. a. 1929, S. 613, 6; Olshausen, J. 1916, S. 742 b.

325 C. V.-Z. 5 (1926), S. 88, 101 f.; 1927, S. 341.

326 C. V.-Z. 1922, S. 265 f.

327 C. V.-Z. 1922, S. 265 f. Bericht über eine offizielle Eingabe an den Reichsjustizminister; 1929, S. 662 f. dieselbe Forderung gestellt von Hans Reichmann, dem Justitiar des C. V.; auch die Dissertation von Alfred Hirschberg endete 1929 mit einem solchen Vorschlag (S. 85). L. Förder plädierte 1924, S. 13 für die Ausweitung aufs jüdische Kollektiv.

328 C. V.-Z. 1927, S. 341; weitere z. B. 1928, S. 39 f.; 1929, S. 390; 1930, S. 566 u. ö.

329 C. V.-Z. 1929, S. 390.

330 Vgl. z. B. jüdisch: Eyck, E. 1926; Stern, J./Eyck, E./Weil, B. 1927; sozialdemokratisch: vgl. Jasper, G. 1982, S. 199.

331 Vgl. Kuhn, R. 1983.

332 Emil Julius Gumbel publizierte zwischen 1921 und 1932 fünf Schrif-

467

ten, in denen er vor allem mit genauem statistischen Material über die Aburteilung der Tötungsdelikte seine These bewahrheitete.

333 Z. B. „Das Zuchthaus" eine Denkschrift der Deutschen Liga für Menschenrechte e. V. 1927.

334 Umfassende Darstellung und sozialpsychologische Ableitung jetzt bei Angermund, R. 1990, S. 20–31 (mit ausgiebiger Literaturangabe).

335 Jasper, G. 1982, S. 168, 171 f.; Angermund, R. 1990, S. 32; Hannover, H./Hannover-Drück 1966, S. 18. Zu differenzieren sucht Hattenhauer, der 1980, S. 170 der Justiz keine ins Gewicht fallende Schuld am Untergang der Weimarer Republik geben wollte.

336 Vgl. das Kapitel: „Republikfeindschaft und Antisemitismus" bei Hannover, H./Hannover-Drück 1966, S. 263–273.

337 Jasper, G. 1963, S. 209 als Resümee seines ganzen Kapitels.

338 Schulz, B. 1982, S. 87 ff., 190 f.

339 Kuhn. R. 1983, S. 125.

340 Schulz, B. 1982, S. 152.

341 Vgl. Sitzungsberichte des Preuß. Landtages, 2. Wahlperiode, Bd. 14, 279. Sitzung vom 6. Mai, Sp. 19 626. Vgl. weiter das Zitat von R. M. W. Kempner in B. Schulz 1982, S. 117: „Es ist in den letzten Jahren Vieles besser geworden in der deutschen Justiz. Nicht im Reichsgericht"! 1929, S. 292 rühmte die Redaktion des „Tagebuch" die tapfere Reaktion eines Staatsanwalts auf einen voreingenommenen Richter, indem sie konzedierte, „daß sich, wie überhaupt in der Berliner Justiz, auch in der Staatsanwaltschaft schon manches zum Besseren gewandt hat". Der neue Preußische Justizminister, der linke Zentrumsmann Dr. Schmidt, leitete 1927 dann auch eine „gezielte Personalpolitik im demokratischen Sinne" ein (H. Schulze nach Angermund, R. 1990, S. 35).

342 1982, S. 185. Eyck, E. 1926, auf den sich Jasper bezieht, bringt eben nur *nicht*-berliner und vor 1927 liegende Fälle (S. 14 ff.).

343 E. Eyck hebt (1926, S. 28) auch eigens Strafmaßunterschiede hervor: in Berlin 150 RM Strafe für einen demokratischen Redakteur der „Vossischen", in Leipzig hingegen vier Monate!

344 Tgb. IFZ Bd. 1, S. 245, ad 14. Juli 1928.

345 Aussetzungsbeschluß vom 3. Juni 1932, in: Nr. 24, Bd. III.

346 Es wäre auch die Frage gewesen, ob nicht das marktschreierische Argument, sie würden von der Justiz des „Systems" am Wahlkampf gehindert, ein noch größerer Schaden für die demokratischen Kräfte gewesen wäre.

347 Die Rechtsschritte im einzelnen: – Aufforderung des Kantorowicz,

den Prozeß wieder aufzunehmen, da die Immunität erloschen sei (19. Juli 1930, Bl. 15); – Goebbels' Bitte, die Erklärungsfrist zu den neun Prozessen (!), die er nach einer ausgedehnten Wahlreise zur anstehenden Septemberwahl vorgefunden habe, um 14 Tage zu verlängern (Bl. 18); – Vorlage eines Attests von Dr. Conti (später Reichsgesundheitsführer, Bl. 30); – der Beschluß des Schöffengerichts, den nicht erschienenen Angeklagten vorführen zu lassen (Bl. 31, 29. September 1930); – Beschluß der Strafkammer 2 des LG III unter seinem Vorsitzenden Sieger, daß der Vorführungsbeschluß rechtens sei, weil Goebbels ein amtsärztliches Zeugnis nicht fristgerecht nachgereicht habe (11. Oktober 1930, Bl. 44); – Vertagung des neuen Termins am 13. Oktober (da der Vorführungsbeschluß gegen Goebbels, dank jenes Polizeioffiziers Abraham (!) vgl. o. S. 221, nicht vollstreckt werden konnte) mit Antrag (Staatsanwalt und Nebenkläger) auf und Vorbehalt der Verhaftung (Gerichtsbeschluß) nach § 230, Ziff. 2. StPO; – Schriftsätze des Dr. Kantorowicz, daß die Vorführung auch ohne die Genehmigung des Reichstags möglich sei (Art. 37 Reichsverfassung) (19. Dezember 1930, 81 f.); – Beschluß der Sieger-Kammer, daß die Vorführung auch ohne Erlaubnis des RT möglich sei (außergewöhnlich isoliert dastehende Rechtsmeinung, 2. Januar 1931; Bl. 86–88); – Antrag des RA Kantorowicz, Goebbels den neuen Termin nicht vorher bekanntzugeben, sondern im Moment des polizeilichen Zugriffs bei der Zwangsvorführung zu überreichen (12. Januar 1931, Bl. 93); – nach weiteren langen Schriftsätzen des Nebenklägers und Verteidigers (Prominentenkanzlei „Weiß (!) / von der Goltz", Stettin) über die Möglichkeit einer Vorführung ohne Genehmigung des Reichstages erteilt dieser in seiner 49. Sitzung die Genehmigung zur *Vorführung*, nicht eines Haftbefehls (Nachricht des Justizministers v. 8. April 1931, Bl. 132); – Ausbleiben des Angeklagten beim Termin des Schöffengerichts unter Vorsitz von Dr. Rambke am 27. April, Durchführung des Vorführungsbefehls in München am selbigen Abend durch Beamte der Berliner Kriminalpolizei (wie oben dargestellt, S. 329) und Aburteilung am 28. April 1931 (Bl. 179–214).

348 Vgl. aber auch die o. S. 308 angegebenen Motive gerade hierfür.

349 Es ging um die Anwürfe: a) „sitzt in der Hochschule für jüdische Wissenschaft und ist der Sohn eines Synagogenvorstehers", b) verwandtschaftliche Beziehung zur Pelzdiebin Selma Cohn.

350 Im Reich, vor allem in Ostpreußen, Bayern und beim Reichsgericht sah es sicher anders aus. Wurde die Rechtsprechung gerade des Leip-

ziger Gerichts damals schon öfter wegen ihres Rechtsdralls angegriffen, so hat die systematische Hochrechnung von 336 Prozessen gegen Antisemiten von Niewyk (1975, S. 109) nachgewiesen, daß scharfe Urteile gegen Antisemiten in Berlin (47 %), Hamburg (67 %) und den Rheinlanden (41 %) deutlich zahlreicher waren als in Ostpreußen (19 %) und Bayern (19 %) bei 28 % Durchschnitt in ganz Preußen.

351 Vgl. z. B. die frühen Artikel in der C. V.-Z.: Hans Reichmann: Immunität der Abgeordneten 1928, S. 39; Gegen den Mißbrauch der Immunität, 1928, S. 39; Th. Dellevie: Unter dem Schutz der Immunität 1928, S. 545.

352 Z. B. Wündisch in seinen Ausführungen zu Weiß' Strafantrag: Bei der Einholung der Genehmigung des RT möge man darauf hinweisen, „daß in Anbetracht der durch die früheren Strafverfahren gegen Dr. Goebbels erwiesenen systematischen Beleidigungen und Verleumdungen des Herrn Dr. Weiß ein Mißbrauch der Immunität vorliegt." (LAB Rep. 58, Nr. 2, Bl. 1 vs. v. 22. November 1929).

353 Nr. 2, Nr. 23, Bd. II.

354 Nicht genehmigt: Nr. 39, Bd. I., X., XI.; Nr. 47, Bd. I., II., III., IV., V.; Nr. 2184, Bd. I., IV., VI., VII.

355 Nr. 39, Bd VIII.; 2184, Bd. III. Zu eingeschränktes Urteil (im ganzen nur ein Fall!) bei Paucker, A. 1968, S. 81.

356 Nr. 24, Bd. II. (Reichstag am 27. Februar 1929) und 24, Bd. III. (Preuß. Landtag am 3./8. Juni 1932).

357 Vor allem Klagen wg. § 130 StGB (Anreizung zum Klassenkampf); über das allgemeine Scheitern der Rechtsschutzstelle des C. V. gerade in diesem Punkt vgl. Paucker, A. 1968, S. 77 f.; über die Schwächen der Tatbestandsdefinition Beer, U. 1986, S. 238; daß er aber die Rechtsprechung viel zu günstig beurteilt, beweisen schon einige Fälle aus dem Bestand des LAB, z. B.: Goebbels' Äußerung „Dem Weltfeind an den Kragen" „Wir greifen an" blieb ungesühnt (Rep. 58, Nr. 267); gegen Goebbels' Leitartikel v. 24. August 1932 „Die Juden sind schuld", in dem er ankündigte, sie würden dem Strafgericht nicht entgehen, wagte die Berliner Staatsanwaltschaft keine Klage gegen Goebbels, weil nach den vielfach bekräftigten Maßstäben des Reichsgerichts vielleicht doch nicht genügend eindeutig sei, welche Gewalt da in Ansatz gebracht werden sollte, also letztlich doch nur „theoretische" Überlegungen vorlägen (Rep. 58, Nr. 742 und Nr. 1270); im Ergebnis ähnlich die vergeblichen Klagen gegen Goebbels in Rep. 58, Nr. 2517 und Nr. 759 (hier wg. § 11 der Verordnung des Reichspräs. gegen polit. Ausschreitungen). Die unbezweifelbar rich-

tigen Einschätzungen von G. Jasper 1963, S. 209 („Der Ehrenschutz für die Republik, ihre Symbole und leitenden Staatsmänner, war nach alledem ein Mißerfolg.") und ähnlich die von H. Hannover/ Hannover-Drück 1968, S. 263–273 zielen vor allem auf den Ehrenschutz der Republik, ihrer Symbole und den fehlenden Schutz vor Kollektivbeleidigung und Anreizung zum Klassenkampf, während hier hervortritt: Die unbezweifelbare direkte persönliche Beleidigung eines bestimmten Juden hatte noch die größten Chancen, verurteilt zu werden.

358 Z. B. Beleidigung des Nicht-Juden Prof Riebensahm durch die Worte: „der Jude Riebensahm, der Sohn des Getreidejuden Chaim Riebensahm aus Königsberg", was in der 1. Instanz am 21. Oktober 1930 mit 5000 RM geahndet wurde (weil der Beleidigte nicht Jude sei) und in der 2. Instanz am 11. November 1931 ausdrücklich straffrei gestellt wurde; für Weiß vgl. o. S. 518.

359 Hindenburg z. B., der sich, nachdem Goebbels in der ersten Instanz statt zu den geforderten 9 Monaten zu 800 RM (!) verurteilt worden war, *vor* dem zweiten Prozeß mit der Erklärung zufrieden gab, daß Goebbels jede Beleidigungsabsicht fern gelegen habe, und dies bei der Äußerung, daß der Reichspräsident ja doch nur tue, was ihm seine jüdischen und marxistischen Ratgeber einbliesen (LAB, Rep. 58, Nr. 6015).

360 1986, S. 230 mit zahlreichen Fallbeispielen.

361 1975, S. 103.

362 1986, S. 245.

363 Z. B. „Laßt euch nicht beschimpfen!" (1927, S. 341); „Wie wehren wir uns gegen Boykott und Beleidigung" (1929, S. 661 f.).

364 Vgl. zu diesem Punkt z. B. Paucker, A. 1968, S. 16, 31, 37, 72, 121, 126 f., 144 f.

V. Biographischer Schluß

1 Vossische v. 12. Mai 1932 (A).

2 So die genaue Weisung nach der Aussage Löbes vom 23. Juni 1932 in LAB, Rep. 58, Nr. 445, Bl. 7. So auch in seinem Artikel im „Vorwärts", Nr. 224, v. 14. Mai 1932 mit genauer Darlegung seiner verfassungsrechtlichen Befugnisse, als richtig anerkannt von der Staatsanwaltschaft a. a. O., Bl. 9.

3 So seine eigenen Worte in: Handakten Nr. 21 298, Bl. 5.

4 Berliner Börsen-Courier Nr. 221, v. 13. Mai 1932.

5 Eigener Bericht vor der Presse, wo er auch die „Isidor"-Rufe erwähnt, in: Vorwärts Nr. 222, v. 13. Mai 1932. Die Vossische blieb in ihrem Bericht auch hier diskret und schrieb von „beleidigenden Zurufen gegen den Polizeivizepräsidenten" (Ausg. M vom 13. Mai 1932).

6 BT Nr. 225, v. 13. Mai 1932; Frankf. Zeitung Nr. 355, v. 13. Mai; Berl. Börsen-Courier Nr. 221, v. 13. Mai 1932.

7 Frankf. Ztg Nr. 355, v. 13. Mai.

8 Angeklagt durch Grzesinskis Strafantrag nach § 196 StGB, LAB Rep. 58, Nr. 721, eingestellt am 23. Dezember 1932 aufgrund Amnestiegesetz v. 20. Dezember 1932.

9 Bericht des Vorwärts vom 14. Mai 1932, Nr. 224.

10 Amtsmißbrauchsvergehen sei es auch gewesen, daß er „den Reichstagsabgeordneten Strasser dann, ohne jede strafprozessualen Befugnisse hierzu, aus dem Zug heraus verhaften ließ und in persönlich verletzender Weise auf einem offenen Polizeiwagen wie irgend einen Zuhälter nach Moabit abführen ließ". Strafantrag des Münchner RA Frank II v. 21. Mai 1932, in: LAB Rep. 58, Nr. 445, Bl. 1–2 v.

11 Brief von Löbe an Weiß v. 19. Mai 1932, in: Handakten Nr. 21 298, Bl. 11.

12 LAB Rep. 58, Nr. 445, Bl. 4 v. (Äußerung zu Strafantrag v. 30. Mai 1932) und ähnlich in Brief an Löbe v. 21. Mai (Handakten Nr. 21 298, Bl. 12 f.). Die offizielle Mitteilung des P. P. an die Presse lautete: „[...] da sich auf den Bänken der Nationalsozialisten ein ohrenbetäubender Lärm erhob" (eingelegt in Handakten Nr. 21 298).

13 LAB Rep. 58, Nr. 445, Bl. 9 f.

14 VB v. 19. Mai 1932.

15 Handakten, Bd. 21 298, Bl. 4–7 (v. 18. Mai 1932). Grzesinski bat dann Innenminister Severing um Bestrafung des Galle (ebd.).

16 Galle habe mehrfach abgelehnt, den Verdächtigten aus einer Sitzung herauszubitten und schließlich einem untergeordneten Beamten aufgetragen, den wartenden Polizeibeamten den Gesuchten zu zeigen, was der so Angewiesene aber unterlassen habe, so daß Strasser ungehindert an den vor dem Sitzungszimmer Postierten vorbeigegangen sei. „Von einem höheren Ministerialbeamten, der gleichzeitig Mitglied des deutschen Reichstages ist, wurde mir sofort nach dieser Tatsache telephonisch mitgeteilt, für wie unwürdig jene Szene empfunden wurde, da zahlreiche Abgeordnete genau wußten, daß die Kriminalbeamten lediglich zu dem Zweck vor dem Saale des Äl-

testenrates standen, um den Abgeordneten Strasser zur Vernehmung zu holen."

17 Brüning, H. 1970, S. 598 mit dem folgenden Hinweis, daß er gegen Weiß' Aktion sofort bei Löbe protestiert habe.

18 Vgl. o. S. 42. In seinem Bericht an den Reichstagspräsidenten vom 21. Mai 1932 schrieb er zuerst auch: „rückte die Polizei in den Sitzungssaal ein" und verbesserte dann erst in: „begab sich" (Handakten 21 298, Bl. 12 v.).

19 Handakten Nr. 21 298, Bl. 9 f.

20 Handakten Nr. 21 298, Bl. 24.

21 „Ich bin gewohnt, nicht nur von den politischen Gegnern, wenn ich ihnen in selbstverständlicher Pflichterfüllung entgegentrete, beschimpft zu werden, sondern habe es auch mehr als einmal erlebt, daß meine eigenen sogen. politischen Freunde mir bei Maßnahmen der gedachten Art in den Rücken fielen. Ich weiß nicht, ob Sie die sogen. demokratische Presse lesen. Wenn ja, dann werden Sie wohl auch den Artikel im [rechtsdemokratischen, Verf.] Berliner Börsen-Courier genossen haben, der in hundsgemein formulierten Wendungen meine Entfernung aus meiner jetzigen Dienststelle fordert, weil ich den ,notwendigen Takt' und die ,selbstverständliche Besonnenheit' habe vermissen lassen. Auch sonstige Demokraten, sogar Juden sollen sich, wie ich höre, in ähnlicher Weise geäußert haben. Als Jude – so meinen jene tapferen Herren – müßte man alles vermeiden, was einen in Kollision mit Nationalsozialisten bringen könnte [...]" Entwurf v. 20. Mai 1932, Handakten, Nr. 21 298, Bl. 25. Weiß' Empörung bezieht sich offensichtlich auf den Artikel „Mußte das sein?", der, auf S. 1 des genannten Blattes veröffentlicht, mittels der Kategorie „Verletzung der Würde des Parlaments" Weiß' Eingreifen geradezu auf eine Ebene mit der Attacke auf Klotz brachte und so endete: „Wer in solchem Augenblick den notwendigen Takt und die selbstverständliche Besonnenheit vermissen läßt, muß dafür zur Verantwortung gezogen werden" (Nr. 227 v. 18. Mai 1932).

22 Vgl. o. S. 61 ff. und u. S. 381.

23 Jüdisch-liberale Zeitung v. 1. Juni 1932, Nr. 5. Weiß hat in einem Leserbrief vom 12. Oktober 1949 an den Telegraph berichtet, daß er den eben zum Präsidenten der „Deutschen Demokratischen Republik" aufgestiegenen Wilhelm Pieck schon in der Weimarer Republik wegen seiner Bitte zurückgewiesen habe, gute Demokraten müßten auch kommunistische Demonstrationen zulassen: „Glauben

Sie, Herr Pieck, daß man im kommunistischen Rußland eine Versammlung zulassen würde, in der Hetzreden gegen die russische Regierung gehalten werden sollen?" (Telegraph v. 9. November 1949).

24 Vgl. o. Anm. 21.

25 Dokumente in Handakten Nr. 21 298.

26 Original eingelegt in LAB Rep. 58, Nr. 444.

27 Vgl. KG-Urteil 5. Zivilsenat in: LAB Rep. 58, Nr. 453, S. 6.

28 Verhandlungsprotokoll in LAB Rep. 58, Nr. 442, Bd. I, Bl. 88–91.

29 Vgl. o. S. 88.

30 „Tempo. Berliner Abend-Zeitung", Nr. 162, v. 13. Juli 1932.

31 Brief in Nachlaß Severing, Mappe 50.

32 Anträge von Bernhard u. Lotte Weiß LAB Rep. 58, Nr. 444, Bl. 1–2, Strafantrag von Konsul und Generaldirektor Hermann Krojanker Bl. 7–9.

33 Ebd. Bl. 12–14.

34 Bericht des GenStA. am LG I an den GenStA. beim KG v. 15. August 1932 ebd. Handakten Bl. 22 f. (in welchem Dokument der GenStAnw. übrigens aus der hyperkorrekten Formulierung „Schreiben des Herrn Polizeivizepräsidenten Dr. Bernhard Weiß" den Vornamen eigenhändig wieder ausstrich!).

35 Abschrift des Sitzungsprotokolls in LAB Rep. 58, Nr. 444.

36 Auf Verlangen des Staatsanwalts v. 31. Januar 1933 (ebd. Bl. 2–8) nicht durch ihn, sondern aufgrund richterlichen Beschlusses vom 6. Februar eingestellt, welcher Beschluß des Amtsgerichts Berlin-Mitte aber wieder vom StA am 18. Februar 1933 angefochten wurde, weil er keine Begründung enthielt (Bl. 13).

37 Beschluß der Löschhorn-Kammer (Kammer 6.) des LG I in: LAB Rep. 58, Nr. 453, Bl. 18–20.

38 Vgl. o. S. 43.

39 Voss. Nr. 346 v. 20. Juli 1932; Vorwärts Nr. 367 v. 21. Juli (M); Wortlaut auch mehrfach in LAB Rep. 58, Nr. 443, z. B. in Anklageschrift gegen Weiß, Bl. 81 f.

40 Sämtlich in den umfangreichen Prozeßakten LAB Rep. 58, Nr. 443 ./. Weiß wg. Vergehen gegen die Verordnung v. 20. Juli 1932, besonders ergiebig die von Hauptmann Hauffe (Chef des Verhaftungskommandos, Bl. 8 f.), PolMeister Wiedmer (Dienst im Vorzimmer Grzesinskis, Bl. 28 f.), RRat Dr. Specht, (Organisationsdezernent im P. P., Bl. 31–33 v.), General v. Rundstedt Bl. 45–57 (einschließlich aller ausgetauschten Briefe), Melcher und Poten (die Nachfolger Grzesinskis und Heimannsbergs, Bl. 60–61).

41 Vernehmung des Weiß-Nachfolgers Dr. Mosle vom 26. Oktober
1933 und des Reg Dir. Scholtz (Abteilungsleiter im P. P.) vom 25.
Oktober 1933 beide im Document Center, Berlin Z. 3494. Daß Grzesinski in seinem Bericht seine eigene nicht ganz so überzeugende
Rolle durch Verschweigen des Einsatzes von Weiß etwas schönt,
dürfte einsichtig sein (Vgl. Autobiographie Grzesinski BAK, Kleine
Erwerbungen, Nr. 14, Bl. 302–308).

42 Max Schindler (London) Interview, Adrian (Jerusalem), Interview
und vor allem jener von Landgerichtspräsident C. F. W. Behl
(Schweinfurt, damals Theater- und Kulturreferent im Präsidium)
aus dem Jahre 1953 (Kopie des Zeitungsartikels im Bestand Baban-
Weiß, London).

43 Bericht C. F. W. Behl.

44 Bericht Behl.

45 Er hatte von Rundstedt in dem Telefonat nach kurzer Überlegungs-
frist Gehorsam signalisiert, nur noch schriftliche Bestätigung verlangt und seine Nachfolger auf 12.30 Uhr in sein Amt bestellt (Aussage v. Rundstedt, Nr. 443, Bl. 46).

46 So die Aussage Specht Bl. 31 v., sehr ähnlich auch im Ermittlungsergebnis der Anklageschrift gegen Weiß, S. 3. Behl formuliert noch
entschiedener: „Erst der Vizepräsident Bernhard Weiß brach es [das
„betroffene Schweigen"] mit der energischen Forderung".

47 Ebd. S. 3.

48 Vernehmung von RegDir. Scholz v. 5. Oktober 1933.

49 So Scholz in seiner Vernehmung. In Melchers und Potens (gemein-
samer) Darstellung vom 25. Juli: „erklärte sich dieser alsbald zur
Übergabe der Geschäfte bereit" (Bl. 62 v.).

50 Vernehmung Specht, Bl. 32.

51 Vernehmung seines Nachfolgers (und lebenslang gut befreundeten)
Dr. Mosle (vgl. Anm. 41).

52 Vernehmung Specht, Bl. 32 v.; so auch in Ermittlungsergebnis der
Anklageschrift, Bl. 80.; Behl beginnt seine Schilderung dieser 2. Be-
sprechung mit der Formulierung: „Da war es wiederum Bernhard
Weiß, der [...]".

53 So die Schilderung Behls.

54 RegDir. Scholz (der Chef der Kripo) ergänzte seine Aussagen vom
25. Oktober 1933 (s. o. S. 49) mit der bestimmten Erinnerung, daß
er mit Weiß eine „scharfe Auseinandersetzung über der Stellung der
Schutzpolizei" gehabt habe. „Weiß wollte Grzesinski veranlassen,
auch die Unterstellung der Schutzpolizei unter das Wehrkreiskom-

mando nicht anzuerkennen". Er, Scholz, habe dagegen protestiert, „weil dadurch offenbar Widerstand geleistet oder angedroht [. . .] würde". Weiß habe „in sehr erregtem Ton und recht laut werdend" erklärt, er verstünde davon nichts (ebd.).

55 Beider Schreiben und ein ähnliches Heimannsbergs mehrfach in Nr. 443, z. B. Bl. 4, Bl. 53, 54 und 83–85.

56 Interview von Max Schindler, der sich auf Adrian bezog.

57 Nr. 443, Bl. 7.

58 VB Nr. 205, v. 23./24. Juli.

59 Bericht des Vorwärts Nr. 354, v. 29. Juli 1932.

60 LAB Rep. 58, Nr. 442, Bd. I, Bl. 91.

61 Ebd., Bl. 120–122.

62 Ebd. Bl. 134 f.

63 Der ganze dickleibige Bd. III der Prozeßakten besteht nur aus gesammelten Pressepublikationen zum Fall.

64 Erklärung Weiß' vom 25. Juni 1932 (ebd. Bl. 8). In seinem Schlußwort (vgl. u. S. 379) hob Weiß diese Tatsache denn auch als einen neuen besonderen Schritt hervor (vgl. Bericht Berl. Börsen-Courier Nr. 467, v. 6. Oktober 1932).

65 Protokoll der Verhandlung ebd. Bl. 45–56.

66 Kein einziger Strafantrag aus den Jahren 1927–1931 trägt eine andere Unterschrift!

67 5. Juli 1932 „Äußerung" gegen die Anschuldigungen seines Erzfeindes im P. P., Kommissar Greiner (ebd. Bl. 45); Strafantrag v. 15. Juli (ebd. Bl. 129). Strafantrag v. 14. Juli ./. Rook, Nr. 44, Bl. 1 v. Nach dem 20. Juli: Nr. 453, Bl. 21, 14. Februar 1933.

68 Nr. 444, Bd. 2, Urteil S. 32–36 und die polizeiliche Vernehmung des Scholz Bd. 1, Bl. 23–29.

69 Weiß war bis 1925 Mitglied im „Theaterklub" gewesen. Nach seinem Austritt habe er da bei zwei Festveranstaltungen eine halbe Stunde Skat, Poker und Baccarat gespielt (Nr. 442 Bd. II, Urteil S. 23; so auch Weiß' schriftliche Äußerung Bd. I, Bl. 45).

70 Urteil, S. 65.

71 Nr. 473 v. 5. Oktober 1932.

72 Nr. 467 v. 6. Oktober 1932.

73 BT, ebd.

74 Interviews mit dem Genannten.

75 BT, ebd.

76 So fast wörtlich übereinstimmten BT und Berl. Börsen-Courier ebd.

77 Berl. Börsen-Courier ebd.

78 Angr. Nr. 203 v. 6. Oktober 1932.
79 Urteil S. 32 in: LAB Rep. 58, Nr. 453.
80 Verfügung des KG-Präsidenten Tigges vom 29. November 1932 (GehStA, Rep. 84 a, Nr. 20 501, Bl. 83 f.).
81 C. V.-Z. v. 11. November 1932, S. 145.
82 Schriftlicher Bericht im Bestand Baban-Weiß und mündlicher Bericht beim Interview.
83 Bestätigt durch Adlon, H. 1955, S. 347 f. (wenngleich in die Nacht des Reichstagsbrands verlegt).
84 Diels 1950, S. 165 behauptet, er habe ihm dann zur Flucht verholfen; fest steht, daß am 2. April 1933 ein Haftbefehl erlassen, später ein Kopfgeld auf ihn gesetzt wurde (Graf, Chr. 1983, S. 309).
85 Bis hierher stimmt der Bericht mit den Angaben K. R. Grossmanns überein (Emigration 1969, S. 29 ff.). Er fährt fort mit einer unglaubwürdigen Geschichte, daß Weiß sich mitten unter die wütenden SA-Leute vor und in seiner Wohnung am Steinplatz gemischt und dort noch die wichtigsten Sachen eingepackt habe – der allenthalben bekannte Bernhard Weiß plötzlich unerkannt von der auf ihn wartenden Meute! Diese Darstellung ist höchstwahrscheinlich ein Reflex des Berichtes von Weiß, daß er auf seiner Flucht von Berlin nach Prag in den Städten sich immer unter die Aufmärsche der SA zur Feier der Machtübernahme und des Wahlsieges gemischt habe. Daß er auf der Flucht mit Röhm ein Schlafwagenabteil geteilt habe, wird von seiner Tochter als bloße Mär ausdrücklich bestritten.
86 GStA Rep. 77, Nr. 29, Bl. 83–86 mit Anschreiben an Diels, der Göring im Brief v. 23. August 1933 mitteilt, daß die hier wörtlich zitierte Passage zwar „bemerkenswert", aber kein Anlaß sei, die polizeilichen und vermögensrechtlichen Maßnahmen gegen Weiß aufzuheben.
87 Vgl. u. S. 392.
88 Graf, Chr. 1983, S. 309.
89 Eidesstattliche Aussage der Hauswartin des Hauses Steinplatz 3 vom 12. Juni 1951: aus der Wohnung sei gleich im März alles geplündert und nur die schwer transportierbaren Möbel zurückgelassen worden; nach deren Versteigerung (in der Wohnung organisiert, von guten Freunden frequentiert, die mit guten Geboten dem mittellosen Weiß auch hätten aufhelfen wollen) seien Zivilbeamte gekommen; [...] öffnete der eine von ihnen eine Aktentasche und der andere schob einfach mit der Hand das ganze Geld hinein" (Entschädigungsakte Nr. 70 005, Bl. D 8).

90 Akten aus dem Politischen Archiv des AA, Referat D III, Inland II
A/B „Ausbürgerungen"; dort Protokoll über die Besprechung der
ersten Liste der Aberkennung der deutschen Staatsangehörigkeit
vom 14. Juni 1933: Den vom Innenministerium vorgeschlagenen 28
Personen verlangte die Gestapo vier weitere hinzuzufügen: Grzesinski, Weiß, Staatssekr. Weissmann und Justizrat Werthauer, weil „ihr
Fehlen in der 1. Liste lebhafte Kritik hervorrufen würde." Als Grund
für die eilige Publikation der ersten Liste gab man an, es gelte „ein
Exempel zu statuieren, von dem eine abschreckende Wirkung auf die
gegen das nationale Deutschland gerichtete und im Ausland festgestellte Wühlarbeit" ausgehen solle." Die Vertreter des Innenministers konnten sich mit dem Argument nicht durchsetzen, von den
vier letzteren sei eine „Hetzarbeit" nicht bekannt geworden (S. 7 f.).

91 Vgl. z. B. Reuth, R. G. 1990, S. 418 über Hitlers Kriegsvorbereitungen.

92 Zitiert bei R. G. Reuth 1990, S. 384.

93 Reuth, R. G. 1990, S. 395, bzw. 398.

94 GStA Rep. 84 a, Nr. 2367, Bl. 316.

95 Ebd. Bl. 288.

96 BAK R 43 II/1543, fol. 1, Bl. 167–169.

97 Stent, R. 1980, S. 30.

98 Ebd. S. 34.

99 Interview mit Ruth Mendel, seiner langjährigen Zimmerwirtin, und
seiner Tochter Hilde Baban-Weiß.

100 Bestätigt von Stent, R. 1980, S. 33 und durch Weiß selbst, der in sein
Exemplar des Buches von Eugen Spier (vgl. Anm. 101) neben dessen
Klage über die Verpflegung ein energisches „no!" setzte (S. 35, im
Bestand von H. Baban-Weiß).

101 Zwei seiner Mitinternierten haben Berichte geschrieben: Eugen Spier
(deutscher Jude, seit 1921 schon erfolgreicher Kaufmann in London,
aber nicht naturalisiert, Nr. 2 der Internierten), schrieb für die Öffentlichkeit (1951); Alec Nathan (bekannter Chefredakteur einer
Berliner Sportzeitung, derzeit als Stipendiat der Rockefeller Foundation an der Londoner School of Economics, als Nr. 6 in den Olympia-Hallen eingetroffen) übergab seinen umfangreichen Bericht „Barren Interclude. The Story of my Detention" dem Institut für Zeitgeschichte in München (F 203), schrieb also ohne jede Rücksicht auf
Öffentlichkeit und gibt daher die intimere Darstellung.

102 Ausdrücklich versichert von seiner Tochter, die die Kapsel nach dem
Kriege eigenhändig vernichtet hat.

103 Vgl. Stent, R. 1980, S. 32; Spier, E. 1951, S. 20 f.; Nathan, A. IfZ München F 203, Bl. 38–40.
104 Nathan, A. ebd., S. 44.
105 Nathan, A. ebd., S. 38.
106 „Dazu war er doch zu klug und ein zu gebildeter Mann" (Interview mit Hornung, einem seiner besten Freunde in England).
107 Spier, E. 1951, S. 24, Stent, R. 1980, S. 33.
108 Nathan, A. IfZ, F 203, S. 55.
109 Nathan, A. ebd., S. 59; Spier, E. 1951, S. 31.
110 Nathan, A. ebda S. 65 ff.; Spier, E. 1951, S. 32 und auch S. 25, wo er die gesamte Situation für die jüdisch-demokratische Gruppe als „humiliation and disgraceful" beschreibt; vgl. auch Stent, R. 1980, S. 34.
111 In Weiß' Handexemplar von Spier, E. 1951, S. 39.
112 Interview mit dem Genannten.
113 Nach dem offenen Urteil der auch in der Firma beschäftigten Tochter Hilde warf das Geschäft erst ordentlichen Gewinn ab, als sich Weiß mit einem englischen Kompagnon zusammengetan hatte (Interview). Noch 1949 schrieb er dem Regierenden Bürgermeister von Berlin, Ernst Reuter: „Ich habe mir hier in London (mit wirklich vieler Mühe, weil ich durchaus keine kaufmännische Veranlagung und keine Neigung zu kommerzieller Betätigung besitze) ein Geschäft aufgebaut" (vom 22. Dezember, LAB, Rep. 4, Arch. 1 Zug 2228, Nr. 282).
114 Interview mit Ruth Mendel.
115 Interview mit dem Genannten.
116 Hornung und seine Tochter berichten übereinstimmend, wie er seinen schon weit in den Bus durchgerückten Freund mit dem Kommando zurückbeordert habe: „Buchholz! Aussteigen! Wir sind im falschen Bus!"
117 Vgl. Reuth, H. G. 1990, S. 385, 414–416; Heiber, H. 1974, S. 129 f.
118 Ferdinand Friedensburg schrieb ihm am 23. Juni 1949 deshalb einen fast tadelnden Brief. Man höre ja nichts von ihm. „Ich weiß nicht, woran das liegt und warum Sie im Gegensatz zu fast allen anderen Leuten in gleicher Lage sich niemals wieder gemeldet haben. Sie sind doch Berliner und gehören zu Berlin, auch innerlich, so daß ich die Entfremdung nicht verstehen kann." (im Bestand H. Baban-Weiß)
119 Schon am 5. Januar 1946 hatte er angesichts des vermeintlichen Todes seiner „Wirtin", Ruth Mendel (Lewin), einen Abschiedsbrief geschrieben – in der Tonlage sehr ähnlich den „Winken für meine Bei-

setzung" (s. u. S. 394), nur daß er hier noch die erbitterten Streitigkeiten erwähnte, die sie wegen ihrer gegensätzlichen Einschätzung der Deutschen hatten. „Aber all die richtigen Streitigkeiten liegen nun weit hinter mir – belächelt, vergessen. Geblieben nur ist die Erinnerung an die herzensgute Ruth Lewin, die so besorgt war um den alten, kranken, fremden kratzbürstigen Mann, der sich in ihrem Heim festgesetzt hatte und niemals weichen wollte." (Von der Adressatin liebenswürdigerweise zur Verfügung gestellt).

120 Brief an seine Tochter Hilde v. 13. September 1949 (Bestand H. Baban-Weiß).

121 Brief v. 3. Oktober 1949, LAB Rep. 4 Arch. Zug 2228, Nr. 282.

122 Brief vom 22. Dezember 1949 (vgl. Anm. 118).

123 Daß die Wiedereinbürgerung nicht mehr wirksam wurde, da es nicht mehr zur rechtsgültigen persönlichen Überreichung der Urkunde kam (Telegramm des deutschen Generalkonsuls an Frau Lotte Weiß v. 5. Mai 1952, in Entschädigungsakte M 35), dürfte Weiß nicht realisiert haben.

124 Bestand Baban-Weiß.

VI. Blick aufs Ganze

1 1963, S. 55.

2 Bei den Debatten um die Opportunität sei immer wieder die Meinung vertreten worden: Ja, wenn er sich beleidigt fühlt, dann ist es auch sein Recht, zu klagen. Kempner selber meinte, solche Leute bringe man durch anderes Vorgehen zur Strecke: systematische Durchforschung ihres Finanzgebarens, akribische Durchsicht ihrer Steuererklärungen usw.

3 Vgl. o. S. 299 und 330. Seine Tochter und seine „Wirtin" Ruth Mendel betonen entschieden, daß ihm die Verhöhnung durch „Isidor" nichts ausgemacht habe. Angesichts der Tradition dieses Namens, angesichts der außerordentlichen Prozeßanstrengungen scheint das eher unwahrscheinlich. Hier muß mit jener „preußischen" Haltung, vor allem im familiären Nahbereich gerechnet werden. Der Wahrheit kommt sicher sein Verwandter G. Stern am nächsten, der auf die Frage, ob Bernhard Weiß die Namenaggression wirklich getroffen habe, am 7. März 1982 antwortete: „Sehr wahrscheinlich".

4 Schreiben in LAB Rep. 58, Bd. I, Bl. 1; Gedicht in Angr. 26, v. 25. Juli 1928, S. 4.

5 Nr. 23, Bd. II, Bl. 47 f., vgl. Prozeßdiagramm Kreisziffer 14.

6 Vgl. o. S. 470, Anm. 357.

7 Er hatte z. B. keinerlei Vorbereitungen für seine Flucht, vor allem keine finanziellen Vorbereitungen getroffen. Das klingt positiv, besagt aber auch: Wenn nicht einmal der Vizechef einer Behörde, die so gute Informationen wie keine andere über die Nationalsozialisten hatte, deren endlichen Sieg für möglich hielt und ebensowenig die Verwirklichung ihrer doch unverhüllt propagierten Endziele, dann liegt eine ganz außerordentliche (zurechenbare) Fehleinschätzung vor.

Literaturverzeichnis

A. Quellen

I. Ungedruckte Quellen

a) Archivalien

Geheimes Staatsarchiv Berlin/Dahlem   Kürzel GStA
Justizministerium Rep. 84a
 Nr. 3730–3736 Polizeiverwaltung
 Nr. 9259 Das Polizeiwesen in Berlin
 Nr. 20501 Rechtsanwälte beim LG I
 Nr. 7960 Wirksamkeit der Polizei in Strafsachen
 tit. 1104, Nr. 2362–2368 Führung fremder Namen
Ministerium des Innern Rep. 77
 I. Staatssekretariat Grauert
 Nr. 1, 17, 29–31
Pr. Br. Rep. 2 B, Abt. II, No. 946 Oranienburg

Document Center Berlin
Personenakten Z. 3494

Landesarchiv Berlin   Kürzel LAB
Generalstaatsanwalt bei d. LG Berlin Rep. 58
 Weiß ./. Goebbels (und Genossen) Nr. 2; 23, Bd. I–III; 24
  Bd. I–VIII; 39, Bd. I–XIII; 47, Bd. I–VIII; 694; 721.
 Weiß ./. andere: Schulze Nr. 28; Strasser 51, Bd. I–XI;
  2184, Bd. I–VII; 2578; Löpelmann 164; Zawitalski 367;
  Hillebrand 382; Lippert und Krause 442, Bd. I–III; Rook 444;
  Märkische Volkszeitung 2543.
 X ./. Goebbels (und Genossen) Nr. 5; 8; 13; 25; 27; 41; 42; 43; 45;
  46; 48; 267; 385; 399; 509; 667; 742; 759; 1151; 1270; 2517;
  6015 (Hindenburg).
 Goebbels ./. X: Nr. 705; 716; 2585.
 X ./. Weiß: Nr. 443; 445; 453; 1149; 1296.
 Grzesinski ./. X: Nr. 15; 140; 348; 617; 707; 708; 1052; 2334;
  2452;
 Andere: Nr. 302, Bd. I–XIII (= Bahnhof Lichterfelde-Ost); 715;
  1252; 1708; 368; 1331; 1058; 1089; 1252; 2572.
 Rep. 4, Arch. 1, Zug 2228 Nachlaß E. Reuter

Entschädigungsamt, Berlin
Entschädigungsakte Bernhard Weiß Nr. 70.005

Archiv des Auswärtigen Amtes, Bonn

Archiv der Friedrich Ebert Stiftung, Bonn
Nachlaß Karl Severing, Mappe 50

Bundesarchiv Koblenz
NL 118, Nachlaß J. Goebbels;
NL 114, Nachlaß F. Friedensburg;
Kleine Erwerbungen Nr. 144, A. Grzesinski: Im Kampf um die
deutsche Republik. Lebensweg eines heute Staatenlosen.
R 43 II/1543, fol. 1;
R 22 Nr. 45.

Bestand Baban-Weiß, London
Briefe, Berichte, zeitgeschichtliche Literatur mit handschriftlichen
Notizen B. Weiß'

Zentrales Staatsarchiv der ehem. DDR/Dienststelle   Kürzel ZStAM
Merseburg
Rep. 77 Ministerium des Innern tit. 30,
   Nr. 18,   Bd. 1–3 die in Ansehung der Vor- und Familiennamen der
             Juden ergangenen Bestimmungen
   Nr. 20,   Bd. 15–26 Die Namensveränderungen der Juden [zitiert
             als Änd. FN]
   Nr. 70,   Beseitigung des Übelstandes [...]
   Nr. 109, Bd. 1–6, die in Bezug auf die Vornamen der Juden ein-
             gegangenen Gesuche [zitiert als Änd. VN]
   2.2.1.   Geheimes Zivilkabinett
   Nr. 23687 Bezeichnung der Bekenner der jüd. Religion

Stadtarchiv Mönchengladbach
Nachlaß J. Goebbels

Bayerisches Hauptstaatsarchiv München, IV Kriegsarchiv
OP 51 391 Offiziersakte Weiß
MKr 43

Institut für Zeitgeschichte München   Kürzel IfZ
F 203 Nathan, Alec: Barren Interclude. The Story of my Detention

Staatsarchiv Potsdam
Pr. Br. Rep. 30 Berlin C Tit. 240.
   Handakten Polizeivizepräsident Dr. B. Weiß Nr. 21 293–21 356
Pr. Br. Rep. 12 B Staatsanwalt beim Landgericht Berlin I

Nr. 2 Strafs. gegen Dr. Goebbels wegen Aufforderung zu Körperverletzung (Mißhandlung Pfarrer Stucke usw.)
Pr. Br. Rep. 2 A, Nr. 16
Pr. Br. Rep. 2 B, Abt. II, Nr. 946

b) Interviews

Dagobert Arian (Jerusalem) 5. August 1981;
Hilde Baban-Weiß (London) 9. April 1981;
Axel Eggebrecht (Hamburg) 19. August 1981;
Bernhard Hornung (London) 5. April 1981;
Robert M. W. Kempner (Frankfurt) 3. Dezember 1980; 5. Januar 1981;
Ruth Mendel (London) 7. April 1981;
Eva Reichmann (London) 10. April 1981;
Max Schindler (London) 8. April 1981;
Walter Stennes (Lüdenscheid-Brügge) 11. Oktober 1980;
F. Stern (London) 9. April 1981;
Herbert Weichmann (Hamburg) 14. August 1981;

c) Korrespondenz

Inge Cohn-Lempert (Berlin);
Hilde Baban-Weiß (London);
Herbert H. Borchardt (Long Island);
U. F. J. Eyck (Calgary);
Klaus Hermann (Montreal);
Enrique Gotthilf (Santiago de Chile);
Fred Grubl (New York);
Rolf Kantorowicz (Köln);
Fritz Karl (Berlin);
Edelgard Kindt (Hamburg);
Pierre Nathan (Cannes);
B. von Wiedebach und Nostitz-Jänckendorf (München),
Eva G. Reichmann (London);
W. Rosenstock (London);
Eli Rotschild (Tel-Aviv);
Max Schindler (London);
G. Stern (Givatayim, Israel),
Ludwig Warschauer (Arlington, USA),
Walter Zadek (Frankfurt).

II. Gedruckte Quellen

a) Periodika

8 Uhr-Abendblatt
Der Abend
Der Angriff (Angr.)
Aufbau (New York)
Berliner Arbeiter-Zeitung
Berliner Börsen-Courier
Berliner Börsen-Zeitung
Berliner Lokal-Anzeiger
Berliner Tageblatt (BT)
B. Z. am Mittag 1930
Brennessel
Central-Verein-Zeitung (C.V.-Z.)
Cornica Israelitica
Das deutsche Tageblatt
Deutsche Tageszeitung
Deutsches Witzblatt
Deutsche Zeitung
Deutsche Zeitung 1949, Berlin.
Frankfurter Allgemeine Zeitung
Illustrierter Beobachter (IB)
Jüdische Rundschau
Jüdisch Liberale Zeitung
Kölner Stadt-Anzeiger
Neue Preußische (Kreuz-) Zeitung
Kriminalistische Monatshefte
Kurier 1951
Nationalsozialistische Briefe
Die Neue Zeitung
Preußische Gesetzessammlung
Die Rote Fahne (RF)
Reichsgesetzblatt
Simplicissimus
Sitzungsberichte des Preußischen Landtags
Staatsbürger-Zeitung
Stenographische Berichte über die Verhandlungen des Reichstags
Der Spiegel
Der Stürmer
Tempo. Berliner Abend-Zeitung

Vorwärts
Völkische Freiheit
Völkischer Beobachter (VB)
Vossische Zeitung

b) Einzeltitel

15 Entwürfe für Schriftplakate oder Flugblätter zur Ankündigung von Vorträgen der N.S.D.A.P., hg. von der Geschäftsstelle der Nationalsozialistischen Briefe mit einem Vorwort von Joseph Goebbels, Elberfeld. o. J.

190 gepfefferte Jüdische Witze und Anekdoten o. J.: Weißensee bei Berlin (E. Bartels).

Adreßbuch für Groß-Berlin 1943.

Bauer, Elvira 1936: Trau keinem Fuchs auf grüner Heid und keinem Jud bei seinem Eid. Ein Bilderbuch für Groß und Klein, Nürnberg.

Geschäftseinteilung des Polizeipräsidiums Berlin, 1926–1930, 160 S.

Goebbels, Joseph 1921: Wilhelm von Schütz als Dramatiker. Ein Beitrag zur Geschichte des Dramas der romantischen Schule, Diss. Heidelberg.

Goebbels, Joseph 1925/26: Das Tagebuch von Joseph Goebbels 1925/26, mit weiteren Dokumenten hg. von Helmut Heiber, Stuttgart 1960.

Goebbels, Joseph/Mjoelnir (Hg.) 1928: Das Buch Isidor. Ein Zeitbild voll Lachen und Haß, München.

Goebbels, Joseph (Hg.) 1929: Knorke. Ein neues Buch Isidor für Zeitgenossen, München.

Goebbels, Joseph ⁴1934: Kampf um Berlin. Der Anfang, München (1. Aufl. 1932).

Goebbels, Joseph ⁹1936: Michael. Ein deutsches Schicksal in Tagebuchblättern, München.

Goebbels, Joseph: Die Tagebücher von Joseph Goebbels. Sämtliche Fragmente, hg. von Elke Fröhlich Teil I, 4 Bde, München–New York u. a. 1987.

Goldstein, Moritz 1977: Berliner Jahre. Erinnerungen 1880–1933, München (= Dortmunder Beiträge zur Zeitungsforschung 25.).

Hiemer, Ernst 1938: Der Giftpilz. Ein Stürmerbuch für Jung und Alt, Nürnberg.

Jossel, Chaim ⁴¹1912: Schabbes-Schmus. Schmonzes Berjonzes, Berlin.

Jüdisches Adreßbuch für Groß-Berlin 1929/30, Berlin.

Kohn-Lexikon o. J., Wien.

Leers, Der Johann von o. J.: Wie kam der Jude zu Gold, Berlin.

Marr, Wilhelm 1879: Wählet keine Juden! Der Weg zum Siege des Germanenthums über das Judenthum. Ein Mahnwort an die Wähler nicht-jüdischen Stammes aller Confessionen, Berlin.

Moszkowski, Alexander 1911: Die jüdische Kiste. 399 Juwelen echt gefaßt [...], Berlin 1911 (teilidentisch mit Moszkowski, A. 1923).

Moszkowski, Alexander 1923: Der jüdische Witz und seine Philosophie, 399 Juwelen echt gefaßt [...], Berlin 1923.

Nikolaus, Paul 1924: Jüdische Miniaturen, illustriert von Paul Simmer, Hannover-Leipzig.

Nuél, M. ⁴o. J.: Rabbi Lach und seine Geschichten, Berlin.

Nuél, M. o. J.: Das Buch der jüdischen Witze. Neue Folge, 10.–20. Tausend, Berlin (Gustav Rieckes Buchhandlung).

Pulvermacher, Nathan 1902/03: Berliner Vornamen. Eine statistische Untersuchung, 2 Bde, Berlin.

Reitzer, Avrom ⁴o. J.: Rebbach. Rituelle Scherze, Lozelech, Meisses und koschere Schmonzes für unsere Leut, Wien-Leipzig.

Reitzer, Avrom o. J.: 500 Lozelech, Maisses, koschere Schmonzes, Pickfeine Schüs für ünsere Leut', Wien (J. Deubler).

Rosen, Curt 1934: Der jüdischen Rasse Weg und Ziel! Berlin.

Rund, Moritz 1914: Perlen jüdischen Humors. Eine Sammlung von Scherzen und kleinen Erzählungen aus dem jüdischen Volksleben, Berlin.

Schwechten, Eduard 1933: Das Lied vom Levi, Düsseldorf.

Stoll, Ott o. J. (1920): Max Isidor Veilchenblau als Jäger. Nach einer wahren Begebenheit, in: Kehraus! Antisemitische Rundschau in Wort und Bild, Berlin (Kehraus-Verlag) Berlin-München, S. 43–58.

Stußlieb, Ernst 1892: Der aufgeblasene Talmudlöwe. Ergötzliche und lehrreiche Gespräche des Herrn Schochet Isidor Eisenstein mit seinem Sohne Moritz, Würzburg.

Weiß, Bernhard 1901: Bier trink ich becherweis, Lied zum Stiftungsfest der Freien Wissenschaftlichen Vereinigung, in: Freie Wissenschaftliche Vereinigung (Hg.): Liederbuch, hg. zum 20. Stiftungsfest der F. W. V., S. 12.

Weiß, Bernhard 1906: Inwieweit ist der deutsche Reichstag Herr seiner Geschäftsordnung, Berlin (jur. Diss. Würzburg).

Weiß, Bernhard 1907: Koloniale Propaganda, in: Der Deutsche, 6, 1., S. 554–557.

Weiß, Bernhard 1919: Über Glücksspiel, Spielklubs und öffentliche Spielbanken, Berlin (Verlag von Alfred Pulvermacher & Co. [Kurt Selten]).

Weiß, Bernhard 1925 a): „Reform der Kriminalpolizei", Voss. Zeitung v. 4. Dezember.

Weiß, Bernhard 1925 b): Grundgedanken für die Reform der preußischen Kriminalpolizei, in: Die Polizei 21, S. 503–506.

Weiß, Bernhard 1926: Das Verbrechen kennt keine Grenzen. Die Internationale der Polizei, in: GStA Rep. 84 a Nr. 7960, Bl. 366.

Weiß, Bernhard 1927 (?) o. J.: Die Organisation der Preußischen Polizei, in: Dressler, Oskar (Hg.): Große Polizei-Ausstellung Berlin in Wort und Bild. Internationaler Polizeikongreß, Berlin, S. 111–112.

Weiß, Bernhard 1927 a): Die Polizei und die Chouette, in: B. Z. am Mittag Nr. 198, v. 28. Juli.

Weiß, Bernhard 1927 b): Kriminalsensationen, in: Vossische 16. 1. (M).

Weiß, Bernhard 1928: Polizei und Politik, Berlin (= Die Polizei in Einzeldarstellungen 3.).

Weiß, Bernhard 1928 a): Vorwort zu: Ingenieur S. Nelken: Publikum und Verbrechen. Praktische Ratschläge für den Selbstschutz, mit einem Vorwort von Dr. Weiss, Polizeivizepräsident von Berlin, Berlin. S. 9 bis 12.

Weiß, Bernhard 1928 b): Kriminalbeamte und Feuersozietät, in: Voss. Zeitung v. 28. Juli.

Weiß, Bernhard 1928 c): Polizei gegen Staatsverbrecher. Saubere Kampfmittel, in: Voss. Zeitung (M), v. 30. März.

Weiß, Bernhard 1928 d): Unser Chef, in: Vossische (M), v. 30. September.

Weiß, Bernhard 1928 e): Eine Köpenickiade? in: Berliner Tageblatt, Nr. 479 v. 10. Oktober.

Weiß, Bernhard 1928 f): 25 Jahre Kriminalpolizei, in: Die Polizei, S. 209 bis 214.

Weiß, Bernhard 1928 g): Hat Shaw Recht? Berl. Tageblatt, Nr. 248 v. 27. Mai.

Weiß, Bernhard 1929 a): Ist der „Schrei nach der Zensur" berechtigt?, in: Voss. Zeitung v. 10. März.

Weiß, Bernhard 1929 b): Nochmals: Zensur, in: Das Tagebuch v. 20. März 1929, S. 509–514.

Weiß, Bernhard 1929 c): Die Polizei ruft, in: Berliner Tageblatt Nr. 274, v. 13. Juni.

Weiß, Bernhard 1929 d): Wie Ritualmordgerüchte entstehen, in: C. V.-Zeitung 8. Nr. 15., v. 12. April, S. 185–186.

Weiß, Bernhard 1932: Angriffe gegen die Kriminalpolizei, in: Kriminalist. Monatshefte 6, H. 4, v. April, S. 85–88.

Weiß, Bernhard 1932: Mehr Selbstbewußtsein, in: C. V.-Zeitung 11, Nr. 23 v. 3. Juni, S. 233–234.

Weiß, Bernhard 1950: Der frühere Vizepräsident der Berliner Polizei erzählt aus seinen Erfahrungen, Vortrag im RIAS am 23. September 1949, abgedr. in: Berliner Forum 6 (1950), S. 7–9. Wiederabdruck in: Programmschrift zur 23. internationalen Polizei-Sternfahrt 1968, S. 61 bis 65.

Wieland der Schmied 1933: Jüdisches – Allzujüdisches. Das auserwählte Volk im Spiegel der Satire, Stuttgart-Leipzig.

Sekundärliteratur

Adlon, Hedda 1955: Hotel Adlon, München.

Angermund, Ralph 1990: Deutsche Richterschaft 1919–1945. Krisenerfahrung, Illusion, politische Rechtsprechung, Frankfurt (= Fischer TB 10 238).

Angress, Werner T. 1972: Prussia's Army and the Jewish Reserve Officer Controversy before World Ware I, in: Leo Beack Institute Yearbook 17, S. 19–42.

Bach, Adolf 1931: Deutsche Herkunftsnamen in sachlicher Auswertung, in: Rheinische Vierteljahresblätter 1, S. 358–377.

Bade, Wilfrid 1933: Joseph Goebbels, München.

Bade, Wilfrid 1934: Die S. A. erobert Berlin, München.

Bärsch, Claus-Ekkehard 1987: Erlösung und Vernichtung. Dr. phil. Joseph Goebbels. Zur Psyche und Ideologie eines jungen Nationalsozialisten 1923–1927, München.

Bärsch, Claus-Ekkehard 1988: Goebbels und die Apokalypse. Die Offenbarung des Johannes als Quelle für eines der furchtbarsten Verbrechen der Geschichte?, in: DIE ZEIT, Nr. 36 v. 2. September, S. 40.

Bayerdörfer, Hans-Peter 1985: Das Bild des Ostjuden in der deutschen Literatur, in: Strauss, Herbert A./Hoffmann, Christhard: Juden und Judentum in der Literatur, München, S. 211–236.

Beer, Udo 1986: Die Juden, das Recht und die Republik. Verbandswesen und Rechtsschutz 1919–1933, Frankfurt u. a. (= Diss. Kiel).

Bein, Alex 1980: Die Judenfrage. Biographie eines Weltproblems, 2 Bde, Stuttgart.

Benecke, Major a. D. 1907: Reserveoffizierswahl, in: Der Deutsche, 6, 1., S. 773–776.

Bering, Dietz 1977: Die Intellektuellen. Geschichte eines Schimpfwortes, Stuttgart (Taschenbuch 1982, Ullstein 39 031.).

Bering, Dietz 1983: Von der Notwendigkeit politischer Beleidigungsprozesse, in: Jahrbuch des Landesarchivs Berlin, S. 87–112.

Bering, Dietz 1983 b): Der Kampf um den Namen Isidor. Polizeivizepräsident Bernhard Weiß gegen Gauleiter Joseph Goebbels, BNF. NF 18, S. 121–153.

Bering, Dietz ²1988: Der Name als Stigma, Antisemitismus im deutschen Alltag 1812–1933.

Bering, Dietz 1990: „Geboren im Hause Cohn". Namenpolemik gegen den preußischen Innenminister Albert Grzesinski (1879–1947), in: ders./Debus, Friedhelm/u. a.: Fremdes und Fremdheit in Eigennamen, S. 16–53 (= Sonderheft der BZN NF 30.).

Bering, Dietz 1991: Sprache und Antisemitismus im 19. Jahrhundert, in: Wimmer, R. (Hg.): Das 19. Jahrhundert. Sprachgeschichtliche Wurzeln des heutigen Deutsch, Berlin (= Jahrbuch des Instituts für deutsche Sprache), S. 325–354.

Birus, Hendrik 1986: „Ich bin, der ich bin". Über die Echos eines Namens (Ex. 3, 13–15), in: Moses, Stéphane/Schöne, Albrecht: Juden in der deutschen Literatur. Ein deutsch-israelisches Symposion Frankfurt (= stm 2036, S. 25–53).

Bornstein, Josef 1930: Polizeikonflikt, in: Das Tagebuch 1930, I, S. 330–333.

Bracher, Karl Dietrich 1978: Die Auflösung der Weimarer Republik, Düsseldorf.

Bracher, Karl Dietrich ²1988: Dualismus oder Gleichschaltung: Der Faktor Preußen in der Weimarer Republik, in: Bracher, Karl Dietrich/Funke, M./Jacobson, Hans-Adolf (Hg.): Die Weimarer Republik 1918 bis 1933. Politik – Wirtschaft – Gesellschaft, Düsseldorf, S. 535–551.

Brecht, Arnold 1967: Mit der Kraft des Geistes, Stuttgart.

Brennglas, Ad. o. J.: Humor im Berliner Volksleben, Berlin.

Broszat, Martin (Hg.) 1960: Die Anfänge der Berliner NSDAP 1926/27, in: VfZG 8, S. 85–118.

Broszat, Martin 1984: Die Machtergreifung. Der Aufstieg der NSDAP und die Zerstörung der Weimarer Republik, in: ders./Benz, Wolfgang/Graml, Hermann, München. Deutsche Geschichte der neuesten Zeit vom 19. Jahrhundert bis zur Gegenwart, München.

Brüning, Heinrich 1970: Die Memoiren 1918–1934, Stuttgart.

Buder, Johannes 1986: Die Reorganisation der preußischen Polizei 1918–1923, Frankfurt/ M. – u. a. (= Europäische Hochschulschriften, Reihe III, Geschichte und ihre Hilfswissenschaften 294.).

Calker, Fritz van ²1924: Strafrecht. Grundriß zu Vorlesungen und Leitfaden zum Studium, München-Berlin-Leipzig.

Dalcke, A./u. a. [19]1927: Strafrecht und Strafprozeß. Eine Sammlung der wichtigsten das Strafrecht und das Strafverfahrensrecht betreffenden Gesetze, erläutert (...) von (...), Berlin.

Das Zuchthaus – die politische Waffe. Acht Jahre politische Justiz. Eine Denkschrift der Deutschen Liga für Menschenrechte, Berlin 1927.

Debus, Friedhelm 1977: Soziale Veränderung und Sprachwandel. Moden im Gebrauch von Personennamen, in: Sprachwandel und Sprachgeschichtsschreibung, Düsseldorf, S. 167–204 (= Jahrbuch des Instituts für deutsche Sprache 41.).

Die Entwicklung des Königlichen Polizei-Präsidiums zu Berlin, aus Anlaß der hundertjährigen Wiederkehr des Gründungstages zum 25. März 1909, Berlin.

Diels, Rudolf 1950: Lucifer ante Portas ... es spricht der erste Chef der Gestapo, Stuttgart.

Dierkse, Ludwig 1929: Sicherheitskräfte in Preußen zu Beginn der Weimarer Republik, in: Aus Politik und Zeitgeschehen, Beilage zur Wochenzeitung das Parlament B 47, S. 31–55.

Dinter, Artur [13]1920: Die Sünde wider das Blut. Ein Zeitroman, Leipzig-Hartenstein.

Dohna, Alexander Graf zu [2]1925: Das Strafprozeßrecht, Berlin.

Drews, Bill 1920: Die Neuordnung der Polizeiorganisation in Preußen, in: Recht und Wirtschaft 9, S. 181–184.

Ebermayer, Ludwig / Lobe, Adolf / Rosenberg, Werner [3]1925, [4]1929: Reichs-Strafgesetzbuch mit besonderer Berücksichtigung der Rechtsprechung des Reichsgerichts, Berlin-Leipzig (Leipziger Kommentar).

Engelbrechten, Julius Karl von 1937: Eine braune Armee entsteht, Berlin.

Erb, Rainer 1985: Die Wahrnehmung der Physiognomie der Juden: Die Nase, in: Pleticha, Heinrich (Hg.): Das Bild des Juden in der Volks- und Jugendliteratur vom 18. Jahrhundert bis 1945, Würzburg 1985, S. 107–126.

Erbe, Michael [2]1988: Berlin im Kaiserreich (1871–1918), in: Ribbe, Wolfgang (Hg.): Geschichte Berlins, 2. Band: Von der Märzrevolution bis zur Gegenwart, München, S. 691–793.

Erdmann, Karl Dietrich 1980: Versuch einer Schlußbilanz, in: Erdmann, K. D./Schulz, H. (Hg.) 1980, S. 345–358.

Erdmann, Karl Dietrich/Schulze, Hagen (Hg.) 1980: Weimar. Selbstpreisgabe einer Demokratie. Eine Bilanz heute, Düsseldorf.

Eyck, Erich 1926. Die Krisis der deutschen Rechtspflege, Berlin.

Familiennamenänderungen, in: Deutsche Gaue, Kaufbeuren, 39 (1938), S. 116–119.

Feder, Ernst 1971: Heute sprach ich mit ... Tagebücher eines Berliner Publizisten 1926–1932, hg. von Cécile Lowenthal-Hensel u. Arnold Paukker, Stuttgart.

Fest, Joachim 1963: Das Gesicht des Dritten Reiches. Profile einer totalitären Herrschaft, München.

Fido, Hermann 1933: Berliner Denkmäler im Volkswitz, Berlin.

Finetti, Marco 1990: Niemand hörte zu, niemand glaubte uns. Vor fünfzig Jahren starb auf der Flucht nach Amerika der Publizist und Advokat Rudolf Olden, in: DIE ZEIT, Nr. 39, v. 21. September, S. 49–50.

Foerder, Ludwig 1924: Antisemitismus und Justiz, Berlin.

Fraenkel, Heinrich/Manvell, Roger 1960: Goebbels. Eine Biographie, Köln.

Frank, Reinhard ¹⁸1931: Das Strafgesetzbuch für das Deutsche Reich, Tübingen.

Freund, Ismar 1912: Die Emanzipation der Juden in Preußen unter besonderer Berücksichtigung des Gesetzes vom 11. März 1812. Ein Beitrag zur Rechtsgeschichte der Juden in Preußen, 2 Bde, Berlin.

Frevert, Ute 1991: Ehrenmänner. Das Duell in der bürgerlichen Gesellschaft, München.

Friedensburg, Ferdinand 1927: Vom Wesen der modernen Polizei, in: Das Tagebuch, S. 45–50.

Friedensburg, Ferdinand 1946: Die Weimarer Republik, Berlin.

Friedensburg, Ferdinand 1969: Lebenserinnerungen, Frankfurt/a. M.-Bonn.

Fröhlich, Elke 1989: Joseph Goebbels – Der Propagandist, in: Smelser, Ronald/Zitelmann, Rainer (Hg.): Die Braune Elite. 22 biographische Skizzen, Darmstadt, S. 52–68.

Frye, Bruce B. 1976: The German Democratic Party and the „Jewish Problem" in the Weimar Republik, in: LBJB 21, S. 142–172.

Fuchs, Eduard 1921: Die Juden in der Karikatur. Ein Beitrag zur Kulturgeschichte, München.

Gall, Lothar 1989: Bürgertum in Deutschland, Berlin.

Gamm, Hans-Jochen 1979: Der Flüsterwitz im Dritten Reich (= dtv 1252.).

Glees, A.: Albert C. Grzesinski and the Politics of Prussia 1926–1930, in: The English Historical Review 89, S. 814–334.

Goffman, Erving ³1979: Stigma. Über Techniken der Bewältigung beschädigter Identität (= stw 140.).

Goldschmidt, A. (Hg.) 1890: Der jüdische Soldat im Deutschen Heere, Hamburg.

Goltz, Rüdiger Graf v. 1933: Tribut-Justiz. Ein Buch um die deutsche Freiheit, Berlin.

Gottgetreu, Erich 1981: Bernhard Weiß – ein jüdischer Preuße, in: MB Nr. 35, vom 4. September, S. 4.

Gottschald, Max [5]1982: Deutsche Namenkunde. Unsere Familiennamen, 5. verb. Aufl. mit einer Einführung in die Familiennamenkunde von R. Schützeichel, Berlin-New York.

Graf, Christoph 1983: Politische Polizei zwischen Demokratie und Diktatur. Die Entwicklung der preußischen Politischen Polizei vom Staatsschutzorgan der Weimarer Republik zum Geheimen Staatspolizeiamt des Dritten Reiches, Berlin (= Einzelveröffentlichungen der Histor. Kommission zu Berlin 36.).

Grebing, Helga 1983: Flucht vor Hitler? Historiographische Forschungsergebnisse über die Aussichten des Widerstandes der Arbeiterbewegung gegen die nationalsozialistische Machtübernahme, in: Das Parlament, S. 26–42.

Grossmann, Kurt R. 1963: Ossietzky. Ein deutscher Patriot, München.

Grossmann, Kurt R. 1969: Emigration. Zur Geschichte der Hitler-Flüchtlinge, Frankfurt.

Hamburger, Ernest 1968: Juden im öffentlichen Leben Deutschlands. Regierungsmitglieder, Beamte und Parlamentarier in der monarchischen Zeit, Tübingen (= Schriftenreihe wissenschaftl. Abhandlungen des Leo Baeck Instituts).

Hanfstaengl, Ernst, 1970: Zwischen Weißem und Braunem Haus. Memoiren eines politischen Außenseiters, München.

Hannover, Heinrich/Hannover-Drück, Elisabeth 1966: Politische Justiz 1918–1933, Frankfurt.

Hattenhauer, Hans 1980: Zur Lage der Justiz in der Weimarer Republik, in: Erdmann, Karl Dietrich/Schulz Hagen (Hg.): Weimar. Selbstpreisgabe einer Demokratie. Eine Bilanz heute, Düsseldorf, S. 169–176, S. 203–207.

Heiber, Helmut [2]1974: Joseph Goebbels. München (= dtv 271.).

Heiden, Konrad 1932: Geschichte das Nationalsozialismus. Die Karriere einer Idee, Berlin.

Heintze/Cascorbi [6]1925: Die deutschen Familiennamen, Halle.

Herlitz, Georg/Kirschner, Bruno 1927: Jüdisches Lexikon, 4 Bde, Berlin (Nachdruck 1982).

Hirsch, Hans Joachim 1967: Ehre und Beleidigung. Grundfragen des strafrechtlichen Ehrenschutzes, Karlsruhe.

Höfler, Otto 1954: Über die Grenzen semasiologischer Personennamen-forschung, in: Festschrift D. Kralik, Horn. S. 26–53.

Holenstein, Elmar 1985: Sprachliche Universalien. Eine Untersuchung zur Natur des menschlichen Geistes, Bochum.

Höner, Sabine 1984: Der nationalsozialistische Zugriff auf Preußen. Preußischer Staat und nationalsozialistische Machteroberungsstrategie 1928–1934. Bochum (= Bochumer Historische Studien Neuere Geschichte 3.).

Hoppe, 1928: Die Eigenart der modernen Kriminalpolizei, in: Reichsverwaltungsblatt und Preuß. Verwaltungsblatt 49, Nr. 64, S. 1017–1020.

Hörmann, H. 1967: Psychologie der Sprache, Berlin.

Hunt, McMasters Richard 1960: Joseph Goebbels: A Study of the Formation of his National-Socialist Consciousness (1897–1926), Diss. Harvard, Cambridge.

Hyan, Hans 1931: Die Mordkurve, in: Weltbühne Nr. 37, v. 15. September, S. 398–408.

Jäckel, Eberhard 1981: Hitlers Weltanschauung, Stuttgart.

Jasper, Gotthard 1982: Justiz und Politik in der Weimarer Republik, in: Vierteljahrsh. f. Zeitgesch. 30, S. 165–205.

Jasper, Gotthart 1963: Der Schutz der Republik. Studien zur staatlichen Sicherung der Demokratie in der Weimarer Republik 1922–1930, Tübingen (= Tübinger Studien zur Geschichte und Politik 16.).

Jochmann, Werner 1963: Nationalsozialismus und Revolution. Ursprung und Geschichte der NSDAP in Hamburg 1922–1933, Frankfurt.

John, Hartmut 1981: Das Reserveoffizierkorps im Deutschen Kaiserreich 1890–1914. Ein sozialgeschichtlicher Beitrag zur Untersuchung der gesellschaftlichen Militarisierung im Wilhelminischen Deutschland, Frankfurt/M.-New York (=Campus Forschungen 224.).

Jungnickel, Max 1933: Goebbels, Leipzig (= Männer und Mächte).

Kaganoff, Benzion C. 1977: A Dictionary of Jewish Names and their History, New York.

Kalverkämper, Hartwig 1978: Textlinguistik der Eigennamen, Stuttgart.

Kaznelson, Siegmund 1962: Juden im deutschen Kulturbereich. Ein Sammelwerk, Berlin.

Kempner, Robert M. W. (Hg.) 1930: Der verpaßte Nazi-Stopp. Die NSDAP als staats- und republikfeindliche, hochverräterische Verbindung. Preußische Denkschrift von 1930, Frankfurt-Berlin-Wien 1983.

Kessemeier, Carin 1967: Der Leitartikler Goebbels in den NS-Organen „Der Angriff" und „Das Reich", Münster (Westf.) (= Studien zur Publizistik 5.).

Kessler, Gerhard 1935: Die Familiennamen der Juden in Deutschland, Leipzig (= Mitteilungen der Zentralstelle für Deutsche Personen- und Familiengeschichte 53.).

Kessler, Harry Graf 1961: Tagebücher 1918–1937, Frankfurt.

Kiaulehn, Walther ²1958: Berlin: Schicksal einer Weltstadt, München-Berlin.

Klein, Ulrich 1987: Mekka des deutschen Sozialismus oder ‚Kloake der Bewegung'. Der Aufstieg der NSDAP in Wuppertal 1920–1934, in: Goebl, Klaus (Hg.): Über allem die Partei. Schule, Kunst, Musik in Wuppertal 1933–1945, Oberhausen.

Köhler, Henning 1988: Berlin in der Weimarer Republik (1918–1932), in: Ribbe, Wolfgang (Hg.): Geschichte Berlins, 2. Band: Von der Märzrevolution bis zur Gegenwart, München, S. 797–923.

Kolb, Eberhard ²1988: Die Weimarer Republik, München (= Oldenbourg Grundriß der Geschichte 16.).

Krause, Konrad 1943: Jüdische Namenwelt, Essen.

Krieg, Walter/Opitz, Fritz/Globke, Hans 1934: Die Namensänderung auf Grund der preußischen Verordnung vom 3. November 1919 [...], Eberswalde-Berlin.

Kuhn, Robert 1983: Die Vertrauenskrise der Justiz (1926–1928). Der Kampf um die „Republikanisierung" der Rechtspflege in der Weimarer Republik, Köln.

Landmann, Salcia ¹²1969: Jüdische Witze, München (= dtv 139.).

Lasch, Agathe 1928: „Berlinisch". Eine berlinische Sprachgeschichte, Berlin (= Berlinische Forschungen 2.).

Leßmann, Peter 1989: Die preußische Schutzpolizei in der Weimarer Republik. Streifendienst und Straßenkampf, Düsseldorf.

Lederer, Franz ⁵1927: Berliner Humor. Sprache, Wesen und Humor des Berliners, Berlin.

Leys, Odo 1979: Was ist ein Eigenname? Ein pragmatisch orientierter Standpunkt, in: Leuvense bijdragen 68, S. 61–86.

Liang, Hsi-Huey 1977: Die Berliner Polizei in der Weimarer Republik, Berlin. (= Veröffentlichungen der Historischen Kommission zu Berlin 47.).

Liszt, Franz v./Schmidt, Eberhard ²³1921: Lehrbuch des Deutschen Strafrechts, Berlin-Leipzig.

Loewenthal, Max L. 1911: Das jüdische Bekenntnis als Hinderungsgrund bei der Beförderung zum preußischen Reserveoffizier, Berlin.

Löwenthal, Leo 1982: Falsche Propheten: Studien zum Autoritarismus, Frankfurt/M. Schriften Bd. 3.

498

Martell, P. 1936: Zur Geschichte des Polizeipräsidiums zu Berlin, Berlin.

Maurer, Trude 1986: Ostjuden in Deutschland 1918–1933, Hamburg.

Borresholm, Boris v. 1949: Dr. Goebbels. Nach Aufzeichnungen aus seiner Umgebung, Berlin.

Mendelssohn, Peter de 1959: Zeitungsstadt Berlin. Menschen und Mächte in der Geschichte der deutschen Presse, Berlin.

Merkls, Peter H. 1982: Formen der nationalsozialistischen Gewaltanwendung: Die SA der Jahre 1925–1933, in: Mommsen, Wolfgang J./Hirschfeld, Gerhard: Sozialprotest, Gewalt, Terror. Gewaltanwendung durch politische und gesellschaftliche Randgruppen, Stuttgart (= Veröffentlichungen des Deutschen Historischen Instituts London 10.), S. 422–440.

Meyerowitz, Jan 1971: Der echte jüdische Witz, Berlin.

Mieder, Wolfgang 1982: Sexual Content of German Wellerism, in: Maledicta 6, S. 215–223.

Moreau, Patrick 1984: Nationalsozialismus von links. Die „Kampfgemeinschaft Revolutionärer Nationalsozialisten" und die „Schwarze Front" Otto Strassers 1930–1935, Stuttgart.

Mosse, George L. 1966: Die deutsche Rechte und die Juden, in: Mosse, Werner E. (Hg.): Entscheidungsjahr 1932. Zur Judenfrage in der Endphase der Weimarer Republik, Tübingen, S. 183–246 (= Schriftenr. Wiss. Abhandlungen des Leo Baeck Instituts).

Müller, Hans-Dieter 1974: Der junge Goebbels. Zur ideologischen Entwicklung eines politischen Propagandisten, Diss. Mannheim.

Neue Deutsche Biographie, Bd. 7, Berlin 1956.

Olden, Rudolf 1932: Angriff gegen Weiss, in: Das Tagebuch, Bd. 1, S. 1142–1145.

Olshausen, Justus v. [10]1916: Kommentar zum Strafgesetzbuch für das deutsche Reich, Berlin.

Ossietzky, Carl v. 1927: Noskes Schatten, in: Weltbühne 23, S. 479–481.

Ostwald, Hans 1926: Kultur- und Sittengeschichte Berlins. Berlin 1926.

Ostwaldt, Hans o. J.: Der Urberliner in Witz, Humor und Anekdote. Neue Folge, mit 18 Illustrationen von Paul Simmel, Heinrich Zille u. a. 11.–20. Tausend, Berlin (Paul Franke Verlag).

Oven, Wilfried v. 1974: finale furioso. Mit Goebbels bis zum Ende, Tübingen.

Paucker, Arnold 1968: Der jüdische Abwehrkampf gegen Antisemitismus und Nationalsozialismus in den letzten Jahren der Weimarer Republik, Hamburg.

Paul, Gerhard 1990: Aufstand der Bilder. Die NS-Propaganda vor 1933, Bonn.

Pierson, Ruth 1970: German Jewish Identity in the Weimarer Republik, Diss. Yale .

Pulzer, Peter 1976: Die jüdische Beteiligung an der Politik, in: Mosse, Werner E. (Hg.): Juden im Wilhelminischen Deutschland 1890–1914, S. 143–239.

Rahm, Hans-Georg 1939: Der Angriff 1927–1930. Der nationalsozialistische Typ der Kampfzeitung, Berlin.

Reichmann, Hans 1962: Der drohende Sturm, in: H. Tramer (Hg.), In zwei Welten, Tel-Aviv, S. 556–577.

Reimann, Viktor 1971: Dr. Joseph Goebbels, Wien-München-Zürich.

Repkow, Eike v. (= R. M. W. Kempner) o. J. (1932): Justizdämmerung, Berlin.

Reuth, Ralf Georg 1990: Goebbels, München.

Ris, Roland 1977: Nameneinschätzung und Namenwirklichkeit. Ein Beitrag zu empirischen Sozoonomastik, in Onoma 21, Februar, S. 557–576.

Röhrig, Lutz 1980: Der Witz. Seine Formen und Funktionen, München (= dtv 1564.).

Römer, Ruth 1985: Sprachwissenschaft und Rassenideologie, München.

Rosenberg, Artur 1961: Geschichte der Weimarer Republik, Neuausg. Frankfurt/M.

Sapir, E. 1929: A Study in Phonetic Symbolism, in: Journal of exp. Psychology 12, S. 225–239.

Schadewaldt, Wolfgang 1963: Berlin und die Berliner, in: Berliner Geist, S. 11–50.

Schmitt, Carl 1963: Der Begriff des Politischen. Text von 1932 mit einem Vorwort und drei Corollarien, Berlin.

Schönke/Schröder [20]1980: Strafgesetzbuch. Kommentar, München.

Schüddekopf, Otto-Ernst 1972: Nationalbolschewismus in Deutschland 1918–1933, Frankfurt/M.-Berlin-Wien.

Schulz, Birger 1982: Der Republikanische Richterbund (1921–1933), Frankfurt/a. M.-Bern (= jur. Diss. Kiel).

Schulz, Gerhard 1975: Aufstieg des Nationalsozialismus. Krise und Revolution, Berlin.

Schulze, Hagen 1977: Otto Braun oder Preußens demokratische Sendung. Eine Biographie, Frankfurt/M.-Berlin-Wien.

Schulze, Hagen 1980: Das Scheitern der Weimarer Republik als Problem der Forschung, in: Erdmann, Karl Dietrich/Schulze, Hagen (Hg.), S. 23–41.

Schwadron, Awraham 1920: Von der Schande euerer Namen. Ein Ruf an die zionistische Jugend, Wien-Brünn (= Flugschriften des Wiener Arbeitskreises für hebräische Sprache und Kultur.).

Seibicke, Wilfried 1977: Vornamen, Wiesbaden.

Seibicke, Wilfried 1982: Die Personennamen im Deutschen, Berlin-New York (= Sammlung Göschen 2218.).

Severing, Carl 1929: Die Polizei im neuen Staat, in: Almanach zum Fest der Polizei, Berlin.

Severing, Carl 1950. Mein Lebensweg. Bd. II: Im Auf und Ab der Republik, Köln.

Silbergleit, Heinrich 1930: Die Bevölkerungs- und Berufsverhältnisse der Juden im Deutschen Reich, Berlin.

Singer, Hans-Jürgen 1987: Michael oder der leere Glaube, in: Zeitschrift für Sozialgeschichte des 20. und 21. Jahrhunderts, 2. Oktober, Heft 4, S. 68 ff.

Sonderegger, Stefan 1985: Namengeschichte als Bestandteil der deutschen Sprachgeschichte, in: Besch, Werner/Reichmann, Oskar/Sonderegger, Stefan (Hg.): Sprachgeschichte. Ein Handbuch zur Geschichte der deutschen Sprache und ihrer Erforschung, Bd. 2, S. 2039–2067.

Spier, Eugen 1951: The Protecting Power, London – u. a.

Stent, Ronald 1980: A bespattered Page. The Interment of his Majesty's most loyal Enimy Aliens, London.

Stephan, Werner 1949: Joseph Goebbels. Dämon einer Diktatur, Stuttgart.

Stern, Fritz 1978: Gold und Eisen. Bismarck und sein Bankier Bleichröder, Frankfurt/M.-Berlin.

Strasser, Otto 1969: Mein Kampf. Eine politische Autobiographie, Frankfurt/M.

Toury, Jacob 1977: Der Eintritt der Juden ins deutsche Bürgertum, in: Liebeschütz, H./Paucker, A.: Das Judentum in der Deutschen Umwelt 1800–1850, Tübingen (= Schriftenreihe wiss. Abhandlungen des Leo Baeck Instituts 35), S. 139–242.

Vater, Heinz 1965: Eigennamen und Gattungsbezeichnungen. Versuch einer Abgrenzung, in: Muttersprache 75, S. 207–213.

Velder, Christian 1989: Respekt, Toleranz und Kooperation. Die 300-jährige Geschichte des Französischen Gymnasiums (Berliner Forum 4/89).

Wachenfeld, Friedrich 1914: Lehrbuch des deutschen Strafrechts, München.

Weber-Kellermann, Ingeborg 1965: Der Berliner. Versuch einer Großstadtvolkskunde und Stammescharakteristik, in: Hessische Blätter für Volkskunde, 56, S. 9–30.

Wehrmann, Elisabeth 1984: Rudolf Olden. Portrait-Essay, in: Die Zeit vom 24. Februar.

Weiglin, Paul 1955: Unverwüstliches Berlin. Bilderbuch der Reichshauptstadt seit 1919, Zürich.

Weil, Bruno 1927: Der politische Prozeß, in: Deutsches Judentum und Rechtskrisis, Berlin, S. 69–91.

Wimmer, Rainer 1973: Der Eigenname im Deutschen. Ein Beitrag zu seiner linguistischen Beschreibung, Tübingen (= Linguistische Arbeiten 11.).

Winkler, Heinrich August 1987: Der Weg in die Katastrophe. Arbeiter und Arbeiterbewegung in der Weimarer Republik 1930 bis 1933, Berlin-Bonn.

Wörtz, Ulrich 1966: Programmatik und Führerprinzip. Das Problem des Strasser-Kreises in der NSDAP. Eine historisch-politische Studie zum Verhältnis von sachlichem Programm und persönlicher Führung in einer totalitären Bewegung, Diss. Erlangen.

Zarnow, Gottfried 1931: Gefesselte Justiz. Politische Bilder aus Deutscher Gegenwart, Bd. 1, München.

Zmarzlik, Hans-Günther 1981: Antisemitismus im Deutschen Kaiserreich 1871–1918, in: Martin, Bernd/Schulin, Ernst: Die Juden als Minderheit in der Geschichte, München (= dtv 1745.).

Danksagung

Um dieses Buch fertigzustellen, mußte ich einen scheinbaren Umweg gehen. Es unmittelbar zu schreiben, hatte mich das „Wissenschaftskolleg zu Berlin" 1981/82 eingeladen. Während meiner damaligen Forschungen stellte sich aber immer deutlicher heraus, daß der Kampf zwischen Weiß und Goebbels nur verständlich wird, wenn man die historischen, sozialpsychologischen und sprachgeschichtlichen Entwicklungen im Spannungsfeld einer Mehrheits- und Minderheitskultur, zwischen Deutschen und Juden, kannte. Ertrag des notwendigen Rückgriffs bis zum Beginn des vorigen Jahrhunderts ist das Buch „Der Name als Stigma. Antisemitismus im deutschen Alltag 1812–1933" (Stuttgart ²1988). Die jetzt vorgelegte Zielstudie über den Namenkampf zwischen Weiß und Goebbels schließt sich dem ersten Buch zwar an, ist aber aus sich selbst verständlich – auch weil die Ergebnisse des ersten Bandes in einem gedrängten Kapitel zusammengefaßt werden.

Eine Anspannung über zehn Jahre hinweg wird nur aushalten, wer sich auf Zuspruch stützen kann. Reinhart Koselleck hat mir als erster Mut gemacht, es mit einem so umfangreichen Projekt aufzunehmen. Ähnliche Kraft gab mir ein langes Gespräch mit Eva G. Reichmann in London. Mit ihr trat mir eine besonders imponierende Persönlichkeit entgegen, die, distanziert analysierend und einfühlsam zugleich, über alles aus eigenem Erleben berichten konnte, was ich zu rekonstruieren mir vorgenommen hatte. Peter Wapnewski hat das Projekt von Anfang an mit Rat und Tat unterstützt. Daß er die noble Gabe hatte, nicht zu drängen, obwohl er eine Bringschuld erwarten konnte, war besonders hilfreich. Da die meisten Quellen in Berliner Archiven lagern, hat mir das „Wissenschaftskolleg zu Berlin" 1989 noch einmal für ein halbes Jahr eine Studierstube zur Verfügung gestellt. Von den Fellows dieses Jahrgangs haben mir durch kritische Gespräche und Anregungen, aber auch durch Zuspruch ganz allgemeiner Art vor allem Monika Zweite-Steinhausen (München), Jürgen Renn (Boston), Axel Honneth (Konstanz), Iso Camartin (Zürich) und James Sheehan (Stanford) das Gefühl gegeben, an einem Thema zu arbeiten, für das sich Anstrengung lohnt. In Köln leisteten das für mich vor allem Karl Otto Conrady, Ruth und Thomas Herz, Norbert Mecklenburg, Nikolaus Wegmann und nicht zuletzt Heiko Christians.

Ohne die intensive Hilfe von Archiven ließen sich Arbeiten der vorgelegten Art nicht schreiben. Was für das Stigma-Buch das Zentrale Staatsarchiv Merseburg war, ist für dieses das Landesarchiv Berlin. Dr. Joachim Reichhardt, sein Direktor, und Dr. Jürgen Wetzel, sein Stellvertreter, gaben mir in ihrem Hause über ein Jahr großzügiges Asyl. Es muß da auch Heinz Siewerts gedacht werden, ein Archivar der ganz passionierten Sorte, der vor elf Jahren den ziemlich Unbewanderten im Landesarchiv Berlin einwies und bald von der Vorstellung abbrachte, im Staub der Archive sei nur Totes zu finden. Als ich durch Lehrverpflichtungen in Köln von den Berliner Archiv- und Bibliotheksschätzen wieder abgeschnitten war, kam mir Erika Laurent (Bibliothek des Otto-Suhr-Instituts der FU) zu Hilfe. Ohne ihr Geschick, im Heuhaufen Stecknadeln zu finden, sogar welche, die ich vorher schon gesehen und wieder aus dem Auge verloren hatte, hätte meine Kraft sicher doch nicht gereicht. Ralph G. Reuth, der Goebbels-Biograph, hat mich in einer Großzügigkeit an seinem Wissen partizipieren lassen, wie man sie nicht alle Tage trifft. Weiter ist vor allem dem Staatsarchiv Potsdam, dem Bundesarchiv Koblenz, dem Berliner Document Center, der Germania Judaica (Köln) und dem „Zentrum für Antisemitismusforschung" der TU Berlin für Hilfen bei der Quellenbeschaffung zu danken. Daß ich zu Forschungszwecken noch einmal beurlaubt werden konnte, verdanke ich der großzügigen Verfahrensweise des „Instituts für deutsche Sprache und Literatur der Universität zu Köln" und der Fürsprache Peter Hanaus. Ein besonderer Dank gilt der Tochter von Bernhard Weiß, Hilde Baban-Weiß (London). Sie stellte mir den – leider nicht so umfangreichen – Nachlaß ihres Vaters zur Verfügung und hat mich mit der Londoner Emigrantenszene bekannt gemacht.

Ich habe mit vielen Zeitzeugen Interviews geführt oder korrespondiert. Die meisten Beiträge waren so gehaltvoll, daß ich sie im Literaturverzeichnis unter den Quellen einordnen mußte. Daß diese Kontakte meist schon aus dem Anfang der achtziger Jahre stammen, liegt an dem scheinbar unwegigen Forschungsprozeß.

Register

A. Vornamen

Aaron 197, 216, 225
Abraham 159, 168, 189, 197
Adolf 159, 168
Adrian 453
Albert 168
Alfred 169
Amalfried 453
Amschel 197
Aron 168, 188, 204
Arthur 168
August 456
Awrohom 197, 198

Baruch 261
Bendix 168
Benno 191, 197
Berhardiner 267
Bernhard 61, 70, 143, 148, 195,
    197, 218, 261, 264–266, 272,
    273, 274, 277, 293, 299, 304,
    307, 317, 318, 330, 381, 407,
    438, 453, 454, 458
Bert 269
Berta 197

Chaim 197, 205
Charlotte 168
Cheim 214
Christfried 154
Christian 154
Christoph 154
Cosimo 453
Cyprian 453

Daisy 453
Daniel 197
David 168, 197, 443

Dietrich 218
Ef(ph)raim 197
Effje 197
Eisik 197, 198
Elias 168
Elisabeth 153, 223
Elkar 197
Ellichen 223
Else 441
Emil 215
Ephraim 168, 215
Ernst 176
Esperanza 387
Esther 197
Eugen 168

Fabian 453
Feibisch 387
Feist 214
Florian 453
Franz 168, 269
Fridolin 245–247, 269, 453
Friedrich Wilhelm 151
Fritz 197

Gnendel 197
Gottlieb 140

Hänschen 237
Hansi 269
Heimann 197
Henriette 168
Hermann 168, 441
Heymann 168
Hirsch 168, 225
Hugo 168

Ignatz 197
Imanuel 273
Isaak 168, 172, 187, 188, 197,
    439, 440
Isi 269, 270, 410
Isidor 17–20, 22, 26, 140, 147, 148,
    163, 168–173, 182–184, 185–
    187, 197, 207, 215–217, 234,
    240–243, 245–250, 252, 253,
    254–259, 261, 262, 268–273,
    276, 277–279, 280, 283, 284,
    287, 288, 292, 295, 297, 300,
    303, 304, 307, 308, 311, 313,
    317–319, 323, 330, 331, 341,
    357, 358, 363, 365, 375, 390,
    393, 399, 400, 402, 405, 439,
    449, 450, 452, 453, 455–459,
    461, 462, 464, 465, 467, 472,
    480
Isidorchen 269, 295, 307
Isidore 175, 256, 459
isidorée (jeunesse) 257
Isidoriana 268
isidorisch 269
Isidorus 171
Isis 262
Israel 142, 168, 171, 172, 224, 387
Itzig 168, 171, 172

Jacob 171
Jakob 168, 197, 453
Jankef 197, 198
Jehuda 131
Joel 197, 225
Johannes 153
Joissiph 131
Jonas 197
Josef 131, 132, 197
Joseph 142, 150, 153, 168
Jossel 197

Josua 453
Julius 153, 168
Jupp 131

Kaleb 387
Kiewe 197
Kim 269
Kunigunde 218

Laib-Louis 198
Leib 197, 198
Leiser 154, 197
Levin 168
Liesbet 234
Lieschen 234
Löb 197, 198
Louis 168
Ludwig 168, 169

Magnesia 205
Magnus 446
Maria 153
Markus 219, 443
Maurice 211
Max 156, 168, 169, 197, 245–247,
    450
Maxe 234
Meier 197
Mendel 168, 197
Meta 446
Meyer 168
Michael 116
Moische 197, 198, 212
Moritz 147, 168, 169, 176, 197,
    211, 212, 242, 279, 438, 441,
    456
Moses 168, 169, 197, 235, 246

Nachme 197
Nathan 150, 168, 197, 441

Obermoses 440
Otto 269

Paul 120
Paulchen 132
Phoibos 387
Pinkus 168
Poldi 234

Rebekka 197
Rosa 197, 205, 441
Rosalie 195, 197
Ruben 443
Rudolf 443

Sally 168, 197, 204
Salme 197, 198
Salo 197
Salomon 168, 197, 198
Samuel 168, 197, 219
Sara 141, 195, 224, 386
Sarah 197, 204
Sarahs 204
Sascha 441
Saudik 387
Saul 197
Schie 197
Schloime 197, 198
Schlome 197

Schmaje 197
Schmerel 154
Schmul 175, 183, 197
Scholem 197, 198
Schorschel 234
Schorschi 234
Seinwel 154
Siechfried 233
Siegfried 168, 191, 192, 195, 197,
    439, 440
Siegmund 205
Sigfried 192
Sigi 234
Sigmund 195
Simon 168, 193, 197
Solomon 197
Sprinze 387

Täubchen 197
Teddy 234, 269
Theodor 218

Veite 197

Wacholder 277
Wally 269
Willi 269
Wullef 197

B. Familiennnamen

Abel 221, 445
Abeles 445
Abraham 165, 221, 442
Abrahamsohn 165
Achselschweiß 208
Adler 141, 225, 226
Afterdruck 208
Afterduft 208
Altmann 225
Aristoteles 434, 445
Aron 166, 188
Aronstein 225, 226
Asch 166
Ascher 199
Assesponim 199

B. Schiss 208
Bandwurm 201
Bär 155
Baron 199
Barsch 442
Baruch 166
Bauchgedankes 201
Bauchgedärm 201
-baum 222
Baumblatt 208
Benjamin 166
Berchanski 185
-berg 222
Berliner 166
Bernstein 178
Bismarck 204
Bleifuß 200, 201
Bliemchen 208
Blödhorn 442
Blum 166
Blumenduft 204

Blumenfeld 190
Blumenreich 218
Blumenstock 450
Blumenthal 141, 150, 166, 442
Blumentritt 278
Blütenstengel 208
Breslauer 166
Bruchband 201
Brückengeländer 199, 201
Bückeburg 214
Buddick 235
Bügelbrett 208
Burgerham 187
Burghamer 217
Buttermilch 201

Cahn 165
Caro 219
Chaim 166
Chapper 199
Cohen 165
Cohen-Friedländermarsch 192
Cohn 164, 165, 167, 182, 185, 186,
    188, 189, 193, 199, 213, 214,
    219, 220, 224, 439, 442
Cohnen 111

Darmfett 201
David 165, 442
Davidsohn 165, 216
Dessauer 220
Dumm 442

Eckstein 148, 208
Eheleben 222
Eichbaum 216
Eiergelb 201

Eisenberger 222
Eisenstein 438
Elend 166
-eles 442, 445
Elkan 199
Ephraim 166
Esel 442
Eyerschmalz 442

Federweiß 201
Feingedärm 201
Fensterglas 201
Fensterlappen 201
Fischbein 208
Fischl 199
Flanzreich 441
Fleckeles 199
Fleckseif 199, 201
Fliederbaum 184
Flunkerstein 208
Fränkel 166
Freund 166
Fried 191
Friedeberger 166
Friedenthal 191
Friedländer 141, 165, 191–193,
439, 446
Fröschl 442
Fußgeländer 199, 201
Fußgeruch 208
Fuchs 155

Gaeve 193
Gimpl 442
Glaubwürdig 201
Göbbeles 433
Goebbeles 131, 431
Goebbelspierre 126
Goetz 157
Goggeles 131

Goldbaum 200, 201
Goldberger 442
Goldgedärm 201
Goldkragen 201
Goldmann 214
Goldschild 339
Goldschmidt 165, 185, 193, 218,
339
Goldstein 139, 165, 170, 199, 278
Götze 157, 160
Graetz 128
Grausam 208
Grepser 199
Greuelmacher 208
Grobzuch 201
Grodzinsky 221
Gründzweig 442
Gurkeles 201
Gutherz 141
Guttentag 199
Guttmann 36

Haber 226
Haberer 226
Haberland 226
Habermann 226
Haberstroh 226
Hamburger 193, 217
Hamerburg 217
Hammel 442
Hampeles 216
Handgelenk 201
Harschtritt 207, 208
Hase 244–246
Haseneier 442
Hasenfuß 442
Haymann 222
Heidenstein 441
Hennecke 184
Hepner 193

Herscheles 131
Herz 166, 177, 219
Heymann 165
Hilferdings 206
Himmelweit 441
Hindenburg 204
Hinterviertel 199, 201
Hirsch 155, 165, 199, 222
Hirschbrunst 208
Hirschfeld 446
Hirschkopf 201
Hirschmann 222, 445
Hirschvogel 438
Hohenheim 213
Höhnermörder 438
Homburger 36
Honigbauch 208
Horn 193
Hosentuch 208
Hundsbalg 442
Hünnerkopf 442

Ilch 193
Isaac 189
Isaack 165
Isaak 188, 235
Isaaksohn 165
Israel 165, 431, 442
Israelski 166
Israöl 235
Itzig 165, 167, 176, 177
Itzigsohn 165, 178, 179, 219

Jacobsohn 165
Jacobson 36
Jacoby 166
Jakob 166
Jeiteles 204, 442, 452
Jerusalem 442
Jonteffsohn 199

Jordan 222
Joseph 165
Josephsohn 166
Jud 442
Judas 166

Kabelbruch 208
Kackstätter 442
Kalb 442
Kalbsbraten 201
Kalbskopf 442
Kameelhaar 291
Kanalgeruch 206, 208, 213
Kanarienvogel 208
Karfunkel 166
Karfunkelstein 166
Käsleder 208
Katz 148, 164, 166, 235
Katzenellenbogen 208
Katzenstein 450
Kirschbaum 222
Klante 450
Klein 193
Klosettpapier 208
Klugschmus 201
Knickebein 208
Knoblauch 208, 442
Knopploch 199, 201
Kohn 162, 178, 204, 214, 442
Königsfest 441
Körner 162
Kraftgewalt 201
Kraftmilch 201
Kränkeles 434, 442
Kroll-Engel 199
Kuhn 222
Kunz 193
Kupferstein 225

Lackritz 201

Lafontaine 212, 211, 277
Lämmerschwänzchen 208
Landsberger 166
Lasel 214
Lausmann 442
Lazarus 199
Leberfleck 208
Leberwurst 442
Leibstuhl 208
Leichentritt 201
Lent 160
Lessen 222
Lesser 193, 222
Levi 187, 439
Levin 36, 188
Levine 446
Levinsky 188
Levisohn 189
Levy 20, 160, 165, 167, 189, 199,
    215, 443
Levysohn 165
Lewi 192, 233
Lewin 189
Leyser 166
Liebermann 156
Liebknecht 193
Lilienthal 221
Lokschenkugel 201
Löwe 155, 177, 222, 235
Löwen 177
Löwenstein 166, 193
Löwenthal 166, 180
Löwy 165, 199
Luther 443

Machloikes 192
Machmerplatz 201
Magnesia 208
Manasse 166, 199
Mandelblüt 199

Mandelgeschwür 201
Manfred 193
Marcuse 36, 166
Markus 166
Markuse 193, 199
Maschinendraht 201
Maulwurf 442
Meß 225
Melchior 225
Mendel 166, 190, 199
Mendelssohn 166, 206
Meseritzer 199
Meyer 165, 190, 199, 220–222,
    446
Mogel 206, 208, 209
Mohnblatt 441
Mondschein 441
Morgenschweiß 442
Morgenstern 178
Moscheles 131
Moser 166
Moses 165, 167, 189–191, 235,
    439, 442, 443
Mosesblut 208
Mosse 443
Müller 139, 226
Müller-Versailles 235

Nabelbruch 208
Nabeldruck 201
Nachesfresser 201
Nachtlicht 200, 201
Nachtweh 201, 202
Naftali 199
Nathan 165
Nathansohn 166
Nebenwurzel 201
Nelkenstamm 201
Niedergesäß 442
Niemand 442

Ochs 442
Oppenheimer 141

Papierkragen 199, 201
Peeritz 199
Pergamenter 201
Petersohn 166
Petöfy 443
Pfefferminz 199
Pick 193
Pinkel 208, 209
Pinkeles 204, 208, 211, 438
Pinkus 166
Pisch 212
Pischer 277
Plattfuß 206
Platz 219
Platzregen 201
Pollack 180, 181, 199, 222
Pongracz 225
Posener 193, 194
Praxiteles 434, 445
Pulverbestandteil 201
Pulvermacher 199
Putterfisch 201

Quartiermeister 441

Reginbogin 441
Reh 155
Ritzenschieber 201
Roßkopf 442
Rosenbaum 165, 186
Rosenberg 166, 222, 446
Rosenduft 199
Rosenstein 442
Rosenstengel 442
Rosenthal 165, 199, 221,
    442
Rothschild 199

Rotschild 339
Ruben 166
Ruge 193

Sachs 440
Salomon 165
Samuel 165, 179
Sander 193
Saphir 199
Sauerteig 201, 202
Sautreiber 442
Schacht 236
Scheibenbogen 442
Schießinwald 442
Schiefelbein 209
Schievelbeiner 208, 209
Schiller 172
Schlampe 442
Schlesinger 166, 214, 431
Schmeiß 456
Schmidt 193
Schmoller 36
Schmuhl 157–160
Schmul 165, 167, 437
Schneider 200
Schnürstein 446
Scholentfresser 201
Scholz 193
Schottländer 199
Schuft 204, 206, 208, 209
Schwalbenschwanz 201
Schwanzer 442
Schwarz 218
Schwarzschild 339
Schweiß 440
Schweißeimer 150, 208
Schweißloch 201, 209, 443
Schweinichen, von 442
Schwindel 442
Seifenstein 456

Selten 199, 219
Siebzehner 441
Silberfisch 208
Silberschlag 36
Silberstein 165, 199
Simon 165, 193, 199, 446
Singer 141
Soapstone 456
Sonnenberg 156
Sonnenblick 441
Spinatfeld 205, 208
Spucknapf 208
Stebens 211
-stein 222
Steinhart 159, 160
Stern 166, 180, 219, 224
Sternberg 193, 211, 221, 446
Sternheim 36
Stinker 201, 209

Taglicht 201
Tannenzapf 208
Tausendteufel 442
Teitelbaum 199
Terkeltaub 441
Teufel 442
-thal 222
Thal- 177
Tinneffsohn 201
Tocheskriecher 201
Todtenkopf 165
Traumleben 205, 208
Treppengeländer 205, 206, 208
Trompetenschleim 203, 204, 208, 277

Unsinn 442

Veilchenduft 199
Veilchenfeld 191, 235, 450

Veilchenstengel 208
Veilchentau 220
Veilchentopf 208
von Halle 160

Wagschal 441
Walewski 225
Wallach 141
Wallcach 208
Wanzenknicker 201
Warburg 225
Wassergeruch 201
Wasserscheu 201
Wasserstrahl 201, 202, 208, 211, 212, 277
Wasserstrom 200, 201
Weiß 143, 206, 218, 222, 223, 264, 277, 280
Weißbrod 441
Wertheim 217
Wienurowky 440
Witkowski 444
Wohlgeruch 201
Wolf 155, 166, 193, 199
Wolf-Meyer-Erlach 446
Wolff 442
Wukiutschu 279, 280
Wurm 208, 209
Wurst 442

Zahnweh 442
Zentrerschwer 199, 201
Zickenoppasser 446
Ziegenrücker 446
Zierfisch 201
Zifferblatt 208
Zitron 199, 201, 202
Zitronensaft 201
Zizzispinner 201
Zuckerrohr 208
Zuckerstein 208

C. Register der Sachen und geschichtlich handelnden Personen

(Für Goebbels und Weiß ist nicht jede Namensnennung ausgewiesen. Die Sachauswertung gruppiert sich um die Kerne des Buchtitels: „Namen", „Weiß", „Goebbels")

Abegg, W. 72
Abraham, General 221
Amnestie 305, 310, 343, 345
Angriff 134, 434
Anredeformen 248
Anreizung zum Klassenkampf 470
Antisemitismus 135, 440
  rassischer 155
  Vorurteilsstruktur des 38
Antisemitismusstreit 34
Antizionistisches Komitee 39
Arian, D. 424, 476
Armee 23
Arras, Rechtsanw. 367
Assimilation 65, 154, 180
Aufreizung zum Klassenhaß 401
Aussprache, jiddische 253
Autorität 36, 65, 81, 82, 83, 86, 88,
  126, 178, 179, 268, 333
  jüdische 36, 83, 101

Baban-Weiß, H. 383, 385, 452
Badt, H. 91
Baeck, L. 394
Bahnhof Lichterfelde-Ost 97, 123,
  124, 231
Barmat-Affäre 188
Bassermann 18
Beleidigungstatbestände 285
Behl, C. F. W. 475
berechtigter Interessen 287, 315,
  342
Berhardiner 267

Berija 17
Berlin 32, 44, 54, 66
  Kriminalität 55, 415
  Verwaltungsgeschichte 66
Berliner Arbeiter-Zeitung 123
Bernstein, E. 178
Biographie 18
  namengeleitete 24, 119
Bismarck, O. v. 18, 87, 138
Bleichröder, Gerson 18
Blutmai 1929 98
Boeckel, O. 159, 160
Bracht, Fr. 371–373
Brandt, W. 17
Braun, O. 419, 464
Breitscheid, R. 385
Brüning, H. 94, 100, 361, 405
Buch Isidor 250, 251
Busdorf, O. 57, 58, 348, 349

Central-Verein 31, 236, 336, 339,
  375
Chaplin, Ch. 75
Czerwinski, Chauffeur 65, 80

Demaskieren 140, 245, 268, 276,
  281, 436
Denkmalwitze 237
Der Angriff 120, 133
Deutsch-völkische Freiheitspartei
  96
Deutsche Staatspartei 87
Deutsche Kriminalpolizeiliche

Kommission 73, 419
Diels, R. 130, 383
Dinter, A. 26, 114, 186, 187, 189,
    217, 223, 259, 406
Disziplin 86
Drews, B. 43
Dürr, D. 134, 138, 274, 275, 292,
    295, 307, 311, 312, 320–322,
    343, 454, 455, 461

Ehre 41, 290, 304, 311, 332–335,
    337, 340, 366, 375, 380, 409,
    466
Eggebrecht, A. 419
Ehrenschutz 341, 471
Eichhorn, Polpräs 45, 46
Einem, von (preuß. Kriegsminister)
    37
Einwohnerwehren 46
Emanzipation 397
Emanzipationsedikt 63
Entlarven 217
Entlarvung 141
Ephraim 214
Ernst, E. (PolPräs) 45, 47
Erzberger, M. 339, 413
Etymologie 155, 156, 167, 262, 263

Feuchtwanger, L. 385
Fichte, J. G. 86
Flex, W. 180, 181
Flisges, R. 116
Fortsetzungszusammenhang 305,
    311–314, 322, 460, 463
    Unterbrechung 318, 323
Franklin, H. Hon. Mrs. 385
Freie Wissenschaftliche Vereini-
    gung 34, 392, 408
Freisler, R. 451

Freund, Unterstaatssekr. 414
Frick, W. 188, 406, 428
Friedensburg, F. 83, 84, 272, 405,
    479
Friedrich der Gr. 292
Friedrich Wilhelm I. 151
Friedrich Wilhelm II. 151
Friedrich Wilhelm III. 151, 152,
    238

Gähde, Waisenhausinspekteur 62
Galizien 209
Galle, Reichstagsdir. 360, 361, 472
Gebsattel, v. General 37, 38
Geißler, H. 17
Generalisierung 140, 187, 252
Gennat, E. (Kripokomm.) 58
Gerichte, Alltagsprobleme 284
Gerichtshilfe, soziale 72
Gewaltbereitschaft 134, 135

Goebbels, Joseph
    Aktionismus 114, 115
    als Jude verschrieen 127, 130,
        131, 142, 205, 431
    Antisemitismus 117, 118, 385
    Äußeres 130, 132
    Autorität 126
    Beleidigungsklagen 108
    Bewerbungen 116
    Bosheit 105
    Christentum 114
    Dämonisierung 17, 104, 131
    diabolisch 105
    Energie 112
    Erotik 130, 433
    Expressionismus 113, 114, 428
    Geldsorgen 111, 428
    Haß 118, 119, 430
    Hochverratsverfahren 401
    Homosexueller 427

Intellektueller 130, 433
Kindermörder 393
Klumpfuß 103, 104, 106, 117,
    124–126, 130, 427, 431
Kompensationstechniken 112
Lektüre 112
literar. Produktion 116, 429
manichäisches Weltbild 118,
    133, 135, 136
Mephisto 130, 431
metaphysisches Bedürfnis 114
Militärphantasien 427, 428
Militäruntauglichkeit 107, 108
Minderwertigkeitsgefühle 105
Nachlaß 113
Namenvertuschung 120, 131,
    132
Nietzschelektüre 421
Physiognomie 21
Propagandatechnik 242
Prozeßverschleppung 346
Rednergabe 121
Rhetorik 233
rhetorische Mittel 118, 119
Robespierre 125
Schriftsteller 106, 113, 188
Selbstmord 393
soziale Frage 113
Sozialismus 116, 120
Stigma 104
Tagebücher 114
ungermanisches Äußere 128,
    432
Verfemter 112
Verhaftung 329, 348
Verzückungsredner 113
Zitate 134, 434
Goebbels, Konrad 107
Goethe, J. W. v. 232
Goldschmidt, J. 185

Goldstein, M. 169
Goltz, Graf v. d., RA 223
Gorbatschow, M. 17
Göring, H. 384, 477
Graefe, von 50
Greiner, Ph. (Kripokomm.) 378,
    476
Groener, W. 99, 356
Großmann, K. R. 88, 341, 477
Grzesinski, A. 59, 72, 76, 99, 100,
    164, 186, 213, 357, 360, 365,
    371, 372, 374, 375, 414, 418,
    456, 474, 475, 478
Gundolf, Fr. 113, 116

Haas 57
Hagemann, RegDir. 378
Hanfstaengl, E. 125, 130, 389,
    391
Harden, M. 215, 216, 242
Hardenberg, K. A. v. 151
Hasenclever, W. 113
Hauffe, Hauptmann 374, 474
Heeringen, v. (preuß. Kriegsmin.)
    178, 179
Heilmann, E. 188, 342
Heimannsberg, M. 60, 98, 251,
    365, 371, 453, 474–476
Heine, H. 214
Helfferich, K. 50
Henning 50
Hilferding, R. 206
Hillebrand, W. (Musikzugführer)
    82, 290, 345
Hindenburg, P. v. 87, 131, 283
Hirsch, P. 34
Hirschberg, A. 19
Hitler, A. 17, 18, 84, 87, 100,
    120–122, 125, 126, 136, 321,
    385, 387, 390, 393, 436, 456

Hochschule für die Wissenschaft
des Judentums 21, 31, 89
Hoffman 45, 57
Hoppe, Kripochef 44
Humboldt, W. v. 150

Identität 23
Immunität 306, 329, 343, 345, 349,
351, 368, 370, 374
Internationale Kriminalpolizeiliche
Kommission 57, 73
Isidor von Madrid 171
Isidoriana 268
Isidorianer 26, 257, 265
Isidormaske 231, 248, 249
Isidorpuppen 455

Jahnke, E. 117
Juden
Amtsunfähigkeit 401
Autoritätsuntauglichkeit 401
Berufsemanzipation 364, 437
Charakter 37
Ehre 379, 401
Erkennbarkeit 126, 136–138,
142, 152, 153, 218, 220, 281,
435, 445
Erkennbarkeitsmerkmale 142,
386
Feigheit 184, 391
Kenntlichmachung 157
Kleidung 153
Machtlosigkeit 196, 202
Melancholie 196
Nase 142, 423
Schläue 196, 202
Selbstironie 196
Staatsdienst 63, 363, 461
Stereotyp 296
Taufe 36, 436

Unterscheidungszeichen 156, 157
Judengeruch 187
Judenrepublik 47, 138
Judensten 388
Jüdische Volkspartei 90
Justiz, Weimarer 302, 321

Kaiser, G. 113
Kamecke (RA) 323
Kantorowicz, M. (RA) 348, 468,
469
Kapp-Putsch 47, 373
Kareski 91
Kemprer, Robert M. W. 340, 392,
400, 421, 480
Kerr, A. 385, 449
Klausener, E. 362
Klotz, H. 356
Knoblauch 295
Koerner, B. 162
Kohl, H. 17
Kollektivbeleidigung 304, 337,
339, 467
Kölling 57
Kölling-Haas, Kriminalfall 56
Kölsch, K. H. 119
Kortner, Fr. 213, 214
Kranzprozeß 54, 415, 420
Krause, W. 376, 379, 381
Kreditgefährdung 285
Kremer, G. 17
Kriegervereinshaus 97, 122, 123,
129
Kriminalität 55
Kriminalpolizei 408
Persönlichkeitsorientiertheit 58
Kriminaltechnik 55
Krojanker 366, 369
Kube, W. 182, 263, 366, 369
219, 234

Kuenzer, Reichsbeauftr. 51, 72,
    414, 419
Kuttner, E. 108

Landeskriminalpolizeiamt 51, 56,
    415, 416
Landsberg, O. 34
Lassalle, F. 214
Lautpsychologie 269, 270, 454
Ledebour, G. 45
Ley, R. 19
Liberalismus 32, 49
Liebermann von Sonnenberg, M.
    156
Liebknecht, K. 45
Lippert, J. 184, 322, 376, 379, 381,
    456
Liszt, Fr. v. 34
Löbe, P. 235, 356, 358, 360,
    471–473
Löpelmann, M. 283, 332, 456
Lorenz, General 38, 61
Löwenthal, L. 24, 320
Lowenthal, E. G. 392
Ludendorf, E. 261

Manichäismus 121, 135, 142, 435
Mann, Kl. 113
Markierungssignale 225
Markierungssystem 20
Markierungstabellen 25, 164, 165,
    168
Marr, W. 155
Marx, K. 214
Maske 249, 256, 436
Melcher, K. (PolPräs.) 372, 474
Mendel, R. 391, 478–480
Mendelssohn, M. 205, 206
Mimikry 140, 148, 216, 256, 268,
    270

Mjoelnir 84, 126
Mommsen, Th. 34
Mosle, Polvizepräs. 373, 383,
    475
Muchow, R. 122
Mussolini, B. 256

Namen
-aggression 19
-änderung 7, 154, 158, 161, 163,
    175, 211, 213, 216, 261, 386
    Rückgängigmachung 387
-änderung, charakterlose 37
-änderungsanträge 176
-annahme 152, 156, 214
-attacke 24, 26
-entlarvung 436
-gebung 399
-gebungsakte 319
-kampf 23, 24, 157, 320, 325,
    342
-kartographie 25
-linguistik 406
-markierung 23, 24, 387, 402
-markierungsignale 225–227
-polemik, Wirkung 175, 398,
    400
-polemik 18, 163, 211, 234, 252
-psychologie 406
-rituale 23
-stigma 157
-stigma, Wirkung des 170
-stigma, Martyrium des 169
-system, fiktionales 25
-systeme 25
-theorie 398
-vermischung 387
-verstümmelung 268, 273
-waffe, linguist. Struktur 399
-witz, jüdischer 209, 443

-witz 25, 196, 206, 210, 312, 219, 234, 261, 386, 450, 461
alttestamentarische 171, 191
Analysierbarkeit, semantische 219, 222
Appellative 160
appellativische Herkunft 218, 444
Arisierung 387
Ausgrenzungsstrategien 176
biblische 156, 222
Brandmal 154
chinesischer 245
christliche 153, 180
Deformation, phonetische 256
Destruktion, semantische 236, 264, 265
deutsche 167, 202
Diminutiv 295
Diminutive auf -i 269
Etikett 24
Ekelnamen, deutsche 202, 209
Ekelnamen 200–204, 206, 208, 209, 256, 441
Erkennbarkeit aus N. 139, 222
Ersatznamen 26
galizische 440
germanische 217
Gesetz d. sem. Isolierung 253
Gleichklangsname 169, 171, 172
graphematische Manipulation 275
hebräische 195
Herkunftsnamen 181, 220, 222
jiddische 152, 198
jüdische 23, 153, 156, 167, 179, 180, 202, 220, 221, 320, 446
Konnotation 171, 172
Name Gottes 275
Matronym 442

onomatologisches Dissoziationsgesetz 253
Patronym 442
Pluralisierung 256
polnische 163
Referenzherstellung 245
Ruinamen 150
Sammelname 331
Schlichtheitsprinzien 269
Schreibweise 159
semantische Isolierung 200
Städtenamen 7
Straßennamen 7, 238, 319, 387, 445
synagogale Namen 261
Tiernamen 222
Toponomastik 238
Toponyme 239, 266, 292
Verteidigungsfähigkeit 400
Vorname, christlicher 152
Vornamen, jüdische 175
Vorzeigezwang 23
vs. Begriff 308, 398, 399
Wesen 23
Zielnamen 168
Zwangsnamen 387, 400
Zweitglieder 222, 438
Napoleon 150, 151, 292
Nathan, A. 389, 390
Nebenkläger 286, 308, 348, 369, 376, 379
Neuhaus, LGDir 316
Nietzsche, Fr. 114
NSDAP, Verbot 97, 130

öffentliches Interesse 287, 301
Öffentlichkeit 285
Offiziere, jüdische 163
Offizierkorps 35, 37
Offizierstand 35

Olden, R. 17, 282, 367, 405
Oppen, v. PolPräs. 45
Orje 134, 297 u. ö.
Ossietzky, C. v. 19, 88, 367, 417,
433, 456
Ostjuden 91, 175, 206, 424

Palitzsch 73
Papen, Fr. v. 95, 370, 375
Papenputsch 27, 43, 100, 370
Parteiverbot 271
Pfeffer v. Salomon, F. F. 185
Pharussäle 97
Pieck, W. 450, 473
Pillar, C. v. 389, 390
Politische Polizei 47, 48, 68, 412,
418
Polizei 87, 263
Beschwerden gegen 74
Demokratisierung 45, 411
monarchistische 43, 45, 57
republikanische 43, 48, 49, 57
Wichtigkeit 44
Zuverlässigkeit 43, 407
Polizeipräsidium Berlin 66–68, 96
Poten (Oberst) 372
Preßgesetz 286
Preußen, demokratisches Bollwerk
95
Preußischen Richterverein 341
Privatklage 286
Prozesse 192
Wirkung 329
Publikationsbefugnis 286, 307,
323, 465

Rassenvorschrift 161
Rathenau, W. 49, 50, 96, 215, 339,
413, 416
Reichmann, E. G. 392, 502

Reichsgericht 468, 469
Reichskriminalamt 72
Reichspogromnacht 386
Reinhardt, M. 214
Republikanische Soldatenwehr 46
Republikanischer Richterbund 79,
341
Reserveoffizier 36 ,178
jüdische 38
Reserveoffizierspatent 178
Reuter, E. 394, 479
Reventlow, E. Graf zu 96, 120
Rhetorik, nationalsoz. 265
Ribbentrop, J. v. 386
Richter, (RA) 308
Ritualmord 89, 137
Roßbach-Affäre 53
Röhm, E. 356, 473
Rook, Chauffeur 375, 381
Roon, A. v. 87, 177
Rosenberg, A. 222
Rückert (Arzt) 62, 63
Rundstedt, v. General 370, 372–
374, 474

Schacht, H. 236
Schiffer (Hauptmann) 389
Schindler, M. 475
Schmidt, H. (Pr. JMin.) 468
Schnauze, Berliner 232
Schneller, E. 456
Schnitzler, E. 52
Schober, J. 74
Schoeny, Presseref. 80
Scholem, W. 414
Scholz, Kripochef 378, 411, 475,
476
Schönhuber, F. 17
Schulze, K. 302, 306, 450, 459,
462

Schutzpolizei 46
Schwäche der Demokratie 50
Seligsohn, Richter 316, 320
Sessa, K. B. 171
Severing, K. 44, 60, 99, 100, 361,
  367, 371, 456, 472
Sicherheitspolizei 46, 47, 411
Sicherheitstruppe Groß-Berlin 46
Siegert, Richter 72
Silbenrätsel 293, 302
Spier, E. 390, 478
Sprache
  Juden 142
  des Nationalsozialismus 27
  jiddische 153
Sprachgeschichte 18, 19, 355
Sprachspiel 295
Sprachtradition 21
Sprachwissenschaft, kulturwissen-
  schaftliche 27
Sprachwitz 203
Staatsämter für Juden 63, 65, 150
Stadthagen (SPD Abg.) 156
Stahlherm, A. 111, 117
Stennes, W. 427
Stigma 22, 24, 320, 427
Stigmatisierung 253, 254
Strafantrag 295
Strafmaß 344, 401, 466, 470
Strasser, Otto 125, 126, 131, 436
Strasser, Gregor 120, 123, 283,
  343, 357, 451, 456, 464, 472,
  473
Streicher, J. 89
Stresemann, G. 140, 164, 223,
  235, 239
Stucke, Pfarrer 97, 128, 231, 432
Stumm, J. (Kripokomm.) 413

Tacitus 262

Taufe 154, 178, 215
Taufnamen, christliche 152
Thälmann, E. 235
Theaterzensur 52
Totalitarismustheorie 49
Tötungsdelikte 99
Tucholsky, K. 385

üble Nachrede 285, 295, 298
Unbrauchbarmachung 286
Unfähigkeit, militärische 41
Uniformverbot 99

Verbindungsbeschlüsse 310
Verein zur Abwehr des Antisemi-
  tismus 39, 351, 409
Verleumdung 285, 301, 303, 304,
  316
Vertrauen der Presse 57
Vertrauenskrise der Justiz 341,
  342

Walter, W. 214
Warschauer, Rabbiner 394
Weiß, Adolf 32, 405
Weiß, Bernhard Dr. med. 60–62,
  65, 206, 248, 301, 363, 381
Weiß, Bernhard
Polizeivizepräsident
  als Präsident angesehen 70, 71
  Antizionismus 91, 409
  Anwaltskanzlei 381
  Arbeitskraft 402
  Autofahrer 276
  Autorität 84, 259, 333
  Autounfälle 80
  Beisetzung 394
  Bekenntnis zum Deutschtum 32,
    39, 42, 384, 425
  Bekenntnis zum Judentum 88,
    89, 92, 392, 424

Bescheidenheit 42
Druckereibetrieb 391
Durchgriffsstärke 50–53
Ehre 41, 379, 398
Ehrgeiz 42
Ehrlichkeit 400
Einsatzbereitschaft 402
Englischkenntnisse 392
Entlarvung 256
Familie 23, 31–33, 60
Furchtlosigkeit 73
Glaubenssubstanz 92
Handakten 407
humorlos/-voll 79–81, 421
Infanterie 41
Integrität 408
jüdische Physiognomie 84, 422, 423
Kampfethik 83, 90
Kampflieder gegen 406
Kampfnatur 391
Karikaturen 267, 289, 293, 296, 298, 302, 307, 318
Kavallerie 37, 39, 41, 258, 298
Knieleiden 40
König von Berlin 53
Krankheit 393
Kriegsverletzung 40
Liberaler 49, 102, 399
Liberalität 52
Mensur 34, 408
Militärgutachten 41
Militarismus, gegen 419
Militärzeit 39–42, 410
Mitglied der DDP 60
Mut 250, 402
Nervenstärke 402
Öffentlichkeit, Stellung in d. 70
persönliches Eingreifen 76
Physiognomie 21

Popularität 381
Presseangriffe gegen 75
preußische Haltung 389, 397
preußisches Wesen 51, 82
Prozesse gegen 369
Prozesse, Wirkung 329
Publikationen 409
Publizität 74
Reiter 295, 296, 410
Rittmeister 39, 84, 389
Rückkehrwunsch 394
Sekundärtugenden 367
Spielklubs 378, 476
staatenlos 385
Staatspartei 87, 417
Strafanträge 288, 291
Stubenarrest 41
Super-Preuße 388, 392
Tapferkeit 33, 42, 58, 76, 83, 361
Todeskapsel 389
Überempfindlichkeit 42
Unterschrift 376
Vipoprä 80, 393
von eigenen Polizisten verprügelt 77
Vorträge 71, 79, 85, 90
Wahlreise 381
Zahl der Prozesse 284
Zielstrebigkeit 73
Zwangsausbürgerung 384
Weiß, Emma 31, 33
Weiß, Konrad 32
Weiß, Lotte 366, 368, 369, 391, 474
Weiß, Max 31, 33, 39, 248, 407, 409, 417, 424
Weiß-Gardisten 26, 265
Wels, O. 46, 356, 385
Wengler, Richter 309, 311–313

Westgalizien 150
Wiegershaus, Fr. 120
Wilhelm I. 87
Wilhelm II. 87
Wirth, J. 50
Witt, Senatspräs. 314
Witz
  Berliner 26, 231, 232, 233, 237,
    242, 398
  Hamburger 233
  jüdischer 181, 202, 220

Witze, jüdische 25, 147, 195, 196
Wulle, R. 50, 53, 96, 120
Wündisch, Chef d. Polit. Pol. 288,
  300, 305, 306

Zawitalsky, Zeitungshändler 283,
  288, 290
Zionisten 374
Zörgiebel, K. 60, 66, 67, 70, 98,
  288
Zusammenfassungsbeschlüsse 305

Sprache und Geschichte

In Zusammenarbeit mit Werner Conze, François Furet,
Hans Robert Jauss, Hermann Lübbe, Thomas Luckmann,
Christian Meier, John M. Roberts, Jean Starobinski, Harald Weinrich

Herausgegeben von
Reinhart Koselleck und Karlheinz Stierle

Band 1   *Historische Semantik und Begriffsgeschichte*
          Herausgegeben von Reinhart Koselleck
          1979, 400 Seiten, Leinen, ISBN 3-608-912430-6

Band 2   *Niedergang* · Studien zu einem geschichtlichen Thema
          Herausgegeben von Reinhart Koselleck und Paul Widmer
          1980, 237 Seiten, Leinen, ISBN 3-12-912440-3

Band 3   Jörg Fisch · *Krieg und Frieden im Friedensvertrag*
          Eine universalgeschichtliche Studie über Grundlagen und
          Formelemente des Friedensschlusses
          1979, 866 Seiten, Leinen, ISBN 3-12-912410-1

Band 4   Lucian Hölscher · *Öffentlichkeit und Geheimnis*
          Eine begriffsgeschichtliche Untersuchung zur Entstehung der
          Öffentlichkeit in der frühen Neuzeit
          1979, 183 Seiten, Leinen, ISBN 3-12-912420-9

Band 5   Thomas Schleich · *Aufklärung und Revolution*
          Die Wirkungsgeschichte Gabriel Bonnot de Mablys in Frankreich
          (1740–1914)
          1981, 269 Seiten, Leinen, ISBN 3-12-912450-0

Band 6   Bernd W. Seiler · *Die leidigen Tatsachen*
          Von den Grenzen der Wahrscheinlichkeit in der deutschen
          Literatur seit dem 18. Jahrhundert
          1983, 340 Seiten, Leinen, ISBN 3-608-91246-0

Band 7   Karl-Heinz Ilting · *Naturrecht und Sittlichkeit*
          Begriffsgeschichtliche Studien
          1983, 304 Seiten, Leinen, ISBN 3-608-91249-5

Band 8   Paul Widmer · *Die unbequeme Realität*
          Studien zur Niedergangsthematik in der Antike
          1983, 202 Seiten, Leinen, ISBN 3-608-91250-9

Band 9   *Bewegung und Stillstand in Metaphern und Mythen*
          Fallstudien zum Verhältnis von elementarem Wissen
          und Literatur im 19. Jahrhundert
          Herausgegeben von Jürgen Link und Wulf Wülfing
          1984, 278 Seiten, Leinen, ISBN 3-608-91251-7

Band 10   Hayden White · *Auch Klio dichtet oder Die Fiktion des Faktischen*
          Studien zur Tropologie des historischen Diskurses
          Aus dem Amerikanischen von Brigitte Brinkmann-Siepmann und
          Thomas Siepmann
          1986, 335 Seiten, Leinen mit Schutzumschlag,
          ISBN 3-608-91253-3

Band 11 Claudia Langer · *Reform nach Prinzipien*
Untersuchungen zur politischen Theorie Immanuel Kants
1986, 208 Seiten, Leinen mit Schutzumschlag,
ISBN 3-608-91433-1

Band 12 Erich Schön · *Der Verlust der Sinnlichkeit*
oder Die Verwandlungen des Lesers
Mentalitätswandel um 1800
1987, 445 Seiten, 60 Abb., Leinen mit Schutzumschlag,
ISBN 3-608-91439-0

Band 13 Dietrich Busse · *Historische Semantik*
Analyse eines Programms
1987, 334 Seiten, Leinen mit Schutzumschlag,
ISBN 3-608-91448-X

Band 14 José María Beneyto · *Apokalypse der Moderne*
Die Diktaturtheorie von Donoso Cortés
1988, 222 Seiten, Leinen mit Schutzumschlag,
ISBN 3-608-91498-6

Band 15 Volker Ackermann · *Nationale Totenfeiern in Deutschland*
Eine Studie zur politischen Semiotik
1990, 349 Seiten, Leinen mit Schutzumschlag,
ISBN 3-608-91335-1

Band 16 *Nationale Mythen und Symbole in der zweiten Hälfte des*
19. Jahrhunderts
Herausgegeben von Jürgen Link und Wulf Wülfing
1991, 311 Seiten, Leinen mit Schutzumschlag,
ISBN 3-608-91062-X

Klett-Cotta

Dietz Bering

Die Intellektuellen

Geschichte eines Schimpfwortes

1978, 488 Seiten, Anhang, Personenregister, Schlagwortverzeichnis,
Leinen mit Schutzumschlag, ISBN 3-12-910270-1

- Zu wissenschaftlichen Zwecken geschrieben, handelt das Buch dennoch
von einem Thema, das des öffentlichen Interesses sicher sein kann.
- Von einem einzelnen Wort handelnd, entwirft es das Gesamtpanorama
historischer Entscheidungssituationen.
- Von der Geschichte eines Wortes erzählend, zeigt es die Quellen des
Wortverständnisses in der Gegenwart.
- Auf der Suche nach der einen Bedeutung des Wortes, kommt es zu dem
Ergebnis, daß die verschiedenen Ideologien verschiedene Bedeutungen
des Wortes verfechten und jeweils verschiedene Konnotationssysteme
um das Wort bilden.
- Als Ganzes konzipiert, bietet es doch einzelne in sich abgerundete Kapi-
tel, ja es kann sogar – in seinem „Hieb- und Stichwortverzeichnis" – als
Nachschlagewerk, als „Manuale für Intellektuellenbeschimpfungen"
benutzt werden.

„Wer sich in diesem Register mit seinen beinahe tausend Eintragungen
orientiert hat, dem kann die neueste Intellektuellenkritik so viel Neues
nicht sagen." (Jürgen Habermas in: „Die Kulturkritik der Neokonserva-
tiven in den USA und in der Bundesrepublik")

Klett-Cotta

Dietz Bering

Der Name als Stigma

Antisemitismus im deutschen Alltag
1812–1933

1988, 567 Seiten, Leinen mit Schutzumschlag,
ISBN 3-608-91450-1

„Verächtlichmachung heißt, dem anderen die Achtung,
seine Würde nehmen. Jeder weiß auch, daß den Juden
erst die Würde und dann das Leben genommen wurde."
(Hans de With)

Das Buch ist eine Untersuchung über die subtilen Mechanismen des Alltags-Antisemitismus. Ihm dienen die Namen aber nicht nur zur Verächtlichmachung. Er setzt sie auch ein, um vollkommen Assimilierte gleichwohl als Juden erkennbar zu halten. Der historische Teil von Berings Studie verfolgt die Etappen vom Emanzipationsedikt in Preußen 1812 über das Verbot christlicher Vornamen 1836, die zwischenzeitliche Liberalisierung, bis zu den judenfeindlichen Sonderbestimmungen für Namenswechsel von 1894 bis 1913. Die Darstellung der Weimarer Republik und ihrer Praxis und der Ausblick aufs Dritte Reich beschließen den historischen Überblick.
Der systematische Teil wertet das Material aus. Die Archivmaterialien über die Namensänderungen, die Bering minutiös zusammengetragen hat, erlauben Statistiken und so etwas wie eine Rangtabelle der Namen nach ihrer antisemitischen „Ladung". Hier können sich künftig Literaturwissenschaftler, Historiker, Namenskundler und Judaisten systematisch über den „Verkehrswert" der Namen fiktionaler oder geschichtlicher Personen orientieren.

„Die Habilitationsschrift des Kölner Sprachwissenschaftlers ist – ebenso wie seine Arbeit über ‚Die Intellektuellen' – unmittelbar nach ihrem Erscheinen zu einem Standardwerk geworden" (H. Horch in Arbitrium).

„Das glaubwürdigste Stück Geschichte über den Komplex des alltäglichen Antisemitismus" (Caroline Neubaur in der FAZ).

Klett-Cotta